Christian Heinrich
Ilzleite 20
8390 Passau
0851 | 42373

Schriftenreihe
der Juristischen Schulung

Geschäftsführender Herausgeber
Rechtsanwalt Dr. Hermann Weber

Heft 5

D1704099

Christian Meaund
Bad Nauheim

Öffentliches Recht in der Fallbearbeitung

Grundfallsystematik, Methodik,
Fehlerquellen

von

Dr. Gunther Schwerdtfeger

o. Professor an der Freien Universität Berlin

7., teilweise neubearbeitete und erweiterte Auflage

C. H. BECK'SCHE VERLAGSBUCHHANDLUNG
MÜNCHEN 1983

CIP-Kurztitelaufnahme der Deutschen Bibliothek

Schwerdtfeger, Gunther:
Öffentliches Recht in der Fallbearbeitung: Grundfallsystematik, Methodik, Fehlerquellen / von Gunther Schwerdtfeger. – 7., teilw. neubearb. u. erw. Aufl. – München: Beck,
1983.
(Schriftenreihe der Juristischen Schulung; H. 5)
ISBN 3 406 09705 7

ISBN 3 406 09705 7
Druck der C. H. Beck'schen Buchdruckerei, Nördlingen

Vorwort zur 1. Auflage 1973

Dieser Band ist aus meiner Aufsatzreihe „Die öffentlichrechtliche Klausur" in der „Juristischen Schulung" (ab JuS 1969, 472) hervorgegangen. Ich habe die frühere Grundkonzeption beibehalten, die Darstellung aber wesentlich erweitert und verfeinert.

Voraussetzung jeder Fallbearbeitung sind *Rechtskenntnisse* und *praktisches Verständnis*. Bloß handwerkliche Fertigkeiten zur „Falltechnik" reichen nicht aus. Nur wenn der Bearbeiter in der Lage ist, den Fall *gedanklich* zu *durchdringen*, gelingt ihm die *falladäquate* Lösung. Fast alle Anleitungen[1] unterstützen den Studenten in seinem Bemühen, die Fallbearbeitung durch häufiges Klausurenschreiben zu erlernen: Nach einigen allgemeinen Hinweisen lösen sie auch Fälle. Dieses Vorgehen ist zeitraubend. Es führt mehr zufällig als gezielt an die wesentlichsten Fragen der Fallbearbeitung heran. Vollständigkeit wird nicht erreicht. Es bedarf daher der Entlastung und systematischen Ergänzung. Demgemäß stellen andere Fallanleitungen die fallrelevanten Fragen in lehrbuchartiger Gliederung geordnet nach *Recht*sproblemen dar. Sie vermitteln zwar lückenlos die erforderlichen Rechtskenntnisse, beseitigen aber nicht die Grundschwierigkeit des Studenten, die theoretischen Kenntnisse in die Praxis umzusetzen, einem *unbekannten* Fall nutzbar zu machen. Die vorliegende Schrift geht erstmals einen dritten Weg: Sie systematisiert die *Fälle*. Aus dem Anschauungsmaterial aller erreichbaren Examensarbeiten und gedruckten Fallbesprechungen entwickelt sie zunächst für jede der vielen verschiedenen Fallkonstellationen (Grundfälle) die prozessualen, materiellrechtlichen und methodischen Hauptgesichtspunkte, welche jeweils typisch sind. In ihrem letzten Teil zeigt sie schließlich, wie die erworbenen Kenntnisse auf einen unbekannten Fall angewendet werden. Neben der Methodik werden also auch erforderliche Rechtskenntnisse vermittelt. Dabei ist das Schwergewicht auf die typischen Fehlerquellen und auf Fragen gelegt, welche in der Fallbearbeitung erfahrungsgemäß immer wieder besondere Schwierigkeiten machen. Schon aus Raumgründen ist es nicht möglich, alle angeschnittenen Rechtsfragen gehörig zu vertiefen. Die Fußnoten verweisen dann gezielt auf Leitentscheidungen und didaktisch gelungene Problemerörterungen in Werken, welche dem Studenten in der Regel leicht erreichbar sind.

Das Buch will nicht nur durchgelesen, sondern durch*gearbeitet* werden. Es ist in erster Linie für Studenten mittlerer und höherer Semester,

---

[1] Vgl. das Literaturverzeichnis.

Examenskandidaten und Referendare geschrieben, kann aber auch schon dem Anfänger nützlich sein. Ihm wird die Orientierung im Gesamtsystem des öffentlichen Rechts erleichtert. Die Einzeldarstellung zum einschlägigen Grundfall mag ihm auch dann schon manchen Lösungshinweis zu seiner Hausarbeit in der Anfängerübung geben können, wenn er noch nicht alle Nuancen der Erörterung versteht. So kann das Buch von Anfang an *Studienbegleiter* sein und später als *Kurzrepetitorium* dienen. Dem eiligen Examenskandidaten sei empfohlen, jedenfalls dem ersten und letzten Teil der Ausführungen einige Aufmerksamkeit zu widmen.

Allerdings erfaßt die Schrift nur die fallrelevanten Teile des öffentlichen Rechts. Die *Fallbearbeitung* steht in der Ausbildung und im Examen zwar nach wie vor weitgehend im Vordergrund. *Sie vermittelt aber durchaus nicht alles, was der Examenskandidat beherrschen muß und was der praktische Jurist später in vielen juristischen Berufen zu leisten hat.* In der Universitätsübung und im Referendarexamen werden zunehmend auch Themenarbeiten ausgegeben.[2] Sie sind nachfolgend ebenso ausgeklammert wie Hinweise zur Anfertigung von Seminar- und Doktorarbeiten.[3] Auch mit den Besonderheiten der *mündlichen Prüfung* beschäftigt sich die Schrift nicht.[4]

Die Examensfälle enthalten fast ausschließlich *justiziable* Sachverhalte, kaum jemals gestalterische Aufgaben (Gesetzesentwürfe, Vertragsentwürfe usw.).[5] Oft haben sie „klassische" Konflikte zum Gegenstand; „moderne" Probleme scheinen zurückzustehen.[6] Das hat allerdings durchaus seine innere Logik: Manche Grundprobleme des Staatsrechts und die Probleme der modernen planenden und leistenden Verwaltungen sind in ihren Zentren nicht fallträchtig. Justiziable Rechtsstreitigkeiten entstehen hier zumeist nur an der Peripherie. Außerdem ist die Dogmatik des Verwaltungsrechts vor den Gegenwartsaufgaben der Verwaltung[7]

---

[2] Für die Examenshausarbeit neuestens ausdrücklich erwähnt in § 11 IV Hmb. JAO v. 10. 7. 1972, § 10 I Berl. JAO v. 9. 6. 1972. Süddeutsche Klausurthemen aus den Jahren 1947–1966 sind abgedr. in JuS 1964, 414; 1967, 238.

[3] S. dazu *W. Thieme,* Die Anfertigung rechtswissenschaftlicher Doktorarbeiten, 2. Aufl. (1963); *Tettinger,* JuS 1981, 275 (in Fortsetzung).

[4] „Ratschläge für die mündliche Prüfung im Referendarexamen" gibt *Lüke,* JuS 1980, 735; Prüfungsgespräch zum Staats- und Verwaltungsrecht von *Schwerdtfeger* auf der Tonkassette 4 der „Akustischen JuS".

[5] Des Themas „Gesetz- und Vertragsentwürfe in juristischen Übungsarbeiten" haben sich *Schwarzmann u. a.,* ab JuS 1972, 79 (in Fortsetzungen) angenommen. Öffentlichrechtliche Aufgaben bei *Zuleeg,* JuS 1973, 34; *Sieveking,* JuS 1983, 536. Beachtlich evtl. *Linhart,* Form, Aufbau und Inhalt von Schreiben, Bescheiden und Rechtsnormen in der Verwaltung, 1975.

[6] Vgl. die Untersuchung von *Winter,* JuS 1972, 107 ff., andererseits aber auch die Entgegnung von *M. Wolf,* JuS 1972, 111 ff.

[7] Thema der Staatsrechtslehrertagung 1971 mit Referaten von *Bachof* und *Brohm,* VVDStRL 30, 193 ff.; vgl. auch den Bericht von *H. Weber,* JuS 1972, 353.

noch so weitgehend im Fluß,[8] daß Studenten durch die auftretenden Rechtsprobleme oft überfordert würden.

Bitte schreiben Sie mir, falls sich in meine Darstellungen Fehler eingeschlichen haben sollten oder falls Sie Verbesserungsvorschläge machen können.

Vorwort zur 3. Auflage 1976

Mit dieser Neuauflage wird der Buchtitel[9] besser den Funktionen angepaßt, welche die Schrift in der Einschätzung ihrer Benutzer erfüllt: Sie gilt als fallbezogene *Darstellung des öffentlichen Rechts*, benutzbar als vorlesungsbegleitendes Lehrwerk, als Einstieg in die Lösung von Übungs- und Examensfällen sowie als Kurzrepetitorium. Das Anliegen der Neuauflage ist es, die Funktionsfähigkeit des Buches in diese Richtung zu verstärken. Gleichzeitig bleibt die ursprüngliche Absicht bestehen, eine flexible Methodik der Fallbearbeitung zu lehren.

Die Titeländerung macht es notwendig, im Anschluß an das Vorwort zur 1. Auflage nochmals die *Grenzen der Schrift* offenzulegen. Sie behandelt lediglich die *fall*relevanten Teile des öffentlichen Rechts im *Pflichtfachbereich*. Viele Fragen können nur angerissen, nicht aber wirklich vertieft werden. Insgesamt gesehen soll der Leser *Anregungen* erhalten zu einer *eigenständigen, wissenschaftlichen* Beschäftigung mit der Materie (welche Voraussetzung für ein angemessenes Examensergebnis ist[10]). Durch ihre Systematik, die Strukturierung vieler Problemkreise und die Stellungnahme zu mancher Einzelfrage will die Schrift immerhin aber auch selbst zur wissenschaftlichen Diskussion beitragen.

Vorwort zur 7. Auflage 1983

Die Neuauflage erscheint knapp ein Jahr nach der Vorauflage. Trotzdem mußten die Darstellungen in wesentlichen Punkten verändert und ergänzt werden. Weil das Bundesverfassungsgericht das Staatshaftungsgesetz für nichtig erklärt hat (s. Rdnr. 350), sind die Ausführungen zum Schadensersatz- und Entschädigungsrecht wieder dem „alten" Rechtszustand angepaßt worden. In der Exegese des Art. 14 GG hat das *BVerfG*

---

[8] Instruktiv zum Teilproblem der Subvention etwa *Renck*, JuS 1971, 77.
[9] Bisher: „Die öffentlichrechtliche Fallbearbeitung".
[10] Rdnrn. 24, 25.

mit den überkommenen Vorstellungen gebrochen (s. Rdnr. 636 a). Das
hat gewisse Auswirkungen auf das richterrechtliche Rechtsinstitut des
enteignungsgleichen Eingriffs (Rdnr. 418). Vor allem stellt sich für den
Studenten die schwierige Frage, wie der in der Fallbearbeitung sehr häufig einschlägige Art. 14 GG nunmehr hinreichend sauber „durchgeprüft"
werden kann. Demgemäß sind die „allgemeinen Lehren" des Buches zur
Grundrechtsprüfung um einen Abschnitt zu Art. 14 GG (und gleichzeitig um einen Abschnitt zum genauso wichtigen und in der Grundrechtsprüfung ebenfalls atypischen Art. 12 GG) ergänzt worden. Schließlich wurde die Gelegenheit der Neuauflage genutzt, um alle Darstellungen zu überarbeiten, welche mit dem „Vorbehalt des Gesetzes" in Zusammenhang stehen. Im übrigen ist das Buch wiederum gründlich durch-
gesehen und auf den Stand vom 1. August 1983 gebracht worden.

Berlin, im August 1983   *Gunther Schwerdtfeger*

Inhaltsübersicht*

Abkürzungsverzeichnis XVII
Verzeichnis abgekürzt zitierter Literatur XXI

1. Teil. Einführung

§ 1. Bestandsaufnahme 1
   I. Scheu vor der öffentlichrechtlichen Fallbearbeitung 1
   II. Das Anklammern an Schemata 3
     1. Schema ,,Zulässigkeit einer Klage" 3
     2. Schema ,,Begründetheit der Klage" 4
   III. Nutzen und Schaden derartiger Schemata 5

§ 2. Aufgabenstellung 7
   I. Methodik der Fallbearbeitung 7
   II. Vermittlung von Rechtskenntnissen 8

§ 3. Wichtige Einzelaspekte 8
   I. Die Anforderungen nach den Prüfungsordnungen 8
     1. Stoffbeschränkungen 8
     2. Fallbearbeitung als wissenschaftlich-praktische Aufgabe 9
   II. Praktisches Verständnis 9
   III. Wissenschaftliche Fallbearbeitung 10
   IV. Behandlung von Streitfragen 11
   V. Zur Bedeutung der höchstrichterlichen Rechtsprechung für die Fall-
     bearbeitung 12
   VI. Lösungsregeln nicht als Selbstzweck 13

2. Teil. Der Verwaltungsakt im Über-Unterordnungsverhältnis

§ 4. Allgemeines 15
   I. Arten des Verwaltungsakts 15
     1. Einteilung nach dem Inhalt 15
       a) Gebote und Verbote 15
       b) Gestaltende Verwaltungsakte 15
       c) Feststellende Verwaltungsakte 15
     2. Einteilung nach der Wirkung 15
       a) Belastende Verwaltungsakte 15
       b) Begünstigende Verwaltungsakte 15
   II. Die Funktionen des Verwaltungsakts 16
     1. Regelungsfunktion und Bestandskraft 16
     2. ,,Titel"funktion als Grundlage der Verwaltungsvollstreckung . . . 18
   III. Vorliegen eines Verwaltungsakts 18
     1. Praktische Relevanz in der Fallbearbeitung 18

---

* Im Interesse besserer Übersichtlichkeit sind nachfolgend nur Untergliederungen des Textes aufgeführt, in welchen die Hauptgedanken Ausdruck finden. Zur Ergänzung sei auf das Sachverzeichnis verwiesen.

2. Kriterien des Verwaltungsakts 19
3. Sinnvolle Einkleidung der Frage nach der Rechtsnatur 23

§ 5. Der belastende Verwaltungsakt 23
   I. Prozessuales 23
   II. Rechtmäßigkeitsprüfung 25
      1. In Betracht kommende Ermächtigungsgrundlage 26
      2. Formelle Voraussetzungen des Verwaltungsakts 28
      3. Materielle Voraussetzungen für das Einschreiten 31
         a) Subsumtion 31
         b) Sonderproblem „unbestimmter Gesetzesbegriff" 32
         c) Gültigkeit/Verfassungsmäßigkeit der Ermächtigungsgrundlage . 34
      4. Fehlerfreie Ermessensausübung 35
         a) Ermessen in der Fallbearbeitung 37
         b) Ermessensfehler 38
   III. Nichtigkeit des Verwaltungsakts 42

§ 6. Insbesondere: Die „Polizei"verfügung 43
   I. Gefahrenabwehr, Beseitigung von Störungen 43
   II. Anhang: Polizeiliche Ermittlung von Straftaten und Ordnungswidrig-
       keiten 50

§ 7. Verwaltungsakte im Verwaltungsvollstreckungsverfahren 52
   I. Vollstreckung von Verfügungen 52
   II. Sofortiger Vollzug, unmittelbare Ausführung 54

§ 8. Bußgeld (und Zwangsgeld) zur Durchsetzung von Normen 55
   I. Allgemeines und Prozessuales 55
   II. Bußgeld 57
   III. Zwangsgeld 57

§ 9. Der Anspruch auf Erlaß eines begünstigenden Verwaltungsakts 58
   I. Materiellrechtliche Fragen 58
      1. Ist der begünstigende Verwaltungsakt erforderlich? 59
      2. Anspruch auf Erlaß des begünstigenden Verwaltungsakts? 59
      3. Anspruch auf fehlerfreie Ermessensausübung (bzw. Beurteilung)? . 63
   II. Prozessuale Fragen 64

§ 10. Begünstigende Verwaltungsakte mit Nebenbestimmungen (Bedingung,
     Befristung, Widerrufsvorbehalt, Auflage) 65
   I. Die Arten und Konsequenzen von Nebenbestimmungen 65
      1. Unterschiedliche Folgen der einzelnen Nebenbestimmungen 66
      2. Zulässigkeit von Nebenbestimmungen 66
      3. Prinzipielle Wirksamkeit unangefochtener rechtswidriger Nebenbe-
         stimmungen 67
      4. Inhaltliche Modifizierung durch Umdeutung 68
      5. Nichtige Nebenbestimmungen in ihrer Auswirkung auf den Ge-
         samtverwaltungsakt 68
   II. Die Abwehr fehlerhafter Nebenbestimmungen 69

§ 11. Rücknahme und Widerruf günstiger Verwaltungsakte 71
   I. Einstieg in die Fallproblematik 71
   II. Widerruf eines rechtmäßigen günstigen Verwaltungsakts 72
   III. Rücknahme eines rechtswidrigen günstigen Verwaltungsakts 72
      1. Rücknahmeermessen 73

2. Bestandsschutz bei VAen i. S. § 48 II VwVfG 73
3. Bestandsschutz bei VAen i. S. § 48 III VwVfG 74

§ 12. Verwaltungsakt und Drittinteresse 74
  I. Prozessuales 75
    1. Verpflichtungsklage/Anfechtungsklage/Anfechtungsfrist 75
    2. Geltendmachung einer Rechtsbeeinträchtigung (§ 42 II VwGO) . . 76
    3. Vorläufiger Rechtsschutz 78
  II. Rechtsbeeinträchtigung 78
    1. Anfechtung einer Drittbegünstigung 79
    2. Anspruch auf Drittbelastung 82
    3. Recht auf fehlerfreie Ermessensausübung? 82
  III. Rechtsverletzung 83

§ 13. Rechtsakte im besonderen Gewaltverhältnis 84
  I. Zulässigkeit einer Klage 84
  II. Materielle Rechtslage 86
    1. Ermächtigungsgrundlage 86
    2. Grundrechtsgeltung 89

§ 14. Verwaltungsakte im förmlichen Verwaltungsverfahren und im Planfest-
  stellungsverfahren 89
  I. Das förmliche Verwaltungsverfahren 90
  II. Das Planfeststellungsverfahren 90

*3. Teil. Ansprüche zwischen Bürger und Staat, besonders im
Gleichordnungsverhältnis*

§ 15. Vorbemerkungen 92
  I. Öffentlichrechtliche und (verwaltungs-)privatrechtliche Ansprüche . . 92
  II. Prozessuales 92
  III. Öffentlichrechtliche Analogien zum bürgerlichen Recht 93

§ 16. Erfüllungsansprüche 94
  I. Rechte und Pflichten unmittelbar aus dem Gesetz 94
  II. Erfüllungsansprüche kraft Bewilligung (u. a. *Subventionsrecht*) 94
  III. Erfüllungsansprüche aus Vertrag 97
    1. Abgrenzungsprobleme beim Einstieg in die Lösung 98
      a) Liegt ein Vertrag vor? 98
      b) Öffentlichrechtlicher oder privatrechtlicher Vertrag? 98
    2. Wirksamkeit eines öffentlichrechtlichen Vertrages 99
    3. Auslegung des Vertrages 105
  IV. Ansprüche aus öffentlichrechtlicher Verwahrung 105
  V. Ansprüche aus Geschäftsführung ohne Auftrag 107
    1. Öffentlichrechtliche oder privatrechtliche GoA? 108
    2. Öffentlichrechtliche GoA 108
    3. Analoge Heranziehung der Rechtsfolgen einer GoA 110

§ 17. Ansprüche auf Rückabwicklung einer ,,Erfüllung" 110
  I. Kodifizierte Bereicherungs- und Erstattungsansprüche 110
  II. Ungeschriebene Erstattungsansprüche 113
  III. Folgenbeseitigungsansprüche 114

§ 18. Abwehransprüche 115
  I. Privatrechtliche oder öffentlichrechtliche Rechtsbeziehungen 116

II. Öffentlichrechtliche Anspruchsgrundlage 116
III. Duldungspflicht 117

§ 19. Schadensersatzansprüche 118
    I. Haftung aus Vertragsverletzung 118
      1. Zivilrechtlicher Vertrag 118
      2. Öffentlichrechtlicher Vertrag 118
      3. culpa in contrahendo im öffentlichen Recht 119
    II. Schadensersatz bei der Verletzung sonstiger öffentlichrechtlicher Sonderpflichten 119
    III. Deliktshaftung der öffentlichen Hand 121
      1. Öffentlichrechtliches oder privatrechtliches Handeln? 121
      2. Haftungssystem bei öffentlichrechtlichem Tätigwerden 122
      3. Haftungssystem bei zivilrechtlichem Tätigwerden 124
    IV. Gefährdungshaftung der öffentlichen Hand, Versagen technischer Einrichtungen 126

§ 20. Entschädigungsansprüche 126
    I. Dogmatische Abgrenzung zum Schadensersatz und Rechtscharakter . 126
    II. Spezialgesetzlich geregelte Entschädigungsansprüche 127
    III. Aufopferungsansprüche 129
    IV. Ansprüche aus enteignendem und enteignungsgleichem Eingriff 131
      1. Die Rechtsprechung des BGH 131
        a) Enteignender Eingriff 132
        b) Enteignungsgleicher Eingriff 132
      2. Modifikationen durch das BVerfG 133
      3. Systematische Gedankenfolge 134
    V. Plangewährleistungsansprüche? 136

4. Teil. Das Recht der öffentlichen Einrichtungen

§ 21. Anstaltsrecht 138
    I. Anspruch auf Zulassung zur Benutzung 139
      1. Anspruchsgrundlage 139
      2. Anstaltszweck (Widmungszweck) 140
      3. Sonderbenutzung 140
    II. Grenzen des Zulassungsanspruchs 141
      1. Rechtliche Grenzen 141
      2. Faktische Grenzen 142
    III. Zulassungsakt 142
    IV. Prozessuales 142

§ 22. Öffentliche Sachen 143
    I. Öffentliche Sachen im Gemeingebrauch 143
      1. Das materiellrechtliche Rechtsgeflecht 143
        a) Privatrechtliches Eigentum 143
        b) Öffentlichrechtliche Sachherrschaft 144
        c) Unterhaltungspflicht 144
        d) Verkehrspolizeiliche Gesichtspunkte 145
        e) Sonstige öffentlichrechtliche Gesichtspunkte 145
      2. Verfahrenstechnische Vereinfachungen 145
      3. Anwendung in der Fallbearbeitung 147
    II. Öffentliche Sachen im Verwaltungsgebrauch 147

5. Teil. Die Gültigkeit von Normen

§ 23. Prozessuales und typische Falleinkleidungen   150
  I. Inzidente Normprüfung   150
  II. Normenkontrollverfahren   150
  III. Normprüfung aus sonstigen Anlässen   151

§ 24. Generell wichtige Einzelaspekte der Normprüfung   152
  I. Bindungswirkung der Entscheidungen des BVerfG   152
  II. Rechtsnatur der Norm   152
  III. Verfassungskonforme Auslegung   153
  IV. Folgen festgestellter Verfassungsverstöße   153

§ 25. Die wichtigsten Gültigkeitsvoraussetzungen einer Verfassungsänderung .   154
  I. Verfahren der Verfassungsänderung   154
  II. Änderungsfestes Minimum (Art. 79 III GG)   154

§ 26. Die wichtigsten Gültigkeitsvoraussetzungen eines Gesetzes   155
  I. Verbandsmäßige Kompetenz des Gesetzgebers   155
  II. Gesetzgebungsverfahren für Bundesgesetze   155
  III. Inhaltliche Vereinbarkeit des Gesetzes mit höherrangigem Recht
  (u. a.: *Rückwirkungsproblem*, Einzelfallgesetz)   156

§ 27. Die wichtigsten Gültigkeitsvoraussetzungen einer Rechtsverordnung . . .   158
  I. Ermächtigungsgrundlage   158
  II. Formelle Voraussetzungen für den Erlaß der Verordnung   161
  III. Materielle Voraussetzungen der Verordnung   162
  1. Subsumtion unter die Ermächtigung   162
  2. Gültigkeit der gesetzlichen Ermächtigungsgrundlage   162
  IV. Fehlerfreie Ermessensausübung, kein Verstoß gegen höherrangiges
  Recht   162

§ 28. Die wichtigsten Gültigkeitsvoraussetzungen einer Satzung   163
  I. Gesetzliche Verleihung der Satzungsautonomie   163
  II. Normsetzungsverfahren   165
  1. Formalien   165
  2. Methodik der Entscheidungsfindung   165
  III. Materielle Gültigkeitsvoraussetzungen der Satzung   166
  1. Subsumtion unter die Verleihung   166
  2. Kein Verstoß gegen höherrangiges Recht   166

6. Teil. Grundrechtsprüfung

§ 29. Allgemeines   167

§ 30. Verstöße gegen Freiheitsgrundrechte (Abwehrfunktion)   169
  I. Welches Grundrecht ist einschlägig?   169
  II. (Geschriebener) Gesetzesvorbehalt   170
  1. Gesetz im formellen Sinne   172
  2. Geschriebene Qualifizierung des Gesetzesvorbehalts   173
  3. Ungeschriebene Qualifizierungen des Gesetzesvorbehalts   173
  a) Gemeinwohlziel   174
  b) Geeignetes und notwendiges Mittel   176
  c) Grundsatz der Verhältnismäßigkeit   176
  4. Art. 19 II GG (Wesensgehaltsgarantie)   178

III. Ungeschriebene Grundrechtsbegrenzungen   179
  1. Grundrechtsinterne Ausgestaltungsbefugnis des Gesetzgebers . . .   180
  2. (Externe) Verfassungsimmanente Grundrechtsschranken   181
  3. Ungeschriebene Grundrechtsbegrenzungen durch die ,,allgemei-
     nen" Gesetze   183
IV. Objektivrechtliche Verstärkungen des Grundrechtsschutzes   184

§ 31. Verstöße gegen Gleichheitsgrundrechte   187
  I. Allgemeiner Gleichheitsgrundsatz (Art. 3 I GG)   187
  II. Spezielle Gleichheitsregelungen   189
  III. Gleichheitsprüfung   190

§ 32. Prozessuales zum Grundrechtsschutz   190
  I. Geltendmachung von Grundrechtsverletzungen im ,,normalen"
     Rechtsweg   190
  II. Zulässigkeit einer Verfassungsbeschwerde   191
  III. Begründetheit der Verfassungsbeschwerde   194

§ 33. Grundrechtliche Ansprüche auf Schutz, Teilhabe und staatliche Lei-
     stung?   194
  I. Ansprüche aus Freiheitsgrundrechten   196
    1. Schutzanspruch aus Art. 1 I 2 GG   196
    2. Konstruktion über die objektivrechtliche Seite der Grundrechte . .   196
    3. Sozialstaatliche Neuinterpretation der Grundrechte   198
  II. Ansprüche aus dem Gleichheitsgrundsatz   198
  III. Anspruchsschranken   199

§ 34. Besonderheiten bei wichtigen Einzelgrundrechten   200
  I. Art. 12 GG   200
  II. Art. 14 GG   204

7. Teil. Streitigkeiten zwischen ,,Privaten" mit öffentlichrechtlicher
Überlagerung

§ 35. Allgemeines zum öffentlichrechtlichen Einstieg   211

§ 36. Sonderproblem ,,Drittwirkung der Grundrechte"   212

8. Teil. Recht der politischen Parteien

§ 37. Rechtsstellung der Parteien in ihrem Verhältnis zur organisierten Staat-
     lichkeit   216
  I. Freiheitsstatus, Parteienprivileg   216
  II. Gleichheitsstatus, Chancengleichheit   218
  III. Prozessuales   220

§ 38. Streitigkeiten innerhalb politischer Parteien   220
  I. Prozessuales   221
  II. Materiellrechtlicher Einstieg   221
  III. Verfassungsrechtliche Überlagerungen   222

9. Teil. (Sonstige) Fälle aus dem Staatsrecht (organisatorischer Bereich)

§ 39. Allgemeines   224
  I. Aufgabenstellung, Bedeutung der tragenden Verfassungsprinzipien . .   224

II. Bearbeitungshinweise.. 226
  1. Suche nach positivrechtlicher Regelung.................. 226
  2. Auslegungsschwierigkeiten und Verfassungslücken.......... 227
  3. Kategorien der Allgemeinen Staatslehre als Argumentationsgrundlage?...................................... 228

§ 40. Rechtsstellung, Rechte und Pflichten der Staatsorgane in der Gewaltenteilung.. 228
  I. Prozessuales... 228
  II. Bundestag und Exekutive.............................. 229
    1. Die Bindung der Exekutive an das Gesetz............. 229
    2. Das parlamentarische Regierungssystem.............. 229
  III. Rechtsprechung...................................... 229
    1. Rechtsprechung oder Verwaltung?.................... 230
    2. Grundgesetzliche Anforderungen an ein Gericht...... 230
  IV. Der Bundespräsident................................. 230
    1. Rechtliches Prüfungsrecht.......................... 231
    2. Politisches Prüfungsrecht.......................... 232
  V. Der Bundesrat.. 232

§ 41. Zusammensetzung und interne Probleme einzelner Staatsorgane...... 233
  I. Prozessuales... 233
  II. Parlament.. 234
    1. Wahlen.. 234
    2. Erwerb und Verlust der Mitgliedschaft im Parlament, Wahlanfechtung und -prüfung.................................... 235
    3. Die Rechtsstellung der Abgeordneten, Fraktionszwang....... 236
    4. Geschäftsordnungsautonomie des Parlaments........... 237
    5. Parlamentsausschüsse.............................. 238
  III. Regierung... 239
    1. Zuständigkeit des Bundeskanzlers (monokratisches Prinzip).... 240
    2. Zuständigkeit der Bundesregierung (Kollegialprinzip)........ 240
    3. Zuständigkeit des Bundesministers (Ressortprinzip)........ 240
    4. Übertragung einer Aufgabe durch Vereinbarung?.......... 240
  IV. Verwaltung.. 240
    1. Träger der Verwaltung............................. 241
    2. Gliederung der Verwaltung......................... 242
    3. Hierarchisches Prinzip............................ 243
    4. Organisationsgewalt.............................. 244

§ 42. Das Verhältnis von Bund, Ländern und Gemeinden............. 245
  I. Kompetenzprobleme.................................. 245
    1. Die Verteilung der Gesetzgebungskompetenzen......... 245
    2. Die Verwaltungskompetenzen........................ 247
    3. Die Kompetenzen der Gemeinden, Art. 28 II GG......... 248
  II. Aufsichtsprobleme.................................. 250
    1. Rechtsaufsicht.................................... 250
    2. Fachaufsicht..................................... 250
    3. Aufsichtsmittel................................... 251
  III. Bundesfreundliches Verhalten im Gleichordnungsverhältnis...... 251
  IV. Prozessuales....................................... 252
    1. Bund-Länder-Klage................................ 252
    2. Streitigkeiten zwischen Land und Kommune........... 252
  V. Föderale Finanzverfassung........................... 253
    1. Verteilung des Steueraufkommens.................... 253

2. Gesetzgebungskompetenz für Steuern 254
3. Steuerverwaltung 254

10. Teil. Vertragliche Außenbeziehungen von Bund und Ländern

§ 43. Völkerrechtliche Verträge 255
    I. Grundsätzliches 255
    II. Zuständigkeit des Bundes (Art. 32 GG) 256
    III. Mitwirkung anderer Bundesorgane (Art. 59 II GG) 256

§ 44. Staatsverträge und Verwaltungsabkommen im Bundesstaat, gemeinsame
Ländereinrichtungen 257
    I. Beteiligte 257
    II. Staatsverträge und Verwaltungsabkommen 258
    III. Staatsinterne Abschlußvoraussetzungen 259
    IV. Zulässigkeit = Gültigkeit der Vereinbarungen 259
    V. Prozessuales 260
    VI. Gemeinsame Ländereinrichtungen 261

§ 45. Der Standort des Europäischen Gemeinschaftsrechts 261
    I. Die Rechtsakte der EG 262
    II. Rangverhältnis Gemeinschaftsrecht – nationales Recht 262
    III. Prozessuales 263

11. Teil. Methodik der Fallbearbeitung

§ 46. Allgemeine Hinweise 264
    I. Vier ,,Stationen" der Fallbearbeitung 264
    II. Klausur und Hausarbeit 264

§ 47. Das Erfassen der Aufgabe 265
    I. Erfassen des Wortlauts 265
    II. Eindringen in den Sachverhalt 267
    III. Herausarbeiten der Fragestellung 267
    IV. Versteckte Fehlerquellen 270

§ 48. Das Hintasten zur Lösung 271
    I. Der Sachverhalt als Ausgangspunkt 271
    II. Die Gedankenfolge 273
    III. Problemaufspaltung 275
    IV. Das Eindringen in die Rechtsfragen 275
    V. Lücken und Unklarheiten im Sachverhalt 278

§ 49. Planung der Darstellung 281
    I. Stoffauswahl und Schwerpunktbildung 281
    II. Aufbau 284

§ 50. Niederschrift 285
    I. Den Leser führen 285
    II. Kein übertriebener ,,Gutachtenstil" 285
    III. Begründungen und Zitate 286
    IV. Erörterung von Streitfragen 287

Anhang. Formalien einer Hausarbeit 288

Paragraphenregister 292
Sachverzeichnis 299

Abkürzungsverzeichnis

a. A.	anderer Ansicht
aaO	am angegebenen Orte
abgedr.	abgedruckt
abw.	abweichend
a. E.	am Ende
Alt.	Alternative
a. M.	anderer Meinung
Anm.	Anmerkung
AO	Abgabenordnung
AöR	Archiv des öffentlichen Rechts
Arg.	Argument
Art.	Artikel
ASOG Bln	Allgem. Sicherheits- u. Ordnungsgesetz Berlin
Aufl.	Auflage
AuslG	Ausländergesetz (*Sartorius* Nr. 565)
BadWürtt.PG	Polizeigesetz Baden-Württemberg
BayLStVG	Bayerisches Gesetz über das Landesstrafrecht und das Verordnungsrecht auf dem Gebiet der öffentlichen Sicherheit und Ordnung
BayObLGZ	Entscheidungen des Bayerischen Obersten Landgerichts in Zivilsachen
BayVBl	Bayerische Verwaltungsblätter
BBauG	Bundesbaugesetz (*Sartorius* Nr. 300)
BBG	Bundesbeamtengesetz (*Sartorius* Nr. 160)
BeamtVG	Beamtenversorgungsgesetz (*Sartorius* Nr. 155)
Bd.	Band
bes.	besonders
betr.	betreffend
BFStrG	Bundesfernstraßengesetz (*Sartorius* Nr. 932)
BGB	Bürgerliches Gesetzbuch (*Schönfelder* Nr. 20)
BGBl	Bundesgesetzblatt
BGH	Bundesgerichtshof
BGHZ	Entscheidungen des Bundesgerichtshofs in Zivilsachen
BHO	Bundeshaushaltsordnung (*Sartorius* Nr. 700)
BK	„Bonner Kommentar", Kommentar zum Bonner Grundgesetz, 1950 ff.
BKGG	Bundeskindergeldgesetz
BReg.	Bundesregierung
BRRG	Beamtenrechtsrahmengesetz (*Sartorius* Nr. 150)
BSeuchenG	Bundes-Seuchengesetz (*Sartorius* Nr. 293)
bestr.	bestritten
BSG	Bundessozialgericht
BundeslaufbahnVO	Bundeslaufbahnverordnung (*Sartorius* Nr. 180)
BVerfG	Bundesverfassungsgericht
BVerfGE	Entscheidungen des Bundesverfassungsgerichts
BVerfGG	Gesetz über das Bundesverfassungsgericht (*Sartorius* Nr. 40)
BVerwG	Bundesverwaltungsgericht
BVerwGE	Entscheidungen des Bundesverwaltungsgerichts

BVerwVG	Verwaltungs-Vollstreckungsgesetz des Bundes (*Sartorius* Nr. 112)
BWahlG	Bundeswahlgesetz (*Sartorius* Nr. 30)
BWahlO	Bundeswahlordnung (*Sartorius* Nr. 31)
DJT	Deutscher Juristentag
DÖV	Die Öffentliche Verwaltung
DRiZ	Deutsche Richterzeitung
DVBl	Deutsches Verwaltungsblatt
E	Entscheidungssammlung (Amtliche Sammlung)
EG	Europäische Gemeinschaft
EGGVG	Einführungsgesetz zum Gerichtsverfassungsgesetz (*Schönfelder* Nr. 95 a)
Einf.	Einführung
Einl.	Einleitung
EuGH	Europäischer Gerichtshof
EWG	Europäische Wirtschaftsgemeinschaft
Festschr.	Festschrift
FlugLG	Gesetz zum Schutz gegen Fluglärm
Fußn.	Fußnote
GaststG.	Gaststättengesetz (*Sartorius* Nr. 810)
gem.	gemäß
GemSObBG.	Gemeinsamer Senat der obersten Gerichtshöfe des Bundes
GeschOBReg.	Geschäftsordnung der Bundesregierung (*Sartorius* Nr. 38)
GeschOBTag	Geschäftsordnung des Bundestages (*Sartorius* Nr. 35)
GewO	Gewerbeordnung (*Sartorius* Nr. 800)
GG	Grundgesetz (*Sartorius/Schönfelder* Nr. 1)
GoA.	Geschäftsführung ohne Auftrag
grdl.	grundlegend
GS	Großer Senat
HessSOG	Hessisches Gesetz über die öffentliche Sicherheit und Ordnung von 1964
HessStGH	Hessicher Staatsgerichtshof
h. L.	herrschende Lehre
h. M.	herrschende Meinung
HmbSOG	Hamburgisches Gesetz zum Schutz der öffentlichen Sicherheit und Ordnung von 1966
insb.	insbesondere
i. S.	im Sinne
i. V. m.	in Verbindung mit
JA	Juristische Arbeitsblätter
JR	Juristische Rundschau
Jura	Juristische Ausbildung
JuS.	Juristische Schulung
JWG.	Gesetz für Jugendwohlfahrt (*Schönfelder* Nr. 46)
JZ	Juristenzeitung
krit.	kritisch

LAG . . . . Landesarbeitsgericht
LG. . . . . Landgericht
LM . . . . Lindenmaier-Möhring, Nachschlagwerk des BGH
LStVG . . . . Landesstraf- und Verordnungsgesetz (Bayern)
LVerwGSchlH . . . . Landesverwaltungsgesetz von Schleswig-Holstein

m. . . . . mit
MDR . . . . Monatsschrift für Deutsches Recht

Nachw. . . . . Nachweise
NiedersGO . . . . Niedersächsische Gemeindeordnung
NiedersSOG . . . . Niedersächsisches Gesetz über die öffentliche Sicherheit
und Ordnung von 1951
NJW . . . . Neue Juristische Wochenschrift
Nr. . . . . Nummer
NVwZ . . . . Neue Zeitschrift für Verwaltungsrecht
NW . . . . Nordrhein-Westfalen
NW OBG . . . . Nordrhein-Westfälisches Gesetz über Aufbau und Befug-
nisse der Ordnungsbehörden von 1969

OLG . . . . Oberlandesgericht
OVG . . . . Oberverwaltungsgericht
OWiG . . . . Gesetz über Ordnungswidrigkeiten (*Schönfelder* Nr. 94)

PaßG . . . . Paßgesetz (*Sartorius* Nr. 250)
PBefG. . . . . Personenbeförderungsgesetz (*Sartorius* Nr. 950)
Pr.ALR. . . . . Preußisches Allgemeines Landrecht von 1794
Pr.OVG . . . . Preußisches Oberverwaltungsgericht
Pr.PVG. . . . . Preußisches Polizeiverwaltungsgesetz (als Ergänzung zum
Sartorius erhältlich)

Rdnr. . . . . Randnummer
Rdnrn. . . . . Randnummern
RG. . . . . Reichsgericht
RGZ. . . . . Entscheidungen des Reichsgerichts in Zivilsachen
RGBl. . . . . Reichsgesetzblatt
Rspr. . . . . Rechtsprechung
RVO . . . . Reichsversicherungsordnung

S.. . . . . Seite
s.. . . . . siehe
SammlG . . . . Sammlungsgesetz
SchlH . . . . Schleswig-Holstein
SGB (I, IV oder X). . . . Sozialgesetzbuch (1., 4. oder 10. Buch)
SGG. . . . . Sozialgerichtsgesetz
sog. . . . . sogenannt
StGB . . . . Strafgesetzbuch (*Schönfelder* Nr. 85)
StHG . . . . Staatshaftungsgesetz (vom BVerfG *aufgehoben*)
StPO . . . . Strafprozeßordnung (*Schönfelder* Nr. 90)
str. . . . . strittig
st.Rspr. . . . . ständige Rechtsprechung
StuP . . . . Studium und Praxis
StVG . . . . Straßenverkehrsgesetz (*Schönfelder* Nr. 35)
StVO . . . . Straßenverkehrs-Ordnung (*Schönfelder* Nr. 35 a)

II*

StVZO . . . . Straßenverkehrs-Zulassungs-Ordnung (*Schönfelder*
                            Nr. 35b)

umstr. . . . . umstritten

v. . . . . vom
VA. . . . . Verwaltungsakt
VAe . . . . Verwaltungsakte
Verh. . . . . Verhandlungen
VersammlG . . . . Gesetz über Versammlungen und Aufzüge (*Sartorius*
                            Nr. 435)
VerwArch . . . . Verwaltungsarchiv
VerwRspr. . . . . Verwaltungsrechtsprechung
VG. . . . . Verwaltungsgericht
VGH . . . . Verwaltungsgerichtshof
vgl. . . . . vergleiche
VO . . . . Verordnung
VVDStRL . . . . Veröffentlichungen der Vereinigung der Deutschen Staats-
                            rechtslehrer
VwGO . . . . Verwaltungsgerichtsordnung (*Sartorius* Nr. 600)
VwVfG . . . . Verwaltungsverfahrensgesetz des Bundes (*Sartorius*
                            Nr. 100)

w. . . . . weitere
WahlprüfungsG . . . . . . Wahlprüfungsgesetz (*Sartorius* Nr. 32)
WHG . . . . Wasserhaushaltsgesetz (*Sartorius* Nr. 845)
WV . . . . Weimarer Verfassung

z.B. . . . . zum Beispiel
ZBR. . . . . Zeitschrift für Beamtenrecht
ZPO. . . . . Zivilprozeßordnung (*Schönfelder* Nr. 100)
ZRP . . . . Zeitschrift für Rechtspolitik
z.T. . . . . zum Teil

Verzeichnis abgekürzt zitierter Literatur

Achterberg, Norbert . . . . Fälle und Lösungen nach höchstrichterlichen Entscheidungen, Allgemeines Verwaltungsrecht, 4. Aufl., 1982

Bender, Bernd . . . . Staatshaftungsrecht, 2. Aufl., 1974

BK („Bonner Kommentar") . . . Kommentar zum Bonner Grundgesetz, 1950 ff.

Cramer, Peter. . . . . Grundbegriffe des Rechts der Ordnungswidrigkeiten, 1971

Diederichsen, Uwe . . . . Die BGB-Klausur (JuS-Schriftenreihe H. 1), 5. Aufl., 1981

Drews-Wacke-Vogel-Martens . . Gefahrenabwehr, Allgemeines Polizeirecht (Ordnungsrecht) des Bundes und der Länder, 8. Aufl., 1. Bd., 1975; 2. Bd., 1977

Erbel, Günter. . . . . Öffentlich-rechtliche Klausurenlehre mit Fallrepetitorium, Band I: Staatsrecht, 1977 („Klausurenlehre I")

Erichsen, Hans-Uwe . . . . Staatsrecht und Verfassungsgerichtsbarkeit I, 3. Aufl., 1982; II, 2. Aufl., 1979

Erichsen-Martens (Herausgeber) . . . . Allgemeines Verwaltungsrecht, 5. Aufl., 1981 („Allg. VR")

Eyermann-Fröhler. . . . . Verwaltungsgerichtsordnung, 8. Aufl., 1980

Forsthoff, Ernst . . . . Lehrbuch des Verwaltungsrechts, 10. Aufl., 1973

Götz, Volkmar. . . . . Allgemeines Polizei- und Ordnungsrecht, 7. Aufl., 1982

Hamann-Lenz . . . . Das Grundgesetz für die Bundesrepublik Deutschland vom 23. Mai 1949, 3. Aufl., 1970

Hans, H. . . . . Öffentl. Recht II, 60 Fälle mit Lösungen, 31.–33. Tausend

Hesse, Konrad . . . . Grundzüge des Verfassungsrechts der Bundesrepublik Deutschland, 13. Aufl., 1982

Klein, Karl Heinz . . . . Gutachten und Urteil im Verwaltungsprozeß, 2. Aufl., 1976

Kopp, Ferdinand O. . . . . Verwaltungsgerichtsordnung, 5. Aufl., 1981

Kopp, Ferdinand O. . . . . Verwaltungsverfahrensgesetz, 3. Aufl., 1983

Küchenhoff, Günther. . . . . . . Praktikum des öffentlichen Rechts, 1972 („Praktikum")

Leibholz-Rinck . . . . Grundgesetz, Kommentar an Hand der Rechtsprechung des Bundesverfassungsgerichts, 5. Aufl., 1975 ff.

Leibholz-Rupprecht . . . . Bundesverfassungsgerichtsgesetz, Rechtsprechungskommentar, 1968, Nachtrag 1971

v. Mangoldt-Klein. . . . . Das Bonner Grundgesetz, 2. Aufl., Band I, 1957 ff.; Band II, 1964 ff.; Band III, 1974 ff.

Maunz-Dürig-Herzog-Scholz . . Grundgesetz, 1958 ff.

Maunz-Schmidt=Bleibtreu-Klein-Ulsamer . . . . Bundesverfassungsgerichtsgesetz, 1967 ff.

Maurer, Hartmut . . . . Allgemeines Verwaltungsrecht, 2. Aufl., 1982

Meyer-Borgs . . . . Verwaltungsverfahrensgesetz, 2. Aufl., 1982

Müller, Klaus. . . . . Öffentliches Recht für Anfänger, 3. Aufl., 1972

von Münch, Ingo (Herausgeber) . Besonderes Verwaltungsrecht, 6. Aufl., 1982 („Bes. VR") von Münch, Ingo . . . . Übungsfälle zum Staatsrecht, Verwaltungsrecht, Völkerrecht, 4. Aufl., 1972 („Übungsfälle")

von Münch, Ingo . . . . Grundbegriffe des Staatsrechts I, II, 2. Aufl., 1982 („Grundbegriffe I, II")

Ossenbühl, Fritz . . . . Staatshaftungsrecht, 3. Aufl., 1983

Palandt . . . . Bürgerliches Gesetzbuch, 42. Aufl., 1983

Pestalozza, Christian . . . . Verfassungsprozeßrecht, 2. Aufl., 1982 (JuS-Schriftenreihe H. 46)

Püttner, Günter . . . . Allgemeines Verwaltungsrecht, 6. Aufl., 1983

Püttner, Günter . . . . Verwaltungsrechtsfälle, Ein Repetitorium, 1974 („Rep.")

Püttner-Kretschmer . . . . Die Staatsorganisation, 1978 (JuS-Schriftenreihe H. 62)

Redeker-v. Oertzen . . . . Verwaltungsgerichtsordnung, 7. Aufl., 1981

Roellecke, Gerd . . . . Grundbegriffe des Verwaltungsrechts, Eine Einführung an Hand von Fällen, 1972

Rüfner-von Unruh-Borchert . . . Öffentliches Recht, 4. Aufl., 1980

Sartorius . . . . Verfassungs- und Verwaltungsgesetze der Bundesrepublik, Band I (Loseblattsammlung)

Schönfelder . . . . Deutsche Gesetze (Loseblattsammlung)

Scholler, Heinrich . . . . Fälle und Lösungen nach höchstrichterlichen Entscheidungen, Verfassungsrecht, 3. Aufl., 1978

Schramm, Theodor . . . . Klausurentechnik, 5. Aufl., 1980

Schramm-Strunk . . . . Staatsrechtliche Klausuren und Hausarbeiten, 3. Aufl., 1980

Schrödter, Hans . . . . Die verwaltungsrechtliche Entscheidung, 2. Aufl., 1965

Starck, Christian . . . . Verfassungsrecht in Fällen, Entscheidungen des Bundesverfassungsgerichts, 1968 ff. (in Fortsetzungen)

Stein, Ekkehart . . . . Lehrbuch des Staatsrechts, 8. Aufl., 1982

Stern, Klaus . . . . Verwaltungsprozessuale Probleme in der öffentlich-rechtlichen Klausur (JuS-Schriftenreihe H. 3), 5. Aufl., 1981

Tschira-Schmitt Glaeser . . . . . . Verwaltungsprozeßrecht, 5. Aufl., 1982

Ule, Hermann . . . . Verwaltungsprozeßrecht, 8. Aufl., 1983 („Verwaltungsprozeßrecht")

Vogel, Klaus . . . . Die verwaltungsrechtliche Hausarbeit, 1965 („Hausarbeit")

Vogel, Klaus . . . . Der Verwaltungsrechtsfall, 8. Aufl., 1980 („Verwaltungsrechtsfall")

Weber, Hermann . . . . Rechtsprechung zum Verfassungsrecht, Bände I und II, 1977 („Weber I, II")

Weimar, Wilhelm . . . . Staats- und Verwaltungsrecht, Lehrfälle mit Lösungen und Grundsatzentscheidungen, o. J.

Weyreuther, Felix . . . . Empfiehlt es sich, die Folgen rechtswidrigen hoheitlichen Verwaltungshandelns gesetzlich zu regeln (Folgenbeseitigung-Folgenentschädigung)? Gutachten für den 47. Deutschen Juristentag, Verh. Bd. I Teil B, 1968 („Gutachten")

Wolff-Bachof . . . . Verwaltungsrecht I, 9. Aufl., 1974
Verwaltungsrecht II, 4. Aufl., 1976
Verwaltungsrecht III, 4. Aufl., 1978

Zuleeg, Manfred . . . . Fälle zum Allgemeinen Verwaltungsrecht, 1977 (JuS-Schriftenreihe H. 54; „Fälle")

1. Teil. Einführung

§ 1. Bestandsaufnahme

I. Scheu vor der öffentlichrechtlichen Fallbearbeitung

1   Voraussetzung jeder Therapie ist die Diagnose. Deshalb sei zunächst bewußt gemacht, woran es liegt, daß viele Anfänger Scheu vor der öffentlichrechtlichen Fallbearbeitung zeigen und selbst Examenskandidaten der öffentlichrechtlichen Arbeit im Referendarexamen noch mit besonders gemischten Gefühlen entgegensehen.

Häufig fällt sicherlich ins Gewicht, daß das öffentliche Recht im Ausbildungsprogramm der ersten Semester nicht so stark betont wird wie das Zivilrecht und das Strafrecht. Dann sind die Kenntnisse im Staats- und Verwaltungsrecht weniger solide und abgelagert als diejenigen in den anderen zentralen Ausbildungsfächern. Hinzukommt, daß es der Student vom Zivil- und Strafrecht her gewohnt ist, mit geschriebenem Recht zu arbeiten, das allgemeine Verwaltungsrecht aber teilweise *unkodifiziert* ist.

2   Geschriebene Regelungen etwa für den Verwaltungsakt und über den öffentlichrechtlichen Vertrag finden sich nunmehr im Verwaltungsverfahrensgesetz des *Bundes* (VwVfG)[1] und in den Verwaltungsverfahrensgesetzen der Länder.[2] Das Verwaltungsverfahrensgesetz des Bundes gilt nur für die öffentlichrechtliche Verwaltungtätigkeit der Behörden des *Bundes* und der *bundes*unmittelbaren Körperschaften, Anstalten und Stiftungen des öffentlichen Rechts. Für die Behörden der *Länder* und sonstiger öffentlicher Körperschaften, Anstalten und Stiftungen gelten die Verwaltungsverfahrensgesetze der Länder (s. § 1 III VwVfG).[3] Die Verwaltungsverfahrensgesetze der Länder stimmen inhaltlich mit dem VwVfG des Bundes überein. Die Gesetze von Berlin, Niedersachsen und Rheinland-Pfalz nehmen das VwVfG des Bundes sogar in Bezug.[4] Das rechtfertigt es, nachfolgend ausschließlich das VwVfG des Bundes zu zitieren. Lediglich das *Landesverwaltungsgesetz Schleswig-Holstein* geht zum öffentlichrechtlichen Vertrag eigene Wege.

3   Mit der Unsicherheit im positiven Wissen verbindet sich die Ungewißheit über das, was im öffentlichen Recht zum *fallwichtigen* Stoff gehört und was nicht. Es wird befürchtet, man könne Klausuren mit ungewohnten Fragestellungen oder aus Gebieten bekommen, auf welche man nicht

---

[1] *Sartorius* Nr. 100.

[2] Mit Fundstellen aufgeführt im *Sartorius*, Nr. 100, S. 41. Synopse bei *von Oertzen,* VwVfG, 1977.

[3] Einzelfragen zum Anwendungsbereich der Gesetze bei *Naujoks*, JZ 1978, 41.

[4] Zum Problem „dynamischer" Verweisungen, welche ein anderes Gesetz in seiner *jeweils* geltenden Fassung in Bezug nehmen, s. zuletzt *OVG Hamburg* NJW 1980, 2830 = JuS 1981, 766 Nr. 3 m. w. Nachw.

vorbereitet ist; die unüberschaubare Vielzahl der alleine im „Sartorius"
abgedruckten (Bundes-) Gesetze läßt Schlimmes ahnen.

Beachte schon hier: Wenn ein Fall seiner Einkleidung nach in abgelegenen Rechtsgebieten spielt, werden in aller Regel nur Probleme erheblich, welche vom *allgemeinen*
Verwaltungsrecht her geläufig sind. Denn Kenntnisse auf Spezialgebieten erwartet man
vom *Klausur*bearbeiter *nicht*. Deshalb sollte er sich durch ungewohnte Einkleidungen
nicht verwirren lassen.

4   Das Unbehagen der Studenten wird dadurch verfestigt, daß viele öffentlichrechtliche Aufgaben (aber nicht alle!) auch ein Eingehen auf prozessuale Fragen verlangen.

Das hat übrigens u. a. folgende Gründe: Ein praktischer Fall bleibt unvollständig
gelöst, solange untersucht ist, ob festgestellte Rechte auch *durchgesetzt* werden
können und wie das zu geschehen hat. In Zivilrechtsfällen ist es regelmäßig völlig
selbstverständlich und daher nicht erwähnenswert, daß die Zivilgerichte angerufen
werden können. In der öffentlichrechtlichen Arbeit kann hingegen zweifelhaft sein, ob
eine Klagemöglichkeit besteht[5] oder welcher Rechtsweg gegeben ist.[6] Hier ist der Fall
erst „gelöst", wenn auch solche prozessuale Fragen geklärt sind. – In allen Fällen, in
denen die Behörde einen Verwaltungsakt erlassen, also einem Bürger z. B. ein Tun oder
Unterlassen geboten hat (Verfügung = Befehl), ist der Klausur eine verfahrensrechtliche Seite *immanent*. Denn durch Erlaß eines Verwaltungsakts entstehen neben materiellrechtlichen auch verfahrensrechtliche Beziehungen zwischen Bürger und Staat:
Auch der rechtswidrige (nicht nichtige) Verwaltungsakt ist gültig, solange der Bürger
ihn nicht innerhalb der bestehenden Fristen erfolgreich mit Rechtsmitteln angegriffen
hat. Versäumt er eine Rechtsmittelfrist (= Verfahrensvorschrift), ist das Verfahren
beendet. Der Bürger kann sich nicht mehr darauf berufen, die materiellrechtliche Regelung des Verwaltungsakts sei rechtswidrig.[7] Schon deshalb muß der Bearbeiter zu den
Anfechtungsmöglichkeiten Stellung nehmen.

5   Schließlich dürfte das bei manchem Bearbeiter öffentlichrechtlicher
Fälle anzutreffende Unbehagen noch mit darauf zurückzuführen sein,
daß von ihm auch methodisch neue Denkansätze gefordert werden: Vom
Zivilrecht her ist er gewohnt, den Einstieg in fast jede Aufgabe mit der
Frage nach der Anspruchsgrundlage zu finden. Jeden Strafrechtsfall
pflegt er nach dem Schema „Tatbestandsmäßigkeit, Rechtswidrigkeit,
Schuld" aufzubauen. Lediglich wenn es um öffentlichrechtliche *Ansprüche* geht,[8] ist das zivilrechtliche Anspruchsdenken in der öffentlichrechtlichen Klausur noch von Nutzen. Das Strafrechtsschema hat Bedeutung
beim Zwangs- und Bußgeld.[9] In allen anderen Fällen muß der Bearbeiter
(oft selbstschöpferisch) andere Einkleidungen für den Lösungsweg finden. Diese Aufgabe ist ihm ungewohnt.

---

[5] Vgl. etwa §§ 47, 42 II VwGO.
[6] Problematisch kann insb. sein, ob eine öffentlichrechtliche Streitigkeit i. S. von
§ 40 I VwGO vorliegt, ferner z. B., ob *trotzdem* gem. § 40 II VwGO der Zivilrechtsweg gegeben ist.
[7] Einzelheiten später Rdnrn. 43 ff.
[8] Nachfolgend Rdnrn. 170 ff., 270 ff.
[9] Rdnrn. 161 ff.

II. Das Anklammern an Schemata

6   In dieser Situation klammern sich Anfänger, Fortgeschrittene und selbst Examenskandidaten regelmäßig eng an eines der für *Schemata für die Bearbeitung öffentlichrechtlicher Fälle*, welche ihnen in schriftlichen oder mündlichen Fallanleitungen nahegebracht werden.

7   Am bekanntesten ist das sogenannte ,,Prozeßschema", in welchem zunächst nach der ,,Zulässigkeit der Klage", sodann nach der ,,Begründetheit der Klage" gefragt wird.

1. Die einzelnen *Zulässigkeitsvoraussetzungen* einer Klage vor dem *Verwaltungsgericht* (Prozeßvoraussetzungen) werden dabei regelmäßig etwa so zusammengefaßt:[10]

(1) Unterwerfung unter die deutsche Gerichtsbarkeit
(2) Zulässigkeit des Verwaltungs*rechtswegs* (§§ 40, 41 VwGO)
   (Ist der Verwaltungsrechtsweg nicht gegeben, kann der Kläger Verweisung an das zuständige Gericht beantragen, vgl. § 41 III VwGO)
   (a) ,,Öffentlichrechtliche Streitigkeit"
   (b) Streitigkeit ,,nichtverfassungsrechtlicher Art"
   (c) Keine gesetzliche Zuweisung an ein anderes Gericht
   (d) Justiziabilität von Akten im besonderen Gewaltverhältnis[11]
(3) *Richtiger Klage- oder Verfahrenstyp* (das Gericht hat darauf hinzuwirken, daß die sachdienlichen Anträge gestellt werden, § 86 III VwGO)
   (a) Anfechtungsklage (§ 42 I VwGO)
   (b) Verpflichtungsklage (§ 42 I VwGO)
   (c) Sonstige Abwehr- oder Leistungsklage
   (d) Feststellungsklage (§ 43 VwGO)
   (e) Abstrakte Normenkontrolle (möglich nur in bestimmten Fällen, § 47 VwGO)
(4) Örtliche, sachliche, instanzielle Zuständigkeit des angerufenen Gerichts (§§ 45 ff. VwGO)
(5) Beteiligtenfähigkeit (§ 61 VwGO), Prozeßführungsbefugnis (§ 78 VwGO)
(6) Prozeßfähigkeit, Prozeßvertretung, Beistand (§§ 62, 67 VwGO)
(7) Ordnungsmäßige Klageerhebung (§§ 81 ff. VwGO)
(8) Rechtsschutzbedürfnis
(9) Fehlende Rechtshängigkeit (§ 90 II VwGO) und Rechtskraft (§ 121 VwGO)
(10) *Klagebefugnis* (§ 42 II VwGO)
(11) *Vorverfahren* durchgeführt oder nicht erforderlich (§§ 68 ff. VwGO)
(12) *Klage fristgerecht erhoben* (§ 74 VwGO).

8   Die Einzelheiten zu diesen Prozeßvoraussetzungen sind z. B. von *Stern* in Heft 3 der Schriftenreihe der Juristischen Schulung[12] oder von *Tschira-*

---

[10] Die Aufzählung lehnt sich an das Schema von *Stern*, Verwaltungsprozessuale Probleme, S. 7, an. Etwas andere Reihenfolgen z. B. bei *Ule*, JuS 1961, 197; *Tschira-Schmitt Glaeser*, Verwaltungsprozeßrecht, S. 128 f.
[11] Gehört logisch an sich mit zu (1), wird in der Gedankenfolge der Klausur aber regelmäßig *hier* problematisch; Einzelheiten später Rdnrn. 251 ff.
[12] Verwaltungsprozessuale Probleme in der öffentlichen Klausur, 5. Aufl. (1981). Eine Einführung in ,,Die *Praxis* des Verwaltungsprozesses" gibt *J. Martens*, JuS-Schriftenreihe Heft 36 (1975).

Schmitt Glaeser[13] systematisch dargestellt worden. Der Student braucht selbstverständlich nur die _Grundzüge_ mit den _zentralen_ Fragen des Verwaltungsprozeßrechts zu kennen.[14] Erfahrungsgemäß sind in den Übungsfällen nur die Schemapunkte ,,Zulässigkeit des Verwaltungsrechtswegs'' (2), ,,Richtiger Klage- oder Verfahrenstyp'' (3), ,,Klagebefugnis'' (10), ,,Vorverfahren'' (11) und ,,Klagefrist'' (12) problemträchtig und daher wichtig. In der _Niederschrift_ dürfen wie bei jedem Denkschema nur _die_ Schemapunkte abgehandelt werden, welche _ernsthaft_ zweifelhaft sind. Ausnahmen bestehen für Erörterungen, welche zur Abrundung der Gedankengänge unerläßlich sind. Selbst wenn es völlig unproblematisch ist, sollte deshalb mit wenigen Sätzen möglichst knapp ausgeführt werden, daß und warum der Verwaltungsrechtsweg gegeben (2) und die richtige Klage (3) nach Durchführung des Vorverfahrens (11) fristgerecht (12) erhoben sei.[15] Die Prozeßvoraussetzungen des _Zivilprozesses_ hat etwa _Schumann_ in der Juristischen Schulung dargestellt.[16] In der _öffentlichrechtlichen_ Arbeit wird insoweit regelmäßig nur problematisch, ob der Zivilrechtsweg gegeben ist (vgl. z.B. § 40 II VwGO).[17]

9   _Beachte:_ Zur Zulässigkeit der _Berufung_ gegen ein Urteil gehört nur, ob sie selbst statthaft sowie form- und fristgerecht eingelegt ist. Stellt sich in der Berufungsinstanz heraus, daß die _Klage_ nicht zulässig war (etwa weil der Verwaltungsrechtsweg nicht gegeben war), ist die Berufung (des in erster Instanz unterlegenen Beklagten) _begründet._

10   2. Zur Prüfung der _Rechtmäßigkeit_ einer behördlichen Maßnahme _(Begründetheit der/einer Klage)_ wird in der Literatur z.B. folgendes Schema empfohlen.[18]

(1) Rechtsnatur der angegriffenen oder anzugreifenden Maßnahme
    Beachte schon jetzt: Dieser Schemapunkt stiftet mehr Schaden als Nutzen. Er sollte in der _Niederschrift_ niemals vorweg behandelt werden, weil der Leser sonst nicht erkennen kann, _wieso_ es auf die Rechtsnatur ankommt. Falls überhaupt Zweifel bestehen, ist die Frage nach der Rechtsnatur vielmehr an der Stelle der Arbeit zu klären, an der sie im Ablauf der Gedankengänge logisch auftaucht (Einzelheiten später).[19]
(2) Sachliche Zuständigkeit der Behörde
(3) Örtliche Zuständigkeit der Behörde

---

[13] Verwaltungsprozeßrecht, 5. Aufl. (1982); vgl. auch _Ule_, Verwaltungsprozeßrecht, 7. Aufl. (1978); _Pietzner-Ronellenfitsch_, Das Assessorexamen im Öffentlichen Recht, 3. Aufl. (1980).
[14] Im Anschluß an die ,,Mainzer Empfehlungen'' beschränken die neuen Prüfungsordnungen den Stoff jetzt auch offiziell in diese Richtung; s. nachfolgend Rdnrn. 20 ff.
[15] Empfehlung in gleicher Richtung bei _Finkelnburg_, JuS 1965, 499 Erl. 2; _Tschira-Schmitt Glaeser_, S. 129; _Stern_, S. 7.
[16] Ab JuS 1974, 28 in Fortsetzungen (als Heft 75 der JuS-Schriftenreihe 1981 erschienen).
[17] Klausurbeispiel bei _Wilke_, JuS 1966, 481.
[18] Bei _v. Münch_, Übungsfälle, S. 29.
[19] Rdnrn. 58 und 239.

(4) Vorgeschriebene Form einschließlich Bestimmtheit der Maßnahme
(5) Rechtsgrundlage der Maßnahme
    (a) Spezialermächtigung
    (b) Generalermächtigung
(6) Richtiger Adressat der Maßnahme
(7) Notwendigkeit einschließlich Verhältnismäßigkeit der Maßnahme
(8) Zulässigkeit etwa angeordneter Zwangsmittel
(9) Schranken anderer Gesetze, insbesondere der Verfassung.

In abgeänderter Form wird das Schema später[20] Gegenstand eingehender Erörterungen sein.

III. Nutzen und Schaden derartiger Schemata

11 Selbstverständlich ist es nützlich, solche Zusammenstellungen gegenwärtig zu haben. Sie sind aber nicht geeignet, jeden vorkommenden Sachverhalt ohne weiteres mit den einschlägigen Paragraphen und Rechtsproblemen in Zusammenhang zu bringen und zur richtigen Lösung zu führen – eine Wunderwirkung, welche ihnen selbst Examenskandidaten oft noch zutrauen.

1. Einer schematischen Behandlung zugänglich sind von vornherein nur *einfache* Fälle mit *präziser* Fragestellung. Unklare Fragen sind vorher aufzubereiten.[21]

12 Ist nur allgemein nach der Rechtslage gefragt, läßt sich z. B. das Prozeßschema erst anwenden, wenn geklärt ist, *wogegen* zweckmäßigerweise geklagt wird oder *was* genau mit einer Klage erreicht werden soll.[22] Solange das nicht feststeht, kann man nicht die ,,Zulässigkeit *der* Klage" erörtern, weil je nach Klageziel ganz unterschiedliche Zulässigkeitsvoraussetzungen einschlägig sein können (= ständiger Fehler).

13 2. Jedes Schema ist nur für *bestimmte Fallkonstellationen* entwickelt und *brauchbar*. Der Aufbau nach dem *Prozeßschema* etwa ist verbindlich, wenn im Gutachten die Entscheidung des Gerichts vorzubereiten ist. Denn ein Gericht darf über die Begründetheit der Klage erst befinden, nachdem es ihre Zulässigkeit bejaht hat.[23] Das Prozeßschema paßt von vornherein nicht, wenn eine Klagemöglichkeit nach der Fallgestaltung nicht interessiert.

Geradezu grotesk wirkte es, als der Verfasser einer Examensklausur (!) die Möglichkeiten einer *Behörde* zum polizeilichen Vorgehen gegen einen Störer danach beurteilte, ob der *Störer* die noch gar nicht ergangene Polizeiverfügung anfechten könnte, und dann fast nur Ausführungen zur *Zulässigkeit* einer Anfechtungsklage brachte.

---

[20] Rdnrn. 66 ff.
[21] Lies schon jetzt (nähere Andeutungen dazu noch Rdnrn. 912 ff.) die Schilderung von *Ridder-Schmidt*, JuS 1966, 240, nach welcher sämtliche Bearbeiter einer Examensklausur an der unvermittelten Anwendung des Prozeßschemas scheiterten.
[22] S. etwa die Fallbesprechung bei: *Vogel*, Verwaltungsrechtsfall, Nr. 7; *Ridder-Schmidt*, JuS 1966, 240.
[23] Neuerdings nicht mehr ganz einhellige Meinung (Nachw. bei *Säcker*, JZ 1968, 713); der Student sollte sich in der Fallbearbeitung aber trotzdem daran halten.

Ob das Prozeßschema im *vorprozessualen* Stadium angewendet wird, in welchem zu beurteilen ist, ob die Erhebung einer Klage angebracht wäre, richtet sich nach *darstellungs*technischen Gründen der Zweckmäßigkeit. Von Ausnahmefällen abgesehen[24] ist es logisch genauso gut möglich, stattdessen zunächst nach der Begründetheit und dann erst nach der Zulässigkeit einer Klage zu fragen.[25] Denn anders als für das Gericht ist es etwa für einen Anwalt gleichgültig, ob die Klage unzulässig oder unbegründet wäre; wenn nur eines der Fall ist, sieht er von der Klageerhebung ab. Häufig lassen sich Klage*ziel* und Klage*art* erst ermitteln, *nachdem* die materielle Rechtslage durchdacht worden ist.

14	Das genannte *Schema zu den Rechtmäßigkeitsvoraussetzungen einer Maßnahme* ist an Fällen entwickelt worden, welche die Anfechtung eines belastenden Verwaltungsakts betreffen. Es paßt daher nicht für einen Anspruch auf Erlaß eines begünstigenden Verwaltungsakts, für die Frage, ob ein Gesetz gültig ist, und für alle anderen später zu behandelnden Fallgestaltungen.

15	3. Das einschlägige Schema vermag dem Bearbeiter *nicht zu verraten, hinter welchen Schemapunkten sich die eigentlichen Probleme seines Falles verbergen.*

Wie später[26] am Beispiel einer Polizeirechtsklausur im einzelnen dargestellt werden wird, verführt die Kenntnis eines Schemas die Bearbeiter daher recht häufig nur dazu, in aller Breite Schemapunkt auf Schemapunkt abzuhandeln und ebenso zäh- wie überflüssig das ganze „Klippklapp" des Schemas zu Papier zu bringen,[27] die eigentlichen Probleme dabei aber zu übersehen. Als ganzer Ertrag der Klausur wird dann lediglich ohne allen Wert dokumentiert, daß ein Schema bekannt ist. Zumindest werden die Schwerpunkte falsch gesetzt. Die eigentliche Aufgabe, mit möglichst knappen, klaren, auf das Wesentliche beschränkten Worten die dem *Fall* (nicht einem Schema) adäquate Lösung zu finden, wird verfehlt. Es ist also ausgesprochen unheilvoll, wenn immer wieder die den Schemata in der Literatur zumeist beigefügten ausdrücklichen Hinweise überlesen werden, es seien nur die Punkte abzuhandeln, welche *ernsthaft* zweifelhaft sind.[28]

---

[24] Falls die Verfassungsbeschwerde als das einzig zulässige Rechtsmittel in Betracht kommt, *muß* mit der verfahrensrechtlichen Seite begonnen werden. Denn aus ihr ergibt sich dann, daß materiellrechtlich nur Grundrechtsverletzungen interessieren (vgl. Rdnr. 617).

[25] Das dürfte unstr. sein. Die bekannte Kontroverse (dargestellt z. B. bei *Finkelnburg*, JuS 1965, 496, 499 Erl. 1; zuletzt *Henrichs-Pietzner*, JuS 1969, 137 Erl. 1) geht nur darum, welche Reihenfolge *in der Regel am zweckmäßigsten* ist. In dieser Form ist sie müßig, weil ohnehin in jedem Einzelfall geprüft werden muß, ob nicht eine Ausnahme von der Regel vorliegt.

[26] Rdnrn. 121 ff.

[27] S. dazu auch die eindringlichen Warnungen bei *Ridder-Schmidt*, JuS 1966, 240; *Böckenförde*, JuS 1966, 366 Erl. 3.

16 4. Schließlich kann selbst ein mit größter Perfektion entworfenes Schema nicht *alle* Fragen enthalten, die irgendwann einmal irgendwie erheblich werden könnten. *Die eigentlichen Probleme des Falles können also gerade außerhalb des Schemas liegen.*

17 5. *Ertrag* verspricht die Kenntnis eines Schemas nur, wenn der Bearbeiter plastische Vorstellungen zu den Problemen hat, welche *hinter* jedem Schemapunkt stehen. So gesehen kann das Schema insbesondere dem Anfänger *Denkhilfe* beim *Überlegen* der Lösung sein, indem es wichtige Punkte vor dem Vergessen bewahrt und die Grundsätze eines systemgerechten logischen Aufbaus verdeutlicht. Der fortgeschrittene Bearbeiter löst sich auch schon während der Denkarbeit mehr und mehr vom Schema. Er hat ein von Kenntnissen und Verständnis getragenes Erfahrungswissen zu immer wiederkehrenden Problemen in typischen Fallgestaltungen, welches ihm unnötige Umwege über das Durchdenken abseitiger Schemapunkte erspart und ihn zumeist alsbald auf die entscheidenden Fragen führt. Ihm dient das Schema nur noch der Selbst*kontrolle.*

§ 2. Aufgabenstellung

I. Methodik der Fallbearbeitung

18 Vor diesem Hintergrund wäre ein Vorhaben von vornherein zum Scheitern verurteilt, welches nach zivil- oder strafrechtlichem Vorbild ein Generalschema zu entwickeln suchte, mit welchem man alle oder auch nur einen Großteil der öffentlichrechtlichen Fälle wirklich in den Griff bekäme. Geht man davon aus, daß der Leser sich anhand der genannten Darstellungen von *Stern* oder *Tschira-Schmitt Glaeser* mit den Grundzügen des Prozesses, insbesondere auch mit den wichtigsten Prozeßvoraussetzungen, vertraut gemacht hat, ist allein das bereits im Vorwort angedeutete Vorhaben sinnvoll und möglich, von der materiellrechtlichen Seite her die immer wiederkehrenden *typischen Fallkonstellationen (Grundfälle)* zusammenzustellen und die für *sie jeweils* typischen materiellrechtlichen *und* prozessualen Probleme zu erläutern. So erhält der Leser einen Überblick über das, was ihn in der Fallbearbeitung erwarten kann. Insbesondere aber wird sein Blick von vornherein für das in jedem Grundfall Wesentliche geschult. Im wichtigen letzten Teil, welcher der eigentlichen Methodik gewidmet ist, wird später gezeigt, wie man mit den erworbenen Kenntnissen unbefangen und über allen Schemata stehend arbeitet, um einen unbekannten Fall angemessen zu bewältigen.

---

[28] S. z. B.: *Ule,* JuS 1961, 193, 196; *Klein,* JuS 1962, 229; *Achterberg,* JuS 1964, 401; *Finkelnburg,* JuS 1965, 499 Erl. 2; *Pinger,* StuP, 1966, 169; beachte ferner die Bemerkungen zum Schema der Prozeßvoraussetzungen soeben im Text bei Rdnr. 8.

II. Vermittlung von Rechtskenntnissen

19   Unerläßliche Voraussetzung für jede Fallbearbeitung sind insbesondere auch *solide Rechtskenntnisse*. Sie bestehen *nicht* aus unverdautem *Detailwissen*, das lediglich eingepaukt worden ist. Der Bearbeiter muß vielmehr die *tragenden Pfeiler* des Rechtssystems und *grundlegende Zusammenhänge* wirklich *verstanden* haben. Nur so kann er die *Weichen* richtig stellen. Wer gewissenhaft alles und jedes paukt, was ihm begegnet, gerät in ein nur *trügerisches* Gefühl der Sicherheit: Er erfährt zu unwichtigen und abseitigen Fragen zu viel, zu den zentralen Dingen aber zu wenig. Statt dessen ist die Examensvorbereitung mit Mut zur Lücke auf das Wesentliche zu konzentrieren.[1] An dieser Forderung sind auch die nachfolgenden Darstellungen ausgerichtet.

Verängstigte Examenskandidaten und gewerbliche Unternehmer, welche aus wirtschaftlichen Erwägungen die Examenshysterie schüren, kolportieren allerdings, Nebensächlichkeiten würden immer wieder *geprüft*. Der Student sollte sich dadurch nicht irreführen lassen. Entscheidend ist, wie solche Fragen für die Schlußbeurteilung *gewertet* werden. Zumeist erwartet der Prüfer zu abseitigen Fragestellungen gar nicht die ,,richtige" Antwort. Er will nur sehen, ob der Kandidat *sinnvoll argumentieren* kann. Diese Erwartung erfüllt nicht der Kandidat, der sogleich die richtige Antwort parat hat, sondern derjenige, der sie mit Hilfe solider Grundlagenkenntnis ertastet. Reine *Wissensfragen* auf Nebengebieten dienen nur dazu, Pluspunkte zu verteilen. Wer hier versagt, erhält kein Minus. Demgegenüber wiegt das Versagen in zentralen Fragen natürlich schwer.

§ 3. Wichtige Einzelaspekte

I. Die Anforderungen nach den Prüfungsordnungen

20   1. Im Anschluß an die ,,Mainzer Empfehlungen" des Juristischen Fakultätentages[1] hat die 38. Justizministerkonferenz beschlossen, den Pflicht-Prüfungsstoff fortan auf folgende Gebiete zu beschränken.[2]

,,Staats- und Verfassungsrecht mit den Bezügen zum Völkerrecht; allgemeines Verwaltungsrecht einschließlich Verwaltungsverfahrensrecht; aus dem besonderen Verwaltungsrecht: Kommunalrecht sowie Polizei- und Ordnungsrecht; das allgemeine Verfahrensrecht im Verwaltungsprozeß, insbesondere: Rechtswege, Verfahrensgrundsätze, Klagearten, Verfahren im ersten Rechtszug mit Beweisaufnahme und Beweiswürdigung, Wirkungen gerichtlicher Entscheidungen, Arten der Rechtsbehelfe, vorläufiger Rechtsschutz."

Fast alle Prüfungsordnungen sind entsprechend ausgestaltet worden.[3] Deshalb ist es gerechtfertigt, den Stoff auch nachfolgend auf den angege-

---

[1] Einzelheiten zur Technik sinnvoller Examensvorbereitung bei *Erbel*, Klausurenlehre I, S. 1 ff.
[1] Vgl. JuS 1969, 241 f.; 1970, 649 f.
[2] Näheres zu allem bei *Scholz*, DÖV 1971, 548 f.
[3] Das Kommunalrecht erscheint in Berlin und Hamburg als Wahlfach, weil es dort keine Gemeinden gibt.

benen Fächerkatalog zu konzentrieren. Ob der Leser darüber hinaus als
Pflicht- oder Wahlfach weiteren Stoff beherrschen muß[3a], mag er für
seinen Hochschul- und Examensort selbst feststellen.[4]

21 2. Den Zweck der Prüfung umschreiben die Prüfungsordnungen in
Übereinstimmung mit den ,,Mainzer Empfehlungen" so:

> ,,Die Prüfung dient der Feststellung, ob der Bewerber das *rechtswissenschaftliche*
> Studienziel erreicht hat und damit für den juristischen Vorbereitungsdienst fachlich
> geeignet ist. Der Bewerber soll in der Prüfung zeigen, daß er das Recht mit Verständnis
> erfassen und *anwenden* kann und über die dazu erforderlichen Kenntnisse in den
> Prüfungsfächern mit ihren geschichtlichen, sozialen, wirtschaftlichen, politischen und
> rechtsphilosophischen Bezügen verfügt" (§ 7 Nieders. JAO).[5]

22 In früheren Prüfungsordnungen wurde *besonders* darauf hingewiesen,
daß der Kandidat *praktisches* Verständnis zeigen müsse.[6] Aber das ergibt
sich unabhängig von der jeweiligen Prüfungsordnung auch bereits aus der
Sache: Dem Fallbearbeiter ist eine *praktische* Aufgabe gestellt. Er muß
die Rechtswissenschaft einem Rechtsfall des täglichen Lebens *nutzbar*
machen, so wie es von ihm als Referendar und dann später in vielen
juristischen Berufen ständig verlangt wird. In der Fallbearbeitung sind
also nebeneinander eine wissenschaftliche Leistung und praktisches Verständnis zu erbringen, nichts Gegensätzliches, aber *zwei verschiedene
Aspekte einer Sache.*

II. Praktisches Verständnis

23 Praktisches Verständnis zeigt der Bearbeiter u. a. dadurch, daß er seine
Untersuchungen auf das konzentriert, was für die im Sachverhalt genann-
ten Beteiligten von gegenwärtigem praktischem Interesse ist. Wie im letz-
ten Teil noch zu zeigen sein wird,[7] haben derartige Erwägungen z. B.
Bedeutung, wenn unklare oder allgemein gehaltene Fragestellungen
(,,Wie ist die Rechtslage") aufzulösen sind.

Ob das Prüfungsamt oder der Übungsleiter durch die Auswahl des

---

[3a] Teilweise gehören die ,,Grundzüge des Baurechts" zusätzlich zum Pflichtfachbereich.
[4] Klausurbezogene Einführungen in die Wahlfächer gibt die Schriftenreihe ,,Wahl-
fach-Examinatorium" mit den Heften WEX 4 Besonderes Verwaltungsrecht, WEX 5
Sozialrecht, WEX 6 Völkerrecht/Europarecht, WEX 7 Staatslehre/Verfassungsge-
schichte, WEX 10 Verwaltungslehre. S. ferner *Pappermann-Gubelt,* Fälle zum Wahlfach Bau- und Raumordnungsrecht sowie Straßenrecht, 2. Aufl. 1979 (JuS-Schriftenreihe H. 26), 1976; *Finkelnburg-Ortloff,* Öffentliches Baurecht, 1981 (JuS-Schriftenreihe
H. 76); *Papier,* Fälle zum Wahlfach Wirtschaftsverwaltungsrecht (JuS-Schriftenreihe
H. 44), 1976; *Frotscher,* Grundfälle zum Wirtschaftsverfassungs- und Wirtschaftsverwaltungsrecht, JuS 1981, 507 (in Fortsetzungen); *v. Mutius,* Grundfälle zum Kommunalrecht, ab JuS 1976, 652. Einführung in das Raumplanungsrecht bei *Hendler,* JuS
1979, 618; ins StädtebauförderungG bei *Kauther,* JuS 1981, 557.
[5] Anderes gilt auch nicht für die Reformmodelle der ,,einstufigen Juristenbildung".
[6] Einzelheiten bei *Schwerdtfeger,* JuS 1969, 475.
[7] Rdnrn. 910ff.

Falles mehr Gelegenheit zur (theoretischen) *Erörterung* von Rechtsfragen gegeben oder Probleme ihrer (praktischen) *Anwendung* auf den konkreten Sachverhalt (z. B. Sachverhaltsauslegungen, saubere Subsumtion, Auffinden versteckter Vorschriften) in den Vordergrund gestellt hat, muß von Fall zu Fall ermittelt werden. Besonders in den Universitätsübungen kommen „Fälle" vor, welche ganz auf *ein* Rechtsproblem zugeschnitten sind. Der Aufgabensteller erwartet eine gründliche Auseinandersetzung mit diesem Problem. Er hätte es an sich auch als Aufsatzthema ausgeben können. Die Falleinkleidung wählte er nur, weil das Problem durch sie sogleich plastisch wird, ebenso wie er in Vorlesungen auch *Beispiels*fälle bringt, um die behandelten Rechtsfragen zu erläutern. Auf der anderen Seite einer breiten Skala stehen Fälle aus der täglichen Praxis, welchen der Bearbeiter durch viel praktisches Verständnis etwa in der Entwicklung sinnvoller Fragestellungen erst die richtige Ausrichtung geben muß, bevor er eine Fülle von Rechtsproblemen aufdeckt, welche mitunter auch dem Aufgabensteller nicht aufgefallen waren.

III. Wissenschaftliche Fallbearbeitung

24   Ob der Examenskandidat das „*wissenschaftliche*" Studienziel einer *Universitäts*- (nicht Fachschul-)Ausbildung erreicht hat, zeigt sich in der Klausur durch die Art und Weise, in welcher er den Fall anfaßt, in der Hausarbeit zusätzlich auch darin, wie er Literatur und Rechtsprechung heranzieht und verarbeitet.[8] Insbesondere das *ausschließliche* Lernen aus Skripten und die mangelnde Teilnahme an den Universitäts*übungen* führen dazu, daß viele Arbeiten den wissenschaftlichen Anforderungen kaum genügen und daher in ihren Ergebnissen hinter den Erwartungen der Examenskandidaten zurückbleiben.

Wer sein Wissen *ausschließlich* aus *Skripten* bezieht, gewöhnt sich an einen rein *rezeptiven* Arbeitsstil. Er kann die Dinge nur in der *gleichen* Einkleidung und Aufmachung von sich geben, in welcher er sie aufgenommen hat. Daher sucht er in der Fallbearbeitung nach Bekanntem und orientiert sich an Parallelfällen. Findet er sie nicht, ist er ratlos. Grundvoraussetzung für eine erfolgreiche Fallbearbeitung sind demgegenüber Eigenständigkeit, wirklicher Durchblick und Kreativität. *Darauf* ist der Student nicht vorbereitet. Speziell für die Hausarbeit kommt hinzu: Durch die Skripten ist der Student gewohnt, Literatur und Rechtsprechung mundgerecht aufbereitet und eingeordnet serviert zu bekommen. In der Hausarbeit muß er *auf sich allein gestellt* Literatur und Rechtsprechung *selbst* analysieren, in ihrer Bedeutung erfassen und in größere Zusammenhänge einpassen. Daß das ohne jede *Vorübung* nicht gelingen *kann*, liegt auf der Hand.[9] Skripten können die Arbeit anregen und durchaus erleichtern. Der Student muß die Zusammenhänge und Probleme aber eigenständig durchdenken und sich dabei – gestützt auf die Originalquellen – selbständig sein Urteil bilden.

---

[8] Eingehender zum Unterschied von Klausur und Hausarbeit noch unter Rdnr. 901. Musterhausarbeiten bei *Vogel,* Die verwaltungsrechtliche Hausarbeit, 1965; *Pappermann,* Die öffentlichrechtliche Hausarbeit im Referendarexamen, 1973. -

25   Den besten und wichtigsten Zugang hierzu vermitteln die Universitäts*übungen*. Sie geben dem Studenten die Gelegenheit, durch das *Anfertigen* eigenständiger Bearbeitungen die *Schwierigkeiten* selbständiger wissenschaftlicher Arbeit zu *erfahren*, in den mündlichen Besprechungsstunden die Wege zu ihrer *Beseitigung* kennenzulernen und – jeweils darauf aufbauend – durch weiteres Üben *rechtzeitig* die nötige Erfahrung und Sicherheit in der *wissenschaftlichen* Methodik zu erlangen. Jeder examensbewußte Student sollte von dieser einzigartigen Möglichkeit reichlich Gebrauch machen, möglichst *alle* angebotenen Arbeiten (gerade auch alle Hausarbeiten) mitschreiben und die Besprechungen besuchen. Wenn das auch viel Zeit kostet: Für mittlere Semester gibt es keine *effektivere* Betätigung. Wer die Übungen stattdessen lediglich als Zwischenprüfungen sieht, welche möglichst frühzeitig mit möglichst wenig Kraftaufwand (und viel fremder Hilfe) zu absolvieren seien, damit er sich dann rechtzeitig und in Ruhe (durch das Lesen von Skripten) auf das Examen vorbereiten könne, überspringt den *Grundstein* des Examenserfolges:[10] Wie man eine wissenschaftliche Hausarbeit (= ⅓ der Examensnote in den meisten Bundesländern) schreibt, lernt man *nur* in der Übung. Mit dem *Klausuren*schreiben erst in speziellen Klausurenkursen zu beginnen, ist *zu spät*. Nach der Erfahrung gerät der Student jetzt auch leicht nur noch in ein *übertriebenes* (und zeitraubendes) oberflächliches Klaus*urtraining* (Motto 1–3 Klausuren pro Woche neben der sonstigen Examensvorbereitung), in welchem er sich im Übermaß *handwerklich-technische Routine* einübt, die (in der Übung versäumte exemplarische) eigenständige, vertiefte, wissenschaftliche Beschäftigung *mit der Sache selbst* aber nicht mehr nachholt.

IV. Behandlung von Streitfragen

26   Die meisten Bearbeiter lassen keine Gelegenheit ungenutzt, zu jeder umstrittenen Frage sogleich einen ganzen Stapel verschiedener (oft nur in grauer Vorzeit vertretener) Theorien auszubreiten.[11] Selbst auf ganz abseits liegende Streitfragen wird oft der eigentliche Schwerpunkt der ganzen Bearbeitung gelegt – eine typische Erscheinung des offenbar unausrottbaren Irrtums, ,,das Problem‘‘ des Falles müsse immer ein Theorienstreit sein.[12]

Wenn die Aufgabe nicht ganz auf eine Streitfrage zugeschnitten ist, *kann* es zumeist nicht die Absicht des Aufgabenstellers einer zwei- bis fünfstündigen *Klausur* sein, den Bearbeiter zusätzlich zur Bewältigung anderer Schwierigkeiten auch noch zu einer fundierten Stellungnahme zu Streitfragen zu veranlassen. Derartiges ist in erster Linie Spezialabhandlungen, insbesondere Aufsätzen und Monographien vorbehalten. Schon wegen der Kürze der Zeit und weil ihm die nötigen Hilfsmittel (Lehrbücher, Monographien, Rechtsprechung) fehlen, bleibt dem Klausurbearbeiter zumeist gar nichts anderes übrig, als mit möglichst knappen Worten alsbald auf die Theorie zuzusteuern, welche er anwenden möchte. Zu den anderen Theorien genügen häufig Andeutungen. Wer statt dessen seitenlang Theorien referiert, das Für und Wider erörtert und dann schließlich erst nach vielen Umwegen zu der Theorie kommt, die allein

---

[9] Beispiel Rdnr. 901.

[10] Ebenso z. B. der Jahresbericht 1977 des Nieders. Landesjustizprüfungsamtes, Nds Rpfl. 1978, 80 = JuS 1978, Heft 8, S. VII.

[11] S. dazu auch *Ridder-Schmidt*, JuS 1966, 241.

[12] Zu anderen Fallproblemen Rdnrn. 956 ff.

richtig und daher anzuwenden sei, hebt selten den Wert seiner Arbeit. Denn es ist offenkundig, daß er lediglich en bloc übernimmt, was er sich bereits *vor* der Klausur bis in alle Einzelheiten zurechtgelegt hatte oder was zu schreiben ihm von dritter Seite empfohlen worden war.

In Examensklausuren kommt es vor, daß fast alle Bearbeiter einen Theorienstreit nach genau dem gleichen Schema mit den gleichen Erwägungen darstellen und lösen (weil sie alle beim gleichen Repetitor saßen und die gleiche von ihm verfaßte ,,Karteikarte" auswendig gelernt haben). Diese Einhelligkeit wirkt um so erstaunlicher, je umstrittener die Frage in Literatur und Rechtsprechung ist, und bestätigt die These vom unselbständigen, rein rezeptiven Arbeitsstil in der Examensvorbereitung, welcher einen angemessenen Examenserfolg verhindert.[13]

27   Der Bearbeiter soll nicht um jeden Preis *eingepauktes* Wissen zeigen (und so vielleicht die Schwerpunkte verzeichnen): Daß er Kenntnisse hat, wird als selbstverständlich *vorausgesetzt*. Verlangt wird von ihm vielmehr der Nachweis, daß er sein Wissen mit *Verständnis* einem praktischen Fall *nutzbar machen* kann. Hierzu gehört, daß er die Theorien, welche er erwähnt, wenigstens *verstanden* hat. Diese Selbstverständlichkeit bestätigt sich bei der Korrektur leider häufig *nicht*.

In einer *Hausarbeit* mit *vielen* Schwierigkeiten und interessanten Fragen muß der Bearbeiter eine sinnvolle Auswahl treffen, ob er einen Theorienstreit eingehend vertieft oder lediglich mehr oder minder klausurmäßig behandelt (Schwerpunktbildung). Auch im ersten Fall wird indessen weder *monographische* Gründlichkeit verlangt noch regelmäßig erwartet, daß der Bearbeiter den verschiedenen Ansichten ,,gestandener" Wissenschaftler und Praktiker noch wesentlich Neues hinzufügt. Er muß seine Stellungnahme nur methodisch sorgfältig entwickeln und einsichtig machen.[14]

V. Zur Bedeutung der höchstrichterlichen Rechtsprechung für die Fallbearbeitung

28   Praktisches Verständnis kann der Bearbeiter ferner dadurch zeigen, daß er den *rechtlichen* Maßstäben der Praxis Beachtung schenkt und deshalb der höchstrichterlichen Rechtsprechung die gehobene Bedeutung beimißt, welche ihr in der Praxis zukommt. Falls er im Hinblick auf seine Ausstattung mit Zeit und Hilfsmitteln keine Möglichkeit oder aus Gründen der Schwerpunktbildung keine Veranlassung zu eingehenden Auseinandersetzungen mit unterschiedlichen Meinungen hat, vielmehr ohne weiteres nur eine ,,Theorie" zugrunde legen möchte, wählt er sinnvollerweise die Ansicht der höchstrichterlichen Rechtsprechung aus, nach welcher der Sachverhalt im ,,Ernstfalle" beurteilt würde.

---

[13] Soeben Rdnrn. 24, 25.
[14] Ebenso *Stein*, Staatsrecht, § 31 II. Näheres zur *Niederschrift* dieser Erörterungen später Rdnrn. 974, 975.

Beispiel: Zu den verschiedenen Enteignungstheorien kann der Klausurbearbeiter nicht fundiert Stellung nehmen. Falls es um Entschädigungen geht, sollte er seinen Erörterungen die Sonderopfertheorie des *BGH,* nicht die Zumutbarkeitstheorie des *BVerwG* zugrunde legen. Denn Enteignungsentschädigung ist im Zivilrechtsweg, nicht im Verwaltungsrechtsweg geltend zu machen.[15]

Die Schwerpunktbildung selbst kann sich u. a. danach richten, ob eine Frage durch die höchstrichterliche Rechtsprechung für die Praxis geklärt ist. Das gilt allerdings nicht, wenn der Sachverhalt erkennen läßt, daß die für die Praxis ausgestandene Problematik nach der Absicht des Aufgabenstellers noch einmal neu überdacht werden soll, etwa weil der ganze Fall nur auf diese eine Frage zugeschnitten ist.[16] Besteht Veranlassung zu eingehenden Auseinandersetzungen mit einer Zweifelsfrage, zu der eine abschließende Stellungnahme der höchstrichterlichen Rechtsprechung vorliegt, hat der Bearbeiter das Für und Wider zunächst wissenschaftlich zu durchdringen und auf die Waagschalen zu verteilen. Bei der endgültigen Entscheidung ist aber eine Waagschale von vornherein vorbelastet: Gegen die Rechtsprechung sollte er nur entscheiden, wenn seiner Ansicht nach *gewichtige* Gründe gegen sie sprechen. Andernfalls besteht keine Aussicht, daß die Rechtsprechung den nun einmal eingeschlagenen Weg in Zukunft ändert; die Entscheidungsgrundlage ist nicht hinreichend tragfähig für eine realistische Einschätzung der Rechtslage. Alle Einzelheiten ,,Zur Bedeutung der höchstrichterlichen Rechtsprechung für die Fallbearbeitung" sind früher in der ,,Juristischen Schulung" dargestellt worden.[17] Sie sind allerdings nicht unbestritten.[18] Wie der Bearbeiter sich in Zweifelsfällen verhält, bleibt seinem Fingerspitzengefühl überlassen. Den Übungsleiter kann man notfalls nach seiner Ansicht fragen. Die Handhabung der Prüfungsämter ist naturgemäß dadurch beeinflußt, daß die Prüfungsausschüsse (zumeist) zur Hälfte mit Praktikern besetzt sind.

VI. Lösungsregeln nicht als Selbstzweck

29   Zur Aufgabe dieser Anleitung, *methodische* Hinweise zu geben, sei schließlich noch vorausgeschickt: Lösungsregeln sind nicht Selbstzweck, sondern nur Mittel zu dem Zweck, dem Studenten und Examenskandidaten die Fallbearbeitung zu *erleichtern.* Logik und ,,gesunder Menschen-

---

[15] Näheres bei *Schwerdtfeger,* JuS 1967, 314 (Beispielsfall 2), sowie später im Text Rdnrn. 423, 432.
[16] Beispiel bei *E. Wolf,* JuS 1968, 77, der die Fallbearbeitung für den Nachweis benutzt, daß es entgegen der st. Rspr. *kein* Recht am eingerichteten und ausgeübten Gewerbebetrieb gebe.
[17] *Schwerdtfeger,* JuS 1967, 312. Zum Richterrecht als Rechtsquelle s. etwa *Coing,* JuS 1975, 277.
[18] Vgl. besonders *Ridder,* JuS 1967, 504. Auseinandersetzung mit seiner Polemik bei *Schwerdtfeger,* JuS 1969, 477.

verstand" haben für jede Fallbearbeitung an erster Stelle zu stehen. Entscheidend ist, daß der Fall adäquat gelöst wird, nicht, daß Lösungsregeln beachtet werden. Wird eine Fallbearbeitung durch Regeln erschwert, können sie (nach reiflicher Überlegung) getrost beiseite gelassen werden, solange sie nicht auf *zwingenden* logischen oder rechtlichen Vorgegebenheiten beruhen.

Selbst in einem dem *Gericht* zu erstattenden Gutachten, wie über eine erhobene Klage zu entscheiden sei, kann es in seltenen (!) Ausnahmefällen aus darstellungstechnischen Gründen zweckmäßig und daher zulässig sein, einige materiellrechtliche Erörterungen „vor die Klammer" zu ziehen und so in einem einführenden Teil vor der „Zulässigkeit der Klage" zu bringen.

2. Teil. Der Verwaltungsakt im Über-Unterordnungsverhältnis

§ 4. Allgemeines

I. Arten des Verwaltungsakts

41 1. Nach ihrem *Inhalt* teilt man die Verwaltungsakte zumeist ein in:[1]

a) *Gebote und Verbote* (Befehle, „Verfügungen" im engeren Sinne)

Beispiele: Die Behörde gibt dem Bürger auf, ein von ihm stehengelassenes Autowrack zu beseitigen, Anschluß- und Benutzungsgebühren für den Anschluß an die kommunale Wasserversorgung zu zahlen, ein Fahrtenbuch zu führen, ein baurechtswidriges Wochenendhaus abzureißen; die Behörde verbietet eine Versammlung, den Betrieb einer Gaststätte; die Behörde verhängt gegen einen Bürger wegen beleidigenden Verhaltens das Verbot, die Behördenräume zu betreten.

b) *Gestaltende Verwaltungsakte*

Beispiele: Erteilung, Versagung, Rücknahme oder Widerruf einer *Erlaubnis* (zum Betrieb eines Gewerbebetriebes, einer Gaststätte; Bauerlaubnis); Einbürgerung, Namensänderung, Beamtenernennung oder sonstige *Statusveränderung;* Widmung eines öffentlichen Weges; privatrechtsgestaltende Vertrags- oder Auflassungsgenehmigung.

c) *Feststellende Verwaltungsakte.* Sie stellen die Rechtslage für den konkreten Einzelfall verbindlich fest.

Beispiele: Festsetzung des Besoldungsdienstalters eines Beamten; Feststellung der Sozialversicherungspflicht, der Flüchtlingseigenschaft, des Grades der Erwerbsminderung, der Staatsangehörigkeit.[2]

42 2. Nach ihrer *Wirkung* für den Betroffenen lassen sich unterscheiden:

a) *Belastende Verwaltungsakte*

Belastend sind für die Adressaten alle Gebote und Verbote, aber auch manche gestaltenden und feststellenden Verwaltungsakte wie z. B. Rücknahme und Widerruf einer Erlaubnis, die Entlassung eines Beamten, die verschlechternde Neufestsetzung seines Besoldungsdienstalters.

Die Initiative zum Erlaß eines belastenden Verwaltungsakts geht typischerweise[3] von der Behörde aus. Der Bürger wehrt sich durch Widerspruch (§§ 68 ff. VwGO) an die Verwaltung und anschließende *Anfechtungsklage* (§ 42 I VwGO) vor dem Verwaltungsgericht.

b) *Begünstigende Verwaltungsakte*

Eine Legaldefinition des begünstigenden Verwaltungsakts findet sich in § 48 I VwVfG. Begünstigend können für die Adressaten nur gestaltende und feststellende

---

[1] Einzelheiten z. B. bei *Wolff-Bachof I*, § 47; *Erichsen-Martens*, Allg. VR, § 12.
[2] Dazu s. *BVerwGE* 41, 277 = JuS 1973, 579 Nr. 7.
[3] S. aber auch Rdnrn. 221 ff. (privater Dritter).

Verwaltungsakte sein, wie etwa Erlaubnisse und Genehmigungen oder z. B. die Feststellung der Flüchtlingseigenschaft.

Der Erlaß eines begünstigenden Verwaltungsakts wird vom Bürger beantragt. Kommt die Behörde dem Antrag nicht nach, verfolgt ihn der Bürger durch Widerspruch und *Verpflichtungsklage* (§ 42 I VwGO).

II. Die Funktionen des Verwaltungsakts

43   Grundvoraussetzung für jede Fallbeurteilung ist, daß der Bearbeiter die rechtlichen Funktionen[4] des Verwaltungsakts und – in ihrem Gefolge – einige prozessuale Zusammenhänge kennt.

1. Regelungsfunktion und Bestandskraft

Gem. § 35 VwVfG dient der Verwaltungsakt der *Regelung* eines Einzelfalles. Solange die Regelung besteht, ist ihr Inhalt *verbindlich*. Es liegt also fest, daß der Bürger das zu tun oder zu unterlassen hat, was die Verfügung von ihm verlangt, daß der Inhaber einer Bauerlaubnis bauen darf,[5] welches Besoldungsdienstalter der Beamte hat usw. (*materielle Regelungsfunktion* des Verwaltungsakts).[6] Dabei ist es in der Regel unerheblich, ob der Verwaltungsakt rechtmäßig oder rechtswidrig ist. Denn auch ein rechtswidriger Verwaltungsakt ist gültig, falls er nicht ausnahmsweise mit besonders schwerwiegenden und offenkundigen Fehlern behaftet ist, welche gem. § 44 VwVfG zur Nichtigkeit führen.[7]

44   Der Adressat des *belastenden* Verwaltungsakts kann der Verbindlichkeit nur dadurch entgehen, daß er den Verwaltungsakt fristgerecht *anficht*, damit die Exekutive ihn zurücknimmt oder das Gericht ihn aufhebt. Mit der Rücknahme oder Aufhebung wird der Verwaltungsakt in seinem *Bestand*, in seiner „*äußeren* Wirksamkeit" beseitigt (vgl. § 43 II VwVfG). Im Rahmen des § 80 VwGO führt bereits die Anfechtung *als solche* dazu, daß der Verwaltungsakt in seinem *Regelungsgehalt*, in seiner „*inneren* Wirksamkeit", suspendiert ist (aufschiebende Wirkung, „Suspensiveffekt" des Widerspruchs). Wird der belastende Verwaltungsakt innerhalb der Anfechtungsfristen nicht angefochten, wird er zu Lasten seines Adressaten (*formell*) bestands*kräftig*.[8] Sieht man von den nachfolgend behandelten Ausnahmekonstellationen ab, kann der Adressat die Rücknahme oder Aufhebung nicht mehr *erzwingen*. Ein verspäteter Widerspruch hat auch keine aufschiebende Wirkung. Die *Behörde* ist aber nicht gehindert, den belastenden Verwaltungsakt zurückzunehmen oder

---

[4] S. zu ihnen auch *Löwer* JuS 1980, 805.
[5] Die Bauerlaubnis betrifft aber nicht die privatrechtliche Bauberechtigung.
[6] Vertieft zu ihr (für den feststellenden VA) *Hoffmann-Becking*, DÖV 1972, 196.
[7] Zu den Nichtigkeitsgründen Rdnr. 111.
[8] Näheres zur Gegenüberstellung von „äußerer" und „innerer" Wirksamkeit sowie zur Bestandskraft bei *Kopp*, VwVfG, Vorb. § 35 Rdnrn. 8 ff.; § 43 Rdnr. 6.

zu widerrufen (§§ 48 I, 49 I VwVfG). Anders als ein Gerichtsurteil erwächst der Verwaltungsakt *nicht* in *materielle* Bestandskraft (,,Rechtskraft").

Die Widerspruchsfrist und die Frist für die anschließende Anfechtungsklage betragen in der Regel einen Monat (§§ 70, 74 I VwGO).

45   *Fall:* Als ein Student *(S)* sich zum Examen meldet, stellt sich heraus, daß ihm der an sich erforderliche Übungsschein im Hauptfach X fehlt. Gleichwohl wird er unter der ,,Bedingung" zum Examen zugelassen, daß er die Klausur in diesem Fach mindestens ,,ausreichend" schreibe. Dies gelingt ihm nicht. Weil auch alle anderen schriftlichen Arbeiten ,,mangelhaft" sind, erhält er den Bescheid, er habe das Examen nicht bestanden. *S* überlegt sich: Die ,,Bedingung" sei nicht eingetreten, also fehle die Zulassung; in einem Examen, zu welchem er nicht zugelassen sei, könne er aber auch nicht scheitern. – Falls *S* den Bescheid über das Examensergebnis nicht fristgerecht anficht, ist er trotzdem rechtswirksam ,,durchgefallen", etwa mit der Folge, daß er die Prüfung jetzt nur noch einmal wiederholen kann. Denn aus den von *S* angeführten Gründen ist der Bescheid zwar rechtswidrig, aber nicht nichtig, also bis zur Aufhebung durch die Behörde oder durch das Gericht gültig. Die bedingte Zulassung mag ihrerseits auch rechtswidrig gewesen sein. Solange man sie nicht als nichtig ansieht, entfaltet jedoch auch die rechtswidrige Bedingung die von *S* angedeutete Wirkung.[9]

46   Lehnt die Behörde einen Antrag auf Erlaß eines *begünstigenden* Verwaltungsakts (Baugenehmigung) ab, muß der Antragsteller entsprechend fristgerecht Rechtsmittel einlegen (Widerspruch, anschließend Verpflichtungsklage auf Erlaß des begünstigenden Verwaltungsakts). Denn sonst kann sich die Behörde gegenüber einem neuen Antrag darauf berufen, sie *habe* bereits negativ entschieden: Die *formelle* Bestandskraft der Ablehnung ist im Rahmen nachfolgender Eingrenzungen *Verfahrens*hindernis für das neue Antragsverfahren.[10]

47   Nach Ablauf der Rechtsmittelfrist[11] steht es sowohl beim belastenden Verwaltungsakt als auch bei der Ablehnung eines begünstigenden Verwaltungsakts grundsätzlich im *Ermessen* der Behörde, ob sie das Verfahren wiederaufgreift, nämlich in eine erneute Sachprüfung eintritt (§ 51 V i. V. m. §§ 48 I 1, 49 I VwVfG).[12] Der Bürger hat immerhin einen *Anspruch* auf ermessensfehlerfreie Entscheidung[13] über die Frage, *ob* in eine

---

[9] Näheres Rdnr. 203.

[10] Diese *formelle* Situation übersieht *BVerwG,* DÖV 1976, 59, wenn es ausführt, wiederholte Bauanträge müßten stets sachlich neu beschieden werden, weil der Ablehnung eines Bauantrages keine *materielle Regelungs*funktion zukomme (was wohl zutrifft), sie nämlich nicht *materiell* verbindlich feststelle, daß kein Bauanspruch bestehe.

[11] Zur ,,Wiedereinsetzung in den vorigen Stand" s. §§ 60 VwGO, 32 VwVfG; Klausurfall bei *Weides,* JuS 1978, 841.

[12] Näheres hierzu und zum Nachfolgenden: *BVerwGE* 13, 99; *BVerfGE* 27, 297 ff. = JuS 1970, 297 Nr. 2 = *Weber* II, Art. 19 IV Nr. 16; *BVerwGE* 44, 333; *VG Berlin* NJW 1981, 2595 (instruktiv); *Maurer,* JuS 1976, 25; *Stern,* Verwaltungsprozessuale Probleme, S. 69 ff. Klausurbesprechungen bei: *Schachtschneider,* JuS 1970, 574; *Kirschenmann,* JuS 1973, 772. Zum ,,Zweitbescheid" s. nachfolgend Rdnr. 53.

[13] Zu ihm allgemein Rdnrn. 186 ff.

erneute Sachprüfung *eingetreten* werden soll.[14] Ein Anspruch auf die neue *Sachprüfung selbst* besteht, wenn das Wiederaufnahmeermessen „auf Null reduziert" ist,[15] vor allem (§ 51 VwVfG), wenn sich die Sach-[16] oder Rechtslage[17] verändert hat, neue Beweismöglichkeiten aufgetaucht sind[18] oder Wiederaufnahmegründe entsprechend § 580 ZPO vorliegen.[19] Ein Anspruch auf Wiederaufnahme besteht hingegen nicht, wenn sich nur die höchstrichterliche Rechtsprechung geändert hat.[20, 20a]

48   2. „Titel"funktion als Grundlage der Verwaltungsvollstreckung

Ein Gebot oder Verbot kann die Behörde selbst vollstrecken, ohne das verlangte Tun oder Unterlassen vorher gerichtlich einklagen und sich so wie ein Privatmann einen gerichtlichen Vollstreckungstitel beschaffen zu müssen[21] *(„Titel"funktion* des Verwaltungsakts[22] als Grundlage der Verwaltungs*vollstreckung).* Bei gestaltenden und feststellenden Verwaltungsakten kommt eine Vollstreckung naturgemäß nicht in Betracht.

III. Vorliegen eines Verwaltungsakts

49   1. Insbesondere wegen der Verbindlichkeit seiner Regelungen ist es in der Praxis und in der Fallbearbeitung wichtig zu *erkennen, wann* die Rechtsbeziehungen durch einen Verwaltungsakt geregelt sind.

Fall: Obgleich *A* in einen Unfall verwickelt war, beläßt ihm das Gericht die Fahrerlaubnis, weil es ihn weiterhin für geeignet hält, ein Kraftfahrzeug zu führen. Wegen der Schwere des Unfalls entzieht dem *A* anschließend aber die Verwaltungsbehörde die Fahrerlaubnis und fordert ihn auf, den Führerschein unverzüglich bei ihr abzuliefern. *A* tut das, hält das Handeln der Behörde aber für rechtswidrig und fragt an, was er unternehmen müsse, „um den Führerschein wiederzubekommen". – Viele Bearbeiter dieser Klausur stellten (laienhaft) die Herausgabe des Führerscheins (Leistungsklage) ganz in den Vordergrund. Statt dessen geht es in erster Linie um den gestaltenden Verwaltungsakt „Entziehung der Fahrerlaubnis" (§§ 15b StVZO, 4 StVG). *A* muß diesen (wegen 4 III StVG rechtswidrigen) Verwaltungsakt anfechten (Anfechtungsklage). Der Führerschein ist nur eine Bescheinigung, welche dem Nachweis der Fahrerlaubnis dient (§§ 4 II StVZO, 2 II StVG). Einen Anspruch auf seine Aushändigung hat

---

[14] S. *BVerwGE* 44, 333, i. V. m. *BVerfGE* 27, 297 ff. = JuS 1970, 297 Nr. 2 = *Weber* II, Art. 19 IV Nr. 16.

[15] Allgemein zur „Ermessensreduzierung auf Null" Rdnrn. 179 bis 184.

[16] *BVerwGE* 32, 124.

[17] *BVerwGE* 31, 164; 35, 234. Bloße Änderung der Rspr. reicht nicht, *BVerwGE* 28, 125 f.; 35, 234 ff. Eingehender zur Wiederaufnahme *J. Martens,* JuS 1979, 114; *Sachs,* JuS 1982, 264.

[18] *BVerwGE* 24, 115.

[19] *BVerwGE* 19, 153.

[20] *BVerwGE* 28, 127 f.; 39, 233; *BVerwG,* NJW 1981, 2595 = JuS 1982, 219 Nr. 13.

[20a] Im Wiederaufnahmeverfahren nach § 51 I VwVfG ist die im Text nur behandelte „Begründetheit" des Wiederaufnahmeantrags von seiner (vorweg erheblichen) „Zulässigkeit" zu unterscheiden. Näheres dazu und zu der Frage, welche Aspekte wo „geprüft" werden müssen, in *BVerwG,* NJW 1982, 2204.

[21] Näheres nachfolgend Rdnrn. 150 ff.

[22] Vgl. auch *Renck,* JuS 1970, 115 Fußn. 15.

A erst, wenn die „Entziehung der Fahrerlaubnis" beseitigt ist. Zu klären bleibt die rechtliche Bedeutung der „Aufforderung", den Führerschein unverzüglich abzuliefern. Es handelt sich vielleicht um einen unverbindlichen Hinweis (*kein* Verwaltungsakt) auf die ohnehin schon nach §§ 15 b III StVZO, 4 IV 2 StVG bestehende *gesetzliche* Ablieferungspflicht. Diese kann aber ohne Zwischenschaltung einer Verfügung als „Vollstreckungstitel" von der Behörde nicht vollstreckt werden. Deshalb ist es naheliegender, in der „Aufforderung" ein vollstreckbares Gebot (Verwaltungsakt) der Behörde zur Ablieferung zu sehen. Die prozessuale Behandlung dieses (erledigten) Verwaltungsakts mag hier dahinstehen. (Verfehlt war es nach dem Gesagten übrigens, wenn viele Bearbeiter annahmen, die Ablieferung habe auf dem *nicht* vollstreckbaren, nämlich gestaltenden Verwaltungsakt „Entziehung der Fahrerlaubnis" beruht).

Weiterer Fall[23]: Von *X* ist durch Gebührenbescheid eine Fleischbeschaugebühr in Höhe von 5000 DM erhoben worden. Später stellt sich heraus, daß die Behörde nach der einschlägigen Gebührenordnung nicht 1 Pfg pro kg, wie geschehen, sondern 2 Pfg pro kg hätte ansetzen müssen. Sie erläßt deshalb einen weiteren Gebührenbescheid über nochmals 5000 DM. *X* fragt an, ob er gegen diesen „Nachforderungsbescheid" vorgehen könne. – Mancher Bearbeiter der Klausur sah die Ermächtigungsgrundlage für den Nachforderungsbescheid ohne weiteres in der Gebührenordnung, nach welcher eben 10000 DM erhoben werden müßten. Diese Lösung wäre zutreffend, wenn der erste Bescheid *lediglich* das *Zahlungsgebot* über 5000 DM enthalten, die bereits in der Gebührenordnung enthaltene Gebührenforderung also nur *vollstreckbar* gemacht hätte. Dann könnte der „Nachforderungsbescheid" den noch fehlenden „Vollstreckungstitel" über die restlichen 5000 DM schaffen. Der erste Bescheid regelt wie jeder Gebührenbescheid über die vollstreckbare Anforderung des Betrages hinausgehend aber gleichzeitig auch, daß für die Fleischbeschau 5000 DM, nicht weniger und nicht mehr, zu entrichten seien. Der Gebührenbescheid ist also gleichzeitig Zahlungsgebot *und feststellender Verwaltungsakt.* Der Nachforderungsbescheid beseitigt die dem *X* günstige *verbindliche Feststellung* des ersten Bescheids (nicht die Gebühren*anforderung*), es seien Gebühren in Höhe von *(nur)* 5000 DM entstanden. Die Ermächtigungsgrundlage für diese (Teil-)Rücknahme des ersten Bescheids findet sich nicht in der Gebührenordnung, sondern ergibt sich aus den allgemeinen Grundsätzen über die Rücknahme rechtswidriger begünstigender[24] Verwaltungsakte, welche später[25] näher dargestellt werden.

50 2. Mit etwas Judiz läßt sich in den meisten Fällen ohne weiteres ausmachen, ob die Beziehungen zwischen Bürger und Staat durch Verwaltungsakt geregelt sind und damit der hier behandelte „Grundfall" einschlägig ist.[26] Zur Überwindung von *Abgrenzungsschwierigkeiten* sollte der Fallbearbeiter indessen plastische Vorstellungen von den *Kriterien des Verwaltungsakts* haben.

Ausgangsfall: Der zuständige Referent beim Regierungspräsidenten fordert durch ein Rundschreiben alle mit der Vergabe öffentlicher Aufträge betrauten staatlichen Stellen des Regierungsbezirks auf, dem Bauunternehmer *U* fortan keine Aufträge mehr zukommen zu lassen, da dessen Geschäftspraktiken zu unsolide seien. *U* möchte wis-

---

[23] *BVerwGE* 30, 132; *M. Schröder,* JuS 1970, 615.
[24] A.A. (belastende Verwaltungsakte) *BVerwG* und *Schröder,* aaO. Beide übersehen die *feststellende* Regelung des ersten Bescheids, welche besteht, *obgleich* die Behörde natürlich nicht auf Gebühren *verzichten* (Arg. von *BVerwG* und *Schröder*) wollte.
[25] Rdnrn. 215 ff.
[26] *Muster* zur Gestalt und Abfassung von Verwaltungsakten bei *J. Martens,* JuS 1980, 510 (in Fortsetzungen).

sen, wie er gegen das Rundschreiben vorgehen kann. – U. a.[27] interessiert, ob die „Aufforderung" ein Verwaltungsakt ist. *U* müßte gegen sie dann zunächst gem. §§ 68 ff. VwGO Widerspruch einlegen.

51   Nach der Legaldefinition in § 35 VwVfG[28] ist[29] Verwaltungsakt „jede Verfügung, Entscheidung oder andere hoheitliche Maßnahme", die erlassen wird

(1) von einer „*Behörde*" (im weiten Sinne des § 1 IV VwVfG)

Eine Behörde hat im *Ausgangsfall* gehandelt. – Merke z. B.: Wegen des weiten Behördenbegriffs kann auch ein Privater, welcher mit entsprechenden Hoheitsbefugnissen „beliehen" ist (Beispiel TÜV), Verwaltungsakte erlassen.[30]

52   (2) „*auf dem Gebiet des öffentlichen Rechts*", besser:[31] des *Verwaltungsrechts*

Damit ist der Verwaltungsakt abgegrenzt insbesondere von verfassungsrechtlichen und privatrechtlichen Maßnahmen. Die *Theorien zur Abgrenzung zwischen privatem und öffentlichem Recht* (Subjektionstheorie, Subjektstheorie, Sonderrechtstheorie)[32] *können* in der Fallbearbeitung also im Zusammenhang mit den Begriffsmerkmalen des Verwaltungsakts erheblich werden. (Bei einem Vorgehen nach dem Prozeßschema ist diese Abgrenzung vorverlagert in den Schemapunkt § 40 I VwGO/Verwaltungsrechtsweg/öffentlichrechtliche Streitigkeit; zum Schemapunkt § 42 I VwGO/Anfechtungsklage/Verwaltungsakt sind dann nur noch die anderen Kriterien des Verwaltungsakts zu prüfen).

Im *Ausgangsfall* ist zu entscheiden, ob das Verhältnis Staat-*U* vom Rechtscharakter des innerdienstlichen Handelns öffentlichrechtlich geprägt oder ob darauf abzustellen ist, daß der Staat dem Unternehmer durch Bauaufträge an sich (fiskal-)privatrechtlich gegenübertritt. Wegen des Kriteriums nachfolgend (5) dürfte das Aussenverhältnis ausschlaggebend sein.[33]

53   (3) „*zur Regelung*"

Die Regelung ist zu unterscheiden von einer *unverbindlichen* Meinungsäußerung, Auskunft oder Aufforderung.[34] Demgemäß fehlt es auch im *Ausgangsfall* an einer

---

[27] Lösungsgesichtspunkte zum *auch* mitschwingenden Problem des Widerrufs amtlicher Ehrenkränkungen nachfolgend Rdnrn. 336 ff., 353 sowie Rdnrn. 371 f.

[28] Sie genügt nicht allen Anforderungen (s. *Wolff-Bachof* I, § 46 I c) und wird deshalb nachfolgend im Text präzisiert.

[29] Zu den einzelnen Merkmalen vgl. die Darstellungen bei *Erichsen-Martens*, Allg. VR, § 11 II; *Wolff-Bachof*, I, § 46 I c; *Löwer*, JuS 1980, 807.

[30] Rdnr. 760. Lies die Fallbesprechung bei *Steiner*, JuS 1969, 69.

[31] S. Fußn. 28.

[32] Zu allen Einzelheiten *Wolff-Bachof*, I, § 22, i. V. m. *Bachof*, in: Festg. f. das BVerwG, 1978, S. 1 ff. (grundlegend zur modifizierten Sonderrechtstheorie, welche sich durchsetzen dürfte); *Püttner*, Verwaltungsrecht, S. 72 ff. *Stern*, Verwaltungsprozessuale Probleme, S. 11 ff. *Maurer*, Allg. VR; § 3 Rdnrn. 12 ff.; *Erichsen*, Jura 1982, 537. Anwendungsfälle der Theorien z. B. nachfolgend Rdnrn. 315, 337 f., 351 sowie bei *Achterberg*, Fälle zum Allgemeinen Verwaltungsrecht (Fall 4).

[33] Ebenso *BVerwG*, DÖV 1973, 244 = JuS 1973, 651 Nr. 13 (mit Darstellung des Streitstandes).

[34] Auch die auf *Petitionen* (Art. 17 GG) oder *Dienstaufsichtsbeschwerden* ergehenden Bescheide enthalten zumeist keine Regelung, *BVerwG*, NJW 1977, 118 = JuS 1977, 115 Nr. 1; *Neumeyer*, JuS 1979, 31. Zum Wesen der Petition und zum Rechtsweg s. *BVerwG*, NJW 1976 = JuS 1976, 326 Nr. 2.

Regelung. Läge hingegen eine *verbindliche* Weisung vor, wäre eine Regelung gegeben. Der „unmittelbaren Auswirkung", welche früher verbreitet mit bei der Regelung angesiedelt wurde, ist nach dem Wortlaut des § 35 S. 1 VwVfG ein eigener Schemapunkt zu reservieren (nachfolgend 5). Faktisches Handeln *(Realakt)* ist keine Regelung, kann aber konkludent eine Regelung enthalten[35] (Verkehrspolizist). Der sog. „Zweitbescheid", mit welchem die Behörde einen *bestandskräftig* abgelehnten, aber erneuerten (Bau-)Antrag ein zweites Mal ablehnt, ist schon deshalb Verwaltungsakt, weil er das *neue* Verwaltungsverfahren *beendet.*[36] Die Behörde *mußte jedenfalls* über die beantragte *Wiederaufnahme* entscheiden.[37] Ob die Regelung des Zweitbescheides sich hierin erschöpft oder darin besteht, daß die Behörde *nach* Wiederaufnahme und erneuter Sachprüfung den (Bau-)Antrag *in der Sache* erneut abgelehnt hat, beurteilt sich nach dem Einzelfall. (In der letzten Alternative ist die Bestandskraft der ersten Ablehnung hinfällig; der (Bau-)Antrag kann durch Widerspruch und Verpflichtungsklage *in der Sache selbst* neu verfolgt werden).

54 (4) „eines Einzelfalls"

Damit ist die Abgrenzung zur *generellen* Regelung durch eine *Norm* (Gesetz, Verordnung, Satzung) bezeichnet.[38] Besondere Schwierigkeiten macht die Abgrenzung zwischen einer Allgemeinverfügung (§ 35 S. 2 VwVfG) und einer Norm;[39] vieldiskutiertes Beispiel: Verkehrszeichen.[40] Auch das Rundschreiben im *Ausgangsfall* läßt sich nicht ohne weiteres einordnen.

55 (5) „gerichtet" „auf unmittelbare Rechtswirkung nach außen"

„Ob einer Regelung unmittelbare Außenwirkung in *diesem* Sinne zukommt, hängt davon ab, ob sie ihrem *objektivem Sinngehalt* nach dazu *bestimmt* ist, Außenwirkung zu entfalten, nicht aber davon, wie sie sich im Einzelfall *tatsächlich* auswirkt".[41] Eine Außen*richtung* ist im *Ausgangsfall* gegeben. – Die beim sogen. „mehrstufigen Verwaltungsakt" erforderlichen *internen* Zustimmungen durch andere öffentlichrechtliche Körperschaften[42] sind nur dann auf unmittelbare Außenwirkung *gerichtet* und damit selbständig einklagbare Verwaltungsakte, wenn der mitwirkenden Behörde „die *ausschließliche* Wahrnehmung bestimmter Aufgaben und die *alleinige* Geltendmachung besonderer Gesichtspunkte übertragen ist."[43] Zu nennen sind insbesondere die *Ermes-*

---

[35] Eingehender zum Realakt z. B. *Püttner,* S. 83 ff. Klausurbeispiel bei *Haak,* JuS 1967, 271. Zu den Abgrenzungsproblemen s. *Renck,* JuS 1970, 114.

[36] *BVerwGE* 44, 333; *Maurer,* Allg. VR, § 11 Rn. 56.

[37] Soeben Rdnr. 47. Aus den dort genannten Gründen ist die „wiederholende Verfügung", welche *keine* Regelung enthält *(BVerwGE* 13, 103), heute rechtlich nicht mehr zulässig.

[38] Hierzu mit umfassenden Nachw. *v. Mutius,* in: Festschr. f. Hans J. Wolff, 1973, S. 167 ff.

[39] Klausurfall („absolutes" exekutives Fahrverbot wegen Schneekatastrophe) bei *Steiniger,* JuS 1981, 205.

[40] Zum Streitstand siehe *Wolff-Bachof,* I, § 46 VI. *BVerfG,* NJW 1965, 2395, und *BVerwGE* 27, 181 = JuS 1967, 576 Nr. 10 (lesen), qualifizieren die Verkehrszeichen als VAe; a. A. (Norm) *VGH München,* NJW 1978, 1988; NJW 1979, 670 = JuS 1979, 218 Nr. 11; dagegen wiederum *BVerwGE* 59, 224 = JuS 1980, 615 Nr. 12; zuletzt *Prutsch,* JuS 1980, 566; *Czermak,* JuS 1981, 25.

[41] So *BVerwGE* 60, 144 (145, 147) = JuS 1981, 232 Nr. 13 im Zusammenhang mit der beamtenrechtlichen Umsetzung (= *kein* VA); *BVerwG,* DVBl. 1981, 495 = JuS 1983, 71 Nr. 14.

[42] Überblick über die gesamte Problematik bei *Wolff-Bachof* I, § 46 V c 2. Klausurfall bei *Achterberg,* Fälle zum Allgemeinen Verwaltungsrecht, Nr. 6.

[43] *BVerwG,* NJW 1959, 590.

sensentscheidungen der intern zu beteiligenden Gemeinde im Rahmen von § 31 BBauG und der obersten Landesstraßenbaubehörde nach § 9 VIII BFStrG.[44] *Zumeist* ist alleine das Außenhandeln der *„federführenden"* Behörde Verwaltungsakt, so beim internen Einvernehmen mit der Gemeinde nach § 36 BBauG[45] oder im Rahmen von § 9 II, III BFStrG.[46]

56   Fallwichtig sind besonders die Kriterien 3–5. In der Niederschrift sollten nie langatmig alle Kriterien durchgemustert, sondern sogleich die Kriterien gebracht werden, welche zweifelhaft sind.

57   Für alle Einzelheiten der Abgrenzung muß auf die Spezialliteratur verwiesen werden.[47] Nur auf eines sei besonders aufmerksam gemacht: Ist eine Behörde tätig geworden, muß zur Ermittlung der Rechtsnatur der Maßnahme (ebenso wie auch für ihren genauen Inhalt, s. insoweit § 43 I 2 VwVfG) vom *objektiven Erklärungswert* ausgegangen werden, den sie für den Bürger hat, nicht davon, welche Maßnahme die Behörde „an sich" ergreifen wollte und rechtlich vielleicht auch nur ergreifen durfte.[48]

Beispiele: Durch Änderung des BBauG ist klargestellt, daß die Gemeinde ihr Vorkaufsrecht „durch Verwaltungsakt" auszuüben hat (§ 24 IV 1 BBauG).[49] Vor Änderung des Bundesbaugesetzes war umstritten,[50] ob die Ausübung des Vorkaufsrechts nach §§ 24 ff. BBauG zivilrechtliche Willenserklärung[51] oder (privatrechtsgestaltender) Verwaltungsakt *„sei."* Die Frage war *so* schief formuliert: Nach der Sachverhaltsschilderung einer Klausur hatte die Äußerung der Gemeinde ganz das herkömmliche Aussehen eines Verwaltungsakts, enthielt insbesondere auch eine Rechtsmittelbelehrung.[52] Schon damit *war* sie Verwaltungsakt. Auf die Streitfrage kam es erst im Zusammenhang mit der Rechtmäßigkeit dieses Verwaltungsakts an: Eine zivilrechtliche Berechtigung zur Ausübung des Vorkaufsrechts hätte nicht Ermächtigungsgrundlage für einen Verwaltungsakt sein können; er wäre also rechtswidrig gewesen. – Der objektive Erklärungswert ist dafür ausschlaggebend, wie weit der Regelungsgehalt des Zweitbescheides[53] reicht.[54] Eine in der gesamten Form eines Verwaltungsakts ausgestaltete Anordnung ist auch dann (rechtswidriger) Verwaltungsakt, wenn sie ihren wesentlichen Inhalt nach etwas regelt, was nur durch eine Rechtsnorm geregelt werden kann.[55]

---

[44] *BVerwGE* 16, 303; 19, 241 f.; s. ferner *BVerwG*, JuS 1977, 554 Nr. 10.

[45] *BVerwGE* 22, 344; 28, 145.

[46] *BVerwGE* 16, 116; s. ferner z. B. *BVerwGE* 21, 354 (§ 12 II Luftverkehrs G); 34, 65.

[47] Lies *Wolff-Bachof*, I, § 46; *Püttner*, S. 85 ff. Einzelheiten auch bei *Stern*, S. 65 ff.

[48] *BVerwGE* 12, 91; 13, 103; 16, 116; 29, 310; *BVerwG*, DÖV 1974, 381 = JuS 1974, 742 Nr. 11; *Weides*, JuS 1964, 112; *Kramer*, JuS 1973, 486.

[49] S. dazu *OVG Münster*, JuS 1981, 850 Nr. 13 mit Abgrenzung zum „preislimitierten" Vorkaufsrecht nach § 28 a BBauG.

[50] Ausführliche Nachw. in *BGH*, NJW 1973, 1278 = JuS 1973, 651 Nr. 14.

[51] So jetzt *BGH*, aaO.

[52] Zur Bedeutung der Rechtsmittelbelehrung als Indiz (aber auch nicht mehr) für das Vorliegen eines VAs. s. *BVerwGE* 13, 103.

[53] S. zu ihm schon soeben bei Rdnr. 53.

[54] Zum Problem siehe Rdnr. 53.

[55] *BVerwG*, NJW 1964, 1151 ff. Lies schließlich die Klausurbesprechung bei *Andersson*, JuS 1969, 328, in welcher der objektive Erklärungswert an mehreren Stellen erheblich wird.

58 3. In den *Vorüberlegungen* empfiehlt es sich, Zweifelsfragen der Abgrenzung vorweg zu klären, um die Weichen zum einschlägigen Grundfall von vornherein richtig zu stellen. In der *Niederschrift* sollte die Rechtsnatur hingegen nie für sich vorweg behandelt, sondern stets sinnvoll eingekleidet werden. Wie soeben bereits angedeutet wurde, hat sie in einem prozessualen Aufbau etwa Bedeutung für die Ermittlung des Rechtswegs und der richtigen Klageart (Anfechtungsklage nur bei Verwaltungsakt). Werden zunächst materiellrechtliche Ausführungen gebracht, kann man die Untersuchung in geeigneten Fällen z. B. so motivieren: Der Eingriff setze eine Ermächtigungsgrundlage voraus. Als Ermächtigungsgrundlage komme eine bestimmte Vorschrift in Betracht, welche (nur) den Erlaß eines Verwaltungsakts gestatte. Also komme es darauf an, ob ein Verwaltungsakt vorliege.

§ 5. Der belastende Verwaltungsakt

61 *Ausgangsfall.*[1] Das Staatsoberhaupt *S* des Landes *A* wird in der Bundesrepublik erwartet. Die für die Organisation verantwortlichen Stellen wollen verhindern, daß die vielen Staatsangehörigen des Landes *A*, welche sich in der Bundesrepublik aufhalten, Demonstrationen gegen *S* organisieren und durchführen. Denn sie befürchten, dadurch könnten die bisher äußerst freundschaftlichen Beziehungen zwischen beiden Ländern erheblich beeinträchtigt werden. Unter Bezugnahme auf § 6 II AuslG untersagt der Oberstadtdirektor dem *X* deshalb mit dieser Begründung durch schriftliche Verfügung ,,jegliche politische Betätigung für die Dauer des Staatsbesuchs". Zu Recht? *Weitere Beispielsfälle* finden sich bereits in Rdnr. 42.[2]

I. Prozessuales

62 Sieht man von den zuletzt behandelten Fragen der Abgrenzung ab, entstehen prozessual keine typischen Schwierigkeiten, soweit belastende Verwaltungsakte vom Adressaten angegriffen werden.[3]

Ist bereits *Anfechtungsklage erhoben*, genügt es zumeist, darauf zu achten, ob das Vorverfahren (§§ 68 ff. VwGO) stattgefunden hat[4] und die

---

[1] *OVG Münster*, in: *Schüler-Wirtz*, Rechtsprechung zum Ausländerrecht, 1971, S. 229, teilweise abgedr. auch in: DÖV 1970, 344; *BVerwG*, DVBl 1975, 888. Besprechung eines Parallelfalls bei *Erbel*, JuS 1971, 34, und *Dolde*, JuS 1971, 314.

[2] Zu ihnen könnten z. b. folgende Klausurbesprechungen durchgearbeitet werden: *Ule*, JuS 1961, 226 (Versammlungsverbot); *Finkelnburg*, JuS 1965, 497 (Gebot, Autowrack zu beseitigen); *Knemeyer*, JuS 1967, 366 (Anschluß- und Benutzungsgebühren); *Adam*, JuS 1971, 593 (Gebot, baurechtswidriges Wochenendhaus zu beseitigen); *Berg*, JuS 1981, 48 (nachträgliche Anordnung im Immissionsschutzrecht).

[3] Zur Drittanfechtung s. später Rdnr. 221 ff. Zum ,,Insich-Prozeß" zwischen Behörden desselben Hoheitsträgers s. *BVerwGE* 45, 207 = JuS 1975, 335 Nr. 12; *Kisker*, JuS 1975, 704.

[4] Einzelheiten zum Vorverfahren bei *Weides*, Verwaltungsverfahren und Widerspruchsverfahren, 2. Aufl. (1981); *J. Martens*, JuS 1978, 761. Zur ,,*reformatio in peius*" s. *BVerwGE* 51, 310 = JuS 1977, 692 Nr. 11 i. V. mit *Renck*, JuS 1980, 28; *BVerwG*, BayVBl. 1969, 99 m. Anm. *Simon;* Klausur bei *Schwerdtfeger*, JuS 1981, 565.

Klagefrist[5] (§ 74 VwGO) eingehalten worden ist. Entgegen der Praxis vieler Bearbeiter ist es – von Ausnahmekonstellationen abgesehen – *nicht* angebracht,[6] breit auf die Klagebefugnis nach § 42 II VwGO einzugehen, insbesondere viel Mühe auf die Einzelexegese[7] und auf die Untersuchung zu verwenden, in welchen Rechten der Kläger beeinträchtigt sein könnte. Der *Adressat* einer *Verfügung* (Gebot oder Verbot) ist regelmäßig in Rechten beeinträchtigt, weil Art. 2 I GG insoweit lückenlosen Grundrechtsschutz[8] gegen staatliche Eingriffe vermittelt.[9] Der Kläger ist damit jedenfalls in seinem Grundrecht auf freie Entfaltung der Persönlichkeit betroffen. Ist *noch keine Klage erhoben*, genügt es entsprechend, die Anfechtungsfristen zu prüfen und den ratsuchenden Bürger darauf hinzuweisen, daß er den Verwaltungsakt fristgerecht anfechten müsse (Widerspruch/Anfechtungsklage).

63   § 42 II VwGO wird regelmäßig *problematisch* nur in *Dreiecksverhältnissen*, vor allem, wenn ein Verwaltungsakt von einem *Dritten* angefochten wird, an welchen er nicht adressiert ist (dazu Näheres erst in Rdnr. 224 ff.). Bei privatrechts*gestaltenden* Verwaltungsakten kann vereinzelt aber auch dem *Adressaten* die Klagebefugnis nach § 42 II VwGO fehlen. Weil der privatrechtliche Schuldner gem. §§ 398 ff. BGB ohne weiteres jedem Gläubigerwechsel ausgeliefert ist, wird er nicht in einem subjektiven *Recht* i. S. von § 42 II VwGO beeinträchtigt, wenn etwa die Bundesanstalt für Güterfernverkehr gem. § 23 III GüKG (Sartorius Nr. 952) eine Tarifforderung des Spediteurs durch Verwaltungsakt an den *Schuldner* (s. Gesetzeswortlaut) auf sich überleitet.[10]

Die „Klagebefugnis" ist ein *Rechtsbegriff*, welcher *ausschließlich* dem § 42 II VwGO zugeordnet ist. Es ist also fehlerhaft, wenn Fallbearbeiter das Wort „Klagebefugnis" als *Ober*begriff für die verschiedensten Prozeßvoraussetzungen verwenden. Insbesondere steht auch das „Rechtsschutzbedürfnis" selbständig *neben* der „Klagebefugnis".

64   Gem. § 43 II VwVfG *erlischt* ein Verwaltungsakt, wenn sich sein Regelungsgehalt durch Zeitablauf oder auf andere Weise erledigt hat. Ein Verwaltungsakt, welcher nicht (mehr) existiert, kann weder in einem Widerspruchsverfahren noch in einem Gerichtsverfahren *aufgehoben* werden. Hat sich der Verwaltungsakt vor[11] oder nach Klagerhebung erledigt, kann der Adressat aber vor *Gericht* die *Feststellung* beantragen, daß der Verwaltungsakt *rechtswidrig gewesen* sei („*Fortsetzungsfeststellungsklage*", § 113 I 4 VwGO). Ein der *Fortsetzungsfeststellungsklage* vorge-

---

[5] Wenn der Widerspruch sachlich beschieden worden ist, kann dahinstehen, ob *er* seinerseits fristgerecht eingelegt war; *BVerwGE* 28, 305; *BVerwG, DVBl* 1972, 423.

[6] Ebenso: *Stern*, Verwaltungsprozessuale Probleme, S. 120 ff.; *Achterberg*, JuS 1964, 402 m. Nachw. in Erl. 13.

[7] Dazu später Rdnrn. 225 ff.

[8] Näheres zu ihm Rdnrn. 547, 548.

[9] Diese offenbar unbestrittene Selbstverständlichkeit darf man nicht als „Adressaten*theorie*" kennzeichnen.

[10] So *BVerwGE* 8, 283.

[11] *BVerwGE* 26, 164, i. V. m. *Renck*, JuS 1970, 113 ff.; *Stern*, S. 77 ff. Klausurfall bei *Schwarze*, JuS 1972, 715.

schaltetes ,,Fortsetzungswiderspruchsverfahren" ist in der VwGO nicht vorgesehen. Daher kann das Widerspruchsverfahren nicht Klagevoraussetzung sein, wenn ein Verwaltungsakt sich erledigt hat, bevor ein Widerspruchsverfahren durchgeführt werden konnte. Das für die Fortsetzungsfeststellungsklage erforderliche *Feststellungsinteresse*[12] ist insbesondere[13] gegeben, wenn ein Verwaltungsakt diskriminierende Wirkung hat: ,,Durch die ausdrückliche gerichtliche Feststellung, daß das Vorgehen (der Polizei) ... rechtswidrig war, kann ... der durch den (polizeilichen) Übergriff diskriminierte Bürger angemessen rehabilitiert werden."[14] Die Rechtsprechung bejahte ein Feststellungsinteresse ferner, wenn der Kläger im Anschluß an die Fortsetzungsfeststellungsklage einen Amtshaftungsanspruch geltend machen wollte, welcher nicht offensichtlich unbegründet war.[15] Schließlich begründet Wiederholungsgefahr das Feststellungsinteresse.[16]

Nachdem der Staatsbesuch beendet ist, kommt im *Ausgangsfall* nur die Fortsetzungsfeststellungsklage in Betracht (Rehabilitierungsinteresse).

65 Gegen einen *nichtigen* Verwaltungsakt braucht der Adressat an sich nichts zu unternehmen. Er kann vor oder nach Ablauf der Anfechtungsfrist die Klage auf Feststellung der Nichtigkeit (Nichtigkeitsklage, § 43 VwGO) erheben. Ist zweifelhaft, ob der Verwaltungsakt nichtig oder nur anfechtbar ist, empfiehlt es sich aber immer, innerhalb der Anfechtungsfrist Widerspruch einzulegen und so zunächst auf die Anfechtungsklage zuzusteuern,[17] um auf jeden Fall die Fristen zu wahren.

Merke: Sogenannte *Justizverwaltungsakte* werden in den Fällen des § 23 I EGGVG vor den *ordentlichen* Gerichten angefochten.[18]

II. Rechtmäßigkeitsprüfung

66 *In materiellrechtlicher Hinsicht* lassen sich die vorkommenden Fälle zu zwei Gruppen zusammenfassen: Ist die Rechtsmittelfrist zur Anfechtung

---

[12] Klausurfall bei *Steiniger* JuS 1981, 205.
[13] Überblick über Einzelfragen des Feststellungsinteresses bei *Kopp*, VwGO, § 113 Rdnrn. 57 ff.
[14] *BVerwGE* 26, 168.
[15] Zusammenfassend *Kopp*, VwGO, § 113 Rdn. 58; zuletzt detailliert *BVerwG*, NJW 1980, 2426 = JuS 1981, 384 Nr. 16.
[16] *BVerwG*, NJW 1980, 2427 = JuS 1981, 384 Nr. 16.
[17] Der Kläger hat die Wahl, ob er einen nichtigen Verwaltungsakt mit der Nichtigkeitsklage oder mit einer Anfechtungsklage angreift; s. § 43 II 2 VwGO sowie z. B. *Eyermann-Fröhler*, VwGO, § 43 Rdnr. 18 ff.
[18] Eingehend dazu *Lüke*, JuS 1961, 205 ff.; *Stern*, S. 39 ff.; JA 1976, 321. Die Rechtsprechung zum Rechtsschutz gegen JustizVAe auf dem Gebiet des Strafrechts ist dargestellt bei *Altenhain*, DRiZ 1970, 105 ff. Fallbesprechung bei *Holland*, JuS 1968, 559.

eines schon *erlassenen* Verwaltungsakts noch nicht abgelaufen, hat der Bürger bereits fristgerecht Rechtsmittel eingelegt oder erkundigt sich die Behörde, ob ein *noch nicht erlassener* Verwaltungsakt ergehen dürfe,[19] kommt es auf das Vorliegen der Voraussetzungen für den Erlaß des Verwaltungsakts an, also auf seine *Rechtmäßigkeitsvoraussetzungen*. Sie werden nachfolgend zunächst dargestellt. Ist die *Rechtsmittelfrist* hingegen *schon abgelaufen*, ohne daß der Adressat fristgerecht Rechtsmittel eingelegt hat, interessiert allein, ob der Verwaltungsakt mit so schweren Fehlern behaftet ist, daß er *nichtig* ist.

67   *Beispiel: X* hat am 6. 1. 1975 eine mit einer Rechtsmittelbelehrung versehene Verfügung erhalten, welche ihm aus bestimmten Gründen gebietet, Bäume zu fällen. Erst am 6. 4. 1975 reagiert er darauf mit einer Klage vor dem Verwaltungsgericht und dem Antrag, die ,,Rechtsunwirksamkeit" der Verfügung festzustellen. – In dieser Examensklausur prüften mehrere Kandidaten seitenlang sämtliche Rechtmäßigkeitsvoraussetzungen und hielten die Klage schon für begründet, sobald sie irgendwo einen Rechtsverstoß entdeckten. Sie übersahen den Unterschied Anfechtbarkeit-Nichtigkeit. Weil die Anfechtungsfrist abgelaufen war, hatte *X* zutreffend die Nichtigkeitsklage erhoben; es kam nur noch auf *Nichtigkeitsgründe* an. Die Rechtmäßigkeitsvoraussetzungen durften also nur zur Ermittlung *schwerer* Fehler durchgemustert werden.

Mit der Nichtigkeit des Verwaltungsakts beschäftigen sich erst die Ausführungen in Rdnr. 111.[20]

68   1. In Betracht kommende Ermächtigungsgrundlage

Nach dem Grundgesetz bedürfen belastende Verwaltungsakte einer gesetzlichen Grundlage.

Das ist Ausdruck des ,,*Vorbehalts des Gesetzes*".[21] Die Exekutive darf die Voraussetzungen ihres Einschreitens nicht selbst festlegen; diese Kompetenz kommt der Legislative zu (= *Parlamentsvorbehalt*). Soweit in Grundrechte eingegriffen werden soll, bestimmt oft schon der Wortlaut des Grundgesetzes, daß der Eingriff nur ,,durch Gesetz" oder ,,aufgrund eines Gesetzes" erfolgen darf.[22] Sonst fordern das *Rechtsstaatsprinzip* (Gewaltenteilung) und das *Demokratieprinzip*,[23] daß die wesentlichen Entscheidungen in einem Parlamentsgesetz als Ermächtigungsgrundlage enthalten sein

---

[19] Speziell aus dieser Sicht der Verwaltungsbehörde sind die nachfolgenden Grundsätze dargestellt bei *Weides*, Verwaltungsverfahren und Widerspruchsverfahren, 2. Aufl. (1981); evtl. beachtlich ferner *Linhart*, Form, Aufbau und Inhalt von Schreiben, Bescheiden und Rechtsnormen in der Verwaltung, 1975.

[20] S. 40.

[21] Näheres zur historischen Entwicklung etwa bei *Pietzcker*, JuS 1979, 710; *Selmer*, JuS 1968, 489 ff. Abgrenzung und Näheres zum ,,*Vorrang des Gesetzes*" bei *Pietzcker*, aaO; *Gusy*, JuS 1983, 189.

[22] Näheres Rdnr. 553.

[23] *BVerfGE* 49, 124 = JuS 1979, 362 Nr. 1 (,,Schneller Brüter Kalkar") hebt hervor, daß aus dem Demokratieprinzip kein Gewalten*monismus* in Form eines *all*umfassenden Parlamentsvorbehalts für jede konkrete *Einzelfall*entscheidung folgt. Der Parlamentsvorbehalt gilt nur für die *Rechtssetzung*.

müssen.[24] Bei der *Leistungsverwaltung*[25] und im Zusammenhang mit dem *„besonderen Gewaltverhältnis"*[26] wird sich zeigen, daß der Anwendungsbereich des Parlamentsvorbehalts teilweise umstritten und fließend ist. Für belastende Verwaltungsakte der nachfolgend behandelten Art gilt er aber strikt.[27]

Gesetze i. S. des Vorbehalts des Gesetzes sind die Parlamentsgesetze *staatlicher* Gesetzgebungsorgane (Bundestag, Landtage der Länder).[28] Mit gewissen Einschränkungen treten die *Satzungen* nichtstaatlicher öffentlichrechtlicher Selbstverwaltungskörperschaften hinzu[29]. Denn gestützt auf die staatlich verliehene Satzungsautonomie werden diese Satzungen von den Verbandsparlamenten (Gemeindeparlament, Vertreterversammlung) dieser Körperschaften erlassen, welche vom Verbandsvolk (Bürger der Gemeinde, Mitglieder der Ärztekammer) gewählt worden sind[30]. Soweit nicht ein *Totalvorbehalt* zugunsten des Parlaments gilt[31], ist der Gesetzgeber unter den Voraussetzungen des Art. 80 I GG oder entsprechender Vorschriften der Landesverfassungen[32] befugt, die Exekutive zum Erlaß von *Rechtsverordnungen* und damit auch zur Schaffung einer Ermächtigungsgrundlage für einen Verwaltungsakt zu ermächtigen.

Rechtsverordnungen regeln – wie ein Gesetz und eine Satzung – *extern* das Verhältnis zwischen Bürger und Staat. Sie sind von *Verwaltungsvorschriften* zu unterscheiden[33], welche sich lediglich staats*intern* an nachgeordnete Behörden und Beamte wenden[34] und daher als Ermächtigungsgrundlage für (*externe*) belastende Verwaltungsakte nicht in Betracht kommen.

69   a) Vor diesem Hintergrund ist in der Fallbearbeitung zunächst zu ermitteln, ob ein Gesetz, eine Satzung oder eine Rechtsverordnung eine (möglicherweise) einschlägige *Spezialermächtigung* enthalten.

Im *Ausgangsfall* ist § 6 II AuslG die einschlägige Ermächtigungsgrundlage. – Gem. § 31a StVZO (= Rechtsverordnung) kann z.B. die Führung eines Fahrtenbuchs[35] auferlegt werden. § 15 II GewO oder § 16 GaststättenG ermächtigen die Behörde,

---

[24] Zusammenfassend *BVerfGE* 45, 417f.; 47, 78; *BVerfGE* 49, 89 = JuS 1979, 362 Nr. 1; *BVerfGE* 58, 268 = JuS 1983, 315 Nr. 11. Zum demokratischen Ansatz s. ferner *BVerfGE* 33, 158 = JuS 1972, 666 Nr. 2 = *Weber* II, Art. 12 Nr. 16; 34, 59f. = JuS 1973, 315 Nr. 2; *BVerfGE* 40, 248 = JuS 1976, 254 Nr. 2 = *Weber* II, Art. 19 IV Nr. 22; *Hansen*, Fachliche Weisung und materielles Gesetz, 1971, S. 15ff., 57ff. Allgemein: *Walter Krebs*, Vorbehalt des Gesetzes und Grundrechte, 1975; *Evers*, JuS 1977, 804.
[25] Rdnrn. 279ff.
[26] Rdnrn. 256ff.
[27] Vgl. etwa *BVerfGE* 33, 12f. = JuS 1972, 339 Nr. 2 = *Weber* II, Art. 19 I Nr. 6.
[28] S. Rdnr. 553.
[29] Rdnrn. 522ff., 553.
[30] S. dazu Rdnr. 488.
[31] Beispiel *BVerfGE* 58, 257 (274f.) = JuS 1983, 315 Nr. 11; Einzelheiten in Rdnr. 507.
[32] Einzelheiten in Rdnrn. 506ff.
[33] Zur näheren Abgrenzung s. *Ossenbühl*, in: *Erichsen-Martens*, Allg. VR, 7 III, IV.
[34] S. Rdnr. 766.
[35] Zu diesen Fällen s. bereits soeben Fußn. 2.

Gewerbebetriebe zu untersagen. Nach § 15 VersammlG können Versammlungen verboten werden.

71   b) Fehlt eine Spezialermächtigung, kommt häufig die polizeiliche Generalklausel als Ermächtigungsgrundlage in Betracht. Das gilt besonders, wenn Bürger gegen Gesetze, Rechtsverordnungen oder Satzungen verstoßen. Wie oft übersehen wird, sind solche Verstöße nämlich Störungen der öffentlichen Sicherheit i. S. der polizeilichen Generalklausel.[36]

Wer ein Autowrack auf der Straße stehenläßt und dadurch ein Verkehrshindernis schafft, verstößt gegen § 32 I StVO. Diese Vorschrift ermächtigt ihrem Wortlaut nach aber nicht die zuständige *Behörde*, die *Beseitigung* zu gebieten[37]. Sieht man auch nicht § 44 StVO als Ermächtigungsgrundlage an, läßt sich die Beseitigungsverfügung jedenfalls auf die polizeiliche Generalklausel stützen.

73   2. Formelle Voraussetzungen des Verwaltungsakts[38]

Beachte: Es ist unangemessen, wenn viele Fallbearbeitungen[39] die formellen Voraussetzungen des Verwaltungsakts schon vor der Ermächtigungsgrundlage einführen. Denn je nach der Ermächtigungsgrundlage können seine formellen Voraussetzungen, etwa die Zuständigkeiten, verschieden geregelt sein.[40]

a) *Verbandsmäßige Kompetenz* (Bund, Land, Gemeinde oder andere öffentlichrechtliche Körperschaft)

b) Örtliche (§ 3, für die Stadtstaaten § 101 VwVfG), sachliche, instanzielle *Zuständigkeit* der Behörde

Im *Ausgangsfall* war der Oberstadtdirektor nach § 20 II, III AuslG örtlich und sachlich zuständig.

74   c) *Verfahrensgrundsätze* (§§ 9 ff. VwVfG)

Beispiele:[41] Richtige Besetzung und Zusammensetzung der Behörde (dienstliche Qualifikation der Beamten, keine persönliche oder sachliche Befangenheit, §§ 20, 21 VwVfG); Mitwirkung von Ausschüssen (§§ 88 ff. VwVfG); Mitwirkung anderer Behörden; Untersuchungsgrundsatz (§§ 24 ff. VwVfG); Anhörung Beteiligter (§§ 28, 29 VwVfG).

75   d) *Formvorschriften*

Die Exekutive muß ermächtigt sein, gerade durch Verwaltungsakt und nicht in anderer Rechtsform zu handeln.

Wie in Klausuren und Hausarbeiten immer wieder übersehen wird, gestattet eine Verordnungsermächtigung nur eine generelle Regelung, nicht den Erlaß eines Verwaltungsakts (Einzelregelung). Anderenfalls würde ein *einzelner* benachteiligt (etwa durch das Gebot, sein Treppenhaus zu beleuchten), obgleich das Gesetz mit der Verord-

---

[36] Rdnrn. 128, 129, 143.

[37] Daß – nachträglich – ein Bußgeld in Betracht kommt, steht auf einem *anderen* Blatt, s. Rdnrn. 142 ff.

[38] Zusammenstellung mit Einzelerläuterungen z. B. bei *Wolff-Bachof* I, § 50 II. Zu ,,automatisierten" Bescheiden (EDV) s. § 37 IV VwVfG; *Badura*, in: *Erichsen-Martens*, § 41 II 1, 2.

[39] So auch z. B. *v. Münch*, Übungsfälle, S. 29; *Vogel*, Verwaltungsrechtsfall, S. 81 f.

[40] Als Beispiel vgl. die Fallbespr. von *Borchert*, JuS 1974, 723.

[41] Einzelheiten zu allem bei *Badura*, in: *Erichsen-Martens*, Allg. VR, § 40 II; *Weides*, JuS 1964, 63 ff.; *J. Martens*, ab JuS 1977, 664 in Forsetzungen.

nungsermächtigung derartige Benachteiligungen nur gestattet, wenn auch alle gleichliegenden Fälle entsprechend behandelt werden (= *generelles* Gebot an alle Eigentümer großer Mietshäuser, die Treppenhäuser zu beleuchten). – Wenn die Behörde einen öffentlichrechtlichen Geldanspruch gegen den Bürger hat, ist sie allein damit noch nicht befugt, ihn durch Leistungsbescheid (Verwaltungsakt) geltend zu machen.[42] Denn durch das Handeln in der *Form* des Verwaltungsakts wird der Adressat *eigenständig* belastet. Der Staat verschafft sich *selbst* einen Vollstreckungstitel,[43] den er sonst nur mit Hilfe des Gerichts (Leistungsklage gegen den Bürger) erhalten könnte. Wegen des Gesetzesvorbehalts braucht der Bürger auch diese Belastung nur zu dulden, wenn sie in einer Ermächtigungsgrundlage vorgesehen ist[43a]. Trotzdem läßt das *BVerwG* der Behörde in ständiger Rechtsprechung[44] oft die Wahl zwischen Leistungsklage[45] und Leistungsbescheid: Ein Leistungsbescheid ist möglich, wenn die Beziehungen zwischen Bürger und Staat wie beim Beamten- und Soldatenverhältnis in jeder anderen Hinsicht so umfassend von einseitigen Regelungen im Über-Unterordnungsverhältnis geprägt sind, daß die einseitige Regelung als *das* Prinzip erscheint, welches die gesamte Beziehung beherrscht. Ferner kann nach der Rechtsprechung des *BVerwG*[46] durch Leistungsbescheid zurückgefordert werden, was auf Grund eines (nichtigen oder erfolgreich angefochtenen) Verwaltungsakts geleistet wurde (Kehrseitentheorie). Auch nach der Rechtsprechung des *BVerwG*[47] dürfen durch Vertrag begründete Pflichten grundsätzlich *nicht* durch den Erlaß von Verwaltungsakten durchgesetzt werden, wenn hierfür keine gesetzliche Grundlage vorhanden ist[47a]. – Im *Ausgangsfall* darf die Behörde durch Verwaltungsakt handeln.

Bei Vertrag keine VA [handwritten margin note]

76   Oft muß auch der Verwaltungsakt selbst noch besonderen Formvorschriften genügen. Fehlen sie (wie im Ausgangsfall, vgl. § 23 AuslG), können Verwaltungsakte schriftlich, mündlich, durch Zeichen oder durch konkludentes Handeln ergehen (§ 37 VwVfG).[48]

77   e) *Bekanntgabe* empfangsbedürftiger Verwaltungsakte (§§ 41, 43 I VwVfG)[49]

f) Genügende inhaltliche *Bestimmtheit* und *Widerspruchslosigkeit* (§ 37 I VwVfG)

Unklare Verwaltungsakte sind in ähnlicher Weise (§ 133 BGB) auszulegen wie rechtsgeschäftliche Erklärungen.[50]

---

[42] Ausführlich begründet von *Renck,* JuS 1965, 129 ff.; ebenso *Wolff-Bachof* I, § 44 III f 1 m. w. Nachw.

[43] Dazu Rdnrn. 48, 150 ff.

[43a] Zu entsprechender *Auslegungsmöglichkeit* s. BVerwGE 59, 13 (19 f.).

[44] Überblick über sie und die gleichlautende Rspr. anderer Gerichte sowie über die Literatur zur Streitfrage bei *Wolff-Bachof,* aaO.; BVerwGE 28, 1 = JuS 1968, 435 Nr. 8 (lesen!).

[45] *Merke:* Nach BVerwGE 28, 153 fehlt das Rechtsschutzbedürfnis *nicht* schon dann, wenn die Behörde auch durch Leistungs*bescheid* vorgehen könnte.

[46] *BVerwG,* DÖV 1967, 269; *BVerwGE* 40, 89; *BVerwG,* NJW 1977, 1838 = JuS 1977, 836 Nr. 8. Positivrechtliche Regelung in § 48 II 8 VwVfG. Zur praktischen Bedeutung s. den Sachzusammenhang Rdnr. 328.

[47] *BVerwGE* 50, 171 = JuS 1976, 818 Nr. 9.

[47a] Zusammenfassend und vertiefend zu allem *Osterloh,* JuS 1983, 280.

[48] Näheres und Beispiele bei *Wolff-Bachof* I, § 50 II c 2.

[49] Näheres bei *Skouris,* VerwArch 65 (1974), 264; *Badura,* in: *Erichsen-Martens,* Allg. VR, § 41 II 3.

[50] So *BVerwG,* MDR 1965, 855; s. auch schon Rdnr. 57 zum ,,objektiven Erklärungswert''.

78   g) Eine *Begründung*[51] ist dem Verwaltungsakt jedenfalls dann beizufügen, wenn sie (wie in § 39 VwVfG) gesetzlich vorgeschrieben ist. *Ermessensentscheidungen*[52] sind stets zu begründen. Denn es muß festgelegt werden, aus *welchen* von mehreren Gründen eingeschritten wird[53] und welche Ermessen*erwägungen* dem Verwaltungsakt zugrundeliegen.[54] Auf die Begründung kann u. a. (s. § 39 II VwVfG) verzichtet werden, wenn sie sich konkludent aus den Umständen ergibt. Eventuell kann sie auch später nachgeschoben werden (§ 45 I Nr. 2, II VwVfG).[55]

79   h) Eine *Rechtsmittelbelehrung* ist beizufügen, weil sonst die Rechtmittelfrist nicht zu laufen beginnt (§ 58 VwGO). Sonstige Rechtsfolgen hat das Fehlen der Rechtsmittelbelehrung *nicht* (Fehlerquelle).

80   Solange der empfangsbedürftige Verwaltungsakt nicht bekanntgegeben worden ist (soeben Rdnr. 77), bleibt er unwirksam (§ 43 I VwVfG). Sind der Behörde Verfahrens- oder Formfehler unterlaufen, ist der (bekanntgegebene) Verwaltungsakt *(nur)* in den Fällen des § 44 I, II VwVfG *nichtig*. In anderen Fällen ist zu unterscheiden: Legt das Gesetz *abschließend* fest, daß der Verwaltungsakt bei Vorliegen der gesetzlichen Voraussetzungen ergehen *muß* (= *gebundener* Verwaltungsakt), ist der Verwaltungsakt gem. § 46 VwVfG gültig *und unanfechtbar*, wenn „er unter Verletzung von Vorschriften über das Verfahren, die Form oder die örtliche Zuständigkeit zustande gekommen", *materiell aber rechtmäßig ist*.[56] Denn hier hätte in der Sache ohnehin keine andere Entscheidung getroffen werden können. Das Fehlen der Begründung oder einer erforderlichen Anhörung kann in derartigen Fällen nur dazu führen, daß der Bürger Wiedereinsetzung in den vorigen Stand nach § 32 VwVfG erhält, wenn er eine Anfechtungsfrist versäumt hat (§ 45 III VwVfG). Soweit hingegen *Ermessen*[57] der Behörde (oder ein *Beurteilungsspielraum*)[58] zwischengeschaltet ist, machen Verfahrensfehler und Fehler in der örtlichen Zuständigkeit den Verwaltungsakt *anfechtbar*,[59] sobald das Entscheidungsergebnis auf ihnen beruhen kann. Denn hier ist nicht auszuschlie-

---

[51] Näheres zum Gesamtproblem bei *Wolff-Bachof* I, §§ 50 II d 2, 51 IV e 5; *Schick*, JuS 1971, 1 ff.; *Scheffler*, DÖV 1977, 761.
[52] Zu ihnen nachfolgend bei Rdnrn. 91 ff.
[53] Beispiel nachfolgend Rdnr. 95.
[54] *BVerwGE* 39, 204 = JuS 1972, 414 Nr. 13, erstreckt die Begründungspflicht auch auf die Wahrnehmung eines Beurteilungsspielraumes im Textzusammenhang Rdnr. 85.
[55] Beispiel nachfolgend bei Rdnr. 95, Fn. 102.
[56] Ebenso eingehend im Textzusammenhang die grundlegende Abhandlung von *Bettermann*, in: Festschr. f. Ipsen, 1977, S. 271. Zur Frage, ob die Rechtsprechung des *BVerfG* zum „Grundrechtsschutz durch Verfahren" (s. Rdnr. 542) die Auslegung des § 46 VwVfG beeinflussen muß, s. *Hufen*, NJW 1982, 2160.
[57] Näheres zu ihm Rdnrn. 91 ff.
[58] Näheres zu ihm Rdnr. 86.
[59] Ausnahme bei „Ermessensreduzierung auf Null" (zu ihr nachfolgend bis Rdnr. 110).

ßen, daß die zuständige Behörde in einem ordnungsgemäßen Verfahren zu einem anderen Ergebnis gekommen wäre. Fehlt die Begründung, so ist der Verwaltungsakt insoweit *in sich* unvollständig[60] und deshalb anfechtbar. In den Fällen des § 45 I VwVfG kann die Behörde einer Anfechtung aber bis zum Abschluß eines Vorverfahrens (§ 45 II VwVfG) dadurch den Boden entziehen, daß sie den Fehler *heilt*.[61]

81   *Beachte:* Es gibt nur verhältnismäßig wenige Klausuren und Hausarbeiten, in welchen die *formellen* Voraussetzungen des Verwaltungsakts wirklich erheblich werden. Die meisten der hier auftauchenden Probleme sind für eine Bearbeitung durch Studenten nicht geeignet. Demgemäß sollten die Formalien in der Darstellung – von Ausnahmefällen abgesehen – nur ganz kurz erwähnt werden, besonders auch dann, wenn sich zu ihnen ohne große Mühe an sich viel Selbstverständliches schreiben ließe.

82   Hat nach dem Sachverhalt die *„zuständige Behörde"* gehandelt, ist es z. B. verfehlt, immer wieder in aller Breite zu untersuchen, *welche* Behörde das wohl gewesen sein könnte. Enthält der Sachverhalt keine konkreten Angaben, in welcher Form die Behörde den Verwaltungsakt erlassen hat, kann der Bearbeiter ohne weiteres davon ausgehen, alle Formvorschriften seien gewahrt. Denn der Aufgabensteller nimmt natürlich nur zu den Punkten nähere Angaben in den Sachverhalt auf, die wirklich problematisch sind.[62] Wer sich bei einem insoweit „mageren" Sachverhalt die Mühe macht, die erforderlichen Formalien bis in alle Einzelheiten aufzuzählen, kommt der Lösung damit nicht näher: *Daß* die Behörde die Vorschriften eingehalten *hat,* kann er auch jetzt noch nicht *positiv* feststellen. Ebenso überflüssig ist es, eine Behörde in aller Breite über Formalien zu belehren, wenn sie etwa um Rat fragt, ob ein bestimmter Verwaltungsakt ergehen könnte. Die Behörde kennt die Formalien besser als jeder Student. Sie will in erster Linie materiellrechtliche Zweifelsfragen geklärt haben.

83   Wer zu den Formalien mehr schreibt, als nötig ist, verstrickt sich leicht in Fehler.

   Z. B. wird immer wieder übersehen, daß ein Verwaltungsakt nur rechtswidrig ist, wenn die falsche *Behörde* gehandelt hat, nicht hingegen schon, wenn die Geschäftsverteilung *innerhalb* einer Behörde mißachtet wurde. Ist im *Ausgangsfall* etwa anstelle des hierfür an sich „zuständigen" städtischen Ausländeramts das städtische Ordnungsamt tätig geworden, ist die Verfügung rechtmäßig. Denn derartige „Ämter" sind nur unselbständige Teile der Behörde „Der Oberstadtdirektor"; *jeder* Sachbearbeiter handelt im Außenverhältnis in seinem „Auftrag".[63]

3. Materielle Voraussetzungen *für das Einschreiten*

84   a) Die einzelnen rechtlichen Voraussetzungen für das Einschreiten sind in den Vorüberlegungen vor der Niederschrift sauber und vollständig *herauszuarbeiten* und *auszulegen.* Dabei ist der Sachverhalt unter sie zu *subsumieren.* Später werden die Einzelvoraussetzungen der wichtigsten Ermächtigungsgrundlagen gesondert dargestellt.[64] Die Niederschrift soll-

---

[60] S. soeben Rdnr. 78.

[61] Umfassend zur Heilung *Laubinger,* VerwArch 1981, 333 ff. Zum Einfluß des „Grundrechtsschutzes durch Verfahren" auf die Auslegung des § 45 VwVfG s. *Hufen,* soeben Fußn. 56.

[62] S. auch noch Rdnrn. 944, 945.

[63] S. z. B. *K. H. Klein,* JuS 1963, 190.

[64] Rdnrn. 121 ff.

te sich ganz auf *die* Voraussetzungen konzentrieren, welche problematisch sind.

Im *Ausgangsfall* kann „die politische Betätigung von Ausländern . . . eingeschränkt oder untersagt werden, wenn *die Abwehr von Störungen der öffentlichen Sicherheit oder Ordnung oder von Beeinträchtigungen der politischen Willensbildung in der Bundesrepublik Deutschland oder sonstige erhebliche Belange der Bundesrepublik Deutschland* es erfordern" (§ 6 II AuslG). Nach dem Wortlaut des Ausgangssachverhalts geht es der Behörde *ausschließlich*[65] um *Demonstrationen,* durch welche die *freundschaftlichen Beziehungen* der Bundesrepublik zum Lande A erheblich beeinträchtigt werden könnten. Damit sind „sonstige erhebliche Belange der Bundesrepublik" betroffen.[66] Inwieweit diese das Verbot politischer Betätigung „erfordern", mag zunächst offenbleiben.[67]

85   b) Wie sich am Beispiel des § 6 II AuslG zeigt, sind die Eingriffsvoraussetzungen der Ermächtigungsgrundlage häufig durch sogenannte „*unbestimmte Gesetzesbegriffe*" ausgedrückt. Die Gerichte und damit auch die Fallbearbeiter haben unbestimmte *Gesetzes*begriffe selbst auszulegen und auf den Sachverhalt anzuwenden. Anders als die Ermessensentscheidung auf der *Rechtsfolgeseite* einer Norm (dazu anschließend Rdnrn. 91 ff.) ist die Entscheidung der Behörde über das Vorliegen der Eingriffsvoraussetzungen also in der Regel voll nachprüfbar.

Das folgt aus dem Zusammenspiel von Gesetzesvorbehalt (Parlamentsvorbehalt) und Rechtsweggarantie des Art. 19 IV GG im Rahmen der Gewaltenteilung.[68] Der Gesetzesvorbehalt[69] gebietet in seiner Tendenz, daß der Parlamentsgesetzgeber selbst alle Einzeleingriffe ex ante eindeutig und abschließend programmiert. Aber das ist in der Gesetzgebungspraxis undurchführbar. Der Gesetzgeber kommt ohne *unbestimmte* Gesetzesbegriffe nicht aus. Jetzt obliegt es ersatzweise den *Gerichten,* die Eingriffsvoraussetzungen ex post zu formulieren.[70] Aus rechtsstaatlichen Gründen der Gewaltenteilung ist die Exekutive aber gehindert, die Voraussetzungen ihrer eigenen *Eingriffe*[71] abschließend *selbst* zu bestimmen.

86   Daher kann ihr insoweit der vielerörterte[72] „*gerichtsfreie Beurteilungsspielraum*" im Regelfall nicht zustehen.

---

[65] S. auch Rdnrn. 91 ff.

[66] So jedenfalls *OVG Münster,* in: *Schüler-Wirtz,* Rechtsprechung zum Ausländerrecht S. 232; *BVerwG,* DVBl 1975, 888.

[67] Dazu Rdnr. 105.

[68] Näheres bei *Schwerdtfeger,* Arbeitslosenversicherung und Arbeitskampf, Neue Aspekte zum unbestimmten Gesetzesbegriff, 1974, S. 89 ff.

[69] Soeben Rdnr. 68.

[70] Mit gleicher Tendenz *BVerfGE* 33, 341 = JuS 1972, 664 Nr. 1 = *Weber* II, Art. 12 Nr. 15; *BVerfGE* 49, 183.

[71] Darauf seien die Textausführungen ausdrücklich beschränkt. Daß der *GemSObBG,* BVerwGE 39, 355 = NJW 1972, 1411 = JuS 1972, 608 Nr. 17, der Steuerverwaltung innerhalb der Voraussetzungen für den Erlaß von Steuern (§ 131 I 1 AO a. F., jetzt § 227) (cognitives) „Ermessen" eingeräumt hat, ist unbedenklich, weil es sich um die *Begünstigung* von Steuerpflichtigen handelt, welche auch Dritte *nicht* benachteiligt.

[72] Grdl. *Bachof,* JZ 1955, 97 (i. V. mit JZ 1972, 208, 641); *Ule,* in: Gedächtnisschr. f. W. Jellinek, 1955, S. 309; *Jesch,* AöR 82 (1957), 163. Neueste Überblicke bei *Wolff-Bachof* I, § 31 I c; *Erichsen-Martens,* Allg. VR § 12 II 1 b; *Ossenbühl,* DVBl 1974, 309; *Stüer,* DVBl 1974, 314.

Entsprechend ist es zu begrüßen, wenn sich das *BVerwG* in der Anerkennung gerichtsfreier Beurteilungsspielräume zurückhält und sie auf die später im Text skizzierten Fallkonstellationen beschränkt.[73] Die Literatur ist teilweise großzügiger.[74] In der Einzeldiskussion verkürzen Literatur und Rechtsprechung die verfassungsrechtliche Problemorientierung regelmäßig allein auf Art. 19 IV GG: Diese Rechtsweggarantie diene nur der Abwehr von *Rechts*verletzungen. Die *Subsumtion* unter unbestimmte Gesetzesbegriffe erfordere aber oft Prognosen und/oder Wertungen, welche je nach subjektivem Erfahrungshorizont, Vorverständnis und politisch-weltanschaulicher Verankerung des Urteilenden unterschiedlich ausfallen könnten. Nach der umstrittenen[75] Entscheidung des *BVerwG* zum gerichtsfreien Beurteilungsspielraum bei der Indizierung jugendgefährdender Schriften[76] seien insoweit mehrere Lösungen, eine ,,Bandbreite der Entscheidungsmöglichkeiten" denkbar, die das Recht in gleicher Weise als vertretbar ansehen könne. Kämen mehrere rechtmäßige Entscheidungen in Betracht, verlange Art. 19 IV GG nicht, daß die Auswahl unter ihnen letztverantwortlich vom Gericht getroffen werden.[77] Sieht man *neben* Art. 19 IV GG gleichzeitig die angedeutete Relevanz des *Gesetzesvorbehalts* im Rahmen der *Gewaltenteilung*, verschiebt sich die Situation indessen: Soweit es um *Eingriffe* geht, kann die Exekutive gerade auch im Bereich von Prognose und Wertungen über die Voraussetzungen ihres Tätigwerdens nicht abschließend selbst befinden.[78]

87 *Ausnahmen* sind (in Anlehnung an die Rechtsprechung) nur möglich, wenn Prognose und/oder Wertung in einem *besonderen* Licht erscheinen. Das kommt in folgenden Konstellationen in Betracht:

– Die Entscheidung ist *unvertretbar*, weil sie auf besonderer Fachkunde (Prüfungsausschuß,[79] Überprüfung der Eignung zur Jugendgefährdung durch fachkundigen Ausschuß) und/oder höchstpersönlichen Eindrücken (Beurteilung durch Dienstvorgesetzten,[80] Ablauf einer mündlichen Prüfung) beruht. Hier wäre das Gericht in den Möglichkeiten eigener Entscheidungsfindung von vornherein unterlegen. Diese Situation kann nicht von Verfassungs wegen gefordert sein.

– Die Entscheidung wird von einer Instanz getroffen, in welcher ,,Elemente gesellschaftlicher Repräsentanz" verkörpert sind (Bundesprüfstelle nach dem Indizierungsurteil des *BVerwG*[81] = demokratischer Selbstverwaltungsgedanke). Dieser Ansatz ist verfassungsrechtlich noch nicht abschließend durchleuchtet.

– Die Entscheidung ist an politische Entscheidungen *anderer* Instanzen oder an die Entscheidung verwaltungspolitischer *Vorfragen* als Faktoren *außerhalb* des unbestimmten Gesetzesbegriffs gebunden (= *Tatbestandsbindung*), welche ihrerseits un-

---

[73] Überblick bei *Kellner*, DÖV 1972, 801. Zuletzt *BVerwGE* 40, 356; *BVerwG*, DVBl 1974, 849.

[74] Nachw. soeben in Fußn. 72.

[75] Vgl. etwa die Bespr. von *Ossenbühl*, DÖV 1972, 401; *Bachof*, JZ 1972, 208; *Kellner*, DÖV 1972, 801; *v. Olshausen*, JuS 1973, 217. Abgelehnt werden vor allem die *rechtstheoretischen* Ausführungen des *BVerwG* zu den *mehreren* richtigen = rechtmäßigen Entscheidungen. Aber gerade insoweit ist dem *BVerwG* zuzustimmen, s. *Schwerdtfeger*, aaO, S. 81 ff.

[76] *BVerwGE* 39, 197 = JuS 1972, 414 Nr. 13.

[77] So deutlich auch *BVerwGE* 39, 205.

[78] *Schwerdtfeger*, aaO, S. 88 ff.

[79] Z. B. *BVerwGE* 24, 64 f.; 35, 73 f.; *Stüer*, DÖV 1974, 257; *Grupp*, JuS 1983, 351. Klausurfall bei *Freitag-Meyer*, JuS 1975, 314. Zur *prozessualen* Situation s. Rdnrn. 186, 192.

[80] Z. B. *BVerwGE* 26, 74 f.; 31, 358; 32, 239 f.

[81] *BVerwGE* 39, 204, i. V. mit *Ossenbühl*, DÖV 1972, 404.

problematisch „gerichtsfrei" sind.[82] Im *Ausgangsfall* führten einige Bearbeiter aus, erhebliche Belange der Bundesrepublik seien nicht verletzt, falls das Land *A* keine demokratische Verfassung habe, etwa eine faschistische Politik betreibe. Denn es könne nicht im Interesse der Bundesrepublik liegen, zu einem solchen Land freundschaftliche Beziehungen zu unterhalten. Diese außenpolitische Frage ist von den nach dem Grundgesetz dafür *zuständigen* Organen der Bundesrepublik anders entschieden worden. Die Behörde und das Gericht (und der Fallbearbeiter) müssen sich dem unterwerfen.[83]

88   c) Schließlich muß die Ermächtigungsgrundlage *gültig*, nämlich *mit höherrangigem Recht vereinbar sein*. Im Unterschied zum Verwaltungsakt ist eine *rechtswidrige Norm in der Regel*[84] *nichtig*. Falls insoweit Bedenken bestehen, ist daher die Gültigkeit der anzuwendenden Norm, insbesondere ihre *Verfassungsmäßigkeit*, zu untersuchen. Einzelheiten der Normprüfung werden später in den Rdnrn. 481 ff. zusammenhängend dargestellt. Ist die Entscheidung eines Gerichts zu entwerfen, muß Art. 100 I GG beachtet werden (lesen!). In den dort genannten Fällen darf das Gericht nicht eigenständig davon absehen, die nach seiner Ansicht ungültige Norm anzuwenden; es hat vielmehr die Entscheidung des *BVerfG* einzuholen.[85]

89   *Beachte besonders:* Es gibt wenige Normen, an deren Verfassungsmäßigkeit ernsthafte Zweifel bestehen. Daher ist es verfehlt, in der *Niederschrift* (anderes gilt für die Vorüberlegungen) von vornherein die Gültigkeit fast jeder einschlägigen Norm in Zweifel zu ziehen, solange der Sachverhalt nicht besonderen Anlaß dazu gibt. Wer das nicht beachtet, schwebt in Gefahr, rein *verwaltungsrechtliche* Aufgaben in verfassungsrechtliche Abhandlungen umzufunktionieren und damit die Schwerpunkte der Arbeit zu verfälschen. Beispielsweise ist es abwegig, in einer Polizeirechtsklausur mit vielen verwaltungsrechtlichen Problemen seitenlang zu erörtern, ob die polizeiliche Generalklausel wegen ihrer Unbestimmtheit mit dem Vorbehalt des Gesetzes vereinbar ist, selbst wenn diese Frage Gegenstand einer kurz vor der Klausur liegenden Übungsstunde gewesen sein sollte, in welcher es darum ging, die Bedeutung des Parlamentsvorbehalts zu erklären. Wegen *dieser* seit langem ausgestandenen Frage ist die Klausur im Zweifel *nicht* ausgegeben worden.

Überlegungen zur Verfassungsmäßigkeit des § 6 II AuslG können in bestimmten Fallgestaltungen hingegen durchaus angebracht sein. Unbestimmte Rechtsbegriffe sind verfassungsrechtlich zwar grundsätzlich zulässig.[86] Man könnte aber erörtern,[87] ob die Formulierung „sonstige erhebliche Belange der Bundesrepublik" nicht doch *zu* unbestimmt und damit rechtsstaatswidrig ist,[88] gegen den Vorbehalt des Gesetzes verstößt.[89] Die Ermächtigung zum Verbot politischer Betätigung ist vielleicht am Grundrecht der Meinungsfreiheit (Art. 5 GG) zu messen. Dann müßte Art. 5 I GG, der an sich für

---

[82] *Wolff-Bachof* I, § 31 I c 4 α; *BVerwGE* 26, 75 ff. („Faktorenlehre").

[83] Weitere Beispiele: *BVerwGE* 19, 86; 26, 65 (Leits. 2; Umorganisation schafft „dienstliches Bedürfnis" für die Versetzung eines Beamten); 34, 308 ff.

[84] Zu Ausnahmen s. Rdnrn. 490, 491.

[85] Näheres Rdnrn. 481, 482.

[86] *BVerfGE* 48, 210 = JuS 78, 790 Nr. 13.

[87] Geschehen bei *Erbel*, JuS 1971, 35.

[88] Nach *BVerfGE* 35, 400 = JuS 1974, 251 Nr. 1 = *Weber* II, Art. 19 IV Nr. 20 liegt insoweit *kein* Verstoß gegen das Rechtsstaatsprinzip vor; s. auch *BVerfGE* 49, 168.

[89] Soeben Fußn. 86.

Ausländer gilt, diesen gerade auch die *politische* Meinungsäußerung garantieren, obgleich sie nicht Angehörige des Staatsvolkes i. S. der politischen Demokratie (Art. 20 II GG) sind.[90] Falls Art. 5 I GG einschlägig ist, wird die in der ausländerrechtlichen Literatur erörterte Streitfrage erheblich, ob das AuslG mit seinen *Sonder*vorschriften ein „*allgemeines* Gesetz" i. S. des Art. 5 II GG ist, durch das die Meinungsfreiheit nur eingeschränkt werden kann. Im *Ausgangsfall* sollte auf diese Verfassungsfragen in der Niederschrift indessen kein Schwerpunkt gelegt werden. Wie sich anschließend[91] zeigen wird, verengen *verwaltungsrechtliche* Überlegungen die Verfügung ohnehin noch zu einem Demonstrationsverbot. Als Ermächtigung zum Demonstrationsverbot kann § 6 II AuslG aber von vornherein nicht mit Grundrechten kollidieren. Denn nach seinem klaren Wortlaut steht das Demonstrationsgrundrecht des Art. 8 I GG als lex specialis nur Deutschen zu.[92]

90 Von der Vereinbarkeit mit höherrangigem Recht hängt nicht immer nur die Gültigkeit, sondern oft auch lediglich die *Auslegung* der Norm ab. *Wenn* verschiedene Auslegungen in Betracht kommen und die Norm nicht bei allen Auslegungen mit höherrangigem Recht vereinbar ist, muß die „verfassungskonforme" oder „gesetzeskonforme" Auslegung gewählt werden.[93]

Beispiel:[94] Eine Polizeiverordnung bestimmt, daß Mietshäuser bis 22 Uhr vom Hauseigentümer zu beleuchten sind. Gegen *A* und *B* ist wegen Nichtbefolgung ein Bußgeld verhängt worden. *A* hatte die Haustür abgeschlossen, *B* nicht. Die Verordnung ist „polizeirechtskonform" so auszulegen, daß sie nur für Häuser mit nicht abgeschlossener Haustür gilt, weil nur hier eine Gefahr für die *öffentliche* Sicherheit oder Ordnung besteht.[95] Nur *B* verstieß also gegen die VO.

Derartige verfassungs- oder gesetzeskonforme Auslegungen sind stets in Betracht zu ziehen, bevor der Bearbeiter eine Norm als nichtig ansieht.

91 4. Fehlerfreie Ermessensausübung

Liegen die rechtlichen Voraussetzungen für den Erlaß des Verwaltungsakts vor, steht es nach vielen Ermächtigungsgrundlagen noch im *Ermessen* der Behörde, *ob* und/oder *wie* und/oder *gegen wen* sie einschreitet. Der Gesetzgeber verwendet in derartigen Fällen Wendungen wie: die Behörde „kann", „darf", „ist berechtigt", „ist befugt" usw. Das Ermessen dient der Einzelfallgerechtigkeit und/oder gerechtigkeitsneutralen Zweckmäßigkeitserwägungen.[96]

---

[90] Vgl. den Streit zwischen *Erbel,* JuS 1971, 35 (dagegen), und *Dolde,* JuS 1971, 314 (dafür).
[91] Nachfolgend Rdnrn. 105, 106.
[92] S. auch *OVG Münster,* aaO; *BVerwG,* aaO.
[93] St. Rspr. des *BVerfG;* eingehend zu allen Einzelfragen *Schack* und *Michel,* JuS 1961, 269ff.; *H. Bogs,* Verfassungskonforme Auslegung, 1966. – In BVerfGE 20, 150 = JuS 1966, 492 Nr. 1 = *Weber* I, Art. 2 I Nr. 7 (SammlG) war eine verfassungskonforme *Auslegung nicht* möglich, weil der Wille des Gesetzgebers *eindeutig* feststand.
[94] In Anlehnung an *Evers-Schwerdtfeger,* JuS 1964, 281; weiteres Beispiel bei *Bökenförde-Greiffenhagen,* JuS 1966, 359.
[95] Vgl. Rdnr. 130.
[96] *Bachof,* JZ 1972, 642.

Tatbestandszeite
unbestimmter Gesetzesbegriff

Beurteilungs-
spielraum

Rechtsfolgezeite
Ermessen

Im *Ausgangsfall* ist die Behörde *nicht verpflichtet,* einzuschreiten, *obgleich* ,,erhebliche Belange der Bundesrepublik" beeinträchtigt werden. Die Behörde *darf* aber einschreiten. Auch *wie* sie einschreitet, steht in ihrem Ermessen. Die ergriffene Maßnahme muß gem. § 6 II AuslG nur ,,erforderlich" sein (sonst liegt ein ,,Ermessensfehler" vor, siehe sogleich).

Auch ,,*Soll"-Vorschriften* räumen der Behörde Ermessen ein, allerdings nur an der Peripherie: Für Normalfälle bedeutet das ,,Soll" ein ,,Muß". In atypischen Fällen sind aber Ausnahmen möglich.[97]

Während die früher erwähnten unbestimmten Rechtsbegriffe die *Voraussetzungen* des behördlichen Tätigwerdens betreffen, also auf der ,,*Tatbestandsseite"* der Norm auftreten, erhält die Behörde das Ermessen auf der ,,*Rechtsfolgeseite"* der Norm eingeräumt.[98]

92   Alle Einzelheiten zur rechtlichen Bewältigung des Ermessens kann der Student nur verstehen, wenn er hinreichende Vorstellungen vom Ablauf einer Ermessensentscheidung hat.

Beispielsfall:[99] Leiter *L* des einzigen Postamtes am Ort hatte den Postbeamten *P* ungerechtfertigt gerügt. In der Folgezeit war es zwischen beiden Beamten immer wieder zu Auseinandersetzungen und Reibereien gekommen, ohne daß sich jeweils feststellen ließ, wer die Schuld trug. Als andere Bedienstete Partei ergreifen und die Streitigkeiten sich dadurch auszubreiten beginnen, erwägt die zuständige Oberpostdirektion (OPD), *L* oder *P* an ein anderes Postamt zu versetzen. Was hat sie zu bedenken? – Gem. § 26 BBG ,,kann" ein Beamter versetzt werden, ,,wenn ein dienstliches Bedürfnis besteht". Ein ,,dienstliches Bedürfnis" (auf der Tatbestandsseite der Norm) ist gegeben. Die OPD hat also die rechtliche *Möglichkeit, L* oder *P* zu versetzen. *Ob* sie von dieser Möglichkeit Gebrauch macht, *wen* sie versetzt und *wohin* sie ihn versetzt, steht nach § 26 BBG in ihrem *Ermessen.*

Idealtypisch gesehen durchläuft das *Verfahren der* Ermessensbetätigung zwei Stationen. Zunächst hat die OPD alle entscheidungsrelevanten Daten und Gesichtspunkte *zusammenzutragen,* soweit sie sich aufklären lassen. Es steht schon fest, wer die Schwierigkeiten ursprünglich verursacht hat. Erheblich ist aber weiter, ob, wann und wo eine geeignete Stelle für *L* bzw. für *P* frei wäre, welche konkreten Folgewirkungen eine Versetzung auf diese Stellen jeweils für die Familie des *L* und des *P* hätte (Umschulung der Kinder?, Berufstätigkeit der Ehefrau?, eigenes Haus?, soziale Kontakte), ob geeignete Nachfolger für *L* oder *P* vorhanden wären, welche Umstellungsschwierigkeiten sich durch einen Wechsel in der Leitung des Postamtes ergeben könnten, usw. usw. Ist das Entscheidungsmaterial hinreichend umfassend zusammengetragen, hat die OPD die verschiedenen Daten und Gesichtspunkte, welche teils für, teils für die andere Lösung sprechen, im Hinblick auf Einzelfallgerechtigkeit und Zweckmäßigkeit[100] gegeneinander *abzuwägen.* Bei dieser Abwägung hat die OPD die einander widerstreitenden Gesichtspunkte in ihrem Verhältnis zueinander zu gewichten. Es gibt keine einheitliche Meßeinheit, in welcher jeder einzelne Gesichtspunkt von vornherein eine bestimmte Wertigkeit hätte und mathematisch exakt gegen die Wertigkeit der

---

[97] *BVerwGE* 40, 330; *Wolff-Bachof* I, § 31 II b.
[98] Diese herkömmliche Gegenüberstellung hat *GemSObBG, BVerwGE* 39, 355 = NJW 1972, 1411 = JuS 1972, 608 Nr. 17 (betr. § 131 I 1 AO a. F.) nur für eine staatliche *Begünstigung* eingeebnet, s. soeben Fußn. 71 sowie *Bachof,* JZ 1972, 641; *Kellner,* DÖV 1972, 801.
[99] In Anlehnung an *Frotscher,* JuS 1971, 533. Vergleichbarer Fall zur *Umsetzung* eines Beamten: *BVerwGE* 60, 144 (151ff.) = JuS 1981, 232 Nr. 13.
[100] Soeben Rdnr. 91.

anderen Gesichtspunkte saldiert werden könnte. Die Behörde (OPD) ist vielmehr dafür zuständig, die Gewichtung nach *ihren* subjektiven politischen, weltanschaulichen, technokratischen und sonstigen Vorverständnissen vorzunehmen und nach *ihren* Wertungen abzuwägen. Das ist das Wesen des Ermessens.

93 Wenn das Verfahren der Ermessens*betätigung* ordnungsgemäß stattgefunden hat und das *Ergebnis* dieses Verfahrens, die Ermessens*entscheidung* nicht gegen höherrangiges Recht verstößt, wenn also kein Ermessensfehler vorliegt (dazu nachfolgend Rdnrn. 97 ff.), ist die Ermessensentscheidung rechtmäßig, *wie immer sie ausgefallen ist.*

Im *Beispielsfall* mag die Sachaufklärung u. a. ergeben haben, daß sowohl für *L* wie auch für *P* eine andere Stelle nur an einem Ort verfügbar ist, nach welchem der Versetzte umziehen müßte, daß *L* mobiler Junggeselle ist, *P* drei schulpflichtige Kinder hat und am bisherigen Wohnort soeben ein Eigenheim gebaut hat. Bei der Abwägung der OPD können sich einerseits die persönlichen Interessen des *P*, auf der anderen Seite aber auch Belange des Postamtes (Folgewirkungen durch den Austausch des Leiters) durchsetzen. Sowohl die Versetzung des *L* als auch die Versetzung des *P* wäre rechtmäßig.

94 a) Vorschläge für die Betätigung des Ermessens in die eine oder andere Richtung darf der Bearbeiter in den meisten Fällen nicht bringen. Sie kommen von vornherein nicht in Betracht, wenn die Entscheidung eines Gerichts zu entwerfen ist. Denn gemäß § 114 VwGO darf das Verwaltungsgericht nicht sein Ermessen an die Stelle des Ermessens der Verwaltung setzen, sondern nur Ermessensfehler feststellen. Demgemäß interessieren auch nur Ermessensfehler, wenn der Bearbeiter vor Klagerhebung auf seiten des Betroffenen zu beurteilen hat, ob Rechtsmittel aus Rechtsgründen erfolgreich sein müßten und/oder der ergangene Verwaltungsakt rechtmäßig ist, selbst wenn er selbst die Ermessensentscheidung in der Situation der Behörde anders getroffen hätte.

95 Obgleich § 114 VwGO schon jedem Anfänger bekannt zu sein pflegt, unterläuft auch Examenskandidaten noch dieser immer wiederkehrende Fehler: Die Klausurbearbeiter hatten gutachtlich die Entscheidung des Verwaltungsgerichts über eine Anfechtungsklage vorzubereiten, mit welcher ein Konditor ein auf (im einzelnen näher geschilderte) gesundheitspolizeiliche Gründe gestütztes Verbot angriff, von einem Handwagen aus Speiseeis zu verkaufen. Viele Bearbeiter kamen zu dem Ergebnis, das Verbot sei rechtmäßig, weil es sich jedenfalls auf verkehrspolizeiliche Erwägungen stützen lasse. Damit setzten die Bearbeiter in unzulässiger Weise ihr Ermessen (= das Ermessen des Gerichts) an die Stelle des Ermessens der Behörde: Selbst wenn verkehrspolizeiliche Gefahren vorlagen, oblag es allein der Behörde zu entscheiden, ob sie auch aus diesem Grunde einschreiten wollte.[101] Den Bearbeitern war allenfalls eine „vorsorgliche" Auseinandersetzung mit den verkehrspolizeilichen Erwägungen für den Fall möglich, daß die Behörde sie noch nachschieben[102] sollte. Iura novit curia gilt nur für die Rechtsfragen, nicht für Ermessensfragen. – Entsprechend war es falsch, wenn viele

---

[101] S. z. B. *BVerwGE* 11, 171.
[102] In gewissen Grenzen grundsätzlich zulässig, vgl. schon *BVerwGE* 1, 312. Überblicke über Einzelheiten z. B. bei *Eyermann-Fröhler,* VwGO, § 113 Rdnrn. 16 ff.; *Tschira-Schmitt Glaeser,* Verwaltungsprozeßrecht, S. 277 ff.

Bearbeiter des *Ausgangsfalls* schrieben: Es sei zu erwarten, daß Staatsangehörige des Landes *A* während des Staatsbesuches durch Flugblattaktionen gegen *S* hetzen oder gar Anschläge auf sein Leben unternehmen würden; auch das verletze erhebliche Belange der Bundesrepublik, im letzten Falle die öffentliche Sicherheit. Aus *diesen* Gründen wollte die Behörde nicht einschreiten. Sie hatten bei der Fallbearbeitung also außer Betracht zu bleiben.

96   Raum für Vorschläge zur Ermessensausübung ist an sich vorhanden, wenn der Bearbeiter die Entscheidung der *Behörde* vorzubereiten hat, sei es vor Erlaß des Verwaltungsakts, sei es im Widerspruchsverfahren. (Daß die Beschränkung des § 114 VwGO für das Widerspruchsverfahren nicht gilt, folgt aus § 68 I 1 VwGO). Zumeist ist in derartigen Fällen aber unter Ausklammerung von Ermessenserwägungen nur *gefragt*, wie die Behörde (aus Rechtsgründen) handeln *könnte*.

97   b) Der Bearbeiter hat zu untersuchen, ob ein *Ermessensfehler* vorliegt. Denn dann ist der Verwaltungsakt rechtswidrig. Wegen eines Ermessensfehlers hebt das Gericht den Verwaltungsakt auf (§ 114 VwGO). Die herkömmliche Bezeichnung „Ermessensfehler" hat keine spezifische Bedeutung. Sie gibt nur zu erkennen, daß es sich um Verstöße gegen den Grundsatz der Gesetzmäßigkeit und der Verfassungsmäßigkeit der Verwaltung handelt, welche typischerweise bei Ermessensbetätigungen vorkommen.[103] Damit ist es lediglich eine terminologische Frage, welche Rechtsverletzungen man als „Ermessensfehler" bezeichnet und wie man die Ermessensfehler zu Gruppen zusammenfaßt.[104] Die Lösung des zu bearbeitenden Falles wird hierdurch nicht beeinflußt. Falls die Entscheidung des Verwaltungsgerichts vorzubereiten ist, muß der Bearbeiter die Aufteilung des § 114 VwGO, § 40 VwVfG zugrunde legen, nämlich überprüfen, ob „die gesetzlichen Grenzen des Ermessens überschritten sind (1. Variante des § 114 VwGO) oder von dem Ermessen in einer dem Zweck der Ermächtigung nicht entsprechenden Weise Gebrauch gemacht ist" (2. Variante).[105]

98   aa) Die *zweite Variante* des § 114 VwGO betrifft Rechtsfehler beim „*Gebrauch*" des Ermessens, im *Verfahren* der Ermessens*betätigung* auf dem Wege *zur* abschließenden Entscheidung *(= Ermessensfehlgebrauch).* Solche „*inneren*" Ermessensfehler liegen vor, wenn das innere Verfahren der Ermessensbetätigung *defizitär* war.

99   Verfahrensdefizite können auf drei Stufen vorkommen: (1) Die Behörde hat irrtümlich ein vorhandenes Ermessen nicht betätigt, weil sie glaubte, ein Ermessensspielraum sei nicht vorhanden oder enger, als er in Wirklichkeit ist *(Ermessensunterschreitung).*

---

[103] In gleicher Richtung *Stern*, Ermessen und unzulässige Ermessensausübung, 1964, S. 27 m. w. Nachw.
[104] Die Terminologie ist insoweit recht uneinheitlich.
[105] Nachfolgend teilweise Anlehnung an *Stern*, Verwaltungsprozessuale Probleme, S. 149 f. Ausführliche Zusammenstellung der Ermessensfehler z. B. bei *Wolff-Bachof*, I, § 31 II d.

(2) Die Behörde hat nicht alle entscheidungsrelevanten Tatsachen und Gesichtspunkte ermittelt und als Entscheidungsmaterial in die Abwägung einbezogen *(Heranziehungsdefizit)*[106] oder (umgekehrt) Gesichtspunkte berücksichtigt, die im Kontext der Ermächtigung nicht berücksichtigt werden durften *(Heranziehungsüberhang)*. (3) Die Behörde hat das Für und Wider nicht *wirklich* gegeneinander *abgewogen*, sondern etwa das Los entscheiden lassen oder unter dem Einfluß persönlicher Laune, Voreingenommenheit, Antipathie, Schikane oder Schädigungsabsicht gestanden *(Abwägungsdefizit)*. Hierher gehört auch das Vorschieben ,,an sich'' sachgemäßer Gründe zur Erreichung eines anderen, von der Ermächtigungsnorm nicht gedeckten Zwecks *(détournement de pouvoir)*.[106a]

100   Einen Ermessensfehlgebrauch kann nur entdecken, wer Einblick in den inneren Verfahrensgang hat. § 39 I 2, 3 VwVfG sorgt insoweit für gewisse Transparenz, indem er besondere Anforderungen an die Begründung von Ermessensentscheidungen stellt. In der Fallbearbeitung kann der Student ohne weiteres davon ausgehen, daß das *Verfahren* der Ermessens*betätigung* in Ordnung war, solange der Sachverhalt nicht Anhaltspunkt für das Gegenteil erkennen läßt.

101   bb) Die *erste Variante* des § 114 VwGO betrifft das *Ergebnis* der Ermessensbetätigung, die abschließende Entscheidung. Dieses *Ergebnis* ist fehlerhaft, wenn es *inhaltlich* die vom Gesetz oder von der Verfassung gesetzten Grenzen überschreitet, also gegen höherrangiges Recht verstößt *(Ermessungsüberschreitung)*. Die Ermessensüberschreitung läßt sich ohne Kenntnis des behördeninternen Entscheidungsvorganges aus dem Verwaltungsakt selbst ablesen. In der Fallbearbeitung geht es zumeist um Verstöße der Ermessensentscheidung gegen die Verfassung. Diese Fallgestaltungen sind scharf von der bereits erörterten[107] Verfassungswidrigkeit der *Ermächtigungs*grundlage zu trennen. Dort verstieß die *Legislative* gegen die Verfassung, indem sie die verfassungswidrige Norm schaffte, welche die Exekutive dann nur anwendete. Im Bereich der Ermessensbetätigung geht es hingegen um *unmittelbare* Verfassungsverstöße der *Exekutive*, weil *sie* hier *eigene* Entscheidungen trifft.

102   Die Ermessensverwaltung ist insbesondere an die Grundrechte gebunden. Einerseits darf sie nicht gegen *Gleichheitsgrundrechte*[108] verstoßen[109] *(Ermessenswillkür'')*. Sie muß ihr Ermessen also in parallelen Fällen gleich handhaben (sog. *Selbstbindung der Verwaltung*). Über Art. 3 GG gewinnen so auch interne Verwaltungsanordnungen und Richtlinien Außenwirkung, *wenn* nach ihnen (wie in der Regel) *faktisch* verfahren

---

[106] Steht zusammmen mit dem Abwägungsdefizit in Parallele zu entsprechenden Defiziten beim Planungsermessen, Rdnrn. 528 ff.
[106a] Beispiel *(BVerwGE* 65, 167 = JuS 1982, 865 Nr. 1): Erteilung einer Ausnahmebewilligung nach § 23 I LSchlG, um aus Gründen der Gefahrenabwehr abends ,,Leben'' in eine dunkle Passage zu bringen.
[107] Soeben Rdnrn. 88 ff.
[108] Zur Gegenüberstellung mit den Freiheitsgrundrechten Rdnrn. 547, 548.
[109] *BVerfGE* 9, 147; 18, 363; *BVerfGE* 49, 184.

wird.[110] Die neue Entscheidung darf von einem früheren Verwaltungsgebrauch nur abweichen,[111] wenn sie als Anfang einer neuen Handhabung gemeint ist. Solange der Sachverhalt dafür keine deutlichen Anhaltspunkte zeigt, kann das nicht angenommen werden.

Beispiel: Die Polizei kann das „Dirnenwesen" (= Störung der öffentlichen Sicherheit oder Ordnung) dulden[112] (= Ermessensentscheidung). *Wenn* sie einschreitet, muß sie gegen alle Dirnen in einem bestimmten Bezirk vorgehen. Das Vorgehen gegen eine Dirne verstieße gegen Art. 3 I GG, solange in diesem Fall nicht besondere Umstände in Betracht kämen.

Im *Ausgangsfall* lägen Verstöße gegen Art. 3 I GG vor, wenn die Behörde nur gegen X, nicht auch gegen andere Landsleute vorgegangen wäre (Ermessensfehler bei der Entscheidung, *ob* eingeschritten werden soll) oder wenn sie X stärker als andere Landsleute in gleicher Situation belastet hätte (Ermessensfehler bei der Entscheidung, *wie* eingeschritten wird).

103 Des weiteren ist die Ermessensverwaltung an die Freiheitsgrundrechte gebunden. Hieraus,[113] sonst aus dem Rechtsstaatsprinzip[114] folgt *u. a.*:
Die ergriffene Maßnahme muß *geeignet, notwendig* (= *erforderlich*) *und verhältnismäßig*[115] (= *proportional*) sein, um das von der Verwaltung angestrebte Ziel zu fördern.

104 *Beachte:* Wenn der Verfassungsgrundsatz im einfachen Gesetzesrecht Ausdruck gefunden hat (Polizei- und Ordnungsrecht der Länder; § 6 II AuslG „erforderlich"), ist natürlich die einschlägige Gesetzesvorschrift und nicht unmittelbar die Verfassung heranzuziehen.

105 Die Palette der Ermessensüberschreitungen, welche hier in Betracht kommen, und die Möglichkeit zu klarer Darstellung öffnen sich dem Bearbeiter erst, wenn er plastische Vorstellungen zu folgenden Unterschieden[116] hat: *Geeignet* ist ein Mittel, das zur Erreichung des angestrebten Zwecks tauglich ist. *Notwendig* ist eine Maßnahme erst, wenn es kein milderes Mittel gibt, das angestrebte Ziel gleich wirksam zu fördern. *Verhältnismäßig (proportional)* ist eine Maßnahme, wenn die Bedeutung des zur Geltung zu bringenden Rechtsguts unter Berücksichtigung der

---

[110] *BVerwG*, NJW 1980, 75; *BVerwGE* 58, 45 = JuS 1980, 71 Nr. 14; *BVerwG*, DVBl 1961, 209, m. Anm. *H. J. Wolff; Schmidt,* JuS 1971, 184 ff.; *BVerwG*, NJW 1979, 280 = JuS 1979, 219 Nr. 12; Klausurfall bei *Freitag-Meyer,* JuS 1975, 314. Nach *BVerwGE* 34, 278 = JuS 1970, 416 Nr. 10 vermag eine *rechtswidrige* Verwaltungsübung aber *keine* Selbstbindung der Verwaltung herbeizuführen; a. A. für eine Ausnahmekonstellation *VGH Mannheim,* DVBl 1972, 186 m. Anm. *Götz.*
[111] S. dazu *BVerwG* NJW 1980, 75 = JuS 1980, 71 Nr. 14.
[112] *OVG Münster,* JuS 1971, 488 Nr. 8.
[113] Einzelableitung später Rdnrn. 555 ff.
[114] S. z. B. *BVerfGE* 23, 133 = JuS 1968, 333 Nr. 1 = *Weber* I, Art. 4 III Nr. 3.
[115] Zum Verfassungsgrundsatz der Verhältnismäßigkeit bei der Ermessensbetätigung, s. etwa *BVerfGE* 35, 400 f. = JuS 1974, 251 Nr. 1 = *Weber* II, Art. 19 IV Nr. 20; *BVerfGE* 49, 185 f.
[116] Zu ihnen s. auch z. B. *BVerwG,* DVBl 1966, 696; 1967, 777.

Intensität des Eingriffs nicht außer Verhältnis zu dem Rechtsgut steht, welches zurücktreten muß (Rechtsgüterabwägung).

Beispiel: Selbst wenn der Schuß mit dem Gewehr das einzig geeignete und damit notwendige Mittel wäre, um einen Jungen aus dem Kirschbaum zu vertreiben: die Polizei dürfte nicht schießen (*unverhältnismäßiges, unproportionales* Mittel), weil zum Schutz der Kirschen kein Menschenleben gefährdet werden darf.

Im *Ausgangsfall* ist das Verbot jeglicher politischer Betätigung zwar *geeignet*, den unerwünschten Demonstrationen entgegenzuwirken und so die angedeuteten „erheblichen Belange der Bundesrepublik" (§ 6 II AuslG) zu schützen. Diese „*erfordern*" (§ 6 II AuslG) aber nicht das totale Verbot. Weil die Behörde lediglich Gefährdungen abwehren will, welche für das freundschaftliche Beziehungen zum Land *A* durch *Demonstrationen* entstehen, hätte es als „*milderes Mittel*" ausgereicht, dem *X* nur *Demonstrationen* zu verbieten. Soweit das Verbot darüber hinausgeht, ist es also rechtswidrig. Die Rechtsgüterabwägung[117] ergibt, daß der „*erforderliche*" Teil der Verfügung (Demonstrationsverbot) nicht außer Verhältnis zum Interesse des *X* steht, Demonstrationen durchzuführen, also *verhältnismäßig* ist. *Insoweit* ist das Verbot damit rechtmäßig.[118] Weil das Verwaltungsgericht einen Verwaltungsakt nur aufhebt, „*soweit* er rechtswidrig ist" (Wortlaut des § 113 I 1 VwGO), bleibt das Demonstrationsverbot bestehen, wenn *X* das Verbot politischer Betätigung anficht.

106 *Beachte:* Anders als soeben der Text zählen Literatur und Rechtsprechung oft auch schon das Gebot, das mildeste Mittel zu wählen, zum „*Grundsatz der Verhältnismäßigkeit*". Dieser umfaßt dann *zwei* Aspekte: Rechtsgüterabwägung (Proportionalität) *und* Notwendigkeit der Maßnahme. Wie die Korrekturerfahrung lehrt, geht bei dieser Begriffsbestimmung in der Fallbearbeitung leicht einer der beiden Aspekte verloren. – Der Grundsatz, daß die Maßnahme *notwendig/erforderlich* sein müsse, wird von den Studenten oft *mißverstanden*. Ein Bearbeiter des *Ausgangsfalls* schrieb: Selbst ein Verbot, welches auf Demonstrationen beschränkt bleibe, sei nicht „erforderlich". Ein freiheitlicher Staat wie die Bundesrepublik könne es sich leisten, der Kritik an einem fremden Staatsoberhaupt freien Lauf zu lassen. Wenn *S* das als unfreundlichen Akt auffasse, bestätige sich nur, daß er nicht das rechte demokratische Bewußtsein habe. Dieser Bearbeiter ließ laienhaft Assoziationen freien Lauf, die sich für ihn mit der Vokabel „erforderlich" im *alltäglichen* Sprachgebrauch verbinden. Seine Ausführungen behandeln Fragen politisch-sachlicher Zweckmäßigkeit, welche dem wertenden *Ermessen der Behörde* bei der Entscheidung unterfallen, *ob* (durch das mildeste Mittel) eingeschritten werden soll. Der Bearbeiter korrigierte also unzulässigerweise die Erwägungen der Behörde durch eigene Zweckmäßigkeitserwägungen. „Erforderlich" ist ein *Rechtsbegriff* mit feststehenden Konturen. Als Gebot, das mildeste Mittel zu wählen, betrifft es ausschließlich die Zweck-Mittel-Relation im Zusammenhang mit der Frage, *wie* eingeschritten werden kann.

107 Indem er die untereinander kollidierenden Rechtsgüter zueinander ins Verhältnis setzt, hat der Grundsatz der Verhältnismäßigkeit seinen Ansatz bei der Gewichtung und Abwägung der einschlägigen Daten und Gesichtspunkte in der Ermessensbetätigung. Auch der Grundsatz der Verhältnismäßigkeit enthält aber kein Meßsystem, in welchem die einschlägigen Daten und Gesichtspunkte exakt gegeneinander saldiert werden könnten.[119] Demgemäß programmiert der Grundsatz der Verhältnis-

---

[117] Näheres zu ihr und zu ihrer Problematik nachfolgend im Text sowie Rdnrn. 566 ff., 573 ff.
[118] Im Ergebnis ebenso *OVG Münster*, aaO; *BVerwG*, aaO.
[119] S. dazu bereits Rdnr. 92.

mäßigkeit auch nicht abschließend das Entscheidungs*ergebnis*. Er setzt der Ermessensentscheidung vielmehr lediglich *letzte* Grenzen. Er verbietet Abwägungsergebnisse, welche *ganz einseitig, offensichtlich fehlgewichtet sind*.[120] Damit das Verwaltungsgericht nicht unter Verstoß gegen § 114 VwGO letztendlich doch noch *seine* Abwägung an die Stelle der für die Abwägung zuständigen Behörde setzt, kann es nur auf derart zurückgezogener Linie einen Verstoß gegen den Grundsatz der Verhältnismäßigkeit feststellen.

108   Im *Beispielsfall* zu den Querelen im Postamt mögen die Ermittlungen (in Abänderung der bisherigen Annahmen) ergeben haben, daß Leiter *L* drei schulpflichtige Kinder hat und sein Fortgang erhebliche Folgewirkungen für das Postamt hätte, *P* hingegen lediglich ein Eigenheim am Dienstort besitzt, sonst aber hinreichend mobil für einen Umzug ist. Hier wäre es offensichtlich unverhältnismäßig, wenn die OPD zugunsten des *P* das Eigenheimargument prägend werden ließe und *L* versetzte. In der Auswahl zwischen *L* und *P* müßte *P* versetzt werden.

109   Schließlich hat die Ermessensverwaltung etwa dem *Vertrauensschutz* als Element des Rechtsstaatsprinzips[121] Rechnung zu tragen[122] und das *Sozialstaatsprinzip* zu beachten.[123]

110   Die eingestreuten Beispielsfälle zeigen: Bei Vorliegen besonderer tatsächlicher Umstände können insbesondere der Gleichheitsgrundsatz, der Grundsatz der Verhältnismäßigkeit und der Gedanke des Vertrauensschutzes dazu führen, daß ein an sich vorhandenes Ermessen eingeschränkt, im Extremfall „auf Null reduziert" ist.[124]

III. Nichtigkeit des Verwaltungsakts

111   Nach dem früher[125] Gesagten geht es um Nichtigkeitsgründe, wenn ein fehlerhafter Verwaltungsakt nicht mehr angefochten werden kann. Auf Antrag des Betroffenen wird die Nichtigkeit durch Verwaltungsakt der *Behörde* festgestellt (§ 44 V VwVfG).[126] Erst wenn die Behörde dem Antrag nicht stattgibt, ist die Nichtigkeitsklage nach § 43 I VwGO gegeben. Vorher würde ihr das Rechtsschutzbedürfnis fehlen.[127] § 44 II und III VwVfG regeln für bestimmte Fehler *ausdrücklich*, ob der Verwaltungsakt nichtig ist oder nicht. Im übrigen ist ein Verwaltungsakt gem. § 44 I VwVfG nichtig, „soweit er an einem besonders schwerwiegenden Fehler

---

[120] Näheres dazu Rdnrn. 566 ff.
[121] Dazu Rdnr. 215.
[122] *BVerfGE* 35, 400 f. = JuS 1974, 251 Nr. 1 = *Weber* II, Art. 19 IV Nr. 20; *BVerfGE* 49, 185 f.
[123] Beispiel in *BVerfGE* 42, 157; *BVerwG*, DÖV 1976, 569 ff.
[124] Zur (eigentlichen) Relevanz der „Ermessensreduzierung auf Null" beim begünstigenden VA und zu den Einzelkriterien der Reduzierung s. Rdnrn. 179 bis 185.
[125] Rdnr. 66.
[126] *Zuleeg*, Fälle, Nr. 3.
[127] *Meyer-Borgs*, VwVfG § 44 Rdnr. 30; a. A. *Kopp*, VwVfG § 44 Anm. 67.

leidet und dies bei verständiger Würdigung aller in Betracht kommenden Umstände offenkundig ist". Damit hat das VwVfG sich gegen die „Unmöglichkeitstheorie" und andere Nichtigkeitstheorien[128] für die „Evidenztheorie" entschieden:[129] Wegen seiner Regelungsfunktion[130] soll ein Verwaltungsakt *nur dann* von vornherein keine Beachtung verdienen, wenn ein schwerer Fehler besteht *und* dieser *so klar* auf der Hand liegt, daß es für den Bürger unerträglich wäre, die getroffene Regelung als gültig anerkennen zu müssen. Trotzdem bleiben noch Probleme offen, so die Frage, auf wen für die Offenkundigkeit abzustellen ist.[131] Das *BVerwG*[132] zieht einen „aufmerksamen und verständigen Durchschnittsbeobachter" heran. Ob ein Fehler „besonders schwer" wiegt und als „offenkundig" anzusehen ist, hängt im übrigen von Wertungen ab und läßt sich besonders auch deshalb nicht stets eindeutig bestimmen (s. etwa die Beispiele Rdnrn. 45, 206, 304).

§ 6. Insbesondere: Die „Polizei"verfügung

I. Gefahrenabwehr, Beseitigung von Störungen

121 *Ausgangsfall:*[1] Nach ihrem Parteiprogramm will die neu gegründete „Partei der Monarchisten" die Bundesrepublik „mit den Mitteln der Demokratie und unter Wahrung der demokratischen Grundsätze" in eine Monarchie umwandeln. Um sich den Wählern bekannt zu machen, läßt die Partei ihre Mitglieder *A* und *B* mit Transparenten durch die Stadt ziehen, auf denen diese Ziele aufgeführt sind. Die Ordnungsbehörde kommt zu dem Schluß, das Programm verstoße gegen die Grundordnung des Grundgesetzes, und verbietet der Partei deshalb das Umherziehen mit den Transparenten. Zu Recht?

122 „Polizei"verfügungen dienen dem *Schutz der öffentlichen Sicherheit oder Ordnung* und damit der *Gefahrenabwehr.* „Polizei" wird in dieser Begriffsbestimmung in einem *materiellen* Sinne als Synonym für die Verwaltungsaufgabe der Gefahrenabwehr („Polizeirecht") gebraucht.[2] Es hängt von der Zuständigkeitsverteilung in den einzelnen Bundesländern ab, ob eine Polizeiverfügung im Einzelfall von der *uniformierten Polizei*

---

[128] Überblick etwa bei *Wolff-Bachof* I, § 51 I c 3.
[129] Schon vorher st. Rspr. des *BVerwG*, s. NJW 1974, 1963.
[130] Zu ihr Rdnr. 43.
[131] Dazu *Wolff-Bachof* I, aaO.
[132] *BVerwGE* 19, 287; 23, 238; 35, 243.
[1] Zusätzlich sollten einige dieser Fallbesprechungen durchgearbeitet werden: *Bökenförde-Greiffenhagen*, JuS 1966, 359; *Zuleeg*, JuS 1971, 150; *Reich*, JuS 1973, 438 (Bad-Württ.); *Borchert*, JuS 1974, 723 (SchlH). *Vogel*, Verwaltungsrechtsfall, S. 78; *v. Münch*, Übungsfälle, S. 55; *K. Müller*, Öffentliches Recht für Anfänger, S. 192; *Püttner*, Rep., 2. Fall (NRW); *Dicke*, JuS 1980, 592 (Bad-Württ.); *Scheuer*, Fallsammlung zum Ordnungsrecht NJW 1981.
[2] *Martens*, in: *Drews-Wacke-Vogel-Martens*, Bd. 2, S. 31 ff., 34. Kritisch zum materiellen Polizeibegriff *Götz*, Allgem. Polizei- und Ordnungsrecht, S. 17 ff.

(= *formeller* Polizeibegriff) oder (in den meisten Fällen) von einer anderen Behörde, insbesondere von einer „*Ordnungsbehörde*", erlassen wird.[3] An diese Zuständigkeitsverteilung knüpft an, wer von Polizei- und Ordnungsrecht (= Recht der Polizei- und Ordnungsbehörden) spricht.

123   Es hat sich eingebürgert, die wichtigsten Rechtmäßigkeitsvoraussetzungen der Polizeiverfügung in einem *Spezialschema* darzustellen. Nachdem die Studenten und Examenskandidaten dieses Schema auswendig gelernt haben, empfinden sie es zumeist als Glücksfall, wenn sie eine Klausuraufgabe aus dem Polizeirecht erhalten. Trotzdem fallen gerade Polizeirechtsklausuren leicht schlecht aus: Wer sich ausschließlich an das Schema klammert, welches niemals in jeder Hinsicht vollständig ist, kann viele Polizeirechtsfälle nicht lösen.[4]

Durch das Klipp-Klapp des Schemas wurde so auch im *Ausgangsfall* die eigentliche Pointe übersehen: das *Parteienprivileg* des Art. 21 II GG. Solange die Partei nicht durch das *BVerfG* verboten ist, darf keine Behörde dagegen einschreiten, daß sie ihre politischen Ziele verfolgt, wie immer diese aussehen.[5] Die Behörde hat ihre Verfügung nur deshalb erlassen, weil sie die Ziele der Partei mißbilligt, *nicht* aus verkehrspolizeilichen oder sonstigen Erwägungen, welche im Grundsatz ein Einschreiten auch gegen Parteien rechtfertigen können. Schon wegen Art. 21 II GG ist die Verfügung damit rechtswidrig.

Trotzdem kann man der Lösung noch eine zweite Stütze geben und nachweisen, daß die Verfügung *auch* aus *polizeirechtsimmanenten* Gründen rechtswidrig ist. Unter diesem Blickwinkel kann der *Ausgangsfall* anschließend noch weiterverfolgt werden.

Der Klausurbearbeiter muß ferner *plastische* Vorstellungen und *Kenntnisse* zu den zentralen Fragen des Polizeirechts haben, die sich *hinter* jedem Schemapunkt verbergen. Er kann sie sich etwa erarbeiten anhand des Lehrbuchs von *Götz*.[6]

124   Das nachfolgende Schema gilt für alle Bundesländer, nur nicht in vollem Umfange für Bayern.[7] Mittlerweile ist das Polizeirecht in allen Bun-

---

[3] Näheres zu dieser Zweigliedrigkeit in vielen Bundesländern z.B. bei *Vogel*, in: *Drews-Wacke-Vogel-Martens*, Bd. 1, S. 9ff. *Friauf*, Polizei- und Ordnungsrecht, I. 5., in: *v. Münch*, Bes. VR; *Götz*, S. 20ff.

[4] Zu Funktion und Grenzen aller Schemata lies nochmals Rdnrn. 11ff.

[5] BVerfGE 12, 305; 17, 166; OVG Hamburg, NJW 1974, 1523 = JuS 1975, 117 Nr. 2. S. dazu auch noch Rdnrn. 665, 666.

[6] Allgemeines Polizei- und Ordnungsrecht, 7. Aufl., 1982. Umfassend: *Drews-Wacke-Vogel-Martens*, Gefahrenabwehr, Bd. 1, 1975; Bd. 2, 1977. Beachte schließlich: *Friauf*, Polizei- und Ordnungsrecht, in: *v. Münch*, Bes. VR; *Ule-Rasch*, Allgemeines Polizei- und Ordnungsrecht, 1965; JA 1970, 417ff.: *Kirchhoff*, Grundfälle zum Polizeirecht, ab JuS 1974, 648ff., in Fortsetzungen; *Scholler-Broß*, Grundzüge des Polizei- und Ordnungsrechts, 3. Aufl. 1981.

[7] PAG v. 24. 8. 1978 (GVBl S. 561), POG v. 10. 8. 1976 (GVBl S. 303) und LStVG i. d. F. 1974 (GVBl S. 739, 746, 753). *Polizeirechtsschema für Bayern* bei *Scholler-Broß*, Fälle und Lösungen, Bes. VR, 1973, S. 192. Fallbesprechungen bei *Theuersbacher*, JuS 1966, 321; *Haak*, JuS 1967, 721; *Würtenberger*, JuS 1974, 320; *Birk*, JuS 1982, 496.

desländern kodifiziert.[8] Deshalb ist es unzulässig, nur mit allgemeinen Kategorien des Polizeirechts zu arbeiten, welche aus dem Preußischen Polizeiverwaltungsgesetz von 1931 entlehnt sind. Der Leser sollte in das nachfolgende Schema die einschlägigen Paragraphen des Gesetzes über die öffentliche Sicherheit und Ordnung einfügen, welches an seinem Studien- oder Examensort gilt.[9]

125   1. In Betracht kommende Rechtsgrundlage

a) Spezialermächtigung außerhalb[9a] *oder innerhalb* des einschlägigen Gesetzes über die öffentliche Sicherheit und Ordnung.

Beispiel: § 10 BSeuchenG.[10] – Im *Ausgangsfall* dürfte das Umherziehen *keine* Versammlung und kein Aufzug i. S. von § 15 VersammlG sein, wie viele Bearbeiter annahmen.[11]

b) Polizeiliche Generalklausel

Im *Ausgangsfall* erheblich.

126   2. *Formelle Voraussetzungen* der Polizeiverfügung, z. B.[11a]

a) Zuständigkeit der Behörde

b) Vorgeschriebene Form

c) Ausreichende inhaltliche Bestimmtheit der Verfügung

d) Bekanntgabe

e) Begründung

127   3. *Materielle Voraussetzungen* der Polizeiverfügung bei Anwendung der polizeilichen Generalklausel

a) Nach der Generalklausel muß *im einzelnen Falle* (nachfolgend (4)) die *Gefahr* (3) bestehen, daß am Schutzgut *„öffentliche Sicherheit oder Ordnung* (1) ein *Schaden* (2) eintritt.

Wie sich im Ausgangsfall zeigen wird, kann der Bearbeiter die hier etwa verborgenen Probleme seines Falles nur erkennen und exakt einkreisen, wenn er die Einzelkriterien der Generalklausel *getrennt je für sich* durchmustert, am besten in folgender Reihenfolge:

---

[8] Der *„Musterentwurf eines einheitlichen Polizeigesetzes"* soll die Länder nunmehr veranlassen, das Recht der *uniformierten* Polizei im ganzen Bundesgebiet gleichförmig zu gestalten. Berlin (ASOG 1975) und Bayern (PAG 1978) sind ihm bereits gefolgt, Berlin auch für die Ordnungsverwaltung; s. *Schumann,* DÖV 1976, 264 (Berlin); *Samper,* BayVBl 1979, 33.
[9] Zusammenstellung aller einschlägigen Gesetze der Bundesländer mit Fundstellen bei *Friauf,* aaO, S. 194 f. Überblick z. B. auch bei *Götz,* S. 27 ff. Zur Entwicklung in BadWürtt. s. *Belz,* DÖV 1973, 766; in Bln s. *Schumann,* aaO.
[9a] Hier *können* die Normen des allgemeinen Polizeirechts ergänzende Funktionen haben; s. als Beispiel *BVerwG,* NJW 1982, 1008 = JuS 1982, 543 Nr. 15.
[10] Lies dazu *BVerwG,* JuS 1972, 287 Nr. 11 = DVBl 1972, 499. Zum Verhältnis der Generalklausel zum BImSchG s. *BVerwGE* 55, 118 = JuS 1978, 424 Nr. 15.
[11] Überblick über die verschiedenen Ansichten zur Begriffsbestimmung bei *Ott,* VersammlG, 2. Aufl., 1977, § 1 Rdnrn. 1 ff.
[11a] Näheres in Rdnrn. 73 ff.

128   (1) Schutzgut „*öffentliche Sicherheit oder Ordnung*"
            (a) *Sicherheit oder Ordnung*

(Öffentliche) *Sicherheit* ist die Unversehrtheit der *objektiven Rechtsordnung, der subjektiven Rechte* und Rechtsgüter des einzelnen (Gesundheit, Ehre, Freiheit und Vermögen) sowie der *Einrichtungen und Veranstaltungen des Staates* und der sonstigen Träger der Hoheitsgewalt[12] – (Öffentliche) *Ordnung* ist die Gesamtheit der ungeschriebenen Regeln für das Verhalten des einzelnen in der Öffentlichkeit, deren Beachtung nach den *herrschenden Anschauungen* als *unerläßliche* Voraussetzungen eines geordneten staatsbürgerlichen Zusammenlebens betrachtet wird. Bei diesen Regeln handelt es sich um *gesellschaftliche* Normen, *nicht* (wie bei der öffentlichen Sicherheit) um *Rechts*normen.[13] Die Polizeiverfügung zum Schutz der öffentlichen *Ordnung* wird aus verfassungsrechtlichen Gründen zunehmend problematisiert.[14]

Im *Ausgangsfall* ist die öffentliche Sicherheit betroffen: In Art. 20 I und 28 I GG wird der Staat des Grundgesetzes als Republik gekennzeichnet. Das ist nach wohl einhelliger Ansicht[15] eine Absage an *jede* Form der Monarchie. Weil Art. 20 I GG an der „Ewigkeitsgarantie" des Art. 79 III GG teilhat, kann die Monarchie selbst durch Verfassungsänderung nicht eingeführt werden.[16] Hätte also das Parteiprogramm jemals *Erfolg* (= *Einführung* der Monarchie in ferner *Zukunft*), läge *darin* ein Verstoß gegen die Rechtsordnung (Art. 79 III GG) und damit gegen die öffentliche Sicherheit. Hingegen verstoßen die *gegenwärtigen* monarchischen *Bestrebungen nicht* gegen die öffentliche Sicherheit. Insoweit lenkte das Schlagwort, sie seien „verfassungswidrig", die Bearbeiter von einer sauberen Subsumtion ab. Es sind nämlich keine *Rechts*normen ersichtlich, welche dem Bürger als *Verhaltens*norm die Werbung für eine (verfassungswidrige) Monarchie verbieten. Art. 18 GG (Verwirkung von Grundrechten) und andere Vorschriften des Grundgesetzes zum Schutze gegen seine Feinde, aus denen man Unterlassungspflichten herauslesen könnte, betreffen nur die *freiheitliche* und *demokratische* Grundordnung des Grundgesetzes. Gegen *sie* wendet sich die Partei aber nicht. Gesellschaftliche Normen (öffentliche *Ordnung*), welche monarchische Bestrebungen verbieten, sind schließlich auch nicht nachweisbar.

129   *Beachte:* Auch Verstöße gegen eine Polizeiverordnung sind als Verletzungen der Rechtsordnung Störungen der öffentlichen Sicherheit, welche durch Polizeiverfügung *über die polizeiliche Generalklausel* beseitigt werden.[17] Das wird häufig übersehen.

130   (b) *Öffentliche* Sicherheit oder Ordnung

Eine Polizeiverfügung darf nicht ergehen, wenn Sicherheit oder Ordnung *ausschließlich* in der *privaten* Sphäre gestört oder gefährdet sind (BGB, Zivilgerichte). So kann die Polizei dem Hauseigentümer nicht vorschreiben, er müsse ein dunkles Treppenhaus beleuchten, solange die Haustür verschlossen ist und daher alleine Hausbewohner stürzen können.[18] Vom *einzelnen* darf die Polizei Gefahren nur abwehren,

---

[12] Definition in Anlehnung an *Götz*, S. 34; s. auch z. B. *Martens*, in: *Drews-Wacke-Vogel-Martens*, Bd. 2, S. 117 ff.

[13] Definition nach *Götz*, S. 45; vgl. ferner *Martens*, in: *Drews-Wacke-Vogel-Martens*, Bd. 2, S. 130 ff.; *BVerwG*, JuS 1970, 538 Nr. 10 (Tanzverbot anläßlich des Todes von Altbundespräsident Heuss).

[14] S. z. B. *Götz*, S. 46 ff.; JA 1971, 315 ff.; *Achterberg*, in: Festschr. f. Scupin, 1973, S. 9 ff.; andererseits aber auch *Erbel*, DVBl 1972, 475.

[15] S. z. B. *Hesse*, Verfassungsrecht, Rdnr. 119; *Dürig*, in: *Maunz-Dürig-Herzog-Scholz*, Art. 20 Rdnr. 1.

[16] *Hesse*, Rdnr. 122.

[17] *Martens*, in: *Drews-Wacke-Vogel-Martens*, Bd. 2, S. 121 u. *Vogel*, in: *Drews-Wacke-Vogel-Martens*, Bd. 1, S. 272 ff. Beispiele Rdnrn. 71, 143.

[18] Klausurfall bei *Evers-Schwerdtfeger*, JuS 1964, 281.

wenn er als *Mitglied der Allgemeinheit* erscheint[19] (Besucher bei offener Haustür) *oder* **wenn die Gefahr aus dem privaten Bereich** *für die Allgemeinheit unerträglich ist* (Selbstmord).[20] – Im *Ausgangsfall* darf dieser Schemapunkt nicht vertieft werden, weil er unproblematisch ist.

131   (2) *Schaden* am Schutzgut „öffentliche Sicherheit oder Ordnung"

Von einem Schaden kann erst gesprochen werden, wenn die zu erwartende Beeinträchtigung einen bestimmten *Intensitätsgrad* erreicht. Eine bloße *Belästigung*, Unbequemlichkeit oder Geschmacklosigkeit reicht für einen polizeilichen Eingriff nach der Generalklausel nicht aus.[21] (Demgegenüber schützt z. B. das BImSchG auch vor „erheblichen Belästigungen", § 3 I BImSchG.)

132   (3) *Gefahr* eines Schadenseintrittes

(a) Eine *Gefahr* liegt vor, wenn der Schaden in der Zukunft eintreten könnte. Bei einer *Störung* hat sich die Gefahr bereits verwirklicht. Obgleich die „Störung" nicht in allen Bundesländern durch die Generalklausel ausdrücklich angesprochen wird, ist unbestritten, daß die Generalklausel (erst recht) auch der Abwehr einer eingetretenen Störung dient. Die *Gefahren*abwehr tritt *präventiv* einem möglichen Schaden entgegen. Eine eingetretene Störung wird *repressiv* beseitigt.
Im *Ausgangsfall* wäre das Umhertragen der Transparente eine *Störung* der öffentlichen Sicherheit, *wenn* es nach der Rechtsordnung verboten *wäre*. Weil aber erst die tatsächliche *Einführung* der Monarchie in ferner Zukunft ein Verstoß gegen die öffentliche Sicherheit sein würde, kommt gegenwärtig allenfalls eine *Gefahr* für die öffentliche Sicherheit in Betracht.

133   (b) Eine „*Gefahr*" besteht nur, wenn die Schädigung *hinreichend wahrscheinlich* ist. Welcher Wahrscheinlichkeitsgrad im Einzelfall gefordert werden muß, hängt ab von der Größe des Schadens und der Wertigkeit des Rechtsgutes, welches geschützt werden soll.[22] Ist das Schutzgut besonders bedeutsam und/oder der möglicherweise eintretende Schaden sehr groß (Bombendrohung), so können an die Wahrscheinlichkeit des Schadenseintritts wesentlich geringere Anforderungen gestellt werden als bei geringerwertigen Rechtsgütern und Schädigungsintensitäten.
Bei der Republik geht es im *Ausgangsfall* zwar um ein verfassungsrechtlich zentrales Rechtsgut (vgl. Art. 79 III GG). Es ist aber so gut wie unvorstellbar, daß die Partei jemals ausreichende Gefolgschaft finden könnte, um die Monarchie tatsächlich einzuführen. Daher besteht hier *keinerlei* Wahrscheinlichkeit und daher *von vornherein* kein Ansatz für eine „Gefahr" i. S. der Generalklausel.

134   Das Wahrscheinlichkeitsurteil ist eine *Prognose*. Diese beruht auf den Erkenntnissen, welche zur Zeit der Entscheidungsfindung („ex ante") vorhanden waren. Stellt sich „ex post" heraus, daß diese Erkenntnisse oder der angenommene Kausalverlauf unzutreffend waren, daß also nur eine „*Anscheinsgefahr*" vorlag, wird die Rechtmäßigkeit der Polizeiverfügung nicht beeinträchtigt, wenn die Behörde hinreichend sorgfältig vorgegangen war.[23]

---

[19] Nach der klassischen Formulierung in § 10 II 17 Pr.ALR v. 1794 war es Aufgabe der Polizei, „die nötigen Anstalten . . . zur Abwendung der dem Publico oder einzelnen Mitgliedern *desselben* bevorstehenden Gefahren zu treffen".
[20] Näheres zu allem bei *Götz*, S. 31 ff.; *Martens*, in: *Drews-Wacke-Vogel-Martens*, Bd. 2, S. 113 ff.; *W. Martens*, DÖV 1976, 459.
[21] *BVerwG*, DVBl 1969, 586.
[22] *BVerwG*, NJW 1970, 1892; *BVerwGE* 47, 40.
[23] *Hoffmann=Riem*, in: Festschr. f. Wacke, 1972, S. 327 ff.; *Martens*, in: *Drews-Wacke-Vogel-Martens*, Bd. 2, S. 110 f., auch zur Abgrenzung von der *Schein*- bzw. *Putativgefahr*; *OVG Münster*, NJW 1980, 138 = JuS 1980, 73 Nr. 17. Klausurfälle bei *Lohse-van der Felden*, JuS 1975, 580; *Moll*, JuS 1976, 44.

135   (c) Anders als viele Spezialermächtigungen zum polizeilichen Einschreiten[24] stellt die polizeiliche Generalklausel keine besonderen Anforderungen an die *zeitliche Nähe* des Schadenseintritts. Die Gefahr muß – wie die Generalklauseln der meisten Bundesländer formulieren – nur „*bestehen*". Der Schadenseintritt muß also bereits im Zeitpunkt der Polizeiverfügung „hinreichend wahrscheinlich" sein.[25] Selbst wenn man im *Ausgangsfall* nicht ausschließen würde, daß die Partei in späteren Zeiten ausreichende Gefolgschaft finden könnte, bestände jedenfalls im Augenblick keine Gefahr für die Republik des Grundgesetzes.

136   *(4) Im einzelnen Falle bestehende („konkrete") Gefahr*

Die Gefahr muß *im einzelnen Falle* bestehen, also *konkret* sein. Dieses Erfordernis hat nichts mit dem Grad von Wahrscheinlichkeit zu tun, welcher soeben unter Rdnr. 133 behandelt wurde (häufiger Fehler).[26] Es bezeichnet vielmehr die Abgrenzung der Polizeiverfügung von der Polizeiverordnung (= Rechtsverordnung), für welche eine „abstrakte" Gefahr ausreicht.[27] Die Gefahr darf nur im konkreten *Einzelfall* der Polizeiverfügung oder in einer konkret bestimmten Zahl gleichgelagerter Fälle bestehen, gegen welche mit parallelen Polizeiverfügungen eingeschritten wird. Handelt es sich hingegen um eine „typische" Gefahr, welche in einer unbestimmt großen Vielzahl gleichgelagerter Fälle in gleicher Weise gegeben ist,[27a] würde es gegen den Gleichheitsgrundsatz verstoßen, wenn die Behörde nur in einem Falle (oder in einer beschränkten Anzahl von Fällen) durch Polizeiverfügung einschritte. Hier ist die (generell-abstrakt formulierte) Polizeiverordnung das richtige „Instrument".[28]

137   *(5) Fehlerfreie Ermessensentscheidung* zur Frage, *ob* eingeschritten werden soll.

138   b) *Richtiger Adressat* der Verfügung

(6) Handlungsstörer/Zustandsstörer

Handlungsstörer ist derjenige, der durch sein *Handeln* eine Gefahr oder Störung verursacht. *Zustandsstörer* ist der Eigentümer oder Inhaber der tatsächlichen Gewalt über eine *Sache*, durch deren *Zustand* die öffentliche Sicherheit oder Ordnung gefährdet oder gestört wird.[29] In allen Fällen ist nach h. M.[30] Störer aber nur, wer in der Kausalkette die *unmittelbare*,[31] letzte[32] steuerbare Ursache[33] setzt. *Ausnahmen:* Im Bereich der *Handlungsstörung* kann auch der sog. „Zweckveranlasser" herangezogen werden:[34] Ein Geschäftsinhaber setzt zur Werbung für Unterwäsche ein leicht beklei-

---

[24] Z. B. die Ermächtigungen zur „unmittelbaren Ausführung", nachfolgend Rdnrn. 157, 158. Weitere Beispiele in *BVerwGE* 45, 57f.

[25] *BVerwGE* 45, 57f.; *BVerwG*, NJW 1970, 1892.

[26] *BVerwG*, NJW 1970, 1892.

[27] Dazu Näheres Rdnrn. 511ff.

[27a] Beispielsfall: *OVG Berlin*, NJW 1980, 2484 = JuS 1981, 154 Nr. 14.

[28] Zu ihr Rdnr. 511.

[29] Origineller Fall: *VGH München*, BayVBl. 1979, 307 = JuS 1979, 675 Nr. 14.

[30] Überblick über die verschiedenen Kausalitätstheorien im Polizeirecht z. B. bei *Götz*, S. 101ff.; *Martens*, in: *Drews-Wacke-Vogel-Martens*, Bd. 2, S. 189ff.

[31] Ausführlich dazu *Martens*, in: *Drews-Wacke-Vogel-Martens*, Bd. 2, S. 192ff.

[32] *OVG Lüneburg*, E 11, 292 (296); krit. insoweit aber *Martens*, in: *Drews-Wacke-Vogel-Martens*, Bd. 2, S. 194.

[33] Vertieft zum Kausalitätsbegriff des Polizeirechts *Vieth*, Rechtsgrundlagen der Polizei- und Ordnungspflicht, 1974.

[34] Einzelheiten bei *Götz*, S. 105f.

detes Mannequin ins Schaufenster und ruft so verkehrsstörende Menschenansammlungen hervor. Neben dem letzten Verursacher, der Menschenmenge, ist auch G Störer. Die *Zustands*haftung trifft ausnahmsweise nicht den letzten Verursacher, wenn bereits vorher eine *latente Gefahr* vom Zustand einer anderen Sache ausging:[35] Ein Ziegelhaus mit polizeilich zulässiger Feuerstelle wird neben ein altes Strohdachhaus gebaut. Weil es sich *besonders leicht* entzündet, wird die Störung aus der Sicht des Polizeirechts vom Strohdach verursacht, nicht vom neuen Ziegelhaus.[36]

139   **(7) Nichtstörer im polizeilichen Notstand**

Der Nichtstörer kann nur unter Voraussetzungen in Anspruch genommen werden, welche *enger* als die polizeiliche Generalklausel sind: Die Störung muß *eingetreten* sein oder *unmittelbar* bevorstehen. Die Störung oder Gefahr darf nicht auf andere Weise, insbesondere auch nicht durch ausreichende eigene Kräfte und Mittel der Polizei abgewehrt werden können.

Beispiele: Obdachlosenunterbringung;[37] Heranziehung von Passanten zur Mithilfe bei Verkehrsunfällen; Versammlungsverbot wegen bevorstehender Gefahren durch Gegendemonstrationen.[38] Wie in Rdnr. 403 in anderem Zusammenhang erörtert werden wird, hat der Nichtstörer außerdem Entschädigungsansprüche.

140   **(8) Fehlerfreie Ermessensentscheidung bei der Auswahl zwischen mehreren Störern**

Grundsätzlich steht es im Ermessen der Behörde, wen von mehreren Störern (mit Ausnahme des Nichtstörers) sie heranzieht.[38a] Nur wenn es wegen besonderer Umstände des konkreten Einzelfalles ermessensfehlerhaft wäre, Störer A statt Störer B heranzuziehen darf nur Störer B ausgewählt werden. Das Auswahlermessen der Behörde ist dann „auf Null reduziert".[39] In der Rechtsprechung wird verbreitet angenommen, aus Billigkeitsgründen sei das in der Regel der Fall, wenn Handlungsstörung und Zustandsstörung nebeneinander bestünden.[40] *Beispiel:* Ein Tanklastzug des A kippt um (Handlungshaftung), das Öl fließt auf ein Grundstück des B und droht, ins Grundwasser zu dringen (Zustandshaftung des B). In diesem Fall[41] und in anderen von der Rechtsprechung entschiedenen Fällen mag es in der Tat *rechtswidrig* sein, wenn B aufgefordert wird, er solle das Öl mit dem erforderlichen hohen Kostenaufwand beseitigen. Der Bearbeiter darf die angedeutete „*Billigkeitsregel*" aber nicht unreflektiert als *Rechts*regel auf jeden anderen ihm vorliegenden Sachverhalt übertragen, wie es leicht geschieht. Von *eindeutigen* Konstellationen abgesehen hat *ausschließlich* die Behörde kraft des ihr dafür eingeräumten Ermessens zu entscheiden, was im Einzelfall der Billigkeit entspricht.

---

[35] Näheres und Probleme bei *Götz*, S. 109 ff. In manchen Fällen ist nunmehr das BImSchG einschlägig, s. *Schenke*, JuS 1977, 789.
[36] *Drews-Wacke*, Allg. PolR, 7. Aufl. (1961), S. 241. Zum Klausurproblem der *Dereliktion* s. später Rdnr. 949.
[37] *OVG Berlin*, NJW 1980, 2484 = JuS 1981, 154 Nr. 14.
[38] Vgl. *OVG-Saarlouis*, DÖV 1970, 53, i. V. mit *Schmidt-Jortzig*, JuS 1971, 507 ff. betr. einen NPD-Parteitag.
[38a] Zur *zivilrechtlichen* Ausgleichspflicht unter mehreren Störern (Unanwendbarkeit des § 426 BGB) s. *BGH*, NJW 1981, 2457.
[39] Allgemein zur „Ermessensreduzierung auf Null" Rdnrn. 110, 179, 185.
[40] S. etwa *OVG Koblenz*, JuS 1969, 143 Nr. 9, mit weiteren Nachweisen.
[41] *OVG Koblenz*, aaO. Vgl. auch den Fall in Rdnr. 909 [Zementwagen].

141   c) *Angemessener Umfang des Eingriffs*[42]

(9) Geeignetheit

(10) Erforderlichkeit = Notwendigkeit[43]

(11) Verhältnismäßigkeit (= Proportionalität) des Mittels

Merke: Allein in diesem Schemapunkt c) auf welchen die Bearbeiter erfahrungsgemäß in erster Linie zuzusteuern pflegen, liegen kaum jemals alle Probleme der Polizeirechtsklausur. – *Beispiel:* Konditor *K* ist dazu übergegangen, sein Eis von einem Eiswagen aus in der Nähe der Schulen anzubieten. Seitdem klagen die Ärzte der Stadt, die Zahl der Magen- und Darmkatarrhe sei sprunghaft gestiegen, weil die Schulkinder zu viel Eis äßen. Nun verbietet die Ordnungsbehörde dem *K*, auf öffentlichen Straßen der Stadt weiterhin Eis feilzubieten. *K* möchte wissen, ob er hiergegen vorgehen kann. Die meisten Bearbeiter lösten den Fall mit der Erwägung, es sei nicht *notwendig*, den Verkauf in der *ganzen* Stadt zu untersagen. Mit dieser Begründung könnte die Verbotsverfügung nur *teilweise* aufgehoben werden (vgl. § 113 I 1 VwGO). Das Verbot bliebe vor den Schulen bestehen, obgleich *K* daran gelegen ist, es gerade dort zu beseitigen. Die Bearbeiter mußten also nach Gründen suchen, welche *jedes* Vorgehen gegen *K* rechtswidrig machen: Ob die Kinder zu viel Eis essen, geht den Staat nichts an. Art. 6 II GG überläßt den Eltern die Personensorge. Falls die Kinder zu verwahrlosen drohen, eröffnet § 1666 BGB die Zuständigkeit des Vormundschaftsgerichts. Selbst dann ist die Ordnungsbehörde nur in Eilfällen zuständig (Subsidiaritätsprinzip im Polizeirecht).

II. Anhang: Polizeiliche Ermittlung von Straftaten und Ordnungswidrigkeiten

142   Bisher ging es um die Aufgabe der Polizei, die öffentliche Sicherheit und Ordnung zu *bewahren* oder *wiederherzustellen*. Von ihr ist die zweite Hauptaufgabe der Polizei scharf zu trennen: „Die Behörden und Beamten des Polizeidienstes haben strafbare Handlungen zu erforschen und alle keinen Aufschub gestattenden Anordnungen zu treffen, um die Verdunklung der Sache zu verhüten" (§ 163 I StPO). Hier ist die (uniformierte) Polizei in die *Strafverfolgung* eingeschaltet, durch welche der Täter seiner *Bestrafung* zugeführt werden soll. Entsprechende Zuständigkeiten hat die Polizei bei Ordnungswidrigkeiten (§ 53 OWiG), welche durch Bußgeld auch als (Verwaltungs-)*Unrecht* geahndet werden.[44] Bestimmte Ermittlungsmaßnahmen wie körperliche Untersuchungen (§§ 81 a, 81 c StPO), Beschlagnahmen (§ 98 StPO) und Durchsuchungen (§ 105 StPO) haben besondere Zulässigkeitsvoraussetzungen, welche über die Anforderungen des § 163 I StPO hinausgehen.[45]

---

[42] S. zum Nachfolgenden schon Rdnrn. 103 ff., 564.

[43] Zum genauen Begriffsinhalt (Mißverständnisse!) *lies* insoweit nochmals vorne Rdnrn. 103 ff.; Beispielsfall zu Einzelproblemen *(Austauschmittel): OVG Münster,* NJW 1980, 2210 = JuS 1981, 67 Nr. 13.

[44] Einzelheiten dazu in Rdnrn. 161 ff.

[45] S. zu allem auch etwa *Götz,* S. 144 ff.; *Martens,* in: *Drews-Wacke-Vogel-Martens,* Bd. 2, S. 43 ff.

143 *Fall:*[46] Eine Polizeiverordnung verpflichtet alle Hauseigentümer unter Androhung eines Bußgeldes, ihren Hausflur nach Einbruch der Dunkelheit zu beleuchten. Um zu kontrollieren, ob die Verordnung eingehalten wird, tritt Polizist *P* in viele Hausflure ein. Darf er das? – Falls die Hauseigentümer das Handeln des *P* nicht gestatten, muß es auf eine gesetzliche Ermächtigung gestützt sein.[47] Diese kann sich einmal (a) aus der hier behandelten Aufgabe der Polizei ergeben, Ordnungswidrigkeiten zu erforschen, damit Verstöße gegen die Verordnung durch Bußgeld (= Verwaltungs*strafe*) *geahndet* werden können. Wer eine Polizeiverordnung (Rechtsnorm) nicht einhält, stört (b) aber auch die öffentliche Sicherheit,[48] im Textzusammenhang soeben Rdnrn. 121 ff. Der Polizist kann diese Störung unabhängig von ihrer Verfolgung als Ordnungswidrigkeit dadurch beseitigen, daß er dem Hauseigentümer durch Polizei*verfügung* gebietet, nunmehr das Licht einzuschalten. Damit in Zweifelsfällen festgestellt werden kann, *ob* eine Störung oder Gefahr für die öffentliche Sicherheit oder Ordnung und damit ein Grund zum Einschreiten vorliegt, ermächtigt die polizeiliche Generalklausel auch dazu, tatsächliche Gegebenheiten näher aufzuklären. Wie alle Bearbeiter der Examensklausur übersahen, waren also gleichzeitig *beide* Hauptaufgaben der Polizei zu beachten. Die Einzelsubsumtion führt allerdings auf keinem Wege zu einer ausreichenden Ermächtigung. Zu a): Das Betreten des Hausflurs *zur Augenscheinnahme* mag eine Durchsuchung[49] i. S. der §§ 102 ff. StPO sein. § 53 II OWiG ermächtigt nur Beamte des Polizeidienstes, die zu Hilfsbeamten der Staatsanwaltschaft bestellt sind, „nach den für sie geltenden Vorschriften" zu Durchsuchungen. Jedenfalls liegt nicht der *konkrete Verdacht* einer Ordnungswidrigkeit vor, den § 102 StPO fordern würde. Zu b): Die meisten Ländergesetze über die öffentliche Sicherheit und Ordnung enthalten Spezialermächtigungen mit eingeschränkten Voraussetzungen für das Betreten und die Durchsuchung von Wohnungen zum Zwecke der Gefahrenabwehr, welche im Ausgangsfalle nicht erfüllt sind.[50] Im übrigen darf die Polizei auch zur Vorbereitung der angedeuteten Polizeiverfügung (Gebot, das Licht einzuschalten) nach der polizeilichen Generalklausel nur nähere Sachaufklärung treffen, wenn wenigstens der *Verdacht* einer Störung der öffentlichen Sicherheit vorliegt.[51] *P* „schnüffelt" statt dessen nur.

144 *Straf*verfolgungsmaßnahmen der Polizei werden nach Ansicht des *BVerwG*[52] vor den *ordentlichen* Gerichten angefochten (§§ 23 ff. EGGVG).

---

[46] Zusatzfrage bei *Evers-Schwerdtfeger*, JuS 1964, 281; vgl. auch schon Rdnr. 90. Parallel bei *Amelung-Schall*, JuS 1975, 565 (Einsatz von Polizeispitzeln, sog. „V-Leuten").

[47] S. auch *BVerfG*, NJW 1971, 2301 = JuS 1972, 98 Nr. 1.

[48] S. soeben Rdnr. 129.

[49] Zum Begriff s. etwa *VGH Kassel*, JuS 1974, 184 Nr. 3 = *Weber* II, Art. 13 Nr. 4; *BVerwGE* 47, 31 = JuS 1975, 184 Nr. 4 = *Weber* II, Art. 13 Nr. 5; *BVerfGE* 51, 105 ff. = JuS 1979, 736 Nr. 1.

[50] Zur Behandlung des Art. 13 GG in diesem Falle s. nachfolgend Rdnrn. 540 ff.

[51] Nach der Lebenserfahrung besteht allerdings die „abstrakte" Gefahr, daß die Polizeiverordnung übertreten wird. Daher sind an sich Kontrollen geboten. Zu ihnen müßte die Polizei aber durch die Aufnahme einer entsprechenden Ermächtigungsgrundlage *in die Verordnung* ermächtigt werden.

[52] *BVerwGE* 47, 255 = JuS 1975, 468 Nr. 12; umfassend *D. Meyer*, JuS 1971, 294 ff.; *Schenke*, NJW 1976, 1816.

§ 7. Verwaltungsakte im Verwaltungsvollstreckungsverfahren

I. Vollstreckung von Verfügungen

150   Verwaltungsakte, die ein Gebot oder Verbot enthalten (Verfügungen), vom Adressaten also ein Tun oder Unterlassen bzw. eine Geldzahlung verlangen, sind der Vollstreckung fähig. Sie werden von der Verwaltung selbst vollstreckt.[1] Rechtsgrundlagen sind das Verwaltungsvollstreckungsgesetz des Bundes (BVerwVG) für Bundesbehörden und die Verwaltungsvollstreckungsgesetze der Länder für Landesbehörden. Die Vollstreckung von Polizeiverfügungen ist teilweise in den Gesetzen zum Schutz der öffentlichen Sicherheit und Ordnung geregelt.

In der Examenshausarbeit suchte der Kandidat breit in einem Verwaltungsvollstreckungsgesetz nach einer Ermächtigungsgrundlage für die Behörde, eine Gebührenforderung durch Leistungsbescheid (Verwaltungsakt) statt durch Leistungsklage geltend zu machen.[2] Das war verfehlt. Wie die Leistungsklage ist der Leistungsbescheid im juristischen Sinne keine Maßnahme der Vollstreckung, sondern Voraussetzung für diese.[3]

151   Die Verwaltungsvollstreckungsgesetze unterscheiden zwischen der „Vollstreckung wegen Geldforderungen" (§§ 1–5 BVerwVG) und der „Erzwingung von Handlungen, Duldungen oder Unterlassungen" (§§ 6ff. BVerwVG). Klausurmäßige Bedeutung hat besonders der zweite Fall des Verwaltungszwanges. Daher beschränken sich die nachfolgenden Darstellungen auf ihn.[4] *Zwangsmittel* sind insoweit die „*Ersatzvornahme*" auf Kosten des Pflichtigen, das „*Zwangsgeld*" und der „*unmittelbare Zwang*"[5] (§ 9 BVerwVG).

152   Vollstreckungsmaßnahmen sind (erst) *zulässig,* wenn der „Titel", also der Verwaltungsakt,[6] *vollstreckbar* (geworden) ist (vgl. § 6 I BVerwVG). Gem. § 6 I BVerwVG ist ein Verwaltungsakt vollstreckbar, wenn er unanfechtbar ist oder wenn seine sofortige Vollziehung angeordnet ist (§ 80 II Nr. 4 VwGO) oder wenn dem Rechtsmittel keine aufschiebende Wirkung beigelegt ist (§ 80 II Nr. 1–3 VwGO). Im Landesrecht wird die Unanfechtbarkeit teilweise nicht gefordert. Die Anordnung der soforti-

---

[1] S. schon Rdnr. 48.

[2] Zum Problem s. bereits Rdnr. 75.

[3] So auch z. B. *BVerwG*, NJW 1969, 810 = JuS 1969, 191 Nr. 9.

[4] Umfassender: *Wolff-Bachof* III, § 160; JA 1969, 107ff. Zur Vollstreckung von *Fernmeldegebühren* s. *BVerwGE* 54, 314 = JuS 1978, 343 Nr. 2. – Die Rechtswirkungen der *Aufrechnung* gegen einen Leistungsbescheid sind diskutiert in *OVG Münster,* NJW 1976, 2036 = JuS 1977, 200 Nr. 13, sowie bei *Neupert,* JuS 1978, 825.

[5] Zur Frage, inwieweit die Kosten des „unmittelbaren Zwanges" von Handlungspflichtigen zu erstatten sind, s. *OVG Lüneburg,* DVBl 1977, 832 = JuS 1978, 138 Nr. 15 m. w. Nachw.

[6] S. schon Rdnr. 48.

gen Vollziehung ist Verwaltungsakt (Rechtsmäßigkeitsvoraussetzungen in § 80 II Nr. 4, III VwGO), für dessen Anfechtung besondere Vorschriften gelten (§ 80 IV–VII VwGO).[7]

153 Das Vollstreckungsverfahren selbst ist dreistufig und durchläuft die Stationen *Androhung* eines der drei Zwangsmittel mit angemessener Fristsetzung (§ 13 BVerwVG), *Festsetzung* des Zwangsmittels (Vollstreckungsanordnung, § 14 BVerwVG) und *Anwendung* des Zwangsmittels (§ 15 BVerwVG). Die Androhung regelt, welches Zwangsmittel angewendet werden soll (vgl. § 13 III BVerwVG), und ist deshalb Verwaltungsakt (bestr.).[8] Gemäß § 18 I BVerwVG ist sie jedenfalls aber *wie* ein Verwaltungsakt anfechtbar. Auch die Festsetzung ist anfechtbarer Verwaltungsakt. Den Bearbeitern macht es erfahrungsmäßig keine Schwierigkeiten, die formellen und materiellen Rechtmäßigkeitsvoraussetzungen der einzelnen Akte im Verwaltungsvollstreckungsverfahren von Fall zu Fall aus dem einschlägigen Verwaltungsvollstreckungsgesetz herauszuziehen.[9] Zumeist kommt es statt dessen aber überhaupt nur darauf an, gewisse *Grundzusammenhänge* des Verwaltungsvollstreckungsrechts zu erkennen. Dort scheitern die Bearbeiter dann leicht.

154 *Beispiel:* Die zuständige Behörde gebietet aus feuerpolizeilichen Gründen, an einem vierstöckigen Hotel außen eine Eisentreppe anzubringen, weil innen nur Holztreppen vorhanden sind. Hotelbesitzer *H* legt diese Verfügung zu den Akten. Nach zwei Jahren droht ihm die Behörde an, sie werde sein Haus schließen, wenn er die Treppe nunmehr nicht innerhalb einer Frist von drei Monaten baue. *H* fragt an, was er unternehmen könne. – Die meisten Bearbeiter sahen in der „Androhung" einen Akt der Verwaltungsvollstreckung, welchen *H* mit Erfolg vor dem Verwaltungsgericht anfechten könne, (1) weil die vor zwei Jahren ergangene Verfügung rechtswidrig sei und (2) weil „der angedrohte unmittelbare Zwang" nicht *notwendig*, eine Ersatzvornahme vielmehr das mildere Mittel sei. – Grund (1) interessiert im Vollstreckungsverfahren nicht mehr:

Weil die Grundverfügung unanfechtbar geworden ist, kann *H* nicht mehr geltend machen, sie sei rechtswidrig (§ 18 I 3 BVerwVG), solange sie nicht nichtig ist.[10] Andernfalls wären die (von *H* versäumten) Rechtsmittelfristen sinnlos.

155 Es können also auch Verwaltungsakte vollstreckt werden, welche (nach den Überlegungen des gerade Urteilenden) *rechtswidrig* sind. Das pflegt dem Anfänger rechtsstaatlich bedenklich zu erscheinen, läßt sich aber rechtfertigen. Denn *daß* der Verwal-

---

[7] Einzelheiten z. B. bei *Eyermann-Fröhler*, VwGO, § 80 Rdnrn. 27 ff., 47 ff.; *Stern*, Verwaltungsprozessuale Grundprobleme, S. 85 ff. – Fallbesprechungen bei *Fink*, JuS 1972, 92, 275; *Urban*, JuS 1973, 309 (*Ausweisung* eines Ausländers; zur ihr bes. auch *BVerfGE* 35, 382 = JuS 1974, 251 Nr. 1 = *Weber* II, Art. 19 IV Nr. 20; *Reich*, JuS 1973, 438.

[8] *Wolff-Bachof* I, § 46 V a.

[9] S. dazu auch z. B. JA 1969, 107 ff.; *Kirchhoff*, JuS 1975, 509 (Durchsetzung *polizeilicher* Maßnahmen).

[10] *BVerwGE* 56, 178 = JuS 1979, 220 Nr. 13.

tungsakt *tatsächlich* rechtswidrig *ist*, steht nicht eindeutig, nämlich nicht rechtskräftig fest. Vielmehr mögen die Ansichten darüber im Einzelfall durchaus geteilt sein. Weil der Adressat es versäumt hat, diese Frage im Rahmen der Rechtsmittelmöglichkeiten fristgerecht verbindlich klären zu lassen, kann zu seinen Ungunsten von der Rechtmäßigkeit ausgegangen werden. *Wenn* sich aber ausnahmsweise einmal aus einer *rechtskräftigen* Entscheidung ergibt, *daß* der Verwaltungsakt rechtswidrig sein *muß* (ein Verfassungsgericht hat seine Ermächtigungsgrundlage ex tunc für nichtig erklärt), darf der rechtswidrige Verwaltungsakt *nicht* vollstreckt werden (so § 79 II 2 BVerfGG, § 183 VwGO). Entsprechendes mag bei einer Gesetzesänderung[11] und in Fällen gelten können, in denen der Bürger im Wege der Wiederaufnahme einen Anspruch auf Rücknahme des Verwaltungsakts hat.[12]

156   Die Argumentation zu (2) trifft im *Ausgangsbeispiel* nicht den Kern, weil sie das Wesen des unmittelbaren Zwangs im Sinne der Verwaltungsvollstreckung verkennt: *Unmittelbarer* Zwang läge vor, wenn die Behörde die Treppe selbst durch eigene Bedienstete errichten wollte (die Heranziehung eines Unternehmers wäre Ersatzvornahme).[13] Vorliegend versucht die Behörde den Bau der Treppe aber *mittelbar* durch Pressionen auf ein ganz anderes Rechtsgut durchzusetzen. Derartige Pressionen sind *nur* über ein Zwangs*geld* möglich (Numerus clausus der Zwangsmittel). Auf diesem Hintergrund dürfte die Androhung *nicht* als Maßnahme der Verwaltungs*vollstreckung* zu deuten sein, sondern als *unverbindliche Ankündigung* einer *neuen selbständigen Grund*verfügung,[14] das Hotel (aus feuerpolizeilichen Gründen) zu schließen. Erst *diese* (noch nicht ergangene) Verfügung wäre dann später durch unmittelbaren Zwang zu vollstrecken.

II. Sofortiger Vollzug, unmittelbare Ausführung

157   Es gibt Fälle, in denen die Verwaltung Zwangsmittel (Ersatzvornahme, unmittelbarer Zwang) anwenden kann, *ohne vorher* eine (vollstreckbare) Gebots- oder Verbots*verfügung* erlassen sowie das Zwangsmittel androhen und festsetzen zu müssen. Man spricht dann von „*sofortigem Vollzug*"[15] (§ 6 II BVerwVG) oder „*unmittelbarer Ausführung*" (so die Landesgesetze zum Schutz der öffentlichen Sicherheit und Ordnung).[16]

Beispiele: Die Feuerwehr fällt auf einem Privatgrundstück einen Baum, welcher nach einem Sturm den Straßenverkehr gefährdet[17] (= unmittelbare Ausführung im Wege unmittelbaren Zwangs); das Ordnungsamt beauftragt einen Unternehmer, aus einem umgekippten Tanklastzug ausgelaufenes Öl zu beseitigen[18] oder einen auf den Bürger-

---

[11] So *OVG Münster*, AS 21, 193.

[12] Ob in derartigen Fallkonstellationen tatsächlich *automatisch* die Vollstreckungsmöglichkeit entfällt oder ob zunächst im Wiederaufnahmeverfahren (Rdnr. 47) der „Titel"-VA beseitigt werden muß, ist nicht abschließend geklärt; *OVG Münster*, aaO.

[13] Zur Begriffsbestimmung vgl. §§ 10, 12 BVerwVG. Abw. §§ 204, 205 SchlHL-VerwG.

[14] Parallelfälle: *Vogel*, JuS 1961, 93; JA 1969, 109; *Erbel*, JuS 1971, 35.

[15] Er darf nicht verwechselt werden mit der Anordnung der „sofortigen Vollziehung" (§ 80 II Nr. 4 VwGO), durch welche eine *vorher ergangene* Verfügung vorzeitig vollstreckbar gemacht wird (vgl. Rdnr. 154).

[16] Ausführlich z. B. JA 1969, 235 f.; *Kirchhoff*, JuS 1975, 509.

[17] Ähnlicher Fall in Rdnr. 941.

[18] *OVG Münster*, DVBl 1964, 683; *OVG Koblenz*, JuS 1969, 143 Nr. 9; *BVerwG*, DÖV 1974, 207. Weitere Beispiele: *OVG Münster*, DVBl 1973, 922, 925 = JuS 1974, 464 Nr. 11; *Schwerdtner*, JuS 1978, 118 (Fallbesprechung).

steig geparkten Wagen abzuschleppen[19] (unmittelbare Ausführung im Wege der Ersatzvornahme).

158   Bildlich gesehen faßt die Behörde in diesen Fällen „gewissermaßen die sachliche Verfügung, die Androhung des unmittelbaren Zwanges oder der Ersatzvornahme, sowie die Festsetzung und die Ausführung dieses Zwangsmittels in einem einzigen Akt zusammen."[20] Man kann zwar darüber streiten, ob sofortiger Vollzug und unmittelbare Ausführung *rechtlich gesehen* wirklich Verwaltungsakte mit diesem weiten Regelungsinhalt (h. M.) oder lediglich Realakte sind.[21] Jedenfalls sind gegen sie aber die *Rechtsmittel* zulässig, die gegen Verwaltungsakte gegeben sind (vgl. § 18 II BVerwVG). Weil der „normale" Weg der Vollstreckung nicht eingehalten wird, enthalten Spezialermächtigungen besonders enge Rechtmäßigkeitsvoraussetzungen. Der sofortige Vollzug ist z. B. nach § 6 II BVerwVG nur zulässig, wenn er „zur *Verhinderung* einer rechtswidrigen Tat, die einen *Straf- oder Bußgeldtatbestand* verwirklicht, oder zur *Abwendung* einer *drohenden* Gefahr *notwendig* ist und die Behörde hierbei innerhalb ihrer gesetzlichen Befugnisse handelt". „Im Wege der unmittelbaren Ausführung darf eine Maßnahme nur getroffen werden, wenn *auf andere Weise* eine *unmittelbar* bevorstehende Gefahr für die öffentliche Sicherheit oder Ordnung nicht abgewehrt oder eine *Störung* der öffentlichen Sicherheit oder Ordnung nicht beseitigt werden kann" (§ 7 I Hmb. SOG). Manche Klausur ist schon gescheitert, weil der Bearbeiter nicht erkannte, daß die Behörde im „sofortigen Vollzug" oder in „unmittelbarer Ausführung" gehandelt hatte (Beispiel Rdnr. 941).[22]

§ 8. Bußgeld (und Zwangsgeld) zur Durchsetzung von Normen

161   *Ausgangsfall.*[1] Eine Polizeiverordnung, welche Hauseigentümern Beleuchtungspflichten auferlegt, droht für den Fall ihrer Nichtbefolgung Bußgeld an. Gegen *H* wird ein solches Bußgeld verhängt, weil er den Hausflur seines Mietshauses bei verschlossener Haustür nicht vorschriftsgemäß beleuchtet habe.

I. Allgemeines und Prozessuales

162   Wie an diesem Sachverhalt schon früher[2] dargestellt wurde, kann der Bürger auf *zwei* Wegen dazu angehalten werden, eine Norm zu befolgen:

---

[19] Fallbesprechung bei *Würtenberger,* JuS 1981, 596.
[20] *Vogel,* in: *Drews-Wacke-Vogel-Martens,* Bd. 1, S. 209.
[21] Darauf deutet der Wortlaut von § 6 II BVerwVG hin; s. auch z. B. *Götz,* Polizei- und Ordnungsrecht, S. 164 f.
[22] Die Klausurbesprechung von *Haak,* aaO, kommt zu spät auf die „unmittelbare Ausführung".
[1] *Evers-Schwerdtfeger,* JuS 1964, 281. Weitere Fälle bei *Achterberg,* Fälle zum Allgemeinen Verwaltungsrecht, Nr. 3; *Steiniger,* JuS 1981, 205.
[2] S. Rdnrn. 142 ff.

durch Polizeiverfügung, welche ihm gebietet, konkrete Normverstöße abzustellen, *und* durch Bestrafung. Hier ist dieser zweite Weg näher darzustellen.[3] Aus der Strafrechtsvorlesung ist die *gerichtliche Kriminalstrafe* geläufig. Sie wurde früher bei Normverstößen jeder Art verhängt. Seit der Schrift von *James Goldschmidt*, Das Verwaltungsstrafrecht (1902), hat sich in den gesetzlichen Regelungen mehr und mehr die Unterscheidung zwischen *sittlich verwerflichen kriminellem* Unrecht und *Verwaltungsunrecht* ohne sittlichen Makel durchgesetzt. Verwaltungsunrecht wird von der *Exekutive* als „*Ordnungswidrigkeit*" durch „*Bußgeld*" geahndet.[4] Dementsprechend hat der Gesetzgeber vor einigen Jahren z. B. die meisten Verkehrsübertretungen in Ordnungswidrigkeiten umgewandelt.[5] Neben der Kriminalstrafe und dem Bußgeld findet sich vereinzelt noch das „*Zwangsgeld*". In Parallele zur Vollstreckung von Verwaltungsakten liegt dem Zwangsgeld hier einerseits die Vorstellung zugrunde, es *vollstrecke* die übertretene Norm als Beugemittel. Weil es noch beigetrieben werden darf, nachdem der polizeiwidrige Zustand beendet ist,[6] hat es andererseits aber auch *Strafcharakter*.[7] Als es galt, die Kriminalstrafe zu überwinden, wurde das Zwangsgeld zunächst favorisiert (durch das Pr.PVG), dann aber durch das Bußgeld abgelöst.

163   Für die (klausurwichtige) Polizeiverordnung kennt alleine das Saarland noch das Zwangsgeld, weil das Pr.PVG dort noch fortgilt. Alle anderen Länder[8] verfolgen Verstöße gegen eine Polizeiverordnung als Ordnungswidrigkeit mit Bußgeld, (wenn die Polizeiverordnung das vorsieht).

164   Für die Kriminalstrafe gelten alle Grundsätze der strafrechtlichen Fallbearbeitung. Bußgeldbescheid und Zwangsgeldfestsetzung sind *Verwaltungsakte*. Während die Zwangsgeldfestsetzung nach den allgemeinen Regeln durch Anfechtungsklage vor dem Verwaltungsgericht angefochten werden kann, gelten für die Anfechtung des Bußgeldbescheides die besonderen Vorschriften der §§ 67 ff. OWiG, welche die Zuständigkeit des Amtsgerichts (Rechtsbeschwerde an das OLG) eröffnen.

---

[3] Zum Nachfolgenden s. z.B. *Vogel*, in: *Drews-Wacke-Vogel-Martens*, Bd. 1, S. 335 ff.; *Stich*, JuS 1964, 386; *Götz*, Polizei- und Ordnungsrecht, S. 218.
[4] Dazu allgemein *Knapp*, JuS 1979, 609.
[5] Vgl. dazu etwa *H. Weber*, JuS 1969, 41; zur Verfassungsmäßigkeit der Umwandlung s. *BVerfGE* 27, 36 = JuS 1969, 538 Nr. 1.
[6] § 55 IV 2 Pr.PVG.
[7] Ausführlich dazu *Vogel*, in: *Drews-Wacke-Vogel-Martens*, Bd. 1, S. 336 f.; ebenso *Götz*, S. 218.
[8] Einzelnachweise bei *Götz*, S. 218. Kriminalstrafen, welche in BadWürtt. und Bay. bei Verstößen gegen Polizeiverordnungen noch vereinzelt verhängt werden konnten, sind im Zusammenhang mit der Strafrechtsreform 1975 abgeschafft worden, vgl. Art. 3, 289 EGStGB 1975; badwürtt. Ges. zur Ablösung des Polizeistrafrechts, GesBl 1974, 210 (dazu *Belz*, DÖV 1974, 766); bay. LStVG, GVBl 1974, 753.

II. Bußgeld

165 Der *Bußgeldbescheid* findet seine Ermächtigungsgrundlage im Bundesrecht (Beispiel: § 24 StVG betr. Verkehrsordnungswidrigkeiten) oder im Landesrecht.

Für den *Ausgangsfall* heißt es z. B. in § 1 II Hmb. SOG: „In Verordnungen zur Gefahrenabwehr kann bestimmt werden, daß vorsätzliche oder fahrlässige Verstöße gegen die in ihnen enthaltenen Gebote oder Verbote als Ordnungswidrigkeiten mit Geldbuße und Einziehung geahndet werden können." Gestützt auf diese gesetzliche Ermächtigung hat die Polizeiverordnung das Bußgeld eingeführt. Ermächtigungsgrundlage für das dann *verhängte* Bußgeld ist damit die landesrechtliche Polizeiverordnung.

166 *Einzelheiten* zur Rechtmäßigkeit eines Bußgeldbescheides sind im *Bundesgesetz* über Ordnungswidrigkeiten (OWiG) geregelt. Es „gilt für Ordnungswidrigkeiten nach Bundesrecht *und nach Landesrecht*" (§ 2), ist in der Fallbearbeitung also stets mit heranzuziehen.

Ein Bußgeld kann von der zuständigen Behörde festgesetzt werden, wenn ein Bürger rechtswidrig und vorwerfbar den Tatbestand eines Gesetzes verwirklicht hat, das die Ahndung mit einer Geldbuße zuläßt (vgl. § 1 I OWiG). Zur Systematisierung der materiellen Einzelvoraussetzungen des Bußgeldbescheides läßt sich also das von der Strafrechtsübung her bekannte Schema: Tatbestandsmäßigkeit, Rechtswidrigkeit, Verschulden zugrunde legen – auch das Bußgeld ist eben (Verwaltungs-) Strafe. Das OWiG enthält demgemäß aus strafrechtlichen Vorstellungen geläufige Vorschriften über Notwehr (§ 15), Schuld (§ 10), Irrtum (§ 11), Versuch (§ 13), Beteiligung (§ 14) usw. Die *eigentlichen* Probleme einer öffentlichrechtlichen Bußgeldklausur liegen zumeist nur in zwei Fragen der *Tatbestandsmäßigkeit:* (1) Hat der Adressat des Bußgeldbescheids gegen die Norm verstoßen? (2) Ist diese Norm gültig?

Im *Ausgangsfall* ist die Polizeiverordnung nur bei *unverschlossener* Haustür gültig (polizeirechtskonforme Auslegung).[9] Weil *H* die Haustür verschlossen hatte, hat er nicht gegen sie verstoßen. Der Bußgeldbescheid ist also rechtswidrig.

III. Zwangsgeld

167 Die *Zwangsgeldfestsetzung* im Saarland kann ihre Ermächtigungsgrundlage ebenfalls in einer Polizeiverordnung finden (vgl. § 33 Pr. PVG). Sie setzt neben einem objektiven Verstoß gegen die Norm eine besondere Androhung voraus. Ohne sie ist die Zwangsgeldfestsetzung nur rechtmäßig, wenn der Adressat die Normwidrigkeit seines Verhaltens kannte oder kennen mußte (vgl. § 33 II Pr. PVG). Die eigentlichen Schwerpunkte

---

[9] S. schon Rdnr. 90 sowie *Evers-Schwerdtfeger,* aaO.

der Klausur pflegen aber auch hier bei den gleichen Fragen der Tatbestandsmäßigkeit wie in der Bußgeldklausur zu liegen.[10]

§ 9. Der Anspruch auf Erlaß eines begünstigenden Verwaltungsakts

170   *Ausgangsfälle:* (1) *X* hat die Erteilung eines Passes beantragt. Die Behörde hat den Antrag unter Berufung auf § 7 I a PaßG abgelehnt, weil zu erwarten sei, daß *X* im Ausland keine Gelegenheit ungenutzt lassen werde, sich als „Systemkritiker" der Verhältnisse in der Bundesrepublik zu betätigen. *X* fragt an, ob er die Paßerteilung erzwingen könne.

(2) Schiffsausrüster *S* beabsichtigt, auf einem Schleusengelände am Nord-Ostsee-Kanal Ausrüstungsgegenstände an Schiffer der dort durchfahrenden Schiffe zu verkaufen. Weil die Schleuse als öffentlichrechtliche Anstalt betrieben wird, benötigt er hierfür eine Zulassung (= VA).[1] Die zuständige Behörde versagt die Zulassung, weil die Toleranzgrenzen für gewerbliche Tätigkeiten auf dem Schleusengelände bereits erreicht seien. *S* klagt vor dem VG.[2]

Am häufigsten sind Fallgestaltungen in welchen wie hier der *Bürger* fragt, ob er mit Aussicht auf Erfolg einen Antrag auf Erlaß eines begünstigenden Verwaltungsakts stellen oder einen bereits abgelehnten Antrag weiterverfolgen könne. Seltener kommt es vor, daß die Behörde um Auskunft bittet, ob sie dem Antrag stattgeben könne oder müsse.

I. Materiellrechtliche Fragen

171   Den Bürger interessiert stets in erster Linie, ob er einen Anspruch auf Erlaß des beantragten Verwaltungsakts hat. Nur wenn das nicht der Fall ist, weil die Behörde (etwa) einen Ermessensspielraum hat, muß überlegt werden, ob wenigstens ein Anspruch auf fehlerfreie Ermessensausübung gegeben ist.

172   Auch wenn der Antrag auf Erlaß des Verwaltungsakts bereits abgelehnt ist, steht *aus der Sicht des Bürgers* weiterhin der *erstrebte begünstigende Verwaltungsakt* ganz im Vordergrund, nicht der belastende Verwaltungsakt der Ablehnung. Es verkürzt daher die Interessen des Antragstellers, wenn Anfängerarbeiten nur (im Rahmen einer Anfechtungsklage) nach einer „Ermächtigungsgrundlage" für die *Ablehnung* forschen. Auch jetzt geht es vielmehr (im Rahmen einer Verpflichtungsklage) um die „Anspruchsgrundlage" für den *begehrten* Verwaltungsakt.[3]

---

[10] Beispiel bei *Vogel*, Verwaltungsrechtsfall, Nr. 3.
[1] Einzelheiten dazu in Rdnr. 441 ff.
[2] *BVerwGE* 39, 325 = NJW 1973, 724 (vollständiger Abdr.) = JuS 1973, 62 Nr. 12, Krit. Bespr. durch *Hoffmann=Becking*, JuS 1973, 615. Weitere Fälle bei *Achterberg*, Fälle zum Allgemeinen Verwaltungsrecht, Nr. 2 (Subventionsrecht); *Bargou*, JuS 1982, 613 (Baugenehmigung).
[3] Einzelheiten zur *prozessualen* Situation nachfolgend Rdnr. 192.

Im *Ausgangsfall 1* muß also zunächst auf die Frage eingegangen werden, ob grundsätzlich ein Anspruch auf Paßerteilung besteht. In diesem Rahmen bekommt dann erst später der Versagungsgrund des § 7 I a PaßG Bedeutung. Entsprechendes gilt für *Ausgangsfall 2.*

173   Der Bearbeiter sollte sich von der Suche nach einer Anspruchsgrundlage schließlich nicht durch die komplizierte[4] Formulierung des § 113 IV 1 VwGO abbringen lassen, wonach das Gericht die Verpflichtung der Verwaltungsbehörde zum Erlaß der begehrten Amtshandlung ausspricht, ,,soweit die Ablehnung oder Unterlassung des Verwaltungsaktes rechtswidrig und der Kläger dadurch in seinen Rechten verletzt ist". Durch die Ablehnung oder Unterlassung ist der Kläger nur dann in seinen Rechten verletzt, wenn er einen Anspruch hat.
Im einzelnen ist folgender Gedankenablauf zu empfehlen:

174   1. Ist der begünstigende Verwaltungsakt erforderlich?

Manche gewerbliche Tätigkeit braucht der Behörde z. B. nur angezeigt zu werden (vgl. §§ 14 ff. GewO). Eine Demonstration ist lediglich anmeldepflichtig (§ 14 VersammlG).

Besteht nicht das Erfordernis einer Genehmigung, muß die trotzdem beantragte Genehmigung *versagt* werden.[5]

175   2. Anspruch auf Erlaß des begünstigenden Verwaltungsakts?

a) *In Betracht kommende Anspruchsgrundlage.*

aa) Häufig ist im Gesetz *eindeutig* ein Anspruch formuliert. Alle Gemeindeordnungen enthalten die Bestimmung (oft unbekannt): ,,Die Einwohner der Gemeinde sind im Rahmen der bestehenden Vorschriften berechtigt, die öffentlichen Einrichtungen der Gemeinde zu benutzen" (§ 22 I Nieders. GO).[6] In den Bauordnungen heißt es: ,,Die Baugenehmigung ist zu erteilen, wenn das Bauvorhaben den öffentlichrechtlichen Vorschriften entspricht" (§ 93 I MusterBauO). Wenigstens indirekt ergibt sich ein Anspruch, wenn es heißt: ,,Die Erlaubnis ist *nur dann* zu versagen, wenn . . ." (§ 33 a II GewO).

176   bb) Bisweilen ist der Gesetzeswortlaut nicht so eindeutig.

Im *Ausgangsfall* etwa sagt das PaßG nur (in § 7), wann der Paß *zu versagen* ist, nicht aber, ob er erteilt werden *muß*, wenn keine Versagungsgründe vorliegen.

Dann kann eine verfassungskonforme Auslegung[7] den grundsätzlichen Anspruch auf Erlaß des begünstigenden Verwaltungsakts ergeben: We-

---

[4] In den Rdnrn. 225 ff. zeigt sich, daß sie durchaus ihren Sinn hat.
[5] *BVerwGE* 32, 41 (43 f.).
[6] Fall bei *v. Mutius*, JuS 1978, 400.
[7] Zu ihr s. schon Rdnr. 90.

gen der weiten Auslegung, die Art. 2 I GG durch das *BVerfG* erfahren hat,[8] besteht lückenloser Grundrechtsschutz für jede Tätigkeit, zu welcher der Bürger *selbständig ohne Hilfe des Staates* in der Lage ist (reisen, bauen).[9] Damit kann ein solches Tätigwerden *materiell* nur insoweit verboten werden, als das einschlägige Grundrecht selbst das zuläßt (Gesetzesvorbehalt). In der Regel kann der Gesetzgeber ein privates Tätigwerden so nur *partiell* verbieten. Die Rechtsfigur des *generellen (materiellen)* ,,Verbots mit Erlaubnisvorbehalt", welche bestimmte Arten privater Tätigkeit dem *gewährenden* Ermessen der Behörde ausliefert, ist unter der Herrschaft des Grundgesetzes nicht mehr möglich.[10] Zulässig ist nur ein *formelles* Verbot des Tätigwerdens ohne Erlaubnis. *Dieser* Erlaubnisvorbehalt ermöglicht der Behörde die *rechtzeitige Nachprüfung*, ob sich die beabsichtigte Tätigkeit *materiell* im Bereich des gesetzlich Erlaubten oder Verbotenen hält.[11] Lediglich im Bereich des *materiell* Verbotenen kann der Gesetzgeber es der Behörde gestatten, *ohne Anspruch* des Bürgers nach ihrem *Ermessen* ,,Dispense" zu erteilen.

Beispiel: Wegen Art. 14 I, sonst[12] 2 I GG hat jeder Bauherr den in allen Bauordnungen genannten grundsätzlichen Anspruch auf die Baugenehmigung. Die Einschränkung, daß sein Vorhaben aber den einschlägigen öffentlichrechtlichen Vorschriften (Bebauungsplan, BBauG, Einzelanforderungen der BauO usw.) genügen müssen, findet ihre Rechtfertigung in dem Gesetzesvorbehalt, welchem Art. 14 I und 2 I GG unterstehen. Hält sich das Bauvorhaben im Rahmen der öffentlichrechtlichen Vorschriften, *muß* die Baugenehmigung erteilt werden. Nur wenn das nicht der Fall ist, die Baugenehmigung also ,,an sich" versagt werden müßte, kann es das Baurecht in das *Ermessen* der Behörde stellen, sie im Wege des Dispenses trotzdem zu erteilen.[13]
Im *Ausgangsfall 1* ergibt sich bei verfassungskonformer Auslegung aus Art. 2 I GG (Grundrecht auf Ausreise),[14] daß nach dem PaßG grundsätzlich ein Anspruch auf Paßerteilung besteht, welcher nur über den im Art. 2 I GG enthaltenen Gesetzesvorbehalt (→ § 7 I a PaßG) einschränkbar ist.

177 cc) Ist der geltend gemachte Anspruch nicht gesetzlich geregelt, können die Grundrechte unmittelbar als Anspruchsgrundlage in Betracht kommen.

Darum geht es im *Ausgangsfall 2*, wo an die Freiheitsgrundrechte der Art. 12 I (Berufsfreiheit) und 2 I GG (in Gestalt der Wirtschaftsfreiheit) sowie – weil andere

---

[8] Lies das ,,*Elfes*-Urt." *BVerfGE* 6, 32. Vgl. auch nachfolgend Rdnrn. 547, 548.
[9] Zum Grundrechtsanspruch auf *staatliche Leistungen* s. nachfolgend im Zusammenhang mit Rdnrn. 177, 178.
[10] Ausnahmekonstellation (Atomanlagen) in *BVerfGE* 49, 90 = JuS 1979, 362 Nr. 1.
[11] Zur Vertiefung lies *BVerfGE* 20, 150 = JuS 1966, 492 Nr. 1 = *Weber* I, Art. 2 I Nr. 7 (SammlG) i. V. mit *Friauf*, JuS 1962, 422; s. ferner *Wolff-Bachof* I, § 48 II; *Schwabe*, JuS 1973, 133.
[12] Insoweit s. *BVerwGE* 42, 115 = JuS 1973, 717 Nr. 3 = *Weber* I, Art. 2 I Nr. 11 a; *Schwerdtfeger*, DÖV 1966, 494.
[13] Vgl. als Beispiel auch § 31 II BBauG, nachfolgend im Text unter Rdnr. 188.
[14] *BVerfGE* 6, 32.

Schiffsausrüster zugelassen sind – an den Gleichheitsgrundsatz (Art. 3 I GG) zu denken ist.[15]

178   Die Heranziehung der Grundrechte ist problematisch, wenn der Antragsteller *staatliche Leistungen und Hilfen* zu Betätigungen verlangt, zu denen er (anders als soeben in Rdnr. 176) aus eigener Kraft *nicht* in der Lage ist. Denn ursprünglich wurden die Grundrechte als *Abwehrrechte gegen* den Staat gedeutet. Wie später[16] näher darzulegen sein wird, lassen sich aus den Grundrechten mitunter Leistungsansprüche und Ansprüche auf Teilhabe an staatlichen Maßnahmen der Daseinsvorsorge herleiten.

Im *Ausgangsfall 2* begehrt S gewerblichen Zugang zu einem Bereich, welcher ihm nach dem Widmungszwecke der Schleuse an sich nicht zugänglich ist. *Diese* Erweiterung seiner Rechtsstellung würde von der Thematik der genannten Grundrechte nicht erfaßt, wenn S als *erster* Gewerbetreibender die Zulassung erstrebte.[17] Ob wegen des Gleichbehandlungsgrundsatzes etwas anderes daraus folgt, daß andere Schiffsausrüster zugelassen worden sind, mag hier dahinstehen.[18]

179   dd) Eine Norm, welche der Behörde ein Ermessen einräumt, kann nur ausnahmsweise als Anspruchsgrundlage für einen Anspruch auf *Erlaß* des begünstigenden Verwaltungsakts (also nicht nur für einen Anspruch auf fehlerfreie Ermessensausübung) in Betracht kommen. Es muß eine „Ermessensreduzierung auf Null"[19] möglich sein.

180   b) *Formelle Voraussetzungen des begünstigenden Verwaltungsakts*[20]

aa) Zuständigkeit der Behörde.

bb) Ordnungsmäßiger Antrag des Bürgers.

181   cc) Mitwirkung[21] anderer Behörden. Sie ist zumeist nur verwaltungsintern von Bedeutung und daher nur von der Behörde zu beachten; für den Anspruch des Antragstellers im *Außenverhältnis* ist sie dann uninteressant.[22]

182   c) *Materiellrechtliche Voraussetzungen des Anspruchs*

aa) Sie sind in den einschlägigen Vorschriften ohne sachlichen Unterschied teils positiv formuliert („Die Baugenehmigung ist zu *erteilen,* wenn ..."), teils negativ ausgedrückt („Der Paß ist zu *versagen,* wenn ...").

---

[15] *Hoffmann=Becking* (Fußn. 2). *BVerwG,* NJW 1972, 2325 = JuS 1973, 242 Nr. 1, gewährt einen *Subventionsanspruch* unmittelbar aus Art. 3 I GG.
[16] Rdnrn. 620ff.
[17] *BVerwGE* (Fußn. 2).
[18] Nur in diesem Rahmen kommt der Kritik von *Hoffmann=Becking,* aaO, ein Ansatz zu. Näher zum Gleichheitsgrundsatz als Teilhabeanspruch Rdnrn. 627ff.
[19] Näheres nachfolgend Rdnr. 185.
[20] Weitere formelle Erfordernisse, welche aber in der Fallbearbeitung nur höchst selten praktisch werden, ergeben sich aus der Aufzählung Rdnrn. 73ff.
[21] Zu den verschiedenen Formen der Mitwirkung s. *K. H. Klein,* JuS 1963, 187; *BVerwG,* MDR 1964, 951.
[22] S. Rdnr. 55.

Im *Ausgangsfall 1* ist höchst zweifelhaft, ob „erhebliche Belange der Bundesrepublik" (§ 7 I a PaßG) gefährdet sind.

183   bb) Bisweilen können auch Versagungsgründe aus ungeschriebenen Grundsätzen des Verwaltungsrechts oder aus dem allgemeinen Polizeirecht einschlägig sein.

Beispiel: Ein völlig verdreckter Landstreicher begehrt Einlaß in das gemeindliche Sommerbad. Der Anspruch auf Benutzung der gemeindlichen Einrichtungen besteht hier nicht, weil sonst der *Anstaltszweck* gefährdet würde,[23] jedenfalls eine *polizeiliche* (Gesundheits-)Gefahr entstände.

184   cc) Auf dem angedeuteten verfassungsrechtlichen Hintergrund ist in Zweifelsfällen zu prüfen, ob ein Versagungsgrund verfassungsmäßig ist oder in seiner Auslegung durch die Verfassung beeinflußt wird.

§ 7 I a PaßG ist im Kern verfassungsmäßig.[24] Im Ausgangsfall 1 kann diese Vorschrift verfassungskonform aber nur so ausgelegt werden, daß sie auf den Fall des X nicht zutrifft. Im *Beispielsfall* (Landstreicher) ist es nach der Rspr. des BVerfG zum Gesetzesvorbehalt zweifelhaft geworden, ob die Verweigerung des Eintritts ohne weiteres auf den „Anstaltszweck" gestützt werden kann.[25]

185   d) (Eventuell):[26] Ist das der Behörde eingeräumte *Ermessen auf Null reduziert?* Die Korrekturerfahrung lehrt, daß die Klausurbearbeiter diese „Ermessenreduzierung" häufig allzu voreilig annehmen. Sie entscheiden „aus der hohlen Hand", ohne den schon angedeuteten[27] dogmatischen Ansatz der Ermessenreduzierung vor Augen zu haben.

Das Ermessen ist „auf Null reduziert", wenn (im Entscheidungs*ergebnis*) jede andere als die begehrte Entscheidung ermessensfehlerhaft wäre.[28] Das ist der Fall, wenn (1) *keine* Gesichtspunkte ersichtlich sind, welche gegen die begehrte Entscheidung sprechen, oder wenn (2) Gegengründe so *geringes* Gewicht haben, daß es offensichtlich fehlgewichtet wäre (= Verstoß gegen den Grundsatz der Verhältnismäßigkeit),[29] auf *sie* abzustellen (und den Antrag also abzulehnen). Ansonsten reichen vorhandene Gegengründe aus, um der Behörde die Ablehnung zu ermöglichen. Ihr Ermessen *besteht* gerade darin, die kollidierenden Gesichtspunkte zu gewichten und in der Abwägung nach *ihrer* Wertung zugunsten der (aus der Sicht des Antragstellers) positiven *oder* negativen Gesichtspunkte zu entscheiden. Sobald ein nicht ganz geringwertiger (2) Gegengesichtspunkt sichtbar ist, kann eine Ermessenreduzierung auf Null nur vorliegen, wenn (3) die Behörde eine Zusage gemacht hat[30] oder (4) die Behörde durch ihre Verwaltungspraxis über Art. 3 I GG festgelegt ist,[31] wie es bei Subventionen zumeist der Fall ist. Bei „Kettenverwaltungsakten" (= wiederholte routinemäßige Verlängerung befristeter Genehmigungen, Beispiel: Aufenthaltserlaubnis für Auslän-

---

[23] Näheres dazu später Rdnr. 450.
[24] *BVerfGE* 6, 32 = *Weber* I, Art. 2 I Nr. 2.
[25] Näheres wie Fußn. 23.
[26] Vgl. soeben Rdnr. 179.
[27] Rdnr. 110.
[28] *BVerwGE* 11, 97; 16, 218; 18, 251; st. Rspr. *Wolff-Bachof* I, § 31 II e 2.
[29] S. Rdnr. 107.
[30] Einzelheiten dazu Rdnr. 278.
[31] S. Rdnr. 102.

der) kann (5) der rechtsstaatliche Gedanke des *Vertrauensschutzes* das Ermessen (bei der Entscheidung über einen erneuten Verlängerungsantrag) „auf Null" reduzieren.[32]

186 3. Anspruch auf fehlerfreie Ermessensausübung (bzw. Beurteilung)?

Falls kein Anspruch des Bürgers auf Erlaß des begünstigenden Verwaltungsakts in Betracht kommt, weil der Behörde ein Ermessen eingeräumt ist, muß untersucht werden, ob jedenfalls ein Anspruch auf fehlerfreie Ermessensausübung besteht.[33] Entsprechendes gilt, wenn der Behörde ausnahmsweise einmal ein „gerichtsfreier Beurteilungsspielraum"[34] zukommt.

187 a) Der Anspruch auf fehlerfreie Ermessensausübung kann von vornherein nur gegeben sein, wenn die einschlägige Norm die Ermessensbetätigung nicht nur kraft *objektiven* Rechts anordnet, sondern dem Interessenten korrespondierend auch ein *subjektives* Recht (= Anspruch) zusteht.[35] Dazu muß sie – zumindest *auch* – seinem Interesse dienen.[36] Einen von dieser Voraussetzung freien *allgemeinen* Anspruch des Bürgers auf fehlerfreie Ermessensausübung gibt es nicht.[37] Anderslautende Äußerungen in Literatur und Rechtsprechung haben zumeist nur den Adressaten eines belastenden Verwaltungsakts im Auge, der in der Tat stets in subjektiven Rechten (zumindest in Art. 2 I GG) beeinträchtigt wird,[38] und deshalb auch ein Recht darauf hat, daß die Behörde ihr Ermessen beim Eingriff ordnungsmäßig handhabt.

Im *Ausgangsfall 2* kann sich das subjektive Recht nur aus Grundrechten ergeben.[39] Nimmt man an, die erstrebte Erweiterung der Rechtsstellung werde durch die Thematik der erwähnten Grundrechte nicht abgedeckt, ist damit weder ein Anspruch auf Zulassung (soeben Rdnr. 175 ff.) noch auch nur auf fehlerfreie Ermessensausübung bei der Entscheidung über die Zulassung zu bejahen.[40] – Weder das einfache Gesetzesrecht noch das Grundgesetz gewähren dem Ausländer ein subjektives *Recht* auf fehlerfreie Betätigung des Ermessens bei der Entscheidung über die erstmalige Aufenthaltserlaubnis oder über einen Einbürgerungsantrag;[41] dazu ist die Behörde nur kraft objektiven Rechts verpflichtet.

188 b) Besteht die Ermessensnorm im Individualinteresse des Antragstellers, wird erheblich, ob formell und materiell die rechtlichen Voraussetzungen vorliegen, welche vorhanden sein müssen, bevor die Behörde ihre Ermessensentscheidung treffen darf.

---

[32] *BVerfGE* 49, 186; *Kloepfer,* DVBl 1972, 371.
[33] Zusammenfassend zu ihm *Pietzcker,* JuS 1982, 106.
[34] Zu ihm Näheres Rdnrn. 86 ff.
[35] Zu dieser Unterscheidung Näheres Rdnrn. 221 ff.
[36] S. Rdnrn. 233 ff.
[37] *BVerwGE* 39, 237 = JuS 1973, 62 Nr. 12.
[38] Rdnr. 62.
[39] Soeben Rdnr. 177.
[40] So *BVerwG* (Fußn. 2); a. A. *Hoffmann=Becking* (ebenda).
[41] *Schwerdtfeger,* Gutachten A zum 53. DJT, 1980, S. 31, 126 m. w. Nachw.; *H. Schneider,* in: Festgabe f. Makarov, 1958, S. 449 ff.

Es ist also zu unterscheiden zwischen diesen *rechtlichen Voraussetzungen* der Ermessensbetätigung und dem Ermessen selbst: Gemäß § 31 II BBauG *kann* zwar ein Dispens von den Festsetzungen des Bebauungsplans erteilt werden, aber nur, wenn einer der in § 31 II Nr. 1, 2, 3 BBauG aufgeführten Gründe vorliegt „und wenn die Abweichung auch unter Würdigung nachbarlicher Interessen mit den öffentlichen Belangen vereinbar ist." Erst wenn die Voraussetzungen der „wenn-Sätze" erfüllt sind, hat der Bürger einen Anspruch auf ordnungsmäßige Ermessensausübung für die Entscheidung, *ob* nun der an sich mögliche Dispens erteilt werden soll oder nicht.[41a]

189   c) Steht fest, daß die rechtlichen Voraussetzungen der Norm vorliegen, hat der Antragsteller seinen (klagbaren) Anspruch auf fehlerfreie Ermessensbetätigung *nur*, solange die Behörde ihr Ermessen nicht ordnungsgemäß betätigt *hat*. Mit fehlerfreier Ermessensbetätigung erlischt der Anspruch. Daher darf ein Anspruch auf fehlerfreie Ermessensbetätigung in der Fallbearbeitung nicht zugestanden werden, bevor untersucht worden ist, ob die Antrags*ablehnung ermessensfehlerhaft* war (häufiger Auslassungsfehler). Liegt *kein* Ermessensfehler vor, ist die Klage *abzuweisen*.

190   Ob ein Ermessensfehler vorliegt, beurteilt sich nach den herkömmlichen Grundsätzen der Ermessenslehre.[42] Im gegenwärtigen Zusammenhang ist häufig ein Fall der *Ermessensunterschreitung* gegeben,[43] weil die Behörde fälschlich angenommen hat, schon die rechtlichen Voraussetzungen im Kontext soeben Rdnr. 188 lägen nicht vor, und den Antrag also *ohne* Ermessensbetätigung abgelehnt hat.

II. Prozessuale Fragen

191   1. Wie bereits ausgeführt wurde,[44] muß der Bürger *fristgerecht* Widerspruch einlegen und notfalls klagen (Verpflichtungsklage), wenn sein Antrag auf Erlaß eines begünstigenden Verwaltungsakts *abgelehnt* worden ist. Solange die Sach- und Rechtslage unverändert bleibt, darf die Behörde sich sonst im Rahmen der früheren Ausführungen[45] darauf berufen, die Rechtsmittelfrist sei versäumt worden. Hat die Behörde über den Antrag (oder über einen Widerspruch) ohne zureichenden Grund in angemessener Frist sachlich *nicht* entschieden, kann der Bürger ohne Vorverfahren unter den Voraussetzungen des § 75 VwGO Untätigkeitsklage (= Unterfall der Verpflichtungsklage, vgl. § 42 I VwGO) erheben.

192   2. Ein begünstigender Verwaltungsakt wird also mit der *Verpflichtungsklage* erstrebt.[46] In der Regel ist es unangemessen[47] und prozessual

---

[41a] Weiteres Beispiel (§ 23 I 1 LSchlG): *BVerwGE* 65, 167 = JuS 1982, 865 Nr. 11.

[42] Zu ihnen Rdnr. 91.

[43] Rdnr. 99.

[44] Rdnr. 44.

[45] S. Rdnr. 46.

[46] War der begünstigende VA schon erteilt worden, auf Widerspruch eines Dritten aber im Widerspruchsverfahren aufgehoben worden, ist das prozessuale Ziel, den *Widerspruchsbescheid* durch *Anfechtungsklage* zu beseitigen; s. § 79 I Nr. 2 VwGO.

[47] Soeben Rdnr. 172.

nicht zulässig, lediglich die Ablehnung des Verwaltungsakts mit einer Anfechtungsklage anzufechten.[48] Über sie kann nur erreicht werden, daß die Versagung aufgehoben wird. Damit ist der ursprüngliche Antrag wieder existent. Die Behörde hat neu über ihn zu entscheiden. Sie ist aber von keinen gerichtlichen Sanktionen bedroht, falls sie jetzt etwa von jeder Entscheidung absieht und das Verfahren ruhen läßt. Der Antragsteller müßte neu klagen mit der Untätigkeitsklage. Wird von vornherein die Verpflichtungsklage erhoben, erhält der Antragsteller hingegen sogleich einen vollstreckbaren Titel, mit welchem die Behörde zum Handeln gezwungen werden kann. Mit der Verpflichtungsklage ist die Anfechtung des ablehnenden Verwaltungsakts automatisch verbunden.[49] Im Rahmen der Verpflichtungsklage richtet sich der Antrag danach, ob der Kläger einen Anspruch auf Erlaß des Verwaltungsakts oder nur auf fehlerfreie Ermessensausübung (bzw. Beurteilung) zu haben glaubt. Nur im ersten Fall beantragt der Kläger, die Behörde zum Erlaß des abgelehnten Verwaltungsakts zu verpflichten. Im zweiten Fall beantragt er hingegen, die Behörde zu verpflichten, ihn unter Beachtung der Rechtsauffassung des Gerichts neu zu bescheiden (§ 113 IV 2 VwGO = *Bescheidungsklage* als Unterfall der Verpflichtungsklage).[50] Andernfalls hat der Kläger einen Teil der Prozeßkosten zu tragen,[51] weil seinem Klagantrag nicht voll stattgegeben werden kann.

193 *Beachte:* Die Verpflichtungsklage auf Erlaß eines sog. Justizverwaltungsakts[52] wird gemäß § 23 II EGGVG vor den ordentlichen Gerichten erhoben.

§ 10. Begünstigende Verwaltungsakte mit Nebenbestimmungen (Bedingung, Befristung, Widerrufsvorbehalt, Auflage)

I. Die Arten und Konsequenzen von Nebenbestimmungen

200 *Ausgangsfall:*[1] Dem X wird die Erlaubnis zum Betrieb der Schankwirtschaft „Zum blauen Affen" erteilt, jedoch unter der „Bedingung", daß er seine mehrfach wegen

---

[48] Ob eine Anfechtungsklage statt einer Verpflichtungsklage zulässig ist, beurteilt sich nach den gleichen Kriterien, die in der Rechtsprechung der Zivilgerichte für das Verhältnis von Feststellungsklagen zu den rechtsschutzintensiveren Leistungsklagen entwickelt worden sind; *BVerwGE* 38, 99 = JuS 1972, 162 Nr. 19; *Bettermann*, DVBl 1973, 375.

[49] *BVerwG*, DVBl 1962, 138.

[50] So z.B. *Bettermann*, NJW 1960, 656; *BVerwG*, DVBl 1961, 128 („Beschränkung des Klagantrages auf ein Bescheidungsurteil"); *OVG Lüneburg*, DÖV 1963, 769.

[51] *Bettermann*, aaO; *Eyermann-Fröhler*, VwGO, § 113 Rdnr. 62a; *OVG Münster*, MDR 1967, 524; a. A. z. B. *BayVGH*, BayVBl 1966, 210.

[52] Vgl. schon Rdnr. 65 sowie dort Fn. 18.

[1] Weiterer Fall zur Bedingung bereits Rdnr. 45. Examensklausur zum Widerrufsvorbehalt in JuS H. 7/1971, S. VII. Klausurbesprechungen zu einer Auflage bei *Andersson*, JuS 1969, 328; *Zuleeg*, Fälle, Nr. 2; zu einer Befristung bei *Gusy*, JuS 1983, 622.

gewerbsmäßiger Unzucht und Kuppelei vorbestrafte „Braut" nicht im Betrieb beschäftige; sonst werde die Erlaubnis als erloschen betrachtet und behandelt werden. Nach zwei Jahren stellt X die B als Buffetdame ein. Kann gegen X vorgegangen werden?[2]

201   1. Unterschiedliche Folgen der einzelnen Nebenbestimmungen[3]

Trotz ihrer zivilrechtlichen Vorbildung erkennen die Bearbeiter häufig nicht, welche unterschiedlichen Rechtsfolgen sich an die verschiedenen Nebenbestimmungen knüpfen: Tritt eine auflösende Bedingung ein oder läuft seine Befristung ab, erlischt der Verwaltungsakt *automatisch* (§ 36 II Nr. 1, 2 VwVfG). Der Widerrufsvorbehalt ermächtigt die Behörde, die Erlaubnis *durch Verwaltungsakt* (= actus contrarius) zu widerrufen (§ 49 II Nr. 1 VwVfG). Hier wird die Erlaubnis also erst mit dem Widerruf beseitigt. Eine Auflage kann selbständig durchgesetzt werden. Ist das untunlich, kann die Behörde statt dessen die Erlaubnis widerrufen (§ 49 II Nr. 2 VwVfG), soweit der Grundsatz der Verhältnismäßigkeit nicht entgegensteht. *Keine* Nebenbestimmung im *eigentlichen* Sinne ist die „*modifizierende*" Auflage („Die Anlage ist so zu betreiben, daß der von ihr ausgehende Lärmpegel den Wert X nicht überschreitet").[4] *Diese* Auflage trifft keine *Neben*regelung, sondern schränkt den *Inhalt* der Erlaubnis *als solcher* ein.[5]

Im Ausgangsfall ergibt die *Auslegung*, daß die Gaststättenerlaubnis auflösend bedingt ist. Sie soll *automatisch* „als erloschen betrachtet werden". Damit kommt ein Vorgehen nach §§ 31 GaststG, 15 II GewO in Betracht: Ist die Bedingung eingetreten, wird die Gaststätte ohne die erforderliche Genehmigung betrieben. Die Behörde kann die „Fortsetzung des Betriebes" verbieten, wenn sich nachfolgend nichts anderes ergibt.

202   2. Zulässigkeit von Nebenbestimmungen

§ 36 VwVfG und ein etwa einschlägiges Spezialgesetz bestimmen, wann eine Nebenbestimmung zulässig ist.[6]

Im Ausgangsfall (gebundene Erlaubnis) ist § 36 I VwVfG einschlägig. Weil im GaststG keine bedingte Erlaubnis vorgesehen ist und die Bedingung auch nicht dazu dient, die gesetzlichen Voraussetzungen der Erlaubnis aus § 4 GaststG abzusichern, ist sie rechtswidrig. Das Beschäftigungsverbot hätte nur über die in § 21 GaststG vorgesehene Auflage verwirklicht werden können. – Verwaltungsakte, welche im *Ermessen* der Behörde stehen, können gem. § 36 II VwVfG mit Nebenbestimmungen versehen wer-

---

[2] Etwas abgewandelt findet sich der Fall auch bei *Hans,* Öffentliches Recht II, Nr. 2.
[3] Umfassend zum Gesamtbereich *Schachel,* Nebenbestimmungen zu VAen, 1979; *ders.,* Jura 1981, 449; *Gern-Wachenheim,* JuS 1980, 276; *Hans-Josef Schneider,* Nebenbestimmungen und Verwaltungsprozeß, 1981.
[4] Zu ihr *BVerwG,* DÖV 1974, 380 = JuS 1974, 741 Nr. 1; *Weyreuther,* DVBl 1969, 295; *Hoffmann,* DVBl 1977, 514; *Lange,* AöR 102. Bd., S. 337.
[5] Daher ist die *nachträgliche* modifizierende Auflage Teilrücknahme; Klausurfall bei *Püttner,* Rep., S. 85.
[6] Einzelheiten bei *Erichsen-Martens,* Allg. VR, § 14 II; *Schachel,* aaO, S. 86ff. S. ferner *BVerwGE* 60, 269.

den, solange die Beifügung nicht ermessensfehlerhaft ist.[7] Fehlerbeispiel: Baudispens unter der aufschiebenden Bedingung, daß ein Teil des Grundstücks kostenlos für den Straßenbau übereignet wird (= unzulässige Koppelung zu baurechtsfremdem Zweck, § 36 III VwVfG).[8]

203 **3. Prinzipielle Wirksamkeit unangefochtener rechtswidriger Nebenbestimmungen**

Wie die Bearbeiter oft übersehen, entfaltet grundsätzlich auch eine rechtswidrige Nebenbestimmung volle Wirksamkeit, solange sie nicht angefochten worden ist. Denn auch hier sind die allgemeinen Grundsätze über die Gültigkeit von Verwaltungsakten[9] anzuwenden.[10] Nur ein schwerer und evidenter Fehler macht die Nebenbestimmung nichtig (§ 44 I VwVfG). *Von vornherein* unbeachtlich ist eine rechtswidrige, nicht nichtige Nebenbestimmung alleine dann, wenn der *Gesetzgeber* das als Durchbrechung der *allgemeinen* Grundsätze im Einzelfall *specialiter* angeordnet hat.[11]

Parallel zur Vollstreckung von Verwaltungsakten sind also eine *Auflage* und ein *Widerrufsvorbehalt* grundsätzlich vollziehbar, ohne daß der belastete Bürger sich darauf berufen könnte, die Nebenbestimmung sei rechtswidrig; § 49 Nr. 1 und 2 VwVfG verlangen als Widerrufsgrund nur einen *gültigen* Widerrufsvorbehalt oder eine *gültige* Auflage.[12] Wie bei der Vollstreckung bestehen Ausnahmen, wenn der Bürger einen Anspruch auf Beseitigung der Nebenbestimmung im Rahmen einer Wiederaufnahme des Verfahrens hat.[13] Kraft *spezialgesetzlicher* Regelung dürfte der Widerruf insbesondere ausgeschlossen sein, wenn ein Gesetz die Widerrufsgründe von § 49 II Nr. 1 und 2 VwVfG abweichend (abschließend) aufzählt und dabei Widerrufsvorbehalt und/oder Auflage nicht erwähnt (z. B. § 53 II GewO) oder auf Tatbestände begrenzt, welche durch die vorliegende Nebenbestimmung nicht erfüllt werden (z. B. § 21 I Nr. 1 BImSchG). Solange die Rechtswidrigkeit von Widerrufsvorbehalt oder Auflage nicht objektiv oder in der subjektiven Überzeugung der Behörde festliegen, ist der Widerruf nicht ermessensfehlerhaft.[14] Weil der Betroffene seinerzeit die Anfechtungsfristen versäumt hat, ist die Behörde nicht verpflichtet und das den Widerruf überprüfende

---

[7] Zu den Ermessensfehlern s. vorstehend Rdnrn. 91 ff.

[8] Parallele Fallgestaltung (Auflage) in *BVerwGE* 36, 145 ff. Weiteres Beispiel: *BVerwG*, NJW 1982, 2269 = JuS 1983, 229 Nr. 16.

[9] Vgl. Rdnrn. 61 ff., 101 f.

[10] *W. Martens*, DVBl 1965, 429 m. Nachw. in Fußn. 27; JA 1969, 619; 1971, 47 f.

[11] Beispiel (rechtswidriger Widerrufsvorbehalt in BAföG-Bescheid) *BVerwG*, FamRZ 1980, 838; s. ferner *BVerwG*, BRS 32 Nr. 194 (zur entsprechenden Möglichkeit bei Auflagen).

[12] Bestr., s. den Überblick bei *Schachel*, aaO, S. 39 ff. Wer die im Text skizzierten Konsequenzen verneint, übergeht die Regelungsfunktion (vgl. Rdnrn. 43 ff.) des Verwaltungsakts: Als Bestandteil des begünstigenden Verwaltungsakts der Bewilligung enthält der Widerrufsvorbehalt die abschließende Regelung, *daß* die Bewilligung in den Fällen widerrufen werden kann, welche im (rechtswidrigen) Widerrufsvorbehalt bezeichnet worden sind.

[13] So jedenfalls OVG Münster, AS 21, 193 (Gesetzesänderung); zum Parallelproblem bei der Vollstreckung s. Rdnr. 155.

[14] Das gegen *Kopp*, VwVfG, § 49 Anm. 6 a) cc).

5*

Gericht gehindert, die (*nur subjektive*[15]) Rechtsauffassung des Betroffenen (Rechtswidrigkeit der Nebenbestimmung) zu überprüfen. – Im *Ausgangsfall* war es verfehlt, wenn viele Bearbeiter die *Bedingung* schon für unbeachtlich hielten, nachdem sie lediglich ihre Rechtswidrigkeit festgestellt hatten. Nur wenn man die Bedingung als nichtig ansieht, entfällt die Möglichkeit, daß die Erlaubnis (durch Eintritt der Bedingung) automatisch erloschen sein könnte.

204   4. Inhaltliche Modifizierung durch Umdeutung (§ 47 VwVfG)

§ 47 VwVfG gestattet es unter bestimmten Voraussetzungen, eine rechtswidrige Nebenbestimmung in eine andere Nebenbestimmung umzudeuten, wenn *deren* Rechtmäßigkeitsvoraussetzungen *vorliegen*. Das gilt nach dem klaren Gesetzeswortlaut nicht nur, wenn die rechtswidrige Nebenbestimmung nichtig ist, sondern insbesondere auch, wenn sie *gültig* ist.[16] § 47 VwVfG modifiziert also den Regelungsgehalt des unangefochtenen rechtswidrigen Verwaltungsakts und hat somit Relevanz für die Lehre von der Bestandskraft.[17]

Im *Ausgangsfall* läßt sich die rechtswidrige Bedingung demgemäß in eine rechtmäßige Auflage nach § 21 GaststG umdeuten. Obgleich (bei Gültigkeit der rechtswidrigen Bedingung) „an sich" verbindlich geregelt ist, daß die Erlaubnis mit Beschäftigung der B automatisch erlischt, tritt diese Rechtsfolge nach der Umdeutung in eine Auflage nicht mehr ein. Vielmehr muß die Behörde zunächst versuchen, die Auflage durchzusetzen. Nur wenn ihr das nicht gelingt, ist sie gem. § 49 II Nr. 2 VwVfG berechtigt, die Erlaubnis (durch actus contrarius) zu widerrufen. Erst jetzt ist die gleiche Situation gegeben, welche bei Eintritt der Bedingung „an sich" sofort vorliegen würde.

Ob ein Verwaltungsakt von *jedem* Rechtsanwender *ohne weiteres* umgedeutet werden kann oder ob dazu ein Umdeutungs-Verwaltungsakt der Behörde erforderlich ist,[18] steht nicht abschließend fest. Die Lehre von der Bestandskraft und die Tatsache, daß § 47 IV VwVfG die Anhörung des Betroffenen gebietet, dürften entscheidend für die Verwaltungsakt-Lösung sprechen.

205   5. Nichtige Nebenbestimmungen in ihrer Auswirkung auf den Gesamtverwaltungsakt

Ist eine Nebenbestimmung (ausnahmsweise) nichtig und auch durch Umdeutung in eine rechtmäßige Nebenbestimmung (soeben Rdnr. 204) nicht zu heilen, fragt sich, ob diese *Teil*nichtigkeit die *gesamte* Erlaubnis infiziert und so schon von Anfang an der Zustand besteht (keine Erlaubnis), welcher mit Hilfe der Nebenbestimmung an sich erst später herbeigeführt werden könnte. Gem. § 44 IV VwVfG ist der Verwaltungsakt „im ganzen nichtig, wenn der nichtige Teil so wesentlich ist, daß die

---

[15] Unter Hinweis auf die Subjektivität der Rechtsauffassungen wurde parallel zum Textzusammenhang Rdnr. 154 die Formulierung entschärft, unangefochten gebliebene rechtswidrige VAe seien vollstreckbar.
[16] Dafür insbes. *Kopp*, VwVfG, § 47 Rdnr. 7 m. w. Nachw.
[17] Zu ihr s. Rdnrn. 43 ff.
[18] *Kopp*, VwVfG, § 47 Rdnrn. 4 ff. mit Überblick über den Meinungsstand.

Behörde den Verwaltungsakt ohne den nichtigen Teil nicht erlassen hätte".

206   Es ist zu befürchten, daß zur Exegese dieser Vorschrift (weiterhin[19]) Gedanken aus § 139 BGB parallelgeschaltet werden und entsprechend untersucht wird, ob die *Behörde* die nichtige Nebenbestimmung für so wesentlich angesehen hat, daß *sie* den Verwaltungsakt nach ihren *subjektiven* Intensionen ohne die Nebenbestimmung nicht erlassen haben würde. § 44 VwVfG steht indessen *nicht* wie § 139 BGB im Kontext mit der *subjektiven Willens*autonomie, welche die Rechtsgeschäftslehre des Privatrechts beherrscht. § 44 IV ist vielmehr eingebunden in die *objektive Gesetzes*gebundenheit und *Funktion* der Verwaltungstätigkeit und entsprechend *auszulegen:*[20] Es kommt darauf an, ob der *nichtige* Teil nach der *objektiven Gesetzes*lage so *wesentlich* ist, daß eine *gesetzestreue* Behörde den Verwaltungsakt ohne ihn nicht hätte.

Das Willenselement ist so *jedenfalls* ausgeschaltet, wenn der Antragsteller einen gesetzlichen *Anspruch* auf die Erlaubnis (= *gebundene Erlaubnis*) hat.[21] Im *Ausgangsfall mußte* die Behörde eine *unbedingte* Erlaubnis erteilen. Es ist kein Grund ersichtlich, warum eine derart unbedingte Erlaubnis nicht erhalten bleiben sollte, wenn man die rechtswidrige Bedingung – entgegen den bisherigen Ausführungen – als nichtig ansieht und die Umdeutung verneint. Die B nicht zu beschäftigen, kann dem X auch nachträglich durch eine Auflage gem. § 21 I GaststG aufgegeben werden.

207   Aber auch im Bereich der *Ermessensverwaltung* dürfte für die Ausgangsproblematik im *Beispielsfall*[22] des Baudispenses mit unzulässiger Koppelung (kostenlose Übereignung) nicht auf den Willen der Behörde abzustellen sein,[23] wenn man (ungeprüft) davon ausgeht, daß die aufschiebende Bedingung nichtig ist. Die Behörde *hat* das ihr eingeräumte Ermessen in *sachlicher* Erwägung zugunsten des *E* betätigt, nämlich in dem ihr vom Gesetzgeber *eingeräumten* Entscheidungsrahmen keine Bedenken dagegen gezeigt, daß *E* bestimmte Vorschriften des Baurechts nicht einhält. Die Bedingung beruht auf Erwägungen, die *außerhalb* dieses Rahmens liegen. Läßt man den Dispens jetzt ohne die rechtswidrige Bedingung bestehen, wird das Ermessen der Behörde also nicht übergangen. Anders als ein Privatmann im Rahmen seiner Privatautonomie dürfte die Behörde ihren Willen bei erneuter Ermessensbetätigung nicht willkürlich ausüben, den Dispens insbesondere nicht deshalb verweigern, weil sie mit ihm den ursprünglich angestrebten rechtswidrigen (!) Zwecksetzung nicht verfolgen darf.[24] Findet sie jetzt plötzlich doch noch „sachliche" Gründe, liegt der Verdacht des (rechtswidrigen) „détournement de pouvoir"[25] auf der Hand.

II. Die Abwehr fehlerhafter Nebenbestimmungen

208   Weil in der Regel auch rechtswidrige Nebenbestimmungen wirksam sind,[26] muß der Betroffene innerhalb der Anfechtungsfristen versuchen, eine Nebenbestimmung abzuwehren, welche ihm nicht genehm ist. Sein

[19] Zu dieser bisherigen Praxis der h. M. s. *W. Martens,* DVBl 1965, 428; JA 1971, 50 f.; *BVerwG,* DÖV 1974, 381.

[20] Diese Möglichkeit übergehen *Erichsen-Martens,* Allg. VR, § 15 II 3 und *Wolff-Bachof* I, § 51 VI, indem sie § 44 IV *ohne weiteres* wie bei Fußn. 19 auslegen, ihn dann aber gleichzeitig i. S. obiger Textausführungen kritisieren.

[21] Ebenso *W. Martens,* DVBl 1965, 428 m. w. Nachw.

[22] Rdnr. 202.

[23] Ebenso *W. Martens,* DVBl 1965, 431 f. A. A. aber die h. M. (Fußn. 19).

[24] Das wird in der herrschenden Argumentation ständig übersehen, z. B. bei *Weyreuther,* DVBl 1969, 234 f.

[25] Vgl. Rdnr. 99.

[26] Soeben Rdnr. 203.

Interesse geht dahin, nur die Nebenbestimmung beseitigen zu lassen, die Begünstigung aber aufrechtzuerhalten. Eine Auflage enthält eine eigenständige Regelung[27] und ist nach h. M. damit dann selbständig anfechtbar.[28] Bedingung, Befristung und Widerrufsvorbehalt sind Bestandteile der günstigen Regelung selbst. Gleiches gilt für die ,,modifizierende Auflage".[29] Gem. § 113 I 1 VwGO kann das Gericht einen Verwaltungsakt aufheben, *soweit* er rechtswidrig ist. Diese Teilaufhebung setzt aber *erstens* voraus, daß der verbleibende Rest des Verwaltungsakts für sich allein Bestand haben kann. Ob das bei der Bedingung, Befristung, modifizierenden Auflage und dem Widerrufsvorbehalt möglich ist, beurteilt sich nach *materiellrechtlichen* Erwägungen, nämlich danach,[30] welche Auswirkungen die Aufhebung einer Nebenbestimmung auf die Gültigkeit des Verwaltungsakts insgesamt hat.[31] *Zweitens* hängt die angedeutete Teilaufhebung davon ab, wie man *prozessual* das Wesen der Anfechtungsklage sieht. Eine Genehmigung *ohne* Bedingung, Befristung, Widerrufsvorbehalt oder modifizierende Auflage ist etwas anderes, *mehr* als eine Genehmigung *mit* diesen Nebenbestimmungen. Vielleicht ist die Anfechtungsklage nicht das einschlägige Instrument, aus einem Weniger ein Mehr zu machen. Sieht man materiellrechtlich und prozessual *keine* Bedenken, steht der Teil*anfechtung* nichts im Wege. Das *BVerwG hatte bisher* sowohl materiellrechtliche als auch prozessuale Bedenken und hielt deshalb nur die *Verpflichtungsklage* auf Erlaß eines *neuen* begünstigenden Verwaltungsakts *ohne* Nebenbestimmung für gegeben.[32] Möglicherweise hat sich durch *BVerwGE* 60, 269 (274) ein Umschwung angebahnt,[33] wo für Bedingung, Befristung und Widerrufsvorbehalt[34] *allgemein* formuliert wird: ,,Gegen belastende Nebenbestimmungen ist die Anfechtungsklage gegeben".

---

[27] Seine abweichende Ansicht für ,,unteilbare Gesamt-Ermessensentscheidungen" hat das *BVerwG* aufgegeben; s. *BVerwG*, NJW 1982, 2269 = JuS 1983, 229 Nr. 16.
[28] *BVerwGE* 36, 145 (153f.); *BVerwG*, DÖV 1974, 563 = JuS 1974, 741 Nr. 11; *BVerwG*, NJW 1982, 2269 = JuS 1983, 229 Nr. 16.
[29] Soeben bei Fußn. 4.
[30] Soeben Rdnr. 206.
[31] So z. B. W. *Martens*, DVBl 1965, 428; JA 1971, 48 ff.
[32] S. insb. *BVerwGE* 29, 261 (Bedingung); *BVerwG*, DÖV 1974, 380 = JuS 1974, 741 Nr. 11 (modifizierende Auflage); *BVerwG*, NJW 1982, 2269 = JuS 1983, 229 Nr. 16. Aus den Gründen bei Rdnr. 207 dürfte dann in der Regel aber selbst im Bereich der Ermessensverwaltung ein Verpflichtungsurteil und nicht nur ein Bescheidungsurteil (§ 113 IV 2 VwGO) zu erreichen sein.
[33] Ausführlich dazu *Schenke*, JuS 1983, 182.
[34] *Nicht aber* für die ,,modifizierende Auflage".

§ 11. Rücknahme und Widerruf günstiger Verwaltungsakte

211   *Ausgangsfälle:*[1] (1) Student S ist von einer Gebühr befreit worden, weil er als bedürftig angesehen wurde. Nach einem Jahr stirbt sein Vater. Zu seiner großen Überraschung erfährt S jetzt, daß sein Vater Millionär war. Als auch die Behörde davon hört, nimmt sie die Gebührenbefreiung zurück. Zu Recht? – *[objektive Lage entscheidend]*

(2) R ist mit 55 Jahren die deutsche Staatsbürgerschaft verliehen worden. Als er 65 Jahre alt ist, nimmt die Behörde die Einbürgerung mit Wirkung ex tunc zurück, weil sie rechtswidrig gewesen sei. Zu Recht?[2]

(3) Fachbereich F hat die Verleihung des Doktorgrades an D zurückgenommen, weil der Promotionsausschuß fehlerhaft besetzt gewesen sei. D erhebt Anfechtungsklage, weil er erheblichen Schaden für sein wissenschaftliches und persönliches Renommee befürchtet.

Aus der Sicht des Bürgers ist es unproblematisch, wenn die Behörde einen Verwaltungsakt beseitigt, welcher ihn *belastet*. Hier geht es um die Aufhebung *begünstigender* Verwaltungsakte (Gebührenbefreiung, Einbürgerung, Doktorgrad). Dieser actus contrarius ist belastender Verwaltungsakt.

I. Einstieg in die Fallproblematik

212   1. Die erforderliche *Ermächtigungsgrundlage* für die Aufhebung findet sich bisweilen in Spezialregelungen (z. B. §§ 53, 58 GewO, § 15 GaststG, § 25 PBefG, Nachfolgebestimmungen zu § 42 PrPVG), sonst in §§ 48, 49 VwVfG oder in entsprechenden landesrechtlichen Regelungen.[3]

In den Ausgangsfällen findet das VwVfG des Bundes bzw. des einschlägigen Landes Anwendung, weil keine Spezialermächtigung ersichtlich ist.

213   2. Das VwVfG, auf welches sich die nachfolgenden Darstellungen beschränken, unterscheidet in den Rechtmäßigkeitsvoraussetzungen zwischen dem *Widerruf* eines *rechtmäßigen* (§ 49) und der *Rücknahme* eines *rechtswidrigen* (§ 48) Verwaltungsakts. Daher hat der Bearbeiter zunächst zu untersuchen, ob es um die Beseitigung eines rechtmäßigen oder eines rechtswidrigen Verwaltungsakts geht.

Im Ausgangsfall 1 ist die Gebührenbefreiung rechtswidrig, weil S *objektiv* nicht bedürftig war (Unterhaltsansprüche gegen den Vater als Vermögenswert) und daher die Voraussetzungen der Gebührenbefreiung nicht gegeben waren. Auf die Kenntnis des S oder der Behörde kommt es hier nicht an (häufiger Fehler). – *Im Ausgangsfall 2* soll der Bearbeiter nach der Sachverhaltsschilderung ohne weiteres davon ausgehen, daß die Einbürgerung rechtswidrig war. – *Im Ausgangsfall 3* macht die fehlerhafte Besetzung

---

[1] Weitere Fallbesprechungen (z. T. *ohne Berücksichtigung des VwVfG*) z. B. bei: *Vogel*, Verwaltungsrechtsfall, Nr. 5; *K. Müller*, Öffentliches Recht für Anfänger, Nr. 19; *Andersson*, JuS 1969, 328; *Achterberg*, Fälle zum Allgemeinen Verwaltungsrecht, Nr. 5. S. ferner Rdnr. 49 sowie nachfolgend Rdnr. 330.
[2] Ähnlich BVerwGE 41, 277 = JuS 1973, 579 Nr. 7.
[3] Fundstellen im Sartorius, Nr. 100, S. 41.

des Prüfungsausschusses die Promotion (Beurteilungsspielraum des Ausschusses![4]) rechtswidrig.

II. Widerruf eines rechtmäßigen günstigen Verwaltungsakts

214   Der Widerruf[5] ist gem. § 49 II VwVfG nur „mit Wirkung für die Zukunft" und grundsätzlich nur in den Fällen möglich, welche in § 49 II Nr. 1–5 *aufgezählt* sind (lesen).[6] Ferner können Fristen zu beachten sein (§ 49 II a. E. i. V. mit § 48 IV VwVfG).[7] In den Fällen von § 49 II Nr. 3–5 ist eventuell Entschädigung zu zahlen (§ 49 V VwVfG). – Für *Zuwendungsbescheide* (etwa über die Zahlung einer *Subvention*[8]) wird § 49 VwVfG durch *§ 44 a BHO* (*Sartorius* Nr. 700) und entsprechende Vorschriften des *Landes*haushaltsrechts[9] ergänzt und überlagert. Zuwendungsbescheide können gem. § 44 a I BHO *auch* widerrufen werden, wenn die Zuwendung nicht zweckentsprechend verwendet worden ist, und das *mit Wirkung für die Vergangenheit*.[10]

III. Rücknahme eines rechtswidrigen günstigen Verwaltungsakts[11]

215   Gem. § 48 I 1 VwVfG *kann* (= *Ermessen*) ein rechtswidriger begünstigender Verwaltungsakt mit Wirkung für die Zukunft oder für die Vergangenheit (eventuell fristgebunden, § 48 IV VwVfG) zurückgenommen werden. Wie jedes Ermessen ist auch dieses Rücknahmeermessen aber beschränkt, vor allem durch den verfassungskräftigen Gedanken des Vertrauensschutzes als Element des Rechtsstaatsprinzips.[12] Für Verwaltungsakte, welche *Geldleistungen* (oder teilbare Sachleistungen) gewähren *oder dafür Voraussetzung sind* (= *Ausgangsfall 1*), geht es dabei *ausschließlich* um die Alternative Rücknahme oder Fortbestand: § 48 II VwVfG kodifiziert im einzelnen, wann der Vertrauensschutzgedanke die Rücknahme ausschließt, der Vermögensvorteil dem Begünstigten also erhalten bleibt. Bei *anderen* Verwaltungsakten (Beispiel: rechtswidrige Bebauungsgenehmigung) würde der *Bestandsschutz* (keine Rücknahme der Genehmigung) *zumeist* über das hinausgehen, was der Vertrauensschutz fordert. Denn der *Vertrauenstatbestand* liegt in der Regel lediglich in *Vermögensdispositionen*, welche der Begünstigte getroffen hat (Kauf von Baumaterialien). In solchen Fällen ist die *Rücknahme* nicht ausgeschlossen. § 48 III VwVfG genügt dem Vertrauensschutzgedanken vielmehr dadurch, daß er dem Begünstigten einen Anspruch auf Ausgleich des Vertrau-

---

[4] Rdnr. 86.

[5] Klausurbeispiel bei *Vogel*, Verwaltungsrechtsfall, Nr. 4.

[6] Näheres z. B. bei *Wolff-Bachof* I, § 53 IV; *Erichsen-Martens*, Allg. VR, § 17 (mit Kritik).

[7] Zur Entschädigungsfrage s. nachfolgend Rdnr. 407.

[8] Näheres zum Subventionsrecht Rdnrn. 279 ff.

[9] Überblick bei *Grawert*, DVBl 1981, 1029.

[10] Fall in Rdnr. 325.

[11] Zur Entwicklung und zum Rechtszustand vor dem VwVfG s. *Erichsen-Martens*, § 18; *Wolff-Bachof* I, § 53 V. Zur Abgrenzung von der *Berichtigung* wegen „offenbarer Unrichtigkeit" (§ 42 VwVfG) s. *BVerwGE* 40, 216 = *JuS* 1973, 321 Nr. 10; *BVerwG*, NJW 1976, 532.

[12] St. Rspr. des *BVerwG*, s. bes. *BVerwGE* 19, 188 ff.; 40, 212 = *JuS* 1973, 321 Nr. 10. Die exakte Verortung im GG ist str., s. *Kisker* u. *Püttner*, VVDStRL 32, 149, 200.

ens*schadens* einräumt.[13] Wenn der Vertrauenstatbestand im *immateriellen* Bereich angesiedelt ist (= *Ausgangsfälle 2 und 3*), kann ihm auch jetzt nur durch die *Aufrechterhaltung* der rechtswidrigen Begünstigung (= Einbürgerung, Promotion) Genüge getan werden. Für solche Fälle ist die Rücknahmemöglichkeit zumeist spezialgesetzlich eingeschränkt (z. B. §§ 53, 58 GewO, § 15 GaststG, § 25 PBefG). *Wenn der Vertrauensschutz das öffentliche Interesse an der Rücknahme des Verwaltungsakts überwiegt, wird sonst das Ermessen zur Rücknahme aus § 48 I 1 VwVfG unmittelbar durch den verfassungskräftigen Grundsatz des Vertrauensschutz ausgeschlossen.*[14]

216   In der Fallbearbeitung kann man im einzelnen so vorgehen:

1. § 48 I 1 VwVfG = Rücknahme*ermessen* als Grundsatz.

2. Vertrauensschutz = Bestandsschutz bei Verwaltungsakten i. S. von *§ 48 II VwVfG* (= *Geld-* oder teilbare Sachleistungen).

217   a) Hat der Begünstigte auf den *Bestand* des Verwaltungsakts „vertraut" (§ 48 II 1)?

218   b) Was ist im Einzelfall *schutzwürdiger*, das Vertrauen oder das öffentliche Interesse an der Rücknahme (§ 48 II 1 VwVfG)?[15]

aa) Schutzwürdigkeit des Begünstigten wegen *Betätigung*[16] des Vertrauens (= *Vertrauenstatbestand*) durch gewisse Vermögensdispositionen im Rahmen der *Wertungsregel* des § 48 II 2 VwVfG?

bb) *Keine* Schutzwürdigkeit des Begünstigten wegen Vorliegens der Voraussetzungen des § 48 II 3 Nr. 1–3 VwVfG (lesen)?

cc) Sonst Einzelabwägung nach § 48 II 1 VwVfG: *wie schwer* trifft die Rücknahme den Begünstigten und *welche* öffentlichen Interessen sind auf der anderen Seite *konkret* im Spiel?

Bei ungerechtfertigten fortlaufenden Geldleistungen ist für die Vergangenheit zumeist ein Vertrauenstatbestand (soeben aa) anzunehmen, weil der Bürger seine Lebenshaltung auf die höheren Bezüge umgestellt hat. Für die Zukunft besteht hingegen kein Vertrauenstatbestand, falls der Bürger nicht z. B. seinen Wohnsitz mit Rücksicht auf einen (rechtswidrigen) Rentenbescheid von Ost- nach Westberlin verlegt hat.[17] Daher ist bei fortlaufenden Geldleistungen die Rücknahme des Bewilligungsbescheides ex nunc zumeist ohne weiteres zulässig, die Rücknahme ex tunc hingegen wegen der Wertungsregel des § 48 II 2 VwVfG problematisch.[18]

Im *Ausgangsfall 1* ist ein Vertrauenstatbestand gegeben, weil auch *S* seine Lebenshaltung aufwendiger gestaltet hat, als er es ohne der Gebührenbefreiung hätte tun können. *S* verfügt aber reichlich über liquide Mittel. Trotz der (nur) Wertungs*regel* des § 48 II 2 VwVfG ist daher *sein* Vertrauen im Rahmen von soeben aa) nicht schutzwürdig. Außerdem hat *S* die Gebührenbefreiung im Rahmen von soeben bb) durch (objektiv)[19]

---

[13] Dazu erst der Sachzusammenhang Rdnr. 407.

[14] Derartige Ermessensbindungen unmittelbar aus dem GG sind in der Ermessenslehre geläufig, s. Rdnrn. 102 ff. Sie und die „verfassungskonforme Auslegung" (Rdnr. 90) werden von *Frotscher*, DVBl 1976, 282, und den dort in Fußn. 68 Zitierten übersehen, wenn sie annehmen, § 48 III VwVfG lasse im Textzusammenhang *keinen* Bestandsschutz zu, und dagegen gleichzeitig verfassungsrechtliche Bedenken erheben.

[15] Zugang zu Einzelheiten durch Fußn. 11 u. 12.

[16] Das Erfordernis dieses Vertrauens*verhaltens* wird besonders deutlich in *BVerwGE* 24, 294 (Leitsatz und S. 297); s. auch *Wolff-Bachof* I, § 53 V e 4.

[17] *BVerwGE* 9, 251.

[18] Bes. deutlich zum vorhergehenden *BVerwGE* 19, 190 f; 52, 213.

[19] Das dürfte ausreichen, s. *BVerwGE* 24, 299 f. zum „Verantwortungsbereich" des *S*.

unrichtige Angaben über seine Unterhaltsansprüche erwirkt (§ 48 II 3 Nr. 2 VwVfG).
Damit kann die Behörde die Gebührenbefreiung zurücknehmen.

219   3. Vertrauensschutz als (ausnahmsweise) *Bestandsschutz* bei Verwaltungsakten i. S. von *§ 48 III* VwVfG, verankert unmittelbar im Rechtsstaatsprinzip des GG.[20]

a) Immaterieller Vertrauen*statbestand* (entsprechend soeben Rdnr. 217), welcher durch den Geldausgleich in § 48 III VwVfG nicht kompensiert wird?

b) Was ist im Einzelfall schutzwürdiger (entsprechend soeben Rdnr. 218), das betätigte Vertrauen oder das öffentliche Interesse an der Rücknahme?

Im *Ausgangsfall 2* dürfte der Vertrauensschutz des *R* überwiegen, die Rücknahme also verfassungswidrig = rechtswidrig sein.[21] Im *Ausgangsfall 3* müßten die Einzelumstände näher aufgeklärt werden.

§ 12. Verwaltungsakt und Drittinteresse

221   Bisher ging es stets nur um das Verhältnis zwischen der Behörde und dem *Adressaten* eines begünstigenden oder belastenden Verwaltungsakts. Häufig sind aber auch Fallgestaltungen anzutreffen, in welchen ein Bürger die Verwaltung auffordert, zu seinen Gunsten einen *Dritten* zu belasten.

Beispiele: X verlangt von der zuständigen Behörde: einer benachbarten Fabrik den Betrieb von Exhaustoren (Entlüftern)[1] oder einer Kirche das Glockengeläut[2] zu verbieten, weil er einen Nachtruhe gestört werde; von einem Nachbargrundstück scharfe Munition zu entfernen, die zu explodieren drohe;[3] seine Garagenausfahrt durch Parkverbotszeichen freizuhalten;[4] gegen Auswüchse bei Demonstrationen einzuschreiten, welche ihm Nachteile brächten.[5]

222   Parallel dazu stehen Fallgestaltungen, in welchen sich der Bürger gegen eine Begünstigung wendet, welche einem Dritten zuteil geworden ist.[6]

---

[20] Soeben Rdnr. 215.

[21] Ebenso *BVerwG,* aaO. Zu Sonderproblemen bei der Rücknahme *privatrechtsgestaltender* VAe s. *BVerwGE* 48, 87; 54, 257 = JuS 1978, 137 Nr. 14.

[1] *OVG Lüneburg,* DVBl 1960, 648.

[2] Fallbesprechung bei *Maurer,* JuS 1972, 330; *VGH München,* NJW 1980, 1973.

[3] Vgl. *BGH,* VerwRspr. 5, 319.

[4] *BVerwGE* 37, 112 = JuS 1971, 489 Nr. 9.

[5] Klausurbesprechung bei *Pappermann,* JuS 1970, 128; *OLG Celle,* JuS 1971, 489 Nr. 9.

[6] Die Parallele ist bes. deutlich, wenn man sich die Fallsituation *vor* Klagerhebung, insb. im Vorverfahren, vergegenwärtigt. Entscheidend ist zu diesem Zeitpunkt auch, ob der Bürger einen Anspruch gegen die Behörde auf Erlaß eines einen Dritten *belastenden* VAs hat, jetzt auch *Rücknahme* des (den Dritten) begünstigenden VAs. Nur aus prozessualen Gründen verschiebt sich die Fragestellung *nach* Klagerhebung: Der

Beispiel: X geht gegen die seinem Nachbarn erteilte Bauerlaubnis vor, weil *N* sich ihm gegenüber verpflichtet habe, das Grundstück nicht zu bebauen, oder weil Vorschriften über den Abstand des Bauwerks von der Grundstücksgrenze übergangen worden seien. – Hierher gehört auch der *Ausgangsfall,* der im Vordergrund der nachfolgenden Überlegungen stehen wird: *X* ist ein Paß ausgestellt worden, weil er auswandern möchte. Seine Ehefrau erhebt Klage gegen die Paßerteilung, (1) weil sich *X* seiner Unterhaltspflicht entziehen werde (§ 7 Id PaßG) und (2) weil *X* als eingefleischter Kommunist im Ausland gegen die Bundesrepublik hetzen wolle (vgl. § I a PaßG),[7] der Paß nach dem PaßG mithin habe versagt werden müssen. Wie wird das Verwaltungsgericht entscheiden?[8]

223 Schlüssel zur Lösung derartiger Fälle ist stets die Unterscheidung zwischen der Rechtslage nach *objektivem Recht* und *subjektiven Rechten* des Bürgers. Es genügt nicht, daß die Behörde nach objektivem Recht zum Einschreiten gegen den Dritten verpflichtet ist; nur wenn der daran interessierte Bürger ein *subjektives* Recht (Anspruch) auf das Einschreiten hat, kann gerade *er* es erzwingen.[9] Ebensowenig reicht es aus, wenn die Drittbegünstigung objektiv rechtswidrig ist; erst wenn der durch sie belastete Bürger ein *eigenes subjektives* Recht hat, kraft dessen er von der Behörde die Einhaltung des objektiven Rechts *verlangen* darf, kann *er* die Beseitigung der Drittbegünstigung durchsetzen.

Im einzelnen lassen sich die typischerweise auftretenden Fragen so systematisieren:

I. Prozessuales

224 1. Die Drittbelastung erstrebt man mit der *Verpflichtungsklage* (evtl. nur in der Form der *Bescheidungsklage*), gegen die Drittbegünstigung wendet man sich mit der *Anfechtungsklage,*[10] soweit die Behörde durch Verwaltungsakt handeln soll oder gehandelt hat. Die *Anfechtungsfristen,*

Bürger hat keine Verpflichtungsklage auf Rücknahme des begünstigenden VAs durch die *Behörde* zu erheben (so früher *OVG Münster*), sondern er kann den VA unmittelbar anfechten (*BVerwGE* 22, 131 f. = JuS 1966, 330 Nr. 7) mit der Folge, daß das VG den VA durch Gestaltungsurteil *selbst* aufhebt. – Zu den verschiedenen Parteistellungen von Adressat und Dritten je danach, ob die Behörde die Genehmigung zurücknimmt oder nicht, vgl. *BVerwG/VGH Mannheim,* JuS 1969, 592 Nr. 11 = *Weber II,* Art. 14 Nr. 5.

[7] Insoweit war der Fall schon Gegenstand der Ausführungen bei Rdnr. 170.

[8] Vgl. ferner z. B. *VGH Mannheim,* JuS 1971, 106 Nr. 8 = *Weber I,* Art. 6 I Nr. 4; *Brandt-Ahlbrecht,* JuS 1978, 187; *v. Mutius,* JuS 1977, 592.

[9] Hierzu und z. T. zum Nachfolgenden s. *W. Martens,* JuS 1962, 245 ff.; *Erichsen-Martens,* Allg. VR, § 10 II 5; *Schwerdtfeger,* NVwZ 1983, 199.

[10] *BVerwGE* 22, 131 f. = JuS 1966, 330 Nr. 7. War im Vorfeld der Anfechtungsklage schon der *Widerspruch* des Dritten erfolgreich, erstrebt der Genehmigungsempfänger den Erhalt der (im Widerspruchsbescheid aufgehobenen) Genehmigung, indem er *Anfechtungsklage* gegen den *Widerspruchsbescheid* erhebt. Der Widerspruchsbescheid ist *nur* rechtmäßig, wenn die Baugenehmigung gegen *drittschützende* Vorschriften verstieß; s. *BVerwG,* NJW 1981, 67 = JuS 1981, 58 Nr. 3; *BVerwG,* NVwZ 1983, 32 = JuS 1983, 399 Nr. 14; Klausur bei *Schwerdtfeger,* JuS 1981, 365.

auch die Jahresfrist aus §§ 70, 58 II VwGO laufen nur, wenn der drittbegünstigende Verwaltungsakt dem Anfechtenden *amtlich* bekanntgegeben worden ist (§§ 57 I, 58 II 1, 70 I 1 VwGO, 43, 41 VwVfG).[11] Bei Vorliegen eines „nachbarlichen Gemeinschaftsverhältnisses" kann es dem Anfechtenden jedoch nach Treu und Glauben versagt sein, sich auf das Fehlen der Bekanntgabe zu berufen, wenn er anderweitig Kenntnis erlangt hat.[12]

225   2. Nach § 42 II VwGO ist die „*Geltendmachung*" des erwähnten subjektiven Rechts für Anfechtungs- und Verpflichtungsklage schon Prozeßvoraussetzung.[12a] *Jetzt*[13] rückt § 42 II VwGO also in den Mittelpunkt. Immer wieder vorkommende Fehler machen es notwendig, am Beispiel des Ausgangsfalles (Paßerteilung)[14] auf diese Vorschrift und den *Streit zwischen „Schlüssigkeitstheorie" und „Möglichkeitstheorie"* etwas breiter einzugehen.

226   Besonders häufig kommt es vor, daß die Studenten ankündigen, sie wollten mit der Rspr. des BVerwG[15] der „Möglichkeitstheorie" folgen, in der Sache dann aber gleichwohl die „Schlüssigkeitstheorie" anwenden.

227   Gemäß § 42 II VwGO ist die Klage *zulässig,* wenn die Ehefrau eine *Rechtsverletzung geltend macht;* gemäß § 113 I 1 VwGO ist die Anfechtungsklage *begründet,* wenn (die Paßerteilung rechtswidrig und) die E (dadurch) *in ihren Rechten verletzt* ist. Entsprechendes gilt für eine Verpflichtungsklage (§ 113 IV 1 VwGO). § 42 II VwGO ist also im Zusammenspiel mit § 113 I 1 bzw. § 113 IV 1 VwGO zu sehen: Das Thema „Verletzung eigener Rechte" betrifft teils die Zulässigkeit, teils die Begründetheit der Klage. Die „Schlüssigkeitstheorie" und die „Möglichkeitstheorie" streiten darüber, *inwieweit* die Rechtsverletzung schon zur Zulässigkeit der Klage gehört, wenn sie gemäß § 42 II VwGO „geltend zu machen" ist.

228   Zu schiefen Darstellungen werden die Bearbeiter zumeist schon durch terminologische Unklarheiten verführt: Man muß unterscheiden zwischen einer Rechts*beeinträchtigung* und einer Rechts*verletzung.* Nur die rechts*widrige* Rechtsbeeinträchtigung ist Rechts*verletzung.*[16] Beide

---

[11] *BVerwGE* 44, 294 = JuS 1974, 806 Nr. 14.
[12] *BVerwGE* 44, 299 ff.
[12a] Gleiches gilt, wenn der Dritte gem. § 43 VwGO die Nichtigkeit eines begünstigenden Verwaltungsakts festgestellt haben möchte (= Nichtigkeitsklage, Rdnr. 65); s. *BVerwG,* NJW 1982, 2205.
[13] Nicht aber in den früher erörterten Fallgestaltungen, vgl. Rdnr. 61; Näheres zum *Rechtsbegriff* der „Klagebefugnis" i. S. von § 42 II VwGO und zu seiner Abgrenzung vom Rechtsschutzbedürfnis in Rdnr. 63
[14] Soeben Rdnr. 222.
[15] Nachfolgend Fußn. 21.
[16] Vgl. die Formulierung „dadurch" in § 113 I 1 VwGO.

Theorien stimmen darin überein, daß die Frage der Rechtswidrigkeit des Handelns (Anfechtungsklage) oder Nichthandelns (Verpflichtungsklage), also das Problem der *Rechtsverletzung, vollständig* zur Begründetheit der Klage gehört.[17] Der Theorienstreit betrifft also *nur* die *Rechtsbeeinträchtigung ohne* Beachtung der Frage nach ihrer Rechtmäßigkeit.

Im *Ausgangsfall* darf zu § 42 II VwGO mithin nicht untersucht werden, ob nach dem Vortrag des Klägers „schlüssig" oder „möglich" ist, daß Versagungsgründe nach § 7 I a oder d PaßG vorliegen und die Paßerteilung daher (objektiv) rechtswidrig ist.

229   Nach der *Schlüssigkeitstheorie*[18] ist eine Rechtsbeeinträchtigung im Sinne des § 42 II VwGO geltend gemacht, wenn sie sich aus den vom Kläger vorgetragenen Tatsachen schlüssig ergibt. Das bedeutet: Schon bei der Frage nach der Zulässigkeit der Klage ist auf der Grundlage des klägerischen Vortrages endgültig und bis in alle Einzelheiten die Rechtsfrage zu entscheiden, ob der Kläger ein Recht hat, welches beeinträchtigt ist. Im Rahmen der Begründetheit der Klage ist nur noch zu untersuchen, (a) ob die vom Kläger zur Rechtsbeeinträchtigung vorgetragenen *Tatsachen* stimmen (Beweisstation) und (b) ob die Rechtsbeeinträchtigung *rechtswidrig* ist. Weil in der Universitätsausbildung und im Referendarexamen regelmäßig *unstreitige* Sachverhalte ausgegeben werden, entscheidet sich der Fall hier, soweit die *Rechtsbeeinträchtigung* in Frage steht, endgültig im Rahmen der Zulässigkeit der Klage.

Im *Ausgangsfall* ist nach der Schlüssigkeitstheorie also bereits jetzt endgültig zu entscheiden, ob § 7 I a und d PaßG der *E* ein subjektives Recht gegen die Behörde auf Beachtung ihrer Belange einräumen oder ob diese Vorschriften nur objektives Recht setzen: § 7 I a (Zwang zur Paßversagung, wenn „erhebliche Belange der Bundesrepublik gefährdet" sind) besteht sicherlich nur im öffentlichen Interesse; insoweit ist die Klage der *E* unzulässig. § 7 I d (Verletzung der Unterhaltpflicht) dürfte hingegen auch im Interesse des Unterhaltsberechtigten geschaffen sein und damit[19] *Rechte* der *E* konstituieren. Denn die Regelung ist nicht auf Fälle beschränkt, in welchen der Unterhaltsberechtigte öffentlicher Fürsorge anheimfallen könnte. Insoweit ist die Klage also zulässig. Im Rahmen ihrer Begründetheit ist jetzt nur noch zu untersuchen, ob die Versagungsgründe des § 7 I d PaßG vorlagen, die Paßerteilung also rechtswidrig ist und damit eine *Rechtsverletzung* gegeben ist.

230   Nach der *Möglichkeitstheorie*[20] reicht es für die Klagebefugnis aus, daß eine Rechtsbeeinträchtigung vorliegen *kann.* Das ist nach der Rechtsprechung des *BVerwG*[21] nur dann *nicht* der Fall, „wenn offensichtlich und eindeutig nach keiner Betrachtungsweise die vom Kläger behaupteten

---

[17] S. z. B. *K. H. Klein*, JuS 1962, 308; *Ule*, JuS 1961, 196.

[18] Vertreten besonders von *Ule*, Verwaltungsgerichtsbarkeit, § 42 Anm. III 1; Verwaltungsprozeßrecht, § 33 II; JuS 1961, 196. Ihm folgend *J. Martens*, JuS 1973, 427.

[19] Zu diesem Abgrenzungskriterium Näheres Rdnrn. 234 ff.

[20] *Stern*, Verwaltungsprozessuale Probleme, S. 125 f. m. w. Nachw.

[21] *BVerwGE* 18, 157; 36, 199 f.; 44, 3; *BVerwGE* 65, 167 = JuS 1982, 865 Nr. 11; ähnlich *BSG*, DVBl 1968, 809.

Rechte bestehen oder ihm zustehen können". Ob sie wirklich bestehen und beeinträchtigt sind, ist nunmehr sowohl rechtlich als auch tatsächlich endgültig erst zur Begründetheit der Klage zu entscheiden, neben der Frage nach der Rechtmäßigkeit, welche dort ohnehin zu behandeln ist.

Im *Ausgangsfall* ist die Klage auch wieder unzulässig, soweit Grund 2 (§ 7 I a PaßG) in Frage steht: § 7 I a PaßG besteht offensichtlich *nur* im öffentlichen Interesse. Zu Grund 1 (Unterhaltspflicht) genügt für § 42 II VwGO nunmehr die Feststellung, daß § 7 I d PaßG jedenfalls auch im privaten Interesse bestehen und damit Rechte der *E* begründen *könnte*. Ob § 7 I d PaßG der *E* wirklich Rechte einräumt, ist erst bei der Begründetheit der Klage zu prüfen. Diese Prüfung darf dort dann aber auch nicht übergangen werden (häufiger Auslassungsfehler).

231   Trotz ihrer geringen Anforderungen genügt die zitierte Formel des *BVerwG* schon voll dem Zweck des § 42 II VwGO, die Popularklage auszuschließen.[22] Sie kann in der Fallbearbeitung also angewendet werden. Dabei sollte sich der Bearbeiter langatmige Stellungnahmen zum Theorienstreit sparen.[23]

232   3. Die früher strittige Frage,[24] ob die Drittanfechtung den Suspensiveffekt des § 80 I VwGO im Gefolge hat oder ob der Dritte über eine einstweilige Anordnung nach § 123 VwGO *vorläufigen Rechtsschutz* suchen muß, ist heute im Sinne eines Zweitaktverfahrens entschieden. Der Drittwiderspruch suspendiert die Baugenehmigung (§ 80 I VwGO).[25] Baut der Genehmigungsempfänger trotzdem, kann der Dritte wie bei einem „Schwarzbau" versuchen, das Bauen ohne Baugenehmigung über eine einstweilige Anordnung zu verhindern.[26]

II. Rechtsbeeinträchtigung

233   Eine der Hauptaufgaben des Bearbeiters ist nach allem, je nach der Fallgestaltung festzustellen: Ist der Kläger, welcher mit einer Anfechtungsklage den an einen Dritten gerichteten begünstigenden Verwaltungsakt anficht, in *subjektiven Rechten* betroffen? (nachfolgend Rdnr. 234); *bzw.:* Wird der Kläger einer Verpflichtungsklage, welche die Belastung eines Dritten erstrebt, durch die Ablehnung oder Unterlassung der Behörde in *subjektiven Rechten* beeinträchtigt (= Formulierung des

---

[22] Argument z. B. bei *Bettermann*, Staatsbürger und Staatsgewalt II, 1963, S. 457.

[23] S. wiederum Rdnrn. 26 f.

[24] Überblick bei *Kopp*, VwGO, § 80 Rdnrn. 22 ff. S. ferner etwa *BVerfGE*, 35, 263 = JuS 1974, 121 Nr. 10 i. V. m. *Prümm*, JuS 1975, 299. Grafik verschiedener Fallkonstellationen in JA 1976, 345.

[25] *BVerwGE* 49, 249 f.; *Kopp*, aaO.

[26] Erweist sich die e. A. im Hauptsacheverfahren als unbegründet, hat der Bauherr *keinen* Schadensersatzanspruch gem. § 123 VwGO i. V. m. § 945 ZPO gegen den Dritten (so jedenfalls *BGHZ* 78, 127 = JuS 1981, 465 Nr. 14 mit Überblick über den Streitstand; a. A. *Grunsky*, JuS 1982, 177).

§ 113 IV 1 VwGO[27]), weil er einen *Anspruch* hat? (nachfolgend Rdnr. 240).

Beachte nochmals: Inwieweit dies schon im Rahmen des § 42 II VwGO bei der „Zulässigkeit der Klage" geprüft wird, hängt davon ab, ob man der „Schlüssigkeitstheorie" oder der „Möglichkeitstheorie" folgt.

1. Anfechtung einer Drittbegünstigung

234 a) In der Regel ist zu untersuchen, ob die gesetzlichen Voraussetzungen des begünstigenden Verwaltungsakts ein Recht des Klägers auf Beachtung seiner Belange konstituieren. Entscheidend ist dabei, ob die einschlägigen Normen neben öffentlichen Interessen jedenfalls *auch* dem Schutz *individueller* Interessen des Klägers dienen oder ob ihm nur Reflexwirkungen objektiven Rechts zugute kommen.[28]

235 Für den Bereich des *baurechtlichen* Nachbarschutzes verlangt das *BVerwG*[29] *außerdem*, daß die einschlägige Norm „das individuell geschützte private Interesse, die Art seiner Verletzung und den Kreis der unmittelbar geschützten Personen hinreichend deutlich klarstellt und abgrenzt." Insoweit diffuse Individualschutznormen vermögen baurechtlichen Drittschutz nur zu begründen, wenn der Nachbar Inhaber einer „privilegierten" Rechtsstellung (Beispiel: § 35 I BBauG) oder „handgreiflich" betroffen ist.[30] Für den Drittschutz im *Immissionsschutzrecht* (BImSchG, AtomG) und im *Fachplanungsrecht* (BFStrG, LuftVG, BBahnG) gelten diese Einschränkungen nicht, soweit die Genehmigungen – anders als die Baugenehmigung – privatrechtsgestaltende Wirkung haben.[31] Auch dem *grundrechtlichen* Drittschutz (nachfolgend Rdnr. 237) sind derartige Einschränkungen fremd. Ob eine *konkrete* Norm drittschützend ist, kann in der Hausarbeit häufig erst über ein intensives Eindringen in die Rspr. auch der unteren Gerichte ermittelt werden.[32] Beim baurechtlichen Drittschutz zugunsten von *Mietern* ist die Rspr. sehr zurückhaltend.[33]

236 b) Viele Fehler entstehen in der Klausur dadurch, daß die Bearbeiter nicht nach einer solchen *speziellen Schutznorm* suchen, sondern auf das *Zivilrecht* zurückgreifen.

---

[27] Zu ihr vgl. bereits Rdnr. 173.

[28] So das *BVerwG* seit *BVerwGE 1,* 83 in st. Formulierung, zuletzt *BVerwGE 52,* 128 = JuS 1977, 837 Nr. 9; s. ferner etwa W. *Martens,* JuS 1962, 248, 250. Analyse zur genauen Stuktur der drittschützenden Norm bei *Schwerdtfeger,* NVwZ 1983, 200.

[29] *BVerwGE 27,* 33; *32,* 177; *41,* 63 (zusammenfassend); *52,* 129f. = JuS 1977, 837 Nr. 9. Parallel für § 823 II BGB *BGHZ 40,* 307.

[30] So *BVerwGE 52,* 129ff. = JuS 1977, 837 Nr. 9; *54,* 225 im Zusammenhang mit dem *Gebot der Rücksichtnahme;* Fortentwicklung in *BVerwG,* NJW 1981, 1973 u. *BVerwG,* DVBl 1981, 928 = JuS 1982, 145 Nr. 12.

[31] *BVerwGE 28,* 131 (134f.).

[32] Einstiege vermitteln die neuesten Kommentare sowie (etwas veraltet) *Kübler-Speidel,* Hdb. des BaunachbarR, 1970; *Bender-Dohle,* Nachbarschutz, 1972. Demnächst s. *Schwerdtfeger,* Grundfragen des Drittschutzes im öffentlichen Baurecht. Einschlägige Fallbesprechungen: nachfolgend Rdnr. 620 Ausfangsfall (3); *Wachenhausen,* JuS 1973, 166. Zu Drittschutzfragen beim LSchlG s. *BVerwGE 65,* 167 = JuS 1982, 865 Nr. 11.

[33] S. etwa *BVerwG,* NJW 1968, 2393; *OVG Berlin,* BRS 33 Nr. 163; *OVG Saarland,* BRS 32 Nr. 161; Überblick bei *Kübler-Speidel* I 20, 87, 89.

Die Paßerteilung beeinträchtige den zivilrechtlichen Unterhaltsanspruch der Ehefrau; die Bauerlaubnis verstoße im eingangs geschilderten Beispielsfall gegen die vertragliche Verpflichtung des Nachbarn, nicht zu bauen.

Derartige Argumente sind nicht schlüssig: Das Zivilrecht (Unterhaltsanspruch) gibt nur Ansprüche gegen *andere Privatpersonen*, verpflichtet
(ohne den ,,Hebel" des § 7 I d PaßG) aber nicht den *Staat*, diese Ansprüche über die Bereitstellung seiner Zivilgerichtsbarkeit hinausgehend (gegen eine Gefährdung durch Ausreise) zu schützen. Die Baugenehmigung
wird nach allen Bauordnungen ,,unbeschadet privater Rechte Dritter"
erteilt, berührt ein zivilrechtliches Bauverbot also nicht.

237   c) Immer wieder verlockend ist es für den Bearbeiter schließlich,
Grundrechte als Schutznormen einzuführen.

Eine Bauerlaubnis oder Gaststättenerlaubnis beeinträchtige das grundrechtlich geschützte Eigentum (Art. 14 I GG) und/oder die Gesundheit (Lärm, Art. 2 II GG) des
Klägers, weil sie sich nachteilig auf die Nachbarschaft auswirke. Eine Gewerbeerlaubnis beeinträchtige die Wirtschaftsfreiheit (Art. 2 I GG, richtiger:³⁻ Art. 12 I GG) der
bereits bestehenden Gewerbebetriebe, weil diese fortan mit zusätzlicher Konkurrenz
zu kämpfen hätten. Eine Subvention beeinträchtige die Wettbewerbsfreiheit (Art. 12 I
GG) des von ihr ausgeschlossenen Konkurrenten, weil der Subventionsempfänger
Wettbewerbsvorteile erlange.

Derartigen Konstruktionen folgt das *BVerwG* heute jedenfalls *teilweise*.

238   Versucht man, das case law des *BVerwG* insoweit grundrechtsdogmatisch zu veror-
ten, läßt sich unterscheiden:³⁵ Durch *Subventionierung* greift der Staat in die Wettbewerbssituation ein. Zugunsten des Konkurrenten ist Art. 12 I GG in der klassischen
Abwehrfunktion der Grundrechte einschlägig. Sie vermittelt dem Konkurrenten ohne
weiteres ein subjektives Recht gegen den Staat.³⁶ Entsprechendes gilt etwa für Art. 6 I
GG zugunsten der Ehefrau bei der Ausweisung eines Ausländers.³⁷ In allen anderen
Beispielsfällen ist es *nicht* der Staat, sondern der *Bauherr, Gastwirt* oder *sonstige Gewerbetreibende*, welcher den Kläger in seinem Grundeigentum, Gewerbebetrieb oder
in seiner Gesundheit beeinträchtigt. Der *Bauherr* verfolgt das Bauvorhaben und wird
es kraft seiner Baufreiheit ausführen, wenn der Staat ihn nicht daran *hindert*. Wie das
BVerfG in seiner atomrechtlichen Rechtsprechung³⁸ herausgearbeitet hat, ist insoweit
nicht die klassische *Abwehr*funktion der Grundrechte, sondern die (in der Literatur
umstrittene)³⁹ Frage erheblich, ob und inwieweit die Grundrechte dem Dritten einen
Anspruch gegen den Staat gewähren, ihn vor Eingriffen des *Bauherrn* zu *schützen*. Erst
wenn ein *solcher* grundrechtlicher *Schutz*anspruch im Einzelfall *bejaht* worden ist, liegt

---

³⁴ Rdnr. 635 a; differenzierend *Friehe*, JuS 1981, 868.
³⁵ Näheres zum Nachfolgenden bei *Schwerdtfeger*, NVwZ 1982, 5.
³⁶ *BVerwGE* 30, 191 = JuS 1969, 240 Nr. 7 = *Weber* I, Art. 2 I Nr. 8 a; zuletzt
BVerwGE 60, 159 = JuS 1981, 233 Nr. 14; beachte auch *VG Berlin*, DVBl 1975, 269
= JuS 1975, 458 Nr. 1 = *Weber* I, Art. 5 I, II Nr. 25. Zusammenfassend *Friehe*, JuS
1981, 867.
³⁷ *BVerwGE* 42, 141 = JuS 1974, 120 Nr. 8 = *Weber* I, Art. 6 I Nr. 6; Fallbesprechung bei *Urban*, JuS 1973, 309.
³⁸ *BVerfGE* 49, 140 ff.; 53, 62 ff. = JuS 1980, 602 Nr. 1.
³⁹ Nachfolgend Rdnr. 621 Fn. 9.

in der rechtswidrigen Baugenehmigung ein „*Eingriff*" (in diesen Schutzanspruch). Nach der Rechtsprechung des *BVerfG*[40] wird der grundrechtliche Schutzanspruch eines Dritten über die objektivrechtliche (zweite) Seite der Grundrechte vermittelt (Einzelheiten nachfolgend Rdnr. 622 ff.). Art. 12 I GG *konstituiert* den Wettbewerb. Daher kann Art. 12 I GG keine objektivrechtliche Entscheidung *gegen* Nachteile enthalten, welche den Konkurrenten im Gefolge einer *Gewerbeerlaubnis* durch den Wettbewerb des Neuzugelassenen entstehen. Art. 12 I GG vermitteln also *kein* subjektives Recht gegen eine Gewerbeerlaubnis.[41] Bei der *Baugenehmigung* kann *zunächst* schon zweifelhaft sein, ob Art. 14 I GG *thematisch* einschlägig ist. Wenn keine Nachteile (*gegenständlich*) *auf* dem Nachbargrundstück ins Haus stehen (Schattenwurf, Immissionen), stellt das *BVerwG* darauf ab, ob das Grundeigentum aus seiner räumlichen Situation heraus bis in den Bereich des Baugrundstücks in Form einer „Situationsberechtigung" angereichert ist[42] (Seeblick[43]). Auch jetzt ist ein *Schutzanspruch* gegen die Baugenehmigungsbehörde aber nur gegeben, wenn das Bauvorhaben „die vorgegebene Grundstückssituation *nachhaltig* verändert und dadurch den Nachbarn *schwer* und *unerträglich* trifft",[44] den „Grad einer *enteignungsrechtlich* beachtlichen Unzumutbarkeit erreicht".[45] Nur in *diesem* Fall ist die *objektivrechtliche* Wertentscheidung der Eigentumsgarantie in Art. 14 I 1 GG betroffen.[46] Art. 2 II GG gibt dem Beeinträchtigten einen Schutzanspruch gegen *jede* Gesundheitsgefährdung. Bei Lärmimmissionen (*Gaststätte*) bestehen im Einzelfall aber regelmäßig erhebliche Schwierigkeiten in der Feststellung, ob (schon) eine *Gesundheits*gefährdung vorliegt.[47] In seiner lückenschließenden Auffangfunktion[48] ist Art. 2 I GG nur subjektives *Abwehr*recht (s. soeben zur Subvention), aber *keine* objektivrechtliche Entscheidung,[49] welche einen Anspruch gegen den Staat auf *Schutz* gegen Dritte vermitteln könnte.

239 d) Die vieldiskutierte *Verbandsklage* ist de lege lata nicht möglich, solange der Verband nicht in *eigenen* Rechten beeinträchtigt wird, sondern Rechte seiner Mitglieder oder Allgemeininteressen geltend macht.[50]

---

[40] Soeben Fußn. 38.
[41] *BVerwGE* 16, 187; *BVerwGE* 65, 167 = JuS 1982, 865 Nr. 11 (im Zusammenhang mit § 23 I 1 LSchlG); *OVG Münster*, NJW 1980, 2323 = JuS 1981, 152 Nr. 12.
[42] *BVerwGE* 32, 178 = JuS 1969, 592 Nr. 11 = *Weber* II, Art. 14 Nr. 5; *BVerwG*, NJW 1974, 811 = JuS 1974, 397 Nr. 11 (in *BVerwG* 44, 244 unvollständig abgedr.); *BVerwGE* 50, 286 = JuS 1976, 754 Nr. 11 (zusammenfassend); *BVerwG*, BBauBl 1978, 455 = JuS 1979, 136 Nr. 3. Zum umgekehrten Fall der Situationsbelastung s. Rdnr. 423.
[43] *HessVGH*, BRS 32, Nr. 166.
[44] *BVerwGE* 32, 173; 36, 249; *BVerwG*, DVBl 1970, 60 ff.; 1978, 614 (617).
[45] *BVerwG*, DVBl 1978, 614 (617). Der Enteignungsbegriff wird hier in einem „vulgären" Sinne, *nicht* i. S. des Rechtsbegriffs aus Art. 14 III GG verwendet; Einzelheiten zur Abgrenzung Rdnrn. 636 a ff.; 636 l ff.
[46] Einzelbegründung in Rdnr. 624.
[47] Einzelheiten in *BVerwGE* 54, 221 ff. = JuS 1978, 626 Nr. 1; *BVerwG*, EuGRZ 1981, 225 („Fluglärm"); *Schwerdtfeger*, NVwZ 1982, 9 f.
[48] Zu ihr Rdnr. 547.
[49] Näheres Rdnr. 591; s. auch *BVerwGE* 54, 222 = JuS 1978, 626 Nr. 1. Wegen soeben Fußn. 34 unstimmig das Festhalten von *BVerwG*, NJW 1978, 1539 = JuS 1978, 628 Nr. 2 an Art. 2 I GG.
[50] Grundlegend *BVerwG*, NJW 1981, 362 = JuS 1981, 302 Nr. 13. Umfassender Überblick bei *Skouris*, JuS 1982, 100.

240   2. Anspruch auf Drittbelastung

Fallerheblich ist zumeist, ob polizeirechtliche Normen einen ,,Anspruch auf polizeiliches Einschreiten" gewähren,[51] etwa ein Recht auf Einschreiten gegen die Exhaustoren oder gegen die Munition in den eingangs geschilderten Beispielsfällen, oder ob sie jedenfalls ein Recht auf fehlerfreie Ermessensausübung geben.

241   Kommt die *polizeiliche Generalklausel* als Anspruchsgrundlage in Betracht, erörtern die Bearbeiter zumeist losgelöst vom Sachverhalt *ganz pauschal*, ob *die* Generalklausel den einzelnen *nur* im öffentlichen Interesse als Mitglied der Allgemeinheit schütze[52] oder gleichzeitig auch in seinem *Individual*interesse bestehe.[53] Die Frage stellt sich indessen je danach in unterschiedlicher Weise, *welches* Schutzgut aus der polizeilichen Generalklausel im *konkreten* Falle gefährdet ist.[54] Sind (im Rahmen der öffentlichen Sicherheit)[55] nur Einrichtungen und Veranstaltungen des *Staates* betroffen, kann der Bürger von vornherein kein subjektives Recht gegen die Polizeibehörde auf Einschreiten haben. Wird geschriebenes Recht *außerhalb* der polizeilichen Generalklausel verletzt (= auch Verstoß gegen die öffentliche Sicherheit),[55] dient die Klausel dazu, *dieses* Recht durchzusetzen.[56] Also kommt es *zunächst* darauf an, ob *dieses* Recht im Individualinteresse besteht.[57] Anschließend ist zu untersuchen, ob die polizeiliche Generalklausel dem Verletzten nach dem Willen des *Landesgesetzgebers* ein *subjektives* Recht auf Schutz gegen die Rechtsverletzung gewährt.[58] Soweit es um Gesundheit, Ehre, Freiheit und Vermögen als weitere Schutzgüter der öffentlichen Sicherheit und um die öffentliche Ordnung geht, ist die eingangs angedeutete Streitfrage für die polizeiliche Generalklausel *unmittelbar* erheblich, auch jetzt aber nicht notwendig einheitlich für alle Schutzgüter zu *lösen* und in der Fallbearbeitung daher immer noch auf das *konkret einschlägige* Schutzgut zu konzentrieren. Im Ergebnis dürfte es darauf ankommen, ob für das jeweilige Schutzgut ein *grundrechtlicher* Schutzanspruch i. S. von soeben Rdnr. 238 in Anspruch genommen werden kann.[59]

242   3. Recht auf fehlerfreie Ermessensausübung?

Weil gerade hier viele Fehler entstehen, sei schließlich noch besonders betont: Auch ein *subjektives Recht* auf fehlerfreie Ermessensausübung ist nur gegeben, wenn die einschlägigen Normen im *Individualinteresse* bestehen. Einen von dieser Voraussetzung freien *allgemeinen* Anspruch des Bürgers auf fehlerfreie Ermessensausübung gibt es nicht.[60] Somit ist es

---

[51] Eingehend dazu W. *Martens*, in: *Drews-Wacke-Vogel-Martens*, Gefahrenabwehr, 2. Bd., 1977, S. 113 ff.; *ders.*, DÖV 1976, 457; Fallbesprechung bei *Greifeld*, JuS 1982, 819.

[52] Darauf deutet die klassische Umschreibung der polizeilichen Aufgaben in § 10 II 17 Pr.ALR (Wortlaut Rdnr. 130 bei Fußn. 19) hin.

[53] Dafür z. B. W. *Martens*, JuS 1962, 248; vgl. auch JA 1969, 680.

[54] Ebenso *BVerwGE* 37, 114.

[55] Näheres zu den einschlägigen Schutzgütern Rdnr. 128.

[56] S. Rdnr. 71.

[57] *BVerwG*, aaO.

[58] *BVerwG*, DVBl 1968, 154 f.; *Bachof*, DVBl 1961, 130.

[59] Auf gleicher Linie W. *Martens*, Gefahrenabwehr, S. 115; zu weiteren Begründungsversuchen s. etwa den Überblick bei *Götz*, Allgem. Polizei- u. Ordnungsrecht, 7. Aufl. (1982), S. 74 ff.

[60] S. bereits Rdnrn. 186 f. sowie W. *Martens*, JuS 1962, 248; *Pietzcker*, JuS 1981, 106.

verfehlt, wenn Klausurbearbeiter immer wieder ausführen: ein Bürger könne den drittbegünstigenden Verwaltungsakt allein schon deshalb anfechten (*Rechts*beeinträchtigung), weil dieser *ermessens*fehlerhaft sei; oder: ein Bürger habe jedenfalls immer einen (mit der Bescheidungsklage verfolgbaren) Anspruch auf fehlerfreie *Ermessens*betätigung, wenn er von der Behörde das Einschreiten gegen einen Dritten verlange.

III. Rechtsverletzung

243 Soeben (unter Rdnrn. 233 ff.) wurde untersucht, ob subjektive Rechte des Bürgers *betroffen* seien. Nunmehr kommt es darauf an, ob diese Rechtsbeeinträchtigung rechtmäßig ist oder den Kläger in seinen Rechten *verletzt*.[61]

244 1. Anfechtung der Drittbegünstigung

Es wäre verfehlt, den drittbegünstigenden Verwaltungsakt nach den schon behandelten Grundsätzen über die Rechtmäßigkeit eines Verwaltungsakts *umfassend* nach Fehlern zu durchleuchten. Von Interesse sind nur Verstöße gegen Vorschriften, welche nach dem Vorhergehenden *Rechte* des Klägers statuieren, nicht hingegen Verstöße gegen Normen, welche ausschließlich objektives Recht enthalten.

Im *Ausgangsfall* der Paßerteilung ist dementsprechend nur von Interesse, ob die Behörde gegen § 7 I d PaßG (Unterhaltspflicht) verstoßen hat, nicht aber, ob sie § 7 I a PaßG (erhebliche Belange der Bundesrepublik) übersehen hat und die Paßerteilung *deshalb* (objektiv) rechtswidrig ist.

245 2. Anspruch auf Drittbelastung

Der Bearbeiter hat zu untersuchen, ob die „Anspruchsgrundlage", welche grundsätzlich subjektive Rechte vermitteln kann (soeben Rdnrn. 233 ff.), in ihren Einzelvoraussetzungen erfüllt ist. Insoweit sei auf die früheren Ausführungen zum Anspruch auf Erlaß eines begünstigenden Verwaltungsakts[62] verwiesen.

Im Exhaustorenfall und im Munitionsfall[63] sind die rechtlichen Voraussetzungen der polizeilichen Generalklausel gegeben. Nimmt man an, die Klausel vermittle dem *X* subjektive Rechte, hat er damit einen einklagbaren Anspruch gegen die Behörde. Im Exhaustorenfall ist dieser auf fehlerfreie Ermessensbetätigung bei der Entscheidung gerichtet, *ob* eingeschritten werden soll (Bescheidungsklage). Im Munitionsfall dürfte das polizeiliche Ermessen ausnahmsweise einmal „auf Null reduziert"[64] sein.[65] Dann hat *B* einen Anspruch unmittelbar auf Beseitigung der Munition.

---

[61] Zur Gegenüberstellung vgl. nochmals soeben Rdnr. 228.
[62] Rdnrn. 171 ff.
[63] Soeben Rdnrn. 221, 222.
[64] Dazu s. bereits Rdnrn. 179, 185.
[65] So *W. Martens*, JuS 1962, 251; eine Ermessensreduzierung darf aber nicht voreilig angenommen werden, vgl. *OLG Celle*, JuS 1971, 489 (490) Nr. 9.

§ 13. Rechtsakte[1] im besonderen Gewaltverhältnis

250   *Ausgangsfälle: (1)* Der Direktor eines Gymnasiums *(D)* teilt der Redaktion der Schülerzeitung mit, die Zeitung sei ihm fortan vor dem Druck vorzulegen; Beiträge, in denen die Schule kritisiert werde, seien verboten. Nach erfolgloser Durchführung eines Widerspruchsverfahrens klagen die Redakteure vor dem Verwaltungsgericht. Wie wird das Gericht entscheiden?

(2) Der Stundenplan für die 6. Klasse eines Gymnasiums sieht an 4 Tagen der Woche Nachmittagsunterricht vor. Vormittags finden dann jeweils nur 3 Unterrichtsstunden statt. Auf Vorstellung der Eltern und einiger Lehrer erklärt der Direktor, weil nicht genügend Fachlehrer zur Verfügung ständen, könne nur so der Mathematikunterricht gewährleistet werden. Die Eltern und Lehrer fragen an, ob sie sich die Regelung gefallen lassen müssen.[2]

In *beiden Fällen* handelt es sich um *besondere Gewaltverhältnisse,* nämlich um Rechtsbeziehungen, in welchen die Betroffenen der Verwaltung enger als im allgemeinen Gewaltverhältnis gegenüberstehen.

Dabei geht es einerseits um das Verhältnis Schule – Schüler (Schulverhältnis), im *Ausgangsfall 2* zusätzlich aber auch um das Verhältnis Schule – Lehrer (Beamtenverhältnis).[3]

I. Zulässigkeit einer Klage

251   In vielen Klausuren ist die Justitiabilität[4] von Akten im besonderen Gewaltverhältnis problematisch. Einzelheiten sind in der Literatur umstritten und in der Rechtsprechung teilweise nicht abschließend geklärt.[5]

Zumeist stellen die Bearbeiter *alleine* darauf ab, ob im konkreten Falle ein innerdienstlicher Rechtsakt oder ein Verwaltungsakt mit Außenwirkung vorliegt.[6] Das ist zu kurz gegriffen. Ergibt die Untersuchung einen Verwaltungsakt, ist mit der Anfechtungsklage (§ 42 II VwGO) zwar ohne weiteres auch die Klagemöglichkeit gegeben.

---

[1] *Normen* im besonderen Gewaltverhältnis sind in Rdnrn. 506 ff. (dort Ausgangsfall 2) behandelt.

[2] Weiterer Schulrechtsfall (Sitzenbleiben) bei *Achterberg,* Fälle zum Allgemeinen Verwaltungsrecht, Nr. 4; s. insoweit insbes. auch *BVerfGE* 58, 257 = JuS 1983, 315 Nr. 11.

[3] Weitere Fälle zum Beamtenverhältnis bei *Achterberg,* JuS 1964, 401 (Abordnung), *Frotscher,* JuS 1971, 533 (Versetzung), *Püttner,* Rep., S. 167 (anderes Dienstzimmer); *Schenke,* JuS 1979, 886; *Merten,* JuS 1982, 365 (Rauchverbot in Behördenräumen).

[4] Zum umstr. Sonderproblem der Justitiabilität von *Gnadenentscheidungen* s. *BVerfGE* 25, 352 = JuS 1969, 587 Nr. 2 = *Weber* II, Art. 19 IV Nr. 14; 30, 108 = JuS 1971, 376 Nr. 3 = *Weber* II, Art. 19 IV Nr. 17; *BVerfGE* 45, 242; *Hess-StGH,* NJW 1974, 791 = JuS 1974, 454 Nr. 1 = *Weber* II, Art. 19 IV Nr. 21; *BVerwG,* NJW 1983, 187 = JuS 1983, 217 Nr. 3; *Petersen,* JuS 1974, 502 (umfassend).

[5] Überblicke und Kasuistik z. B. bei *Eyermann-Fröhler,* VwGO, § 42 Rdnrn. 47 ff.; *Kopp,* VwGO, Anh. § 42 Rdnrn. 51 ff.; *Stern,* S. 65 ff.; *Dürig,* in: *Maunz-Dürig-Herzog-Scholz,* GG, Art. 19 IV Rdnrn. 25 ff.; *Frotscher,* DÖV 1971, 259 ff.; *Schenke,* JuS 1982, 906.

[6] So z. B. auch *Dürig,* aaO. Zur Unterscheidung s. bereits Rdnr. 55.

Umgekehrt ist die Klagemöglichkeit aber noch nicht *ausgeschlossen,* wenn das Vorliegen eines Verwaltungsakts verneint wird.[7] Auf dem Hintergrunde des Art. 19 IV GG eröffnet § 40 I VwGO den Verwaltungsrechtsweg für *alle* öffentlichrechtlichen Streitigkeiten nichtverfassungsrechtlicher Art, soweit *Rechte* des Klägers beeinträchtigt sind; die Anfechtung von Verwaltungsakten (§ 42 VwGO) ist nur *eine* Klageart unter anderen, typenmäßig nicht abschließend festgelegten Klagen. Liegt kein Verwaltungsakt vor, kommen im besonderen Gewaltverhältnis nicht anders als im allgemeinen Gewaltverhältnis insbesondere eine *Leistungsklage,*[8] eine *Unterlassungsklage*[9] oder eine *Feststellungsklage*[10] in Betracht.

252   Die prozessuale Problematik des besonderen Gewaltverhältnisses ist bei der Frage angesiedelt, ob der Kläger geltend machen kann, in *(subjektiven) Rechten* beeinträchtigt zu sein. Vor dem Hintergrund des Art. 19 IV GG[11] hat das Bundesverwaltungsgericht von der Anfechtungsklage her geläufige Kriterium der Klagebefugnis (§ 42 II VwGO) auf die Leistungsklage,[12] Unterlassungsklage und Feststellungsklage[13] im besonderen Gewaltverhältnis erstreckt. Heute ist allgemein anerkannt, daß die Grundrechte grundsätzlich auch im besonderen Gewaltverhältnis gelten.[14] Jeder belastende Akt im besonderen Gewaltverhältnis stößt auf Grundrechte des Adressaten, so auch in den beiden *Ausgangsfällen.* Im *Ausgangsfall 2* dürfte selbst die beamtenrechtliche Weisung, zu den im Stundenplan angegebenen Zeiten zu unterrichten, den Lehrer in seiner Handlungsfreiheit aus Art. 2 I GG treffen. Damit scheinen *stets* Rechte i. S. des § 42 II VwGO (Art. 19 IV GG) beeinträchtigt zu sein. Wenn nach allgemeiner Ansicht trotzdem nicht alle Akte im besonderen Gewaltverhältnis justiziabel sind, so müssen hier *ungeschriebene* Einschränkungen des Art. 19 IV GG, § 42 II VwGO vorliegen. Sie sind aus der Systematik des Grundgesetzes begründbar.[15] Das Grundgesetz geht ausdrücklich (Art. 33 IV, V; Art. 7 – Schule –; Art. 5 III; Art. 74 Nr. 1) oder als selbstverständlich vom Bestehen und Funktionieren der herkömmlichen besonderen Gewaltverhältnisse aus. Weil die Verfassung als Einheit zu sehen ist,[16] darf Art. 19 IV GG nicht so extensiv interpretiert werden, daß durch die dann eröffneten Klagemöglichkeiten die Funktionsfähigkeit des jeweils betroffenen besonderen Gewaltverhältnisses gefährdet wird. Andererseits darf die Funktionsfähigkeit nicht auf Kosten des Art. 19 IV GG überbewertet werden. Vielmehr ist eine Lösung zu finden, welche sowohl der Existenz des Art. 19 IV GG als auch dem besonderen Gewaltverhältnis gerecht wird. Zur Ermittlung der Grenzlinie leisten die herkömmlichen Theorien über die Justitiabilität von Akten im besonderen Gewaltverhältnis Hilfestellung, welche z. B. zwischen „Grundverhältnis„(Klagemöglichkeit) und „Betriebsverhältnis“ (keine

---

[7] So ausdrücklich *BVerwGE* 60, 145, 149 ff. = JuS 1981, 232 Nr. 13 m. w. Nachw. im Zusammenhang mit der beamtenrechtlichen Umsetzung; s. ferner *BVerwG,* DVBl 1981, 495 = JuS 1983, 71 Nr. 3.

[8] *BVerwGE* 60, 150 (Rückgängigmachung einer beamtenrechtlichen Umsetzung).

[9] *BVerwGE* 47, 194 = JuS 1975, 598 Nr. 11 = *Weber* II, Art. 19 I Nr. 8 (Sexualkundeunterricht).

[10] *BVerwGE* 47, 201 = JuS 1975, 598 Nr. 11 = *Weber* II, Art. 19 I Nr. 8 (5-Tage-Woche in der Schule).

[11] Die Relevanz des Art. 19 IV GG wird zunehmend hervorgehoben, bes. auch bei *Dürig,* aaO.

[12] S. *BVerwGE* 36, 199.

[13] S. *BVerwGE* 41, 259.

[14] Näheres anschließend Rdnr. 258.

[15] Wieso sich *Schenke* (soeben Fußn. 5) für das Grundrecht des Art. 19 IV GG vehement *gegen* diesen Lösungsansatz wendet, ihn dann aber im Zusammenhang mit Art. 2 I GG (s. soeben den Text) selbst *anwendet,* ist unklar. Die *Ergebnisse* dürften *gleich* sein.

[16] Näheres zu diesem Aspekt der Verfassungsauslegung noch in Rdnr. 579.

Klagemöglichkeit)[17] oder danach unterscheiden, ob der einzelne als ,,Person" oder als weisungsunterworfener ,,Amts- bzw. Organwalter" betroffen wird.[18] Auch wenn das strittige Handeln im ,,Betriebsverhältnis" stattfindet, den Beamten etwa als ,,Glied" der Verwaltung trifft, *kann* es aber *gleichzeitig* auch *spezifische Rechte* beeinträchtigen (Beispiel: Fürsorgepflicht des Staates gegenüber seinen Beamten).[19]

253   Im *Ausgangsfall 1* wird die Funktion der Schule (Art. 7 GG) nicht gefährdet, wenn man den Redakteuren (Art. 5 I 2 GG) die Klagemöglichkeit eröffnet (§ 42 II VwGO, Art. 19 IV GG). Die Anordnung des *D* ist als Verwaltungsakt zu qualifizieren und also durch *Anfechtungs*klage (§ 42 I VwGO) angreifbar. Im *Ausgangsfall 2* (Stundenplan) handelt es sich hingegen um eine der vielen Maßnahmen, welche ergehen, um das besondere Gewaltverhältnis zu ordnen und funktionsfähig zu halten. Diese Funktionsfähigkeit wäre dahin, wenn all diese Maßnahmen zum Gegenstand gerichtlicher Auseinandersetzungen gemacht werden könnten. Der Stundenplan ist also nicht justitiabel. Er kann weder von den Schülern noch von den Lehrern angefochten werden. Solange sich der Nachmittagsunterricht im zeitlichen Rahmen der Dienststunden hält, welche *jedem* Beamten auch nachmittags obliegen, kann insbesondere auch die beamtenrechtliche Fürsorgepflicht nicht einschlägig sein.

II. Materielle Rechtslage

254   ### 1. Ermächtigungsgrundlage

a) Nach herkömmlicher, bis heute unbestrittener Ansicht kann die Exekutive im Rahmen der jeweiligen Kompetenzverteilung *ihren internen* Bereich kraft *eigenen* Rechts regeln, ohne dafür eine parlamentsgesetzliche Ermächtigung nötig zu haben.[21] Ursprünglich war man der Ansicht, der Bürger sei im besonderen Gewaltverhältnis so weitgehend in die staatliche Hierarchie eingegliedert, daß er ohne weiteres diesem verwaltungs*internen* Recht unterworfen sei.[22] Mittlerweile hat sich indessen die Erkenntnis durchgesetzt, daß der Bürger im besonderen Gewaltverhältnis Träger *eigener* (Grund-)rechte ist[23] und die Verwaltung daher im Prinzip nicht anders gegenübersteht als dem Bürger im allgemeinen Gewaltverhältnis.[24] Soweit (wie in den Ausgangsfällen) eine *gesetzliche* Eingriffsermächtigung fehlte, nahm man aber trotzdem an, der Eingriff sei gewohnheitsrechtlich zulässig, soweit er durch den Zweck des besonderen Gewaltverhältnisses (z. B. durch den ,,Anstaltszweck") gefordert werde.[25] Dieser Ansicht ist das *BVerfG* in seinem Urteil zum Strafvollzug

---

[17] Grundlegend *Ule*, VVDStRL 15, 151 f.; *ders.*, Verwaltungsprozeßrecht, Anh. V zu § 32 u. § 5 III; dazu krit. *Erichsen-Martens*, Allg. VR, § 11 II 5b.

[18] Grundlegend *BVerwGE* 14, 85f.; *Wolff-Bachof* I, § 46 VII b.

[19] *BVerwGE* 36, 192 ff.; 41, 253 ff.; 60, 144 ff.

[20] Zu ihr und zum Nachfolgenden Rdnr. 230.

[21] *Ossenbühl*, in: *Erichsen-Martens*, Allg. VR, § 7 IV 5.

[22] S. etwa *Wolff-Bachof* I, § 46 VII a.

[23] Zur Entwicklung vom ,,Hausgut monarchischer Verwaltung" bis hierher s. etwa *W. Martens*, ZBR 1970, 197 ff.; *Starck*, ZRP 1969, 147.

[24] Dazu *Wolff-Bachof* I, §§ 25 VIII a 1, 46 VII a; *Ossenbühl*, aaO, § 7 IV 3, 7 V.

[25] So oder ähnlich: *Wolff-Bachof* II, § 99 IV; *Leisner*, DVBl 1960, 619. Literaturüberblick in *BVerfG*, JuS 1972, 339 Nr. 2 = *Weber* II, Art. 19 I Nr. 6.

entgegengetreten:[26] Wie im allgemeinen Gewaltverhältnis[27] bedürften auch freiheitsbeschränkende Eingriffe im besonderen Gewaltverhältnis einer *gesetzlichen* Ermächtigung.[28]

Das gilt im Prinzip auch für das Schulverhältnis und damit *jedenfalls* für den *Ausgangsfall 1;* nach der *ausdrücklichen* Regelung des Art. 5 II GG findet die Meinungsfreiheit „ihre Schranken in den Vorschriften der allgemeinen *Gesetze*".

255 b) Immerhin gilt der Gesetzesvorbehalt im besonderen Gewaltverhältnis mit Modifikation. Soweit es nicht – wie im Urteil des *BVerfG* zum Strafvollzug und im Ausgangsfall 1 – um „klassische" Grundrechts*eingriffe* geht, unterfallen nur die *wesentlichen* Entscheidungen dem Vorbehalt des Gesetzes.[29] Die *wesentlichen* Entscheidungen müssen also in einem Parlamentsgesetz oder – soweit nicht ein *Totalvorbehalt* zugunsten des Parlaments gilt[30] – kraft parlamentsgesetzlicher Ermächtigung[31] in einer Rechtsverordnung enthalten sein. Außerhalb dieses Bereiches hat die Exekutive kraft ihrer „*Organisationsgewalt*"[32] eine *eigene* Regelungskompetenz. Daß die an sich *interne* Organisationsgewalt des Staates Bindungswirkungen auch im *Außenverhältnis* zum Bürger entfalten kann, ist vom allgemeinen Gewaltverhältnis her geläufig.[33] Beispielsweise hat der Bürger Zuständigkeiten,[34] Öffnungszeiten von Behörden usw. zu beachten, welche ohne gesetzliche Grundlage festgelegt werden.[35] Ein derartiges Nebenregime eigenständiger Verwaltungskompetenzen wird im besonderen Gewaltverhältnis nicht prinzipiell anders, aber stärker als im allgemeinen Gewaltverhältnis erheblich, weil Verwaltungsinterna und Betroffensein der privaten Statusträger dort besonders eng verflochten sind.

---

[26] *BVerfGE* 33, 1 ff. = JuS 1972, 339 Nr. 2 = *Weber* II, Art. 19 I Nr. 6 *(lesen!)*; *Kempf*, JuS 1972, 701; *Erichsen-Martens*, § 15 I 2 a; *BVerfGE* 40, 276 = JuS 1976, 116 Nr. 2 = *Weber* II, Art. 19 I Nr. 9.
[27] S. insoweit Rdnr. 68.
[28] S. jetzt das StrafvollzugsG, BGBl. 1976 I S. 581.
[29] Für das Schulverhältnis insoweit zusammenfassend *BVerfGE* 58, 257 = JuS 1983, 315 Nr. 11. S. ferner *BVerfGE* 34, 192f. = JuS 1973, 243 Nr. 2 = *Weber* I, Art. 6 II, III Nr. 2, *Weber* II, Art. 7 Nr. 4; *BVerfGE* 41, 259f.; 49, 90 = JuS 1979, 362 Nr. 1; *BVerwGE* 56, 155 = JuS 1979, 135 Nr. 1.
[30] Näheres Rdnr. 507.
[31] Näheres Rdnr. 508.
[32] Zu ihr *Ossenbühl*, Verwaltungsvorschriften und GG, 1968, S. 250ff.; *ders.*, in: *Erichsen-Martens*, § 7 IV 2; *Hansen*, Fachliche Weisung und materielles Gesetz (1971), S. 202f., 306f.; *BVerfGE* 40, 250. Speziell zur schulischen Organisationsgewalt *BVerwG*, DÖV 1978, 842.
[33] Näheres mit Beispielen bei *Ossenbühl*, in: *Erichsen-Martens*, § 7 IV 4. Ablehnend *Rupp*, JuS 1975, 609, 614.
[34] *Ossenbühl*, aaO; *BVerfGE* 40, 250 = JuS 1976, 254 Nr. 2 = *Weber* II, Art. 19 IV Nr. 22.
[35] *BVerfGE* 40, 250.

256 Wann eine Entscheidung „*wesentlich*" und damit dem Parlamentsgesetz vorbehalten ist, muß vom *rechtsstaatlichen* und *demokratischen Ansatz* des Gesetzesvorbehalts[36] her beurteilt werden. Aus rechtsstaatlicher
Sicht ist erheblich, ob die Entscheidung als „wesentlich für die Verwirklichung der *Grundrechte*" angesehen werden muß.[37] Aus demokratischer
Sicht ergibt sich, daß die wesentlichen *politischen* Entscheidungen dem
Parlamentsgesetz vorbehalten sind.

Im *Ausgangsfall 2* geht es weder aus rechtsstaatlicher noch aus demokratischer Sicht
um „Wesentliches". Ausgangsfall 2 ist so stark von der *Organisationsgewalt* der Schule
geprägt, daß diese sowohl im Verhältnis zu den Lehrern als auch im Verhältnis zu den
Schülern ausreichen muß, den Stundenplan einzuführen. Nach *BVerfGE* 47, 46 ff. kann
andererseits über die Einführung einer Sexualerziehung[38] in den Schulen nur der Gesetzgeber entscheiden. Denn hier sind die Verwirklichung der Eltern- (Art. 6 II 1 GG)
und Kindesgrundrechte (Art. 2 I GG) wesentlich betroffen. Schwieriger ist die Einführung der Fünf-Tage-Woche in der Schule zu bewerten. *BVerwGE* 47, 201[39] hat im
Prinzip die Organisationsgewalt für ausreichend befunden, die Fünf-Tage-Woche einzuführen. Die Fünf-Tage-Woche ist aber schulpolitisch von so zentraler Bedeutung,
daß jedenfalls vom demokratischen Ansatz her eine parlamentsgesetzliche Ermächtigung gefordert ist.[40] – Zum Vorbehalt der Gesetze für die Nichtversetzung und für den
Ausschluß von der Schule s. Rdnrn. 506 ff.

257 c) Ist der Vorbehalt des Gesetzes einschlägig und findet sich keine
Ermächtigungsgrundlage, welche ihm genügt, kann die Exekutive innerhalb gewisser *Übergangsfristen* im besonderen Gewaltverhältnis eventuell auch ohne entsprechende Ermächtigung in verfassungsrechtlich geschützte Positionen eingreifen.[41] Das ist Ausdruck des in Rdnr. 491 umschriebenen verfassungskräftigen Gedankens, die Funktionsunfähigkeit
staatlicher Einrichtungen zu vermeiden. Demgemäß *beschränkt* sich die
Eingriffsbefugnis „auf das, was im konkreten Fall für die geordnete Weiterführung eines funktionsfähigen Betriebes unerläßlich ist."[41]

Im *Ausgangsfall 1* dürfte diese Voraussetzung nicht vorliegen, der Eingriff des D
also schon wegen des Vorbehalts des Gesetzes rechtswidrig sein. Demgegenüber hat
das BVerfG[41] den Ausschluß von der Schule wegen andauernder mangelhafter Leistungen während einer Übergangsfrist trotz Fehlens der an sich erforderlichen[42] gesetzlichen Grundlage als *rechtmäßig* angesehen.

---

[36] Zu diesen Ansätzen bereits Rdnr. 68.
[37] *BVerfGE* 47, 79 = JuS 1978, 849 Nr. 1; 34, 192; 40, 248 f. = JuS 1976, 254 Nr. 2
= *Weber* II, Art. 19 IV Nr. 22; 41, 260 f.; 58, 257 = JuS 1983, 315 Nr. 11.
[38] Weil sie ebenso wie die nachfolgend im Text erwähnte Einführung der 5-Tage-
Woche eine *generell-abstrakte* Regelung darstellt, gehört sie an sich in den Sachzusammenhang Rdnrn. 515 ff.
[39] = JuS 1975, 598 Nr. 11 = *Weber* II, Art. 19 I Nr. 8. Ähnlich *BayVerfGH*, DVBl
1975, 425 für die Mengenlehre.
[40] Entsprechende Regelung in § 2 II NRW SchulpflichtG (GVBl 1975, 404).
[41] Zusammenfassend hierzu *BVerfGE* 58, 257 (280) = JuS 1983, 315 Nr. 11.
[42] S. Rdnrn. 506 ff.

2. Grundrechtsgeltung

258 Schließlich pflegt problematisch zu sein, inwieweit Maßnahmen im besonderen Gewaltverhältnis *materiellrechtlich* in *Grundrechten* ihre Grenze finden. Denn wie soeben bereits ausgeführt wurde, ist das besondere Gewaltverhältnis unter der Geltung des Grundgesetzes *kein* grundrechtsfreier Raum mehr.

Die Grundrechtsträger verzichten beim Eintritt in das besondere Gewaltverhältnis auch nicht etwa auf die Grundrechtsausübung: Im *Ausgangsfall 1* ist der Besuch des Gymnasiums zwar „freiwillig". Schülern, die kein Geld für eine Privatschule haben, bleibt aber keine andere Wahl, als sich in das besondere Gewaltverhältnis des Gymnasiums zu begeben, wenn sie ihre Bildungschancen wahrnehmen wollen. Demgemäß steht den Redakteuren im *Ausgangsfall 1* das Zensurverbot des Art. 5 I 3 GG zur Seite.

Selbst Grundrechte ohne Gesetzesvorbehalt können im besonderen Gewaltverhältnis indessen stärker einschränkbar sein als im allgemeinen Gewaltverhältnis. Nach der soeben[43] angewendeten systematischen Verfassungsinterpretation finden die Grundrechte in der (vom Grundgesetz vorausgesetzten) Funktionsfähigkeit der besonderen Gewaltverhältnisse ihre Grenzen. Im konkreten Konfliktfall wird eine Abwägung zwischen den Funktionen des besonderen Gewaltverhältnisses und den Belangen des Grundrechtsträgers erforderlich.[44]

Im *Ausgangsfall 1* ist die Zensur grundrechtswidrig, solange sich die Redakteure *von sich aus* solcher Kritik enthalten, welche ihnen *zulässigerweise* verboten ist. Im *Ausgangsfall 2* ist die Stundenplanregelung ohne weiteres grundrechtskonform.

§ 14. Verwaltungsakte im förmlichen Verwaltungsverfahren und im Planfeststellungsverfahren

261 *Ausgangsfälle:* (1) Gestützt auf § 15 GaststättenG hat die zuständige Behörde in Berlin die dem *G* erteilte Erlaubnis zum Betrieb eines Gaststättengewerbes zurückgenommen. Das Verwaltungsgericht weist die Anfechtungsklage des *G* ab, weil *G* es versäumt habe, vorher Widerspruch nach §§ 68 ff. VwGO einzulegen. Ist dem *G* zu raten, Berufung einzulegen, wenn er der Auffassung ist, daß die Voraussetzungen des § 15 GaststättenG nicht vorliegen?
(2) Als *N* nach längerem Auslandsaufenthalt zurückkehrt, entdeckt er zu seinem Entsetzen auf dem Nachbargrundstück eine Anlage der Teer- und Benzolfabrikation. Bei der Baugenehmigungsbehörde erteilt ein Referendar dem *N* die telefonische Auskunft, eine förmliche Baugenehmigung sei in der Bauakte zur genannten Anlage nicht zu finden. Ein Fachmann versichert *N*, die Anlage leide an einem Konstruktionsfehler, welcher bei unglücklicher Verkettung mehrere Umstände zu unerträglichen Geruchsbelästigungen führen könne. Kann *N* gegen die Anlage vorgehen?

---

[43] Rdnr. 252.
[44] Ebenso zum Vorhergehenden *BVerfGE* 28, 243 ff. = JuS 1971, 39 Nr. 1 = *Weber* I, Art. 4 III Nr. 4, wiedergegeben nachfolgend § 28 bei Fußn. 60; *Hesse*, Verfassungsrecht, § 10 III; *Häberle*, JuS 1969, 265 ff.

Das VwVfG unterscheidet drei Arten von Verwaltungsverfahren: das nichtförmliche Verwaltungsverfahren (§§ 10 ff. VwVfG), das förmliche Verwaltungsverfahren (§§ 63 ff. VwVfG) und das Planfeststellungsverfahren (§§ 72 ff. VwVfG). In den bisherigen Ausführungen wurden fast ausschließlich materiellrechtliche Fragen behandelt, die sich unabhängig von der Art des Verwaltungsverfahrens stellen, in welchem der Verwaltungsakt ergeht. Soweit vorstehend Verfahrensvorschriften erwähnt wurden, bezogen sie sich meist auf das nichtförmliche Verwaltungsverfahren. Nachfolgend geht es um verfahrensrechtliche Besonderheiten des förmlichen Verwaltungsverfahrens und des Planfeststellungsverfahrens.[1]

I. Das förmliche Verwaltungsverfahren

262   Das förmliche Verwaltungsverfahren ist justizförmig ausgestaltet. Ähnlich wie in einem Gerichtsverfahren findet eine mündliche Verhandlung statt (§§ 67 ff. VwVfG); Zeugen und Sachverständige sind zur Aussage verpflichtet (§ 65 VwVfG). Das förmliche Verwaltungsverfahren findet statt, wenn es durch Rechtsvorschrift angeordnet ist (§ 63 I VwVfG). Es geht um Fälle, in welchen die behördliche Entscheidung hervorgehobene Bedeutung hat, vor allem den Bürger besonders intensiv trifft. Weil das Verfahren rechtsstaatlich optimal ausgestaltet ist, bedarf es vor Erhebung einer verwaltungsgerichtlichen Klage *keiner* Nachprüfung in einem Vorverfahren nach §§ 68 ff. VwGO (§ 70 VwVfG).[2]

263   Gem. § 1 der Berliner Verordnung über das förmliche Verwaltungsverfahren v. 14. 5. 1980 (Anl. Nr. 10)[3] wurde die Erlaubnis zum Betrieb des Gaststättengewerbes in einem förmlichen Verwaltungsverfahren zurückgenommen. Das *Berliner* VwVfG enthält aber keine Vorschrift, welche § 70 VwVfG (des Bundes) entspricht (s. § 4 II Berl. VwVfG). Daher konnte G im *Ausgangsfall 1* nicht klagen, ohne Widerspruch eingelegt zu haben.

II. Das Planfeststellungsverfahren

264   Wie das förmliche Verwaltungsverfahren (soeben Rdnr. 262 f.) findet auch das Planfeststellungsverfahren nur statt, wenn es durch Rechtsvorschrift angeordnet ist (§ 72 I VwVfG). Das Planfeststellungsverfahren steht zur Verfügung für raumbedeutsame Planungen von Trägern öffentlicher Verwaltung oder von Privaten, bei welchen das Vorhaben mit kollidierenden öffentlichen Interessen und privaten Interessen betroffener Dritter zum Ausgleich gebracht werden muß (Beispiele: §§ 17 ff.

---

[1] Zur Relevanz des materiellrechtlichen *Grundrechtsschutzes* für die Ausgestaltung von Verwaltungsverfahren zusammenfassend *BVerfGE* 53, 30 (62 ff., 69 ff.) = JuS 1980, 602 Nr. 1 m. w. Nachw.

[2] Weitere Einzelheiten bei *Wolff-Bachof* III, § 157.

[3] Abgedr. bei *Kreutzer-Srocke*, Die Gesetze über die Berliner Verwaltung, 31. Aufl. 1982, Nr. 9.

BundesfernstraßenG,[4] Sartorius Nr. 932; § 36 BundesbahnG, Sartorius
Nr. 936; § 30 PersonenbeförderungsG, Sartorius Nr. 950; §§ 20 ff.
AbfallbeseitigungsG, Sartorius Nr. 299). In der Regel finden sich spezialgesetzliche Regelungen, welche die Vorschriften der §§ 72 ff. VwVfG
ganz oder teilweise verdrängen. §§ 72 ff. VwVfG haben dann nur subsidiäre Bedeutung. Charakteristika für alle Planfeststellungsverfahren in
Spezialgesetzen oder nach §§ 72 ff. VwVfG sind: die Ersetzung verschiedener (an sich nebeneinander erforderlicher) öffentlichrechtlicher Genehmigungen durch den *einen* Planfeststellungsbeschluß (Konzentrationsfunktion, vgl. § 75 I VwVfG); die verwaltungsinterne Abstimmung der
beteiligten Repräsentanten öffentlicher Interessen (§ 73 II VwVfG); die
frühzeitige und verfahrensbegleitende Beteiligung betroffener Privater in
einem Anhörungsverfahren (§ 73 VwVfG); der Verzicht auf ein Widerspruchsverfahren als Klagevoraussetzung (§§ 74 I, 70 VwVfG); der Ausschluß privatrechtlicher Unterlassungsansprüche nach Unanfechtbarkeit
des Planfeststellungsbeschlusses (§ 75 II VwVfG).[5]

265 *Im Ausgangsfall 2* handelt es sich um eine „genehmigungsbedürftige Anlage" i. S.
von § 4 BImSchG (s. § 2 Nr. 30 der 4. BImSchV, Sartorius Nr. 296a). Der Gesetzgeber
hat das Genehmigungsverfahren nach § 4 ff. BImSchG zwar nicht ausdrücklich als
Planfeststellungsverfahren ausgewiesen.[6] Das Verfahren ist in seinen Einzelheiten aber
wie ein Planfeststellungsverfahren ausgestaltet. Im *Ausgangsfall 2* ist davon auszugehen, daß eine Genehmigung nach dem BImSchG vorliegt. Diese Genehmigung schließt
nach § 13 BImSchG andere Genehmigungen ein (Konzentrationsfunktion), auch die
Baugenehmigung. *N* kann die Genehmigung nach dem BImSchG nicht anfechten. Weil
im Sachverhalt nichts Gegenteiliges mitgeteilt ist, kann nach der Lebenserfahrung davon ausgegangen werden, daß das in § 10 BImSchG vorgeschriebene Anhörungsverfahren stattgefunden hat, die zuständige Behörde das Vorhaben insbesondere auch in
ihrem amtlichen Veröffentlichungsblatt und außerdem in örtlichen Tageszeitungen
öffentlich bekanntgemacht hat. Weil *N* in diesem Anhörungsverfahren nicht fristgerecht Einwendungen gegen das Vorhaben erhoben hat, ist er mit späteren Einwendungen ausgeschlossen (§ 10 III 3 BImSchG). Diese Präklusion gilt auch für eine gerichtliche Anfechtung der Genehmigung.[7] Weil der von *N* gerügte Fehler an der Anlage von
vornherein bestand, kann er wegen § 10 III 3 BImSchG auch keine „nachträglichen
Anordnungen" gem. § 17 BImSchG von der Behörde verlangen. Die Möglichkeiten
des *N*, zivilrechtlich gegen die Anlage vorzugehen, sind durch § 14 BImSchG erheblich
gemindert.[8]

---

[4] Fallbesprechung mit den verschiedenen Stufen straßenrechtlicher Planung bei *Pappermann-Löhr,* JuS 1980, 191.
[5] Weitere Einzelheiten bei *Wolff-Bachof* III, § 158 II; *Badura,* in: *Erichsen-Martens,*
Allg. VR, § 42 III; *J. Martens,* JuS 1979, 262.
[6] S. dazu *Ule,* BImSchG, § 10 Rdnr. 11.
[7] *BVerwGE* 9, 12; *BVerwG,* DVBl 1973, 645. Das ist auch z. B. nach § 7 I 2 Atomrechtliche Verfahrensverordnung (*Sartorius* Nr. 836; vgl. insoweit *BVerwGE* 60, 297
= JuS 1981, 464 Nr. 13) und § 34 LandbeschaffungsG der Fall, *nicht* aber nach § 75
VwVfG, § 18 BFStrG, § 22 AbfG, § 10 LuftVG (*BVerwG,* aaO). Überblick und verfassungsrechtliche Problematisierung (Art. 19 IV GG) zur Präklusion bei *Wolfrum,*
DÖV 1979, 497.
[8] Anders bei Genehmigungen, welche im „vereinfachten Verfahren" nach § 19
BImSchG ergehen.

3. Teil. Ansprüche zwischen Bürger und Staat, besonders im Gleichordnungsverhältnis

§ 15. Vorbemerkungen

I. Öffentlichrechtliche und (verwaltungs-)privatrechtliche Ansprüche

270 Ansprüche des Bürgers gegen den Staat wurden bereits behandelt, soweit sie auf den Erlaß eines Verwaltungsakts gerichtet sind.[1] Hier geht es jetzt einerseits noch um alle sonstigen öffentlichrechtlichen Ansprüche im Über-Unterordnungsverhältnis. Öffentliche Hand und Bürger können sich aber auch auf gleicher Stufe gleichgeordnet gegenüberstehen. Insoweit kommen öffentlichrechtliche *und* privatrechtliche Ansprüche in Betracht.

271 Die privatrechtlichen Beziehungen fallen entweder in den Bereich des „*Fiskalprivatrechts*" oder in den des „*Verwaltungsprivatrechts*".[2] Von Fiskalprivatrecht spricht man, wenn die Verwaltung als Fiskus am Privatrechtsverkehr teilnimmt, um ihr Finanz- oder Verwaltungsvermögen (staatlicher Waldbesitz, städtische Brauerei, Rathaus, Büromaterial, Kraftfahrzeugpark) zu vermehren, zu veräußern oder zu erhalten. Die eigentlichen öffentlichen Aufgaben werden hier nur *mittelbar* gefördert, etwa über die erzielten Erträge. Im Verwaltungsprivatrecht werden durch die privatrechtliche Gestaltung *selbst unmittelbar* öffentliche Verwaltungszwecke verfolgt. Beispielsweise kann die öffentliche Verkehrs-, Wasser-, Gas- oder Stromversorgung (verwaltungs-)privatrechtlich ausgestaltet sein.

Fälle aus dem Fiskalprivatrecht werden normalerweise als Zivilrechtsklausuren ausgegeben und können daher außer Betracht bleiben, soweit nicht gerade Probleme der Abgrenzung zum öffentlichen Recht eine Rolle spielen. Verwaltungsprivatrechtliche Fälle sind hingegen in den nachfolgenden Ausführungen zu berücksichtigen, zumal die Behörde hier den gleichen Bindungen unterliegt wie bei der Verwendung öffentlichrechtlicher Gestaltungsformen.[3]

II. Prozessuales

272 Alle zivilrechtlichen Ansprüche werden vor den Zivilgerichten geltend gemacht, auch wenn sie zum Bereich des Verwaltungsprivatrechts gehö-

---

[1] Rdnrn. 170 ff., 221 ff.
[2] Näheres etwa bei *Wolff-Bachof* I, § 23 I, II.
[3] Zur Einführung lies *Badura*, JuS 1966, 17. Eingehender zur Grundrechtsbindung später Rdnr. 644.

ren. Die öffentlichrechtlichen Ansprüche führen zum *Verwaltungsgericht*, ,,soweit die Streitigkeiten nicht durch Bundesgesetz einem anderen Gericht ausdrücklich zugewiesen sind" (§ 40 I 1 VwGO). Zur Durchsetzung öffentlichrechtlicher Ansprüche im Gleichordnungsverhältnis haben Bürger oder Behörde stets die *Leistungsklage* zu erheben, welche in §§ 42 f. VwGO nicht ausdrücklich mit aufgezählt, durch §§ 43 II, 111, 113 III VwGO aber anerkannt ist. Ansprüche im Über-Unterordnungsverhältnis werden ebenfalls mit der Leistungsklage verfolgt, soweit nicht speziell die *Verpflichtungsklage* gegeben ist. Diese ist nach h. M. nur auf den Erlaß eines Verwaltungsakts gerichtet.[4] Das *BVerwG* wendet § 42 II VwGO auf die allgemeine Leistungsklage entsprechend an.[5] In Eilfällen kommt eine *einstweilige Anordnung* nach § 123 VwGO in Betracht.[6]

III. Öffentlichrechtliche Analogien zum bürgerlichen Recht

273   Die nachfolgenden Darstellungen werden mehrmals öffentlichrechtliche Rechtsinstitute und Ansprüche behandeln, welche in Parallele zu entsprechenden Vorschriften des BGB entwickelt worden sind. Hierbei[7] kann es sich einmal um die Anwendung *allgemeiner Rechtsgrundsätze* handeln, *welche für unser gesamtes* Recht gelten.[8] Sie sind Bestandteil eines *ungeschriebenen allgemeinen Teils* des deutschen Rechts oder mitunter sogar *des* Rechts überhaupt. Im BGB haben sie nur speziellen *Ausdruck* gefunden. Genaugenommen werden im öffentlichen Recht *nicht analog* diese Vorschriften des BGB, sondern *unmittelbar* die allgemeinen Grundsätze des Rechts angewendet. Die eigentliche *Analogie* kommt als Zweites gesondert in Betracht: Sie setzt eine Lücke in den öffentlichrechtlichen Normen des Verwaltungsrechts voraus und ist nach den Grundsätzen analoger Rechtsanwendung[9] (nur) möglich, wenn der nicht geregelte verwaltungsrechtliche Tatbestand dem geregelten bürgerlichrechtlichen Tatbestand so ähnlich ist, daß eine rechtliche Gleichbehandlung der Fallgruppen gerechtfertigt erscheint.

---

[4] Nicht auf die Verurteilung zu einer sonstigen Amtshandlung, *BVerwGE* 31, 301 = JuS 1969, 444 Nr. 13; a. A. z. B. *Bettermann*, DVBl 1969, 703.
[5] *BVerwGE* 36, 199; 41, 256; *BVerwG*, NJW 1977, 118 = JuS 1977, 115 Nr. 1 (bestr.); *Neumeyer*, JuS 1979, 34 m. w. Nachw.
[6] Klausurbesprechung bei *Weides*, JuS 1982, 49.
[7] Zusammenfassend zum Nachfolgenden auch *H. Weber*, JuS 1970, 170; *Forsthoff*, Verwaltungsrecht, S. 162.
[8] Dazu ausführlicher *Wolff-Bachof* I, § 25 I.
[9] Eingehend zu ihnen *Larenz*, Methodenlehre der Rechtswissenschaft, 3. Aufl. (1974), S. 366 ff.

§ 16. Erfüllungsansprüche

I. Rechte und Pflichten ünmittelbar aus dem Gesetz

276 Hier ergeben sich keine typischen Sonderprobleme, welche eingehender darzustellen wären. Der Bearbeiter hat die einschlägigen gesetzlichen Bestimmungen aufzufinden, auszulegen und auf den Sachverhalt anzuwenden. Klausurerheblich können z. B. die *Rechte und Pflichten des Beamten* werden, etwa Gehaltszahlungsansprüche[1] oder seine Gehorsams-[2] und Verschwiegenheitspflicht[3] sowie seine Verpflichtung, dem Dienstherrn bei schuldhafter Pflichtverletzung Ersatz leisten zu müssen.[4] Jeder immatrikulierte Student hat einen Anspruch gegen den AStA seiner Hochschule, *allgemeinpolitische Äußerungen zu unterlassen.*[5]

II. Erfüllungsansprüche kraft Bewilligung

277 *Ausgangsfälle:* (1) Ein Beamter (*B*) erhält ein Jahr vor Erreichung der Altersgrenze von seinem Dienstherrn die Zusage, er werde in zwei Monaten auf eine dann freiwerdende Planstelle befördert. Hat *B* einen Anspruch auf die Beförderung erworben, obgleich § 12 IV Nr. 3 BundeslaufbahnVO (Sartorius Nr. 180) eine Beförderung so kurz vor Erreichen der Altersgrenze verbietet?[6]

(2) Filmhersteller *F* ist im Wege der „Projektfilmförderung" nach dem FilmförderungsG (BGBl 1978 I, 803) eine Subvention bewilligt worden. Nach dem Wortlaut des Bewilligungsbescheides ist sie ihm auszuzahlen, wenn die Dreharbeiten begonnen haben. Die Behörde zahlt trotzdem nicht. Denn *F* habe das Drehbuch so weitgehend verändert, daß es nach den Bewilligungsvoraussetzungen nicht mehr subventionswürdig sei. Wie ist die Rechtslage?[7]

(3) Nach den Richtlinien über die Vergabe von Werftsubventionen wird in einem „Bewilligungsbescheid" zunächst darüber entschieden, ob der Antragsteller subventionswürdig ist. Sodann wird mit ihm ein Darlehensvertrag geschlossen. *W* hat einen günstigen Bescheid über seine Subventionswürdigkeit erhalten. Die Behörde bietet ihm einen Darlehensvertrag zu 4% Zinsen an. *W* ist der Auffassung, das Darlehen stehe ihm zinslos zu. Was kann er unternehmen?[8]

Ebenso wie der Bürger die an ihn gerichteten Gebote eines belastenden Verwaltungsakts zu erfüllen hat, muß umgekehrt die Behörde Leistungen

---

[1] Fallbesprechungen bei *Vogel*, Verwaltungsrechtsfall, Nr. 7 (Einzelheiten nachfolgend § 41 III 1); *Schulz-Lessdorf*, JuS 1965, 449.
[2] *Geck-Sroka*, JuS 1970, 347.
[3] *v. Münch*, Übungsfälle, Nr. 4. S. ferner die Fallbespr. bei *Geck-Böhmer*, JuS 1973, 101.
[4] Fall 1 bei *Achterberg*, Fälle zum Allgemeinen Verwaltungsrecht; s. ferner *BVerwGE* 52, 255 = JuS 1978, 426 Nr. 16.
[5] Zusammenfassend *BVerwGE* 59, 231 = JuS 1981, 615 Nr. 12.
[6] Vergleichbare Fälle: *Vogel*, Verwaltungsrechtsfall, Nr. 7; *BVerwGE* 26, 31; *Roellecke*, Grundbegriffe, S. 45, 49.
[7] Fallanlehnung an *BGH*, NJW 1972, 210 = JuS 1972, 220 Nr. 14.
[8] Fall bei *Schröder*, JuS 1969, 25. Weitere Fälle bei *Zuleeg*, Fälle, Nr. 23 (in Anlehnung an *BVerwGE* 13, 307); *BVerwG*, NJW 1979, 280 = JuS 1979, 219 Nr. 12.

erbringen, welche sie dem Bürger in einem begünstigenden Verwaltungsakt bewilligt hat.

278   1. In der Fallbearbeitung ist zunächst erheblich, ob ein *Verwaltungsakt*
vorliegt.

Zum *Ausgangsfall 1* war früher umstritten, ob die beamtenrechtliche *Zusage* als
Verwaltungsakt anzusehen ist[9] oder lediglich eine Selbstbindung der Ermessensverwaltung hervorruft, welche nach Treu und Glauben unter dem Verbot des ,,venire contra
factum proprium" steht.[10] Diese Unterscheidung gewinnt Bedeutung, wenn die Zusage
wie im *Ausgangsfall 1* rechtswidrig ist. Als Verwaltungsakt ist sie dann trotzdem
verbindlich, solange sie nicht zurückgenommen oder ausnahmsweise einmal nichtig ist.
Als Akt anderer Art hätte sie jetzt hingegen *von vornherein keine Bindungswirkung.*
Ohne die zwischengeschaltete Regelungsfunktion eines Verwaltungsakts kann die Behörde bei der endgültigen Ermessensentscheidung über die Beamtenernennung nur
durch *rechtmäßige* Vorfestlegungen gebunden sein. § 38 VwVfG läßt die Dogmatik
dahingestellt, behandelt die Zusage aber weitgehend *wie* einen Verwaltungsakt.[11] An
die besonderen Formerfordernisse der Beamtenernennung (vgl. § 6 I
BBG) ist die Zusage im *Ausgangsfall 1* nicht gebunden. Denn diese dienen nur der
Rechts*klarheit* in der Frage, wer in welchem Amte Beamter *ist und wer nicht.*[12] Weitere
Einzelheiten zur Rechtmäßigkeit der Zusage im Ausgangsfall 1 mögen dahinstehen. –
Die Bewilligungsbescheide der *Ausgangsfälle 2 und 3* sind unproblematisch Verwal-
tungsakte.

2. Der Verwaltungsakt muß *gültig* sein.

279   Im *Ausgangsfall 3* bestehen Zweifel an der Rechtmäßigkeit des Bewilligungsbescheides, weil eine parlamentsgesetzliche Ermächtigungsgrundlage fehlt.

Inwieweit staatliche *Leistungen* der gleichen *gesetzlichen* Ermächtigung bedürfen wie staatliche Eingriffe,[13] ist umstritten.[14]

280   Im *Ausgangsfall 3* belasten die Subventionszahlungen automatisch dritte Konkurrenten, welche die Voraussetzungen der Richtlinie nicht erfüllen und daher keine entsprechenden Unterstützungen erhalten. Insoweit greift die Verwaltung lenkend in die
Wettbewerbssituation ein. Jedenfalls in solchen Fällen ist die Leistung an den Empfän-
ger gleichzeitig Eingriff in Grundrechte (Art. 12 I, Wirtschaftsfreiheit) der Konkurrenten.[15] Er muß aus den früher skizzierten[16] Gründen in prinzipiell gleicher Weise dem

---

[9] Dafür z. B. *Vogel,* Verwaltungsrechtsfall, S. 82f. (vgl. soeben Fußn. 6).

[10] So *BVerwG,* DVBl 1966, 857; *Wolff-Bachof,* I, § 41 I c 2 mit ausführlicher Darstellung. S. auch bereits Rdnr. 185 sowie zum Ganzen *Püttner,* JA 1975, 389.

[11] Vgl. § 38 II VwVfG, aber auch § 38 III VwVfG. *BVerwGE* 64, 24 lenkt den Blick
auf eine (Umzugskosten-)Zusage, welche ihrem Rechtscharakter nach keine ,,Zusiche-
rung" i. S. von § 38 VwVfG, sondern ,,vollwertiger" VA ist (= *keine* Anwendbarkeit
von § 38 III VwVfG).

[12] Lies dazu *BVerwGE* 26, 31 = JuS 1967, 576 Nr. 9.

[13] Dazu bereits Rdnr. 68.

[14] Repräsentativ etwa die Diskussion auf der Staatsrechtslehrertagung 1965,
VVDStRL 24, 125ff., mit Referaten von *Vogel* und *Herzog;* Überblicke z. B. bei *Sel-
mer,* JuS 1968, 492ff.; *Wolff-Bachof* III, § 138 m. w. Nachw.; *Achterberg,* Allgemeines
Verwaltungsrecht, S. 36ff. Wichtig *BVerfGE* 40, 248 = JuS 1976, 254 Nr. 2 = *Weber*
II, Art. 19 IV Nr. 22; *BVerfGE* 48, 222.

[15] *BVerwGE* 30, 191 = JuS 1969, 240 Nr. 7, betr. die Anfechtungsklage im Textzusammenhang Rdnrn. 237ff.

[16] Rdnr. 68.

Gesetzesvorbehalt unterstehen wie ein adressierter Grundrechtseingriff.[17] Allerdings hängt es vom Gewicht der Grundrechtsrelevanz ab, wie ,,bestimmt" die Ermächtigungsgrundlage in ihrem Inhalt zu sein hat.[18] Werden Leistungen erbracht, welche keine Berührung mit Grundrechten Dritter haben und also keine rechtsstaatlichen Probleme aufwerfen, ist eine parlamentarische Ermächtigung *nur*[19] erforderlich, wenn sie wegen der besonderen Bedeutung des Einzelfalles durch das *Demokratieprinzip*[20] gefordert ist.[21,22]

281   Hält man eine Ermächtigungsgrundlage für erforderlich, ist der ohne sie ergangene Bewilligungsbescheid indessen nur rechtswidrig, *nicht nichtig.*[23]

Denn die angedeuteten Fragen zum Gesetzesvorbehalt sind zu umstritten, als daß der Bescheid i. S. der Nichtigkeitsvoraussetzungen des § 44 I VwVfG ,,offenkundig" rechtswidrig wäre. – Wenn man in den Richtlinien des *Ausgangsfalles 3* keine ausreichende Ermächtigungsgrundlage sieht, ist der Bewilligungsbescheid also trotzdem gültig und geeignete Anspruchsgrundlage.

282   3. Der Sachverhalt muß sich unter die Bewilligung als Anspruchsgrundlage *subsumieren* lassen.

Im *Ausgangsfall 2* ergibt wahrscheinlich die *Auslegung,* daß der Bewilligungsbescheid den Film nur mit dem früher vorgelegten Drehbuch subventionieren wollte. Nachdem das Drehbuch wesentlich verändert worden ist, entfällt mithin der Anspruch auf die Spielfilmprämie.[24]

283   4. Bei *Subventionen*[25] können die Zusammenhänge dadurch kompliziert sein, daß die Rechte und Pflichten der Beteiligten zweistufig geregelt sind (Zweistufentheorie),[26] nämlich einerseits durch die Bewilligung, an-

---

[17] *VG Berlin*, NJW 1974, 330 = JuS 1974, 334 Nr. 12; *VG Berlin*, DVBl 1975, 268 = JuS 1975, 458 Nr. 1. Das ist die unausweichliche Konsequenz aus der in Fußn. 15 zitierten Rspr. des *BVerwG*. Das häufig herangezogene *Haushaltsgesetz* des Parlaments, welches die Mittel bereitstellt, genügt in der Abgrenzung des Kreises der Begünstigten und aller erforderlicher Modalitäten in der Regel nicht den Bestimmtheitsanforderungen aus *BVerfGE* 34, 302 = JuS 1973, 379 Nr. 2 = *Weber* II, Art. 12 Nr. 19 und scheidet bereits deshalb als Ermächtigungsgrundlage aus (*VG Berlin*, aaO; von *BVerfGE* 38, 121 (126) ausdrücklich offengelassen). Zusätzliche Arg. bei *Rupp*, JuS 1975, 615; OVG *Berlin*, DVBl 1975, 905 = JuS 1976, 115 Nr. 1 = *Weber* I, Art. 5 I, II Nr. 26 (betr. Art. 5 GG).

[18] Vgl. *BVerfGE* 48, 210 = JuS 1978, 790 Nr. 13.

[19] S. *BVerwG*, NJW 1977, 1838 = JuS 1977, 836 Nr. 8.

[20] Zu ihm in diesem Zusammenhang bereits Rdnr. 68.

[21] Richtpunkte markieren insoweit *BVerfGE* 34, 59 = JuS 1973, 315 Nr. 2; 40, 248 = JuS 1976, 254 Nr. 2 = *Weber* II, Art. 19 IV Nr. 22 sowie die in Rdnr. 68, Fußn. 26 Zitierten. Zur Bedeutung des Haushaltsplanes in *diesem* Rahmen s. *Wolff* III, aaO.

[22] *Jetzt* ist das Haushaltsgesetz ausreichend; s. z. B. *BVerwGE* 58, 45.

[23] Dazu Rdnr. 111.

[24] Zur Erstattung nach Auszahlung s. Rdnrn. 325 ff.

[25] Zusammenfassender Überblick zum Subventionsrecht bei *Jarass*, JuS 1980, 115.

[26] Grundlegend *Ipsen*, DVBl 1966, 602 ff.; vgl. auch z. B. *Wolff-Bachof* III, § 154 VI; *Püttner*, Verwaltungsrecht, S. 76 ff. Übersicht über den Meinungsstand in *BGH*, NJW 1972, 210 = JuS 1972, 220 Nr. 14 (lesen!); nivellierend *BVerwGE* 13, 307.

dererseits durch einen privatrechtlichen Vertrag (Darlehensvertrag, Bürgschaft usw.), der hinzutritt. Dann ist sorgfältig darauf zu achten, in *welchem* der beiden miteinander verkoppelten Rechtsakte der in Frage stehende Anspruch verankert ist.

284   Sollen die Zuwendungen im planmäßigen Ablauf der Rechtsbeziehungen nicht zurückgezahlt werden, ist das Subventionsverhältnis in der Regel einstufig.[27] Das gilt auch für den *Ausgangsfall 2* (Filmförderung).[28] Alle Rechte und Pflichten der Parteien ergeben sich dort also allein aus der öffentlichrechtlichen Bewilligung. *F* hat im Verwaltungsrechtsweg[29] auf Auszahlung der Prämie zu klagen. Im *Ausgangsfall 3* (Werften) ist das Subventionsverhältnis hingegen zweistufig. *W* muß zunächst aus der Bewilligung (= erste Stufe) auf Abschluß eines privatrechtlichen Darlehensvertrages klagen. „Anspruchsgrundlage" ist die öffentlichrechtliche Bewilligung. Deshalb ist die Klage im Verwaltungsrechtsweg zu erheben. Ob im Darlehensvertrag auf Zinsen zu verzichten ist, entscheidet sich danach, wie die Bewilligung ausgelegt wird. Wenn der zivilrechtliche Darlehensvertrag abgeschlossen ist (= zweite Stufe), wird *er* Rechtsgrund für die Auszahlung der Darlehenssumme und für die Zinszahlungen. Darlehenssumme oder Zinsen sind also vor dem Zivilgericht einzuklagen.[30]

III. Erfüllungsansprüche aus Vertrag

285   *Ausgangsfälle:*[31] (1) Eine Gemeinde hat mit einem Unternehmen einen „Ansiedlungsvertrag" geschlossen. In ihm erklärt das Unternehmen seine Bereitschaft, in der Gemeinde eine Produktionsstätte zu errichten. Die Gemeinde verpflichtet sich u. a. zu kostenloser Erschließung des Geländes; sie verzichtet insbesondere auf Anliegerbeiträge. Nachdem das Unternehmen seine Pläne geändert hat, verlangt die Gemeinde die Errichtung der Produktionsstätte als „Erfüllung" des Vertrags. Würde sie vor einem Gericht Erfolg haben?

(2) Grundstückseigentümer *E* ficht vor dem Verwaltungsgericht eine Baugenehmigung an, welche sein Nachbar *N* für ein Wohnhaus im Außenbereich (§ 35 BBauG) erhalten hat. Auf Initiative anderer Nachbarn, welche ebenfalls feste Wohnhäuser errichten möchten, „vergleichen" sich die Baugenehmigungsbehörde und *E*. In einem Vertrag mit der Baugenehmigungsbehörde verpflichtet sich *E*, seine Anfechtungsklage zurückzunehmen. Im Gegenzuge verpflichtet sich die Behörde, *E* eine Bebauungsgenehmigung zu erteilen. Muß die Baugenehmigungsbehörde ihre vertragliche Verpflichtung erfüllen?[32]

---

[27] *BGH*, NJW 1972, 212; vgl. auch *Ipsen*, DVBl 1956, 604; *Püttner*, aaO.

[28] *BGH*, aaO.

[29] *BVerwG*, MDR 1976, 874 und *VGH Mannheim*, DVBl 1976, 951 halten es für adäquat, daß sich die staatliche Kunstförderung in den Formen des *Privatrechts* vollziehe. Kritisch dazu *Schwarze*, JuS 1978, 94.

[30] S. *BGHZ* 40, 206 ff.; nivellierend *BVerwGE* 13, 307. In anderen Fällen kann es aber auch sein, daß die Ansprüche auf die Darlehenssumme und auf die Zinsen bereits im *Bewilligungsbescheid selbst endgültig* geregelt sind; vgl. z. B. die Fallbesprechung bei *Andersson*, JuS 1969, 328, 333.

[31] Beachte ferner die Fälle *BVerwGE* 23, 213 = JuS 1967, 91 Nr. 9; 50, 171 = JuS 1976, 818 Nr. 9; *BGHZ* 54, 287 = JuS 1971, 159 Nr. 10, sowie die Klausurbesprechungen bei *Hans*, Öffentliches Recht II, Nr. 7; *Püttner*, Rep., 7. Fall; *Weides*, JuS 1978, 841. Zu Sonderproblemen beim „*Normsetzungsvertrag*" s. *BVerwG*, NJW 1980, 2538 i. V. m. *Papier*, JuS 1981, 498; *BVerwG*, DÖV 1981, 878 = JuS 1982, 219 Nr. 14.

[32] Fall in Anlehnung an *BVerwGE* 49, 359 = JuS 1976, 544 Nr. 13.

286   1. Abgrenzungsprobleme beim Einstieg in die Lösung

Damit von vornherein die Weichen richtig gestellt werden, untersucht der Bearbeiter in den Vorüberlegungen vor der Niederschrift zweckmäßigerweise stets zuerst, ob ein Vertrag vorliegt (nachfolgend Rdnr. 287) und ob dieser öffentlichrechtlich oder privatrechtlich ist (nachfolgend Rdnr. 288).

In der Niederschrift selbst müssen diese Überlegungen dann natürlich sinnvoll motiviert sein: Beim *prozessualen* Aufbau kommt es im Rahmen einer Leistungsklage[33] für den Rechtsweg (§ 40 I VwGO: öffentlichrechtliche Streitigkeit?) darauf an, ob ein öffentlichrechtlicher oder privatrechtlicher Vertrag vorliegt. Wird die *materielle Rechtslage* dargestellt, spielt der Rechtscharakter der Beziehungen zwischen Bürger und Staat für die *Anspruchs*grundlage eine Rolle. *Vertragliche* Ansprüche kommen nur in Betracht, wenn ein Vertrag vorliegt. Je danach, ob der Vertrag privatrechtlich oder öffentlichrechtlich ist, finden die Vorschriften des BGB (im Rahmen des Verwaltungsprivatrechts allerdings eventuell durch Bindungen der Behörde modifiziert[34]) oder die Vorschriften über den öffentlichrechtlichen Vertrag[35] Anwendung.

287   a) *Liegt ein Vertrag vor?* Es muß sich um *rechtsgeschäftliche* Äußerungen beider Parteien mit *Bindungswillen* handeln, nicht lediglich um unverbindliche Verabredungen oder Meinungsäußerungen. Der Vertrag darf nicht mit einem (mitwirkungsbedürftigen[36]) *Verwaltungsakt* oder mit einer *Zusage* (§ 38 VwVfG) verwechselt werden.[37]

Besonders bei Anstaltsnutzungen pflegt den Bearbeitern die Entscheidung schwerzufallen, ob eine *Gebühr* (Verwaltungsakt) im Über-Unterordnungsverhältnis oder kraft privatrechtlichen[38] Vertrags ein *Entgelt* erhoben wird. Wenn der Sachverhalt ausdrücklich von einer Gebühr spricht, ist das meistens als *objektive* Mitteilung des Aufgabenstellers gemeint, die nicht angezweifelt werden darf. Jedenfalls aber ist es ein Indiz für das Vorliegen eines Verwaltungsakts, ebenso wie die Regelung des Benutzungsverhältnisses durch „Satzung". – In den *Ausgangsfällen* ist ein Vertrag gegeben. Es war also fehlerhaft, wenn die Bearbeiter im *Ausgangsfall 2* § 38 VwVfG (Zusage) heranzogen.

288   b) *Öffentlichrechtlicher oder privatrechtlicher* Vertrag? Entscheidend für die Abgrenzung ist nach dem Wortlaut von § 54 VwVfG und ständiger Rechtsprechung,[39] ob der vertraglich geregelte *Gegenstand* im privaten oder im öffentlichen Recht beheimatet ist. Wenn für den im Vertrag

---

[33] Zum Einstieg über sie Rdnr. 272. Die Behörde kann vertragliche Erfüllungsansprüche in der Regel *nicht* durch Leistungsbescheid durchsetzen, s. Rdnr. 75

[34] Dazu Rdnrn. 271, 644.

[35] Rdnrn. 291 ff.

[36] Vgl. *Wolff-Bachof* I, § 48.

[37] Näheres zum Problem im JA 1969, 237.

[38] Einen *öffentlichrechtlichen* Vertrag ziehen Rechtsprechung und Lehre hier nicht in Betracht; vgl. *Götz*, JuS 1970, 3 bei Fußn. 25.

[39] Z. B.: *BGH*, JZ 1971, 652; *BVerwGE* 22, 138; *BVerwG*, JuS 1969, 143 Nr. 8 m. w. Nachw. und Darstellung von Meinungen, die neben dem Gegenstand auch den Zweck des Vertrags berücksichtigen; *BVerwGE* 42, 332 = JuS 1974, 56 Nr. 10; *BVerwG*, NJW 1976, 2360 = JuS 1977, 127 Nr. 16; vertiefend *Lange*, JuS 1982, 500.

geregelten Sachverhalt eine gesetzliche Regelung besteht, ist deren Charakter als öffentlichrechtlich oder als privatrechtlich auch für die Natur des Vertrages maßgeblich. Fehlt eine solche gesetzliche Verordnung, kann man auf die ,,hypothetische Normenstruktur" abstellen und fragen, ob eine gesetzliche Regelung, die der Vertragsregelung entspricht, öffentlichrechtlicher oder privatrechtlicher Natur wäre.

289   Die Erhebung von Anliegerbeiträgen gehört dem öffentlichen Recht an. Deshalb sind auch Vereinbarungen über sie öffentlichrechtlich. Problematisch ist im *Ausgangsfall 1*, ob die Ansiedlungsklausel, welche als die eigentliche Anspruchsgrundlage in Betracht kommt, öffentlichrechtlich oder privatrechtlich ist. Für die Zulässigkeit des Rechtsweges ist auf den Charakter der Pflicht abzustellen, die im Streit ist.[40] Grundsätzlich sind *gemischte* Verträge denkbar, solange es sich nicht um Vertragsteile handelt, welche sich als Leistung und Gegenleistung *gegenüberstehen*.[41] Weil die Geltung des *öffentlichen* Rechts unausweichlich ist, unterstehen im letzten Falle *beide* Vertragsteile dem öffentlichrechtlichen Rechtsstatut.[42] In der Bejahung eines derartig engen Zusammenhanges zwischen einzelnen Vertragsteilen ist die Rechtsprechung verhältnismäßig großzügig.[43] Demgemäß steht die Ansiedlungsklausel des *Ausgangsfalles 1* in so engem Zusammenhang mit der öffentlichrechtlichen Vereinbarung über die kostenlose Erschließung, daß sie schon deshalb als öffentlichrechtlich angesehen werden muß. Im *Ausgangsfall 2* handelt es sich ebenfalls um einen öffentlichrechtlichen Vertrag.

290   c) Ein öffentlichrechtlicher Vertrag` kann zwischen einem Träger öffentlicher Verwaltung und einem Privaten (= ,,subordinationsrechtlicher" Vertrag, § 54 S. 2 VwVfG) oder auch zwischen zwei (oder mehreren) Trägern öffentlicher Verwaltung (= ,,koordinationsrechtlicher" Vertrag) abgeschlossen werden. Soweit §§ 54ff. VwVfG ihren Anwendungsbereich auf ,,Verträge im Sinne des § 54 Satz 2" beziehen, gelten sie alleine für ,,subordinationsrechtliche" Verträge. Für ,,koordinationsrechtliche" Verträge bleibt es insoweit bei den allgemeinen Grundsätzen eines ungeschriebenen Vertragsrechts. Staatsverträge und Verwaltungsabkommen zwischen den Ländern werden später in Rdnrn. 820ff. gesondert behandelt.

291   2. Wirksamkeit eines öffentlichrechtlichen Vertrages

a) Nach § 54 VwVfG ,,*kann* ein Rechtsverhältnis auf dem Gebiet des öffentlichen Rechts durch Vertrag begründet, geändert oder aufgehoben werden".[44] Tatbestandlich näher eingegrenzte Einzelermächtigungen

---

[40] *BGHZ* 43, 37, unter Berufung auf *Lerche*, in: Staatsbürger und Staatsgewalt II, 1963, S. 59, 66.
[41] *BGHZ* 43, 37; *BGH*, DÖV 1972, 719; *BVerwG*, NJW 1980, 2538. A. A. *Erichsen-Martens*, Allg. VR, § 25 II.
[42] *BVerwG*, NJW 1980, 2538; *Papier*, JuS 1981, 499.
[43] S. bes. *BVerwGE* 22, 138ff.; *BGH*, JZ 1971, 652ff.; *BVerwGE* 42, 333 = JuS 1974, 56 Nr. 10; *BVerwG*, NJW 1976, 2360 = JuS 1977, 127 Nr. 16.
[44] Die gegenteilige, insbes. durch *O. Mayer* (AöR 3, 1ff.) beeinflußte Lehre ist also jetzt auch positivrechtlich überwunden. Zur Entwicklung s. *BVerwGE* 23, 213 = JuS 1967, 91 Nr. 9; *Götz*, JuS 1970, 1ff.

sind nach h. A. nicht erforderlich.[45] Falls eine Spezialermächtigung vorhanden ist (vgl. z. B. §§ 110, 123 III BBauG), muß sie aber natürlich herangezogen werden.

292   b) Das ordnungsmäßige *Zustandekommen des Vertrages* (Angebot und Annahme; Vertretungsbefugnis auf seiten der öffentlichrechtlichen Körperschaft, für Gemeinden z. B. in den Gemeindeordnungen geregelt) ist in der Klausur selten problematisch. Erheblich kann insbesondere § 58 VwVfG werden, wonach ein Vertrag in bestimmten Fällen erst wirksam wird, wenn ein Dritter oder eine andere Behörde zustimmt. Vorher ist der Vertrag schwebend unwirksam.

> Im *Ausgangsfall 2* sind für die Bebauungsgenehmigungen *selbst* (§ 35 II BBauG) die landes*interne* Zustimmung der höheren Verwaltungsbehörde und das *externe* Einvernehmen mit der Gemeinde erforderlich (§ 36 I BBauG). Zu entscheiden ist, ob § 58 II VwVfG diese Mitwirkungen *auch* als Wirksamkeitsvoraussetzungen des vertraglichen *Verpflichtungsgeschäftes* fordert. Ist das der Fall, könnte die Mitwirkung durch § 36 II BBauG fingiert sein.

293   c) §§ 54 ff. VwVfG regeln im einzelnen, wann ein öffentlichrechtlicher Vertrag *zulässig* ist, von der Verwaltung abgeschlossen werden darf.

> Wie in der Fallbearbeitung immer wieder übersehen wird, ist ein unzulässiger Vertrag nicht automatisch nichtig. Die Nichtigkeitsfrage ist vielmehr in § 59 VwVfG gesondert geregelt und daher in der Fallbearbeitung gesondert zu untersuchen (nachfolgend Rdnrn. 303 ff.). Wenn die Voraussetzungen des § 59 nicht vorliegen, sind fehlerhafte Vertragsbestimmungen gültig, allenfalls aufhebbar (dazu nachfolgend Rdnr. 305). Insoweit bestehen Parallelen zum Verwaltungsakt.[46]

294   Viele Fallbearbeitungen leiden darunter, daß sie pauschal nach der Zulässigkeit *des* Vertrages fragen. Statt dessen sind die einzelnen Vertragsbestimmungen je für sich getrennt auf ihre Zulässigkeit (bzw. im Kontext nachfolgend Rdnrn. 303 ff. auf ihre Gültigkeit) durchzumustern. Parallel zu § 139 BGB infiziert die Unzulässigkeit (bzw. Nichtigkeit) eines Vertrages (nur) unter den Voraussetzungen des § 59 III VwVfG die anderen Vertragsteile und damit den ganzen Vertrag.

> In den *Ausgangsfällen* ist also einerseits die Zulässigkeit der Vertragsteile zu untersuchen, welche die „Anspruchsgrundlage" für das Begehren sind (Ansiedlungspflicht des Unternehmens im *Ausgangsfall 1;* Verpflichtung der Behörde, die Bebauungsgenehmigung zu erteilen, im *Ausgangsfall 2*). Wegen § 59 III VwVfG muß andererseits aber auch untersucht werden, ob die Verpflichtung der Gemeinde zu kostenloser Erschließung *(Ausgangsfall 1)* und die Verpflichtung des E, die Anfechtungsklage zurückzunehmen *(Ausgangsfall 2)*, rechtmäßig sind.

---

[45] *BVerwGE* 42, 335 = JuS 1974, 56 Nr. 10. Anders früher die sog. normative Ermächtigungslehre. Die Bedeutung des Vorbehalts des Gesetzes für das Vertragsrecht wird neuerdings besonders betont von *Schimpf,* Der verwaltungsrechtliche Vertrag, 1982, S. 169 ff.

[46] Rdnrn. 43 ff.

295 §§ 55 und 56 (auch § 59 II) VwVfG finden nur auf „*Verträge i. S. des § 54 S. 2 VwVfG*" Anwendung. Seinem Wortlaut nach scheint § 54 S. 2 VwVfG lediglich „Verfügungsverträge" zu betreffen, welche an die Stelle eines Verwaltungsakts treten, diesen ersetzen.

Im *Ausgangsfall 1* verfügt die Gemeinde mit ihrem Verzicht auf die Anliegerbeiträge. Im *Ausgangsfall 2* läge ein „Verfügungsvertrag" vor, wenn die Behörde die Bebauungsgenehmigung bereits im Vertrag selbst erteilt und dem *E* nicht nur *versprochen* hätte.

Im Anschluß an die Gesetzesmaterialien sind sich Literatur und Rechtsprechung jedoch weitgehend darüber einig, daß § 54 S. 2 *alle* subordinationsrechtlichen Verträge und damit auch den „Verpflichtungsvertrag" des Ausgangsfalles 2 erfassen soll.[47]

296 § 55 VwVfG betrifft *Vergleichsverträge*, § 56 VwVfG *Austauschverträge*. Viele Studenten haben Schwierigkeiten, die Systematik der §§ 54 ff. VwVfG hinreichend zu durchschauen und die Frage nach dem Vertragstypus von der Frage zu trennen, wann und inwieweit dieser Vertragstypus zulässig ist.

297 Ein *Vergleichsvertrag* liegt vor, der Anwendungsbereich des § 55 VwVfG ist also eröffnet, wenn die Vertragsparteien „eine bei verständiger Würdigung des Sachverhalts oder der Rechtslage bestehende Ungewißheit durch gegenseitiges Nachgeben beseitigt" haben (= *Begriff* des Vergleichs). Dieser Vertrag ist zulässig (= *rechtmäßig*), „wenn die Behörde den Abschluß des Vergleichs zur Beseitigung der Ungewißheit nach pflichtgemäßem Ermessen für zweckmäßig hält". Ein Ermessensfehler macht den Vergleich rechtswidrig (und im Kontext nachfolgend Rdnrn. 303 ff. gem. § 59 II Nr. 3 VwVfG nichtig). Weil die Verfügung über eine *ungewisse* Rechtslage gerade das Wesen des Vergleichs ausmacht, ist es hingegen prinzipiell unschädlich, wenn Bestimmungen in einem Vergleichsvertrag *inhaltlich* gegen (an sich) zwingendes Recht verstoßen.[48] *Im Ausgangsfall 2* würde die Bebauungsgenehmigung bei entsprechender Sachlage mit § 35 III Nr. 3 BBauG („Splittersiedlung") unvereinbar sein. *Wenn* es sich *begrifflich* um einen Vergleich handelte, wäre diese Vertragsbestimmung trotzdem rechtmäßig. Nach der Begriffsdefinition in § 55 VwVfG liegt indessen kein Vergleich vor. Denn die Behörde hat nicht *im Rahmen* der bestehenden Ungewißheit (Zulässigkeit und Begründetheit der Nachbarklage) nachgegeben, sondern dem *E außerhalb* des Prozeßgegenstandes eine Leistung (Bebauungsgenehmigung) versprochen.[49]

298 Die Leistung der Behörde (Bebauungsgenehmigung) und die Leistung des *E* (Rücknahme der Klage) dürften *im Ausgangsfall 2* in einem *Austauschverhältnis* i. S. des § 56 VwVfG miteinander stehen.[50] Damit ist § 56 VwVfG anwendbar, allerdings nicht alleine (Fehlerquelle), sondern in Kombination mit § 54 S. 1 VwVfG: Die Zulässigkeit der *Behörden*leistung (Bebauungsgenehmigung) beurteilt sich *ausschließlich* nach § 54 VwVfG (*im Ausgangsfall 2* mit der Entsprechung für die Nichtigkeitsfrage in § 59 II

---

[47] S. *BVerwG*, DÖV 1977, 206 sowie etwa *Hans Meyer*, in: *Meyer/Borgs*, VwVfG, 2. Aufl. 1982, § 54 Rdnr. 45, letzterer auch zum Begriff des subordinationsrechtlichen Vertrages.

[48] *BVerwGE* 14, 103; 49, 359 = JuS 1976, 544 Nr. 13; 49, 359. Zu Grenzen der „Verfügungsbefugnis" s. *BVerwGE* 17, 87, 93 f.

[49] Ebenso *BVerwGE* 49, 364 = JuS 1976, 544 Nr. 13.

[50] Zum Begriff des Austauschvertrages (= Verträge i. S. der §§ 320 ff. BGB oder enger?) *Kopp*, VwVfG, 2. Aufl. (1980), § 56 Rdnr. 1 ff.; *BVerwG*, DVBl 1977, 207.

Nr. 1). Die Gegenleistung des *Bürgers (E)* unterliegt ebenfalls den Zulässigkeitsanforderungen des § 54 S. 1 VwVfG und *zusätzlich* den Anforderungen des § 56 VwVfG (mit der Nichtigkeitsentsprechung in § 59 II Nr. 4 VwVfG).

299   aa) Gem. § 54 S. 1 VwVfG ist ein öffentlichrechtlicher Vertrag zulässig, „soweit Rechtsvorschriften nicht entgegenstehen". Damit kann der Behörde einerseits das Handeln in der *Form* des Vertrages unmöglich sein, weil eine andere Handlungs*form* zwingend vorgeschrieben ist.

Soweit es sich *im Ausgangsfall 1* um Erschließungsbeiträge handelt, welche von §§ 127ff. BBauG erfaßt sind, dürfte § 135 V BBauG einen *vertraglichen* Verzicht zulassen. Für die sonstigen Erschließungsbeiträge bestimmen die (Landes-)Kommunalabgabengesetze, daß der Kreis der Abgabenpflichtigen *durch Satzung* des *Gemeindeparlaments* zu bestimmen ist, also nicht durch Vertrag festgelegt werden kann, solange nicht eine Satzung das gestattet.

Wie angedeutet wurde, erlaubt § 54 S. 2 VwVfG nunmehr vertragliche Regelungen *anstelle* eines *Verwaltungsakts*, wenn ein Gesetz an sich das Handeln in der Form eines Verwaltungsakts vorsieht, solange nicht erkennbar ist, daß der Gesetzgeber in einem Einzelfall (Beispiel Beamtenernennung) ausnahmsweise einmal nach wie vor *alleine* das Handeln durch Verwaltungsakt vorschreibt.[51] Demgemäß hätte die Bebauungsgenehmigung *im Ausgangsfall 2* bereits im Vertrag selbst erteilt werden *können*.

300   bb) Sodann dürfen die Leistung des Staates und die Leistung des Bürgers *inhaltlich* nicht gegen zwingende Vorschriften des *materiellen* Rechts verstoßen (Ausnahme: Vergleichsvertrag[52]). Denn die Anerkennung der vertraglichen Handlungsform für sich alleine eröffnet der Verwaltung nicht die Möglichkeit, vom materiellen Inhalt des Verwaltungsrechts abzuweichen, solange ihr nicht ein besonderes Gesetz diese Vertragsautonomie einräumt.[53] (Daher hat der öffentlichrechtliche Vertrag seine Hauptbedeutung im Bereich zulässiger Ermessensbetätigungen).

Im Ausgangsfall 1 liegt ein Verstoß gegen zwingendes Recht vor, wenn eine Gemeindesatzung die Abgabenpflicht regelt und für das Unternehmen keine Ausnahmevorschrift enthält.[54] Für den *Ausgangsfall 2* wurde bereits angedeutet, daß die Bebauungsgenehmigung bei entsprechender Sachlage wegen § 35 III BBauG („Splittersiedlung") nicht erteilt werden darf.

301   Die öffentlichrechtliche Körperschaft kann über vertragliche Gestaltungen insbesondere nicht ihrer Bindung an die Grundrechte ausweichen, da Art. 1 III GG „die vollziehende Gewalt" ohne Rücksicht auf die Form ihres Tätigwerdens bindet.[55] Demgemäß ist die „Privatautonomie" der Behörde *auch* im Rahmen des *Verwaltungsprivatrechts* eingeschränkt.

---

[51] *Meyer:* in: *Meyer/Borgs,* § 54 Rdnr. 53.
[52] Soeben Rdnr. 297.
[53] Zum Problem s. *Götz,* JuS 1973, 3 bei Fußn. 18ff.
[54] Vgl. *Paulick,* JuS 1966, 21f., sowie: *BVerwGE* 8, 329f.; 22, 142; 25, 304. S. schließlich die Fallbesprechung von *Knemeyer,* JuS 1967, 366.
[55] *Wolff-Bachof* I, § 23 IIb 1 m. Beispielen.

302   cc) Soweit die Leistung des *Bürgers* im *Austauschverhältnis*[56] zur Leistung der Behörde steht, müssen zusätzlich zu den Anforderungen des § 54 die besonderen Anforderungen des § 56 VwVfG erfüllt sein. In der Regel ist hier besonders auf *unzulässige Koppelungen*[57] (§ 56 I S. 2 a. E.) zu achten. Auch die *anderen* Anforderungen[58] des § 56 VwVfG sind aber sorgfältig zu beachten (= häufiger Auslassungsfehler).

In den *Ausgangsfällen* verstoßen die Leistungen von *U* (Ansiedlung) und *E* (Klagerücknahme) weder gegen § 54 noch gegen § 56 VwVfG. Im *Ausgangsfall 1* ist damit nur noch weiter zu verfolgen, ob der – wie festgestellt – rechtswidrige Abgabenverzicht nichtig ist und die Nichtigkeit dieses Vertragsteiles über § 59 III VwVfG den in sich rechtmäßigen Vertragsteil ,,Ansiedlung" infiziert. Im *Ausgangsfall 2* geht es noch um die Frage, ob die rechtswidrige Verpflichtung zur Erteilung der Bebauungsgenehmigung nichtig ist.

303   d) Es wurde bereits ausgeführt, daß rechtswidrige Vertragsteile nur *nichtig* seien, wenn die Voraussetzungen des § 59 VwVfG vorliegen. Insoweit bricht § 59 VwVfG mit der überkommenen Ansicht,[59] welche rechtswidrige Vertragsteile *in aller Regel* als nichtig ansah.[60]

304   In den *Ausgangsfällen* beurteilt sich die Nichtigkeitsfrage für die rechtswidrigen Verpflichtungen der Träger öffentlicher Verwaltung (Abgabenverzicht im *Ausgangsfall 1*, Versprechen der Bebauungsgenehmigung im *Ausgangsfall 2*) nach § 59 II Nr. 1 VwVfG. Verwaltungsakte mit entsprechendem Inhalt, insbesondere auch die dem *Ausgangsfall 2* parallele Zusage nach § 38 VwVfG wären trotz ihrer Rechtswidrigkeit gem. § 44 VwVfG gültig. Also sind gem. § 59 II Nr. 1 VwVfG auch die entsprechenden (rechtswidrigen) Vertragsteile gültig. Das gilt für *Ausgangsfall 1*, in welchem die Gemeinde bereits im Vertrag selbst auf die Abgabe verzichtet hat (,,*Verfügungs*vertrag") ohne weitere Probleme. Über § 59 I VwVfG i. V. mit § 134 BGB (gesetzliches Verbot) läßt sich die Nichtigkeit hier wie auch im *Ausgangsfall 2* nicht begründen. Denn der Anwendungsbereich des § 134 BGB ist im Rahmen des § 59 I VwVfG auf ,,Verbote" in einem engen Sinne beschränkt. Sonst wäre § 59 II VwVfG überflüssig.[61] Verbotsgesetze in diesem engen Sinne dürften nur Vorschriften sein, welche sich dem Rechtsakt *aktiv* entgegenstellen, ihn nicht nur verbieten, sondern im Ergebnis *verhindern* wollen.[62] Gegen ein *solches* Verbotsgesetz wird in den *Ausgangsfällen* nicht verstoßen. – Im *Ausgangsfall 2* hat sich die Behörde zur Erteilung der Bebauungsgenehmigung lediglich *verpflichtet* (,,*Verpflichtungs*vertrag"). Die Verpflichtung besteht in einem Handeln (Erteilung der Bebauungsgenehmigung), welches die Behörde nach der Gesetzeslage

---

[56] S. soeben Fußn. 50.
[57] Näheres zu ihnen in *BGH*, DÖV 1973, 718; *BVerwGE* 42, 336 = JuS 1974, 56 Nr. 10 (Zulässigkeitsvoraussetzungen eines baurechtlichen Folgekostenvertrages); *BVerwGE* 52, 183 = JuS 1978, 209 Nr. 13; *BVerwG*, NJW 1980, 1294 = JuS 1980, 458 Nr. 14.
[58] Sie gehen auf *BVerwGE* 42, 342 ff. = JuS 1974, 56 Nr. 10 zurück.
[59] Zu ihr *Erichsen-Martens*, Allg. VR, § 27 IV; *Götz*, DÖV 1973, 302, jeweils m. w. Nachw. Zuletzt *BVerwG*, NJW 1976, 217; *BVerwGE* 49, 361 = JuS 1976, 544 Nr. 13; *BVerwG*, NJW 1980, 2539.
[60] § 59 gibt insoweit Bestrebungen in der Literatur nach, s. etwa *Wolff-Bachof* I, § 44 II e.
[61] *Kopp*, VwVfG, § 59 Rdnr. 7.
[62] So *Schimpf*, (soeben Fußn. 45), S. 287 ff.

(§ 35 BBauG) an sich nicht erbringen dürfte. Trotzdem ist kein Fall anfänglicher objektiver Unmöglichkeit gegeben, welche den Vertrag gem. § 59 I VwVfG i. V. mit § 306 BGB nichtig machen würde. Wie die umfangreiche Tätigkeit der Verwaltungsgerichte zeigt, ist es den Behörden *faktisch* durchaus *möglich*, rechtswidrige Verwaltungsakte zu erlassen.[63] Damit sind die Ansiedlungsklausel im *Ausgangsfall 1* und die rechtswidrige Verpflichtung zur Erteilung der Bebauungsgenehmigung im *Ausgangsfall 2* gültig.[64]

305   e) Gegen § 59 II Nr. 1 VwVfG bestehen *verfassungsrechtliche Bedenken*,[65] aus der Sicht des rechtswidrig belasteten Bürgers[65a] wegen des Grundrechtsschutzes i. V. mit Art. 19 IV GG, aus der Sicht des Staates wegen des Gesetzmäßigkeitsprinzips in dem VwVfG[66] nicht die Möglichkeit, den rechtswidrigen Vertrag durch Anfechtung[67] oder Rücknahme[68] nachträglich wieder zu beseitigen, sieht man von der engen Kündigungsmöglichkeit in § 60 I 2 VwVfG ab. Verfassungsrechtlich gesehen kann ein fehlerhafter Vertrag nur in *besonderen Konstellationen* endgültigen Bestand haben, wie der Verwaltungsakt[69] etwa, wenn nach den Umständen des *konkreten Einzelfalles* der Vertrauensschutzgedanke[70] zugunsten des Bürgers das Festhalten am rechtswidrigen Vertrag gebietet. In der Klausur kann man die verfassungsrechtlichen Bedenken übergehen, wenn der Fall hinreichend viele andere Probleme enthält. In einer Hausarbeit muß die Verfassungsfrage aber angesprochen werden, wenn es auf sie für die Lösung ankommt. Möglicherweise hat der Bürger unmittelbar von Verfassungs wegen einen Anspruch gegen die Behörde auf Aufhebung des rechtswidrigen Vertragsteils oder des Vertrages (Abschluß eines Aufhebungsvertrages).[71] Allerdings hat der Gesetzgeber das Problem des rechtswidrigen Vertrages in § 59 VwVfG wohl *abschließend* regeln wollen.[72] Ein Richter, welcher *ergänzend* zu § 59 VwVfG den verfassungsrechtlichen Aufhebungsanspruch meint zugestehen zu müssen, hat gem. Art. 100 I GG das Verfahren auszusetzen und zur (verfassungswidrigen) *abschließenden* Funktion des § 59 VwVfG die Entscheidung des Bundesverfassungsgerichts einzuholen. Entsprechendes könnte in der Fallbearbeitung vorgeschlagen werden.

---

[63] Aus dem gleichen Grunde ist auch die von *Bullinger*, DÖV 1977, 812 vorgeschlagene Lösung über das anfängliche subjektive Unvermögen (mit verschuldensunabhängiger Garantiehaftung der öffentlichen Hand, vgl. *Palandt-Heinrichs*, BGB, § 306 Anm. 4) nicht gangbar. In der Annahme *rechtlicher* Unmöglichkeit oder *rechtlichen* Unvermögens ist auch die Rechtsprechung der Zivilgerichte zurückhaltend, s. *Palandt-Heinrichs*, § 275 Anm. 1, 2.

[64] A. A. *BVerwGE* 49, 361 = JuS 1976, 544 Nr. 13 für die Zeit *vor* Inkrafttreten des VwVfG.

[65] Ausführlich dazu *Götz*, DÖV 1973, 298 ff.; in der Tendenz ebenso *Erichsen-Martens*, aaO, § 27 IV; anders *Schleicher*, DÖV 1976, 554 f. Detailliert *Schenke*, JuS 1977, 281.

[65a] Darstellung von Fällen, in welchen bürgernachteilige Vertragsregelungen nicht §§ 56, 59 II Nr. 4 VwVfG (= Nichtigkeit), sondern im Textzusammenhang §§ 54, 59 II Nr. 1 VwVfG unterfallen, bei *Schenke*, JuS 1977, 283.

[66] Anders aber § 126 III LVerwG SchlH, auch noch nach Anpassung des LVerwG an das VwVfG (GVBl SchlH 1979, 16).

[67] Zum VA s. insoweit Rdnr. 62.

[68] Zum VA s. Rdnrn. 215 ff.

[69] Insoweit ebenso *Götz*, DÖV 1973, 300; *BSG*, NJW 1968, 176. Krit. *Forsthoff*, Lehrbuch, S. 283.

[70] In einer „echten" Fallbearbeitung könnte es zweckmäßig sein, *sogleich am Anfang* auf das Auslegungsproblem einzugehen.

[71] So die Lösung von *Schimpf* (soeben Fußn. 45, S. 332 ff.) in Anlehnung an die Ableitung des Folgenbeseitigungs- und Abwehranspruches aus den Grundrechten (dazu nachfolgend Rdnrn. 334 bei Fußn. 34, 340).

[72] A. A. *Schimpf*, aaO, S. 373 ff.

306 Von dieser Problematik sind *Willensmängel* (§§ 119 ff. BGB) zu scheiden: Wegen Irrtum oder arglistiger Täuschung kann auch der öffentlichrechtliche Vertrag *ohne weiteres* angefochten werden (§ 62 VwVfG).

307 3. (Evtl.:) Auslegung des Vertrages

Im *Ausgangsfall 1* ergibt sich letztendlich durch Vertrags*auslegung*, daß das Unternehmen trotz der Gültigkeit der Ansiedlungsklausel keine Ansiedlungs*pflicht* trifft. Bei wirtschaftlicher Betrachtungsweise sollte wohl allein die Gemeinde Pflichten tragen; sie war an der Ansiedlung besonders interessiert. Die Ansiedlung ist zum Vertrags*inhalt* erhoben *causa* des Vertrags, also einerseits mehr als eine „unter" dem Vertrag stehende Geschäftsgrundlage,[73] andererseits aber keine Pflicht. Weil die causa weggefallen ist, könnte die Gemeinde möglicherweise Bereicherungsansprüche geltend machen.[74]

Spätestens beim öffentlichrechtlichen Vertrag zeigt sich übrigens: Ohne solide Kenntnisse im Zivilrecht läßt sich auch ein öffentlichrechtlicher Fall nicht angemessen bearbeiten.

IV. Ansprüche aus öffentlichrechtlicher Verwahrung

310 *Ausgangsfälle:* (1) *E* sucht eine kostenlose Bleibe für seinen Hund während der Urlaubszeit. Deshalb geht er ins städtische Tierheim und behauptet, der Hund sei ihm zugelaufen. Kann die Stadt von *E* die Fütterungskosten verlangen, nachdem sich der wahre Sachverhalt aufgeklärt hat?[75]
(2) Die Behörde entzieht dem *X* die Fahrerlaubnis und zieht seinen Führerschein (= Bescheinigung über die Fahrerlaubnis, § 2 II StVG) ein. Das Gericht hebt später die Entziehung der Fahrerlaubnis auf. Kann *X* seinen Führerschein zurückverlangen?[76]

Das Rechtsinstitut der öffentlichrechtlichen Verwahrung ist durch § 40 II VwGO positivrechtlich anerkannt, aber nur in wenigen Bereichen[77] gesetzlich näher geregelt.

311 1. Ein öffentlichrechtliches *Verwahrungsverhältnis besteht*, wenn eine Behörde[78] bewegliche Sachen zur Aufbewahrung für eine Privatperson kraft öffentlichen Rechts im Besitz hat.[79] Während das privatrechtliche Verwahrungsverhältnis auf Vertrag beruht (§ 688 BGB), entsteht das öffentlichrechtliche Verwahrungsverhältnis beim Eintritt dieses Tatbestandes automatisch.

---

[73] Zum Unterschied s. insb. *Soergel-Knopp*, BGB, 11. Aufl. (1978), § 242 Rdnr. 390; vgl. auch *U. Huber*, JuS 1972, 57.
[74] Einzelheiten bei *U. Huber*, JuS 1972, 64.
[75] Ähnlicher Fall bei *Wilke*, JuS 1966, 481; weiterer Fall bei *Maurer*, JuS 1981, 809.
[76] *VGH Kassel*, DÖV 1963, 389; s. zum Fall auch schon Rdnr. 49. Weiterer Fall: *BGHZ* 4, 192 ff.
[77] S. etwa §§ 27 ff. ASOG Berlin, Art. 24 BayPAG 1978 betr. die polizeiliche Sicherstellung; Hinterlegungsordnung (Schönfelder Nr. 121).
[78] Zum umgekehrten Fall (Verwahrung der Grundausstattung durch Reservisten der Bundeswehr) s. *VG Arnsberg*, JuS 1975, 401 Nr. 13; *H. Müller*, JuS 1977, 232.
[79] Im gleichen Sinne z.B. *BGHZ* 34, 354; *BGH*, JuS 1974, 191 Nr. 11; *Menger-Erichsen*, VerwArch 1966, 73.

Beispiele: Beschlagnahmen, Sicherstellung von Sachen.[80] Im *Hundefall* liegt ein öffentlichrechtliches Verwahrungsverhältnis vor. Gemäß § 967 BGB (öffentlichrechtliche Norm![81]) nimmt die Stadt *jeden* Gegenstand in Verwahrung, der ihr als ,,Fundsache" übergeben wird. Sie verwahrt den Gegenstand für denjenigen, der kraft bürgerlichen oder öffentlichen Rechts für ihn verantwortlich ist. Beim *Führerscheinentzug* hat der *VGH Kassel*[82] ein Verwahrungsverhältnis abgelehnt, weil die Behörde den Führerschein nicht habe aufbewahren, sondern endgültig einziehen wollen. Es dürfte aber nicht auf diesen *Willen* der Behörde, sondern nur auf ihre *Pflicht* ankommen, den Führerschein jedenfalls solange für *X* aufzubewahren, bis die Erlaubnisentziehung unanfechtbar geworden ist.

312   2. In der Fallbearbeitung ist zunächst nach positivrechtlichen Regelungen zu forschen.[83] Finden sie sich nicht, leiten die Studenten und Examenskandidaten aus den Vorschriften des BGB zum Verwahrungsvertrag auch für die öffentlichrechtliche Verwahrung *Obhutspflichten, Ansprüche auf Aufwendungsersatz und Rückgabeansprüche* ab. Bei dieser Analogie ist indessen größte Zurückhaltung geboten.[84] Der Verwahrungsvertrag des BGB betrifft Fälle, in welchen die Rechtsbeziehungen der Parteien unmittelbar durch die Aufbewahrung selbst geprägt sind. Die öffentlichrechtliche Verwahrung hat hingegen nur in Ausnahmefällen, etwa beim Fund oder bei der Hinterlegung, eigenständiges Gewicht. Sonst ist sie lediglich *Nebenfolge* in umfassenderen Rechtsbeziehungen, die *primär nicht* auf Aufbewahrung, sondern auf andere Zwecke (Beschlagnahme, Sicherstellung usw.) gerichtet sind. Durch *diese* Zwecke wird der Inhalt des Verwahrungsverhältnisses geprägt. Je nach dem Kontext, in welchem das öffentlichrechtliche Verwahrungsverhältnis im Einzelfall steht, können sich ganz unterschiedliche Lösungen ergeben. Analogien zu §§ 688 ff. BGB kommen nur teilweise in Betracht.[85] Anders als beim zivilrechtlichen Verwahrungsvertrag kann es einheitliche Rechtsregeln für *die* öffentlichrechtliche Verwahrung also nicht geben.

In den *Ausgangsfällen* treffen die Behörden die *Obhutspflichten,* den Hund bzw. den Führerschein ordnungsgemäß aufzubewahren. Im *Hundefall* vermittelt die öffentlichrechtliche Verwahrung dem *E* auch einen Rückgabeanspruch. Umgekehrt kann die Behörde von *E* ihre *Aufwendungen* erstattet verlangen; daneben hat sie Schadensersatzansprüche aus §§ 823 II BGB, 263 StGB (Betrug).[86] *X* hat hingegen keinen *Anspruch auf Rückgabe des Führerscheins* aus dem Verwahrungsverhältnis, wie viele Bearbeiter annahmen. Anspruchsgrundlage ist insoweit vielmehr ein Folgenbeseitigungsanspruch, welcher nicht an die Tatsache der Verwahrung, sondern daran angeknüpft ist,

---

[80] Art. 25 ff. BayPAG 1978; § 8 ZollG.
[81] S. *Wilke,* JuS 1966, 482.
[82] DÖV 1966, 390.
[83] Soeben Fußn. 77.
[84] Dogmatisch hinreichend durchgebildete Monographien zum Thema sind bisher nicht ersichtlich. Daher können nachfolgend nur einige erste Anregungen versucht werden.
[85] Beispiel in *BVerwGE* 52, 253 = JuS 1978, 206 Nr. 10.
[86] Ansprüche aus GoA sind nicht gegeben; vgl. nachfolgend Rdnr. 319.

daß die Entziehung der Fahrerlaubnis rechtswidrig war und also aufgehoben worden ist.[87] Besonders bei der Rückgabe wird somit entscheidend, wenn die öffentlichrechtliche Verwahrung nur Nebenfolge *anderer* Verwaltungszwecke ist.

313 3. Für vermögensrechtliche Ansprüche aus öffentlichrechtlicher Verwahrung ist gem. § 40 II VwGO der *ordentliche* Rechtsweg gegeben, nach ständiger Rechtsprechung allerdings nicht, wenn die Behörde klagt.[88]

Im *Hundefall* würde das bedeuten, daß die Stadt ihren Anspruch auf Aufwendungsersatz vor dem Verwaltungsgericht,[89] ihren Schadensersatzanspruch vor dem Zivilgericht einklagen müßte – ein eigenartiges Ergebnis.

V. Ansprüche aus Geschäftsführung ohne Auftrag

314 *Ausgangsfälle.*[90] (1) Hundefall (soeben Rdnr. 310).

(2) E ist durch Polizeiverfügung aufgegeben worden, auf seinem Grundstück einen Baum zu beseitigen, welcher eine Gefahr für die öffentliche Sicherheit darstelle. Nachdem die Verfügung unanfechtbar geworden ist, läßt die Behörde den Baum im Wege der Ersatzvornahme fällen. Sie hatte aber vergessen, dem E die Vollstreckungsmaßnahme rechtzeitig anzudrohen. Die Vollstreckung war also rechtswidrig.[91] Trotzdem verlangt die Behörde von E die Kosten der Ersatzvornahme. Denn es sei zum Erfolg eingetreten, welchen E so oder so auf seine Kosten habe herbeiführen müssen. – Vollstreckungsrechtliche Ansprüche scheiden bei rechtswidriger Vollstreckung aus.

In beiden Ausgangsfällen kommen Ansprüche auf *Aufwendungsersatz* aus GoA in Betracht. Literatur und Rechtsprechung haben bisher nicht abschließend geklärt, inwieweit dieses Rechtsinstitut auf Sachverhalte Anwendung finden kann, welche vom öffentlichen Recht geprägt sind.[92] Nachfolgend werden nur Ansprüche des Staates gegen den Bürger aus GoA behandelt. Sie kommen in der Fallbearbeitung am häufigsten vor. Die meisten Gesichtspunkte sind aber auch verwertbar, wenn Ansprüche des Bürgers gegen den Staat[93] oder eines Verwaltungsträgers gegen einen anderen Verwaltungsträger[94] aus GoA zu erörtern sind.

---

[87] Im Ergebnis so auch *VGH Kassel*, DÖV 1963, 389; Einzelheiten zum Folgenbeseitigungsanspruch anschließend Rdnrn. 334 ff.

[88] *BGHZ* 43, 227 f.; *BVerwGE* 18, 78. Die tiefergehende Problematik ist dargestellt in *BVerwG*, DVBl 1971, 412 ff. = JuS 1971, 433 Nr. 13.

[89] So mit eingehender Begründung *Wilke*, JuS 1966, 481 ff.

[90] Lies ferner die kritische Fallbesprechung zu *BayObLGZ* 1968, 200 (Polizeibeamter verletzt sich, um einen Selbstmörder zu retten) bei *Maurer*, JuS 1970, 561.

[91] Vgl. schon Rdnr. 153.

[92] Überblicke über den Meinungsstand geben z. B. *Maurer*, JuS 1970, 561 ff.; *Gusy*, JA 1979, 71; *Erichsen-Martens*, Allg. VR, § 30 II. Ablehnend *Wollschläger*, GoA im öffentlichen Recht und Erstattungsanspruch, 1977.

[93] Beispiele bei *H. H. Klein*, DVBl 1968, 169, etwa: Anlieger bauen eine Straße aus, welche die *Gemeinde* zu unterhalten hat; *BGHZ* 63, 167 = JuS 1975, 248 Nr. 1: Schadensersatzanspruch des Brandgeschädigten wegen schlechter Arbeit der Feuerwehr (dazu noch nachfolgend Fußn. 103); *VGH Mannheim*, NJW 1977, 1843 = JuS 1978, 59 Nr. 13; Klausurbesprechung bei *Demel*, JuS 1978, 696.

[94] Beispiele bei *H. H. Klein*, DVBl 1968, 167. *BGHZ* 40, 28 ff. gewährt einer Ge-

315   1. Öffentlichrechtliche oder privatrechtliche GoA?

Vor allem für den *Rechtsweg* ist im Einzelfall zu klären, ob eine *öffentlichrechtliche oder privatrechtliche* GoA in Betracht kommt.

Ein Träger öffentlicher Verwaltung wird in der Regel „kraft Amtes" als Geschäftsführer für einen Privaten tätig. Besonders wenn man der „Subjektstheorie"[95] anhängt, spricht das für eine *öffentlichrechtliche* GoA. Dementsprechend hat das *BVerwG*[96] für die Abgrenzung auf die Rechtsnatur der vom *Geschäftsführer* ergriffenen Maßnahme abgestellt. So gesehen ginge es in beiden *Ausgangsfällen* um eine öffentlichrechtliche GoA. Umgekehrt fragt der *BGH*[97] danach, welchen Charakter das Geschäft gehabt hätte, wenn es vom *Geschäftsherrn* vorgenommen worden wäre. Insoweit tauchen Parallelen zum Abgrenzungsproblem beim Vertrag auf, dessen öffentlichrechtlicher oder privatrechtlicher Rechtscharakter sich ebenfalls nach dem (Vertrags-)*Gegenstand* bemißt.[98] Im *Ausgangsfall 1* (Hundefall) kommt jetzt eine privatrechtliche GoA in Betracht. Denn der Eigentümer füttert seinen Hund „privat". Weil *E* im *Ausgangsfall 2* hingegen einer öffentlichen Pflicht nicht nachkommt, steht dort auch jetzt noch eine öffentlichrechtliche GoA in Frage.

316   2. Öffentlichrechtliche GoA

Hat man sich für eine privatrechtliche GoA entschieden, sind die Normen des BGB unmittelbar einschlägig. Sonst geht es um das Rechtsinstitut einer öffentlichrechtlichen GoA, welches in Analogien zu §§ 677 ff. BGB entwickelt worden ist. Das sachliche Ergebnis kann von dieser Weichenstellung indessen nicht abhängen. Liegt eine privatrechtliche GoA vor, handelt es sich nämlich jedenfalls um *Verwaltungs*privatrecht mit den früher[99] angedeuteten Konsequenzen: Die Normen des Zivilrechts sind durch die Bindungen modifiziert, welchen die Verwaltung in ihrem Verhältnis zum Bürger von Verfassungs wegen unterliegt. Alle nachfolgend skizzierten Einschränkungen[100] gelten daher unabhängig von der (formalen) Zuordnung des Ansatzes zum öffentlichen oder privaten Recht.

317   Das Rechtsinstitut der GoA *ermächtigt* den Geschäftsführer, sich in Fällen in fremde Angelegenheiten einzumischen, in denen er dazu „an sich" weder beauftragt noch sonst berechtigt ist. *Nur wenn* er so aus-

---

meinde, deren Feuerwehr einen von der Bundesbahn durch Funkenflug verursachten Waldbrand gelöscht hatte, einen Anspruch auf Aufwendungsersatz gegen die Bundesbahn; s. ferner *BGH*, DÖV 1978, 688 = JuS 1978, 706 Nr. 4; *OVG Münster*, NJW 1976, 1956.

[95] Zu ihr Rdnr. 52.

[96] *BVerwG*, DVBl 1956, 375; ebenso *VGH Mannheim*, NJW 1977, 1843 = JuS 1978, 59 Nr. 13.

[97] *BGHZ* 40, 28 ff.; 63, 167 = JuS 1975, 248 Nr. 1; 65, 386 = JuS 1976, 602 Nr. 5. In *BGHZ* 65, 354 = JuS 1976, 601 Nr. 4 hätte trotzdem nicht der Zivilrechtsweg bejaht werden dürfen, weil die Behörde eine *öffentlichrechtliche* Pflicht des Bürgers wahrnahm.

[98] Soeben Rdnrn. 288 ff.

[99] Rdnr. 271.

[100] Besonders Rdnr. 320.

nahmsweise einmal fremde Geschäfte betreiben *darf*, soll er die ihm entstehenden Aufwendungen erstattet bekommen.[101]

318 a) Es muß sich also zunächst um ein objektiv oder subjektiv *fremdes Geschäft* handeln. Unschädlich ist es, wenn das Geschäft gleichzeitig als eigenes betrieben wird.[102]

In den *Ausgangsfällen* nimmt die Behörde jedenfalls *auch* fremde Geschäfte wahr. Wie häufig in den Fallbearbeitungen übersehen wird, reicht das alleine aber noch nicht aus.

319 b) Die GoA ist *subsidiär*: Ist der Verwaltung die Geschäftsführung ohnehin schon gestattet, kommen keine Ansprüche aus Geschäftsführung *ohne* Auftrag in Betracht, sondern nur Ansprüche aus dem anderen Gestattungsverhältnis. Dabei ist die gebräuchliche Formulierung ,,Geschäftsführung ohne *Auftrag*" zu eng und also irreführend. Nach dem Wortlaut des § 677 BGB reicht auch jede sonstige ,,*Berechtigung*" gegenüber dem Geschäftsherrn aus, um Ansprüche aus GoA auszuschließen.[103]

So liegt es im *Hundefall*.[104] Weil die Stadt durch § 967 BGB zur Verwahrung für E *ermächtigt* war, kann der Aufwendungsersatz dort nur aus dem Verwahrungsverhältnis,[105] nicht aber aus GoA hergeleitet werden. Im Fall der vollstreckungsrechtlich unzulässigen (!) *Ersatzvornahme* handelte die Behörde hingegen *ohne* spezielle Berechtigung.

320 c) Nach §§ 677 ff. BGB ist die GoA schließlich nur zulässig, wenn sie dem *wirklichen oder mutmaßlichen Willen des Geschäftsherrn* entspricht oder wenn ohne sie eine Pflicht des Geschäftsherrn nicht rechtzeitig erfüllt werden würde, deren Erfüllung im öffentlichen Interesse liegt.[106] Problematisch ist, inwieweit an die Geschäftsführung der Verwaltung für den Bürger stärkere Anforderungen gestellt werden müssen. Die Verwaltung ist an den Grundsatz der Gesetzmäßigkeit der Verwaltung gebunden. Man kann ihren Ermächtigungsrahmen nicht unbesehen dadurch erweitern, daß man die für die Abgrenzung *privater* Hilfsbereitschaft entwickelten Zulässigkeitsvoraussetzungen der zivilrechtlichen GoA ohne weiteres analog auf die Fremdgeschäftsführung des Staates überträgt.[107]

321 Der *Ausgangsfall der Ersatzvornahme* löst sich bereits, weil nicht einmal die Voraussetzungen aus dem BGB erfüllt sind: Eventuell hätte E den Baum mit eigenen Mitteln

---

[101] Zu diesen Zusammenhängen besonders klar *Maurer*, JuS 1970, 562 ff.

[102] Einzelheiten z. B. bei *Palandt-Thomas*, BGB, § 677 Anm. 2 b.

[103] Das ebnet *BGHZ* 63, 167 = JuS 1975, 248 Nr. 1, ein. Die dort zugestandenen Ansprüche (der Bürger gegen die Feuerwehr) lassen sich erst im Textzusammenhang nachfolgend Rdnr. 322 dogmatisch verankern. Problematisch auch *BGHZ* 65, 387 ff.

[104] Ebenso *Wilke*, JuS 1966, 483.

[105] Soeben Rdnr. 312.

[106] Sonst entstehen gem. § 678 BGB Schadensersatzansprüche.

[107] Ähnlich *Maurer*, JuS 1970, 563 f.

billiger beseitigen können. Jedenfalls war er im Zweifel aber nicht bereit, rechtswidrige Vollstreckungsmaßnahmen zu dulden. Daher entsprach die Geschäftsführung der Behörde (Ersatzvornahme) nicht seinem „wirklichen oder mutmaßlichen Willen". Ein „öffentliches Interesse" an der *sofortigen* Beseitigung des Baumes (vgl. § 679 BGB) ist auch nicht ersichtlich. War die Behörde so nach dem Institut der GoA nicht zum Handeln ermächtigt, kann sie gegen E aber auch keine Ansprüche aus GoA haben.[108] – Für andere Fälle mag man eingrenzen können: Die rechtzeitige Erfüllung öffentlicher Interessen ist für das Verhältnis *Staat-Bürger* so differenziert durchnormiert, daß insoweit keine zusätzliche generalklauselartige Ermächtigung in Analogie zu § 679 BGB entwickelt werden darf. Wegen des Grundsatzes volenti non fit iniuria mag eine öffentlichrechtliche GoA hingegen zulässig sein, wenn sie dem wirklichen (oder mutmaßlichen?) Willen des Bürgers entspricht.

322   **3. Analoge Heranziehung der Rechtsfolgen einer GoA**

Liegt keine Geschäftsführung *ohne* Auftrag, sondern eine Geschäftsführung kraft besonderer Gestattung vor (soeben Rdnrn. 316 ff.), mag man bei *entsprechender Interessenlage* (!) die Rechts*folgen* der GoA analog berücksichtigen können,[109] etwa mit der Begründung: wenn schon eine Geschäftsführung *ohne* Auftrag einen Aufwendungsersatz im Gefolge haben könne, müßten erst recht die Aufwendungen einer spezialgesetzlich *gerechtfertigen* Fremdgeschäftsführung erstattet werden. Dieser Weg[110] ist in einigen Vorschriften des Polizeirechts (vgl. etwa § 43 Bad-Württ. PG, § 32 Hess. SOG, § 42 Nieders. SOG) vorgezeichnet, nach welchen die Polizei vom Störer Ersatz „in entsprechender Anwendung der Vorschriften des BGB über die GoA" verlangen kann, falls sie (berechtigterweise!) einen Nichtstörer in Anspruch genommen und entschädigt hat. Er kommt aber nur bei rechtmäßigem Handeln der Behörde in Betracht und ist auch nur gangbar, wenn sich keine andere Anspruchsgrundlage für den Aufwendungsersatz findet.

Die *Ersatzvornahme* ist im *Ausgangsfall* rechtswidrig und hier also von vornherein auszuscheiden. Insoweit ist allenfalls der öffentlichrechtliche Erstattungsanspruch[111] gegeben. Im *Hundefall* liegt es näher, den Aufwendungsersatz nicht an die GoA, sondern wie geschehen an die Vorschriften des BGB über die Verwahrung anzulehnen.

§ 17. Ansprüche auf Rückabwicklung einer „Erfüllung"

I. Kodifizierte Bereicherungs- und Erstattungsansprüche

325   *Ausgangsfälle:* (1) Die 90jährige Witwe eines Bundesbeamten hat infolge eines Rechenfehlers 500 DM zuviel erhalten, als erhöhte Versorgungsbezüge nachbezahlt wurden. Die Erhöhung war der W formularmäßig in dem monatlich übersandten „Stamm-

---

[108] Zur rechtswidrigen Ersatzvornahme ebenso z. B. *Maurer,* JuS 1970, 565 m. w. Nachw. in Fußn. 25, aber bestr.
[109] In gleicher Richtung mit Beispielen *Maurer,* JuS 1970, 564 f.
[110] Vgl. *Maurer,* JuS 1970, 563 Fußn. 14.
[111] Zu ihm s. Rdnr. 111.

blatt für Versorgungsbezüge" mitgeteilt worden. Der Staat verlangt nunmehr die über-
zahlten 500 DM zurück, obgleich *W* sie für eine Kur verbraucht hat. *W* fragt um Rat.[1]

(2) Das Ruhegehalt des in den Ruhestand getretenen Bundesbeamten *B* ist durch
Bescheid (vgl. § 49 I BeamtVG) auf monatlich 1400 DM festgesetzt worden. *B* hat
bereits das Ruhegehalt für fünf Monate bezogen, als die zuständige Pensionsstelle bei
einer Überprüfung der Versorgungsbezüge zu dem richtigen Ergebnis kommt, daß *B*
nur ein monatliches Ruhegehalt von 1300 DM zusteht. Dem Bescheid war ersichtlich
eine höhere Besoldungsgruppe zugrunde gelegt worden. Die Pensionsstelle erläßt nunmehr einen „berichtigten" Pensionsfestsetzungsbescheid und verlangt von *B* die über-
zahlten 500 DM zurück. Zu Recht?[2]

(3) Im Rahmen eines Förderungsprogramms zur regionalen Strukturverbesserung ist
dem Unternehmen *U* ein Investitionszuschuß bewilligt und ausgezahlt worden, welcher nach dem Bewilligungsbescheid „für die Erweiterung des Produktionsbetriebes in
O (II. Ausbaustufe)" zu verwenden war. *U* verwendet das Geld für die Erweiterung
eines Produktionsbetriebes an anderer Stelle. Kann die zuständige Behörde den Investitionszuschuß zurückverlangen?[3]

326   In der Fallbearbeitung ist zunächst nach *geschriebenen* Regelungen
über die Rückabwicklung zu suchen. Nur wenn sie fehlen, ist der ungeschriebene Erstattungsanspruch (nachfolgend Rdnr. 333) heranzuziehen.

Für die Rückforderung zuviel gezahlter Dienst- oder Versorgungsbezüge und damit
in den *Ausgangsfällen 1 und 2* sind §§ 87 II BBG, 12 II BBesG und 52 II BeamtVG
einschlägig.[4] Außerhalb des Beamtenrechts bestimmt der fallwichtige § 48 II 5, 6
VwVfG,[5] daß der Bürger zu erstatten hat, was ihm durch einen später aufgehobenen
rechtswidrigen begünstigenden Verwaltungsakt gewährt worden ist. § 62 VwVfG dürfte für die Rückabwicklung öffentlichrechtlicher Verträge die entsprechenden Vorschriften des BGB in Bezug nehmen.[6] § 44 a BHO (*Sartorius* Nr. 700, *lesen*) und entsprechende Vorschriften des Landeshaushaltsrechts[6a] oder Spezialvorschriften (Beispiel: FilmförderungsG) regeln die Erstattung von *Zuwendungen*, insbesondere von
Subventionen. Im *Ausgangsfall 3* wird § 44 a BHO zugrundegelegt.

Den genannten Bestimmungen ist gemeinsam, daß sie auf die Vorschriften des BGB über die ungerechtfertigte Bereicherung verweisen
(teilweise anders § 44 a BHO). Im einzelnen sollte der Bearbeiter jeweils
folgende Fragen scharf auseinanderhalten:

327   1. Hat die Behörde einen (nach den Vorschriften des Verwaltungsvollstreckungsrechts vollstreckbaren) *Rückzahlungsbescheid* (Verwaltungsakt) erlassen, den der *Betroffene* durch Widerspruch und Anfechtungsklage anfechten müßte, oder handelt es sich um eine *unverbindliche* Zah-
lungsaufforderung, welcher später eine *Leistungsklage* der *Behörde* vor
dem Verwaltungsgericht folgen soll?

---

[1] Lösung in *BVerwGE* 32, 228.
[2] Fallanlehnung an *BVerwGE* 8, 261. Weiterer Fall (Nichtigkeit eines öffentlichrechtlichen Vertrages) bei *Achterberg*, Allg. VR, Nr. 7.
[3] Fallanlehnung an *OVG Koblenz*, NJW 1981, 882 = JuS 1981, 776, Nr. 15.
[4] Entsprechende Vorschriften im Landesbeamtenrecht.
[5] Entsprechend die Verwaltungsverfahrensgesetze der Länder.
[6] §§ 812 ff. BGB; *Wolff-Bachof* I, § 44 I b 6 β; *BVerwG*, NJW 1980, 2538.
[6a] Überblick bei *Grawert*, DVBl 1981, 1029.

Wesentlich ist der objektive Erklärungswert des Schreibens der Behörde.[7] In beiden *Ausgangsfällen* handelt es sich lediglich um unverbindliche Zahlungsaufforderungen.

328   2. *Wenn ein Zahlungsbescheid ergangen ist, muß geprüft werden:*

a) Ist der Bescheid vielleicht schon deshalb mit Erfolg anfechtbar, weil die Behörde nicht ermächtigt ist, gerade in der *Form* des Verwaltungsakts tätig zu werden, sondern nur Leistungsklage erheben könnte?[8] § 48 II 8 VwVfG enthält jetzt eine oft einschlägige Ermächtigungsgrundlage.

b) Sind die Voraussetzungen der Rückforderung gegeben, besteht also ein *materieller* Bereicherungsanspruch des Staates?

329   3. *Wenn kein Zahlungsbescheid vorliegt*, ist sogleich wie in einer Zivilrechtsklausur der *Rückforderungsanspruch* (§§ 812 ff. BGB) zu untersuchen.

330   a) *Ungerechtfertigte* Bereicherung? Anfänger übersehen immer wieder: Die rechtswidrige Vermögensverschiebung ist ungerechtfertigt, wenn das Geld ohne zwischengeschalteten Verwaltungsakt allein aufgrund der Gesetzeslage „schlicht" gezahlt worden ist. Sie ist aber gerechtfertigt, solange sie von einem *gültigen* Bescheid abgedeckt ist, welcher die Zahlung für den konkreten Einzelfall verbindlich regelt.[9]

Das „Stammblatt für Versorgungsbezüge" kann im *Ausgangsfall 1 nicht* als *verbindlicher Bescheid* über die neue Höhe der Versorgungsbezüge angesehen werden.[10] Weil an *W* mehr Geld ausbezahlt worden ist, als ihr nach dem Besoldungsgesetz zusteht, ist sie also ungerechtfertigt bereichert. Im *Ausgangsfall 2* lag mit dem Pensionsfestsetzungsbescheid über monatlich 1400 DM zwar ursprünglich ein Rechtsgrund für die Auszahlung in voller Höhe vor. Durch den berichtigten Pensionsbescheid über nur 1300 DM ist dieser erste Bescheid aber teilweise zurückgenommen worden und damit als Rechtsgrund für die Überzahlung entfallen. Im *Ausgangsfall 3* würde die Rückzahlung der Investitionszulage ohne Widerruf des Bewilligungsbescheides „schlicht" verlangt werden können, *wenn* der Rechtsgedanke aus § 812 I 2 BGB (Nichteintritt des mit der Leistung bezweckten Erfolges, condictio causa data causa non secuta[11]) anwendbar wäre. Anders als etwa das FilmförderungsG ist § 44a BHO diesem Ansatz aber nicht gefolgt. Voraussetzung des Erstattungsanspruchs ist nach § 44a II BHO, daß der Zuwendungsbescheid (mit Wirkung für die Vergangenheit) widerrufen worden ist. Die zuständige Behörde müßte den Bewilligungsbescheid also – gestützt auf § 44a I BHO[12] – widerrufen.

331   Ist ein gültiger Festsetzungsbescheid zurückgenommen (oder widerrufen) worden, muß das Bestreben des Betroffenen darauf gerichtet sein, *diese Rücknahme fristgerecht anzufechten* und so den ursprünglichen Bescheid als Rechtsgrundlage für die Überzahlung zu erhalten. Hier

---

[7] *BVerwGE* 41, 305; s. auch bereits Rdnr. 57.

[8] Zu diesem Problem s. schon Rdnr. 75 bei Fußn. 42.

[9] St. Rspr., vgl. z. B.: *BVerwGE* 8, 261; 19, 188; *BVerwG, DVBl* 1967, 489. Zur Regelungsfunktion des VA lies nochmals Rdnrn. 43 ff.

[10] Zur Begr. s. *BVerwGE* 32, 228. Andere Fälle „schlichter" Gewährung: *BVerwG, DÖV* 1961, 904 (lesen!); *BVerwGE* 16, 6; *BSG, DVBl* 1967, 581.

[11] Näheres bei *Palandt-Thomas*, BGB, § 812 Anm. 6 A d.

[12] S. insoweit schon Rdnr. 214.

führt die Fallbearbeitung dann zunächst vom Rückforderungsanspruch weg auf die Grundsätze über die Rücknahme rechtswidriger (und den Widerruf rechtmäßiger) Verwaltungsakte, welche schon früher[13] dargestellt worden sind.

Im *Ausgangsfall 3* liegen die Voraussetzungen des § 44 a I BHO vor. Auch im *Ausgangsfall 2* hätte *B* keinen Erfolg, wenn er den berichtigten Pensionsfestsetzungsbescheid anfechten würde. Denn die Pensionsstelle hat den ersten Pensionsfestsetzungsbescheid *rechtmäßig* zurückgenommen. Im Zweifel[14] hat *B* das Geld zwar im Vertrauen auf den Bestand des ersten (rechtswidrigen) Bescheids ausgegeben. Es liegt also ein Vertrauens*tatbestand* vor.[15] Sein Vertrauen ist aber nicht hinreichend schutzwürdig. *G* hatte nach Ansicht des *BVerwG*[16] die Pflicht, den ersten Pensionsfestsetzungsbescheid zu überprüfen. Dabei hat er dessen Fehlerhaftigkeit infolge grober Fahrlässigkeit nicht erkannt (§ 48 II 3 Nr. 3 VwVfG). Auch schon für die Anfechtung des Rücknahmebescheids haben damit Gesichtspunkte Bedeutung, welche im weiteren Verlauf der Überlegungen teilweise nochmals auftauchen:

332   b) *Wegfall der Bereicherung* (§ 818 III BGB)?

Nach den zitierten Vorschriften des Beamtenrechts, nach § 48 II 6 VwVfG und nach § 44 a II BHO kann sich der Bürger (über §§ 819 I, 818 IV BGB hinausgehend) auf den Wegfall der Bereicherung schon nicht mehr berufen, wenn er die Umstände des Mangels infolge *grober Fahrlässigkeit* nicht kannte. – Im *Ausgangsfall 1* ist die Bereicherung weggefallen. Den Mangel des rechtlichen Grundes hat *W* weder gekannt (§§ 819 I, 818 IV BGB) noch war er so offensichtlich, daß *W* ihn als 90jährige Greisin hätte erkennen müssen (§ 52 II 2 BeamtVG). Damit braucht *W* die 500 DM nicht zurückzuzahlen.[17] – *B* kann sich demgegenüber im *Ausgangsfall 2* auch im Rahmen des § 818 III BGB nicht auf den Wegfall der Bereicherung berufen. Denn er hat den Mangel des rechtlichen Grundes (Fehler im ersten Pensionsfestsetzungsbescheid) infolge *grober Fahrlässigkeit* (§ 52 II 2 BeamtVG) nicht erkannt. – Im *Ausgangsfall 3* ist die Bereicherung nicht entfallen.

II. Ungeschriebene Erstattungsansprüche

333   *Ausgangsfall:*[18] Ärztin *X* hat ihre ärztliche Tätigkeit aufgegeben. Damit ist ihre (Pflicht-)Mitgliedschaft in der Ärztekammer (= öffentlichrechtliche Körperschaft) erloschen. Weil *X* vergessen hat, einen „Dauerauftrag" zu widerrufen, überweist ihre Bank weiterhin die Mitgliedsbeiträge an die Kammer. Das Geld wird verbraucht. Später verlangt *X* es zurück.

Liegen keine geschriebenen Regelungen[19] vor, werden Leistungen ohne Rechtsgrund über den ungeschriebenen öffentlichrechtlichen Erstat-

---

[13] Rdnrn. 215 ff.
[14] S. dazu bereits Rdnr. 217, Fußn. 16.
[15] Zu den Einzelheiten der Prüfung vgl. bereits Rdnrn. 217 f.
[16] *BVerwGE* 8, 271.
[17] Ebenso *BVerwGE* 32, 228 ff.
[18] Vgl. *OVG Hamburg*, MDR 1968, 1036, i. V. mit *H. Weber,* JuS 1970, 169. Andere Klausurfälle bei *Ring*, JuS 1975, 45; *Demel*, JuS 1978, 696. S. schließlich *BVerwGE* 40, 212 = JuS 1973, 321 Nr. 10; *OVG Mannheim*, NJW 1978, 2050 = JuS 1979, 70 Nr. 13.
[19] Soeben Rdnr. 325 ff.

tungsanspruch rückgängig gemacht. Er beruht nicht auf einer Analogie zu §§ 812 ff. BGB, ist vielmehr[20] als eigenständiges Rechtsinstitut aus allgemeinen Grundsätzen des Verwaltungsrechts, insbesondere ,,der Gesetzmäßigkeit der Verwaltung", abzuleiten und gegeben, ,,wenn die Gerechtigkeit einen Ausgleich der mit der Rechtslage nicht mehr übereinstimmenden Vermögenslage erfordert".[21] Demgemäß findet insbesondere der Gedanke des § 818 III BGB (Wegfall der Bereicherung) keine Anwendung.[22] Sonst liegen die Probleme gleichwohl ganz parallel den soeben erörterten Fragen.[23] Insbesondere besteht auch der Erstattungsanspruch nicht, solange ein (rechtswidriger) Veranlagungsbescheid[24] existent ist.

Im *Ausgangsfall* hat *X* die Beiträge ohne Veranlagung ,,schlicht" gezahlt. Obgleich das Geld verbraucht ist, kann sie die Beiträge damit ohne weiteres zurückverlangen.[25]

III. Folgenbeseitigungsansprüche

334   *Beispiele:* Die Behörde hat einen Obdachlosen in die Wohnung des *X* eingewiesen. *O* ist eingezogen. Auf eine Anfechtungsklage des *X* hebt das VG die Einweisungsverfügung auf, weil sie rechtswidrig sei. Kann *X* verlangen, daß die Behörde die Wohnung freimacht? – Die Straßenverkehrsbehörde hat *X* die Fahrerlaubnis entzogen und seinen Führerschein eingezogen. Wie kann *X* die Rückgabe des Führerscheins erreichen, nachdem das VG die Entziehung der Fahrerlaubnis aufgehoben hat?[26]

Literatur und Rechtsprechung[27] sind sich einig, daß *X* in diesen für die Entwicklung des Folgenbeseitigungsanspruchs ,,klassischen" Fällen ebenso wie in allen anderen Fällen des Vollzugs eines später aufgehobenen rechtswidrigen Verwaltungsakts einen Anspruch auf Wiederherstellung des früheren Zustands hat, allerdings nur, soweit sie möglich ist;[28] Geldersatz wird als Folgenbeseitigung nicht gewährt.[29] Dieser Folgenbe-

---

[20] Zur Gegenüberstellung s. bereits Rdnr. 273.

[21] So *BVerwGE* 48, 286.

[22] So zu allem z. B. *H. Weber,* JuS 1970, 170 ff.; *Wolff-Bachof* I, § 44 I b 6 β; *BVerwGE* 4, 217; *BVerwG,* MDR 1971, 161 f.

[23] Nach *BVerwG,* NJW 1973, 2122 = JuS 1974, 113 Nr. 1 erstreckt sich der Erstattungsanspruch ebenfalls auf die gezogenen *Nutzungen; OVG Mannheim,* NJW 1978, 2050 = JuS 1979, 70 Nr. 13 gewährt den Erstattungsanspruch, wenn der mit der Leistung bezweckte Erfolg nicht eintritt.

[24] Zur Rückgewähr bei der Rücknahme eines (begünstigenden) Bewilligungsbescheides s. Rdnr. 326.

[25] So *OVG Hamburg,* aaO. Zurückhaltender *H. Weber,* aaO.

[26] S. zum Fall auch schon Rdnr. 310.

[27] Der Meinungsstand zum Folgenbeseitigungsanspruch ist umfassend dargestellt bei *Weyreuther,* Gutachten für den 47. DJT, und *Bender,* Staatshaftungsrecht, S. 85 ff. S. ferner *BVerwG,* DÖV 1971, 857 (mit Anm. *Bachof*) = JuS 1972, 160 Nr. 9; *Wolff-Bachof* I, § 54 II; *Rüfner, in: Erichsen-Martens,* Allg. VR, § 53 V; *von Mangoldt,* DVBl 1974, 825; *Malorny,* JA 1975, 181 ff.

[28] S. z. B. *Weyreuther,* Gutachten, S. 24; *Obermayer,* JuS 1963, 114 (mit weiteren Beispielen).

[29] Insoweit kommt ein Amtshaftungsanspruch in Betracht, s. Rdnrn. 350 ff.

(Randnotiz:) § 818 III nicht auf Behörden-Seite

seitigungsanspruch ist durch § 113 I 2 VwGO anerkannt. Eine in alle Einzelheiten gehende dogmatische Ableitung des *insoweit* im Ergebnis heute allgemein gebilligten Anspruchs in der Fallbearbeitung nicht erforderlich.

335 Der überkommene Folgenbeseitigungsanspruch ist durch § 113 I 2 VwGO anerkannt. Seine materiellrechtlichen Grundlagen waren zunächst umstritten.[30] Der später gängige Ansatz bei der *Rechtswidrigkeit* des Verwaltungs*handelns* schien zu eng. Er deckte nicht das Begehren eines Wohnungseigentümers *X*, der von der Behörde nach Ablauf der Frist Räumung verlangt, für welche ein Obdachloser *rechtmäßig* in seine Wohnung eingewiesen worden ist – eine Fallgestaltung, welche ebenfalls über den Folgenbeseitigungsanspruch gelöst wird.[31] In einem Parallelfall, in welchem der Zweck einer Enteignung nicht verwirklicht wurde, sieht das *BVerfG* Art. 14 I 1 GG als Grundlage für einen Anspruch des Enteigneten auf Rückübereignung.[32] Das dürfte endgültig der schließlich verbreiteten Tendenz[33] zum Durchbruch verholfen haben, alle Folgenbeseitigungsprobleme (auch im Textzusammenhang nachfolgend Rdnr. 340) einheitlich mit Hilfe der *Grundrechte* zu lösen. Anspruchsgrundlage ist jeweils das einschlägige Grundrecht in *unmittelbarer* Anwendung als *geschriebenes Verfassungsrecht*.[34]

§ 18. Abwehransprüche

336 *Ausgangsfälle:* (1) Ein Gefängnis-Wachhund bellt bei geringstem Anlaß und stört den Gelehrten *G* Nacht für Nacht bei der Arbeit. *G* fragt an, ob er mit Erfolg gegen die Gefängnisverwaltung vorgehen kann.

(2) Eine Behörde möchte mit Privatdienstvertrag eine Jugendfürsorgerin einstellen und bittet deshalb die Polizeibehörde am Wohnort der *J* um Auskunft über deren sittliches Verhalten. Die Auskunft fällt niederschmetternd aus. *J* möchte erreichen, daß die Polizeibehörde diese rufschädigende Auskunft widerruft.[1]

(3) Bei Straßenbauarbeiten wird eine Böschung so weitgehend abgetragen, daß dem Grundstück des Klägers Nachteile entstehen. Nachdem der Kläger während der Bauarbeiten nichts unternommen hatte, verlangt er jetzt vor dem VG, die beklagte Stadt solle den früheren Zustand wiederherstellen.[2]

---

[30] Näheres in der 5. Aufl. dieses Buches, S. 107; Einzelheiten bei *Weyreuther*, Gutachten, S. 26 ff.; *Bender*, Staatshaftungsrecht, S. 91 ff.

[31] *Weyreuther*, Gutachten, S. 51 m. Nachw.; s. auch § 3 I 2 des vom *BVerfG* aufgehobenen StHG.

[32] *BVerfGE* 38, 175 = JuS 1975, 116 Nr. 1 = *Weber* II, Art. 14 Nr. 8. Für die meisten Enteignungen existieren allerdings *gesetzliche* Anspruchsgrundlagen zur Rückübereignung (s. z. B. § 102 BBauG), welche der lex generalis des Art. 14 I 1 GG vorgehen.

[33] *BVerwG*, DÖV 1971, 857 = JuS 1972, 160 Nr. 9; *Rüfner*, aaO, § 53 V m. w. Nachw.

[34] Als Beispiel s. Rdnr. 340, Fußn. 12.

[1] Besprechung eines Parallelfalles bei *Erichsen-Hoffmann=Becking*, JuS 1971, 144. Vgl. auch die Fälle *BVerfGE* 38, 336; *BGH*, NJW 1978, 1860 = JuS 1978, 861 Nr. 13. Umfassend zum Ehrenschutz im öffentlichen Recht *Frotscher*, JuS 1978, 505.

[2] *BVerwG*, DÖV 1971, 857 = JuS 1972, 160 Nr. 9; *Hoffmann=Becking*, JuS 1972, 509. Weitere Fälle: *OLG München/OVG Lüneburg*, JuS 1975, 326 Nr. 2; *BVerwG*, NJW 1981, 239 = JuS 1981, 546 Nr. 14.

In allen Fällen greift die Behörde durch *faktisches Verhalten* in absolute Rechte ein. Es sind in der Regel ausschließlich die nachfolgend dargestellten Abwehransprüche anwendbar. Schadensersatzansprüche wegen Amtspflichtverletzung verpflichten die Behörden nicht zur Naturalrestitution durch amtliches Handeln, welches in den Ausgangsfällen verlangt wird (Einzelheiten und Begründung Rdnr. 353).

I. Privatrechtliche oder öffentlichrechtliche Rechtsbeziehungen

337   Sind die Rechtsbeziehungen privatrechtlich, kommen Unterlassungs- und Beseitigungsansprüche nach §§ 12, 862, 1004 BGB in Betracht. Die Rechtsprechung sieht diese Vorschriften als Ausdruck eines allgemeinen Rechtsgedankens, nach welchem (zivilrechtliche) Abwehransprüche gegen Eingriffe in *jedes* absolute Recht gegeben sind, auch wenn es in §§ 12, 862 und 1004 I BGB nicht genannt ist.[3] Die Ansprüche sind vor den Zivilgerichten geltend zu machen. Es handelt sich um eine Zivilrechtsklausur.

338   Ob die Beziehungen öffentlichrechtlich oder privatrechtlich sind, läßt sich für Realakte häufig nur schwer entscheiden. Die aus der Subjektionstheorie[4] entwickelte Faustregel, Beziehungen im Über-Unterordnungsverhältnis seien jedenfalls immer öffentlichrechtlich, hilft hier wie in allen anderen Fällen der Gleichordnung nicht weiter. Nach der Sonderrechtstheorie von *H. J. Wolff,* welche sich in ihrer abschließenden Pointierung durch *Bachof*[5] durchzusetzen scheint, kommt es darauf an, ob die Behörde aus der Sonderkompetenz der öffentlichen Hand tätig wird.[6]

Im *Ausgangsfall 1* bellt der Hund öffentlichrechtlich, weil er zur Gefangenenbewachung eingesetzt ist. Im *Ausgangsfall 2* interessiert nicht der zivilrechtliche *Anlaß* für die Auskunft, sondern die Tatsache, daß *Amtshilfe* (§§ 4 ff. VwVfG) öffentlichrechtlich geleistet wird.[7] Auch im *Ausgangsfall 3* wird der Straßenbau kraft Sonderrechts der Verwaltung (vgl. etwa § 123 I i.V.m. § 127 II Nr. 1 BBauG) betrieben.[8] In allen drei Fällen sind die Rechtsbeziehungen zum Bürger also öffentlichrechtlich. Die Vorschriften des BGB sind damit nicht anwendbar.

II. Öffentlichrechtliche Anspruchsgrundlage

339   Im Rahmen *öffentlichrechtlicher Beziehungen* ist Anspruchsgrundlage der inzwischen gesicherte Grundsatz: ,,Wenn der Staat oder ein anderer Träger öffentlicher Gewalt in deren Ausübung jemanden in seiner

---

[3] S. z.B. *Palandt-Degenhardt,* BGB, § 1004 Anm. 1 i.V.m. Einf. vor § 823 Anm. 8.
[4] Zu den verschiedenen Abgrenzungstheorien s. bereits Rdnr. 52 und die Fußn. 32.
[5] In: Festg. f. das BVerwG, 1978, S. 1 ff.
[6] Für die Realakte ebenso *Wolff-Bachof* I, § 22 III b 3; *W. Martens,* Festschr. f. Schack, 1966, S. 88. Zur (nicht ganz kongruenten) Rspr. von *BGH* und *BVerwG* zusammenfassend *BVerwG,* JuS 1974, 670 Nr. 11; *BGHZ (GS)* 66, 229 = JuS 1976, 751 Nr. 8 i.V. mit *Bettermann,* DVBl 1977, 180; *BGHZ* 67, 81; *BGH,* NJW 1978, 1860 = JuS 1978, 861 Nr. 13.
[7] § 7 I VwVfG. Zur Amtshilfe für den *Verfassungsschutz* s. *Roll,* JuS 1979, 239.
[8] So jedenfalls *BVerwG* (Fußn. 2).

Rechtsstellung widerrechtlich beeinträchtigt, so hat er die Beeinträchtigung zu beseitigen und weitere Beeinträchtigungen zu unterlassen."[9] Hier ist der Verwaltungsrechtsweg gegeben (Leistungsklage, Unterlassungsklage).

340 Den Anspruch kann man als öffentlichrechtliche Parallele zu den soeben genannten zivilrechtlichen Ansprüchen aus §§ 12, 862 und 1004 BGB entwickeln. Dann muß man diese Vorschriften des BGB als Ausdruck eines hinter ihnen stehenden allgemeinen Rechtsgrundsatzes sehen, welcher über die bereits angedeuteten[10] Ausweitungen im Zivilrecht hinaus auch für das öffentliche Recht Geltung hat.[11] Einfacher ist es, den Beseitigungs- und Unterlassungsanspruch unmittelbar aus den Grundrechten abzuleiten;[12] falls kein „benanntes" Grundrecht in Betracht kommt, ist jedenfalls Art. 2 I GG einschlägig. Zur Diktion beachte: Wie angedeutet wurde[13] haben sich Äußerungen gemehrt, welche die hier behandelte Ableitung des öffentlichrechtlichen Abwehranspruchs als *die* dogmatische Rechtfertigung *des Folgenbeseitigungsanspruchs* ansehen.[14] Für sie ist der Abwehranspruch daher ein Anwendungsfall des Folgenbeseitigungsanspruchs *neben* den früher erörterten „klassischen" Fällen des Folgenbeseitigungsanspruchs.

Im *Ausgangsfall 1* kommt ein *Unterlassungsanspruch* des G in Betracht, weil die Verwaltung vielleicht rechtswidrig in sein Grundrecht aus Art. 14 I oder jedenfalls aus Art. 2 I GG eingreift. Im *Ausgangsfall 2* kann die *J* bei falscher Auskunft *Beseitigung* der fortwirkenden Rufschädigung durch Widerruf verlangen;[15] ein Unterlassungsanspruch würde hier nur bei Wiederholungsgefahr bestehen.[16] Auch im *Ausgangsfall 3* soll die Beklagte die Grundstücksbeeinträchtigung *beseitigen*.

III. Duldungspflicht

341 Der Abwehranspruch ist nicht gegeben, falls der Bürger zur *Duldung* verpflichtet ist (Parallele zu § 1004 II BGB). Dann ist die Rechtsbeeinträchtigung nicht rechtswidrig. Duldungspflichten dürfen nur aus gesetzlichen Vorschriften und *vorkonstitutionellem*[17] Gewohnheitsrecht hergeleitet werden.[18] Nach der Ansicht des *BGH* sind die Maßstäbe des § 906 BGB heranzuziehen.[19] Weil Grundrechte im Hintergrund stehen, kann

---

[9] So *Bettermann*, MDR 1957, 131.
[10] Soeben bei Fußn. 3.
[11] Grdl. *Bettermann*, DÖV 1955, 534; w. Nachw. und Einzelheiten bei *Weyreuther*, Gutachten, S. 63 ff.
[12] Konstruktion bei *Weyreuther*, S. 78 ff.; *W. Schmidt*, JuS 1969, 169 f.; *BVerwG*, DÖV 1971, 858 f.; *BVerwGE* 44, 242 = JuS 1974, 670 Nr. 11; vgl. insbes. auch soeben Rdnr. 335.
[13] Rdnr. 335, Fußn. 33.
[14] In diesem Zusammenhang stellte *Bettermann* seine Ausführungen von Anfang an; auch *Weyreuther* und *BVerwG* äußern sich in diesem Rahmen.
[15] Vgl. *BGHZ* 34, 99 i. V. m. *Tsatsos*, JuS 1962, 98; *BVerwG*, JR 1972, 124.
[16] Gedanke aus § 1004 I 2 BGB.
[17] S. dazu Rdnr. 254, Fußn. 32.
[18] Hierzu und zum Folgenden eingehend W. *Martens*, Festschr. für Schack, S. 89 ff.
[19] *BGHZ* 54, 384 = JuS 1971, 207 Nr. 3; 59, 378 = JuS 1973, 443 Nr. 1; krit. dazu W. *Martens*, Negatorischer Rechtsschutz, 1973, S. 34 f. Entsprechend gewährte der *BGH* (aaO) nachbarschaftliche *Entschädigungsansprüche* wegen enteignungsgleichen Eingriffs nur nach den Maßstäben des § 906 II 2 BGB; zum Verkehrslärm (Umwer-

man der Auffassung nicht mehr folgen, *Immissionen aus hoheitlicher Tätigkeit* seien *grundsätzlich* zu dulden.[20] Wenigstens wenn sie nicht notwendig oder nicht verhältnismäßig sind, müssen sie rechtswidrig und daher abwehrbar sein.

Im *Ausgangsfall 1* kommt ein *Unterlassungsanspruch* des *G* in Betracht, weil die Gefängnisverwaltung (wahrscheinlich) nicht gerade einen ausgesprochenen „Kläffer" als Wachhund benötigt. Im *Ausgangsfall 2* wäre eine falsche Auskunft schon deshalb nicht zu dulden, weil die Wahrnehmung hoheitlicher Aufgaben durch einen Widerruf nicht beeinträchtigt würde.

342   Das *BVerwG*[21] sieht § *254 I BGB* (mitwirkendes Verschulden beim Schadensersatz) als Ausdruck eines allgemeinen Rechtsgedankens, welcher auch beim Abwehranspruch erheblich sei.

Weil der Kläger nichts unternommen habe, die Beeinträchtigung seines Grundstücks *rechtzeitig* abzuwenden, sei er dementsprechend im *Ausgangsfall 3* in der Zukunft zur Duldung verpflichtet.

§ 19. Schadensersatzansprüche[1]

I. Haftung aus Vertragsverletzung

343   **1. Zivilrechtlicher Vertrag**

Falls es um die Verletzung eines *zivilrechtlichen* Vertrages geht, finden die Normen des BGB über Leistungsstörungen unmittelbare Anwendung: §§ 320 ff. betr. die Unmöglichkeit und den Verzug in der Erfüllung *gegenseitiger* Vertragspflichten; §§ 275 ff. betr. Unmöglichkeit und Verzug bei sonstigen Vertragspflichten; positive Forderungsverletzung betr. alle von diesen Vorschriften nicht erfaßten Folgen rechtswidrig schuldhafter Vertragsverletzungen.

344   **2. Öffentlichrechtlicher Vertrag**

Für die Verletzung *öffentlichrechtlicher* Verträge[2] gelten gem. § 62 VwVfG die angedeuteten Vorschriften des BGB entsprechend. Außerhalb des Anwendungsbereichs des VwVfG sind die tragenden Gedanken der BGB-Vorschriften als Ausdruck *allgemeiner* Grundsätze für Leistungsstörungen heranzuziehen, welche bei *allen* Verträgen anwendbar

---

tung durch § 42 BImSchG) s. *BGHZ* 64, 222 = JuS 1975, 804 Nr. 1; *BGH*, NJW 1977, 894 = JuS 1977, 555 Nr. 11.

[20] So noch *BGH*, NJW 1963, 2021. Jetzt aber *BVerwGE* 44, 242f. = JuS 1974, 670 Nr. 11.

[21] DÖV 1971, 859. Zustimmend *Bachof*, DÖV 1971, 861.

[1] Zu ihrer wesensmäßigen Abgrenzung von (an den Handlungs*erfolg*) angeknüpften Entschädigungsansprüchen s. Rdnrn. 400 ff.

[2] Zum Zustandekommen und zur Wirksamkeit öffentlichrechtlicher Verträge sowie zu ihrer Abgrenzung von zivilrechtlichen Verträgen s. bereits Rdnrn. 285 ff.

sind.[3] Durch Änderung von § 40 II VwGO (vgl. § 97 Nr. 1 VwVfG) ist nunmehr klargestellt,[4] daß Schadensersatzansprüche wegen der Verletzung der Pflichten aus einem öffentlichrechtlichen Vertrag (anders als sonstige Schadensersatzansprüche) im *Verwaltungsrechtsweg* geltend zu machen sind.

Im *Ausgangsfall* zu den vertraglichen Erfüllungsansprüchen *(Ansiedlungsvertrag)*[5] kommt für die Gemeinde auch ein Vorgehen nach § 326 BGB (Verzug und Nachfristsetzung) in Betracht: Nach Ablauf der Nachfrist würde die Gemeinde Schadensersatz wegen Nichterfüllung des Ansiedlungsvertrages (Gewerbesteuerausfall usw.) verlangen können, *wenn* eine Ansiedlungspflicht des Unternehmens bestände. Sie besteht aber eben nicht.

345 Schadensersatzansprüche aus der Verletzung eines öffentlichrechtlichen Vertrages können in ,,Idealkonkurrenz" *neben* deliktischen Schadensersatzansprüchen aus § 839 BGB/Art. 34 GG (nachfolgend Rdnrn. 350 ff.) gegeben sein. Denn anders als die zivilrechtliche Deliktshaftung aus § 823 I BGB ist die öffentlichrechtliche Deliktshaftung nicht auf die Verletzung ,,absoluter Rechte" beschränkt. Sie umfaßt auch einen ,,allgemeinen" Vermögensschaden.

346 **3. Culpa in contrahendo im öffentlichen Recht**

Der Rechtsgedanke einer Haftung für Verschulden beim Vertragsschluß *(culpa in contrahendo)* ist auch im öffentlichen Recht anwendbar.[6]

II. Schadensersatz bei der Verletzung sonstiger öffentlichrechtlicher Sonderpflichten

347 Im Zivilrecht führt nicht nur eine schuldhafte *Vertrags*verletzung, sondern auch die schuldhafte Verletzung außervertraglicher schuldrechtlicher Verpflichtungen zu Schadensersatzansprüchen (§§ 280 ff. BGB; positive *Forderungs*verletzung). Während im Bereich der Deliktshaftung (§§ 823 ff. BGB) für die Verletzung *allgemeiner* Verhaltenspflichten gehaftet wird, die dem einzelnen *jedermann* gegenüber obliegen, geht es hier um die Verletzung *besonderer Verhaltenspflichten*, die sich aus einem konkreten, zwischen Schädiger und Geschädigten bestehenden *Rechts-*

---

[3] H. M., vgl. *Bender,* Staatshaftungsrecht, S. 79; *Rüfner,* in: *Erichsen-Martens,* Allg. VR, § 53 IV; *BVerwG,* DÖV 1965, 670; *BVerwG,* DVBl 1963, 678. Differenzierend *Wolff-Bachof* I, § 44 III b.

[4] Bisher umstr., s. etwa *BVerwG,* DVBl 1971, 412 ff. = JuS 1971, 433 Nr. 13.

[5] Rdnr. 285.

[6] *Wolff-Bachof* I, § 44 III c; *OVG Münster,* JuS 1974, 191; *BGHZ* 71, 386 = JuS 1979, 68 Nr. 12; *BGH,* NJW 1980, 1683 = JuS 1980, 918 Nr. 14; *Littbarski,* JuS 1979, 537. Welcher *Rechtsweg* nach der Neufassung von § 40 II VwGO (soeben Rdnr. 344) bejaht werden wird *(bisher:* Zivilrechtsweg), bleibt abzuwarten.

verhältnis (nichtvertraglicher Art) ergeben. Ganz ähnlich[7] wird auch bei Verletzung *öffentlichrechtlicher* Verhaltenspflichten nichtvertraglicher Art (insbesondere Fürsorgepflichten) auf Schadensersatz gehaftet, wenn die verletzten Pflichten über die allgemeinen Amtspflichten hinausgehen, welche schon durch den später (nachfolgend Rdnrn. 350ff.) zu behandelnden deliktischen Schadensersatzanspruch erfaßt sind. Es muß ein „besonders enges Verhältnis des einzelnen zum Staat oder zur Verwaltung" bestehen. Diese Ansprüche sind dann *neben* dem deliktischen Schadensersatzanspruch gegeben[8]. Sie sind für den Bürger z. B. in der Beweislastverteilung und in der Verjährungsfrage günstiger als der Amtshaftungsanspruch.[9] Vor allem findet auf sie auch § 839 I 2 BGB keine Anwendung.[10]

348 Schadensersatzansprüche aus der Verletzung öffentlichrechtlicher Sonderpflichten werden z. B. ausgelöst, wenn der Dienstherr die beamtenrechtliche (oder soldatenrechtliche) Fürsorgepflicht verletzt.[11] Sie kommen in Betracht bei der öffentlichrechtlichen Verwahrung,[12] bei der öffentlichrechtlichen GoA[13] oder im öffentlichrechtlichen Benutzungsverhältnis,[14] solange sie nicht im zulässigen Rahmen[15] durch Ortssatzung ausgeschlossen worden sind. Verlangt hingegen ein Strafgefangener wegen zu schlechter gesundheitlicher Betreuung Schadensersatz,[16] ist nur der Anspruch aus Amtspflichtverletzung einschlägig; es fehlt an einer *gesteigerten* Fürsorgepflicht.[17]

349 Nach h. M.[18] ist gem. § 40 II 1 VwGO für all diese Fälle der *ordentliche* Rechtsweg gegeben. Lediglich Schadensersatzansprüche aus der Verletzung *beamtenrechtlicher* (und soldatenrechtlicher) *Fürsorgepflichten* sind gemäß §§ 126 BRRG, 172 BBG im *Verwaltungsrechtsweg* geltend zu machen.

---

[7] S. z. B. *BGHZ* 21, 218; *BGH*, NJW 1977, 197 = JuS 1977, 478 Nr. 9. Ausf. Darstellungen geben: JA 1969, 239, 366, 429; *Götz*, JuS 1971, 349; *Bender*, Staatshaftungsrecht, S. 75ff.
[8] *BGH*, NJW 1975, 207 = JuS 1975, 248 Nr. 1 S. ferner Rdnr. 353.
[9] Lies *BVerwGE* 13, 23f.; *BGH*, DVBl 1978, 108 = JuS 1978, 495 Nr. 14.
[10] *BGH*, NJW 1975, 207 = JuS 1975, 248 Nr. 1.
[11] *BVerwGE* 13, 17; *BGHZ* 21, 219; 43, 184 (unter Aufgabe einer gegenteiligen Rspr. in *BGHZ* 29, 310, welche hier *nur* Ansprüche aus Amtspflichtverletzung gewährte); *Wertenbruch*, JuS 1963, 180; *BVerwGE* 52, 247 = JuS 1978, 206 Nr. 10.
[12] Dazu *BGH*, JuS 1974, 191 Nr. 11; Klausurfall bei *G. Küchenhoff*, Praktikum, Aufgabe 9.
[13] *BGH*, NJW 1975, 207 = JuS 1975, 248 Nr. 1, i. V. m. vorne Rdnrn. 314ff.
[14] *BGHZ* 54, 299 = JuS 1971, 214 Nr. 14; *BGHZ* 61, 7 = JuS 1974, 48 Nr. 1. *Götz*, JuS 1971, 349; *BGH*, DVBl 1978, 108 = JuS 1978, 495 Nr. 14. Klausurfall bei *Udsching-Bogs*, JuS 1978, 619. Zur Heranziehung kaufrechtlicher Vorschriften s. *BGHZ* 59, 303 = JuS 1973, 113 Nr. 4; *Stürner*, JuS 1973, 749.
[15] Zu ihm s. *BGHZ* 61, 7 = JuS 1974, 48 Nr. 1; *Schwarze*, JuS 1974, 640.
[16] *Vogel*, Verwaltungsrechtsfall, Nr. 2, insb. S. 69.
[17] So *BGHZ* 21, 220, aber problematisch, zumal der Strafvollzug herkömmlich als „besonderes Gewaltverhältnis" angesehen wird.
[18] Soeben Fußn. 14.

III. Deliktshaftung der öffentlichen Hand

350 *Ausgangsfall*[19]: Ein Bautrupp der Bundespost verlegt vor dem Geschäftshaus des *G* ein Haupt-Telefonkabel. Durch einen Bagger wird das Fundament des Hauses beschädigt. Während der Bauarbeiten geht der Geschäftsumsatz vorübergehend zurück. Die Bauarbeiten ziehen sich über die an sich vorgesehenen 3 Wochen hinaus auf 4 Wochen in die Länge, weil im entscheidenden Augenblick das zu verlegende Kabel fehlt. Welche Ansprüche hat *G* gegen die Post? (Soweit Entschädigungsansprüche in Betracht kommen, wird der Fall erst in Rdnrn. 414 ff. abgeschlossen).

Die Deliktshaftung der öffentlichen Hand war durch das Staatshaftungsgesetz (StHG) vom 26. Juni 1981[20] neu geregelt worden. Das Bundesverfassungsgericht hat das StHG aber (insgesamt) für nichtig erklärt, weil dem Bund die Gesetzgebungskompetenz fehlte.[21] Damit bleibt es vorerst bei der „alten" Rechtslage.

Die (dringliche) Reform des Staatshaftungsrechts ist indessen nicht „vom Tisch". Man wird möglicherweise versuchen, dem Bund durch eine Grundgesetzänderung die Gesetzgebungskompetenz zu *verschaffen*. Vor diesem Hintergrund wird von einem Examenskandidaten erwartet, daß er die Grundvorstellungen zur Reform des Staatshaftungsrechts kennt, wie sie im StHG verwirklicht waren. Insoweit wird auf die Erläuterungen zum StHG in der 6. Auflage dieses Buches (dort Rdnrn. 361 ff.) verwiesen.[22]

Vom Klausurbearbeiter wird nicht verlangt, daß ihm das recht komplizierte System der deliktischen Haftung der öffentlichen Hand in seiner (noch) geltenden Fassung bis in alle Verästelungen hinein gegenwärtig ist.[23] Folgende (etwas vergröbernde) Markierungen müssen ihm aber geläufig sein.

351 ### 1. Öffentlichrechtliches oder privatrechtliches Handeln?

Je danach, ob die Behörde/der Beamte öffentlichrechtlich oder privatrechtlich gehandelt hat, sind z. T. verschiedene Normen einschlägig.

Im Rahmen dieser Weichenstellung ist beliebtes Klausurthema[24] die alte Streitfrage, ob die Straßenunterhaltungspflicht im Verhältnis zum Bürger, der mit seinem Auto

---

[19] Als Fallbesprechungen s. ferner etwa *K. Müller*, Öffentliches Recht, Nr. 13; *Vogel*, Verwaltungsrechtsfall, Nrn. 1, 2; *Schröder*, JuS 1969, 25; *Pappermann*, JuS 1974, 448; *Lohse-van der Felden*, JuS 1975, 580; *Merten-Pietzner*, JuS 1975, 650; *Achterberg*, Fälle zum Allgemeinen Verwaltungsrecht, Nr. 8; *Udsching-Bogs*, JuS 1978, 619.
[20] BGBl. I S. 553.
[21] *BVerfG*, NJW 1983, 25 = JuS 1983, 141 Nr. 3.
[22] S. ferner etwa die Überblicke bei *Papier*, NJW 1981, 2321; *Bonk*, DVBl. 1981, 801; *Schwerdtfeger*, JuS 1982, 1 (mit Prüfungsschema); *Oldiges*, JA 1982, 274, 330. Kritisch insbes. *Papier*, ZRP 1979, 67; *Ossenbühl*, JuS 1978, 720.
[23] Eingehende Darstellungen z. B. bei *Ossenbühl*, Staatshaftungsrecht, § 1 ff.; *Wolff-Bachof I*, §§ 64, 65; *Rüfner*, in: *Erichsen-Martens*, Allg.VR, § 51; *Bender*, Staatshaftungsrecht, 2. Aufl., S. 139 ff.; *Kreft*, in: BGB-RGRK, 12. Aufl., § 839 (unter dem Titel „Öffentlichrechtliche Ersatzleistungen" auch als Sonderausgabe erschienen); *Palandt-Thomas*, § 839 Anm. 1 ff.
[24] *Vogel*, Verwaltungsrechtsfall, Nr. 1, S. 45 f.

verunglückt, öffentlichrechtlich (h. L.) oder privatrechtlich ist.[25] Nach der Rechtsprechung des *BGH*[26] ist das öffentlichrechtliche Haftungssystem nur einschlägig, wenn
die Behörde durch einen nach außen erkennbaren Organisationsakt deutlich gemacht
hat, daß sie der Verkehrssicherungspflicht[27] im Rahmen hoheitlicher Verwaltung genügen will, oder wenn der Gesetzgeber diese Pflicht im Einzelfall als eine öffentlichrechtliche Aufgabe ausgestaltet hat.

Im *Ausgangsfall* sieht der *BGH* die Bautätigkeit als öffentlichrechtliches Handeln
an, weil hinter ihr die öffentlichrechtliche Sonderkompetenz „Fernmeldewesen"
steht.[28] Man wird statt dessen aber auch auf die Bautätigkeit *als solche* abstellen und das
Handeln des Bautrupps damit als privatrechtlich ansehen können. Demgemäß wird der
Ausgangsfall nachfolgend alternativ sowohl für das öffentlichrechtliche Haftungssystem wie auch für das privatrechtliche Haftungssystem „durchgelöst".

352   2. Haftungssystem bei öffentlichrechtlichem Tätigwerden

Im *öffentlichrechtlichen Bereich* baut das Haftungssystem auf der Scha-
densersatzpflicht des *Beamten* wegen Amtspflichtverletzung aus § 839
BGB (= lex specialis gegenüber allen anderen in Betracht kommenden
Tatbeständen einer Deliktshaftung)[29] auf, leitet die Ersatzpflicht aber
gleichzeitig auf die hinter dem Beamten stehende öffentlichrechtliche
Körperschaft ab (Art. 34 GG).[30] Im Verhältnis zum geschädigten Dritten
haftet also *nur* die öffentlichrechtliche Körperschaft, nicht der Beamte.
(Bei Vorsatz oder grober Fahrlässigkeit kann sie lediglich im *Innenverhältnis* Rückgriff beim Beamten nehmen, vgl. Art. 34 S. 2 GG i. V. mit
§ 78 BBG).[31] Falls dem Beamten nur Fahrlässigkeit zur Last fällt, ist die
Amtshaftung aus § 839 BGB/Art. 34 GG subsidiär; sie tritt nur ein,
„wenn der Verletzte nicht auf andere Weise Ersatz zu erlangen vermag"
(§ 839 I 2 BGB). Sobald noch andere Ansprüche in Betracht kommen, ist
die Amtshaftung aufbaumäßig also am besten zuletzt zu behandeln. Für
den Amtshaftungsanspruch ist der Zivilrechtsweg gegeben (vgl. Art. 34
S. 2 GG.

Die Darstellung des Amtshaftungsanspruchs kann sich etwa an der
nachstehenden Gedankenfolge[32] ausrichten. Dabei sollte sich der Bearbeiter wieder plastische Vorstellungen zu jedem Schemapunkt verschaffen[33] und gleichzeitig wichtige Sonderprobleme verfolgen (z. B.: Amtshaftung für legislatives Unrecht,[34] Haftungsbeschränkung bzw. Haf-

---

[25] S. dazu *Ossenbühl*, Staatshaftungsrecht, § 3 1 e aa).
[26] *BGHZ* 60, 54 = JuS 1973, 316 Nr. 3 m. w. Nachw.; *BGH*, NJW 1979, 2043;
1981, 2120.
[27] Zur Abgrenzung von der Verkehrsregelungspflicht s. *Ossenbühl*, aaO.
[28] S. *BGH*, LM Art. 34 GG Nr. 66.
[29] Falsch ist es insb., § 823 BGB zu prüfen.
[30] Ausnahmen gelten für „*Gebührenbeamte*", s. *OLG Hamm*, JuS 1973, 182 Nr. 3.
[31] Einzelprobleme z. B. im *BVerwGE* 52, 255 = JuS 1978, 426 Nr. 16; Klausurfall
bei *Schenke*, JuS 1979, 886.
[32] Schema mit mehr Einzelheiten in JA 1969, 683 ff.
[33] Etwa anhand einer der in Fußn. 23 genannten Darstellungen.
[34] *BGHZ* 56, 40 = JuS 1971, 539 Nr. 2, i. V. mit *M. Schröder*, JuS 1973, 355; *BGH*,
NJW 1483, 215 = JuS 1983, 388 Nr. 4.

tungsausschluß durch Gesetz oder Satzung[35]), welche im Schema nicht enthalten sind.

(1) *Anspruchsgrundlage:* Kurzer Hinweis auf das angedeutete Zusammenspiel zwischen § 839 BGB und Art. 34 GG.

Merke: Spezialgesetzliche Regelungen enthalten vereinzelt haftungsrechtliche Sonderbestimmungen, so das Postgesetz für die Massenverwaltung der Deutschen Bundespost. Weil die Post nicht ihre (massentypischen) *Dienstleistung*spflichten verletzt hat, ist im *Ausgangsfall* aber gleichwohl die *allgemeine* Deliktshaftung einschlägig.

353 (2) *Voraussetzungen des § 839 BGB.*

(a) *Schaden.* Die Bearbeiter weisen in geeigneten Fällen zumeist zutreffend darauf hin, daß der Amtshaftungsanspruch nur auf Geldersatz, *nicht* auf Naturalrestitution *durch die Vornahme einer Amtshandlung* gerichtet ist. Häufig verschweigen sie dabei aber die unbedingt erforderliche Begründung:[36] Die Amtshaftung knüpft an die *private* Haftung des Beamten an. Der Beamte kann nur *die* Restitutionen leisten, welche ihm selbst als *Privatmann* möglich sind (Geldersatz). Amtshandlungen nimmt er aber *kraft Amtes als Organ* des Staates vor, nicht als Privatmann. Damit kann er zu ihnen auch nicht nach § 839 BGB verpflichtet sein, eine entsprechende Verpflichtung nicht gem. Art. 34 GG auf den Staat übergehen. Deshalb[37] hat J im früher erörterten[38] *Beispielsfall* auch keinen Amtshaftungsanspruch auf Beseitigung der rufschädigenden Auskunft, sondern nur den *unmittelbar gegen den Staat gerichteten* Abwehr-/Folgenbeseitigungsanspruch. Überholt[39] (vgl. Art. 19 IV GG) ist hingegen die in Klausuren immer noch anzutreffende Begründung, der Gewaltenteilungsgrundsatz verbiete dem ordentlichen Gericht, die Exekutive zur Vornahme einer Amtshandlung zu verpflichten. In vielen Fällen läßt sich die Amtshaftung bereits beim Schaden kurz abtun.[40]

Im *Ausgangsfall* kann G nicht die *Wiederherstellung* des Fundaments als *Naturalrestitution* (§ 249 S. 1 BGB), sondern nur Geldersatz (§ 249 S. 2 BGB) verlangen.

354 (b) *Beamter.* Je danach, ob § 839 BGB im Zusammenhang mit zivilrechtlichem (dazu Näheres unter Rdnr. 358) oder öffentlichrechtlichem Tätigwerden einschlägig wird, gelten unterschiedliche Beamtenbegriffe. Für die zivilrechtliche Haftung aus § 839 BGB ist „Beamter" nur der Beamte im „statusrechtlichen" Sinne (Urkunde: „Unter Berufung in das Beamtenverhältnis...", vgl. § 6 II 1 BBG). Im öffentlichrechtlichen Bereich ist „Beamter" *jede* mit der Ausübung öffentlicher Gewalt betraute Person, im *Ausgangsfall* also sogar der Baggerführer als *Arbeiter.* Insoweit hat Art. 34 GG den § 839 BGB konkludent geändert. Unter bestimmten Voraussetzungen kann sogar der „private Verwaltungshelfer" als Beamter im haftungsrechtlichen Sinne gelten.[41]

(c) *Amtspflicht.* – Daß die Mitglieder des Bautrupps (bei öffentlichrechtlichem Tätigwerden) die *Amtspflicht* hatten, das Fundament zu schonen und dem *G* möglichst wenig an Umsatzeinbußen zuzumuten, ist unproblematisch.

(d) *Welche einem Dritten gegenüber obliegt.* – Obgleich die Kabelverlegung als solche im Allgemeininteresse und nicht im Individualinteresse des *G* lag, traf die Mit-

(handschriftliche Randnotiz:) §39, Beamter im statusrechtl. Sinn; wird von 34 erweitert.

---

[35] *BGH,* NJW 1973, 463 = JuS 1973, 316 i. V. mit *Brandenbusch,* JuS 1974, 710; *BGHZ* 61, 7 = JuS 1974, 48 Nr. 1 i. V. mit *Schwarze,* JuS 1974, 640 und *Brehm,* JuS 1975, 90.

[36] Lies *BGHZ (GS)* 34, 99 (105).

[37] *BGH,* aaO.

[38] Rdnr. 336.

[39] S. *BGHZ* 34, 104.

[40] Ist das nicht der Fall, kann man den Schaden auch als letzten Gliederungspunkt bringen.

[41] Näheres mit Überblick über die Rpsr. bei *Ossenbühl,* JuS 1973, 421. Zum „Spruchrichterprivileg" des § 839 II BGB Klausur bei *Lässig,* JuS 1977, 249.

glieder des Bautrupps gegenüber *G* als *Individuum* die Pflicht, seine Belange nicht zu schädigen.[42]

(e) *Verletzung dieser Amtspflicht* (= *Rechtswidrigkeit*). – Im *Ausgangsfall* waren die Beschädigung des Fundaments und die Bauarbeiten in der 4. Woche (mit dem entsprechenden Umsatzrückgang) rechtswidrig. In der *ohnehin* erforderlichen Zeit der ersten 3 Wochen waren die Kabelarbeiten rechtmäßig.

(f) *Verschulden*. – Während im *Ausgangsfall* das Fundament durch Verschulden des Baggerführers beschädigt worden sein wird, ist die Verschuldensfrage in der Bauverzögerung nicht eindeutig entscheidbar. Würde der zuständige Sachbearbeiter in der Bauabteilung der Post versäumt haben, das Kabel rechtzeitig zu bestellen, wäre *sein* Verschulden relevant. Hätte die Lieferfirma die Lieferung schuldhaft verzögert, könnte *dieses* Verschulden wohl weder den Mitgliedern des Bautrupps noch dem Sachbearbeiter in der Bauabteilung zugerechnet werden. Die Haftung für „Verrichtungsgehilfen" (§ 831 BGB) ist in der *lex specialis* des § 839 BGB nicht enthalten. Schließlich kommt „höhere Gewalt" in Betracht. (Bei dieser Unsicherheit in der Verschuldensfrage tritt in der Fallbearbeitung der Entschädigungsanspruch aus „enteignungsgleichem Eingriff" ins Zentrum, über welchen der BGH das Verschuldenserfordernis der Amtshaftung bei rechtswidrigem *Eigentums*eingriffen partiell überspielt; s. Rdnr. 417).

355   (g) Bei fahrlässigem Handeln: *keine andere Ersatzmöglichkeit* des Geschädigten (§ 839 I 2 BGB).[43] – Ist die andere Ersatzmöglichkeit gegen die öffentliche Hand gerichtet, gilt § 839 I 2 BbB aber nicht, weil dann die mit § 839 I 2 BGB, Art. 34 GG bezweckte finanzielle Entlastung des Staates ohnehin nicht erreicht würde.[44] (Soweit im *Ausgangsfall* der Amtshaftungsanspruch *besteht* (= Fundament), kommt der Entschädigungsanspruch aus „enteignungsgleichem Eingriff" zusätzlich in Betracht.)

356   (h) Der Geschädigte darf es nicht schuldhaft unterlassen haben, den Schaden durch Gebrauch eines Rechtsmittels abzuwenden (§ 839 II BGB).[45]

357   (i) *Mitverursachung* (§ 254 BGB).

(3) *Überleitung der Haftung auf die öffentliche Hand.*

„Für Amtspflichtverletzungen eines Beamten haftet gem. Art. 34 GG diejenige Körperschaft, die dem Amtsträger die *Aufgaben*, bei deren Wahrnehmung die Amtspflichtverletzung vorgekommen ist, ‚anvertraut hat'" (BGH[46]). Damit folgt das Gericht weder der „Funktionstheorie" noch der „Anstellungstheorie". In den meisten Fällen ist es allerdings – wie im *Ausgangsfall* – die Anstellungskörperschaft, welche dem Beamten seine Aufgaben anvertraut.

358   3. Haftungssystem bei zivilrechtlichem Tätigwerden

Bei *zivilrechtlichem Tätigwerden* ist Art. 34 GG nicht anwendbar, nach h. M. auch dann nicht, wenn die Behörde Aufgaben, welche ihrer Natur nach hoheitlich sind, lediglich in privatrechtlicher *Form* (Verwal-

---

[42] S. zu diesem Grundsatz *Kreft*, BGB-RGRK, 12. Aufl., § 839 Rn. 216 m. w. Nachw.

[43] *Ausnahmen* von diesem „Verweisungsprivileg": Verkehrsunfälle bei Teilnahme am *allgemeinen* Straßenverkehr (*BGHZ* 68, 21 = JuS 1977, 619 Nr. 4 i. V. mit *Lässig*, JuS 1978, 679; 85, 225); Verkehrssicherungspflicht (*BGHZ* 75, 134 = JuS 1979, 900 Nr. 2); Versicherungsrechtliche Ansprüche kraft Eigenleistung des Geschädigten (*BGHZ* 79, 26, 35 = JuS 1981, 533 Nr. 2; 85, 230).

[44] *BGHZ (GS)* 13, 101.

[45] Klausurbeispiel nachfolgend Rdnr. 404; s. ferner *BGH*, JuS 1972, 47 Nr. 2.

[46] NJW 1970, 750 (lesen!); zur Abrundung beachte *BGH*, NJW 1977, 713 = JuS 1977, 471 Nr. 1.

tungsprivatrecht)[47] wahrnimmt.[48] Hier ist der Bedienstete also *nicht von vornherein* von *eigener* Haftung freigestellt. Es kommen Ansprüche sowohl gegen den Beamten selbst als auch gegen die hinter ihm stehende öffentlichrechtliche Körperschaft in Betracht.

Wenn man die Kabeverlegung im Ausgangsfall – anders als bisher angenommen wurde – als *privatrechtliche* Tätigkeit ansieht, kann G hier also Ansprüche *sowohl* gegen die Bediensteten *als auch* gegen die Bundespost haben.

359   a) § 839 BGB ist (als lex specialis) bei *privatrechtlichem* Handeln Anspruchsgrundlage nur gegen Beamte im *statusrechtlichen* Sinne.[49] Alle anderen Bediensteten haften nach den allgemeinen Vorschriften über die Deliktshaftung, insbesondere nach § 823 BGB.

Im *Ausgangsfall* haftet der Baggerführer (Arbeiter) für die Beschädigung des Fundaments also nach § 823 BGB. Sollte das Fehlen der Kabel auf einem Verschulden des zuständigen Sachbearbeiters in der Bauabteilung beruhen, käme es darauf an, ob dieser Beamter im statusrechtlichen Sinne oder Angestellter wäre. Gem. § 823 I BGB würde der Sachbearbeiter als *Angestellter* nur für die Verletzung ,,absoluter Rechte" haften. Der Umsatz als solcher ist kein absolutes Recht. Damit müßte sorgfältig erörtert werden, ob der Sachbearbeiter (adäquat-kausal) in den ,,eingerichteten und ausgeübten Gewerbebetrieb" des G als ,,absolutes Recht" i.S. von § 823 I BGB eingegriffen hat (,was letztendlich wohl bejaht werden könnte).[50] § 839 BGB schützt demgegenüber auch vor einem *allgemeinen* Vermögensschaden und damit vor dem Umsatzverlust. Wäre der Sachbearbeiter *Beamter*, würde die Anspruchsgrundlage des § 839 BGB also *ohne weiteres* einschlägig sein.

360   b) Die öffentlichrechtliche Körperschaft haftet über §§ 89, 31 BGB oder nach § 831 BGB, je danach, ob der handelnde Bedienstete ,,verfassungsmäßig berufener Vertreter"[51] der öffentlichrechtlichen Körperschaft oder nur ihr ,,Verrichtungsgehilfe" ist. Als ,,andere Ersatzmöglichkeit" (§ 839 I 2 BGB) kann diese Haftung der öffentlichrechtlichen Körperschaft die Inanspruchnahme des *Beamten* (§ 839 BGB) ausschließen. *Andere* Bedienstete (§ 823 BGB) können *stets* neben der öffentlichrechtlichen Körperschaft herangezogen werden.

Im *Ausgangsfall* sind sowohl der Baggerführer wie auch der Sachbearbeiter nur ,,Verrichtungsgehilfen" (§ 831 BGB) der Post. Gem. § 831 BGB haftet die Post *nur*, wenn ihr der ,,Entlastungsbeweis" nicht gelingt. In *diesem* Fall würde der Sachbearbeiter sich als *Beamter* günstiger stehen als als Angestellter. Als Beamter würde er gem. § 839 I 2 BGB von seiner Haftung frei, als Angestellter aber – ebenso wie der Baggerführer – *nicht*.

---

[47] Vgl. Rdnr. 270f.

[48] Den Vorschlag des vorlegenden *Senats*, Art. 34 GG jedenfalls insoweit anzuwenden (*BGHZ* 34, 101), hat der *GS* in *BGHZ* 34, 109 dahingestellt gelassen; für die Anwendung des Art. 34 GG *Schröder*, JuS 1969, 26f. mit ausgewogener Begründung und Literaturnachweisen zum Problem; *Ossenbühl*, Staatshaftungsrecht, § 3 1 d).

[49] H. M., s. z. B. *Wolff-Bachof* I, § 65 I b 1; *Rüfner*, in: *Erichsen-Martens*, Allg. VR, § 51 III 1. Vgl. schon soeben im Text Rdnr. 354.

[50] Einzelbegr. in Rdnr. 421.

[51] Instruktiver Fall (betrügerischer Bürgermeister) insoweit: *BGH*, NJW 1980, 115 = JuS 1980, 384 Nr. 14.

IV. Gefährdungshaftung der öffentlichen Hand, Versagen technischer Einrichtungen

392   *Fall:*[52] Eine Ampelanlage ist defekt und zeigt nach allen Seiten Grün. Als Folge davon stoßen zwei Autos zusammen. Autobesitzer *A* verlangt von der Stadt Schadensersatz. Trifft die Stadt ein Verschulden, sind Amtshaftungsansprüche gegeben (Rdnrn. 350 ff.).[53] Nachfolgend sei davon ausgegangen, daß der Stadt kein Verschulden nachzuweisen ist.

Es handelt sich um einen klassischen Fall besonderer Gefährdung durch hoheitliches Handeln. *Forsthoff*[54] hat vorgeschlagen, Schäden, welche aus solchen besonderen Gefahrenlagen entstehen, über eine öffentlichrechtliche Gefährdungshaftung zu regulieren. Er hat aber wenig Gefolgschaft gefunden.[55] Nach Ansicht des *BGH* ist es die Aufgabe des Gesetzgebers, die öffentlichrechtliche Gefährdungshaftung einzuführen: Dem dürfe die Rechtsprechung nicht vorgreifen.[56] Nur bei besonderer gesetzlicher Regelung trifft den Staat damit eine Gefährdungshaftung. Klausurwichtig ist etwa § 7 StVG.[57]

393   Eine Gefährdungshaftung für das „Versagen technischer Einrichtungen" welche das StHG eingeführt hatte, ist mit der Nichtigerklärung des StHG durch das *BVerfG*[58] wieder entfallen. Im *Beispielsfall* hat *A* damit nach wie vor keine Ansprüche, wie noch zu zeigen sein wird[59] auch nicht aus enteignungsgleichem „Eingriff".

§ 20. Entschädigungsansprüche

I. Dogmatische Abgrenzung zum Schadensersatz und Rechtscharakter

400   Die bisher behandelten *Schadensersatz*ansprüche folgen aus der Pflichtwidrigkeit = Rechtswidrigkeit des staatlichen *Handelns*. *Entschädigungs*ansprüche knüpfen an den *Erfolg* staatlichen Handelns an.[1] Entschädigungsansprüche werden gewährt, um ein Handlungs*ergebnis* auszugleichen, welches der Rechtsordnung als unbillig erscheint. Bereits gem. § 75 Einl. ALR war „der Staat denjenigen, welcher seine besonde-

---

[52] *BGHZ* 54, 332 = JuS 1971, 153 Nr. 1.
[53] Entsprechende Prallelfälle: *BGH*, NJW 1971, 2220 = JuS 1972, 212 Nr. 4; NJW 1972, 1268 = JuS 1972, 723 Nr. 2; *Ossenbühl*, JuS 1973, 421.
[54] Lehrbuch, § 18.
[55] Vgl. z. B. *Wolff-Bachof I*, § 66 II a m. w. Nachw. Eingehendere Problemerörterung bei *Ossenbühl*, JuS 1971, 579.
[56] *BGHZ* 54, 332.
[57] Klausurbeispiel bei *Vogel*, Verwaltungsrechtsfall, Nr. 1.
[58] Vgl. Rdnr. 350.
[59] Rdnr. 424.
[1] Entsprechende Gegenüberstellung ansatzweise in *BVerfGE* 45, 345, sowie bei *Weyreuther*, Gutachten, S. 59 f.

ren Rechte und Vorteile dem Wohl des gemeinen Wesens aufzuopfern genötigt wird, zu entschädigen gehalten". Eine Ausprägung dieses Grundsatzes ist Art. 14 III GG, wonach eine Enteignung nur durch Gesetz oder aufgrund eines Gesetzes erfolgen darf, das Art und Ausmaß der Entschädigung regelt. Die Entschädigung ist indessen nicht auf Fälle einer Aufopferung oder Enteignung beschränkt. Der Gesetzgeber ist nicht gehindert, auch in anderen Fällen Entschädigung zu gewähren.

401 Weil Entschädigungsansprüche an den unbilligen Handlungs*erfolg* anknüpfen, tritt die Frage nach der Rechtmäßigkeit oder Rechtswidrigkeit staatlichen *Handelns* zurück.[2] Wenn etwa §§ 51 ff. Bundes-SeuchenG den Impfschaden als (tragisches) *Ergebnis* des Impfens entschädigen, so kann die staatliche Leistung nicht davon abhängen, ob die Impf*handlung* rechtmäßig oder – weil erkennbar besondere Risikofaktoren vorlagen, die sich im Schaden dann auch verwirklichten – rechtswidrig war. Die Rechtswidrigkeit des *Handelns* kann vielmehr nur *zusätzlich auch* zu einem *Schadensersatz*anspruch führen. Demgemäß konkurrieren Schadensersatz- und Entschädigungsansprüche miteinander,[3] soweit im Einzelfall ihre Einzelvoraussetzungen erfüllt sind.

402 Weil es nur um einen Billigkeitsausgleich geht, kann die Entschädigung wertmäßig hinter dem Schadensersatz zurückbleiben,[4] ohne weiteres aber auch günstiger als ein Schadensersatzanspruch ausgestaltet werden (§§ 51 ff. BundesseuchenG). Den Wesensunterschied zwischen Schadensersatz und Entschädigung im öffentlichen Recht sollte schon der Anfänger beachten, insbesondere in seiner Diktion. – Die nachfolgenden Ausführungen betreffen nur *öffentlichrechtliches* Tätigwerden des Staates.[5]

II. Spezialgesetzlich geregelte Entschädigungsansprüche

403 Die meisten Entschädigungsansprüche sind spezialgesetzlich geregelt. Zu nennen sind zunächst die gesetzlichen Entschädigungsregelungen für klassische Enteignungen und Aufopferungen (z. B. § 85 BBauG, §§ 51 ff, Bundes-SeuchenG), aber auch die in der Fallbearbeitung häufig übersehenen Regelungen, in welchen die Rechtsprechung des *BGH* zum enteignungsgleichen und enteignenden Eingriff[6] für manche fallrelevante Konstellation kodifiziert worden ist (s. etwa § 8a IV, V BFStrG, § 42

---

[2] Grundlegend *BGHZ(GS)* 6, 270 (290); 13, 395 (397) zum ,,enteignungsgleichen Eingriff".
[3] *BGHZ(GS)* 13, 88 (101). Vgl. auch Rdnr. 355. Klausurbeispiel bei *Vogel*, Verwaltungsrechtsfall, Nr. 2.
[4] *BVerfGE* 46, 285; 24, 421 = JuS 1969, 289 Nr. 3 *Weber* II, Art. 14 Nr. 4.
[5] Im Zusammenhang mit dem Straßenbau hält *BGHZ* 72, 293 = JuS 1979, 591 Nr. 7 auch *privatrechtliche* Entschädigungsansprüche gem. § 906 II 2 BGB für erwägenswert.
[6] S. nachfolgend Rdnrn. 415 ff.

BImSchG[7]). Für rechtswidrige Maßnahmen der *Ordnungsbehörden* enthalten die einschlägigen Gesetze mancher Länder (z. B. § 41 Ia OrdnungsbehördenG NRW, § 37 II ASOG Berlin) ausdrückliche Entschädigungsregelungen, welche den richterrechtlichen Anspruch aus enteignungsgleichem Eingriff (mit seiner günstigen dreißigjährigen Verjährung) verdrängen.[7a]

Wichtig für die Fallbearbeitung ist auch der Entschädigungsanspruch, welcher dem *Nichtstörer* in allen Gesetzen zum Schutz der öffentlichen Sicherheit und Ordnung (vorstehend Rdnrn. 121 ff.) zugesprochen ist.

404 *Klausurbeispiele:*[8] Weil einer neuerbauten Schule durch Bäume auf dem Nachbargrundstück Licht und Luft entzogen werden, ist dem Nachbarn aufgegeben worden, die Bäume zu fällen.[9] *N* ficht die Verfügung nicht an, kommt ihr aber auch nicht nach. Schließlich fällt das städtische Forstpersonal die Bäume. Kann *N* Entschädigung verlangen? – Als letzter Verursacher war der Erbauer der Schule polizeipflichtig, nicht *N*.[10] *N* ist also als Nichtstörer in Anspruch genommen worden. Je danach, ob die im einschlägigen Polizeigesetz aufgestellten Voraussetzungen für die Inanspruchnahme eines Nichtstörers vorlagen oder nicht, war die Polizeiverfügung gegen ihn rechtmäßig oder rechtswidrig. Im letzten Falle ist zunächst der (deliktische) Amtshaftungsanspruch (§ 839 BGB/Art. 34 GG) zu prüfen. Dieser kommt im Ergebnis aber nicht zum Zuge, weil *N* es schuldhaft unterlassen hat, den Schaden durch Gebrauch eines Rechtsmittels abzuwenden (§ 839 III BGB). So oder so hat *N* indessen den eingangs bezeichneten Entschädigungsanspruch des Nichtstörers. Dieser Anspruch knüpft in vielen Bundesländern allein daran an, daß der Nichtstörer *gültig* in Anspruch genommen worden ist. Weil auch eine rechtswidrige Verfügung, welche unangefochten bleibt, gültig ist, muß *N* der Entschädigungsanspruch ohne weiteres auch zugesprochen werden, wenn er an sich nicht als Nichtstörer hätte herangezogen werden dürfen. Die einschlägigen Gesetze anderer Bundesländer (z. B. § 37 ASOG Berlin, § 52 Brem. PolG), beziehen die Entschädigungsansprüche des Nichtstörers und unbeteiligter Dritter (,,Querschläger") ausdrücklich auf *rechtmäßige* Maßnahmen und erstrecken diese Ansprüche nur in einer *Zusatznorm* auch auf rechtswidrige Maßnahmen. Auch damit ist der Entschädigungsanspruch im Klausurbeispiel dann aber gegeben.[11] (Allerdings schlägt die Nichteinlegung eines Rechtsmittels *hier* über ,,mitwirkendes Verschulden" (vgl. § 38 IV 2 ASOG Berlin) zu Buche).

406 Wichtig sind des weiteren Entschädigungsregelungen, welche bestimmte Aufopferungstatbestände (z. B. Verletzungen bei der Hilfeleistung in Unglücksfällen, bei der Verfolgung von Straftätern, beim Blutspenden) im Rahmen der gesetzlichen Unfallversicherung abwickeln (sog. ,,unechte" Unfallversicherung, § 539 Nr. 9 ff. RVO).[12] Diese Spe-

---

[7] *BGH*, NJW 1975, 1406 = JuS 1975, 804 Nr. 1 (betr. Verkehrslärm). Zum *nachbarschaftlichen Entschädigungsrecht* allgemein beachte Rdnr. 341.
[7a] S. dazu *BGHZ 72*, 273.
[8] Weiterer Fall bei *Lohse-van der Felden*, JuS 1975, 580.
[9] Ähnlich insoweit *PrOVGE 39*, 396 ff.
[10] So *PrOVG*, aaO; s. auch schon § 6 bei Fußn. 29 ff.
[11] Vgl. zum Fall auch noch Rdnr. 915.
[12] Nicht jeder der in § 539 Nr. 9 ff. RVO erfaßten Tatbestände ist Ausprägung des Aufopferungsgedankens. Der Versicherungsschutz für Kindergartenkinder, Schüler und Studierende ist etwa Ausdruck sozialstaatlicher Fürsorge (*BGHZ 46*, 331 [nachfolgend Fußn. 24]).

zialregelungen werden in der Fallbearbeitung oft übersehen oder nicht hinreichend in ihren Konsequenzen beachtet.

Beispiel:[13] Bauer *B* nahm auf die Bitte des Polizeibeamten *P* an der Verfolgung eines Messerstechers teil und wurde dabei durch einen Messerstich verletzt. Hat *B* Entschädigungsansprüche gegen den Staat? – Die Bearbeiter erörterten den (allgemeinen) Aufopferungsanspruch (s. nachfolgend Rdnrn. 408 ff.), deliktische Ansprüche aus Pflichtverletzung des *P* und Ansprüche wegen einer Inanspruchnahme des *B* als Nichtstörer. Diese Ansprüche des *B* gegen das Land seien im ordentlichen Rechtsweg geltend zu machen. Bei allem übersahen die Bearbeiter, daß *B* bei seiner Hilfeleistung gem. § 539 Nr. 9 b), c) RVO in der gesetzlichen Unfallversicherung war und also nach der RVO einen Anspruch auf Heilbehandlung, Verdienstausfall usw. (vgl. § 547 RVO) gegen das Land (§ 655 II Nr. 3 RVO) hat. Dieser Anspruch ist eine Spezialausprägung des allgemeinen Aufopferungsanspruchs. Zur näheren Umgrenzung und Abwicklung des Aufopferungsanspruchs bedient sich der Gesetzgeber in den genannten Fällen des eingespielten Verwaltungssystems der gesetzlichen Unfallversicherung, in welchem die Beschäftigten der Länder bei Arbeitsunfällen Ansprüche gegen das Land[14] als Träger der Eigenunfallversicherung (§ 655 I RVO) haben. Neben den Regelungen der RVO als leges speciales kommt der allgemeine Aufopferungsanspruch im angedeuteten Rahmen nicht mehr in Betracht. Alle anderen Ansprüche sind gem. § 116 SGB X (*früher* § 1542 RVO) im Zeitpunkt ihrer Entstehung kraft Gesetzes auf das Land als Träger der Eigenunfallversicherung übergegangen. Der damit einzig verbliebene Anspruch des *B* nach der RVO ist gem. § 51 SGG vor den Sozialgerichten geltend zu machen. Im ordentlichen Rechtsweg verbleibt dem *B* lediglich ein (von der RVO nicht erfaßter) Anspruch auf Schmerzensgeld gem. § 847 BGB, wenn der deliktische Schadensersatztatbestand erfüllt ist.

407   Ferner können Entschädigungsansprüche im Anschluß an den *Widerruf* eines rechtmäßigen begünstigenden Verwaltungsakts (§ 49 VVwVfG) oder *Ausgleichsansprüche* wegen der *Rücknahme* eines rechtswidrigen Verwaltungsakts (§ 48 III, VI VwVfG = *Verwaltungsrechtsweg*) erheblich werden.[15] Beachtenswert ist schließlich das ,,Gesetz über die *Entschädigung für Strafverfolgungsmaßnahmen*" (*Schönfelder* Nr. 93).

III. Aufopferungsansprüche

408   Der Aufopferungsanspruch ist *gewohnheitsrechtlich* im Anschluß an §§ 74, 75 Einl. ALR entwickelt worden.[16] Nach ständiger Rechtsprechung des *BGH*[17] betrifft der Aufopferungsanspruch nur (noch) nichtvermögenswerte Rechtsgüter wie Leben, Gesundheit und Freiheit. Sobald Eigentum i. S. des Art. 14 GG in Frage steht, kommen allein die später zu behandelnden Enteignungsgesichtspunkte in Betracht.

Ausgangsfälle: (1) Polizist *P* schießt hinter einem flüchtenden Verbrecher her. Durch einen Querschläger wird der unbeteiligte *X* verletzt. Er verlangt Entschädigung.

---

[13] Vgl. *RG, JW* 1914, 676 Nr. 4; s. zum Fall auch noch Rdnr. 936.

[14] Insoweit bestehen Unterschiede zur gewerblichen Wirtschaft, deren Beschäftigte auf Kosten der Arbeitgeber bei den *nicht*staatlichen (aber öffentlichrechtlichen) Berufsgenossenschaften versichert sind.

[15] S. § 11.

[16] S. Grundlegend *BGHZ* 79, 85 ff. sowie etwa *BGHZ* 13, 88; 17, 172; 20, 61; 23, 157; 29, 95; 56, 58; 60, 302; 65, 196.

[17] Seit *BGHZ (GS)* 6, 270 ff.; 23, 161.

(2) Ein schulpflichtiges Kind verletzt sich beim Turnunterricht so erheblich, daß ein Arm steif bleibt. Die Turnlehrerin trifft kein Verschulden. Hat *K* einen Entschädigungsanspruch gegen den Staat?[18]

409   Die Gedankenfolge läßt sich in ihren wichtigsten Punkten so systematisieren:[19]

1. Spezialgesetzliche Regelung?

Sie ist im *Ausgangsfall 2* inzwischen[20] dadurch gegeben, daß § 539 Nr. 14b RVO die Schüler in die gesetzliche Unfallversicherung einbezieht (vgl. soeben Rdnr. 406). *Ausgangsfall 1* ist in den neueren Gesetzen zum Schutz der öffentlichen Sicherheit und Ordnung geregelt (s. etwa § 37 I Nr. 2 ASOG Berlin, Art. 49 II BayPAG). Die nachfolgenden Ausführungen zu *Ausgangsfall 1* gelten also nur für Länder, in welchen entsprechende Bestimmungen (noch?) fehlen.

2. Sonst: Kurze theoretische Skizzierung des *allgemeinen* gewohnheitsrechtlichen Aufopferungsanspruchs.

3. Nichtvermögenswertes Rechtsgut.

410   **4.** Opfer.

Im *Ausgangsfall 1* fehlt es an einem Opfer, falls die von *X* erlittenen Nachteile (außerhalb von soeben 1.) durch bestimmungsgemäße Leistungen der *allgemeinen* Sozialversicherung (gesetzliche Krankenversicherung) ausgeglichen werden.[21] Diesen Gesichtspunkt müßte man in einer Hausarbeit erörtern.

411   **5.** *Sonder*opfer.

Das Opfer muß über das hinausgehen, was das Gesetz allen Menschen abfordert oder was zum allgemeinen Risiko des sozialen Lebens gehört.[22] Diese Voraussetzung liegt im *Ausgangsfall 1* vor.

412   **6.** Gewollter und gezielter Eingriff *oder* unmittelbare Auswirkung[23] einer rechtmäßigen oder rechtswidrigen hoheitlichen Maßnahme.

Einerseits ist die früher übliche Beschränkung des Aufopferungsanspruchs auf „gewollte und gezielte Eingriffe" aufzugeben, welche es unmöglich machen würde, im *Ausgangsfall 1* Aufopferungsentschädigung zu gewähren.[24] Andererseits verhindert das Erfordernis der Unmittelbarkeit ein Ausufern des Aufopferungstatbestands auf alle durch hoheitliche Maßnahmen kausal verursachten Sonderschäden.[25] Wann allerdings

---

[18] *BGHZ* 46, 327 = JuS 1967, 283 Nr. 9; *Ossenbühl*, JuS 1970, 276. Weiteres Klausurbeispiel bei *Vogel*, Verwaltungsrechtsfall, Nr. 2.

[19] Zur Erläuterung und Vertiefung s. *Ossenbühl*, Staatshaftungsrecht, §§ 7ff.; *Wolff-Bachof* I, § 61 II; *Rüfner*, in: *Erichsen-Martens*, Allg. VR, § 52 IV; *Bender*, Staatshaftungsrecht, S. 47ff.; *Kimminich*, JuS 1969, 352ff.; *Ossenbühl*, JuS 1970, 276.

[20] *BGHZ* 46, 327 (Fußn. 18) ist heute also positivrechtlich überholt.

[21] Lies *BGHZ* 20, 81; 45, 77ff.

[22] *BGHZ* 46, 327 (Fußn. 18), vgl. ferner *BGH*, NJW 1973, 1322 = JuS 1973, 788 Nr. 13.

[23] S. *BGHZ* 37, 47.

[24] Hierzu speziell *BGHZ* 20, 81.

[25] S. dazu auch *Kimminich*, JuS 1969, 350.

,,Unmittelbarkeit" gegeben ist, läßt sich nicht stets eindeutig bestimmen,[26] der Begriff ist zu verschwommen. Es genügt z. B. auch, wenn ein ,,freiwilliges" Handeln ,,psychologisch abgefordert" wird.[27]

413 ### 7. Mitverschulden des Geschädigten.

Nach der Rechtsprechung des *BGH*[28] sind die Grundsätze des § 254 BGB auf den gewohnheitsrechtlichen Aufopferungsanspruch analog anwendbar.

IV. Ansprüche aus enteignendem und enteignungsgleichem Eingriff

414 *Ausgangsfälle:* (1) Gleicher Fall wie Rdnr. 350[29]: Im Gefolge von Kabelarbeiten der Bundespost geht der Geschäftsumsatz des *G* vorübergehend zurück. Die Bauarbeiten ziehen sich über die an sich vorgesehenen 3 Wochen hinaus auf 4 Wochen in die Länge, weil im entscheidenden Augenblick das zu verlegende Kabel fehlt. Hat *G* Entschädigungsansprüche gegen die Post? (Zur amtshaftungsrechtlichen Seite des Falles s. bereits Rdnrn. 350 ff.).

(2) Durch Enteignungsbeschluß wird das Grundstück des *E* mit einer Dienstbarkeit belastet, aufgrund derer eine Gondelbahn-AG einen Tragemast errichten darf. *E* ficht die Enteignung mit Erfolg an, weil sich der Beschluß nicht auf eine gültige Ermächtigungsgrundlage stützen läßt.[30] Dann unterläßt es *E* aber, die Beseitigung des bereits errichteten Mastes zu verlangen. Statt dessen begehrt er eine öffentlichrechtliche Entschädigung. Zu Recht? (Zivilrechtliche Ansprüche bleiben ausgeklammert).

1. Die Rechtsprechung des BGH

Ist einem Bürger durch öffentlichrechtliches Handeln *unmittelbar* ein *Sonderopfer* an *Eigentum* entstanden, gewährt der *BGH* Entschädigungsansprüche aus ,,enteignendem" bzw. ,,enteignungsgleichem" Eingriff.[31] Diese *richterrechtlichen* Entschädigungsansprüche hatte der *BGH* ursprünglich mit Blick auf Art. 14 III GG entwickelt.[32] Heute leitet der BGH die Entschädigungsansprüche wegen ,,enteignenden" und ,,enteignungsgleichen" Eingriffs aber ,,aus der umfassenden Gewährleistung des Art. 14 I 1 GG" ab; das Gericht besteht nicht mehr darauf, daß *sein* Enteignungsbegriff mit dem *Rechtsbegriff* der Enteignung i. S. des Art. 14 III GG identisch sei.[33] Demgemäß wird dem richterrechtlichen

---

[26] Einzelheiten zur Aufhellung bei *Wagner*, NJW 1966, 569; *Bender*, Staatshaftungsrecht, S. 50 f.; vgl. auch später Rdnr. 424.

[27] *BGHZ* 31, 187; für Impfschäden heute durch § 51 I Nr. 3 BundesseuchenG ersetzt.

[28] *BGHZ* 45, 290 = JuS 1966, 496 Nr. 6.

[29] S. 121.

[30] Fallanlehnung an *BVerfGE* 56, 249 (270) – Dürkheimer Gondelbahn.

[31] Neueste Überblicke bei *Papier*, Jura 1981, 65 ff.; *Ossenbühl*, Staatshaftungsrecht, §§ 18 ff.; *Maurer*, Allgem. VR, § 26 Rdnr. 41 ff.; *Rüfner*, in: *Erichsen-Martens*, Allgem. VR, § 52 III. S. ferner etwa *Kreft*, BGB-RGRK, 12. Aufl., Vorb. § 839 Rdnrn. 9 ff. (unter dem Titel ,,Öffentlichrechtliche Ersatzleistungen" auch als Sonderausgabe erschienen).

[32] Näheres zur Entwicklung in der 5. Aufl. dieses Buches, S. 122 ff. sowie bei *Ossenbühl*, Staatshaftungsrecht, §§ 18, 19.

[33] Vgl. *BGHZ* 77, 185; 78, 43; *Kreft*, BGB-RGRK (Fußn. 31), Rdnrn. 16, 17.

Entschädigungsinstitut nicht der Boden entzogen, wenn spätere Ausführungen (Rdnrn. 636 r ff.) den „enteignenden" Eingriff aus Art. 14 III GG „verbannen". Unsere Rechtsordnung enthält *zwei verschiedene* Enteignungsbegriffe, den verfassungsrechtlichen des Art. 14 III GG und den entschädigungsrechtlichen des *BGH*.

415   a) Entschädigungsansprüche wegen *enteignenden* Eingriffs gewährt der *BGH*, wenn ein an sich *rechtmäßiges* Verwaltungshandeln eine (faktische) enteignende (Neben-)Wirkung unmittelbar im Gefolge hat.[34]

416   *Beispiele* (heute teilweise spezialgesetzlich aufgegriffen): Schaden am Fahrzeug nach Heranziehung zu Hand- und Spanndiensten;[35] Straßenlärm;[36] Abschneiden oder Erschweren von Zufahrten durch Straßenänderung;[37] Gewerbeschädigungen durch langdauernden Straßenbau[38] oder U-Bahn-Bau;[39] Brandschäden durch Übungsschießen;[40] Hausschäden durch Grundwassersenkung;[41] Beschädigung von Häusern durch Schützenpanzer;[42] Saatschäden durch Möwen und Krähen wegen Mülldeponie;[43] Überflutung im Gefolge von Hochwasserschutzanlagen.[44]
Im *Ausgangsfall 1* beruhen die Umsatzeinbußen in den *ersten* 3 Wochen auf *rechtmäßigem* Handeln. *Insoweit* kommen also Entschädigungsansprüche aus „enteignendem" Eingriff in Betracht.

417   b) Entschädigungsansprüche wegen „*enteignungsgleichen*" Eingriffs gewährt der *BGH*, wenn der „enteignende" Handlungserfolg auf *rechtswidrigem* Handeln beruht.[45] Weil der BGH insoweit nur von einem „enteignungs*gleichen*" Eingriff spricht, zählt er die Rechtmäßigkeit des Verwaltungshandelns offenbar zu seinem Enteignungs*begriff*. In *BGHZ* 32, 208 (212); 58, 124 (127) hat der *BGH* klargestellt, daß das erforderliche „Sonderopfer" bereits in der *Rechtswidrigkeit* des Handelns *als solcher* liegt; im Normalfall wird der Bürger mit einem rechtswidrigen Eigentumsopfer eben nicht belastet.

Entschädigungsansprüche aus „enteignungsgleichem" Eingriff kommen im *Ausgangsfall 2* sowie im *Ausgangsfall 1* in Betracht, soweit es um die Umsatzeinbußen für die *vierte* Woche geht, in welcher das Handeln der Exekutive rechtswidrig war.

Weil der „enteignungslgeiche Eingriff" alleine an die *Rechtswidrigkeit*,

---

[34] Entsprechende Gegenüberstellung zum „enteignungsgleichen" Eingriff in *BGH*, NJW 1966, 1120; *BGH*, JuS 1971, 375 Nr. 2.
[35] *BGHZ* 28, 310.
[36] *BGHZ* 64, 230; 54, 389.
[37] *BGHZ* 30, 141; 48, 65 ff.
[38] *BGHZ* 23, 157.
[39] *BGHZ* 57, 359.
[40] *BGHZ* 37, 44 ff.
[41] *BGHZ* 57, 376.
[42] *BGH*, NJW 1964, 104.
[43] *BGH*, NJW 1980, 770.
[44] *BGH*, DVBl 1981, 924.
[45] Grundlgegend *BGHZ(GS)* 6, 270 ff. Entsprechendes gilt erst recht bei *schuldhaft* rechtswidrigem Handeln, *BGHZ* 7, 296; 13, 92.

anknüpft und kein Verschulden voraussetzt, überspielt er für seinen Anwendungsbereich das Verschuldenserfordernis der Amtshaftung. Weil die Verschuldensfrage unklar ist (s. Rdnr. 354). erweist sich der ,,enteignungsgleiche" Eingriff im *Ausgangsfall 1* als die entscheidende Anspruchsgrundlage für die vierte Woche.

Wenn Verschulden *vorliegt*, können der Amtshaftungsanspruch und der Entschädigungsanspruch wegen ,,enteignungsgleichen" Eingriffs in Idealkonkurrenz *gleichzeitig* gegeben sein.[46]

418 2. Modifikationen durch das *BVerfG*

Unsicherheit ist durch eine Formulierung des *BVerfG* in der ,,Naßauskiesungsentscheidung" entstanden, wonach die ordentlichen Gerichte ,,keine Enteignungsentschädigung zusprechen können, für die es an einer vom *Gesetzgeber* geschaffenen Anspruchsgrundlage fehlt".[47] In der Literatur ist teilweise angenommen worden, die *richterrechtlichen* Entschädigungsinstitute des ,,enteignenden" und ,,enteignungsgleichen" Eingriffs seien damit obsolet geworden.[48] Die Ausführungen des *BVerfG* gelten indessen nur für Enteignungen im *Rechtssinne* des Art. 14 III GG. Nach der ausdrücklichen Regelung in Art. 14 III GG ist die Kompetenz der ordentlichen Gerichte auf Rechtsstreitigkeiten über die *Höhe* einer *gesetzlich* vorgesehenen Entschädigung beschränkt. Im Anwendungsbereich des Art. 14 III GG sind richterrechtliche Entschädigungsansprüche also *positivrechtlich* ausgeschlossen.[49] Ist Art. 14 III GG *nicht* einschlägig, kommt die richterrechtliche Rechtsfortbildung durchaus in Betracht.

419 Siedelt man den ,,enteignenden" Eingriff – wie in Rdnrn. 636 r ff. vorgeschlagen – *außerhalb* von Art. 14 III GG in Art. 14 I 2 GG an, bleibt der richterrechtliche Entschädigungsanspruch von der Naßauskiesungsentscheidung unberührt.[50]

Beim (rechtswidrigen) ,,enteignungsgleichen" Eingriff muß man unterscheiden. *Ausgangsfall 2* zeigt, daß das Rechtsinstitut des ,,enteignungsgleichen" Eingriffs *auch* Fälle umfaßt, welche (rechtswidrige) Enteignungen im *Rechtssinne* des Art. 14 III GG darstellen (,,klassische Enteignung" im Ausgangsfall 2). Wie der *BGH* neuerdings auch selbst hervorhebt,[51] sind richterrechtliche Entschädigungsansprüche in *derartigen* Fällen ausgeschlossen. *Ausgangsfall 1* (vierte Woche) kennzeichnet Fall-

---

[46] S. schon Fußn. 3.

[47] *BVerfGE* 58, 300 (318 f.); s. auch schon *BVerfGE* 4, 219 (234 ff.).

[48] *Scholz*, NVwZ 1982, 337 (347); *Berkemann*, JR 1982, 232.

[49] Näheres bei *Schwerdtfeger* Die dogmatische Struktur der Eigentumsgarantie, 1983, S. 38.

[50] Näheres hierzu und zum Folgenden bei *Schwerdtfeger*, aaO, (Fußn. 49); *dems.*, JuS 1983, 109. Im Ergebnis ebenso *Ossenbühl*, NJW 1983, 1; *ders.*, Staatshaftungsrecht, § 18 3 b); *Bender*, BauR 1983, 1; *Papier*, NVwZ 1983, 258.

[51] *BGH*, NJW 1978, 2290 (2292); *BGH*, WM 1982, 966 (967).

gestaltungen des „enteignungsgleichen" Eingriffs, welche *keine* Enteignungen im Rechtssinne des Art. 14 III GG sind. Bei ihnen geht es um eine *allgemeine* Frage der Staatshaftung für rechtswidriges Staatshandeln. Sie steht richterrechtlicher Rechtsfortbildung offen.

420   3. Systematische Gedankenfolge

Vor diesem Hintergrund können Entschädigungsansprüche wegen „enteignenden" und „enteignungsgleichen" Eingriffs in der Fallbearbeitung wie folgt „geprüft" werden.

(1) Spezialgesetzliche Entschädigungsregelung i. S. von vorstehend Rdnr. 403 ? – Ansonsten:

421   (2) Nachteil an *Eigentum?*

Der *BGH* legt den verfassungsrechtlichen Eigentumsbegriff (Art. 14 I 1 GG) zugrunde, wie er in Rdnr. 636g dargestellt worden ist. Geschützt sind nur konkrete Vergegenständlichungen des Eigentums, nicht das Vermögen als solches.[52] Immer müssen subjektive Rechte beeinträchtigt sein, nicht bloße Interessen, Chancen, Hoffnungen und Erwartungen.[53] Besonders beim eingerichteten und ausgeübten Gewerbebetrieb, welchen der *BGH* als Eigentum ansieht, macht es oft Schwierigkeiten festzustellen, ob in Bestandteile des Gewerbebetriebes selbst oder lediglich in derartige Chancen eingegriffen ist. Kein Eingriff in den Gewerbebetrieb liegt z. B. vor, wenn Schutzzölle herabgesetzt werden,[54] wenn die gesetzlichen Bestimmungen über die Ausrüstung von Kraftfahrzeugen geändert werden,[55] wenn in der Elbmündung ein Leitdamm errichtet wird, der Krabbenfischer zu Umwegen zwingt,[56] usw.[57] In diesen Fällen sind das rechtliche oder tatsächliche Umfeld, in welchem die gewerbliche Betätigung erfolgt, nicht *Bestandteil* des Gewerbebetriebes. Weil die hoheitlichen Einwirkungen auf den Gewerbebetrieb *unmittelbar* sein müssen (nachfolgend Rdnr. 424), reicht es hier auch nicht aus, wenn der Gewerbebetrieb im weiteren Verlauf der Kausalkette seine Existenzfähigkeit verliert. Entscheidend ist, daß die *unmittelbar* betroffene Position, z. B. der bisherige Weg zu den Fanggründen, nicht zum eingerichteten und ausgeübten Gewerbebetrieb gehört. Anderes kann gelten, wenn ein besonderer *Vertrauenstatbestand* begründet worden ist.[58]

Im *Ausgangsfall 1* ist der *Umsatz* in seiner konkreten *Höhe* kein Bestandteil des eingerichteten und ausgeübten Gewerbebetriebes, sondern lediglich Gewinn*chance*. *Bestandteil* des Gewerbebetriebes ist aber der „Kontakt zur Straße". Indem die Post diesen Kontakt erschwerte, hat sie in den Gewerbebetrieb eingegriffen. (Der Umsatz ist [maßgebliches] Indiz für den Wert der entzogenen Substanz [Kontakt zur Straße]).[59]

---

[52] *BGH*, NJW 1983, 215 = JuS 1983, 388 Nr. 4 m. w. Nachw.

[53] *BGH*, NJW 1954, 637 = JuS 1974, 523 Nr. 1 (betr. Bebauungserwartung); *BGH*, NJW 1980, 387 = JuS 1980, 222 Nr. 4 betr. beabsichtigte Betriebserweiterung).

[54] *BGHZ* 45, 83 (Knäckebrot).

[55] *BGH*, NJW 1968, 293.

[56] *BGH*, NJW 1966, 1120.

[57] Vgl. noch etwa: *BGH*, JuS 1971, 375 Nr. 2 (Soldatengaststätte); *BGHZ* 40, 355 u. *BVerwG*, DVBl 1981, 983 (Müllabfuhr).

[58] *BGHZ* 45, 83 („Knäckebrot"); *BGH* NJW 1980, 2700 = JuS 1981, 371 Nr. 3; NJW 1983, 215 = JuS 1983, 388 Nr. 4; s. ferner Rdnr. 431, bei Fußn. 78.

[59] s. zu allem *BGHZ* 57, 359 (361, 369) m. w. Nachw.

422   (3) Sonderopfer wegen *rechtswidriger* Eigentumsbeeinträchtigung („enteignungsgleicher" Eingriff)?

Bei *rechtswidrigem* Verwaltungshandeln liegt nach dem Gesagten[60] – wie im *Ausgangsfall 1* hinsichtlich der vierten Woche und wie im *Ausgangsfall 2* – *ohne weiteres* das erforderliche Sonderopfer vor (= „enteignungsgleicher" Eingriff). Der Bearbeiter muß aber darauf achten, ob der rechtswidrige Eingriff eine „Enteignung" im *Rechtssinne* des Art. 14 III GG ist, weil der richterrechtliche Entschädigungsanspruch dann gem. Art. 14 III GG *positivrechtlich* ausgeschlossen wird (= Ausscheidung von *Ausgangsfall 2*).

423   (4) Sonderopfer als faktische Folge *rechtmäßigen* Handelns (enteignender Eingriff)?

Wie sich am *Ausgangsfall 1* zeigt, läßt sich bei rechtmäßigem Handeln nicht ohne weiteres entscheiden, ob dem nachteilig Betroffenen ein *Sonderopfer* am Eigentum zugemutet wird: Stellt die dreiwöchige Umsatzeinmuße ein *Sonderopfer* dar *oder* wird sie *potentiell* in *gleicher* Weise *jedem* Geschäftsinhaber abverlangt? – Verbaler Ausgangspunkt des BGH ist wie stets bei der „Sonderopfertheorie" auch hier: „Der Verstoß gegen den Gleichheitsgrundsatz kennzeichnet die Enteignung".[61] Für die Feststellung einer ungleichen Belastung müssen Personengruppen verglichen werden, welche sich in einer grundsätzlich gleichen Situation befinden.[62] *Wie* aber die Vergleichsgruppen gebildet werden, läßt sich *nicht* nach dem Gleichheitsgrundsatz und damit auch nicht nach „Sonderopfertheorie" entscheiden. Wie in der Fallbearbeitung immer wieder übersehen wird, hat der BGH seine „Sonderopfertheorie" daher modifiziert.[63] Anhaltspunkte gibt dem BGH die „Situationsgebundenheit", in der das Eigentum steht (= Angewiesenheit auf den Kontakt zur Straße im Fall 1). Wegen Art. 14 II GG kann z.B. ein Grundstück mit einer besonderen „Pflichtigkeit" belastet sein, welche andere Grundstücke nicht trifft und so etwa Naturschutzmaßnahmen gestattet.[64] Die entscheidende Frage, ob eine besondere Situationsgebundenheit zu einer solchen Pflichtigkeit führt, beurteilt der *BGH wertend*[65] nach Kriterien,[66] welche sich oft unter einen Oberbegriff „Zumutbarkeit" fassen lassen,[67] inzwischen auch expressis verbis aus ihm hergeleitet werden.[68] Soweit die „Sonderopfertheorie" keine eindeutigen Ergebnisse bringt, hat der BGH sie also durch die „Zumutbarkeitstheorie" ergänzt.

Im *Ausgangsfall 1* dürfte es für G noch zumutbar sein, wenn der „Kontakt zur Straße" als Bestandteil seines Gewerbebetriebes für (nur) 3 Wochen aus zwingenden öffentlichen Gründen erschwert wird. Hinsichtlich der *ersten 3 Wochen* scheiden also

---

[60] Bei Fußn. 45.
[61] *BGHZ(GS)* 6, 270ff.
[62] *BGHZ* 22, 1; 23, 30.
[63] Grdl. *BGHZ* 23, 30; *BGH*, LM Art. 14 GG Nr. 60 („Buchendom"); *BGH*, LM Art. 14 (Cb) GG Nr. 5; *BGH*, NJW 1973, 623 = JuS 1973, 510 Nr. 4; *BGHZ* 72, 211 = JuS 1979, 513 Nr. 3.
[64] Der dogmatische Standort dieser Gedanken wird in der Rspr. des *BGH* nicht ganz klar. Einige Wendungen (die Eigentümerfunktion sei in solchen Fällen nicht eigentlich beeinträchtigt, weil sie gar nicht so weit reiche), lasse es auch als möglich erscheinen, das Problem der Pflichtigkeit schon bei der Frage nach dem Schutzbereich (im Text unter Rdnr. 421) zu behandeln; s. *Peter*, JZ 1969, 551; *BVerwG*, DVBl. 1951, 983.
[65] So ausdrücklich *BGH*, DVBl 1981, 925.
[66] Zusammenstellung in *BGH*, JuS 1973, 510 Nr. 4; *BVerwG*, NJW 1976, 766 (dort auch zur „eigentumsrechtlich verfestigten Anspruchsposition"); zuletzt *BGH*, NJW 1980, 2299 = JuS 1980, 908 Nr. 5; *BGH*, DVBl 1981, 925f.
[67] Vgl. etwa *BGH*, JuS 1971, 206 Nr. 2.
[68] *BGH*, NJW 1972, 243 (245) = JuS 1972, 212 Nr. 3.

Entschädigungsansprüche (aus enteignendem Eingriff) aus. Hinsichtlich der verbleibenden vierten Woche (= rechtswidriges Sonderopfer i. S. eines „enteignungsgleichen" Eingriffs) folgt die Frage nach der

424   (5) Unmittelbarkeit

Das „Sonderopfer" (soeben Rdnr. 422 oder Rdnr. 423) muß nach der Rechtsprechung des *BGH* gezielt abverlangt oder *unmittelbare* Auswirkung einer hoheitlichen Maßnahme sein.[69] Bereits im Zusammenhang mit dem Aufopferungsanspruch wurde darauf hingewiesen, daß das Kriterium der Unmittelbarkeit verschwommen sei. Hier hat sich deshalb ein „case law" entwickelt, welches teilweise soeben vorgestellt wurde.[70] – Beim *Ampelunfall* (= Ausgangsfall zur Gefährdungshaftung)[71] hat der *BGH* auch Ansprüche aus „enteignendem" Eingriff abgelehnt, weil das Sonderopfer des verunglückten *A* nicht unmittelbar durch die Gefahrenlage verursacht worden sei, welche von der defekten Ampel ausging. Das Handeln der Verkehrsteilnehmer sei noch hinzugetreten.[72] – Im *Ausgangsfall 1* ist die Unmittelbarkeit gegeben.

Merke: Ein *Unterlassen* sieht der *BGH* nur als Eigentumseingriff an, wenn es „qualifiziert" ist.[72a]

425   (6) Mitverursachung des Geschädigten?

Nach der Rechtsprechung des *BGH* ist bei der Bemessung der Entschädigung in sinngemäßer Anwendung des § 254 II BGB eine Mitverursachung durch den Betroffenen jedenfalls insoweit zu berücksichtigen, als er die Folgen des Eingriffs nicht abgewendet oder gemindert hat.[73] – Im *Ausgangsfall 1* ist kein Mitverschulden des *G* ersichtlich, der Entschädigungsanspruch wegen „enteignungsgleichen" Eingriffs hinsichtlich der vierten Woche also begründet.

V. Plangewährleistungsansprüche?

431   „*Gefrierfleischfall*" des RG:[74] Nach dem Ersten Weltkrieg war es zur Versorgung der Bevölkerung dringend geboten, Gefrierfleisch einzuführen. Die Importeure waren aber nicht bereit, die dafür erforderlichen Kühlhäuser zu bauen. Sie befürchteten, alte Einfuhrbeschränkungen könnten wieder in Kraft gesetzt werden, bevor sich die Kühlhäuser amortisiert hätten. Daraufhin wurde durch Verordnung der Reichsregierung bestimmt, die bestehenden Einfuhrerleichterungen bleiben mindestens für 10 Jahre bestehen. Nachdem jetzt die Kühlhäuser gebaut waren, wurde die Verordnung nach einiger Zeit wieder aufgehoben. Statt dessen wurde die Einfuhr zum Schutze der Deutschen Erzeuger so weitgehend beschränkt, daß die Kühlhäuser leerstanden. Das *RG* lehnte Entschädigungsansprüche der Importeure ab. Wie wäre heute zu entscheiden?

Hier ist eines der zentralen Probleme moderner Staatstätigkeit angesprochen. Der Sozialstaat muß umfassend planen,[75] wenn er seinen Aufgaben der Daseins- und Wachstumsvorsorge gerecht werden will. Insbe-

---

[69] S. z. B. *BGHZ* 37, 47 sowie soeben Fußn. 35–44.

[70] Bei Fußn. 35–44.

[71] Rdnr. 392.

[72] *BGHZ* 54, 332 (338) = JuS 1971, 153 Nr. 1 (154).

[72a] Zu Einzelheiten s. *BGHZ* 32, 208 (211); 56, 40 (42); 58, 124; 65, 182 (189).

[73] So *BGH*, JuS 1972, 47 Nr. 2.

[74] *RGZ* 139, 177 ff. Weitere Beispielsfälle bei *Egerer*, Plangewährleistungsanspruch, 1971, S. 15 ff.

[75] Näheres und Literaturnachweise etwa bei *Wolff-Bachof* I, § 18 I b 4, § 47 IX.

sondere bei der Wirtschaftslenkung wird der Plan oft nicht vollzogen über imperative Maßnahmen des staatlichen Eingriffs in den Individualbereich. Durch Subventionen, Steuervorteile usw. oder lediglich durch die Bereitstellung von Daten über zukünftige Entwicklungsmöglichkeiten werden der Wirtschaft vielmehr Anreize gegeben sich freiwillig so zu verhalten, wie es nach der jeweiligen staatlichen Planung erwünscht ist. Im Vertrauen auf die Richtigkeit und Beständigkeit des staatlichen Plans, aber durchaus um *eigene* Erwerbschancen wahrzunehmen, treffen die Unternehmen plankonforme Dispositionen. Die entscheidende Frage ist, ob der Staat für die Schäden aufkommen muß, welche entstehen, wenn der Plan verändert oder aufgehoben[76] wird. Es sind die verschiedensten Versuche gemacht worden, das *enttäuschte Vertrauen* durch Entschädigungsansprüche zu kompensieren.[77] Zumeist wird die Problematik über den ,,enteignenden Eingriff'' gelöst:[78] Wenn – wie im Gefrierfleischfall – *durch besondere Umstände* (!) ein Vertrauenstatbestand geschaffen worden sei, müsse das betätigte Vertrauen als eigentumsrechtlich relevanter Bestandteil des eingerichteten und ausgeübten Gewerbebetriebes im Sinne des Art. 14 GG angesehen werden, in welchen unmittelbar eingegriffen werde. Diese ,,Verdinglichung'' des Vertrauens ist indessen problematisch.[79] Deshalb ist in der Literatur andererseits auch versucht worden, aus dem rechtsstaatlichen Gedanken des Vertrauensschutzes losgelöst von Art. 14 GG einen *eigenständigen* Plangewährleistungsanspruch zu entwickeln. Er sei hiermit jedenfalls vorgestellt. Eingehendere und kritische Überlegungen zu ihm sind vorläufig nur in einer Hausarbeit möglich,[80] dort in geeigneten Fällen aber auch erforderlich (häufiger Unterlassungsfehler). Die erste positivrechtliche Anerkennung eines Plangewährleistungsanspruchs findet sich in § 39 j BBauG.[81]

Im *Gefrierfleischfall* müßte ein Plangewährleistungsanspruch gegeben sein.

---

[76] Das dürfte in der Regel möglich sein. Zu bestehenden Grenzen vlg. allerdings später Rdnr. 501, bes. bei Fußn. 18.

[77] Knapper Überblick bei *Egerer,* aaO, S. 45 ff.; *Ossenbühl,* JuS 1975, 545 ff.; *dems.,* Staatshaftungsrecht, §§ 26 ff. Vgl. auch *BVerwG,* JuS 1970, 143 Nr. 11.

[78] So insb. auch *BGHZ* 45, 87 f. (,,Knäckebrot''); *BGH,* NJW 1983, 215 = JuS 1983, 388 Nr. 4; sowie Rdnr. 421,.

[79] Allgemein zum Verhältnis von Vertrauensschutz und Eigentumsgarantie *BVerfGE* 45, 168.

[80] Den Einstieg vermitteln die in Fußn. 77 Genannten sowie *Oldiges,* Grundlagen eines Plangewährleistungsrechts, 1970.

[81] Nach *BGH,* NJW 1983, 215 = JuS 1983, 388 Nr. 4 nicht anwendbar auf Vertrauensschäden, welche entstehen, wenn sich nachträglich die Unwirksamkeit eines Bebauungsplans herausstellt.

4. Teil. Das Recht der öffentlichen Einrichtungen

440 Besondere Problemlagen entstehen, wenn Träger öffentlicher Verwaltung dem Bürger öffentliche Einrichtungen zur Benutzung zur Verfügung stellen. Dabei sind folgende Organisationsformen zu unterscheiden: mitgliedschaftlich organisierte öffentlichrechtliche *Körperschaften* (Universität); *Anstalten* als (im Gegensatz zur Körperschaft) *nicht* verbandsmäßig organisierte Zusammenfassungen von persönlichen und sächlichen Mitteln *mit* (Rundfunkanstalten) oder (zumeist) *ohne* eigene Rechtspersönlichkeit (Schule, Krankenhaus, Museum, Freibad;[1] juristische Personen des *Privatrechts* (AG, GmbH), deren Gesellschaftsanteile sich (in der Regel) in der Hand eines Trägers öffentlicher Verwaltung befinden (Straßenbahn-AG, Stadthallen-GmbH; „*Eigengesellschaften*"); derartige Unternehmungen können auch als „*Eigenbetriebe*" in der Form unselbständiger öffentlichrechtlicher *Anstalten* (s. soeben) *unmittelbar* von der Verwaltung selbst betrieben werden; öffentliche Sachen im Gemeingebrauch (Straßen, Wasserzüge) oder im Verwaltungsgebrauch (Rathaus). All diesen Einrichtungen ist gemeinsam, daß sie einem öffentlichen Zweck *gewidmet* sind. Hierdurch unterscheiden sie sich von den Sachen des Finanzvermögens (städtische Brauerei, Ratskeller, staatliche Forsten), welche (über ihre Erträge) lediglich mittelbar Verwaltungszwecke fördern und ohne öffentlichrechtliche Überlagerungen ganz dem („Fiskal"-)Privatrecht unterstehen.[2] Das Recht der öffentlichen Einrichtungen ist etwa von *Papier* umfassend dargestellt worden.[3] Nachfolgend kann nur ein Einstieg in die *wichtigsten* Fallkonstellationen vermittelt werden.

§ 21. Anstaltsrecht

441 *Ausgangsfall:* Eine „Bürgerinitiative" hatte zu einer gut besuchten Veranstaltung in der Stadthalle eingeladen und dabei starke, mit falschen Unterstellungen und Verleumdungen gewürzte Kritik an den Vorstellungen der Stadtverwaltung zur Bauleitplanung

---

[1] Näheres zur öffentlichrechtlichen Anstalt und zu ihrer Abgrenzung von der Körperschaft bei *Wolff-Bachof*, II § 98 I a; *Rudolf*, in: *Erichsen-Martens*, Allg. VR § 76 II 2.

[2] Dazu schon Rdnrn. 270 f.

[3] *Papier*, Recht der öffentlichen Sachen, 1977; s. ferner z. B. *Salzwedel*, in: *Erichsen-Martens*, Allg. VR, §§ 43 ff.; *Püttner*, S. 111 ff.; JA-Studienbogen Nr. 4/1979; *Pappermann-Löhr*, Grundfälle zum öffentlichen Sachenrecht, ab JuS 1979, 794 (in Fortsetzungen).

geübt. Daraufhin faßte der Rat der Stadt den Beschluß, die Stadthalle und andere stadteigene Räume nicht mehr für Veranstaltungen zur Verfügung zu stellen, in welchen die Arbeit der Stadtverwaltung böswillig herabgesetzt werde. Unter Berufung auf diesen Beschluß wird der Bürgerinitiative die Stadthalle verweigert, als sie sie nach einem halben Jahr erneut benutzen möchte. Wie ist die Rechtslage?[1]

442   Anders als die Benutzung öffentlicher Sachen im Rahmen des *Gemeingebrauchs* (nachfolgend Rdnrn. 460ff.) bedarf die Benutzung öffentlicher *Anstalten* einer *Zulassung* im *Einzelfall*. Nachfolgend wird nur dieser Problemkreis der Zulassung behandelt. *Nachdem* der Bürger zur Benutzung zugelassen worden ist, befindet er sich im Sonderrechtsverhältnis[1a] der Anstalt. Problemkonstellationen, welche sich *jetzt* ergeben, sind an anderer Stelle im Kontext mit dem besonderen Gewaltverhältnis dargestellt (Rdnrn. 250ff.).

I. Anspruch auf Zulassung zur Benutzung

443   1. Anspruchsgrundlage

Wie schon erwähnt wurde[2] enthalten alle Gemeindeordnungen die Bestimmung: „Die Bewohner der Gemeinde sind im Rahmen der bestehenden Vorschriften berechtigt, die öffentlichen Einrichtungen der Gemeinde zu benutzen." Wenn es sich um eine kommunale Anstalt handelt und ein Einwohner der Gemeinde die Benutzung erstrebt, ist *diese* Vorschrift als Anspruchsgrundlage zu prüfen.

Das gilt auch im *Ausgangsfall*. Anspruchs*gegner* ist die Gemeinde. Schwierigkeiten entstehen, wenn die Stadthalle nicht als „Eigenbetrieb" und damit als Abteilung der Stadtverwaltung (= unselbständige Anstalt), sondern aus der Stadtverwaltung ausgegliedert als privatrechtliche GmbH betrieben wird.[3] In der Literatur wird angenommen, auch in diesem Falle sei Anspruchsgegner die Gemeinde, nicht die GmbH. Die Gemeinde sei jetzt verpflichtet, dem Bürger über ihre zivilrechtlichen Einflußnahmemöglichkeiten auf die GmbH die Benutzung zu *verschaffen*.[4] Der zitierte Wortlaut des Benutzungsanspruchs hindert indessen nicht, auch die GmbH *unmittelbar* als Anspruchsgegner anzusehen.[5] Aber das kann für den *Ausgangsfall* dahinstehen. Der Beschluß des Stadtrates dürfte deutlich machen, daß die Stadthalle als unselbständige Anstalt unmittelbar durch die Gemeinde betrieben wird.

444   Für nicht-kommunale Anstalten ergibt sich der Benutzungsanspruch häufig ebenfalls aus spezialgesetzlichen Regelungen, so aus § 8 PostG (Sartorius Nr. 910), § 6 EnergiewirtschaftsG (Sartorius Nr. 830). Hat die

---

[1] Verwandte Fallgestaltung in *Hess. VGH*, DVBl 1951, 737. Umfassend zum Recht der Stadthallen *Ossenbühl*, DVBl 1973, 289. Weitere Fälle: Rdnrn. 170, 927; *Pappermann-Löhr*, JuS 1981, 117, 119, 120.

[1a] Näheres zu ihm bei *Wolff-Bachof II*, § 99 IV.

[2] Rdnr. 175.

[3] S. zu diesen verschiedenen Organisationsmöglichkeiten schon soeben Rdnr. 440.

[4] *Papier*, Recht der öffentlichen Sachen, 1977, S. 43; *Pappermann-Löhr*, JuS 1981, 269 m. w. Nachw.

[5] So zutreffend *Ossenbühl*, DVBl 1973, 293 f.

Anstalt ein Monopol, folgt jedenfalls daraus ein Kontrahierungszwang.[6] Hingegen ist Vorsicht geboten, wenn Grundrechte als Anspruchsgrundlage für einen Zulassungsanspruch herangezogen werden sollen. Gestützt auf *Freiheitsgrundrechte* kann ein solcher Anspruch erst nach sorgfältigen Auseinandersetzungen mit dem Problemkreis „grundrechtliche Ansprüche auf Teilhabe und staatliche Leistung" (Rdnrn. 620 ff.) bejaht werden. Der *Gleichheitsgrundsatz* verlangt die gleiche Handhabung in gleichen Fällen und kommt daher bei einschlägiger Sachlage als Anspruchsgrundlage in Betracht.[7] Art. 21 GG und § 5 ParteienG eröffnen Benutzungsansprüche nicht wegen des Freiheitsstatus der Partei, sondern nur zur Wahrung der Chancengleichheit, wenn *anderen* Parteien die Benutzung eingeräumt ist.[8]

445   **2. Anstaltszweck (Widmungszweck)**

Jede Anstalt ist einem *eingegrenzten* Zweck *gewidmet*. Ein Benutzungsanspruch nach soeben Rdnrn. 443 f. kann also nur gegeben sein, wenn sich die vorgesehene Benutzung im Rahmen des Anstaltszweckes hält.

446   **3. Sonderbenutzung**

Ob eine öffentliche Anstalt zu anstaltsfremden Zwecken benutzt werden soll, entscheidet der Anstaltsträger nach seinem Ermessen. In diesem Rahmen besteht kein Anspruch auf fehlerfreie Ermessensbetätigung oder gar auf Benutzung, soweit nicht ausnahmsweise einmal der Gleichheitsgrundsatz eine Gleichbehandlung gebietet.[9]

447   Der Sachverhalt des *Ausgangsfalles* läßt den Widmungszweck der Stadthalle nicht abschließend erkennen. Im „Normalfall" dürfte die Hallenverwaltung die Halle an die Veranstalter von kulturellen Ereignissen (Theater, Konzert, Jazz, Zirkus, Eisrevue), Sportereignissen (Sechstagerennen, Springreiten) usw. vermieten (oder in Ausnahmefällen auch selbst als Veranstalter auftreten). Derartige Veranstalter haben mit Sicherheit keinen Benutzungsanspruch nach der Gemeindeordnung. Sie werden vielmehr nach dem *Ermessen* der Hallenverwaltung im Rahmen einer Sonderbenutzung ausgewählt. Der Benutzungsanspruch ist insoweit nur den *Besuchern* derartiger Veranstaltungen gegeben. Entscheidend ist, ob die Halle zusätzlich auch der *Eigen*benutzung der Bürger zu *von ihnen* bestimmten Zwecken (örtliche Sportvereine, Versammlungen, Karneval) gewidmet ist.[10] In diesem Fall hat die Bürgerinitiative im Rahmen von nachfolgend Rdnrn. 448 ff. den Benutzungsanspruch nach der Gemeindeordnung. Sonst hat sie als Sonderbenutzerin ohne Anspruch die gleiche Stellung wie ein Veranstalter von Kultur- und Sportereignissen.

---

[6] *Palandt-Heinrichs*, BGB, Vorb. § 145 Anm. 3 b aa.

[7] S. dazu Rdnrn. 627 ff.

[8] *BVerwGE* 32, 336; Fall (ebenfalls zur Benutzung einer Stadthalle) in Rdnr. 667.

[9] Fallgestaltung in *BVerwGE* 31, 368, wo es in der Sache (Parteiveranstaltung in einer Sporthalle) um Sonderbenutzung geht. Weiterer Fall in Rdnr. 170.

[10] Zu letzterem s. auch den Besprechungsfall („Bürgerhaus") bei *Pappermann-Löhr*, JuS 1981, 269.

[handwritten: nur im Rahmen der bestehenden Vorschriften]

II. Grenzen des Zulassungsanspruchs

448   1. Rechtliche Grenzen

Ein Zulassungsanspruch kann nur „im Rahmen der bestehenden Vorschriften" gegeben sein (so ausdrücklich die zitierten Gesetzesbestimmungen über den kommunalrechtlichen Benutzungsanspruch).

449   a) Eine derartige Vorschrift ist zunächst die für die Anstalt bestehende Benutzungsordnung.

Im *Ausgangsfall* könnte der Beschluß des Stadtrates Teil der Benutzungsordnung geworden sein. Zu untersuchen ist einerseits, ob der („schlichte") Beschluß *formal gesehen* den Anforderungen genügt, welche an eine Benutzungsordnung zu stellen sind. Möglicherweise ist nach den einschlägigen Vorschriften des Kommunalverfassungsrechts eine kommunale *Satzung* erforderlich. Andererseits ist zu überprüfen, ob der Ratsbeschluß materiellrechtlich fehlerfrei ist. Benutzungseinschränkungen haben die grundsätzliche Entscheidung des Gesetzgebers für den Benutzungs*anspruch* im Auge zu behalten und sind also im Lichte der Bedeutung dieser Grundsatzentscheidung zu beurteilen. Außerdem ist Art. 5 I GG zu beachten. Auf diesem Hintergrunde kann die Benutzung sicherlich nicht eingeschränkt werden, um mißliebige Kritik abzublocken. Soweit es um die Abwehr strafbarer Handlungen (Verleumdungen) geht, würde die Benutzungsordnung im *Ausgangsfall* materiellrechtlich unbedenklich sein, *wenn* sie formell gültig zustande gekommen wäre.

450   In lückenfüllender Auslegung der Benutzungsordnung, sonst gewohnheitsrechtlich, dürften Benutzungen verboten sein, welche mit dem Anstaltszweck nicht zu vereinbaren sind.[11]

Beispiel: Ein völlig verdreckter Landstreicher begehrt Einlaß in das gemeindliche Sommerbad.

451   b) Ergänzend zur Benutzungsordnung können auch sonstige Rechtsvorschriften den (grundsätzlichen) Zulassungsanspruch einschränken.

Bei drohenden Schäden kann die Zulassung wegen der gesetzlichen Pflicht der Gemeinde verweigert werden, das Gemeindevermögen vor Schaden zu bewahren (vgl. etwa § 82 Nieders. GO).[12] Im *Ausgangsfall* kann die Zulassung vielleicht über das öffentliche Hausrecht[13] oder deshalb abgelehnt werden, weil Behörden nicht verpflichtet sind, strafbaren Handlungen (Verleumdungen) und damit[14] Gefahren für die öffentliche Sicherheit Vorschub zu leisten. Nimmt man an, die „Bürgerinitiative" habe einen *grundsätzlichen* Anspruch auf Zulassung, kann die Zulassung wegen des Grundsatzes der Verhältnismäßigkeit so oder nur versagt werden, wenn erneute Verleumdungen mit hinreichender Wahrscheinlichkeit zu erwarten sind. Ist der Widmungszweck der Stadthalle so eingeschränkt, daß die Bürgerinitiative *ohne Rechtsanspruch* lediglich eine Sonderbenutzung begehrt (zu dieser Möglichkeit s. soeben Rdnr. 447), hat die Gemeinde die Benutzung der Halle im Rahmen pflichtgemäßer Ermessensausübung rechtmäßig verweigert. Jetzt kommt es nicht auf den Nachweis einer Rechtsnorm an, welche die Verweigerung gestattet. Es reicht bereits die Begründung aus, die Gemeinde wolle die mit Steuermitteln finanzierte Stadthalle nicht einer Gruppe zur Verfügung stellen,

---

[11] Zur Problematik dieser Rechtsfigur bei Grundrechtspositionen Rdnr. 254.
[12] *BVerwGE* 31, 371.
[13] Zu ihm Näheres nachfolgend Rdnrn. 474 ff.
[14] Rdnrn 128, 143.

welche die demokratisch legitimierten Mitglieder der Gemeindeverwaltung wahrscheinlich verleumden werde.

452   ## 2. Faktische Grenzen

Ein Zulassungsanspruch besteht nicht, wenn die Kapazität der Anstalt erschöpft ist. In extremen Situationen können allenfalls die Grundrechte auf eine Kapazitätserweiterung drängen.[15]

III. Zulassungsakt

453   Literatur und Rechtsprechung[16] sehen drei Möglichkeiten der Zulassung: den Verwaltungsakt, den öffentlichrechtlichen Vertrag oder (wie im Subventionsrecht[17]) ein zweistufiges Verfahren, nämlich einen Verwaltungsakt als Entscheidung über das „Ob" der Zulassung und einem privatrechtlichen Vertrag zum „Wie" der Benutzung.[18] Der Träger der Anstalt hat die Wahl, welche dieser Möglichkeiten er in der Benutzungsordnung vorsieht. Zusätzlich dürfte er noch die Möglichkeit haben, die Zulassung *rein* privatrechtlich, *alleine* durch den Abschluß eines privatrechtlichen Vertrages zu regeln. Denn dem öffentlichrechtlichen Zulassungsanspruch korrespondiert nicht *notwendig* ein Verwaltungsakt der Zulassung, wie von der h. M. angenommen wird. Der materiellrechtliche Zulassungsanspruch kann in jeder geeigneten Weise und damit auch (einstufig) durch den (unmittelbaren) Abschluß eines privatrechtlichen Benutzungsvertrages eingelöst werden.[19] In concreto ist der Zulassungsanspruch auf *den* Zulassungsakt gerichtet, welchen die Benutzungsordnung jeweils vorsieht.

Wie die Zulassung im *Ausgangsfall* erfolgt, läßt der Sachverhalt nicht erkennen.

IV. Prozessuales

454   Der Zulassungsanspruch ist stets im Verwaltungsrechtsweg zu verfolgen. Das gilt selbst dann, wenn der Zulassungsanspruch (einstufig) unmittelbar auf den Abschluß eines privatrechtlichen Benutzungsvertrages gerichtet ist. Denn die für den Rechtsweg entscheidende Anspruchsgrundlage ist der *öffentlichrechtliche* Benutzungsanspruch.[20]

Die Klageart richtet sich nach der konkreten Ausgestaltung des Zulassungsaktes.

---

[15] Zu diesem Ansatz Näheres in Rdnrn. 620ff.
[16] *Papier*, Recht der öffentlichen Sachen, S. 41f.; *VGH Mannheim*, NJW 1979, 1900 = JuS 1979, 826 Nr. 12.
[17] Rdnr. 283.
[18] Besonders deutlich so *OVG Münster*, NJW 1969, 1077.
[19] Auf gleicher Linie *Ossenbühl*, DVBl 1973, 291f.
[20] Nicht ganz eindeutig insoweit *BVerwGE* 32, 334.

Im *Ausgangsfall* kommen so die Verpflichtungsklage auf Erlaß eines Verwaltungsaktes der Zulassung oder die Leistungsklage[21] auf Abschluß eines öffentlichrechtlichen oder auch eines privatrechtlichen Vertrages in Betracht.

§ 22. Öffentliche Sachen

I. Öffentliche Sachen im Gemeingebrauch

460 *Ausgangsfall:*[1] *K* möchte in der Innenkurve der Ortsdurchfahrt einer Bundesfernstraße auf dem Bürgersteig vor seiner Konditorei Tische und Stühle aufstellen und über ihnen ein Schutzdach errichten, welches fest im Boden verankert werden soll. Außerdem will *K* an der Hauswand zur Straße hin einen Zigarettenautomaten aufhängen. Muß er Genehmigungen einholen? Kann er damit rechnen, daß er den Bürgersteig unentgeltlich benutzen darf?

1. Das materiellrechtliche Rechtsgeflecht

Den richtigen Einstieg in viele Fälle aus dem öffentlichen Sachenrecht[2] findet der Bearbeiter nur, wenn er klar unterscheidet:

461 a) Privatrechtliches Eigentum

Auch öffentliche Sachen im Gemeingebrauch stehen im *privaten Eigentum des BGB.* Nur in Hamburg gibt es ,,öffentliches Eigentum".[3] Das privatrechtliche Eigentum ist überlagert und beschränkt durch die öffentlichrechtliche Zweckbestimmung der Sache.[4] Sie entsteht durch ,,Widmung",[5] eine ,,Allgemeinverfügung" i. S. von § 35 S. 2 VwVfG in der Gestalt eines ,,dinglichen" Verwaltungsakts. Nach der Widmung hat der Eigentümer alle Einwirkungen auf die Sache zu dulden, welche das öffentliche Recht ihm unentgeltlich zumutet. Darüber hinausgehende Einwirkungen kann er gem. § 1004 I BGB abwehren, falls er sie dem privaten Straßenbenutzer nicht gesondert gestattet.[6]

---

[21] Von ihr spricht *BVerwGE* 32, 335.

[1] Teilweise Fallbesprechung bei *Geck-Furkel,* JuS 1968, 35. Vgl. ferner die Fälle bei *Ridder-Schmidt,* JuS 1966, 240 (s. nachfolgend Rdnr. 931); *Zuleeg,* Fälle, Nr. 9; *Theuersbacher,* JuS 1966, 321; *Pappermann,* JuS 1968, 575; *Geck-Böhmer,* JuS 1973, 499; *Pappermann-Löhr* JuS 1980, 350, 353, 354, 580, 581, 731.

[2] Gesamtdarstellungen z. B. bei *Wolff-Bachof* I, §§ 55 ff.; *Salzwedel,* Wege- und Verkehrsrecht, in: *v. Münch,* Bes. VR; *Salzwedel,* in: *Erichsen-Martens,* Allg. VR, §§ 45 ff.; *Papier,* Recht der öffentlichen Sachen, 1977.

[3] Einzelheiten bei *Wittig,* DVBl 1969, 680; *Wolff-Bachof* I, § 57 Ib. Vgl. ferner *BVerwGE* 27, 131; *BVerfGE* 24, 367 = JuS 1969, 289 Nr. 3 = *Weber* II, Art. 14 Nr. 4; 42, 20 = JuS 1977, 336 Nr. 2.

[4] Vgl. *BGHZ* 9, 383; 21, 327; *Salzwedel* in: *Erichsen-Martens,* Allg. VR, § 45 I.

[5] Eingehend zu ihr und zur *Einziehung Wolff-Bachof* I, § 56; *Pappermann-Löhr,* JuS 1980, 35 (mit Problemfällen). Zur *Teil*entwidmung (Fußgängerzone) und zu ihrem Verhältnis zum Straßenverkehrsrecht s. *BVerwG,* NJW 1982, 840 = JuS 1982, 390 Nr. 15.

[6] *BGHZ* 60, 365, i. V. mit *v. Olshausen,* NJW 1973, 2062.

Im *Ausgangsfall* könnte also einerseits eine privatrechtliche Genehmigung erforderlich sein, welche der Eigentümer von der Zahlung eines Entgeltes abhängig machen dürfte (privatrechtlicher Vertrag).

462   ## b) Öffentlichrechtliche Sachherrschaft

Die öffentlichen Sachen unterstehen einer *öffentlichrechtlichen „Sachherrschaft"*. Sie sind dem „Gemeingebrauch" gewidmet. Im Anschluß an den Akt der Widmung ist permanent die *Verwaltungsaufgabe* gestellt, den *widmungsmäßigen Gebrauch der Sache aufrechtzuerhalten, also den Gemeingebrauch zu gewährleisten.* Im Straßenrecht kann der Gemeingebrauch besonders durch Sondernutzungen beeinträchtigt werden. Zur Sondernutzung ist dann eine *öffentlichrechtliche* Sondernutzungserlaubnis erforderlich (vgl. etwa § 8 I, X BFStrG). Es können öffentlichrechtliche Sondernutzungsgebühren erhoben werden (vgl. § 8 III BFStrG).[7]

463   Was unter „Gemeingebrauch" und unter „Sondernutzung" zu verstehen ist, wird im BFStrG und in den Straßengesetzen der Länder ausführlich umschrieben *(lies §§ 7 und 8 BFStrG).* Für den Anwendungsbereich dieser Gesetze ist natürlich von den dort jeweils gegebenen Definitionen auszugehen. Sie mögen zusätzlich auch herangezogen werden können, um die umstrittenen Begriffsinhalte[8] in anderen Bereichen zu klären, für welche *ausdrückliche* gesetzliche Festlegungen fehlen. Der sog. „gesteigerte" Gemeingebrauch des Anliegers hat nach den neuen Straßengesetzen in der Regel keine rechtliche Bedeutung mehr (vgl. § 8 a BFStrG). In engen Grenzen ist er allerdings grundrechtlich gewährleistet und insoweit trotzdem beachtlich.[9]

464   Weil die Straße im *Ausgangsfall* vorwiegend zu anderen Zwecken als zu denen des Verkehrs benutzt wird (vgl. § 7 I 3 BFStrG), liegt kein Gemeingebrauch vor, auch nicht hinsichtlich des Zigarettenautomaten.[10] Damit rückt dort auch die öffentlichrechtliche Sondernutzungserlaubnis in den Kreis der Betrachtungen.

465   ## c) Unterhaltungspflicht

Die öffentlichen Sachen im Gemeingebrauch müssen unterhalten werden. Wegen der öffentlichen Zweckbestimmung obliegt diese Unterhaltung nicht dem privaten Eigentümer (soeben Rdnr. 461), sondern der öffentlichen Hand. Diese Verwaltungsaufgabe wird im Straßenrecht regelmäßig (verkürzt auf die Kostentragung) als *„Straßenbaulast"* bezeichnet (vgl. § 3 I BFStrG).

---

[7] Rechtsgrundlage ist aber nicht unmittelbar diese Vorschrift, sondern erst eine Gebührenordnung, zu deren Erlaß sie ermächtigt; *BVerwG,* JuS 1971, 324 Nr. 11.

[8] Ausführlich zu ihnen *Mayer,* JuS 1963, 205 ff.; *Wolff-Bachof* I, §§ 58, 59.

[9] S. *BVerwGE* 30, 235 = JuS 1969, 191 Nr. 10; 32, 222 = JuS 1970, 95 Nr. 10; *BVerwG,* JuS 1971, 324 Nr. 11; *BVerwG,* NJW 1975, 357 = JuS 1975, 259 Nr. 12. Wird erheblich z. B. im Sachzusammenhang Rdnr. 473.

[10] Vgl. *BVerwG,* JuS 1971, 324 Nr. 11.

Weil das Schutzdach in den Bürgersteig eingelassen werden soll, also in den Straßenkörper eingreift, ist im *Ausgangsfall* auch die Straßenunterhaltung betroffen.

466 d) Verkehrspolizeiliche Gesichtspunkte

Weiter können *verkehrspolizeiliche* Gesichtspunkte erheblich werden. Sie dürfen nicht mit den wegerechtlichen Gesichtspunkten verwechselt werden, welche soeben unter Rdnr. 462 erläutert wurden. Dort ging es um den ungestörten Gemeingebrauch als solchen. Hier geht es um *polizeiliche Gefahren*, welche auf der Straße beim ungestörten Gemeingebrauch *selbst* auch schon (durch Sondernutzung) beeinträchtigt ist.

Im *Ausgangsfall* ist zu beachten, daß das Schutzdach die Autofahrer in ihrer Sicht behindern könnte. Außerdem entstehen durch die Tische und Stühle Gefahren für die Fußgänger.

467 e) Sonstige öffentlichrechtliche Gesichtspunkte

Schließlich können rechtliche Gesichtspunkte hereinspielen, welche *keinen typischen* Bezug zum öffentlichen Sachenrecht haben.

Im *Ausgangsfall* benötigt *K* für das Schutzdach eine *Baugenehmigung.* Auch *gewerberechtliche* Überlegungen könnten in Betracht kommen.

468 2. Verfahrenstechnische Vereinfachungen

Viele Fallösungen zum öffentlichen Sachenrecht sind durch das Mißverständnis der Bearbeiter belastet, die in Rdnrn. 460 ff. dargestellten materiellrechtlichen Gesichtspunkte seien in je eigenen Gesetzen kodifiziert und jeweils von verschiedenen Verwaltungsbehörden wahrzunehmen. Das ist zwar teilweise, aber nicht durchgehend der Fall. Häufig regelt *ein* Gesetz gleichzeitig mehrere der materiellrechtlichen Fragen, welche dann zumeist auch von *einer* Verwaltungsbehörde wahrgenommen werden.

469 Das sei im Anschluß an den *Ausgangsfall* an einigen *wichtigen Beispielen*[11] dargetan: Früher wurde weitgehend angenommen, der *Eigentümer* habe nur den Gemeingebrauch zu dulden. Jeder Sondernutzung müsse er gesondert zustimmen. Nach § 8 I BFStrG ist *nur noch die öffentlichrechtliche* Sondernutzungserlaubnis erforderlich, welche dem Antragsteller gestattet, den Gemeingebrauch der anderen Verkehrsteilnehmer zu beeinträchtigen. Das Gesetz konnte darauf verzichten, daneben auch noch die Zustimmung des Eigentümers zu verlangen: Gemäß Art. 90 II GG werden die Bundesfernstraßen von den Ländern (im Auftrage des Bundes) verwaltet. Damit wird die Sondernutzungsgenehmigung von einer *Landes*behörde als Straßenbaubehörde erteilt. Diese hat *gleichzeitig* (im Auftrage des Bundes) als Straßen*unterhaltungs*pflichtige (Straßen*bau*last) zu befinden. Auf der Linie von §§ 6, 24 III BFStrG steht das Straßen*eigentum* in der Regel[12] dem Träger der Straßenbaulast zu. Damit entscheidet die Straßenbaubehörde (im Auftrag des Bundes) gleichzeitig auch für den Straßeneigentü-

---

[11] Eingehend zur Verteilung der Zuständigkeiten im Gesamtbereich des öffentlichen Sachenrechts *Wolff-Bachof* I, § 57.
[12] Fallen Straßenbaulast und Eigentum auseinander, ist die privatrechtliche Zustimmung der Eigentümer erforderlich, s. *Salzwedel,* Wege und Verkehrsrecht, V. 1., in: *v. Münch,* Bes. VR.

mer. Es wäre unnötiger Formalismus, wollte das Gesetz die verschiedenen Gesichtspunkte jeweils durch eigenständige Genehmigungen des *gleichen* Landes zur Geltung bringen. Im Verhältnis zum Antragsteller entscheidet das Land nach dem BFStrG durch *einen* Verwaltungsakt, die Sondernutzungserlaubnis; es erhebt *ein* Entgelt, die *öffentlichrechtliche* Sondernutzungsgebühr gem. § 8 III BFStrG.

470   Für Ortsdurchfahrten entscheidet die *Gemeinde* über die Sondernutzungserlaubnis (§ 8 I BFStrG). Unter bestimmten Voraussetzungen (§ 5 II ff. BFStrG), stets für Gehwege (§ 5 III BFStrG), ist sie gleichzeitig Trägerin der Straßenbaulast und damit zumeist (vgl. § 6 BFStrG) auch privatrechtliche Straßeneigentümerin. Hier gelten die vorhergehenden Ausführungen entsprechend. Im *Ausgangsfall* erteilt die Stadt die Sondernutzungserlaubnis für das *Schutzdach* (zum Zigarettenautomaten und zu den Tischen und Stühlen siehe später!). Durch diese *eine* Sondernutzungserlaubnis werden hinsichtlich des Schutzdaches *alle* straßenrechtlichen Gesichtspunkte (privates Eigentum, Beeinträchtigung des Gemeingebrauchs, Veränderungen des Straßenkörpers) abgedeckt. – Ist die Gemeinde *nicht* gleichzeitig Trägerin der Straßenbaulast (vgl. § 5 II, III BFStrG) und damit nicht Straßeneigentümerin, muß sie *verwaltungsintern* die Zustimmung des Trägers der Straßenbaulast einholen (§ 8 I 3 BFStrG). Auch jetzt ergeht im Verhältnis zum Antragsteller aber nur *ein* Verwaltungsakt, die Sondernutzungserlaubnis der Gemeinde. Welche Rechtswirkungen es im Verhältnis zum Antragsteller hat, wenn die Erlaubnis ohne die Zustimmung erteilt wird oder wenn sie versagt wird, weil der Träger der Straßenbaulast die Zustimmung verweigert, beurteilt sich nach Grundsätzen, welche bereits früher[13] gestreift wurden.

471   Die Sondernutzung „Zigarettenautomat" beeinträchtigt den Gemeingebrauch im *Ausgangsfall* wohl nicht. In solchen Fällen besonderer Straßenbenutzung (weiteres Beispiel: Kanalisationsrohre im Straßenkörper) verzichtet § 8 BFStrG konsequenterweise auf eine *hoheitliche* Sondernutzungserlaubnis. *Eigentumsrechtliche* Bedenken bleiben aber bestehen. Damit ist nach § 8 X BFStrG jetzt eine privatrechtliche Genehmigung des Eigentümers erforderlich. Weil privates Eigentum und Straßenbaulast zusammenfallen (§ 6 BFStrG), können in die privatrechtliche Entscheidung gleichzeitig Gesichtspunkte einfließen, welche sich aus der Straßenunterhaltspflicht ergeben.

472   *Verkehrspolizeilich* ist das *Schutzdach* im *Ausgangsfall* trotz der Sichtbehinderung nicht erlaubnispflichtig. Es ist also insoweit kein von vornherein *bestehendes gesetzliches* „Verbot mit Erlaubnisvorbehalt" einschlägig, welches im Gefolge haben würde, daß *K* eine verkehrspolizeiliche Erlaubnis beantragen müßte. Weil mit der Sichtbehinderung eine konkrete Gefahr für die öffentliche Sicherheit entstünde, kann das Schutzdach aber trotzdem polizeilich verhindert werden. In einer Hausarbeit müßte man der Frage nachgehen, ob das durch Verweigerung der erforderlichen *Baugenehmigung* bzw. durch *gesonderte Verbots*verfügung der Ordnungsbehörde unabhängig von der Sondernutzungserlaubnis zu geschehen hätte oder ob aus den polizeirechtlichen Gründen der Sondernutzungserlaubnis verweigert werden könnte.[14] Letzteres wäre jedenfalls in Hamburg der Fall: Nach § 3 I Hmb. SOG ist *jede* Verwaltungsbehörde „im Rahmen ihres Geschäftsbereichs" zur Gefahrenabwehr zuständig. – *Tische und Stühle* behindern im *Ausgangsfall* den Fußgängerverkehr. Gem. § 32 (Verkehrshindernisse), § 33 I Nr. 2 („Anbieten von Waren und Leistungen aller Art auf der Straße"), § 46 I Nr. 8, 9 StVO dürfte damit eine *verkehrspolizeiliche Erlaubnis* erforderlich sein.[15] Diese *ersetzt* die straßenrechtliche Sondernutzungserlaubnis (§ 3 VI BFStrG).[16]

---

[13] Rdnr. 181 und dort in Fußn. 21.

[14] Dafür *Pappermann*, JuS 1968, 577 bei Fußn. 18.

[15] In gleicher Richtung: *Theuersbacher*, JuS 1966, 323; *Pappermann*, JuS 1968, 577.

[16] Bei *Geck-Furkel*, JuS 1968, 35 ff., wird dieses Problem nicht angesprochen; zutreffend aber *OVG Münster*, NJW 1975, 989 = JuS 1975, 657 Nr. 3. Für das Verhältnis zwischen *Bundes*verkehrsrecht und *Landes*wegerecht s. *Evers*, NJW 1962, 1033 ff.; *Jesch*, JuS 1963, 217 f.; *BVerwGE* 34, 241, 320; 44, 193 (abgestellter Wohnwagen).

Die verkehrsrechtlich zuständige Behörde hat den Träger der Straßenbaulast verwaltungs*intern* zu hören und dem Antragsteller auch Bedingungen, Auflagen und Sondernutzungsgebühren aufzuerlegen, welche etwa *straßenrechtlich* erforderlich sind. Hier wird jetzt die *verkehrspolizeiliche Seite* des Vorhabens so prägend, daß sich *danach* bestimmt, welche Behörde dem Antragsteller „federführend" gegenübersteht. – In Abhebung dazu werden *bau-* und *gewerberechtliche* Gesichtspunkte stets in eigenständigen Verfahren zur Geltung gebracht, welche *neben* den verkehrspolizeilichen und/oder wegerechtlichen Verfahren herlaufen.

473   ## 3. Anwendung in der Fallbearbeitung

Die bisherigen Darstellungen machten deutlich, daß das Recht der öffentlichen Sachen im Gemeingebrauch weitgehend nur in einer Hausarbeit bewältigt werden kann. Neben straßenrechtlichen kommen dort auch wasserrechtliche Aufgaben vor.[17] Die Übergänge zur Wahlfachmaterie „Straßenrecht"[18] sind fließend.

*Klausur*trächtig[19] ist einerseits die Frage, inwieweit der Bürger ein subjektives Recht (Anspruch) auf Gemeingebrauch[20] haben kann. Andererseits kommen in der Klausur Fälle vor, in denen es wie im Ausgangsfall um Sondernutzungserlaubnisse[21] und Nutzungsentgelte geht. Regelmäßig ist die Abgrenzung zwischen Gemeingebrauch und Sondernutzung erheblich.[22] Beliebtes Klausurthema ist insoweit die Nutzung der Straße zu politischen Zwecken.[23] Das materiellrechtliche Rechtsgeflecht muß dem Klausurbearbeiter jedenfalls im angedeuteten Nebeneinander zwischen privatrechtlichem Eigentum und öffentlichrechtlicher Sachherrschaft (soeben Rdnrn. 461, 462 ff.) gegenwärtig sein. Falls kein einschlägiger Gesetzestext vorliegt, werden verfahrenstechnische Kenntnisse (soeben Rdnrn. 468 ff.) aber nicht verlangt.

II. Öffentliche Sachen im Verwaltungsgebrauch

474   *Ausgangsfälle:* (1) *X* spricht an jedem zweiten Tage im Rathaus vor, um sich nach dem Stand eines Baugenehmigungsverfahrens zu erkundigen. Jedes Mal, wenn er erfährt, daß der Bauantrag noch nicht abschließend bearbeitet sei, beschimpft er die anwesenden Beamten als faul und unfähig. (2) *Y* ist Vertreter für Büromaterialien und verhält sich ebenso wie *X*, seitdem er von der Beschaffungsstelle keine Aufträge mehr

---

[17] Speziell zum Wasserrecht s. etwa *Salzwedel*, Wasserrecht, in: *v. Münch*, Bes. VR.
[18] Dazu *Pappermann-Gubelt*, Fälle zum Wahlfach Bau- und RaumordnungsR sowie StraßenR, 1976, S. 129 ff.
[19] Vgl. den Fall *BVerwGE* 32, 222 ff. = JuS 1970, 95 Nr. 10 (Anfechtung der „Einziehung" einer Straße).
[20] Dazu soeben Fußn. 9, sowie *Mayer-Jesch*, JuS 1963, 206 f., 213 ff.; *Salzwedel*, in: *Erichsen-Martens*, Allg. VR, § 46 II.
[21] In Sonderfällen können Art. 5 I, 21 I GG einen *Anspruch* auf Sondernutzung vermitteln, s. *BVerwGE* 47, 283; 56, 59.
[22] Zu ihr soeben Rdnr. 463.
[23] Fallbesprechungen bei *Pappermann-Löhr*, JuS 1980, 733, 880. S. insbesondere *BVerwGE* 56, 24; 56, 56; 56, 63 = JuS 1980, 141 Nr. 2, 3 i. V. mit *Steinberg-Herbert*, JuS 1980, 108.

erhält. (3) Pennbrüder *P* und (4) *Z* pflegen das Rathaus aufzusuchen, wenn sie ihren Morgentrunk hinter sich gebracht haben. *P* schläft dann in der Eingangshalle friedlich seinen Rausch aus. *Z* eilt durch alle Gänge, klopft an die Türen und pöbelt die Beamten an. Allen genannten Personen wird das Betreten des Rathauses verboten. Zu Recht?[24]

Öffentliche Sachen im Verwaltungsgebrauch (Dienstgebäude, Fuhrpark, Ausrüstung und Waffen der Streitkräfte und der Polizei)[25] dienen primär der Nutzung durch die *Verwaltung*.[26] Wie die Ausgangsfälle zeigen, können sie aber trotzdem der Öffentlichkeit zugänglich sein. Daraus ergibt sich vor allem das Problem eines Hausverbotes.

475   In Literatur und Rechtsprechung besteht Einigkeit, daß Hausverbote im Prinzip möglich sind. Schwierigkeiten machen aber der exakte Nachweis einer Ermächtigungsgrundlage und Fragen des Rechtsweges (Verwaltungs- oder Zivilrechtsweg?)[27]

Die Literatur streitet darüber, ob Rechtsgrundlage ein öffentlichrechtliches Hausrecht oder das privatrechtliche Hausrecht nach §§ 862, 1004 BGB ist. Das *BVerwG*[28] löst sich vom Stichwort „Hausrecht" und stellt für die Frage des Rechtsweges darauf ab, ob das Hausverbot im Gefolge öffentlichrechtlicher *(Ausgangsfall 1)* oder privatrechtlicher *(Ausgangsfall 2)* Tätigkeit der Behörde ausgesprochen worden ist. Wie das *BVerwG* die *Ausgangsfälle 3 und 4* einordnen würde, ist nicht ersichtlich. Zur *materiellrechtlichen* Rechtsgrundlage äußert sich das *BVerwG* nicht.

476   Über die bisherige Literatur und Rechtsprechung hinausreichend kann das Problem durch folgende Pointierungen in den Griff genommen werden.

Durch seinen Verwaltungszweck ist das Rathaus dem Publikumsverkehr, nicht aber dem Gemeingebrauch gewidmet. Der privatrechtliche Besitz und das privatrechtliche Eigentum am Rathaus sind eingeschränkt (nur) durch diesen Widmungszweck. In den *Ausgangsfällen 3 und 4* wird das Rathaus außerhalb des Widmungszwecks betreten. Hier findet das Hausverbot in §§ 862, 1004 BGB seine Stütze.[29] In den *Ausgangsfällen 1 und 2* kann das private Hausrecht nicht ausgeübt werden, weil *X* und *Y* das Rathaus im Rahmen seines Widmungszwecks aufsuchen.[30] *X* (Ausgangsfall 1) betritt das Rathaus im Zusammenhang mit einem laufenden Verwaltungsverfahren. Inwieweit ihm die Möglichkeit genommen werden darf, dieses Verfahren *mündlich* voranzutreiben,

---

[24] Vergleichbare Fälle bei *Laubinger*, JA 1975, 198, 267; *Schmitt*, JuS 1978, 259; *BVerwGE* 35, 103; *OVG Münster*, JZ 1963, 566; *Zuleeg*, Fälle, Nr. 25.

[25] Allgemein zu den öffentlichen Sachen im Verwaltungsgebrauch *Papier*, Recht der öffentlichen Sachen, 1977, S. 46; *Salzwedel*, in: *Erichsen-Martens*, Allg. VR, § 49.

[26] Beispielsweise hat der Benutzer einer öffentlichen Bibliothek keinen Anspruch auf Benutzung eines Kopierers im Vorzimmer des Bibliotheksdirektors (Fall bei *Pappermann-Löhr*, JuS 1981, 273).

[27] Umfassende Darstellung der Literatur und Rechtsprechung bei *Laubinger*, JA 1975, 267 ff. Neuere Überblicke bei *Zeiler*, DVBl 1981, 1000; *Pappermann-Löhr*, JuS 1981, 273; *Berg*, JuS 1982, 260; *Ronellenfitsch*, VerwArch 1982, 465.

[28] *BVerwGE* 35, 103.

[29] Parallel zur Situation Rdnr. 461.

[30] Prämisse ist allerdings, *daß* Sachen im Verwaltungsgebrauch ähnlich wie Sachen im Gemeingebrauch durch den öffentlichrechtlichen Widmungszweck zivilrechtlich eingeschränkt *sind* (skeptisch insoweit *Papier*, JuS 1981, 502 f.).

kann sich *nur* nach dem Verwaltungsverfahrensrecht beurteilen. § 68 III VwVfG eröffnet die Möglichkeit, als verfahrensrechtliche Ordnungsmaßnahme aus einer mündlichen Verhandlung des förmlichen Verwaltungsverfahrens[31] Personen entfernen zu lassen. Diese Bestimmung ist Ausdruck eines ungeschriebenen allgemeinen Grundsatzes des Verfahrensrechts, wonach der Leiter des Verfahrens Verfahrensstörungen abzuwehren hat. Dieser Grundsatz ist die Rechtsgrundlage im *Ausgangsfall 1* und – weil der Ablauf der Verwaltungsverfahren in den Amtsstuben gestört wird – auch im *Ausgangsfall 4*. Im *Ausgangsfall 4* kommt also sowohl ein öffentlichrechtliches Vorgehen nach dem Verwaltungsverfahrensrecht als auch das eingangs skizzierte privatrechtliche Vorgehen (gestützt auf das private Hausrecht) in Betracht. Im *Ausgangsfall 2* wird das Hausverbot in einem privatrechtlich ausgestalteten Verwaltungsverfahren ausgesprochen.

---

[31] Zur Abgrenzung des förmlichen Verwaltungsverfahrens vom einfachen Verwaltungsverfahren s. § 14.

5. Teil. Die Gültigkeit von Normen[1]

§ 23. Prozessuales[2] und typische Falleinkleidungen

I. Inzidente Normprüfung

481 Oft wird die Gültigkeit einer Norm nur inzident erheblich, etwa dann, wenn die Norm Ermächtigungsgrundlage für einen Verwaltungsakt ist: Ein Verwaltungsakt ohne gültige Ermächtigungsgrundlage ist rechtswidrig.[3]

482 Jedes Gericht hat sich ein eigenes abschließendes Urteil über die Gültigkeit der Norm zu bilden, auf welche es für die Entscheidung ankommt. Hält das Gericht die Norm für gültig, wendet es sie ohne weiteres an. Hält es die Norm für *verfassungswidrig*, kann es in den Fällen des Art. 100 I GG (lesen!)[4] aber *nicht* von sich aus von der Normanwendung *absehen*. Das Gericht hat das Verfahren vielmehr auszusetzen und die Entscheidung des *BVerfG*, vereinzelt auch eines Landesverfassungsgerichts, einzuholen (= konkrete Normenkontrolle).[5] Das BVerfG hat insoweit ein *Verwerfungsmonopol*. Falls in der Fallbearbeitung die Entscheidung eines Gerichts vorzubereiten ist, muß der Bearbeiter also eventuell einen *Vorlagebeschluß an das BVerfG* vorschlagen. Art. 100 I GG greift aber nur ein, falls die anstehende Entscheidung *ausschlaggebend* von der Verfassungswidrigkeit der Norm abhängt.[6] Muß einer Anfechtungsklage ohnehin schon stattgegeben werden, weil der Sachverhalt sich nicht unter die Ermächtigungsgrundlage subsumieren läßt, darf das Gericht keinen Vorlagebeschluß auf seine Ansicht stützen, die Ermächtigungsgrundlage sei im übrigen auch verfassungswidrig. Dieser prozessuale Zusammenhang kann es rechtfertigen, die Frage nach der Verfassungswidrigkeit einer Ermächtigungsgrundlage erst am Schluß aller Überlegungen aufzuwerfen.

II. Normenkontrollverfahren

483 *Unmittelbar* kann der *Bürger* Normen durch die Verfassungsbeschwerde (Art. 93 I Nr. 4a GG i.V. mit §§ 90ff. BVerfGG) angreifen, wenn besondere Verfahrensvoraussetzungen vorliegen.[7] Gegen „im Ran-

---

[1] Zusammenfassend zur Überprüfung der Gültigkeit von Normen auch *Birk*, JuS 1978, 168.

[2] Umfassend *Schenke*, Rechtsschutz bei normativem Unrecht, 1979; *ders.*, JuS 1981, 81.

[3] Zum Zusammenhang s. bereits Rdnrn. 68ff., 88ff.

[4] Einzelheiten bei *Pestalozza*, Verfassungsprozeßrecht, § 15; *Schlaich*, JuS 1981, 826. – Art. 100 GG gilt nur für *nachkonstitutionelle* Gesetze (*BVerfGE* 2, 128ff., beachte aber auch *BVerfGE* 11, 129) und nur für Gesetze im *formellen Sinne*, nicht für Rechtsverordnungen und Satzungen (*BVerfGE* 1, 189ff.; 2, 346; 10, 58; 17, 209f.). – Zu Einschränkungen in *Berliner Sachen* s. BVerfGE 7, 10; 19, 383; 37, 60.

[5] Zum Problem „schlichter" Aussetzungen *Pestalozza*, JuS 1981, 649.

[6] *BVerfGE* 11, 331 (335); 42, 42 (49); 47, 146 (151) = JuS 1978, 483 Nr. 2; 50, 108 (112); 51, 161 (164); 54, 47 (51); *Schlaich*, JuS 1981, 828.

[7] Einzelheiten Rdnrn. 606ff.

ge unter dem Landesgesetz stehende Rechtsvorschriften" kann der *Bürger* unter gewissen Voraussetzungen[8] in *den* Ländern durch ein Normenkontrollverfahren vor dem OVG vorgehen, welche von der Möglichkeit des § 47 I Nr. 2 VwGO Gebrauch gemacht haben (Baden-Württemberg, Bayern, Bremen, Hessen und Schleswig-Holstein). Gegen ,,Satzungen, die nach den Vorschriften des BBauG und des StädtebauförderungsG erlassen worden sind", ist gem. § 47 I Nr. 1 VwGO die Normenkontrollklage in allen Bundesländern gegeben.[9] Versuche, auf dem Hintergrund des Art. 19 IV GG die Feststellungsklage des § 43 VwGO unmittelbar gegen Normen zuzulassen,[10] haben sich nicht durchgesetzt. Diese Auslegung des § 43 VwGO verbietet sich schon wegen der Existenz des § 47 VwGO. Nach Ansicht des *BVerfG* garantiert Art. 19 IV GG außerdem auch gar nicht den Rechtsschutz gegen Gesetze.[11]

484 Die *Bundesregierung, eine Landesregierung oder ein Drittel der Mitglieder des Bundestages* können in bestimmten Fällen die sogenannte abstrakte Normenkontrolle vor dem *BVerfG* beantragen (Art. 93 I Nr. 2 GG i. V. mit §§ 76 ff. BVerfGG).[12]

III. Normprüfung aus sonstigen Anlässen

485 Mitunter interessieren sich nach der Fallgestaltung *Beteiligte* am Normsetzungsverfahren für die Rechtmäßigkeit einer *geplanten* Norm, weil ihnen gerade diese Funktion zukommt oder weil sie jedenfalls am Erlaß rechtswidriger Normen nicht mitwirken möchten (Genehmigung von Rechtsverordnungen und Satzungen durch die Aufsichtsbehörde;[13] Prüfungsrecht des Bundespräsidenten vor der Ausfertigung und Verkün-

---

[8] Eingehend zu allem JA 1971, 795; *Schenk*, DVBl 1976, 198. Instruktiv *HessStGH*, DVBl 1971, 66 ff.; vgl. ferner *Stern*, Verwaltungsprozessuale Probleme, S. 78 ff.; *BVerwGE* 56, 172 = JuS 1979, 220 Nr. 13; *BVerwGE* 59, 87 = JuS 1980, 460 Nr. 15. Klausurbesprechungen bei *Fink*, JuS 1968, 83; *Theuersbacher*, JuS 1971, 95; *Köpp*, JuS 1979, 125.

[9] Zu Einzelheiten der *Antragsbefugnis* grundlegend *BVerwGE* 59, 87 = JuS 1980, 460 Nr. 15. Zum *vorbeugenden* Rechtsschutz gegen Normen s. *BVerwGE* 54, 211 = JuS 1978, 626 Nr. 1; *Birk*, JuS 1979, 412. Zur *einstweiligen Anordnung* gem. § 47 VII VwGO s. *VGH Mannheim*, NJW 1977, 1212 = JuS 1977, 628 Nr. 14.

[10] *Renck*, JuS 1966, 273.

[11] *BVerfGE* 24, 33 = JuS 1968, 527 Nr. 2 = *Weber* II, Art. 19 IV Nr. 13 m. Nachw. der überwiegend abw. Literatur; *BVerfGE* 24, 367 = JuS 1969, 289 Nr. 3 = *Weber* II, Art. 14 Nr. 4. *BVerfGE* 31, 367 = JuS 1971, 655 Nr. 4 = *Weber* II, Art. 19 IV Nr. 18, führt aus, Art. 19 IV GG garantiere dem Bürger aber jedenfalls nur *irgendein* gerichtliches Verfahren (Inzidentprüfung, soeben im Text unter Rdnrn. 481 f.), nicht notwendig die *unmittelbare* Normenkontrolle. Klausurfälle bei *G. Küchenhoff*, JuS 1967, 464; *Maiwald*, JuS 1967, 228 (m. Hinw. auf zusätzliche Möglichkeiten nach *bay. Recht*).

[12] Einzelheiten bei *Pestalozza*, aaO, § 10; *Schlaich*, JuS 1981, 825. Klausurfälle bei *A. Weber*, JuS 1978, 554; *Maurer*, JuS 1983, 45.

[13] Fall bei *Pappermann*, JuS 1968, 375. Vgl. auch JA 1970, 633.

dung von Bundesgesetzen[14]). Oft verzichtet der Aufgabensteller schließlich auch ganz auf jede nähere Einkleidung und fragt unvermittelt, ob eine bestimmte bereits erlassene Norm gültig sei[15] oder eine geplante Norm gesetzt werden dürfe.[16]

§ 24. Generell wichtige Einzelaspekte der Normprüfung

I. Bindungswirkung der Entscheidungen des BVerfG

486 Im Laufe der Jahre hat das *BVerfG* eine Fülle von Rechtsnormen verfassungsrechtlich überprüft. In Hausarbeiten darf nicht erneut untersucht werden, was von der *Bindungswirkung dieser Entscheidungen des BVerfG nach § 31 BVerfGG* erfaßt ist.[1] Besondere Vorsicht ist insoweit geboten, wenn die Aufgabe einer Entscheidung des *BVerfG* nachgebildet ist.

II. Rechtsnatur der Norm

487 Vor jeder Einzelprüfung muß sich der Bearbeiter Klarheit über die Rechtsnatur der Norm verschaffen. Denn die Gültigkeitsvoraussetzungen von Verfassungsänderung, Gesetz, Verordnung und Satzung unterscheiden sich in mancher Einzelheit.

488 Schwere Fehler entstehen selbst noch in Examensarbeiten, weil die Worte ,,Verordnung'' und ,,Satzung'' synonym gebraucht und damit in der Sache gleichgesetzt werden. Eine Verordnung ist *staatliches* Recht, welches von der *Exekutive* kraft gesetzlicher *Ermächtigung* erlassen wird. Die Satzung hingegen[2] ist *nichtstaatliches* (wohl aber öffentliches) *eigenes* Recht eines öffentlichrechtlichen Verbandes (Gemeinde, Universität usw.)[3] in *Selbstverwaltungs*angelegenheiten. Diese eigene Rechtssetzungsgewalt (Autonomie) ist vom Staate *verliehen*. Eine Satzung wird von der *Legislative* des Verbandes erlassen, nicht von seiner Exekutive (also z. B. vom Stadtparlament, nicht von der Stadtverwaltung). Von der

---

[14] Einzelheiten später Rdnrn. 722 ff.

[15] Fälle bei *G. Küchenhoff*, JuS 1967, 464 (Frage 2); *Bansch-Mathes*, JuS 1969, 231.

[16] Fälle bei *Maiwald*, JuS 1967, 225; *Clement*, JuS 1968, 282.

[1] Näheres zur Reichweite des § 31 etwa bei *Leibholz-Rupprecht*, BVerfGG, § 31; *Maunz-Schmidt=Bleibtreu-Klein-Ulsamer*, BVerfGG, § 31; *Schlaich*, JuS 1982, 598; *Lange*, JuS 1978, 1 (auch zur Abgrenzung von Bindungswirkung / § 31 I und Gesetzeskraft / § 31 II); *BGHZ (GS)* 13, 265; *BVerfG*, JuS 1973, 714 Nr. 1 a. E. = *Weber* II, Art. 16 Nr. 3; *BVerfGE* 40, 88 = JuS 1975, 659 Nr. 4, erstreckt die Bindungswirkung auf die *verfassungskonforme* Auslegung *einfachen* Gesetzesrechts durch das *BVerfG*.

[2] Zur Gegenüberstellung s. etwa *Wolff-Bachof* I, § 25 IX a; *BVerwGE* 12, 325.

[3] Zu diesen *außerhalb* der staatlichen Organisation stehenden öffentlichrechtlichen Verbänden s. Rdnrn. 758 ff.

Selbstverwaltung ist die Auftragsverwaltung zu unterscheiden. In ihrem Bereich setzt der Verband Recht im Auftrag des *Staates.* Verwirrung entsteht leicht dadurch, daß innerhalb des Verbands auch insoweit regelmäßig das Verbandsparlament tätig wird[4] und daß diese Rechtsakte z. T. auch „Satzungen" genannt werden.[5]

III. Verfassungskonforme Auslegung

489   Eine Norm verstößt nur dann gegen höherrangiges Recht, wenn sie nicht dem höherrangigen Recht *konform ausgelegt* werden kann.[6]

IV. Folgen festgestellter Verfassungsverstöße

490   Nach überkommener Lehre und Rechtsprechung sind rechtswidrige Normen in der Regel nichtig. Daher kann der Bearbeiter im Normalfalle ohne weiteres von der Nichtigkeit ausgehen. In besonders gelagerten Fällen mag aber Anlaß bestehen, die Grundregel zu problematisieren.

491   In der Literatur wird teilweise die Ansicht vertreten, *verfassungswidrige* Gesetze seien bis zur Entscheidung des *BVerfG* gültig („Vernichtbarkeitstheorie" im Gegensatz zur „ipso-iure-Nichtigkeitstheorie").[7] Nach der Rechtsprechung des *BVerfG* können der Gewaltenteilungsgrundsatz und/oder Erfordernisse der Rechtssicherheit gebieten, verfassungswidrige Gesetze *(vorübergehend)* als gültig zu behandeln: (1) Fehler im Gesetzgebungs*verfahren* führen nur zur Nichtigkeit des Gesetzes, wenn der Mangel *evident* ist.[8] (2) *Gleichheitswidrige Begünstigungen* bleiben vorübergehend bis zur Neuregelung durch den Gesetzgeber aufrechterhalten, wenn die Nichtigerklärung gesetzestechnisch nicht möglich ist, dem Anliegen des Beschwerdeführers nicht entsprechen würde[9] oder einen Eingriff in die Gestaltungsfreiheit des Gesetzgebers enthielte.[10] (3) Nichtigkeit ist nicht anzunehmen, wenn durch sie ein *rechtliches Vakuum* entstände, welches die staatliche Ordnung gefährdete, ein *Chaos* hervorriefe.[11] Gilt es so, überkommenes Recht der Verfassung anzupassen, können dem Gesetzgeber Karenzzeiten eingeräumt sein.[12]

---

[4] Vgl. die Fallbesprechung von *Pappermann,* JuS 1968, 575.
[5] S. etwa § 6 I NdsGO.
[6] Näheres bereits Rdnr. 90.
[7] Überblick zum Streitstand bei *Söhn,* Anwendungspflicht oder Aussetzungspflicht bei festgestellter Verfassungswidrigkeit von Gesetzen?, 1974, S. 6 ff.; *Moench,* Verfassungswidriges Gesetz und Normenkontrolle, 1977.
[8] *BVerfGE* 31, 53; 34, 25.
[9] Beispielsfall Rdnr. 926.
[10] So *BVerfGE* 22, 349 (Leits. II 1) = *Weber* I, Art. 3 I Nr. 8, st. Rspr. Zuletzt etwa: *BVerfGE* 31, 7 f. = JuS 1971, 539 Nr. 1 = *Weber* I, Art. 3 II, III Nr. 7; 32, 372 f.; 33, 105; 37, 260 f. = JuS 1974, 732 Nr. 1 = *Weber* I, Art. 3 II, III Nr. 14. Beispielsfall Rdnr. 926.
[11] Am deutlichsten *BVerfGE* 21, 39 ff. = JuS 1967, 136 Nr. 1 = *Weber* I, Art. 3 I Nr. 7 (Umsatzsteuer). Zusammenfassend zum Ganzen *Söhn,* aaO; *Pestalozza,* Verfassungsprozeßrecht, § 20 (V.).
[12] Musterbeispiel: Art. 117 GG. Für den Vorbehalt des Gesetzes im besonderen Gewaltverhältnis s. insoweit Rdnr. 257.

§ 25. Die wichtigsten Gültigkeitsvoraussetzungen einer Verfassungsänderung

492   *Ausgangsfall:*[1] Im sog. Ermächtigungsgesetz v. 24. 3. 1933 hieß es: Reichsgesetze können außer in dem in der Reichsverfassung vorgesehenen Verfahren auch durch die Reichsregierung beschlossen werden.[1a] Würde ein solches Ermächtigungsgesetz noch unter dem GG ergehen können? – Das Ermächtigungsgesetz würde die Verteilung der Gesetzgebungszuständigkeiten nach dem GG ändern und wäre deshalb als Verfassungsänderung an folgenden Gültigkeitsanforderungen zu messen:

I. Verfahren der Verfassungsänderung

493   Insbesondere[2] ist erforderlich:

1. Zustimmung von zwei Dritteln der Mitglieder des Bundestages und zwei Dritteln der Stimmen des Bundesrates (Art. 79 II GG).

2. Änderung oder Ergänzung des Verfassungs*textes* (Art. 79 I 1 GG).

II. Änderungsfestes Minimum

494   Gem. Art. 79 III GG ist eine Verfassungsänderung nichtig, ,,durch welche die Gliederung des Bundes in Länder, die grundsätzliche Mitwirkung der Länder bei der Gesetzgebung oder die in Art. 1 und 20 niedergelegten Grundsätze berührt werden".

Die Verfassungsänderung des *Ausgangsfalls* würde die grundsätzliche Mitwirkung der Länder bei der Gesetzgebung, das Gewaltenteilungsprinzip (Art. 20 II GG) sowie das demokratische Prinzip (Art. 20 I GG) mißachten. Sie ist daher unzulässig.[3] – Das ,,Abhörurteil" des *BVerfG*[4] (lesen!) interpretiert die rechtsstaatlichen Elemente des Art. 79 III GG restriktiv.

---

[1] Fallbesprechung bei *W. Martens-Guthardt=Schulz*, JuS 1971, 197. Weitere Fälle bei *Stock*, JuS 1975, 451 (Abschaffung der Verfassungsbeschwerde); *Erbel*, Klausurenlehre I, Nr. 13 (Wahlpflicht); *von Münch*, Grundbegriffe II, S. 16; *Maurer*, JuS 1983, 45.

[1a] Ausführlich zum Ermächtigungsgesetz *Wadle*, JuS 1983, 170.

[2] Die nachfolgend unter Rdnrn. 496ff. skizzierten weiteren Erfordernisse des Gesetzgebungsverfahrens gelten hier auch schon.

[3] Ausführlich *W. Martens-Guthardt=Schulz*, aaO. Art. 79 III GG kann allerdings nur solange normative Kraft entfalten, wie die am Verfassungsleben beteiligten Kräfte in hinreichender Breite einen aktuellen ,,Willen zur Verfassung" haben (zu ihm *Hesse*, Verfassungsrecht, § 1 Rdnr. 42). Hätte bereits die WV eine Bestimmung wie Art. 79 III GG enthalten, wäre der Weg zum Nationalsozialismus mit ziemlicher Sicherheit trotzdem nicht aufgehalten worden. Vor diesem Hintergrund führt eine systematische Brücke von Art. 79 III GG zu Art. 9 II, 18, 21 II und den anderen Vorschriften des GG zum Schutz gegen seine Feinde.

[4] BVerfGE 30, 1 = JuS 1971, 204 Nr. 1 = *Weber* II, Art. 10 Nr. 3; *Hall*, JuS 1972, 132; *Alberts*, JuS 1972, 319; *Erichsen*, Staatsrecht II, Fall 1. – Zum föderalen Prinzip in Art. 79 III s. BVerfGE 34, 9 = JuS 1973, 111 Nr. 2.

§ 26. Die wichtigsten Gültigkeitsvoraussetzungen eines Gesetzes

I. Verbandsmäßige Kompetenz des Gesetzgebers (Art. 70 ff. GG)

495 Entscheidend ist, ob der *Bundes*gesetzgeber oder der *Landes*gesetzgeber zuständig ist. Alle Klausurprobleme, welche hier auftauchen, werden später (Rdnrn. 775 ff.) im Zusammenhang mit der föderalen Ordnung des GG dargestellt.

II. Gesetzgebungsverfahren für Bundesgesetze (Art. 76 ff. GG)[1]

496 1. Gesetzesinitiative
2. Behandlung im Parlament

Beachte: 1. und 2. sind keine Voraussetzungen für die Gültigkeit eines einmal erlassenen Gesetzes (vgl. Art. 78 GG).

3. Gesetzesbeschluß (z. B. notwendige Mehrheit bei der Abstimmung)
4. Mitwirkung des Bundesrates[2]
5. Ausfertigung und Verkündung
6. (Eventuell): Zitiergebot des Art. 19 I 2 GG.

Zumeist lassen sich alle Einzelheiten ohne weiteres aus der Verfassung ablesen. Eine zentrale Anknüpfung im Gesetzgebungsverfahren haben daher allenfalls Klausuren, welche sauberes Arbeiten erfordern[3] oder alsbald zu Verfassungs*lücken* führen. Wie auch sonst in derartigen Fällen wird vom Bearbeiter jetzt zumeist mehr *Verständnis* als detaillierte Kenntnis verlangt.

497 *Beispiel:* Über Art. 81 GG (Gesetzgebungsnotstand) ist auf Initiative der Bundesregierung mit Zustimmung des Bundesrats gegen den Willen des Bundestags ein Gesetz ergangen, für welche die Zustimmung des Bundesrats im Normalfall nicht erforderlich gewesen wäre. Einen Monat nach Verkündung im Bundesgesetzblatt hebt der Bundestag das Gesetz mit Zustimmung der Bundesregierung wieder auf. Der Bundesrat fragt an, ob er so „übergangen" werden dürfe. – Fast alle Bearbeiter hielten die Zustimmung des Bundesrats für erforderlich, weil er auch beim Erlaß des Gesetzes mitgewirkt habe.[4] Indessen: Art. 81 GG betrifft einen Konflikt zwischen Bundestag und Bundesregierung. Deshalb liegt es nahe, den Bundesrat als „Ersatzgesetzgeber" anzusehen, welcher *nur* an die Stelle des Bundestags tritt, wenn dieser sich gegen ein Vorhaben der Bundesregierung sperrt. Nach dem Sachverhalt haben sich Bundesregierung und Bundestag aber geeinigt.

498 Die bisher skizzierten Anforderungen betrafen den *äußeren* Gang des

---

[1] Detailliert dazu *Püttner-Kretschmer,* § 19.
[2] Näheres Rdnrn. 728 ff.
[3] Fall 11 bei *Rüfner-v. Unruh-Borchert,* Öffentliches Recht I; Fall 16 bei *Püttner-Kretschmer.*
[4] So auch ohne weiteres: *H. Schneider,* VVDStRL 8, 47; *Maunz:* in: *Maunz-Dürig-Herzog-Scholz,* GG, Art. 81 Rdnr. 20.

Gesetzgebungsverfahrens. Es mehren sich Gerichtsentscheidungen, welche rechtliche Anforderungen auch an das *innere* Gesetzgebungsverfahren, an die *Methodik* der Entscheidungs*findung*, stellen:[5] Der Gesetzgeber hat das einschlägige Entscheidungsmaterial, die Daten der Entscheidungsfindung, umfassend heranzuziehen, aufzubereiten und gegeneinander abzuwägen. Vorhandene Defizite können zur Nichtigkeit des Gesetzes führen.[6] Mutatis mutandis bestehen Parallelen zu den ,,inneren'' Ermessensfehlern.[7] Wie bei ihnen kann der Student in der Fallbearbeitung ohne weiteres davon ausgehen, daß die Methodik der Entscheidungs*findung* in Ordnung war, solange der Sachverhalt nicht Anhaltspunkte für das Gegenteil erkennen läßt.[8]

III. Inhaltliche Vereinbarkeit des Gesetzes mit höherrangigem Recht

499   1. Alle Normen sind am Grundgesetz zu messen.

a) In den meisten Fällen ist problematisch, ob die Norm gegen *Grundrechte* verstößt. Die Grundrechtsprüfung wird anschließend in den Rdnrn. 540ff. gesondert dargestellt.

500   b) Verhältnismäßig häufig muß ferner untersucht werden, ob eine *rückwirkende* Norm zulässig ist.

Fall:[9] Nach dem MitbErgG unterfiel eine ,,Holdinggesellschaft'', deren Montan-Umsatz unter 50% abgesunken war, noch weitere zwei Jahre der paritätischen Mitbestimmung in der Montanindustrie. Diese zwei Jahre waren bei der *Rheinstahl AG* mit dem 31. 12. 1966 abgelaufen. Durch Gesetz vom 27. 4. 1967 wurde die Frist *rückwirkend ab 1. 1. 1967* auf 5 Jahre verlängert. So wurde also auch noch Rheinstahl in die neue Regelung einbezogen. Ist diese ,,lex Rheinstahl'' verfassungsmäßig?

Ein *absolutes* Rückwirkungsverbot gilt nur für Strafgesetze (Art. 103 II GG). Für alle anderen *Rückwirkungen* ist von Fall zu Fall zu entscheiden, ob ihnen das *Vertrauen* des betroffenen Bürgers in den Bestand der früheren gesetzlichen Regelung und damit die *Rechtssicherheit* als Element des *Rechtsstaatsprinzips* entgegensteht. Lehre und Rechtsprechung unterscheiden in der Regel zwischen ,,echter'' und ,,unechter'' Rückwirkung.[10]

501   Eine ,,echte'' Rückwirkung liegt vor, wenn der neu geregelte Tatbestand in der Vergangenheit abgeschlossen war. Von ,,unechter'' Rückwirkung spricht man, wenn in

[5] *BVerwGE* 34, 301ff. (im Kontext nachfolgend Rdnrn. 521ff.); *VerfGH NRW,* DVBl 1976, 391; NJW 1976, 2209; *BVerfGE* 50, 51 = JuS 1979, 376 Nr. 13 (alle zu Neugliederungsgesetzen); *BVerwGE* 39, 226; *BVerfGE* 50, 334 = JuS 1979, 897 Nr. 1.
[6] Umfassend *Schwerdtfeger*, Optimale Methodik der Gesetzgebung als Verfassungspflicht, in: Festschr. f. Ipsen, 1977, S. 173ff.
[7] Zu ihnen Rdnrn. 91ff.
[8] Beispiel Rdnr. 521 (Ausgangsfall 2).
[9] *BVerfGE* 25, 371 = JuS 1969, 435 Nr. 1 = *Weber* II, Art. 19 I Nr. 2 (lesen!).
[10] Besonders deutlich *BVerfG*, JuS 1971, 482 Nr. 1. Umfassend zum Rückwirkungsproblem *Pieroth*, Jura 1983, 122.

eine Kausalkette eingegriffen wird, welche bereits in Gang gekommen, aber noch nicht vollendet war. Im *Ausgangsfall* blieb der Aufsichtsrat nach der alten Fassung des MitbErgG auch nach Ablauf der zwei Jahre noch solange paritätisch besetzt, bis seine neue Zusammensetzung in einem Verfahren der freiwilligen Gerichtsbarkeit rechtsförmlich festgestellt worden war.[11] Bei Inkrafttreten der „lex Rheinstahl" war dieser Kausalverlauf bereits angefangen, aber noch nicht beendet. Also liegt eine unechte Rückwirkung vor. – Um eine unechte Rückwirkung handelt es sich auch im *Gefrierfleischfall*, der bereits Gegenstand früherer Überlegungen[12] zur Entschädigung (,,Plangewährleistungsanspruch") war.

Eine echte Rückwirkung ist nach der Rechtsprechung des *BVerfG*[13] in der Regel[14] *nur* zulässig, wenn sie durch *zwingende*, dem Gebot der Rechtssicherheit *übergeordnete* Gründe des gemeinen Wohls gerechtfertigt ist. Bei der unechten Rückwirkung kann die Abwägung[15] hingegen eher ergeben, daß das gesetzgeberische Anliegen den Vorrang vor dem Vertrauen des Bürgers hat.

Im *Ausgangsfall* fehlt bereits ein Vertrauen*statbestand*, welcher welcher von zentraler Bedeutung für jeden Vertrauensschutz ist.[16] Denn die Aktionäre haben keine besonderen *Dispositionen* getroffen, aus welchen ihnen jetzt rückwirkend Nachteile entstehen. Allein ihre *Freude*, fortan mehr Einfluß im Aufsichtsrat zu haben, reicht insoweit nicht aus.[17] Im *Gefrierfleischfall* ist hingegen ein Vertrauenstatbestand vorhanden: Im Vertrauen auf die zehnjährige Einfuhrerleichterung haben die Importeure die Kühlhäuser gebaut.[18] Dort gestattet es der Schutz der deutschen Erzeuger aber, die Einfuhrerleichterungen vorzeitig zu beseitigen, falls die Importeure entschädigt werden.

502 c) Ferner kann das Verbot eines Einzelfallgesetzes (Art. 19 I 1 GG) erheblich werden.[19] Nach Ansicht des *BVerfG* ist Art. 19 I 1 GG eine Ausprägung des Gleichheitssatzes. Damit[20] kann ein Einzelfallgesetz aus sachlichen Gründen zulässig sein.

Im *Ausgangsfall* sind sachliche Gründe gegeben: Die „lex Rheinstahl" sollte den status quo der Mitbestimmung erhalten, bis laufende Untersuchungen abgeschlossen waren, welche gesetzliche Neuregelungen im Gesamtbereich der Mitbestimmung vorbereiteten.[21]

---

[11] Näheres in *BVerfGE* 25, 371 (396) = JuS 1969, 435 Nr. 1 = *Weber* II, Art. 19 I Nr. 2.

[12] Rdnr. 431.

[13] Zusammengefaßt in *BVerfGE* 30, 250 (267 ff.) = JuS 1971, 482 Nr. 1; *BVerfGE* 45, 142 (166) = JuS 1978, 126 Nr. 1.

[14] Zusammenstellung von Ausnahmen in *BVerfGE* 13, 261 (271 f.); vgl. auch *BVerfGE* 18, 429 (439).

[15] Zu ihrer Problematik im Parallelfall der Rücknahme rechtswidriger begünstigender VAe s. bereits Rdnrn. 215 ff.

[16] Näheres bereits in Rdnr. 218. Gleiche Sachlage etwa in *BVerfGE* 48, 416 = JuS 1979, 211 Nr. 2.

[17] Ähnlich für den Ausgangsfall *BVerfGE* 25, 371 (406).

[18] Zum Vertrauensschutz bei zeitlich befristeten Gesetzen s. jetzt auch *BVerfGE* 30, 392 = JuS 1971, 598 Nr. 2.

[19] Klausurfall bei *Clement*, JuS 1968, 282 ff.

[20] Näheres zur Begründung Rdnrn. 596 ff.

[21] So *BVerfGE* 25, 371 (401) = JuS 1969, 435 Nr. 1 = *Weber* II, Art. 19 I Nr. 2.

503 2. Bundesrecht bricht Landesrecht (Art. 31 GG).[22]

3. Landesgesetze müssen außerdem mit der Landesverfassung übereinstimmen. Hierbei ist die Landesverfassung auch dann heranzuziehen, wenn sie inhaltsgleich dem GG entspricht.[23]

§ 27. Die wichtigsten Gültigkeitsvoraussetzungen einer Rechtsverordnung

506 Die nachfolgenden Ausführungen zur Gültigkeit einer Rechtsverordnung stehen weitgehend in Parallele zu den früheren Ausführungen über die Rechtmäßigkeit eines Verwaltungsakts, weil hier wie dort eine *gesetzliche Ermächtigung* Voraussetzung für das Tätigwerden der *Exekutive* ist.[1]

Ausgangsfälle:[2] (1) Das Schulverwaltungsgesetz des Landes X erklärt es zur Aufgabe der (vom Kultusminister zu erlassenden) Schulordnung (= Rechtsverordnung), die Voraussetzungen der Versetzung und des Ausschlusses von der Schule zu regeln. Der seit langem „schwache" Schüler S wird zweimal in der gleichen Jahrgangsstufe nicht versetzt und beim zweiten Mal entsprechend der SchulO vom weiteren Besuch der Schule ausgeschlossen. Die Nichtversetzung beruhte in beiden Fällen darauf, daß nach der SchulO *auch* die „mangelhafte" Note im Fach Sport zum Nachteil des S zu berücksichtigen war. Haben die Nichtversetzung und der Ausschluß von der Schule in der SchulO eine gültige Ermächtigungsgrundlage?[3]

(2) Eine „Verordnung zur Aufrechterhaltung der öffentlichen Ordnung in der Umgebung des Waldfriedhofs in Rhöndorf" verbietet „auf Grund der §§ 1, 27 und 29 NRW-OrdnungsbehördenG" im Umkreis von 150 m um den Friedhof jedes Verhalten, das die Ruhe stört (§ 1), und jede Erwerbstätigkeit (§ 2). So soll dem Rummel begegnet werden, welcher seit der Beisetzung *Adenauers* vor dem Friedhof herrscht. Ist die Verordnung gültig?[4]

I. Ermächtigungsgrundlage

507 Art. 80 I 1 GG und entsprechende Vorschriften der Landesverfassungen gestatten dem Gesetzgeber, exekutive Instanzen zum Erlaß von Rechtsverordnungen zu ermächtigen. Allerdings muß der Gesetzgeber im ermächtigenden Gesetz „Inhalt, Zweck und Ausmaß der erteilten Ermächtigung" bestimmen (vgl. Art. 80 I 2 GG) und also *die tragenden*

---

[22] Beispiel: *BVerfGE* 33, 265 = JuS 1972, 730 Nr. 13. Auf das Verhältnis GG – Landes*verfassungs*recht ist *nicht* Art. 31, sondern Art. 28 I GG anzuwenden; so *BVerfGE* 36, 360 = JuS 1974, 664 Nr. 4, bespr. von *Krause,* JuS 1975, 160.

[23] *BVerfGE* 36, 360 = JuS 1974, 664 Nr. 4. Zur Kompetenzabgrenzung zwischen *BVerfG* und den *Verfassungsgerichten der Länder* in solchen Fällen s. *Krause,* JuS 1975, 160.

[1] Vgl. zum Gesetzesvorbehalt insoweit Rdnr. 66 ff., 549 ff.

[2] Weiterer Klausurfall bei *A. Weber* JuS 1978, 554.

[3] Teilweise Fallanlehnung an *BVerfGE* 58, 257 = JuS 1983, 315 Nr. 11.

[4] Fallbesprechung bei *Pappermann,* JuS 1968, 575.

Entscheidungen selbst treffen. Gesetzes*vertretende* Verordnungen sind unmöglich. Nur die Entscheidung über die Einzelausgestaltung, die Detailregelung, kann der Gesetzgeber an die Exekutive delegieren. 1. Auch diese Delegationsmöglichkeit untersteht aber noch den Anforderungen des ,,Parlamentsvorbehalts".[5] Der Vorbehalt des Gesetzes *kann* gebieten, daß der Gesetzgeber auch Einzelheiten *abschließend selbst* zu entscheiden hat (,,Totalvorbehalt"). Die Abgrenzung nimmt das Bundesverfassungsgericht nach seiner für den Vorbehalt des Gesetzes entwickelten ,,Wesentlichkeitstheorie" vor.[6] Nach der ,,Wesentlichkeit" richtet sich *zunächst* (im Kontext der Rdnrn. 255 ff.), ob eine Regelung durch Verwaltungsvorschriften getroffen werden darf oder dem Vorbehalt des Gesetzes unterfällt und damit *mindestens* als *Rechtsverordnung* kraft parlamentsgesetzlicher Ermächtigung ergehen muß.[7] In der *Abgrenzung* zwischen ,,Totalvorbehalt" und Delegationsmöglichkeit gem. Art. 80 I GG bestimmt das Bundesverfassungsgericht ,,*anhand der* von der Rechtsprechung entwickelten Wesentlichkeitsmerkmale" aber auch, ,,was der parlamentarischen Willensbildung vorbehalten ist und was durch gesetzliche Ermächtigung dem Verordnungsgeber übertragen werden darf".[8] Wenn das Bundesverfassungsgericht die ,,Wesentlichkeit" auch noch auf dieser *zweiten* Stufe heranzieht, kann es sich nur um eine gleichsam *gesteigerte* Wesentlichkeit handeln, welche auf den ,,Totalvorbehalt" drängt. Insoweit ist für das *BVerfG* maßgebliches Kriterium die ,,*Intensität*, mit welcher *Grundrechte* der Regelungsadressaten betroffen werden".[8] Hier rückt also die rechtsstaatlich-grundrechtliche Seite der ,,Wesentlichkeitstheorie" ins Zentrum. (Dem ,,demokratischen" Ansatz der ,,Wesentlichkeitstheorie" würden die *prinzipiellen* Festlegungen, welche gem. Art. 80 I 2 GG dem Gesetzgeber auch bei der Delegation obliegen, *stets* genügen).

Im *Ausgangsfall 1* stellt der zwangsweise Ausschluß aus der Schule eine für den weiteren Berufs- und Lebensweg des betroffenen Schülers sehr einschneidende Maßnahme dar. Demgemäß verlangt das *BVerfG*,[9] daß der Gesetzgeber die wesentlichen Bestimmungen über die zwangsweise Schulentlassung, nämlich die rechtlichen Voraussetzungen, die Zuständigkeiten und die Verfahrensgrundsätze *selbst* regelt. Weil im Schulverwaltungs*gesetz* entsprechende Regelungen *fehlen,* fehlt dem *Ausschluß* aus der Schule also eine gültige Rechtsgrundlage.[10] Die Nichtversetzung sieht das *BVerfG*

---

[5] Hierzu und zum Nachfolgenden grundlegend *BVerfGE* 58, 257 (274 ff.) = JuS 1983, 315 Nr. 11. Zum Parlamentsvorbehalt allgemein s. Rdnrn. 68, 255 f.
[6] S. zu ihr schon Rdnr. 256.
[7] So *BVerfGE* 47, 46 (79 f.); ohne Erwähnung des Wesentlichkeitserfordernisses auch *BVerfGE* 58, 257 (274).
[8] *BVerfGE* 58, 257 (274).
[9] *BVerfGE* 58, 257 (275).
[10] Bis zur Herstellung eines verfassungsmäßigen Zustandes durch den Gesetzgeber läßt das *BVerfG* (aaO, S. 281) die Entlassung gleichwohl als ,,im konkreten Fall für die geordnete Weiterführung eines funktionsfähigen Betriebes unerläßliche" Maßnahme im Kontext von Rdnr. 257 durchgehen.

demgegenüber als „erheblich weniger einschneidende Maßnahme" an. Die Festlegung *ihrer* Einzelheiten konnte der Gesetzgeber also im *Ausgangsfall 1* im Grundsatz an den Kultusminister delegieren. Entsprechendes gilt für die Verordnungsermächtigung im *Ausgangsfall 2.*

508   2. Wenn der Totalvorbehalt nicht einschlägig ist und die Delegation von Einzelfestlegungen also möglich wird, muß eine *bundes*gesetzliche Verordnungsermächtigung gem. Art. 80 I 2 GG nach „Inhalt, Zweck und Ausmaß *hinreichend*[11] bestimmt sein.[12] Für *landes*rechtliche Verordnungsermächtigungen enthalten die meisten Landesverfassungen entsprechende Vorschriften. Wegen des Homogenitätsgebots in Art. 28 I GG müssen die landesrechtlichen Verordnungsermächtigungen sonst jedenfalls die im Grundgesetz vorgenommene Verteilung der Gewichte zwischen Legislative und Exekutive beachten.[13] Was das im einzelnen bedeutet, entscheidet das *BVerfG* in enger Anlehnung an Art. 80 I 2.[14]

Weil Art. 80 I 2 GG sicherstellt, daß die tragenden Entscheidungen vom Parlament getroffen werden, ist Art. 80 I GG weniger *Ausnahme* vom Vorbehalt des Gesetzes als vielmehr dessen *Ausprägung*.[15] Demgemäß koppelt Art. 80 I 1 GG den Entscheidungs*spielraum* des Verordnungsgebers möglichst eng an das Parlament zurück. Ermächtigt wird die *Spitze* der Exekutive (Bundesregierung, Bundesminister, Landesregierungen), welche dem Parlament im parlamentarischen Regierungssystem *unmittelbar* verantwortlich ist. In den Ländern, in welchen – wie im *Ausgangsfall 2* – Rechtsverordnungen von nur regionaler Bedeutung erforderlich werden können, läßt sich dieses Prinzip allerdings nicht durchhalten. Nach § 29 NRW-OrdnungsbehördenG werden Verordnungen zum Schutz der öffentlichen Sicherheit oder Ordnung (= *Ausgangsfall 2*) von den Ordnungsbehörden erlassen.

Ob eine Verordnungsermächtigung „*hinreichend*" bestimmt ist, beurteilt das *BVerfG* nach der Intensität, mit welcher die Regelung, zu der ermächtigt wird, in Grundrechte eingreift. „Greift die Regelung erheblich in die Rechtsstellung des Betroffenen ein, so müssen höhere Anforderungen an den Bestimmtheitsgrad der Ermächtigung gestellt werden, als wenn es sich um einen Regelungsbereich handelt, der die Grundrechtsausübung weniger tangiert".[16]

Im *Ausgangsfall 1* reicht es dem *BVerfG* „angesichts der verhältnismäßig geringen Grundrechtsrelevanz der Maßnahme und der Übersichtlichkeit der zu regelnden Materie" aus, daß die Verordnungsermächtigung lediglich dem Begriff „Versetzung" enthält, welcher mit dem Leistungsprinzip und dem Erreichen des jeweiligen Ausbildungszieles verbunden sei.[16] – Im *Ausgangsfall 2* ist der Begriff der „öffentlichen

---

[11] S. *BVerfGE* 58, 257 (277).
[12] Die Rspr. *BVerfG* dazu ist zusammengefaßt und analysiert bei *Hasskarl*, AöR 94 (1969), 85; *Wilke*, AöR 98 (1973), 229. Zuletzt *BVerfGE* 55, 207 = JuS 1981, 916 Nr. 3; 58, 257 (277) = JuS 1983, 315 Nr. 11.
[13] Näheres zum Vorhergehenden in *BVerfGE* 34, 52 = JuS 1973, 315 Nr. 2 m. Literaturüberblick.
[14] S. *BVerfGE* 55, 207 = JuS 1981, 916 Nr. 3; 58, 257 (277).
[15] So *BVerfGE* 49, 127 = JuS 1979, 362 Nr. 1.
[16] So *BVerfGE* 58, 257 (278), auch zu anderen Kriterien (vielgestaltige Sachvorbehalte, Schwankungen in den tatsächlichen Verhältnissen).

Sicherheit oder Ordnung" in § 29 OrdnungsbehördenG durch die Konturen hinreichend bestimmt, welche ihm Lehre und Rechtsprechung des Allgemeinen Polizeirechts gegeben haben.[17]

509 3. Auf *welche* Ermächtigungsgrundlage eine Verordnung gestützt ist, ergibt sich zumeist aus der Verordnung selbst. Denn anders als der Verwaltungsakt ist eine Verordnung in der Regel[18] nur gültig,[19] wenn sie ihre Rechtsgrundlage *angibt*.

Teilt die Klausuraufgabe den Wortlaut der Verordnung wie in den *Ausgangsfällen* ausführlich genug mit, hat der Bearbeiter seine Untersuchung also darauf zu beschränken, ob die *angegebene* Rechtsgrundlage die Verordnung trägt. Ist die Rechtsgrundlage in der Aufgabe hingegen nicht mitgeteilt, bleibt dem Bearbeiter nichts anderes übrig, als *alle* (ernsthaft) in Betracht kommenden Ermächtigungsgrundlagen durchzumustern. Er kann dann nach der Lebenserfahrung davon ausgehen, daß die *einschlägige* Rechtsgrundlage in der Verordnung zitiert werden wird, falls die Verordnung noch nicht erlassen ist.

II. Formelle Voraussetzungen für den Erlaß der Verordnung[20]

510 1. Zuständigkeit

2. Ordnungsmäßiges Normsetzungsverfahren, insbesondere

- Normsetzungsakt
- Mitwirkung anderer Stellen[21]
- Ausfertigung und Verkündung[22]

3. Besondere Anforderungen an den Text, z. B.

- Angabe der Ermächtigungsgrundlage
- des örtlichen Geltungsbereiches
- der erlassenden Stelle, usw.

Auch hier liegen die eigentlichen Klausurprobleme selten im Formellen. Formelle Fragen sind daher nur knapp zu behandeln.[23] Falls der Sachverhalt keine näheren Angaben enthält, ist ohne weiteres davon auszugehen, daß die formellen Erfordernisse vorliegen.[24]

---

[17] *BVerfGE* 54, 144 = JuS 1981, 606 Nr. 2.

[18] Für das Bundesrecht gilt diese Regel wegen Art. 80 I 3 GG absolut. Für das Landesrecht kommt es darauf an, ob die Landesverfassung oder ein Landesgesetz das Zitiergebot vorsehen.

[19] *S. Maunz*, in: *Maunz-Dürig-Herzog-Scholz*, Art. 80 Rdnr. 20; *v. Mangoldt-Klein*, GG, Art. 80 Anm. XI 2 d.

[20] Zu allen Einzelheiten s. z. B.: *Wolff-Bachof* I, § 28 I, III, § 128 III; *Vogel*, in: *Drews-Wacke-Vogel-Martens*, Bd. 1, S. 282 ff.; §§ 53–64 LVerwG SchlH.

[21] Zur umstr. Frage, welche Rechtsfolge es hat, wenn eine gesetzlich vorgesehene Anhörung von *Verbänden* oder anderen Privaten unterblieben ist, s. *BVerwGE* 59, 48 = JuS 1980, 839 Nr. 13.

[22] Für Rechtsverordnungen des Bundes s. das Gesetz über die Verkündung von Rechtsverordnungen (*Sartorius* Nr. 70). Die Länder haben teilweise entsprechende Gesetze erlassen.

[23] Beispielgebend *Pappermann*, aaO.

[24] Vgl. Rdnr. 945.

III. Materielle Voraussetzungen der Verordnung

511   1. Subsumtion unter die Ermächtigung

Im *Ausgangsfall 1* macht die Subsumtion der SchulO unter das Schulverwaltungsgesetz keine Schwierigkeiten. – Wie auch im *Ausgangsfall 2* sind in der Klausur am häufigsten Polizeiverordnungen zu überprüfen.[25] Dann gelten die von der *Polizeiverfügung* her bekannten Grundsätze des Polizeirechts[26] mit einer wesentlichen Verschiebung: Während die Polizeiverfügung nur „konkrete" Gefahren abwehrt, kann die Polizeiverordnung auch zur Abwendung „abstrakter" Gefahren für die öffentliche Sicherheit oder Ordnung ergehen.[27] Der Begriff „abstrakte" Gefahr korrespondiert mit der Tatsache, daß eine Polizeiverordnung als Norm generell-abstrakte Regelungen trifft. Eine „abstrakte" Gefahr liegt vor, wenn in einer unbestimmten Anzahl von Fällen gleicher oder ähnlicher Art die gleichen typischen Gefahren bestehen.[28] – Im *Ausgangsfall 2* würden die Mißstände vor dem Friedhof nicht beseitigt, wenn man den im Augenblick tätigen Gewerbetreibenden die Erwerbstätigkeit vor dem Friedhof untersagte. An ihrer Stelle würden andere „fliegende" Händler treten. Daher ist ein normatives, generell-abstraktes Verbot erforderlich. Auf diesem Hintergrunde liegt eine abstrakte Gefahr für die öffentliche Ordnung vor. Es ist aber problematisch, ob teilweise Spezialnormen (GewO, StVO, BFStrG) einschlägig sind, welche andere Möglichkeiten zum Einschreiten gegen die Händler eröffnen und deshalb das Vorgehen über eine Polizeiverordnung ausschließen.[29]

512   2. Gültigkeit der gesetzlichen Ermächtigungsgrundlage

Die Ermächtigungsgrundlage muß über soeben Rdnrn. 507 ff. hinausgehend auch noch den in Rdnrn. 499 ff. dargestellten *allgemeinen* Gültigkeitsanforderungen genügen, denen *jedes* Gesetz unterliegt. Sie darf insbesondere nicht gegen höherrangiges Recht verstoßen.

513   Daß das Schulverwaltungs*gesetz* im *Ausgangsfall 1* Einschränkungs*möglichkeiten* für die Versetzung vorsieht, ist unproblematisch. Die problematische Einbeziehung der Note für das Fach Sport beruht auf der Entscheidung des *Kultusministers* im Kontext nachfolgend Rdnr. 514 (= scharf trennen!). – Im *Ausgangsfall 2* ist allenfalls problematisch, ob das Grundgesetz es gestattet, die Exekutive *generell* zum Schutz der öffentlichen *Ordnung* zu ermächtigen, wie es in der polizeilichen Generalklausel geschieht.[30]

IV. Fehlerfreie Ermessensausübung, kein Verstoß gegen höherrangiges Recht

514   Liegen die rechtlichen Voraussetzungen für die Verordnung vor, wird das Ermessen der *Exekutive* einschlägig. Das Ermessen *kann* sich – wie im Ausgangsfall 2 – schon auf die Frage beziehen, *ob* eine Verordnung erlassen werden soll.

---

[25] Weitere Klausurbeispiele bei *Geck-Böhmer*, JuS 1973, 499; *Evers-Schwerdtfeger*, JuS 1964, 281.

[26] Vgl. Rdnrn. 121 ff. Für Bayern sind wiederum Besonderheiten zu beachten, vgl. aaO.

[27] Zu dieser Gegenüberstellung s. bereits Rdnr. 136.

[28] Näheres zur abstrakten Gefahr und ihrer Abgrenzung zur konkreten Gefahr bei *Vogel*, in: Drews-Wacke-Vogel-Martens, Bd. 1, S. 177 ff., 272 ff.; *Götz*, S. 58 f.; BVerwG, NJW 1970, 1892.

[29] Zu allen Einzelheiten lies *Pappermann*, aaO.

[30] Vgl. bereits den Literaturhinweis zum Problem Rdnr. 128 Fußn. 14.

Im *Ausgangsfall 1* ist der Kultusminister zum Erlaß einer Schulordnung *verpflichtet.*

Das Ermessen bezieht sich *jedenfalls* auf die *inhaltliche* Ausgestaltung der Verordnung im Rahmen der gesetzlichen „Vorgaben" (Art. 80 I 2 GG). Das Ermessen des Verordnungsgebers unterliegt im Prinzip den gleichen Bindungen wie das Ermessen der Verwaltung beim Erlaß von Verwaltungsakten.[31] Insbesondere ist zu untersuchen, ob die *Exekutive* (also jetzt nicht mehr der ermächtigende Gesetzgeber wie in Rdnr. 412f.) gegen die Verfassung verstoßen hat. Auch das „innere" Normsetzungs-verfahren[32] darf nicht fehlerhaft gewesen sein (keine Einbeziehungs- und Abwägungsdefizite).[33]

Im *Ausgangsfall 1* dürfte die Einbeziehung der Note für das Fach Sport in die Versetzungsvoraussetzungen sachwidrig sein und einen Verstoß gegen Art. 3 I GG („Chancengleichheit") darstellen. Denn die Leistungsbewertung im Fach Sport hängt offenbar wesentlich von der körperlichen Konstitution und körperlichen Leistungsfä-higkeit (Sprungweite beim Weitsprung, Geschwindigkeit in den Laufdisziplinen) ab, welche mit dem (*auch* und insbesondere) *beruf*squalifizierenden Abschluß der Schule nichts zu tun haben. – Im *Ausgangsfall 2* war der weite Umkreis von 150 m wahr-scheinlich *nicht notwendig,* um die Zwecke der Verordnung zu erreichen.[34].

§ 28. Die wichtigsten Gültigkeitsvoraussetzungen einer Satzung

521 *Ausgangsfälle:* (1) Die „Kanalisationssatzung" einer Gemeinde bestimmt u. a.: „Als Benutzungsgebühr hat jeder angeschlossene Gewerbetreibende monatlich 5 DM, jeder sonstige Hauseigentümer 1 DM pro laufenden Meter Straßenfront zu zahlen." Ist diese Bestimmung gültig?[1]
(2) In der Stadt *G* sind fast nur montanabhängige Arbeitsplätze vorhanden. Ein Unternehmer der Glasindustrie bekundet sein Interesse, in *G* ein Floatglaswerk mit 2000 Arbeitsplätzen zu errichten. Alle Verantwortlichen der Stadt, auch alle Abgeord-neten des Stadtrates lassen spontan ihre Absicht erkennen, das Vorhaben des *U* in jeder Beziehung zu fördern, komme was da wolle. Als einzig geeigneter Standort für das Werk kommt die „Feldmark" in Betracht. Diese ist hufeisenförmig von Wohnstraßen umgeben, in deren Rücken sich bereits Industrie befindet. Stadt *G* erläßt einen Bebau-ungsplan (= Satzung, § 10 BBauG), welcher nunmehr auch die Feldmark als Industrie-gebiet ausweist. Ist dieser Bebauungsplan gültig?[2]

I. Gesetzliche Verleihung der Satzungsautonomie

522 *Merke* (ständige Fehlerquelle): Wegen der eingangs (Rdnrn. 487f.) geschilderten Unterschiede zwischen Verordnung und Satzung findet Art. 80 GG auf Satzungen

---

[31] Ausführlich so *Zuleeg,* DVBl 1970, 157.
[32] Zu ihm Rdnr. 498, 528.
[33] *BVerfGE* 56, 319 = JuS 1981, 839 Nr. 2.
[34] So jedenfalls *Pappermann,* aaO.
[1] Klausurbesprechung bei *Knemeyer,* JuS 1967, 366; andere Beispiele bei *Fink,* JuS 1968, 87; *Starck-Konrad,* JuS 1970, 31; *v. Mutius,* JuS 1978, 33, 181.
[2] Ähnlich der „Gelsenkirchener Floatglasfall", *BVerwGE* 45, 309 = JuS 1975, 257 Nr. 11; *W. Müller,* JuS 1975, 228. Weiterer Fall bei *Brandt-Ahlbrecht,* JuS 1978, 187.

keine Anwendung.[3] Die strengen Anforderungen des Art. 80 I 2 GG erklären sich daraus, daß der Gesetzgeber in Abweichung vom Gewaltenteilungsprinzip der Exekutive Normsetzungsbefugnisse überläßt. Bei der Verleihung der Satzungsautonomie hingegen tritt er gleichsam einen Teil staatlicher Befugnisse an einen nichtstaatlichen Verband ab, welcher sie dann seinerseits wiederum durch sein vom Verbandsvolk gewähltes Parlament[4] wahrnimmt.

523   Deshalb ist es zulässig, wenn z. B. die Gemeindeordnungen (Landesgesetze) den Gemeinden ihre Satzungsautonomie *generell* verleihen in Formulierungen wie: ,,Die Gemeinden können ihre Angelegenheiten durch Satzung regeln, soweit die Gesetze nicht etwas anderes bestimmen'' (§ 4 I 1 NWGO).

524   Art. 28 II GG *garantiert* diese Satzungsautonomie zwar, verleiht sie aber nicht selbst (häufiger Fehler!) – Die ,,Abgabenhoheit'' *(Ausgangsfall 1)* ist herkömmlich in den Kommunalabgabengesetzen der Länder detailliert verliehen,[5] von der ,,Allzuständigkeit'' der Gemeinde (soeben § 4 I 1 NWGO) also nicht erfaßt. Die Bauleitplanung *(Ausgangsfall 2)* obliegt den Gemeinden kraft Bundesrecht (§ 2 I BBauG).

525   Nach dem ,,*Facharzt-Beschluß*'' des *BVerfG*[6] kann dem vom Verbandsvolk gewählten Verbandsgesetzgeber allerdings keine Satzungsautonomie verliehen werden, soweit besonders intensive Grundrechtseingriffe in Frage stehen oder seine Entscheidung erhebliche Außenwirkung aus dem Verbandsbereich hinaus auf die Allgemeinheit haben würde. Einerseits das Rechtsstaatsprinzip, andererseits das demokratische Prinziß des GG gebieten, daß jetzt das vom Staatsvolk gewählte *staatliche* Parlament entscheidet. Je intensiver der Grundrechtseingriff oder das Allgemeininteresse an der Entscheidung ist, um so weitergehend muß der staatliche Gesetzgeber alle relevanten Einzelheiten *selbst* festlegen.

526   Im *Ausgangsfall 1* genügen die detaillierten Regelungen des Kommunalabgabenrechts diesen Anforderungen ohne weiteres. – Im *Ausgangsfall 2* stehen *intensive* Grundrechtseingriffe (Art. 14 GG) in Frage. Hier *konnte* der *staatliche* Gesetzgeber des BBauG aber nicht *selbst* über das konkrete Aussehen jedes einzelnen Bebauungsplanes entscheiden. Denn Bauleitplanung ist ihrem Wesen nach nicht *Subsumtion,* sondern schöpferische *Gestaltung,*[7] welche sich an den je verschiedenen Gegebenheiten der jeweiligen örtlichen Situation auszurichten hat. Wegen des Eigentumsschutzes (Art. 14 GG) der Planungsbetroffenen war es statt dessen aber jedenfalls erforderlich, daß § 1 BBauG die nachfolgend behandelten normativen Bindungen für das Normsetzungs*verfahren* schuf.

---

[3] S. *BVerwGE* 6, 247 ff.; *BVerfGE* 12, 325; 33, 157 = JuS 1972, 666 Nr. 2 = *Weber* II, Art. 12 Nr. 16; *Starck-Konrad*, JuS 1970, 34.
[4] Zu dieser Einordnung des Gemeindeparlaments s. *OVG Münster*, NJW 1979, 281 = JuS 1979, 137 Nr. 4.
[5] Vgl. die Klausurbesprechung *Knemeyer*, aaO.
[6] *BVerfGE* 33, 125 (157) = JuS 1972, 666 Nr. 2 = *Weber* II, Art. 12 Nr. 16; s. auch etwa StGH Bremen, DVBl 1975, 429 (betr. Festlegung des Fächerkataloges juristischer Prüfungen durch Universitätssatzung).
[7] Zu diesem prinzipiellen Unterschied und zum Problem, die Planung gleichwohl rechtsstaatlich zu disziplinieren, s. etwa *Hoppe*, DVBl 1974, 641; *ders.*, Jura 1979, 133.

II. Normsetzungsverfahren

527   1. Einmal müssen die *Formalien* eingehalten sein.

U. a.: Erforderliche Mehrheit beim Satzungsbeschluß; (evtl., s. § 9 VIII BBauG) hinreichende Begründung;[8] (evtl.) Genehmigung der Aufsichtsbehörde; richtige Verkündung.[9]

528   2. Sodann muß die *Methodik* der Entscheidungs*findung* rechtlichen Anforderungen genügt haben.[10]

Dieses Erfordernis gilt auch für Gesetz[11] und Rechtsverordnung,[12] erlangt aber besonders für die Satzung praktische Relevanz: Für den *Ausgangsfall 2* schrieben §§ 1 VI, VII BBauG, 50 BImSchG vor, welche örtlichen Daten und Gesichtspunkte (u. a. soziale Bedürfnisse und Wohnbedürfnisse) im *Verfahren* der Planung, also *auf dem Wege zum* Satzungsbeschluß in die Überlegungen *einzubeziehen* waren und daß sie gegeneinander *abgewogen* werden mußten.[13] Weil nach dem Sachverhalt bei allen Beteiligten von vornherein feststand, daß das Floatglaswerk in der Feldmark gebaut werden sollte, wurde das Für und Wider im Rahmen der genannten Vorschriften offenbar nicht *echt* gegeneinander *abgewogen* (Abwägungsdefizit).[14]

529   Ein Fehler im *Vorgang* der Entscheidungs*bildung* führt als „Mangel im Abwägungsvorgang" zur Nichtigkeit der Satzung, „wenn er offensichtlich und auf das Abwägungsergebnis von Einfluß gewesen ist" (§ 155 b II 2 BBauG).[15] Das gilt gerade auch, wenn der *Inhalt* der *fertigen* Satzung (im Textzusammenhang nachfolgend Rdnr. 532) materiell *nicht* gegen höherrangiges Recht verstößt.

Im *Ausgangsfall 2* ist der Bebauungsplan bereits wegen des Abwägungsdefizits nichtig.

530   3. Nach § 155 a I BBauG ist die Verletzung von Verfahrens- oder Formvorschriften bei der Aufstellung von Satzungen (Bebauungsplänen) „unbeachtlich, wenn sie nicht schriftlich innerhalb eines Jahres seit Bekanntmachung der Satzung gegenüber der Gemeinde geltend gemacht worden ist". Für Mängel im Abwägungsvorgang" gilt § 155 a I BBauG aber nicht, weil *sie* erst in § 155 *b* II BBauG angesprochen sind.[15a]

---

[8] Bei fehlender Begr. ist ein Bebauungsplan nichtig; *BGHZ* 67, 320 = JuS 1977, 269 Nr. 13.

[9] Fälle aus diesem Bereich bei *v. Mutius*, JuS 1978, 183 f.

[10] Nachfolgend geht es um eine Parallele zum Ermessens*gebrauch* i. S. der Ausführungen Rdnrn. 91 ff. Verwaltungsermessen und Planungsermessen dürfen aber nicht gleichgesetzt werden, s. *Hoppe*, aaO.

[11] Näheres insoweit schon in Rdnr. 498.

[12] Rdnr. 514.

[13] *BVerwGE* 34, 301 ff.; 45, 309 = JuS 1975, 257 Nr. 11; *BGHZ* 66, 322 = JuS 1976, 819 Nr. 10.

[14] *BVerwG*, aaO.

[15] Grundlegend zur Auslegung dieser Vorschrift *BVerwGE* 64, 33 = JuS 1982, 456 Nr. 2. *Schwerdtfeger*, JuS 1983, 270.

[15a] Wohl allgem. Meinung; s. etwa *Hoppe* in: *Ernst-Hoppe*, Das öffentliche Bau- und Bodenrecht, 2. Aufl. (1981), Rdnr. 438a.

III. Materielle Gültigkeitsvoraussetzungen der Satzung[16]

531   1. Die Satzung muß sich im Rahmen der *verliehenen Autonomie* halten.

Zu entscheiden ist hier etwa, ob „eigene Angelegenheiten" der Gemeinde geregelt werden.[17] – Im *Ausgangsfall 1* ist erheblich, ob eine Gebühr, ein Beitrag oder eine Steuer[17a] erhoben wird, bei einer Gebühr ferner, ob die nach dem sog. Frontmetermaßstab ermittelte Höhe der Abgabe dem Äquivalenzprinzip entspricht.[18]

532   2. Die Satzung darf inhaltlich nicht gegen *höherrangiges* Recht verstoßen.

Im *Ausgangsfall 1* kommt ein Verstoß gegen Art. 3 GG in Betracht.[19] – § 1 VI, VII BBauG *(Ausgangsfall 2)* formuliert keine klaren Prioritäten, welchen Belangen und Gesichtspunkten im Konfliktsfall der Vorzug zu geben ist. Damit obliegt es in der Regel der Gemeinde, die Prioritäten im Rahmen ihrer Planungsautonomie selbst zu setzen.[20] Ein Verstoß der fertigen Satzungen gegen das höherrangige Recht in § 1 VI, VII BBauG kommt daher normalerweise nicht in Betracht. Der Gerechtigkeitsmaßstab in § 1 VII BBauG verbietet lediglich *extrem einseitige* Lösungen, deren Ungerechtigkeit auch verfassungskräftig aus dem Grundsatz der Verhältnismäßigkeit folgt. Im *Ausgangsfall 2*, wo § 50 BImSchG ergänzend hinzutritt, mag man annehmen können, die Wohnbedürfnisse kämen in ganz unvertretbarer Weise zu kurz.[21] Dann verstößt *hier* auch der *Inhalt des fertigen* Bebauungsplanes gegen §§ 1 VI, VII BBauG, 50 BImSchG.

---

[16] § 67 LVerwGSchlH.

[17] Vgl. *Starck-Konrad*, JuS 1970, 35 zu Erl. 32, 33.

[17a] Zur Abgrenzung dieser Abgaben voneinander und zu „*Sonderabgaben*" s. L. *Schulze-Osterloh*, JuS 1982, 421 (mit Nachw. aus der Rspr. des *BVerfG*).

[18] Vgl. *Knemeyer*, aaO. Flexibel zum Gebührenmaßstab *BVerfGE* 50, 217 = JuS 1979, 749 Nr. 13.

[19] Der Verstoß einer Satzung gegen *Landes*verfassungsrecht (Eigentumsgarantie) ist in einer Klausurbesprechung bei *Fink*, JuS 1968, 87, von Interesse, ein Verstoß gegen Art. 12 GG bei *Starck-Konrad*, JuS 1970, 31.

[20] *BVerwG*, aaO.

[21] *BVerwG*, aaO.

6. Teil. Grundrechtsprüfung

§ 29. Allgemeines

540   Nach den bisherigen Ausführungen kann eine Grundrechtsprüfung insbesondere aus folgenden Gründen erforderlich werden: Eine *Norm* ist nichtig, wenn sie gegen Grundrechte verstößt.[1] Ein *Verwaltungsakt* ist rechtswidrig, wenn die Ermächtigungsgrundlage (Norm) wegen Verstoßes (des Normgebers) gegen ein Grundrecht nichtig ist[2] oder wenn die Verwaltung selbst bei der Ausübung eines ihr vom Gesetzgeber eingeräumten Ermessens Grundrechte nicht beachtet hat.[3] Für die Fallbearbeitung ist es besonders wichtig, die Grundrechtsprüfung sauber zu beherrschen.

541   Entgegen der Praxis vieler Bearbeiter ist sie in die Niederschrift allerdings nur aufzunehmen, wenn Grundrechtsverstöße *ernsthaft* in Betracht kommen. Auch dann sollte sich der Bearbeiter aber hüten, die Aufgabe voreilig als ,,Grundrechtsklausur" anzusehen. Sonst versperrt er sich die Sicht auf andere Probleme, welche auch einschlägig sein könnten.

Beispiel: Darf ein Polizist den Hausflur von Mietshäusern betreten, um zu kontrollieren, ob eine PolizeiVO eingehalten wird, welche unter Androhung von Bußgeld Beleuchtungspflichten statuiert? – Alle Bearbeiter dieser Examensklausur untersuchten *ausschließlich*, ob der Polizist Art. 13 GG verletzte.[4] Sie übersahen dabei den ganzen *verwaltungsrechtlichen* Unterbau des Art. 13 GG, der für den Beispielsfall bereits früher[5] dargestellt wurde. Ohne das ,,schwere Geschütz" des Verfassungsrechts bemühen zu müssen, konnte man zunächst nach einer verwaltungsrechtlichen Ermächtigungsgrundlage für den ,,Eingriff" des Polizisten in die Sphäre der Bewohner fragen. Eine Ermächtigungsgrundlage war nämlich so oder so erforderlich, insbesondere auch dann, wenn der Hausflur nicht grundrechtlich geschützte Wohnung im Sinne des Art. 13 GG sein sollte. An Art. 13 GG war das Ergebnis nur zu *überprüfen, falls* sich eine *verwaltungsrechtliche* Ermächtigung fand. Zwar ist es grundsätzlich möglich, dahinstehen zu lassen, ob eine ausreichende verwaltungsrechtliche Ermächtigung gegeben ist, wenn man annimmt, *jedenfalls* liege ein Grundrechtsverstoß *vor*. Ob man aber aus Zweckmäßigkeitsgründen (!) einmal so verfährt, kann man erst entscheiden, *nachdem* man in den *Vorüberlegungen* – anders als die Bearbeiter – auch die verwaltungsrechtliche Ebene durchdacht hat.

542   In der Regel werden vom Klausurbearbeiter lediglich zu den *allgemeinen Lehren* der Grundrechte und zu den *wichtigsten* Einzelgrundrechten

---

[1] Vgl. Rdnrn. 499ff., 514, 531f.
[2] Rdnrn. 88ff.
[3] Vgl. Rdnrn. 91ff.
[4] Zur Reichweite des Art. 13 s. *BVerfGE* 32, 54 = JuS 1972, 98 Nr. 1; *Battis*, JuS 1973, 25; *BVerwG*, NJW 1975, 130 = JuS 1975, 184 Nr. 4 = *Weber* II, Art. 13 Nr. 5; *Amelung-Schall*, JuS 1975, 568ff.; *Dagtoglou*, JuS 1975, 753; *BVerwGE* 51, 97 = JuS 1979, 736 Nr. 1 i. V. m. *Gusy*, JuS 1980, 718.
[5] Rdnr. 143.

Detailkenntnisse verlangt. Gestützt auf die wichtigsten Leitentscheidungen des *BVerfG* und auf die h. L. können nachfolgend nur einige für die Fallbearbeitung besonders bedeutsame Teile der ,,allgemeinen Lehren" und nur wenige Einzelgrundrechte angesprochen werden. Dabei wird die Grundrechtsgeltung unter Privaten (,,Drittwirkung") erst im Sachzusammenhang der Rdnrn. 640 ff. aufgegriffen. Für alles übrige und zur Kritik an der Rechtsprechung des *BVerfG* muß auf die Lehrbücher und Kommentare zum Grundgesetz sowie auf Spezialabhandlungen verwiesen werden.[6] Auf die Relevanz des materiellrechtlichen Grundrechtsschutzes für die Ausgestaltung von Verwaltungsverfahren (,,Grundrechtsschutz durch Verfahren")[7] wird an einschlägigen Stellen des Buches gesondert hingewiesen.[8]

543   Die Grundrechts*interpretation*[9] wird beeinflußt durch die (liberalrechtsstaatliche, institutionelle oder demokratisch-funktionale) Grundrechtstheorie, welcher der Interpret jeweils anhängt. Mit diesem Problem sollte sich der Student beizeiten vertraut machen.[10] Allgemein formuliert das *BVerfG:* ,,In Zweifelsfällen ist diejenige Auslegung zu wählen, welche die juristische Wirkungskraft der Grundrechtsnorm am stärksten entfaltet."[11]

544   Die Grundrechte gelten für natürliche Personen und – ,,soweit sie ihrem Wesen nach auf diese anwendbar sind" (Art. 19 III GG) – auch für inländische *juristische* Personen. – Nach der Rechtsprechung des *BVerfG*[12] können sich juristische Personen des *öffentlichen* Rechts nicht auf Grundrechte berufen, ,,weil der unmittelbare Bezug zum Menschen fehlt". Das gilt sogar für das Fiskalvermögen außerhalb der Wahrnehmung öffentlicher Aufgaben.[13]

Ausnahmen bestehen für die sogenannten Verfahrensgrundrechte (z. B. Art. 101 I 2, 103 I GG)[14] sowie für juristische Personen, die – wie die Universitäten hinsichtlich

---

[6] Lies z. B. *Hesse,* Verfassungsrecht, Rdnrn. 277 ff.; *Stein,* Staatsrecht, §§ 10 ff.; *v. Münch,* Grundbegriffe I, S. 59 ff.; *Starck,* JuS 1981, 237.

[7] Zusammenfassend *BVerfGE* 53, 30 (62 ff., 69 ff.) = JuS 1980, 602 Nr. 1 – Atomkraftwerk Mülheim-Kärlich; s. ferner etwa *BVerfGE* 52, 380 = JuS 1980, 604 Nr. 2 – juristische Staatsprüfung.

[8] S. Rdnrn. 80, 261.

[9] Zu den *Methoden der Verfassungsinterpretation* allgemein *Böckenförde,* NJW 1976, 2090; zur ,,Interpretation der Grundrechte in der Rspr. des BVerfG" *Ossenbühl,* NJW 1976, 2100.

[10] Anhand der Ausführungen von *Böckenförde,* NJW 1974, 1529; vgl. auch *Liesegang,* JuS 1976, 420. Zur praktischen Bedeutung dieser Frage s. Rdnrn. 591, 620 ff.

[11] *BVerfGE* 51, 110 = JuS 1979, 736 Nr. 1.

[12] Zusammenfassend *BVerfGE* 45, 63 (78 f.) = JuS 1977, 756 Nr. 1; *BVerfGE* 61, 82 (100 ff.) = JuS 1983, 304 Nr. 2. Neueste Überblicke bei *Ronellenfitsch,* JuS 1983, 594; *v. Mutius,* Jura 1983, 138.

[13] *BVerfGE* 61, 82 (100 ff.) = JuS 1983, 304 Nr. 2 (Gemeinde/Art. 14 GG); *Ronellenfitsch,* aaO.

[14] *BVerfGE* 21, 362 (373) = JuS 1967, 519 Nr. 2 = *Weber II,* Art. 19 III Nr. 2.

Art. 5 III GG und die Rundfunkanstalten hinsichtlich Art. 5 I GG oder die Kirchen – unmittelbar dem Lebensbereich der Bürger zugeordnet sind, der durch das Grundrecht geschützt wird.[15]

545 Die nachfolgende Darstellung folgt der dogmatischen Unterscheidung zwischen *Freiheitsgrundrechten* (Rdnrn. 546 ff.) und *Gleichheitsgrund-rechten* (Rdnrn. 596 ff.). Die Freiheitsgrundrechte wehren Eingriffe der öffentlichen Hand ab, um dem Bürger eine Freiheitssphäre eigener Entscheidung und Betätigung zu erhalten. Entscheidend ist die Intensität des Eingriffes (Einzelheiten in Rdnrn. 546 ff.). Die Gleichheitsgrundrechte sollen dem Bürger keinen Freiheitsraum erhalten. Sie sollen vielmehr verhindern, daß ein Bürger oder eine Gruppe von Bürgern *im Vergleich zu* anderen Bürgern *ungleich* behandelt wird. Es kommt nicht auf die Intensität des Eingriffs, sondern darauf an, wie *andere* in gleicher Situation behandelt werden oder behandelt worden sind (Einzelheiten in Rdnrn. 596 ff.). Wie im einzelnen darzustellen sein wird, basiert das System der Freiheitsgrundrechte auf Art. 2 I GG, das System der Gleichheitsgrundrechte auf Art. 3 I GG.

§ 30. Verstöße gegen Freiheitsgrundrechte (Abwehrfunktion)

546 *Ausgangsfall:*[1] Würde ein Bundesgesetz gegen Grundrechte verstoßen, welches in einer Zeit des Arbeitskräftemangels unter Strafandrohung jegliche „Ausreise" aus dem Bundesland X in andere Bundesländer und ins Ausland verböte, um alle Arbeitskräfte im Lande X zu halten?

I. Welches Grundrecht ist einschlägig?

547 Gegen zielgerichtete, unmittelbare Eingriffe des Staates besteht *lückenloser* Grundrechtsschutz. Zunächst ist nach einem „benannten" Grundrecht als lex specialis zu suchen (saubere Grundrechts*auslegung* und Sachverhalts*subsumtion!*). Ist kein „benanntes" Grundrecht einschlägig, wird als lex generalis das „Auffanggrundrecht" des Art. 2 I GG (allgemeine Handlungsfreiheit) erheblich.[2]

---

[15] S. etwa *BVerfGE* 15, 256 (262); 31, 314 (322) = JuS 1972, 46 Nr. 1 = *Weber I*, Art. 5 I, II Nr. 17; 59, 231 (254 f.).

[1] Vgl. u. a. auch die Fallbesprechungen bei *v. Münch*, JuS 1965, 404; *Küchenhoff*, JuS 1967, 464; *Clement*, JuS 1968, 282; *Bansch-Mathes*, JuS 1969, 231; *Starck-Konrad*, JuS 1970, 31; *Geck-Böhmers*, JuS 1973, 499, i. V. mit *OVG Berlin*, NJW 1973, 2044 = JuS 1974, 183 Nr. 2 = *Weber I*, Art. 5 I, II Nr. 22; *Erichsen*, Staatsrecht I, Fälle 2 ff.; *G. Küchenhoff*, Praktikum, Aufgabe 3; *Erbel*, Klausurenlehre I, Fälle 1, 3, 6, 7, 12; *Geck-Moselle*, JuS 1980, 744; *Schnapp-Rawert*, Jura 1983, 153.

[2] St. Rspr. seit *BVerfGE* 6, 32 = *Weber I*, Art. 2 I Nr. 1 („*Elfes*-Urt.") und *Dürig*, in: *Maunz-Dürig-Herzog-Scholz*, GG, Art. 2 I Rdnrn. 6 ff.; vgl. ferner die Analyse in JA 1969, 491 ff. Hier hat sich das *BVerfG* gegen die „Persönlichkeitskerntheorie" zugunsten eines „Jeder kann tun und lassen was er will" entschieden; beachte aber auch Rdnr. 591.

Im *Ausgangsfall* ist die Freizügigkeit *innerhalb* des Bundesgebiets durch Art. 11 GG erfaßt. Die Ausreise ins *Ausland* ist durch Art. 2 I GG garantiert.[3] Bürger, welche speziell zum Zweck der Arbeitsaufnahme ausreisen wollen, könnten zusätzlich oder statt dessen durch Art. 12 I GG (freie Wahl des Arbeitsplatzes) geschützt sein. (Diese Frage, welche in einer Klausur natürlich beantwortet werden müßte,[4] bleibt nachfolgend ausgeklammert).

Beachte (Quelle vieler Fehler!): Falls die *Thematik* eines benannten Grundrechts als lex specialis (Art. 11 GG hinsichtlich der internen Freizügigkeit im Bundesgebiet) einschlägig ist, darf Art. 2 I GG (hinsichtlich der *internen* Freizügigkeit) nicht mehr geprüft werden. (Die *daneben* nach Art. 2 I GG geschützte Ausreise ins *Ausland* ist ein *zweiter Sachverhalt!*). Insbesondere darf ein Verstoß gegen Art. 2 I GG auch dann nicht in Erwägung gezogen werden, wenn der Eingriff vor dem einschlägigen benannten Grundrecht (Art. 11 GG) *zulässig* ist (= häufiger Fehler).

548   *Daß* der „*Schutzbereich*" eines bestimmten Grundrechts einschlägig ist, richtet sich bei zielgerichteten, unmittelbaren Eingriffen ausschließlich nach der angesprochenen *Thematik*. Bei mittelbaren, ungezielten, indirekten oder „bloß" faktischen Beeinträchtigungen kann zusätzlich erheblich werden, ob die *Funktion* des thematisch an sich einschlägigen Grundrechts dahin geht, auch Beeinträchtigungen derart *anderer Qualität* abzuwehren (Beispiele in Rdnrn. 584, 635 b). In dieser Frage nach dem „*funktionalen Schutzbereich*" der Grundrechte verfährt das *BVerfG* in der Tendenz zwar großzügig.[5] Es sind aber durchaus Fälle nachweisbar, in welchen das *BVerfG* in der Sache angenommen hat, der funktionale Schutzbereich eines Grundrechts sei *nicht* einschlägig.[5a] Die Wissenschaft hat erst damit begonnen, den „funktionalen Schutzbereich" von Grundrechten vertieft zu durchdringen.[5b]

Im *Ausgangsfall* werden neben den Bürgern des Bundeslandes X auch als Adressaten der Regelung mittelbar Unternehmer außerhalb des Bundeslandes X nachteilig betroffen, weil diese die Möglichkeit verlieren dringend benötigte Arbeitskräfte aus dem Bundesland X anzuwerben. Insoweit wird erheblich, ob Art. 12 I GG von seiner Funktion her auch diesen Unternehmern zugute kommt, was im Ergebnis wohl bejaht werden muß.[5c] Der Grundrechtsschutz dieser Unternehmer bleibt nachfolgend ebenfalls ausgeklammert.

II. (Geschriebener) Gesetzesvorbehalt

549   Wird ein Grundrecht nachteilig *betroffen* (soeben Rdnr. 547f.), ist es damit nicht automatisch auch *verletzt* (häufiger Anfängerfehler). Die

---

[3] *BVerfGE* 6, 32ff. Art. 2 I GG schützt dabei „auch *Rechtspositionen, die für die Entfaltung notwendig sind*", so (in bestimmten Grenzen) das Recht am eigenen Bild und das Recht am gesprochenen Wort (Verwertung von Tonbandaufnahmen), *BVerfGE* 34, 238 = JuS 1973, 509 Nr. 2 = *Weber* I, Art. 2 I Nr. 12.

[4] Einzelheiten zur Problemaufspaltung im *Ausgangsfall* später Rdnr. 935.

[5] S. etwa *BVerfGE* 46, 120 (137f.).

[5a] S. Rdnr. 635 b Fußn. 6.

[5b] Grundlegend *Ramsauer*, Die faktischen Beeinträchtigungen des Eigentums, 1980; *ders.*, VerwArch 1981, 89.

[5c] Vgl. *BVerfGE* 46, 120 (137).

meisten Grundrechte unterstehen vielmehr einem (ausdrücklichen) Gesetzesvorbehalt, welcher es dem Gesetzgeber gestattet, die Rechtsposition des Grundrechtsträgers unter bestimmten Voraussetzungen nach seinem Ermessen zu beeinträchtigen.

550 Unter Berücksichtigung ihres Wortlauts und der Rechtsprechung des *BVerfG*[6] lassen sich die Gesetzesvorbehalte unterteilen in „Eingriffsvorbehalte", „Schrankenvorbehalte", „Ausgestaltungsvorbehalte" und „Regelungsvorbehalte". Praktische Relevanz hat diese Unterscheidung lediglich für das *Zitiergebot* des Art. 19 I 2 GG; es gilt nur für Grundrecht*seingriffe*.[7] Materiellrechtlich gesehen können alle Vorbehalte die Grundrechtsträger *im Ergebnis gleichwertig* beeinträchtigen: Über den *Eingriffsvorbehalt* (Beispiel: Art. 8 II GG) „beschränkt" der Gesetzgeber die grundrechtliche Betätigung, indem er in den Bereich des Grundrechts gleichsam eingreift. Ein Grundrecht, welches unter einem *Schrankenvorbehalt* steht, deckt *von vornherein*[8] nur Grundrechtsbetätigungen im Rahmen bestimmter gesetzlicher Bestimmungen, so Art. 5 I GG nur Meinungsäußerungen in den Schranken der „allgemeinen"[9] Gesetze (Art. 5 II GG). Beim *Erlaß* der „allgemeinen" Gesetze disponiert der Gesetzgeber *in der Sache* nicht anders über Belange des Grundrechtsträgers als im Rahmen eines Eingriffsvorbehalts. Nicht alle Grundrechte sind wie die Meinungsfreiheit oder die Versammlungsfreiheit „natürliche" Freiheiten, welche der Grundrechtsträger ohne weiteres gebrauchen kann. Manche Grundrechte, etwa die Eigentumsgarantie, kann der Grundrechtsträger erst verwirklichen, wenn der Gesetzgeber den Grundrechtsbereich rechtlich *ausgestaltet*, z. B. Rechtsregeln über Inhalt und Gebrauch des Eigentums bereitgestellt hat (Art. 14 I 2 GG). Diese Rechtsregeln werden, gleichsam von innen aus dem Grundrecht heraus, über den *Ausgestaltungsvorbehalt* geschaffen. Hier wird der Gesetzgeber eher als Freund denn als Feind des Grundrechts tätig.[10] Gerade das Beispiel des Art. 14 GG zeigt indessen, daß auch Ausgestaltungen für den einzelnen Grundrechtsträger nachteilig sein können. Der *Regelungsvorbehalt* (Beispiele nach der Rspr. des *BVerfG*:[11] Art. 12 I 2, Art. 4 III 2 GG) steht offenbar in der Nähe des Ausgestaltungsvorbehalts und soll die Grenzen des Grundrechts ebenfalls von innen her bestimmen.[12] Am Beispiel der Berufsfreiheit zeigt sich, daß Regelungen, welche auf einen Regelungsvorbehalt gestützt sind (Prüfungen als Voraussetzungen für die Berufstätigkeit), die Möglichkeiten zur Grundrechtsbetätigung behindern können. Bei dieser Sachlage wendet das *BVerfG* die nachfolgend darzustellenden Maßstäbe der Grundrechtsprüfung auf alle Typen des Gesetzesvorbehalts in gleicher Weise an. Das rechtfertigt es, die dogmatischen Unterteilungen nachfolgend zu übergehen und den Eingriffsvorbehalt in den Vordergrund zu stellen.[13]

551 Der Gesetzesvorbehalt kann generell sein (einfacher Gesetzesvorbehalt) oder von vornherein nur für bestimmte Materien und/oder nur

---

[6] S. die nachfolgenden Fußn. sowie *Hesse*, Verfassungsrecht, Rdnrn. 303 ff.

[7] *BVerfGE* 7, 404 = *Weber* II, Art. 12 Nr. 1; 13, 122 = JuS 1962, 33 Nr. 1 = *Weber* II, Art. 12 Nr. 2; 12, 53 = JuS 1961, 132 Nr. 2 = *Weber* I, Art. 4 III Nr. 1; 28, 259 = JuS 1971, 39 Nr. 1 = *Weber* I, Art. 4 III Nr. 4; 21, 93; 24, 396 = JuS 1969, 289 Nr. 3 = *Weber* II, Art. 14 Nr. 4.

[8] *BVerfGE* 28, 289 = *Weber* II, Art. 19 I, Nr. 5.

[9] S. Rdnr. 552.

[10] *Hesse*, Verfassungsrecht, Rdnr. 304. Ungeschriebener Ausgestaltungsvorbehalt s. Rdnr. 578.

[11] *BVerfGE* 7, 404; 13, 122; 12, 53; 28, 259.

[12] *BVerfGE* 7, 404 (unklar).

[13] *BVerfGE* 7, 404 ff.; anders der Regelungsvorbehalt *nach Art. 4 III 2 GG*, s. Rdnr. 574.

unter bestimmten Voraussetzungen bestehen (qualifizierter Gesetzesvorbehalt).

Siehe einerseits die Versammlungsfreiheit: ,,Für Versammlungen unter freiem Himmel kann dieses Recht *durch* Gesetz oder *auf Grund eines Gesetzes* beschränkt werden" (Art. 8 II GG = einfacher Gesetzesvorbehalt). Vgl. andererseits die Freizügigkeit: ,,Dieses Recht darf nur durch Gesetz oder auf Grund eines Gesetzes und *nur für die Fälle eingeschränkt werden, in denen* eine ausreichende Lebensgrundlage nicht vorhanden ist und der Allgemeinheit daraus besondere Lasten entstehen würden oder in denen es zur Abwehr einer drohenden Gefahr für den Bestand oder die freiheitliche demokratische Grundordnung des Bundes oder eines Landes, zur Bekämpfung von Seuchengefahr, Naturkatastrophen oder besonders schweren Unglücksfällen, zum Schutze der Jugend vor Verwahrlosung oder um strafbaren Handlungen vorzubeugen, erforderlich ist" (Art. 11 II GG = qualifizierter Gesetzesvorbehalt).

552   Das Recht auf freie Entfaltung der Persönlichkeit (Art. 2 I GG) besteht nur, soweit der Grundrechtsträger ,,nicht die Rechte anderer verletzt und nicht gegen die verfassungsmäßige Ordnung oder das Sittengesetz verstößt". *Merke besonders:* ,,Verfassungsmäßige Ordnung in diesem Sinne ist die verfassungsmäßige Rechtsordnung, d. h. die Gesamtheit der Normen, die formell und materiell der Verfassung gemäß sind."[14] Damit untersteht Art. 2 I GG einem einfachen Gesetzesvorbehalt,[15] ebenso wie etwa Art. 8 II GG. Daß die einschränkenden Normen formell und materiell der Verfassung gemäß sein müssen, ist für *jeden* Gesetzesvorbehalt ohnehin selbstverständlich: Auch ein unter einem Gesetzesvorbehalt stehendes Grundrecht kann natürlich nur durch ein Gesetz eingeschränkt werden, welches seinerseits gültig ist, also nicht ,,formell" oder ,,materiell" gegen Normen der Verfassung *außerhalb* des Grundrechts verstößt. – Die Meinungsfreiheit und die Pressefreiheit finden gem. Art. 5 II GG ,,ihre Schranken in den Vorschriften der *allgemeinen* Gesetze" und unterstehen damit einem qualifizierten Gesetzesvorbehalt. Denn *allgemein* sind nur Gesetze, die ,,nicht eine Meinung als solche verbieten, die sich nicht gegen die Äußerung der Meinung als solche richten", die vielmehr ,,dem Schutze eines schlechthin, ohne Rücksicht auf eine bestimmte Meinung, zu schützenden Rechtsguts dienen".[16]

Im einzelnen ist in der Fallbearbeitung zu beachten:

553   **1. Gesetz im formellen Sinne**

Erfolgt der Grundrechtseingriff *formal gesehen* durch Gesetz oder auf Grund eines Gesetzes? Nach st. Rspr. des *BVerfG*[17] ist Gesetz in diesem

---

[14] So *BVerfGE* 6, 32 = *Weber* I, Art. 2 I Nr. 2; st. Rspr., zuletzt (bezogen auf Rechtsverordnungen) *BVerfGE* 54, 144 = JuS 1981, 606 Nr. 2. – Krit. z. B. *Dürig*, in: *Maunz-Dürig-Herzog-Scholz*, GG, Art. 2 I Rdnrn. 18 ff.; *Nipperdey*, in: Die Grundrechte IV/2, S. 791 ff.

[15] *Schnapp*, JuS 1978, 730 m. w. Nachw.

[16] *BVerfGE* 7, 209; 28, 292. Daß die allgemeinen Gesetze nach *BVerfGE* 7, 208 ff. ,,im Lichte der Bedeutung der Grundrechte der Meinungsfreiheit" gesehen werden müssen und diese Grundrechte daher nicht beliebig weit einschränken können, hat *keinen* dogmatischen Ansatz bei der *Allgemeinheit* des Gesetzes, also bei der *geschriebenen* Qualifizierung des Gesetzesvorbehalts in Art. 5 II GG, sondern ist eine *ungeschriebene* Qualifizierung im Kontext der Textausführungen unter Rdnr. 555, welche vom *BVerfG* (aaO) erstmalig im Rahmen von Art. 5 II GG angewendet worden ist, heute aber bei *jedem* Gesetzesvorbehalt mitgelesen werden muß (*Schnapp*, JuS 1978, 732).

[17] *BVerfGE* 33, 1 ff. = JuS 1972, 339 Nr. 2 = *Weber* II, Art. 19 I Nr. 6; 34, 193 = JuS 1973, 243 Nr. 2 = *Weber* II, Art. 7 Nr. 4; 34, 299 = JuS 1973, 379 Nr. 2. Zum Zusammenhang mit dem ,,Vorbehalt des Gesetzes" s. Rdnr. 68.

Sinne das *Parlaments*gesetz der *staatlichen* Gesetzgebungsorgane (Bundestag, Landtage der Länder = *Gesetz im formellen Sinne*). Durch Rechtsverordnung der staatlichen Exekutive oder Satzung einer nichtstaatlichen Selbstverwaltungskörperschaft (= Gesetze im [nur] *materiellen* Sinne) kann in Grundrechte nur eingegriffen werden, wenn ein staatliches Parlamentsgesetz dazu ermächtigt.[18] Für die Ermächtigung zum Erlaß einer *Rechtsverordnung* stellt Art. 80 GG dabei enge Zulässigkeitsvoraussetzungen auf.[19] *Satzungsautonomie* kann der staatliche Gesetzgeber an Selbstverwaltungskörperschaften (Gemeinde, Universität, Ärztekammer) ohne Bindung an Art. 80 GG verleihen, soweit die Satzungsgewalt innerhalb der Körperschaft wiederum von einem *gewählten Legislativorgan* wahrgenommen wird (Gemeindeparlament, Vertreterversammlung).[20] Aber auch jetzt bleiben *intensivere* Grundrechtseingriffe ausschließlich dem *staatlichen* Parlamentsgesetz vorbehalten.[21]

Im *Ausgangsfall* erfolgt der Grundrechtseingriff durch Gesetz.

554 2. Geschriebene Qualifizierung des Gesetzesvorbehalts

Liegt ein Gesetz vor, muß untersucht werden, ob dieses Gesetz gültig ist, nämlich tatbestandlich die Voraussetzungen erfüllt sind, unter welchen das Grundgesetz die gesetzliche Einschränkung des Grundrechts nur zuläßt. Der Sachverhalt ist also unter den Gesetzesvorbehalt zu subsumieren.

Weil die Arbeitsmarktlage in Art. 11 II GG nicht genannt ist, deckt der Gesetzesvorbehalt die Beschränkung der Freizügigkeit innerhalb des Bundesgebietes im *Ausgangsfall* nicht ab. Die *interne* Ausreisesperre verstößt also gegen Art. 11 GG. *Insoweit* erweist sich das Gesetz bereits hier als nichtig. Der Gesetzesvorbehalt des Art. 2 I GG, der die Ausreise ins Ausland schützt, enthält keine einschränkenden Voraussetzungen und läßt das gesetzliche Verbot daher *nominell* zu, aber:

555 3. Ungeschriebene Qualifizierungen des Gesetzesvorbehalts

Kein Gesetzesvorbehalt läßt ein Grundrecht leerlaufen. Jede Grundrechtseinschränkung ist vielmehr im Lichte der besonderen Bedeutung des Grundrechts zu sehen.[22] Es findet eine Wechselwirkung in dem Sinne statt, daß das Grundrecht zwar über einen Gesetzesvorbehalt durch Ge-

---

[18] *BVerfGE* 54, 144 = JuS 1981, 606 Nr. 2.
[19] S. Rdnrn. 507.
[20] Dazu bereits Rdnrn. 522 ff.
[21] *BVerfGE* 33, 157 ff. = JuS 1972, 666 Nr. 2 = *Weber* II, Art. 12 Nr. 16 *(Facharztbeschluß)*, Näheres bereits Rdnrn. 522 ff.
[22] Hierzu und zum Folgenden lies *BVerfGE* 7, 208 ff. – *BVerfGE* 13, 235; 17, 313 f. = JuS 1964, 367 Nr. 1 = *Weber* I, Art. 2 I Nr. 6; 20, 155 = JuS 1966, 492 Nr. 1 = *Weber* II, Art. 2 I Nr. 7; 29, 235 ff. = JuS 1971, 374 Nr. 1 = *Weber* I, Art. 2 I Nr. 9; 54, 146; 55, 165 = JuS 1981, 606 Nr. 2 haben die zunächst nur zu Art. 5 GG entwickelten (vgl. soeben Fußn. 16) Grundsätze auf Art. 2 I GG erstreckt (s. JA 1969, 495; *Rupp*, NJW 1966, 2037 ff.).

setz eingeschränkt werden darf, dieses Gesetz aber seinerseits die wert-
setzende[23] Bedeutung des Grundrechts berücksichtigen muß. Daraus leitet das *BVerfG* in st. Rspr.[24] die nachfolgend dargestellten[25] *ungeschriebenen Qualifizierungen* ab, welche bei jedem Gesetzesvorbehalt mitzulesen sind.

556   *Beachte:* Auch die vom *BVerfG* im ,,Apothekenurteil" zu Art. 12 GG entwickelte
,,*Dreistufentheorie*"[26] ist Erscheinung dieser Grundsätze.[27] Bis heute halten Literatur
und Rechtsprechung zu Art. 12 GG an der Dreistufentheorie fest. Deshalb sollte die
Fallbearbeitung *bei Art. 12 GG* die nachfolgenden Grundsätze im Schema der ,,Drei-
stufentheorie" anwenden.[28]

557   a) Das gesetzgeberische *Ziel* muß auf das Wohl der Allgemeinheit gerichtet sein (= *isolierte* Zielbetrachtung).

aa) Der Bearbeiter hat sich zunächst volle *Klarheit* über die Ziele zu
verschaffen, welche mit der gesetzlichen Maßnahme verfolgt werden
(auch die Untersuchungen nachfolgend zu Rdnrn. 564f. und Rdnrn.
566ff. sind auf diese Ziele bezogen).

Im Ausgangsfall ist das Ziel, die Arbeitskräfte im Lande zu halten, um ein ,,Ausblu-
ten" zu verhindern, im Sachverhalt ausdrücklich angegeben und daher nicht zu übersehen.

558   Anders im folgenden *Fall:* Gem. §§ 1 I, 46 II HandwO kann selbständig ein *Handwerk* nur betreiben, wer in einer (Meister-)Prüfung u. a. auch betriebswirtschaftliche
und kaufmännische Kenntnise nachgewiesen hat. Ist das mit Art. 12 I GG vereinbar?
BVerfG 19, 330 hat entsprechende Regelungen über einen kaufmännischen Sachkundenachweis im Einzel*handel* für nichtig erklärt.[29] – Die Bearbeiter untersuchten, ob die
gesetzliche Beschränkung zum Schutze der Kunden und der Allgemeinheit vor *wirtschaftlichen Verlusten* durch Konkurs (= gesetzgeberisches Ziel) geeignet, notwendig
und verhältnismäßig (dazu siehe anschließend Rdnrn. 564f. und Rdnrn. 566f.) sei. Sie
verneinten das (wohl zu Recht[30]) und hielten die Beschränkung deshalb ohne weiteres
für verfassungswidrig. Das durch die Gegenüberstellung mit dem Handel in der Aufgabe angedeutete eigentliche gesetzgeberische Ziel verfehlten sie: den bereits im Urteil
des *BVerfG* über den großen Befähigungsnachweis[31] eingehend beschriebenen Schutz
des Handwerks als *Berufsstand* mit spezifischen Funktionen im Wirtschaftsleben und
mit seiner geschlossenen Stellung im sozialen Gefüge (Mittelstand; der ,,Handel" reicht
demgegenüber vom Bauchladen bis zum Warenhauskonzern). Wegen *dieses* Zieles

---

[23] Dazu Rdnrn. 585ff.
[24] Vollständige Zusammenstellung und Analyse bei *Gentz*, NJW 1968, 1600ff.; *Gra-
bitz*, AöR 98 Bd. (1973), 568ff.
[25] Besonders klare Aufzählung etwa in *BVerfGE* 30, 316ff.
[26] S. Rdnr. 635k.
[27] Deutlich etwa *BVerfGE* 40, 216 = JuS 1976, 253 Nr. 1 = *Weber* II, Art. 12
Nr. 22; 46, 138.
[28] Einzelheiten in Rdnrn. 635k.
[29] Ergänzend *BVerfGE* 34, 71 = JuS 1973, 181 Nr. 2 = *Weber* II. Art. 12 Nr. 18.
[30] Insoweit gelten die Ausführungen, die *BVerfGE* 19, 330 (338ff.) = JuS 1966, 160
Nr. 1 = *Weber* II, Art. 12 Nr. 7 für den Einzel*handel* macht, entsprechend. S. auch
noch nachfolgend Rdnr. 561.
[31] *BVerfGE* 13, 97 = JuS 1962, 33 Nr. 1 = *Weber* II, Art. 12 Nr. 2.

dürfte es verfassungs*mäßig* sein, die Meisterprüfung auch auf betriebswirtschaftliche und kaufmännische Kenntnisse zu erstrecken.[32]

559 bb) Die soeben angedeutete, in Literatur und Rechtsprechung häufig anzutreffende[33] Formulierung, das Ziel müsse auf das „*Gemeinwohl*", auf „*öffentliche Interessen*" gerichtet sein, führt in der Fallbearbeitung leicht zu Mißverständnissen.

So vertraten Studenten zum dargestellten Fall aus der HandwO die Ansicht, der Schutz des Berufsstandes „Handwerk" liege heutzutage *nicht* mehr im öffentlichen Interesse. Denn nur noch der Großbetrieb, nicht mehr der kleine Handwerksbetrieb sei ökonomisch sinnvoll. Außerdem sei die gesellschaftspolitisch zu mißbilligende persönliche Abhängigkeit des Arbeitnehmers im Handwerksbetrieb zu groß. Hier zeigt sich deutlich:

560 Es hängt von politischen Wertungen ab, was der einzelne für das Interesse der Allgemeinheit hält und was nicht. In der Demokratie des Grundgesetzes bestimmt das Volk durch seinen Repräsentanten, den Gesetzgeber, welche politischen Wertungen Geltung erlangen sollen. Die so formulierten gesetzgeberischen Ziele liegen (im Rahmen der Ausführungen nachfolgend Rdnr. 561 und Rdnr. 562) *automatisch* im öffentlichen Interesse.[34]

Dementsprechend können im „Interesse der Allgemeinheit" nicht nur Ziele verfolgt werden, über deren Gemeinwohlrelevanz allgemein Einverständnis besteht (Volksgesundheit), sondern auch Ziele (Mittelstandsschutz), welche politisch durchaus umstritten sein mögen. Dann kommt es nicht auf die persönliche Wertung des Fallbearbeiters an, sondern dieser ist der Entscheidung des Gesetzgebers unterworfen.[35]

561 cc) Ein gesetzgeberisches Ziel liegt einmal dann nicht im öffentlichen Interesse, wenn es *unvereinbar* ist mit vorrangigen Gemeinwohlentscheidungen, welche das *Grundgesetz* getroffen hat. Bestehen insoweit Zweifel, muß also untersucht werden, ob das Ziel grundgesetzkonform ist.[36]

Im dargestellten Fall aus der HandwO würde das Ziel „Schutz des Geschäftsverkehrs vor wirtschaftlichen Verlusten"[37] *unter Verstoß gegen Art. 3 I GG* stärker betont als in vergleichbaren anderen Fällen (Einzelhandel), in welchen sich der Gesetzgeber nicht darum kümmert, ob eine hinreichende wirtschaftliche Sachkunde vorhanden ist.

---

[32] So jedenfalls *BVerfGE* 13, 118.

[33] S. z. B. *BVerfGE* 4, 7 (Leits. 2) = *Weber* I, Art. 2 I Nr. 1; 18, 327; 20, 157 = JuS 1966, 492 Nr. 1 = *Weber* I, Art. 2 I Nr. 7; 21, 249 = JuS 1967, 326 Nr. 2 = *Weber* II, Art. 12 Nr. 8; 30, 316 = JuS 1971, 650 Nr. 1 = *Weber* II, Art. 12 Nr. 11; 37, 18.

[34] Das dürfte heute kaum noch bestritten werden können. Einzelheiten und weiterführende Hinweise etwa bei *W. Martens*, Öffentlich als Rechtsbegriff, 1969, S. 185 ff., 189; *Schwerdtfeger*, Unternehmerische Mitbestimmung der Arbeitnehmer und Grundgesetz, 1972, S. 206 ff.

[35] *BVerfGE* 13, 107 (großer Befähigungsnachweis im Handwerk) = JuS 1962, 33 Nr. 1 = *Weber* II, Art. 12 Nr. 2.

[36] *BVerfGE* 30, 316 = JuS 1971, 650 Nr. 1 = *Weber* II, Art. 12 Nr. 11.

[37] Soeben Rdnr. 558.

562   dd) Sodann darf der Gesetzgeber nicht von *unzutreffenden tatsäch-*
lichen Gegebenheiten ausgegangen sein.

> Würden sich im *Ausgangsfall* empirisch keinerlei Anhaltspunkte für ein Abwandern
> von Arbeitnehmern nachweisen lassen, so wären die Grundrechtseingriffe auch deshalb
> rechtswidrig; es bestände kein *Anlaß* und damit kein „öffentliches Interesse" für Maß-
> nahmen, durch welche die Arbeitskräfte im Lande gehalten werden sollen.

563   Bei der tatsächlichen Einschätzung von Gefahren und der Prognose
über zukünftige Entwicklungen hat der Gesetzgeber aber wiederum einen gewissen Beurteilungsspielraum.[38]

564   b) Das *Mittel,* welches der Gesetzgeber einsetzt, muß (1) *geeignet*
(tauglich) und (2) *notwendig* sein, um sein Ziel zu fördern (= *Ziel-
Mittel-Relation*). Bereits früher[39] wurde der Inhalt dieser Begriffe näher
erläutert. „Notwendig" meint *nicht* die *politische* Angemessenheit,[40] sondern enthält ausschließlich das „Übermaßverbot": Es darf kein *milderes*
Mittel geben, welches den *gleichen* Erfolg bringen würde. Bei sauberer
Prüfung lösen sich hier die meisten Fälle.

> *Für sich alleine* (die Freizügigkeit *im* Bundesgebiet kann ja nicht gleichzeitig mit
> beschränkt werden) ist das Verbot der Ausreise ins Ausland im *Ausgangsfall* ohne
> Wirkung auf die Arbeitsmarktsituation im Bundeslande X und damit *ungeeignet.*[41] Um
> die Arbeitskräfte im Lande zu halten, ist es außerdem *nicht erforderlich,* jegliche Aus-
> reise *aller* Bürger zu verbieten. Es würde ausreichen, nicht die *Ausreise,* sondern die
> *Arbeitsaufnahme* in anderen Bundesländern und im Ausland unter Strafe zu stellen.
> Aus all diesen Gründen ist das Gesetz also verfassungswidrig.

565   Auch bei der Beurteilung des Mittels hat der Gesetzgeber einen gewissen Spielraum.[42]

566   c) Schließlich darf das Ziel (Rechtsgut), welches unter Ausnutzung des
Gesetzesvorbehalts gefördert wird, *in seiner Wertigkeit nicht außer Verhältnis* zur Intensität des Eingriffs in das grundrechtlich geschützte
Rechtsgut stehen (= *Grundsatz der Verhältnismäßigkeit* im engeren Sinne, *Proportionalität*). Es hat also eine Rechtsgüterabwägung stattzufin-
den, in welcher sich das gesetzgeberische Ziel und die *Wirkung* des zu
seiner Verwirklichung eingesetzten Mittels im Grundrechtsbereich gegenüberstehen *(Ziel-Ergebnis-Relation).*[43] Je intensiver das Mittel in das
Grundrecht eingreift, um so gewichtiger und dringlicher muß das Ziel
(Rechtsgut) sein, welches so gefördert werden soll. Richtschnur für die
Güterabwägung können nicht die subjektiven Wertvorstellungen des Be-

---

[38] *BVerfGE* 25, 15 ff. (lesen); 30, 317.
[39] Rdnr. 105.
[40] Lies insoweit nochmals aaO.
[41] Beispielsfall für mangelnde Eignung auch in *BVerfGE* 55, 165 = JuS 1981, 606
Nr. 2.
[42] Soeben Fußn. 38.
[43] Dazu eingehend *Schlink,* Abwägung im Verfassungsrecht, 1976; *Wendt,* AöR 104
(1979), 414.

arbeiters sein, sondern nur Entscheidungen der Verfassung. Sie lassen sich aber zumeist nicht mit der erforderlichen Eindeutigkeit ermitteln. Oft ist das Rechtsgut, welches der Gesetzgeber über den Gesetzesvorbehalt zur Geltung bringen will, in der Verfassung *selbst* auch gar nicht genannt. Auf diesem Hintergrunde muß man mit der Rechtsprechung des *BVerfG* annehmen: Ebenso wie der Gesetzesvorbehalt den Gesetzgeber ermächtigt, innerhalb der verschiedenen miteinander konkurrierenden Wertvorstellungen im gesellschaftlich-politischen Bereich Rechtsgüter anzuerkennen, welche in der Verfassung nicht fixiert sind,[44] ermächtigt er den *Gesetzgeber* auch weitgehend, ihren Stellenwert gegenüber der einzuschränkenden Grundrechtsposition festzulegen, mithin die *Wertabwägung* vorzunehmen. Der *Richter* darf der Entscheidung des Gesetzgebers die Anerkennung nur versagen, *„wenn sie offensichtlich fehlsam oder mit der Wertordnung des Grundgesetzes unvereinbar ist".*[45] Hierauf muß dann auch der Klausurbearbeiter seine Prüfung beschränken.[46]

Im zuletzt eingeführten Falle (HandwO) wäre es also auch verfehlt gewesen, wenn die Bearbeiter ihrer erwähnten Kritik am Handwerk dadurch Geltung verschafft hätten, daß sie der beeinträchtigten Berufsfreiheit in der Güterabwägung den Vorzug vor dem Mittelstandsschutz eingeräumt hätten. Der Gesetzgeber hat umgekehrt entschieden. Das war nicht „offensichtlich fehlsam".[47]

567 Kriterien dafür, *wann* eine Wertabwägung als „offensichtlich fehlsam oder mit der Wertordnung des Grundgesetzes unvereinbar" anzusehen ist, sind vom *BVerfG* nicht *im einzelnen* entfaltet worden. In seiner neueren Rechtsprechung[48] stellt das Gericht immer wieder darauf ab, ob „bei der Gesamtabwägung zwischen der Schwere des Eingriffs und dem Gewicht der sie rechtfertigenden Gründe die *Grenze der Zumutbarkeit"* für den Grundrechtsträger noch gewahrt ist.

568 In all diesen Überlegungen trifft sich das *BVerfG* mit Untersuchungen in der Rechtswissenschaft.[49] Die Gedanken berühren Grundfragen des

---

[44] Dazu s. bereits soeben Rdnr. 560.

[45] So *BVerfGE* 13, 107 = JuS 1962, 33 Nr. 1 = *Weber* II, Art. 12 Nr. 2; 24, 406 = JuS 1969, 289 Nr. 3 = *Weber* II, Art. 14 Nr. 4; 27, 219; 27, 353; 29, 374 = JuS 1971, 374 Nr. 1 = *Weber* I, Art. 2 I Nr. 9; *Hesse*, Verfassungsrecht, Rdnr. 320. Kritisch z. B. *Bettermann*, Grenzen der Grundrechte, 2. Aufl. (1976), S. 24 f.

[46] Das ist besonders auch bei der *„verfassungskonformen Auslegung"* von Gesetzen (vgl. Rdnr. 90) zu beachten. Mit ihr lassen sich nur Auslegungen ausschalten, hinter denen „offensichtlich fehlsame" Wertentscheidungen des Gesetzgebers stehen würden. Der Bearbeiter darf aber nicht unterstellen, daß von mehreren möglichen Wertentscheidungen gerade eine Entscheidung auch die des Gesetzgebers sein müsse.

[47] *BVerfGE* 13, 107 ff. = JuS 1962, 33 Nr. 1 = *Weber* II, Art. 12 Nr. 2.

[48] *BVerfGE* 30, 316 = JuS 1971, 650 Nr. 1 = *Weber* II, Art. 12 Nr. 11; 33, 187 f., 244; 36, 59; 37, 22 = JuS 1974, 662 Nr. 1; *Lücke*, DÖV 1974, 769 mit weiterführenden Literaturhinweisen. Krit. *Gusseck*, Die Zumutbarkeit – ein Beurteilungsmaßstab? 1972.

[49] S. bes. *Häberle*, Die Wesensgehaltsgarantie des Art. 19 II GG, 2. Aufl. (1972); *Hesse*, Verfassungsrecht, Rdnrn. 332 ff.

Grundrechtsverständnisses und führen daher *der Sache nach* in den Zusammenhang des Art. 19 II GG, obgleich das *BVerfG* Art. 19 II GG nicht erwähnt.

569   4. Art. 19 II GG (Wesensgehaltsgarantie)

Die *Funktion* des Art. 19 II GG wird deutlich vor dem Hintergrunde der Weimarer Verfassung. Die Grundrechte der WV liefen gegenüber dem Gesetzgeber weitestgehend leer. Obgleich die Grundrechte des GG nach dem klaren Wortlaut des Art. 1 III GG auch den Gesetzgeber binden, konnte es der Verfassungsgeber aus sachlichen Gründen nicht vermeiden, viele Grundrechte einem Gesetzesvorbehalt zu unterstellen und damit wiederum der Disposition des Gesetzgebers zu überantworten. Art. 19 II GG soll offenbar verhindern, daß die Grundrechte im Verhältnis zum Gesetzgeber erneut „leerlaufen". Wann ein Grundrecht „in seinem Wesensgehalt angetastet" wird, läßt sich mit den Mitteln überkommener Gesetzesexegese indessen so wenig eindeutig bestimmen, daß Art. 19 II GG *selbst* keine hinreichend exakten Aussagen enthält, wann ein gesetzlicher Grundrechtsbegriff im Einzelfall noch zulässig oder schon unzulässig ist. Er gibt vielmehr nur die *Richtung* an, *daß* der Rechtsanwender ein Leerlaufen der Grundrechte zu verhindern habe. Damit obliegt es der Wissenschaft und der Rechtsprechung, vor allem der Rechtsprechung des *BVerfG*, geeignete Methoden und Einzelkriterien zu entwickeln, welche dem Anliegen des Art. 19 II GG genügen. Das hat das *BVerfG* in der soeben unter Rdnrn. 555 ff. skizzierten Weise getan. So gesehen ist die Intention des Art. 19 II GG bereits durch die Ausführungen soeben unter Rdnrn. 555 ff. in wesentlichem Maße erfüllt.

570   Ob Art. 19 II GG eine noch über die bisherigen Überlegungen unter Rdnrn. 555 ff. hinausgehende Bedeutung hat, ist nicht abschließend geklärt,[50] trotz der zentralen Bedeutung für die Grundrecht*stheorie* bei der Lösung eines praktischen Falles aber auch nur selten ausschlaggebend. Einerseits wird die Ansicht vertreten,[51] jedes Grundrecht habe einen von innen her zu entwickelnden „absoluten Wesenskern"; man müsse daher vom Bestehen einer *starren* Grenze ausgehen, hinter der jeder gesetzliche Eingriff *ohne Rücksicht auf die Wichtigkeit des Rechtsguts* unzulässig werde, welches mit ihm zur Geltung gebracht werden solle. An dieser Grenze würden dann auch die nach Rdnrn. 555 ff. noch zulässigen Maßnahmen verfassungswidrig werden.

Bei *besonders schweren* Straftaten mag es im Rahmen von soeben Rdnrn. 555 ff. dem Grundsatz der Verhältnismäßigkeit entsprechen können, wenn *heimliche* Tonbandaufnahmen im Strafverfahren gegen den Beschuldigten verwendet werden. Nach *BVerfGE* 34, 245 ist die Verwendung solcher Tonbandaufnahmen aber evtl. gem. Art. 19 II GG *absolut* unzulässig: „Selbst überwiegende Interessen der Allgemeinheit können einen Eingriff in den absolut geschützten Kernbereich privater Lebensgestaltung nicht rechtfertigen; eine Abwägung nach Maßgabe des Verhältnismäßigkeitsgrundsatzes findet nicht statt."

---

[50] Übersicht bei *Häberle*, S. 1.
[51] S. bes. *BVerfGE* 34, 245; *v. Mangoldt-Klein*, GG, Art. 19 Anm. V 4 d; vgl. ferner *BVerfGE* 6, 41 = *Weber* I, Art. 2 I Nr. 2; 7, 411 = *Weber* II, Art. 12 Nr. 1; 16, 201; sowie nachfolgend Rdnr. 589.

571 Im neueren Schrifttum und in der neueren Rechtsprechung des Bundesverfassungsgerichts[51a] ist die Ansicht im Vordringen, die Bedeutung des Art. 19 II GG erschöpfe sich in den Ausführungen soeben Rdnrn. 555 ff. Der Wesensgehalt sei gerade in der unter Rdnrn. 564 ff beschriebenen Weise aus der Wechselwirkung zwischen Grundrecht und Rechtsgut zu bestimmen, welches durch den Eingriff zur Geltung gebracht werden solle. Dann bestände *keine* starre Grenze. Trotzdem würde absoluter Schutz gewährt.[52]

572 Mehr zufällig als bewußt pflegen die Fallbearbeiter zumeist von der zuerst genannten absoluten Theorie auszugehen und unter dem Einfluß *subjektiver* Wertungen dann nur in *einem Satz zu behaupten*, das Wesen des Grundrechts sei beeinträchtigt oder nicht beeinträchtigt. Überzeugender kann man auf dem Boden der neueren, im Vordringen begriffenen Ansicht argumentieren. Welche Theorie „richtig" ist, läßt sich in einer Klausur oder Hausarbeit nicht eigenständig begründen. Immer sollte der Bearbeiter *die unter Rdnrn. 555 ff. dargestellten Möglichkeiten* zur Begründung einer Verfassungswidrigkeit aber *voll ausschöpfen*, bevor er sich auf Erörterungen über den Wesensgehalt einläßt.

III. Ungeschriebene Grundrechtsbegrenzungen

573 *Ausgangsfälle:* (1) *X* erklärt am 15. 1. seinen „sofortigen" Austritt aus einem Tennisclub, weil der Verein Mitglieder aufgenommen hat, mit welchen *X* nicht im gleichen Club sein möchte. Der Vorstand schreibt an *X*, entsprechend § 39 II BGB bestimme die Vereinssatzung, daß der Austritt erst zum Jahresende wirksam werde. Wie verträgt sich § 39 II BGB mit der „negativen"[53] Vereinigungsfreiheit des Art. 9 I GG?[54]
(2) Nach den Vorschriften des Soldaten- und des Wehrpflichtgesetzes können Soldaten, die ihre Anerkennung als Kriegsdienstverweigerer beantragt haben, bis zur rechtskräftigen Entscheidung über diesen Antrag noch zum Waffendienst herangezogen werden. Ist das mit Art. 4 III GG vereinbar?[55]
(3) Eine Bürgerinitiative hat nach langem Suchen einen Gastwirt gefunden, welcher für eine Versammlung seinen sonst unbenutzten Tanzsaal zur Verfügung stellen will. Im letzten Augenblick untersagt die zuständige Behörde aus baupolizeilichen Gründen die Benutzung des Saales, weil Einsturzgefahr bestehe. Kann sich die Bürgerinitiative auf Art. 8 I GG berufen?

574 Hier geht es um Fallkonstellationen, in welchen den Grundrechten ihrem Wortlaut nach kein Gesetzesvorbehalt beigegeben ist oder in welchen ein beigefügter Gesetzesvorbehalt den einschlägigen Sachzusammenhang nicht erfaßt.

[51a] S. *BVerfGE* 58, 300 (348).
[52] Bes. deutlich so *Hesse*, Verfassungsrecht, Rdnr. 332, im Anschluß an *Häberle*, S. 234 ff.
[53] *BVerfGE* 10, 102 = *Weber* I, Art. 2 I Nr. 3.
[54] Parallelfall zu Art. 9 III GG: *BGH*, WM 1980, 1363.
[55] *BVerfGE* 28, 243 = JuS 1971, 39 Nr. 1 = *Weber* I, Art. 4 III Nr. 4; s. auch *BVerfGE* 32, 40; 48, 127 = JuS 1979, 56 Nr. 1; *Gusy*, JuS 1979, 254. Fallbesprechungen mit entsprechender Problemkonstellation bei *Maurer*, JuS 1972, 330 (störendes Kirchengeläut); *Böckenförde-Greiffenhagen*, JuS 1966, 359 (Kunstfreiheit); *Erbel*, Klausurenlehre I, Fall 5 (Glaubensfreiheit).

Im *Ausgangsfall 3* (Art. 8 I GG) fehlt (für Versammlungen in geschlossenen Räumen) jeder Gesetzesvorbehalt. Im *Ausgangsfall 1* (Art. 9 I GG) sind die Fallkonstellationen des Art. 9 II GG nicht einschlägig. Für *Ausgangsfall 2* (Art. 4 III GG) führt *BVerfGE* 28, 259 aus, die Regelungsbefugnis des Art. 4 III 2 GG befähige den Gesetzgeber nicht, den Aussagegehalt des Art. 4 III GG einzuschränken. Lege man ausschließlich den Wortlaut des Art. 4 III GG zugrunde,[56] sei der Kriegsdienstverweigerer mit der Kundgabe seiner Gewissensentscheidung sogleich vom Waffendienst befreit.

575   Die Ausgangsfälle zeigen, daß in derartigen Fällen *ungeschriebene* Grundrechtsbegrenzungen in Betracht kommen müssen. Literatur und Rechtsprechung konfrontieren den Studenten mit verschiedenen Konstruktionen, wie solche Begrenzungen zu gewinnen seien.[57]

576   Nur eine Konstruktion, welche manche Klausurbearbeiter immer noch anwenden, wird nirgends vertreten und vom *BVerfG* ausdrücklich abgelehnt.[58] Sie behaupten, *alle* Grundrechte unterlägen den Schranken des ,,Soweit"-Satzes in Art. 2 I GG; seitdem das *BVerfG* unter ,,verfassungsmäßiger Ordnung" die Gesamtheit der Normen verstehe, welche formell und materiell der Verfassung gemäß seien, unterstehe also auch ein Grundrecht ohne ausdrücklichen Gesetzesvorbehalt einem einfachen Gesetzesvorbehalt. Hier wird übersehen, daß alle Autoren, welche die Schranken des Art 2 I GG früher im vorliegenden Zusammenhang fruchtbar machten, den Begriff ,,verfassungsmäßige Ordnung" anders als das *BVerfG ganz eng* faßten.

577   Grundprinzip aller Theorie muß die Erkenntnis sein, daß sich ungeschriebene Grundrechtsbegrenzungen nur aus der *Verfassung*,[59] nicht aus vorrechtlichen Wertungen des Bearbeiters gewinnen lassen. Mit diesem Ansatz kann man unterscheiden:

578   1. Grundrechtsinterne Ausgestaltungsbefugnis des Gesetzgebers

Im Zusammenhang mit dem erwähnten[60] *ausdrücklichen* Ausgestaltungsvorbehalt wurde bereits deutlich, daß bestimmte Grundrechte von innen heraus rechtlicher Organisation bedürfen, um verwirklicht werden zu können. Zu ihnen gehört die Vereinigungsfreiheit im Ausgangsfall 1, auch etwa die Koalitionsfreiheit des Art. 9 III GG oder die Rundfunkfreiheit des Art. 5 I 2 GG. Es entspricht dem Wesen dieser Grundrechte, daß der Gesetzgeber die Ausgestaltungskompetenz auch dann hat, wenn sie ihm nicht ausdrücklich verliehen worden ist.[61] Soweit die Ausgestaltung dem Grundrechtsträger Nachteile bringt, gelten für sie die gleichen,

---

[56] Modifizierungen später Rdnr. 581.
[57] Überblicke und Kritik z.B. bei *Böckenförde-Greiffenhagen*, JuS 1966, 363; *Schnapp*, JuS 1978, 732; *v. Pollern*, JuS 1977, 644.
[58] *BVerfGE* 32, 98 (107).
[59] *BVerfGE* 30, 193 = JuS 1971, 651 Nr. 2 = *Weber* I, Art. 5 III Nr. 3; 32, 98 (108) = JuS 1972, 281 Nr. 2 = *Weber* I, Art. 4 I, II Nr. 7.
[60] Rdnr. 550.
[61] *Hesse*, Verfassungsrecht, Rdnr. 303; *BVerfGE* 50, 290 (354) = JuS 1979, 897 Nr. 1 (zu Art. 9 I GG); *Lerche*, Verfassungsrechtliche Zentralfragen des Arbeitskampfes, 1968, S. 37ff.; *Scholz*, Koalitionsfreiheit als Verfassungsproblem, 1971, S. 348ff.; *BVerfGE* 57, 299 (320) (zur Rundfunkfreiheit).

am Eingriffsdenken orientierten verfassungsrechtlichen Maßstäbe, welche soeben in Rdnrn. 549 ff. für den geschriebenen Ausgestaltungsvorbehalt dargestellt worden sind.

Wendet man diese Maßstäbe der Grundrechtsprüfung auf den *Ausgangsfall 1* an, gerät im Rahmen des Grundsatzes der Verhältnismäßigkeit[62] das Interesse des *X*, den Verein sogleich zu verlassen, mit den organisatorischen Anforderungen der Vereinsfreiheit in Konflikt. Vereine lassen sich sinnvoll nur organisieren, wenn ein Mitglied nicht kommen und gehen kann, wie es will. Wägt man beide Belange gegeneinander ab, ist es nicht offensichtlich fehlsam, wenn § 39 II BGB im *Ausgangsfall 1* zuläßt, daß die Wirksamkeit der Kündigung um fast ein Jahr hinausgeschoben ist. Ein Hinausschieben um drei Jahre würde demgegenüber gegen den Grundsatz der Verhältnismäßigkeit verstoßen.[63]

579   2. (Externe) Verfassungsimmanente Grundrechtsschranken

Im „Außenverhältnis" finden Grundrechte ohne Gesetzesvorbehalt ihre Grenze in anderen Normen der Verfassung, mit welchen sie kollidieren (systematische Verfassungsinterpretation, Aspekt der Einheit der Verfassung).[64] Häufig besteht ein Konflikt mit den Grundrechten anderer Grundrechtsträger: Die Teilnehmer an einer Prozession dürfen auch unter Berufung auf Art. 4 GG nicht die durch Art. 14 I GG geschützten Vorgärten von Straßenanliegern zertrampeln.[65] Aber auch andere Normen der Verfassung können Begrenzungen ergeben: Indem das Grundgesetz besondere Gewaltverhältnisse (Gefängnis, Schule usw.) anerkennt, gestattet es dem Gesetzgeber,[66] gewisse *für das Funktionieren der Anstalten unabdingbar notwendige* Grundrechtsgrenzen auch ohne Gesetzesvorbehalt festzulegen.[67] Die eigentlichen Schwierigkeiten macht die Abwägung, ob nach allen Umständen des *konkreten* Falles das Grundrecht zurückzutreten hat oder stärker ist als die andere Verfassungsnorm. Nach Möglichkeit ist eine Lösung zu finden, die *beide* Anliegen angemessen zur Geltung bringt:[68] Das Grundrecht braucht von vornherein *nicht* zurückzustehen, wenn die ergriffene Maßnahme nicht geeignet oder nicht notwendig ist (es gibt ein milderes Mittel), um der anderen Verfassungsnorm Geltung zu verschaffen. Sonst ist nach dem Grundsatz der Verhältnismäßigkeit (im engeren Sinne, Proportionalität) auch hier eine

---

[62] Kontext Rdnr. 566.

[63] Entsprechend für Art. 9 III GG *BGH*, WM 1980, 1363.

[64] *BVerfGE* 28, 243 (Leits. 2), 261 = JuS 1971, 39 Nr. 1 = *Weber* I, Art. 4 III Nr. 4; *Hesse*, Verfassungsrecht, Rdnr. 312 mit Rdnr. 71.

[65] Die Grundrechte treffen hier nicht als *subjektive Abwehrrechte gegen den Staat* aufeinander, sondern als Bestandteil der *objektiven* Rechtsordnung; Näheres Rdnrn. 585 ff., 650; allgemein *Bethge*, Zur Problematik von Grundrechtskollisionen, 1977.

[66] Zur Frage, ob insoweit ein *Parlamentsgesetz* erforderlich ist, s. Rdnr. 68.

[67] Vgl. schon Rdnrn. 253, 258.

[68] Zu diesem Gebot „*praktischer Konkordanz*" und zum Folgenden s. besonders *Hesse*, Verfassungsrecht, Rdnrn. 317 bis 319, mit Nachweisen aus der Rspr. des *BVerfG*.

Rechtsgüterabwägung erforderlich. In ihr müssen „beide Verfassungs-
werte nach Möglichkeit zum Ausgleich gebracht werden; läßt sich dies
nicht erreichen, so ist unter Berücksichtigung der falltypischen Gestaltung und der besonderen Umstände des Einzelfalles zu entscheiden, welches Interesse zurückzutreten hat".[69]

580   Anders als beim Gesetzesvorbehalt, wo die Rechtsgüterabwägung dem
Gesetzgeber zusteht und vom Richter nur auf offensichtliche Fehler
nachgeprüft werden kann,[70] überprüft sie der Richter nach der Rechtsprechung des *BVerfG* jetzt in vollem Umfang.[71] Dieser Unterschied mag
aus der Wesensverschiedenheit von Gesetzesvorbehalt und verfassungsimmanenter Grundrechtsschranke erklärt werden können: Über den Gesetzesvorbehalt greift der Gesetzgeber *in den grundrechtlich geschützten
Bereich* ein. Innerhalb gewisser Grenzen steht das Grundrecht also zu
seiner Disposition. Der Richter wacht nur darüber, daß *zu weitgehende*
Eingriffe unterbleiben. Bei verfassungsimmanenten Grundrechtsschranken sind Grundrecht*seingriffe* hingegen *von vornherein* unzulässig. Das
Grundrecht steht hier *nicht* zur Disposition des Gesetzgebers. Entscheidend ist allein, ob die gesetzliche Regelung den grundrechtlich geschützten Bereich trifft oder nicht. Der Gesetzgeber „aktualisiert" zunächst
einmal die Grenze des Grundrechtsbereichs zu kollidierenden anderen
Verfassungsnormen. Der Richter prüft aber *voll* nach, ob der Gesetzgeber diese Grenze *richtig* aktualisiert oder unzulässig in den grundrechtlich geschützten Bereich hinein vorverlegt hat.[72] Soweit dem Richter dabei Abwägungen obliegen, wird seine Entscheidung *notwendig* mit von
seinen weltanschaulich-politischen *Wertungen* bestimmt.

581   Als Beispiel diene der *Ausgangsfall 2.* Nachdem das *BVerfG* ausgeführt hat, nach
dem Wortlaut des Art. 4 III GG scheine der Kriegsdienstverweigerer mit der Kundgabe seiner Gewissensentscheidung sogleich vom Wehrdienst befreit zu sein,[73] berücksichtigt es zusätzlich, daß das Grundgesetz in Art. 12a I, 73 Nr. 1 und 87a I 1 eine
verfassungsrechtliche Grundentscheidung für die militärische Verteidigung getroffen
habe. Aus der Systematik der Verfassung finde Art. 4 III GG deshalb in der Funktionsfähigkeit der Bundeswehr seine Grenze. Damit sei das Interesse des Kriegsdienstver-
weigerers abzuwägen gegen die Sicherung des inneren Gefüges der Streitkräfte (unge-
störter Dienstbetrieb, Disziplin), die imstande sein müßten, ihre militärischen Aufga-

---

[69] *BVerfGE* 35, 225 = JuS 1973, 640 Nr. 2 = *Weber* I, Art. 5 I, II Nr. 21 *(Lebach-
Urteil)*, zugleich als Beispiel für eine derartige Abwägung; 49, 24 = JuS 1979, 209
Nr. 1; 47, 46 = JuS 1978, 849 Nr. 1.
[70] Soeben Rdnr. 566.
[71] Vgl. z. B. *BVerfGE* 28, 243 (262 ff.; s. nachfolgend Rdnr. 581 = JuS 1971, 39 Nr. 1
= *Weber* I, Art. 4 III Nr. 4; 35, 255 = JuS 1973, 640 Nr. 2 = *Weber* I, Art. 5 I, II
Nr. 21, wo das Gericht diese Abwägung vornimmt. In *BVerfGE* 30, 173 (193 f.) = JuS
1971, 651 Nr. 2 = *Weber* I, Art. 5 III Nr. 3 sieht sich das *BVerfG* aus prozessualen
Gründen (Verfassungsbeschwerde) gehindert, die Abwägung der Instanzgerichte voll
nachzuprüfen; *diesen* gesteht es die Abwägungszuständigkeit aber ausdrücklich zu.
[72] Ebenso *Hesse*, Verfassungsrecht, Rdnr. 312.
[73] Dazu schon Rdnr. 574.

ben zu erfüllen. Das alles bewegt sich im *herkömmlichen* Rahmen *rechtsdogmatischer* Argumentation und bestätigt die bisherigen Ausführungen im Text. Selbst wenn man unterstellen wollte, der soeben angewendete Grundsatz der Einheit der Verfassung sei ursprünglich in die Rechtsprechung des *BVerfG* eingeführt worden, um bestimmte Entscheidungen zu ,,begründen", welche aus politischer Rücksichtnahme oder aus dem politisch-weltanschaulichen Vorverständnis der Richter in ihrem Ergebnis von vornherein festgestanden hätten, so hat diese Konstruktion für alle späteren Entscheidungen und also auch im Ausgangsbeispiel als Präjudiz doch objektiv-normative Bedeutung erlangt. Über die Abwägung, welche das *BVerfG* anschließend vorzunehmen hatte, läßt sich indessen streiten. Das *BVerfG* stellt in den Vordergrund: Wenn Soldaten eigenmächtig den Dienst verweigern dürften, entstehe die Gefahr, daß die Streitkräfte nicht mehr ständig und zu jeder Zeit voll einsatzbereit seien. Demgegenüber bleibe der Kern der *Kriegs*dienstverweigerung unberührt, wenn der Soldat während der Dauer des Anerkennungsverfahrens in Friedenszeiten vorläufig weiterhin seinen Dienst zu leisten habe. Deshalb sei ihm der Dienst zumutbar. Ein Wehrdienstverweigerer würde umgekehrt abwägen: Im Frieden könne bis zu einem gewissen Grade darauf verzichtet werden, daß die Streitkräfte jederzeit *voll* einsatzfähig seien. Demgegenüber sei es mit der Menschenwürde unvereinbar, daß ein Kriegsdienstverweigerer sich im Einsatz von Kriegswaffen üben müsse, obgleich sein Gewissen es ihm verbiete, die Waffen im Kriegsfall zu gebrauchen. Damit zeigt sich:

582 Nach dem Ansatz des *BVerfG* ist der Richter in engen Grenzen dazu *berufen,* die vorhergegangene Entscheidung des Gesetzgebers zu *werten* und eventuell zu korrigieren.[74] Entsprechend ist es legitim, wenn der Fallbearbeiter im gleichen Rahmen (!) seine Vorschläge zur Rechtsgüterabwägung mit eigenen Wertungen begründet.

583 3. Ungeschriebene Grundrechtsbegrenzungen durch die ,,allgemeinen" Gesetze

Es gibt Fälle, in welche der unter Rdnrn. 579 ff. skizzierte, durch die Rechtsprechung des *BVerfG* gesicherte Ansatz nicht hinreicht, um die externe Begrenzung eines Grundrechts, dem ein einschlägiger ausdrücklicher Gesetzesvorbehalt fehlt, zu erörtern.

So sind im *Ausgangsfall 3* keine Normen des Grundgesetzes ersichtlich, welche die Versammlungsfreiheit *der* Teilnehmer begrenzen könnten, welche die baulichen Gefahren in Kauf nehmen möchten.

584 In derartigen Fällen und so auch im *Ausgangsfall 3* ist zumeist schon problematisch, ob der (funktionale) Schutzbereich des herangezogenen Grundrechts eröffnet ist (= Kontext Rdnr. 548). Nimmt man das im Einzelfall an, mag sich für das Schrankenproblem die Ansicht[75] fruchtbar

---

[74] Beachte bes. auch die Formulierung in *BVerfGE* 34, 287: ,,Die Aufgabe der Rechtsprechung kann es insbesondere erfordern, Wertvorstellungen, die der verfassungsmäßigen Rechtsordnung immanent ... sind, in einem Akt des *bewertenden Erkennens, dem auch willenhafte Elemente nicht fehlen,* ans Licht zu bringen und in Entscheidungen zu realisieren." Umfassend zum Problem ,,Normenkontrolle und politisches Recht" *Schefold,* JuS 1972, 1 ff. m. w. Literaturangaben.

[75] *Lerche,* Verfassungsrechtliche Zentralfragen des Arbeitskampfes, 1968, S. 35 f.; *Scholz,* Koalitionsfreiheit als Verfassungsproblem, 1971, S. 335 ff.; *BAG GS* 20, 225; alle für Art. 9 III GG.

machen lassen, alle Grundrechte fänden ihre Schranke jedenfalls in den Vorschriften der „*allgemeinen*" Gesetze; der Schrankenvorbehalt des Art. 5 II GG[76] sei also bei Grundrechten ohne Gesetzesvorbehalt mitzulesen. Dabei sind „*allgemeine*" Gesetze alle Vorschriften, welche sich nicht *spezifisch* gegen die einschlägige grundrechtliche Betätigung richten, diese vielmehr nur den gleichen Pflichten unterstellen wie beliebige andere Betätigungen auch.[77] Ein solcher Schrankenvorbehalt würde die Grundrechte ohne Gesetzesvorbehalt nicht voll zur Disposition der allgemeinen Gesetze stellen. Wie bei Art. 5 II GG[78] müßte die Verfassungsmäßigkeit des allgemeinen Gesetzes vielmehr im Lichte der Bedeutung des einschlägigen Grundrechts beurteilt werden. Damit wären die gleichen Maßstäbe der Grundrechtsprüfung anzuwenden, welche für den *geschriebenen* Gesetzesvorbehalt unter Rdnrn. 549 ff. dargestellt worden sind.

Im *Ausgangsfall 3* sind die Vorschriften des Baupolizeirechts „allgemeine" Gesetze. Wenn ihnen wegen der besonderen Gefährdung (Einsturzgefahr) der Vorrang vor der Versammlungsfreiheit des Art. 8 I GG eingeräumt worden ist, liegt keine offensichtliche Fehlgewichtung und damit im Rahmen der Grundrechtsprüfung nach Rdnrn. 549 ff. kein Verstoß gegen den Grundsatz der Verhältnismäßigkeit vor.

IV. Objektivrechtliche Verstärkungen des Grundrechtsschutzes

585   In allen vorstehenden Überlegungen wurde der Grundrechtseingriff nur erst unter *rechtsstaatlichen* Aspekten an seiner *Intensität* für den *individuellen* Grundrechtsträger gemessen. In Fortführung der Lehre von den *institutionellen Garantien*[79] ist heute anerkannt,[80] daß viele Grundrechte Doppelcharakter haben, neben subjektiven Rechten des Grundrechtsträgers auch *ordnungspolitische* „Wert"-Entscheidungen *objektiven* Rechts enthalten.

586   So schützt etwa Art. 5 I GG einerseits die Meinungsfreiheit des *individuellen* Grundrechtsträgers in *dessen eigenem* Interesse, damit *er* seine Persönlichkeit voll entfalten kann (= Grundrecht im eigentlichen Wortsinn). Andererseits ist Art. 5 I GG Ausdruck einer wertenden Entscheidung des GG zugunsten der Meinungsfreiheit *als solcher* (objektivrechtliche Seite), welche die politische Demokratie konstituiert.[81] Art. 14 GG enthält neben dem rechtsstaatlichen Schutz des Einzeleigentums in der

---

[76] S. Rdnr. 550.
[77] S. Rdnr. 552.
[78] S. Rdnr. 552.
[79] Insbes. *Carl Schmitt*, Freiheitsrechte und institutionelle Garantien der (Weimarer) Reichsverfassung, abgedr. zuletzt in: Verfassungsrechtliche Aufsätze, 1958, S. 140 ff.
[80] *BVerfGE* 7, 205 = *Weber* I, Art. 1 III Nr. 1; 35, 114 = JuS 1973, 641 Nr. 3 = *Weber* I, Art. 5 III Nr. 4 m. w. Nachw.; *Hesse*, Verfassungsrecht, Rdnr. 279 Krit. vor allem *Forsthoff*, in: Festschr. f. Carl Schmitt, 1959, S. 40.
[81] *BVerfGE* 5, 205; 7, 208; 25, 265.

Hand des konkreten Grundrechtsträgers eine institutionelle Garantie des Privateigentums.[82]

587   Mit der institutionellen, objektivrechtlichen Betrachtung soll in vielen Fällen, z. B. bei Art. 14 GG, der individuelle Freiheitsschutz „umhegt" werden;[83] die objektivrechtliche Seite dient insoweit der Verstärkung[84] des eigentlichen Grundrechtsschutzes, indem sie den notwendigen Freiraum für grundrechtliche Betätigungen schafft. Damit stehen die beiden Seiten des Grundrechts in so enger Wechselbeziehung miteinander, daß der Grundrechtsträger nach st. Rspr. des *BVerfG hier*[85] auch die Verletzung des objektiven Rechts rügen kann.

588   1. Für die Praxis der Grundrechtsprüfung fließt die objektivrechtliche Seite in erster Linie[86] in die *Rechtsgüterabwägung* im Rahmen des Grundsatzes der *Verhältnismäßigkeit* ein.[87]

Beispiel:[88] Das Straßenreinigungsgesetz eines Landes verbietet das Verteilen von Handzetteln mit (a) gewerblicher Werbung und (b) politischem Inhalt, solange nicht sichergestellt ist (Unbedenklichkeitsbescheinigung), daß der Verteiler die von den Passanten weggeworfenen Zettel später auf seine Kosten beseitigt. Bei der gewerblichen Werbung wird Art. 5 I GG nur an der Peripherie betroffen.[89] (Anderes mag für Art. 12 I GG gelten.) Es verstößt daher nicht gegen den Grundsatz der Verhältnismäßigkeit und also nicht gegen Art. 5 I GG, wenn das Straßenreinigungsgesetz als „allgemeines" Gesetz i. S. von Art. 5 II GG insoweit der Sauberkeit der Straße den Vorrang gibt.[90] Beim politischen Flugblatt ist auf seiten des Art. 5 I GG neben der Einschränkung der *individuellen* Meinungsfreiheit des Grundrechtsträgers *zusätzlich auch* die angedeutete objektivrechtliche Bedeutung der Meinungsfreiheit für das Demokratieprinzip in die Waagschale zu legen. *Deshalb* geht die Abwägung *hier* zugunsten des Art. 5 I GG aus. Das Straßenreinigungsgesetz ist insoweit verfassungswidrig.[91]

589   2. Verbreitet wird die objektivrechtliche Seite des Grundrechtsschutzes sodann mit der Wesensgehaltsgarantie des Art. 19 II GG, verstanden i. S. der skizzierten[92] Theorie vom absoluten Wesenskern, gleichgesetzt.

Das gilt besonders für die Eigentumsgarantie, wo der *Intensität* des *individuellen* Betroffenseins in den meisten Fällen weit weniger Aufmerksamkeit gewidmet wird als

---

[82] *BVerfGE* 24, 389f. = *JuS* 1969, 289 Nr. 3 = *Weber* II, Art. 14 Nr. 4; 31, 240 = *JuS* 1972, 153 Nr. 1 = *Weber* II, Art. 14 Nr. 6; *Hesse*, Verfassungsrecht, Rdnr. 442 *Maunz*, in: *Maunz-Dürig-Herzog-Scholz*, Art. 14 Rdnrn. 3 ff.
[83] *Carl Schmitt*, aaO, S. 169.
[84] *BVerfGE* 35, 114 = *JuS* 1973, 641 Nr. 3 = *Weber* I, Art. 5 III Nr. 4;
[85] Die scharfe Scheidung von objektivem und subjektivem Recht von Rdnr. 223 wird damit nicht hinfällig.
[86] Zur Bedeutung der objektivrechtlichen Seite für das „Drittwirkungsproblem" s. Rdnrn. 643 ff., für das Thema „Grundrechte auf Leistung und Teilhabe" Rdnrn. 622 ff.
[87] Dazu Rdnrn. 566, 573 ff.
[88] In Anlehnung an *BVerwGE* 56, 24; *Geck-Böhmer* JuS 1973, 502.
[89] Zum Problem s. *Geck-Böhmer*, aaO, S. 503. Wenn insoweit nicht der *Meinungs*freiheit, dürfte der Handzettel jedenfalls der *Presse*freiheit unterfallen.
[90] So jedenfalls *Geck-Böhmer*, aaO.
[91] So *BVerwG*, aaO. Zur *straßenrechtlichen* Seite s. Rdnrn. 460 ff.
[92] Rdnrn. 569 ff.

der Frage, ob das Wesen *des Eigentumsinstituts* verletzt ist. Typisches Beispiel war die Diskussion um die Verfassungsmäßigkeit der paritätischen Mitbestimmung.[93]

590   3. Entscheidungen auf die objektivrechtliche Seite eines Grundrechts und damit (in der Formulierung des *BVerfG*) auf *Wertent*scheidungen zu stützen, ist häufig problematisch.[94] Der Urteilende läuft Gefahr, *seine* ordnungspolitischen Vorstellungen als die des GG auszugeben. Deshalb ist jedenfalls besonders zu beachten:

591   Das Grundrecht braucht nicht stets in der *ganzen Weite* seiner Auslegung, die es in seiner rechtsstaatlichen Funktion als subjektives Abwehrrecht erfahren hat, auch Ausdruck einer ordnungspolitischen Wertscheidung des Verfassungsgebers zu sein. So hat es etwa seinen guten Sinn, Art. 2 I GG in seiner Abwehrfunktion als allgemeine Handlungsfreiheit i. S. von ,,Jeder kann tun und lassen was er will'' zu interpretieren.[95] Damit wird dem Bürger *lückenloser Rechtsschutz* gegen jeden unmittelbaren staatlichen Eingriff eröffnet, weil er jetzt stets in ,,Rechten'' i. S. des Art. 19 IV GG beeinträchtigt ist.[96] Insoweit ist Art. 2 I GG eminenter Ausdruck des *Rechtsstaatsprinzips* als Rechtswert. Es ist aber undenkbar, daß Art. 2 I GG gleichzeitig auch ein Bekenntnis zum ,,Jeder kann tun und lassen was er will'' als Rechtsgut und damit objektivem Ordnungsprinzip enthält. Denn das würde das Chaos bedeuten. Daher bekennt sich Art. 2 I GG objektivrechtlich nur zur Persönlichkeitsentfaltung in einem gewissen Kernbereich (,,Persönlichkeitskerntheorie'').[97] – Institutionelle Garantien stehen in einem *bestimmten Zusammenhang* und können nicht unbesehen in einen anderen Kontext hinein übertragen werden. Das war in den Verfassungsbeschwerden gegen das Mitbestimmungsgesetz 1976 geschehen. Ihr zentraler Ansatz war eine *wirtschafts*ordnungspolitische Ausdeutung der institutionellen Garantie des Eigentums (und anderer Grundrechte). Die Beschwerdeführer sahen in ihr die verfassungskräftige Garantie des Privateigentums als *Grundpfeiler* der *Wirtschaftsordnung* und versuchten von diesem Ausgangspunkt die Verfassungswidrigkeit des Mitbestimmungsgesetzes 1976 zu begründen. Das Mitbestimmungsurteil des *BVerfG*[98] hat diese *wirtschafts*ordnungspolitische Ausdeutung der Grundrechte ausdrücklich verworfen und ausgeführt: ,,Nach ihrer Geschichte und ihrem heutigen Inhalt sind die Grundrechte in erster Linie individuelle Rechte ... Die Funktion der Grundrechte als objektive Prinzipien besteht in der prinzipiellen Verstärkung ihrer Geltungskraft, hat jedoch ihre Wurzel in dieser primären Bedeutung. Sie läßt sich deshalb nicht von dem eigentlichen Kern lösen und zu einem Gefüge objektiver Normen verselbständigen, in dem der ursprüngliche und bleibende Sinn der Grundrechte zurücktritt.''[99] Art. 9 III GG garantiert nach der Rechtsprechung des *BVerfG* das überkommene Arbeitskampf- und Tarifvertragssystem.[100] Es würde sich im Gefolge der paritätischen Mitbestimmung tendenziell verändern. Deshalb wird in der Literatur angenommen, die paritätische Mitbestimmung

---

[93] Näheres bei *Schwerdtfeger,* Zur Verfassungsmäßigkeit der paritätischen Mitbestimmung, 1978, S. 76 ff.

[94] S. *Böckenförde,* NJW 1974, 1533 f.; *Goerlich,* Wertordnung und Grundgesetz, Diss. iur. Hamburg 1972.

[95] S. Rdnr. 547 und dort Fußn. 3.

[96] Näheres Rdnrn. 251, 611.

[97] S. Fußn. 3.

[98] *BVerfGE* 50, 290 = JuS 1979, 897 Nr. 1; vorher schon *Schwerdtfeger,* aaO, S. 76 ff.

[99] Mit dieser Absage an eine wirtschaftsordnungspolitische Ausdeutung der Grundrechte reicht die Bedeutung des Mitbestimmungsurteils weit über seinen Entscheidungsgegenstand hinaus.

[100] Einzelheiten und Näheres zum nachfolgenden bei *Schwerdtfeger,* aaO, S. 98 ff.

verstoße gegen Art. 9 III GG. Dabei wird aber übersehen: Die objektivrechtliche Garantie des überkommenen Arbeitskampf- und Tarifvertragssystems ist *im Rahmen* der überkommenen Unternehmensverfassung, also *akzessorisch* zu dieser entwickelt worden. In der Literatur schlägt sie unbesehen in eine Garantie dieser Unternehmensverfassung selbst um. Das entspricht nicht dem Sinn des Art. 9 III GG. Denn er ist der *jeweiligen* Unternehmensverfassung akzessorisch.[101] Wegen des Prinzips der *Einheit der Verfassung*[102] kann ein Grundrecht keine objektivrechtlichen Festlegungen enthalten, welche mit anderen Verfassungsentscheidungen unvereinbar wären. Auch aus diesem Grunde war die beschriebene Argumentation der Verfassungsbeschwerden gegen das Mitbestimmungsgesetz 1976 anfechtbar, Art. 14 I GG enthalte eine Verfassungsentscheidung zugunsten des Privateigentums als konstituierendem Element unserer *Wirtschaftsordnung.* Aus dem Wortlaut des Art. 15 GG ergibt sich, daß eine solche Entscheidung für „Produktionsmittel" nicht bestehen kann. Denn dem Gesetzgeber steht es frei, „Produktionsmittel" „in Gemeineigentum oder in andere Formen der Gemeinwirtschaft" zu überführen. „Gemeineigentum" kann nach Art. 15 GG also genausogut objektives Ordnungselement der Wirtschaftsordnung sein wie „Privateigentum". Die Entscheidung hat der Gesetzgeber zu treffen. Das Entschädigungsjunktim als Zulässigkeitsvoraussetzung der *Überführung* in Gemeineigentum erklärt sich ausschließlich rechtsstaatlich-*individualrechtlich* aus der Rechtsstellung des Eigentümers; es dient *seinem* Schutz. Das Grundgesetz hat aber das Gemeineigentum als *auf Dauer angelegtes Ordnungsprinzip* nicht deshalb für weniger *geeignet* oder „*wertvoll"* gehalten als das Privateigentum, weil bei seiner *Einführung* individuelle Eigentumsrechte beseitigt werden müßten.[103]

§ 31. Verstöße gegen Gleichheitsgrundrechte

I. Allgemeiner Gleichheitsgrundsatz (Art. 3 I GG)

596   Verstöße gegen den Gleichheitsgrundsatz (Art. 3 GG) werden von den Bearbeitern regelmäßig unzulänglich untersucht, weil sie die von Literatur[1] und Rechtsprechung[2] hierfür entwickelten maßgeblichen Kriterien nicht beherrschen.

Ausgangsfall:[3] § 6 RabattG verbot den Warenhäusern die Gewährung von Barzahlungsnachlässen, während Einzelhändler und Supermärkte Rabattmarken ausgeben und so die Kunden (über die Rabattbücher) an sich binden konnten. Verstieß die Benachteiligung der Warenhäuser gegen Art. 3 I GG? – Ein Teil der Bearbeiter nahm an, das sei der Fall, weil gleiche Tatbestände vorlägen: Alle Unternehmen befaßten sich mit der Warendistribution an den Endverbraucher. Ein anderer Teil der Bearbeiter

---

[101] Im Mitbestimmungsurteil (soeben Fußn. 98) wählt das *BVerfG* einen anderen Ansatz, um die Vereinbarkeit des (unterparitätischen) Mitbestimmungsgesetzes 1976 mit Art. 9 III GG zu begründen.

[102] Zu ihm oben Rdnr. 574.

[103] *Schwerdtfeger,* aaO, S. 83 ff.

[1] S. insb. *Leibholz,* Die Gleichheit vor dem Gesetz, 2. Aufl. (1959), S. 53 ff.; *Dürig,* in: *Maunz-Dürig-Herzog-Scholz,* Art. 3 I, bes. Rdnrn. 303 ff.; einführend (auch in historischer Hinsicht) *Gusy,* JuS 1982, 30.

[2] Lies etwa *BVerfGE* 3, 240; 6, 280; 9, 349; 12, 348; 13, 202; 21, 26 f. = *Weber* I, Art. 3 I Nr. 7. Nicht in allen Entsch. des *BVerfG* zu Art. 3 GG wird die Dogmatik klar offengelegt.

[3] *BVerfGE* 21, 292. Weiterer Fall bei *Erbel,* Klausurenlehre I, Nr. 4.

hielt die ungleiche Behandlung für gerechtfertigt, weil die Tatbestände ungleich seien: Größe, Umfang des Warensortiments, Wirtschaftskraft usw. seien verschieden. So oder ähnlich pflegt Art. 3 I GG in Klausuren stets „geprüft" zu werden.

597   Indessen: Nie[4] sind zwei vergleichbare Tatbestände in jeder Beziehung völlig gleich; sonst wären sie identisch. Sie sind nur in bestimmten Elementen gleich, in anderen Elementen ungleich. Welche Elemente der zu ordnenden Lebensverhältnisse (positiv) *maßgebend* dafür sind, sie im Recht als gleich oder ungleich zu behandeln, läßt sich aus Art. 3 I GG *nicht* entnehmen, hängt vielmehr von subjektiven Wertungen ab. Sie obliegen in der Regel[5] dem (demokratischen) Gesetzgeber oder – nur im Rahmen der *Ermessens*verwaltung[6] – der Exekutive. Die so jeweils zuständige staatliche Instanz hat zu entscheiden, ob sie die gleichen Elemente als prägend ansieht und die Tatbestände deshalb gleichbehandelt, oder ob sie die ungleichen Elemente ausschlaggebend sein läßt und die Tatbestände also ungleich behandelt. Ein Verstoß gegen den Gleichheitsgrundsatz liegt nur vor, „wenn sich ein vernünftiger, aus der Natur der Sache sich ergebender oder sonstwie einleuchtender Grund für die gesetzliche Differenzierung nicht finden läßt",[7] d. h., wenn es als „willkürlich" bezeichnet werden muß,[8] daß gerade auf die ungleichen Elemente entscheidend abgestellt wird.[9] Denn dann sind die Vergleichstatbestände automatisch durch die gleichen Elemente geprägt.

598   Auf diesem Hintergrunde zeigt sich, daß die Bearbeiter des *Ausgangsfalls* unzulässigerweise *ihre* (subjektive) politisch-wertende Ansicht von der Maßgeblichkeit der Elemente an die Stelle der Entscheidung des Gesetzgebers setzten, indem sie entweder die gleichen oder die ungleichen Elemente ganz in den Vordergrund rückten, in ihrer Voreingenommenheit die anderen Elemente vielleicht gar nicht sahen. Es kam nicht darauf an, ob *die Bearbeiter an Stelle* des Gesetzgebers anders oder genauso entschieden haben würden, sondern es ging allein um die *Überprüfung,* ob der Gesetzgeber *ohne sachlichen Grund* auf die ungleichen Merkmale abgestellt hatte: Im Vergleich zu den Einzelhändlern ließ sich ein sachlicher Grund finden, die Warenhäuser ungleich zu

---

[4] Alles nach *BVerfG,* aaO (Fußn. 2).

[5] Ausnahmen nachfolgend Rdnrn. 599ff. Vereinzelt lassen sich außerhalb des Art. 3 GG *Wertentscheidungen* des GG ausmachen, welche die Wahlfreiheit des Gesetzgebers verfassungskräftig beschränken; s. zuletzt *BVerfGE* 36, 330 = JuS 1974, 797 Nr. 2 = *Weber* I, Art. 3 I Nr. 12 m. w. Nachw.; *BVerfGE* 45, 388 (Sozialstaatsprinzip); Beispiel im Text Rdnrn. 627ff. Zum Gleichheitsgebot des *systemkonsequenten* Verhaltens („*Systemgerechtigkeit"*) s. Rdnr. 737.

[6] Zur Anwendung der im Text dargestellten Grundsätze auf die Ermessensverwaltung vgl. z. B. *BVerwG,* DVBl 1959, 30; *OVG Münster,* DÖV 1961, 193.

[7] So *BVerfGE* 1, 52 = *Weber* I, Art. 3 I Nr. 1.

[8] *BVerfGE* 42, 64, läßt dieses Willkürverbot innerhalb von *Vergleich*statbeständen abgleiten in ein *allgemeines* Verbot *jeglicher* staatlicher Willkür; krit. *Geiger, BVerfGE* 42, 79.

[9] Eine „*Gleichheit im Unrecht"* gibt es in der Regel nicht; *BVerwGE* 5, 8; 34, 378; Ausnahmekonstellation: *VGH Mannheim,* DVBl 1972, 186 m. Anm. *Götz; Randelzhofer,* JZ 1973, 536; *Berg,* JuS 1980, 418.

behandeln. Denn den Einzelhändlern wurde es in ihrer Konkurrenz mit den wirtschaftlich stärkeren Warenhäusern leichter gemacht, sich (über die Rabattmarken) einen festen Kundenstamm zu erhalten (= Mittelstandsschutz). Hingegen war es willkürlich, die Warenhäuser gegenüber wirtschaftlich gleich starken Supermärkten zu benachteiligen. *Deshalb* ist § 6 RabattG verfassungswidrig.[10]

II. Spezielle Gleichheitsregelungen

599   Neben Art. 3 I GG finden sich im Grundgesetz *Spezialausprägungen* des Gleichheitsgrundsatzes. Sie alle engen die angedeuteten Auswahlmöglichkeiten des Gesetzgebers zwischen den gleichen und ungleichen Vergleichselementen ein, im einzelnen in unterschiedlicher Dichte. Gegenpol zu Art. 3 I GG ist insoweit die egalitäre Wahlrechtsgleichheit. Während Art. 3 I GG im Prinzip die Anknüpfung an *jedes* der verschiedenen gleichen und ungleichen Vergleichselemente gestattet, erklärt Art. 38 I 1, II GG ausschließlich *ein* Element für wesentlich: die deutsche Staatsbürgerschaft. Alle Unterschiede in Besitz, Bildung, politischem Interesse, Intelligenz usw. sind also bereits *von Verfassungs wegen* ausgeschieden.[11] Alle anderen Spezialausprägungen des Gleichheitssatzes liegen auf der Skala *zwischen* diesen beiden Gegenpolen. Art. 3 II und III GG verbieten nur (in einem Negativkatalog), *entscheidend* gerade an die in ihnen genannten Ungleichheiten anzuknüpfen.[12] Soweit auf *andere* Ungleichheiten abgestellt wird, welche *daneben* bestehen, kann die Ungleichbehandlung rechtmäßig sein:[13] Trotz Art. 3 II GG gibt es Schwangerschaftsurlaub nur für die Frau:[14] Art. 33 II GG verengt für den Zugang zum öffentlichen Dienst die Vergleichskriterien zu einer Positivliste (Eignung, Befähigung und fachliche Leistung). Unterschiede zwischen den Bewerbern dürfen damit nur berücksichtigt werden, soweit sie im Bereich dieser Positivliste angesiedelt sind.

600   *Beispiel:*[15] Ein Assessor mit ,,preußischem" Examen bewirbt sich um Einstellung in den bayerischen Ziviljustizdienst. Er wird abgelehnt, weil grundsätzlich nur Bewerber eingestellt würden, welche in Bayern ihr Examen gemacht hätten. Ist diese Begründung mit Art. 33 II GG vereinbar?[16] – Solange sich ein sachlicher Grund dafür finden läßt,

---

[10] Zu allen Einzelheiten s. *BVerfGE* 21, 292.

[11] S. *BVerfGE* 41, 399 (413) (*formale* Gleichheit); 40, 296 (317) = JuS 1976, 670 Nr. 1.

[12] *BVerfGE* 23, 106f.; *BVerfGE* 31, 1 = JuS 1971, 539 Nr. 1 = *Weber* I, Art. 3 II, III Nr. 7; *BVerfGE* 48, 327 = JuS 1978, 850 Nr. 2; *BVerfGE* 52, 374 (Hausarbeitstag).

[13] Lies z. B. *BVerfGE* 3, 225; 5, 12; 5, 21; 6, 422; *BVerwG*, JuS 1972, 99 Nr. 2 = *Weber* I, Art. 3 II, III Nr. 8. Beispiel in der Fallbesprechung von *Bansch-Mathes*, JuS 1969, 234f., bei Erl. 26.

[14] Beispielsweise beim *Hausarbeitstag* darf demgegenüber nicht nach dem Geschlecht differenziert werden; s. *BVerfGE* 52, 369 = JuS 1980, 905 Nr. 2.

[15] Dieser ursprünglich als origineller Kathederfall *erdachte* Sachverhalt wird in Bayern neuerdings praktiziert und abweichend von den nachfolgenden Textausführungen vom *VGH München* (NJW 1982, 786, nicht rechtskräftig) sogar akzeptiert.

[16] Zur Ablehnung ,,radikaler" Bewerber in den öffentlichen Dienst s. Rdnr. 661.

kann eine Ungleichbehandlung im Rahmen des Art. 3 I GG an *alle* Ungleichheiten angeknüpft werden. Falls Art. 3 I GG einschlägig *wäre*, würde damit das ungleiche Element „Examensort" erheblich werden können (Schaffung eines Anreizes, in Bayern Examen zu machen; Verwaltungserleichterung, weil aus der genaueren Kenntnis der Maßstäbe die eigene bayerische Examensbenotung am aussagekräftigsten ist). Statt dessen ist aber die lex specialis des Art. 33 II GG heranzuziehen. Es ist also ausschließlich auf Unterschiede innerhalb der Positivliste (Eignung, Befähigung und fachliche Leistung) abzustellen. Zur Befähigung und fachlichen Leistung hat der Examensort von vornherein keine Verbindung. Aber auch über die Eignung sagt er nichts aus: Im Bereich des *Zivil*rechts sind Spezialkenntnisse, welche nur in der bayerischen Ausbildung vermittelt würden, nicht erforderlich. Also ist die angeführte Begründung verfassungswidrig.

III. Gleichheitsprüfung

601   Die übliche Gedankenfolge der Gleichheitsprüfung läßt sich nach allem so systematisieren:

1. Einschlägige Gleichheitsnorm (Spezialregelung, sonst Art. 3 I GG) mit *knapper* theoretischer Skizzierung der für sie maßgebenden Gesichtspunkte.

Es genügt also nicht, wenn Klausurbearbeiter immer wieder ohne jede Erläuterung (zwar richtig, aber für den Leser unverständlich) lediglich *behaupten*, Art. 3 I GG enthalte ein Willkürverbot.

2. Zusammenstellung der gleichen und ungleichen Vergleichselemente.

3. Prüfung, ob der Staat nach der einschlägigen Gleichheitsnorm auf die ungleichen Elemente abstellen durfte oder nicht.

§ 32. Prozessuales zum Grundrechtsschutz

I. Geltendmachung von Grundrechtsverletzungen im „normalen" Rechtsweg

606   Grundrechtsverletzungen werden wie alle anderen Rechtsverletzungen in *dem* Rechtsmittelverfahren gerügt, welches gegen die staatliche Maßnahme nach den herkömmlichen Grundsätzen jeweils zulässig ist. Ist ein Verwaltungsakt ergangen, muß der Verstoß gegen ein Grundrecht also im Widerspruchsverfahren und anschließend mit einer Klage vor dem Verwaltungsgericht geltend gemacht werden. Das Verwaltungsgericht prüft, ob die *normative* Ermächtigungsgrundlage des Verwaltungsaktes gegen das Grundrecht verstößt oder ob die *Behörde* mit ihrer *Ermessens*-betätigung gegen das Grundrecht verstoßen hat.[1] Nimmt das Verwaltungsgericht an, die Ermessensbetätigung oder eine *untergesetzliche* ermächtigende Norm verstoße gegen das Grundrecht, ist es in der Lage, daraus unmittelbar selbst die Konsequenzen für den Ausgang des Rechts-

---

[1] Zu diesen Ansätzen für einen Grundrechtsverstoß s. bereits Rdnrn. 540 ff.

streits zu ziehen. Verstößt nach Ansicht des Verwaltungsgerichts eine *parlamentsgesetzliche* Ermächtigungsgrundlage gegen das Grundrecht, muß das Gericht das Verfahren aussetzen und gem. Art. 100 I GG die Entscheidung des Bundesverfassungsgerichts einholen.[2] *Nach* Erschöpfung des Rechtsweges kann *speziell gegen Grundrechtsverletzungen* und gegen die Verletzung gewisser „grundrechtsgleicher" Rechte noch die *Verfassungsbeschwerde* erhoben werden (Art. 93 I Nr. 4a GG i. V. mit §§ 90 ff. BVerfGG).[3]

607   *Beachte:* Der Begriff „Verfassungsbeschwerde" ist durch das hier behandelte Verfahren vor dem *BVerfG* „besetzt" und darf nicht im Wege freier Begriffsbildung für andere Verfahren vor dem *BVerfG,* etwa für die Organklage oder für die abstrakte Normenkontrolle (Art. 93 I Nr. 1, 2 GG) verwendet werden (= häufiger Fehler).

II. Zulässigkeit einer Verfassungsbeschwerde

608   *Ausgangsfall:*[4] Ein Landesgesetz statuiert bestimmte Unterlassungspflichten. *X* hält sich nicht an sie. Weil sein Gesetzesverstoß als Störung der öffentlichen Sicherheit anzusehen sei,[5] gebietet die zuständige Ordnungsbehörde dem *X* durch Polizeiverfügung, das Gesetz nunmehr einzuhalten. Gleichzeitig droht sie ihm ein Zwangsgeld an. *X* hält das Gesetz für nichtig, weil nur eine *Bundeskompetenz* (1) bestehe, die Materie zu regeln. Außerdem trägt er vor, die Ordnungsbehörde habe den Sachverhalt auch *falsch subsumiert* (2): Er verstoße gar nicht gegen das Gesetz. Unter Berufung auf Art. 2 I GG erhebt *X* Verfassungsbeschwerde (a) gegen die Polizeiverfügung und (b) gegen das Gesetz. Wie wird das *BVerfG* entscheiden?

609   1. Die Verfassungsbeschwerde[6] ist gegen *jeden* Akt öffentlicher Gewalt möglich (vgl. § 90 I BVerfGG), grundsätzlich auch gegen Normen.[7]

Im *Ausgangsfall* kommt also in der Tat sowohl die Verfassungsbeschwerde (a) als auch die Verfassungsbeschwerde (b) in Betracht.

610   2. Es muß eine *Grundrechtsbeeinträchtigung* oder die *Beeinträchtigung* eines der in Art. 93 I Nr. 4a GG, § 90 I BVerfGG genannten „grundrechtsgleichen" Rechte behauptet werden.[8] Auf andere Verfassungsverstöße und auf die Verletzung von Rechtsnormen, welche keinen Verfas-

---

[2] Dazu bereits Rdnr. 482.

[3] Zur „*Kommunalen Verfassungsbeschwerde*" gem. Art. 93 I Nr. 4b GG s. *Pestalozza,* Verfassungsprozeßrecht, § 14 II. Zu *landesrechtlichen Verfassungsbeschwerden* s. *Pestalozza,* §§ 23 ff.;*BVerfGE* 36, 342 (368); *HessStaatsGH,* NJW 1982,1381 i. V. mit *Richter,* JuS 1982, 900. Zusammenstellung der einschlägigen Gesetze bei *Stern,* Verfassungsgerichtsbarkeit des Bundes und der Länder, 1978.

[4] Teilweise ähnlicher Fall bei *Zuleeg,* JuS 1971, 250 ff. S. ferner die Fallerörterungen bei *Schwerdtfeger,* JuS 1970, 228; *Erichsen,* Staatsrecht I, Fall 8.

[5] Vgl. dazu Rdnr. 71.

[6] Ausführliche Darstellungen etwa bei *Pestalozza,* Verfassungsprozeßrecht, § 14; *Schlaich,* JuS 1982, 41, 278; s. ferner JA 1971, 117, 185, 387, 597.

[7] Ganz deutlich z. B. § 95 III BVerfGG.

[8] Parallel zu § 42 II VwGO (§ 12 I 2) muß die Grundrechtsbeeinträchtigung möglich sein (Möglichkeitstheorie) oder schlüssig dargetan werden (Schlüssigkeitstheorie).

sungsrang haben, kann die Verfassungsbeschwerde nicht gestützt werden. Trotzdem können andere Verfassungsverstöße im Rahmen von Grundrechtsbeeinträchtigungen mittelbar Bedeutung gewinnen.

611   Im *Ausgangsfall* begründet die fehlende Landeskompetenz (1) eine Verletzung des Art. 2 I GG. Denn wie jedes andere Grundrecht kann auch Art. 2 I GG nur durch ein *gültiges* Gesetz eingeschränkt werden, nicht durch ein (aus Gründen außerhalb des Art. 2 I GG) verfassungswidriges Gesetz.[9] Mit der Rüge einer Grundrechtsverletzung als „Hebel" können dem *BVerfG* damit auch andere Verfassungsverstöße unterbreitet werden.[10] Materiellrechtlich kann parallel dazu auch die *fehlerhafte Subsumtion* unter gültige Gesetze (2) eine Grundrechtsverletzung darstellen. Denn Art. 2 I GG ist durch das Gesetz nur *soweit* eingeschränkt, wie das Gesetz reicht. Trotzdem ist eine *hierauf* gestützte Verfassungsbeschwerde nicht zulässig. Das *BVerfG* ist keine Superrevisionsinstanz.[11]

Wenn alle sonstigen Zulässigkeitsvoraussetzungen der Verfassungsbeschwerde vorliegen, kann das *BVerfG* also nur untersuchen, ob eine Maßnahme *mit der Auslegung*, welche das einfache Gesetzesrecht in den *Vorinstanzen* erfahren hat, Grundrechten widerspricht. Diese *Auslegung selbst* prüft das Gericht nur daraufhin nach, „ob die angegriffene Entscheidung Auslegungsfehler erkennen läßt, die auf einer grundsätzlich unrichtigen Auffassung von der Bedeutung eines Grundrechts, insbesondere vom Umfang seines Schutzbereichs beruhen und die in ihrer Bedeutung für den konkreten Rechtsfall von einigem Gewicht sind."[12]

612   3. Subsidiarität der Verfassungsbeschwerde

a) Gem. § 90 II BVerfGG muß zunächst der Rechtsweg erschöpft sein, der gegen den angegriffenen Rechtsakt als solchen gegeben ist.[13]

Im *Ausgangsfall* kann *X* die Polizeiverfügung im Verwaltungsrechtsweg anfechten. Die Verfassungsbeschwerde gegen die Verfügung (a) ist also unzulässig. – Unmittelbar gegen das Landesgesetz selbst (b) kann *X* hingegen nicht anderweitig vorgehen.[14] Die in § 47 VwGO vorgesehene Normenkontrolle vor dem Verwaltungsgericht betrifft nur Rechtsnormen, welche im Range *unter* einem Landesgesetz stehen.

613   b) Nach ständiger Rechtsprechung des *BVerfG*[15] ist die *Verfassungsbeschwerde gegen eine Norm* außerdem nur zulässig, wenn sie den Beschwerdeführer selbst[16] gegenwärtig[16a] und *unmittelbar* trifft, nicht erst mit Hilfe eines Vollziehungsaktes.

---

[9] S. Rdnr. 552.

[10] St. Rspr. ab *BVerfGE* 6, 41 = *Weber* I, Art. 2 I Nr. 2; zuletzt *BVerfGE* 21, 59. Zur Überprüfung der Gesetzgebungskompetenz im Rahmen einer Verfassungsbeschwerde s. *BVerfGE* 11, 110; 11, 236.

[11] Z. B. *BVerfGE* 18, 92 f.; 30, 196 f. = *Weber* I, Art. 5 III Nr. 3: 32, 311. Zu Sonderproblemen, die insoweit bei der „Drittwirkung der Grundrechte" auf das Zivilrecht auftreten, s. *BVerfGE* 42, 143.

[12] *BVerfGE* 53, 61 m. w. Nachw.

[13] Zu Ausnahmen s. die Darstellung in JuS 1970, 195 Nr. 2 = *Weber* I, Art. 5 I, II Nr. 14.

[14] Näheres Rdnrn. 483 ff.

[15] Seit *BVerfGE* 1, 101; zusammenfassend *BVerfGE* 60, 360 (369).

[16] Klausurfall bei *Heckel*, JuS 1976, 450.

[16a] Speziell dazu *BVerfGE* 60, 360.

Im *Ausgangsfall (b)* und auch sonst macht es dem Klausurbearbeiter stets Schwierigkeiten festzustellen, wann Unmittelbarkeit gegeben ist und wann nicht.[17] Ein Teil der
Bearbeiter nahm an, die Polizeiverfügung „vollziehe" das Gesetz. Der andere Teil wies
darauf hin, für einen gesetzestreuen Bürger folge die Unterlassungspflicht unmittelbar
aus dem Gesetz. *Weiteres Beispiel:* Kann man ein Strafgesetz sogleich mit der Verfassungsbeschwerde angreifen oder muß man sich erst bestrafen lassen, um dann gegen
das Urteil anzugehen?

614 Wie stets, wenn Zweifel an der Anwendung einer von Literatur oder
Rechtsprechung entwickelten Formel bestehen, sind hier philologische
Ausdeutungen zu vordergründig. Nur eine Besinnung auf die Grundge-
danken der Formel hilft weiter. Anknüpfung ist immer noch die in § 90 II
BVerfGG zum Ausdruck kommende Subsidiarität der Verfassungsbeschwerde.[18] Zumeist wird § 90 II BVerfGG nur erwähnt im Rahmen der
unter Rdnr. 612 behandelten *formalen* Betrachtung, ob gegen den *konkret angegriffenen* Rechtsakt ein anderer Rechtsweg gegeben sei. § 90 II
BVerfGG selbst spricht aber allgemeiner von dem gegen die „*Verletzung*" zulässigen Rechtsweg. Entscheidend ist damit, ob *irgendeine* prozessuale Möglichkeit besteht, die *Verletzung* abzuwenden, ob der Betroffene auch ohne die Verfassungsbeschwerde also *materiell ausreichenden*
Rechtsschutz erhalten kann.[19] Das ist in der Regel der Fall, wenn im
Vollzug einer Norm ein Verwaltungsakt ergeht, weil dieser vor dem
Verwaltungsgericht angefochten werden kann und die Verfassungsmäßigkeit der (ermächtigenden) Norm in *diesem* Rahmen dann *inzidenter*
überprüft wird.[20]

615 Im *Ausgangsfall* ist es dem X so auch ohne weiteres zuzumuten, lediglich die Polizeiverfügung anzufechten und zunächst in *dem* Verfahren mit klären zu lassen, ob das
Gesetz ihm wirksam Handlungspflichten auferlegt oder nicht: Ist das Gericht der
Auffassung, das Gesetz sei nichtig, weil keine *Landes*kompetenz gegeben sei, kommt
die Frage wegen der Vorlagepflicht nach Art. 100 I GG ohnehin zum *BVerfG.*[21] Halten
die Instanzgerichte das Gesetz für gültig, kann X *gegen die Polizeiverfügung* nach
Erschöpfung des Rechtswegs mit der Begründung Verfassungsbeschwerde erheben,
das Landesgesetz verstoße gegen die Kompetenzvorschriften des GG und könne daher
keine Rechtsgrundlage für den polizeilichen Eingriff in sein Grundrecht aus Art. 2 I
GG sein. – Im vorstehend erwähnten *weiteren Beispielsfall* (Strafgesetz) kann es dem
Bürger hingegen in der Regel *nicht* zugemutet werden, zunächst gegen das Gesetz zu
verstoßen, sich mit einer *Kriminalstrafe* belegen zu lassen und dann erst gegen das

---

[17] Kasuistik aus der Rspr. des *BVerfG* bei *Leibholz-Rupprecht*, BVerfGG, 1968, § 90
Rdnrn. 35 ff. Daß der Bürger erst durch den VA unmittelbar betroffen werde, nimmt
das *BVerfG* nicht nur bei der Ermessensverwaltung an, sondern auch oft in Fällen der
gebundenen Verwaltung, in denen das Verwaltungshandeln an sich schon durch das
Gesetz bis in alle Einzelheiten festgelegt ist (Steuern).
[18] *BVerfGE* 29, 94.
[19] So in der Sache *BVerfGE* 42, 243, 252 = JuS 1977, 45 Nr. 1; entsprechend für die
Frage, wann eine Verfassungsbeschwerde gegen letztinstanzliche Entscheidungen des
vorläufigen Rechtsschutzes zulässig ist, *BVerfGE* 51, 130 (138) = JuS 1980, 605 Nr. 3.
[20] S. bereits Rdnr. 482.
[21] Vgl. Rdnr. 606.

letztinstanzliche Strafurteil Verfassungsbeschwerde einzulegen. Daher ist dort auch eine Verfassungsbeschwerde *unmittelbar* gegen das Gesetz möglich.

616   4. Gem. § 93 a BVerfGG bedarf die Verfassungsbeschwerde der *Annahme durch das BVerfG* (Einzelvoraussetzungen in § 93 a BVerfGG). Sehr viele Verfassungsbeschwerden scheitern bereits in der ,,Vorprüfung" nach § 93 a II, III BVerfGG.

III. Begründetheit der Verfassungsbeschwerde

617   Viele Bearbeitungen werden fehlerhaft, weil sie den Rahmen der geltend gemachten Grundrechtsverletzungen verlassen[22] und sich in Ausführungen verlieren, welche nur für eine ,,Superrevisionsinstanz" Bedeutung hätten.

Im *Ausgangsfall* dürfte im Rahmen der Verfassungsbeschwerde gegen die Polizeiverfügung auch nach Erschöpfung des Rechtswegs nicht geprüft werden, ob *X* gegen das Gesetz verstoßen hat, die Vorinstanzen insoweit also richtig subsumiert haben.[23]

Weil es das *BVerfG* nicht als seine Aufgabe ansieht, ,,in jedem Einzelfall nach Art einer Superinstanz seine Vorstellung von der zutreffenden Entscheidung an die Stelle derjenigen der ordentlichen Gerichte zu setzen", legt es sich in bestimmten Konstellationen[24] selbst im Rahmen der Grundrechtsüberprüfung Beschränkungen auf. Insoweit macht das Gericht den Umfang der verfassungsgerichtlichen Nachprüfung von der Intensität der in Frage stehenden Grundrechtsbeeinträchtigung abhängig.[25]

§ 33. Grundrechtliche Ansprüche auf Schutz, Teilhabe und staatliche Leistung?

620   *Ausgangsfälle:* (1) Privatschule *P* muß in absehbarer Zeit ihren Unterricht einstellen, weil sie einen ihrer Gesellschafter hat auszahlen müssen und daher keine liquiden Mittel mehr hat, anstehende Erhöhungen der Personalkosten aufzufangen. Unter Berufung auf Art. 7 IV 1 GG verlangt sie vom Staat eine Erhöhung der Subventionen, welche sie erhält. Zu Recht?[1]
(2) Der Planungsausschuß für die Erfüllung der Gemeinschaftsaufgabe Hochschulbau (vgl. Art. 91 a I Nr. 1 GG i. V. m. dem HochschulbauförderungsG[2]) beschließt,

---

[22] Zum Umfang der Prüfungsbefugnis lies auch *BVerfGE* 11, 349.
[23] Vgl. oben Rdnr. 611.
[24] Vor allem in Kontext nachfolgend Rdnrn. 643 ff. bei der Drittwirkung der Grundrechte, vgl. dort Fußn. 18. S. aber auch etwa *BVerfGE* 43, 130 (135) = JuS 1977, 617 Nr. 3.
[25] *BVerfGE* 42, 147 f.; 42, 168; 43, 135 f. (zusammengefaßt in JuS 1977, 617 Nr. 3).
[1] Ähnliche Fälle: *BVerwGE* 23, 347 = *Weber* II, Art. 7 Nr. 1; 27, 360 = *Weber* II, Art. 7 Nr. 2; *Erichsen,* Staatsrecht I, Fall 4, S. 56 ff. Parallelfall zu Art. 5 III GG: *BVerwG,* NJW 1980, 718 = JuS 1980, 371 Nr. 1.
[2] v. 1. 9. 1969, BGBl I, 1556; zu den Gemeinschaftsaufgaben Näheres § 38 I 2 e.

trotz des bestehenden numerus clausus die Zahl der Studienplätze an den Hochschulen nicht mehr auszuweiten. Denn wegen des Rückganges der Geburten (,,Pillenknick'') sei sonst zu befürchten, daß die neu geschaffenen Kapazitäten in späteren Jahren nicht mehr hinreichend genutzt werden könnten. Ist dieses Verhalten des Planungsausschusses mit dem Recht der Abiturienten vereinbar, ihre Ausbildungsstätte frei zu wählen (Art. 12 I GG)?[3]

(3) Im unbeplanten Innenbereich (§ 34 BBauG) eines Einfamilienhausgebietes hat *X* die Baugenehmigung für eine größere Wohnanlage erhalten. Nach erfolglosem Widerspruchsverfahren erheben Eigentümer E und Mieter M eines unmittelbar angrenzenden kleinen Einfamilienhauses Anfechtungsklage gegen die Baugenehmigung, weil ihr Anwesen durch die große Baumasse der Wohnanlage gleichsam ,,erdrückt'' werde. § 34 BBauG, welcher verletzt wird,[4] ist nach der Rspr.[5] nicht nachbarschützend i. S. der Ausführungen Rdnrn. 234 f. Das Gebot der Rücksichtnahme, welches (bei ,,handgreiflichem'' Betroffensein) dem Eigentümer (nicht einem Mieter[6]) Drittschutz vermitteln kann,[7] schließt einen unmittelbar grundrechtlichen Drittschutz nicht aus. Also fragt sich u. a., ob die Baugenehmigung das Eigentumsgrundrecht (Art. 14 I GG) des *E und* des *M* (Besitz als Eigentum i. S. von Art. 14 I GG) verletzt.

621   Hier geht es um Fälle, in welchen die Grundrechte in ihrer klassischen liberalstaatlichen Funktion als *Abwehr*rechte gegen staatliche *Eingriffe* unergiebig sind.

Art. 7 IV GG würde insoweit nur besagen, daß der Staat die Privatschulen nicht durch *Eingriffe* beseitigen dürfte, Art. 12 I GG, daß der Staat den Zugang zu *vorhandenen* Ausbildungsplätzen nicht einschränken könne, solange dort *freie* Studienplätze bereitständen. Die Abwehrfunktion des Art. 14 I GG ist gar nicht betroffen. Es ist *X*, welcher in das Eigentum von *E* und *M* eingreift.[8]

Entscheidend ist, ob die Grundrechte darüber hinaus auch Ansprüche auf staatliches *Handeln* und/oder auf *Teilhabe* an staatlichen Leistungen der Daseinsvorsorge sowie auf *Schutz* (gegen das Bauvorhaben des *X* im Ausgangsfall 3) vermitteln, welche das dem Grundrechtsträger aus *eigener* Kraft Mögliche *abstützen, erhalten* (Ausgangsfälle 1, 3) oder *erweitern* (Ausgangsfall 2). Diese Frage ist in der Grundrechtstheorie umstritten.[9] In der Rechtsprechung des *BVerfG*[10] finden sich entsprechende

---

[3] Einschlägig die n. c.-Urteile, *BVerfGE* 33, 303 = JuS 1972, 664 Nr. 1 = *Weber* II, Art. 12 Nr. 15; 43, 291 = JuS 1977, 545 Nr. 1; *Hall,* JuS 1974, 88; *Scholz,* JuS 1976, 232.

[4] Zum ,,Bauen in unbeplanten Bereichen'' allgemein *Schmidt-Aßmann,* JuS 1981, 731.

[5] *BVerwG,* Buchholz 406.19 Nachbarschutz Nr. 33; *BVerwG,* NJW 1981, 1473; *BVerwG,* DVBl 1981, 928 = JuS 1982, 145 Nr. 12.

[6] Rdnr. 235 und dort Fußn. 33.

[7] Rdnr. 235, Fußn. 30.

[8] Rdnr. 238.

[9] Repräsentativ die Referate von *W. Martens* (zurückhaltend) und *Häberle* (für ,,grundrechtssichernde Geltungsfortbildung'') i. V. mit der anschließenden Diskussion auf der Staatsrechtslehrertagung, VVDStRL 30, 7 ff. S. auch den Überblick bei *Böckenförde,* NJW 1974, 1535 ff. Anspruchstypologie als Ergebnis einer Rechtsprechungsanalyse bei *Breuer,* in: Festg. 25 Jahre BVerwG, 1978, S. 89 ff.

[10] S. die nachfolgenden Fußn.

Ansätze. Wiederum ist zwischen Freiheits- (nachfolgend Rdnrn. 622ff.) und Gleichheitsgrundrechten (nachfolgend Rdnrn. 627ff.) zu unterscheiden. Etwa vorhandene Ansprüche auf finanzielle Aufwendungen finden regelmäßig darin ihre Grenze, daß der Staat auch andere Staatsaufgaben zu erledigen hat (nachfolgend Rdnrn. 630ff.).

I. Ansprüche aus Freiheitsgrundrechten

622   1. Schutzanspruch aus Art. 1 I 2 GG

Nach der positivrechtlichen Regelung in Art. 1 I 2 GG muß der Staat *jedenfalls „zum Schutz der Menschenwürde"* handeln. Das gilt im Rahmen aller Grundrechte, *soweit* sie Ausdruck der Menschenwürde i. S. des Art. 1 I GG sind.[11]

Entsprechend hat das Urteil des *BVerfG* zu § 218 StGB[12] aus Art. 2 II GG i. V. m. Art. 1 I GG die Verpflichtung des Gesetzgebers hergeleitet, das ungeborene Kind zu schützen. Das Betreiben einer Privatschule *(Ausgangsfall 1)*, eine Hochschulausbildung *(Ausgangsfall 2)* und das unbeeinträchtigte Wohnen *(Ausgangsfall 3)* sind hingegen keine Essentiale der Menschenwürde i. S. des Art. 1 GG.

623   2. Konstruktion über die objektivrechtliche Seite der Grundrechte

Ist Art. 1 I GG nicht einschlägig, konstruiert das *BVerfG* in Einzelfällen[13] Teilhabe- und Leistungsansprüche, auch Schutzansprüche bei der Drittklage[14] über die skizzierte[15] objektivrechtliche Seite der Grundrechte. Wenn das Grundgesetz die Existenz bestimmter grundrechtlich genannter Handlungen und Rechtsgüter als ordnungspolitisch erwünscht und wertvoll erkannt habe, so müßten die staatlichen Organe dafür sorgen, daß diese Existenz möglich sei.

Wegen der angedeuteten[16] konstitutiven Bedeutung der Meinungsfreiheit für das Funktionieren der Demokratie kann der Staat so z.B. verpflichtet sein, Gefahren abzuwehren, die einem freien Pressewesen aus der Bildung von Meinungsmonopolen erwachsen.[17] Sieht man in Art. 7 IV 1 GG eine Entscheidung objektiven Rechts zugun-

---

[11] Zum Zusammenspiel des Art. 1 mit den anderen Grundrechten s. *Dürig*, in: *Maunz-Dürig-Herzog-Scholz*, Art. 1 I Rdnrn. 6ff.

[12] *BVerfGE* 39, 1 (Leits. 1) = JuS 1975, 323 Nr. 1 = *Weber* I, Art. 2 II Nr. 5; s. ferner *BVerfGE* 49, 24 = JuS 1979, 209 Nr. 1; *BVerfGE* 46, 164 = JuS 1978, 262 Nr. 1.

[13] Noch tastend *BVerfGE* 33, 329ff., 333 = JuS 1972, 664 Nr. 1 = *Weber* II, Art. 12 Nr. 15. (n. c.-Urt.). Klar dann *BVerfGE* 35, 114ff. = JuS 1973, 641 Nr. 3 = *Weber* I, Art. 5 III Nr. 4 (Hochschulurt.); 39, 41 = JuS 1975, 323 Nr. 1 = *Weber* I, Art. 2 II Nr. 5; *BVerfGE* 49, 141f. = JuS 1979, 362 Nr. 1.

[14] S. *BVerfGE* 49, 89 (140ff.); 53, 30 (57ff.) = JuS 1980, 602 Nr. 1 zu atomrechtlichen Genehmigungsverfahren.

[15] Rdnrn. 585ff.

[16] Rdnr. 586.

[17] *BVerfGE* 20, 176 = *Weber* I, Art. 5 I, II Nr. 7; VG *Berlin*, NJW 1974, 330 = DÖV 1974, 134 m. Anm. *Scholz* = JuS 1974, 334 Nr. 12 = *Weber* I Art. 5 I, II Nr. 23; OVG Berlin DVBl. 1975, 905 (betr. beide Subventionierung mittlerer Zeitungsverlage).

sten der Privatschule als Alternative der staatlichen Schule,[18] kommt im *Ausgangsfall 1* die Verpflichtung des Staates in Betracht, Privatschulen gegen eine Existenzgefährdung abzusichern. Sieht man in Art. 12 I GG eine objektivrechtliche Verfassungsentscheidung zugunsten einer optimalen Ausbildung, muß der Staat diese Entscheidung in die Verfassungswirklichkeit umsetzen und im *Ausgangsfall 2* daran denken, ausreichende Ausbildungskapazitäten zu schaffen.[19] Nimmt man an, durch Art. 14 I 1 GG sei das Wohnen ohne massive Beeinträchtigung objektivrechtlich geschützt, verstößt die Baugenehmigung im *Ausgangsfall 3* gegen Art. 14 I 1 GG.

624   Auch hier ist der Einstieg über die objektive Ordnung indessen wieder mit dem Problem belastet,[20] daß dem Einfluß subjektiver Wertungen des Verfassungsinterpreten Tür und Tor geöffnet sind.

So fragt sich im *Ausgangsfall 1* etwa, wie die objektivrechtliche Entscheidung zugunsten der Privatschule im *einzelnen* aussieht. Liegt nur eine institutionelle Garantie vor,[21] kann den Staat von vornherein keine Verpflichtung zur spezifischen Unterstützung einer einzelnen Schule treffen, solange nicht das Gros aller Privatschulen und damit erst die Institution als solche in der Existenz bedroht sind.[22] Ist hingegen der *überkommene Bestand* an Privatschulen garantiert, kommt eine Subventionsverpflichtung in Betracht, ist aber von dem Frage abhängig, welche finanzielle *Eigen*kraft Art. 7 IV GG dem Träger einer *Privat*(!)schule abverlangt.[23] – Im *Ausgangsfall 3* läßt sich verhältnismäßig eindeutig argumentieren. Art. 14 I GG kann nicht antizipiert und blanco all das zur objektivrechtlichen verfassungsunmittelbaren Wertentscheidung erhoben haben, was (erst) der *Gesetzgeber* im Rahmen von Art. 14 I 2 GG *konstitutiv* als Inhalt des Eigentums bestimmt. Die objektivrechtliche Verfassungsentscheidung zugunsten des Eigentums umfaßt daher nur *die* Eigentumsaspekte, welche Art. 14 I 1 GG gem. Art. 1 III GG auch gegenüber dem Gesetzgeber schützt. *Sie* sind im *Ausgangsfall 3* einschlägig, wenn das Bauvorhaben *E* und *M* i.S. der Formulierungen des *BVerwG*[24] „schwer und unerträglich" trifft, den „Grad einer enteignungsrechtlich beachtlichen Unzumutbarkeit" erreicht.[25]

625   Besteht eine (objektivrechtliche) Verpflichtung des Staats (= „Verfassungsauftrag") zum Handeln, ist weiterhin problematisch, ob dem ein *(klagbares) subjektives* Recht des einzelnen Grundrechtsträgers auf Teilhabe oder Leistung korrespondiert. Anders als bei der Abwehrfunktion der Grundrechte gegen staatliche Eingriffe[26] hält das *BVerfG* eine solche Entsprechung hier wohl nicht für vorgegeben, von Fall zu Fall aber für möglich.[27]

---

[18] So *BVerfGE* 27, 201 = *Weber* II, Art. 7 Nr. 3.
[19] In seiner Zurückhaltung (soeben Fußn. 13) läßt das *BVerfG* diese Frage im n. c.-Urt. dahingestellt *(BVerfGE* 33, 333).
[20] S. zu ihm schon Rdnrn. 590 ff.
[21] Ansatz in *BVerwGE* 27, 362 f. = *Weber* II, Art. 7 Nr. 2.
[22] *Erichsen*, Staatsrecht I, S. 75 ff.
[23] Einzelheiten in *BVerwGE* 27, 365 f. = *Weber* II, Art. 7 Nr. 2. S. ferner *Petermann*, NVwZ 1982, 543.
[24] Rdnr. 238.
[25] Eingehender zur vorstehenden Ableitung *Schwerdtfeger*, NVwZ 1982, 8 f.
[26] S. insoweit Rdnr. 587.
[27] So in *BVerfGE* 33, 332, 333 = *Weber* II, Art. 12 Nr. 15; 35, 116 = *Weber* I, Art. 5 III Nr. 4; 43, 314; 46, 164 *(Schleyer*-Entführung); sowie soeben in Fußn. 14 zum *Drittschutz.*

626   3. Sozialstaatliche Neuinterpretation der Grundrechte

Schließlich besteht die Möglichkeit, die Grundrechte (ohne den Umweg über ihre objektivrechtliche Seite) *sozialstaatlich (neu)* zu interpretieren. In diesem Sinne sind die Grundrechte nicht (nur) liberalstaatliche *(rechtliche)* Ausgrenzungen, sondern *reale* Freiheitsgewährleistungen. Die faktischen Voraussetzungen realer Freiheitsbetätigungen sind heute weitgehend nicht mehr gegeben, wenn der Sozialstaat sie nicht durch seine Sozialleistungen und Maßnahmen der Daseinsvorsorge ersetzt. Dem entspricht ein grundrechtlicher Anspruch auf diese Leistungen, im *Ausgangsfall 2* also (im Rahmen von nachfolgend Rdnrn. 630 ff.) auf Ausweitung der Hochschulkapazitäten.[28] Daß auch hier wieder ein Einfallstor für subjektive Wertvorstellungen des Verfassungsinterpreten besteht,[29] liegt auf der Hand.

II. Ansprüche aus dem Gleichheitsgrundsatz

627   Ansprüche auf Leistung und Teilhabe können im Gleichheitsgrundsatz (Art. 3 I GG) ihren Ansatz finden, wenn dem Grundrechtsträger eine Leistung oder Teilhabe vorenthalten wird, welche der Staat *anderen* Bürgern gewährt.

Im *Ausgangsfall 2*[30] kommt dementsprechend eine Verpflichtung des Staats, die Kapazitäten zu erweitern, auch deshalb in Betracht, weil die abgewiesenen Studienbewerber gegenüber den Inhabern der Studienplätze gleichheitswidrig diskriminiert sein könnten.

628   Trotz bestehender Gleichheiten gestattet es der Gleichheitsgrundsatz indessen, auf gleichzeitig bestehende Ungleichheiten abzustellen, wenn sich dafür ein sachlich irgendwie einleuchtender Grund finden läßt.[31] Schon deshalb scheitert in den meisten Fällen ein Gleichheitsanspruch auf Leistung und Teilhabe.

Im *Ausgangsfall 2* haben zwar alle Studienbewerber die *Hochschulreife* (= gleiches Element). Der Notendurchschnitt der Abiturzeugnisse ist aber ungleich. Daher ist man auch im *Ausgangsfall* zunächst geneigt anzunehmen, unter Gleichheitsgesichtspunkten sei es *nicht* sachwidrig, wenn Studienkapazitäten nur für die Abiturienten mit gutem Notendurchschnitt zur Verfügung gestellt würden.

629   Aber auf bestehende Unterschiede darf insoweit nicht abgestellt werden, als sie nach Wertungen des GG irrelevant sind.[32] Solche Wertungen

---

[28] Andeutungen in dieser Richtung in *BVerfGE* 33, 331 f. = *Weber* II, Art. 12 Nr. 15. Grdl. *Häberle*, VVDStRL 30, 69 ff. Krit. W. *Martens*, VVDStRL 30, 28 ff.; *Böckenförde*, NJW 1974, 1535 ff., 1538.

[29] S. etwa den Streit zwischen *Liesegang*, JuS 1975, 215, und *Arndt-v. Olshausen*, JuS 1975, 485, zur inneren Pressefreiheit.

[30] Weitere Beispiele Rdnr. 926; *BVerwGE* 55, 349 = JuS 1979, 513 Nr. 2.

[31] S. Rdnrn. 596 ff.

[32] S. Rdnr. 597, Fußn. 5.

finden sich gerade in der objektivrechtlichen Seite der Freiheitsgrund-rechte. An sie ist daher typischerweise auch die Argumentation im Rahmen der Gleichheitsprüfung entscheidend rückgekoppelt.

Zum *Ausgangsfall 2* besagt die in Art. 12 I GG enthaltene objektivrechtliche Entscheidung, daß *jeder*, der zum Hochschulstudium in der Lage ist (Abitur = Hochschul*reife*), soll studieren können (in den Grenzen von nachfolgend Rdnrn. 630 ff.). Das Abhängigmachen der Kapazitäten von der Abitur*note* würde gegen diese (Wert-) entscheidung verstoßen. Damit prägt ausschließlich die Hochschulreife (= *gleiches* Element) die Vergleichstatbestände: Auch Art. 3 I GG drängt auf eine Ausweitung der Kapazität.[33]

III. Anspruchsschranken

630 Bei allen in Rdnrn. 622 ff. und 627 ff. angedeuteten Ansätzen ist die Verpflichtung des Staates zur Gewährung von Teilhabe oder Leistung indessen nicht *absolut*. Denn auch jetzt finden die Grundrechte über den Gesetzesvorbehalt und vor allem in anderen Normen der Verfassung ihre Schranken.

Der verfassungskräftige Schutzanspruch des ungeborenen Kindes gegen Abtreibung findet seine Schranke im Grundrecht der Mutter auf freie Entfaltung ihrer Persönlichkeit.[34] In den *Ausgangsfällen 1 und 2* stößt die Verpflichtung des Staates, für die Erhaltung von Privatschulen zu sorgen und dem n. c. entgegenzuwirken, auf die Pflicht, mit den knappen staatlichen Finanzmitteln auch alle anderen Staatsaufgaben wahrzunehmen. Im Zusammenhang mit *Ausgangsfall 3* ist die Baufreiheit des *X* aus Art. 14 I 1 GG zu nennen.

631 Es bestehen also Zielkonflikte. Wie sie zu lösen sind, welche Prioritäten insbesondere für den Einsatz der Finanzmittel gewählt werden, entscheiden grundsätzlich die dafür *zuständigen* staatlichen Instanzen nach *ihrer* politischen Wertung, *nicht* das *BVerfG* und auch nicht der Fallbearbeiter.[35]

So ist es trotz des n. c. möglich, daß der Staat anstelle einer Universität Krankenhäuser baut oder in der Bundeswehr ein neues Waffensystem einführt. Im Zusammenhang mit *Ausgangsfall 3* könnte der kommunale Gesetzgeber durch Bebauungsplan (Satzung) eine Nutzungsänderung zugunsten des *X* herbeiführen. Weil *dieser* Weg aber nicht beschritten worden ist, hat E seinen Schutzanspruch gegen die Baugenehmigungsbehörde.

632 Wegen der Zielkonflikte kann ein Grundrechtsanspruch auf Teilhabe und Leistung in der Regel nur bewirken, daß die staatlichen Organe ihn in ihre Überlegungen mit *einzubeziehen* haben. Er lenkt also die *Metho-*

---

[33] *BVerfGE* 33, 331 = *Weber* II, Art. 12 Nr. 15 zieht Art. 3 I GG nur heran, um den Anspruch des Abiturienten auf Teilhabe an *vorhandenen, aber nicht ausgeschöpften Kapazitäten* zu begründen.
[34] *BVerfGE* 39, 42 = *Weber* I, Art. 2 II Nr. 5.
[35] *BVerfGE* 27, 283; 33, 333 f. = *Weber* II, Art. 12 Nr. 15; 39, 44 = *Weber* I, Art. 2 II Nr. 5; 46, 164 = JuS 1978, 262 Nr. 1.

dik der Entscheidungs*findung.*[36] Lediglich in Extremfällen ist der Staat verpflichtet, dem Grundrechtsanspruch gegenüber kollidierenden Aspekten im Entscheidungs*ergebnis* den Vorzug zu geben.

Die unterschiedlichen Darlegungen der Mehrheit und der überstimmten Minderheit des *1. Senats* des *BVerfG* im § 218-Urteil[37] zeigen, wie schwierig die Beurteilung sein kann, ob ein solcher Extremfall vorliegt oder nicht. Im *Ausgangsfall 1* dürfte kein (absoluter) Subventionsanspruch gegeben sein, solange die Privatschulen nicht auf breiter Front in existenzgefährdende Schwierigkeiten geraten. Im *Ausgangsfall 2* läßt die Rahmenplanung den n. c. aber so einseitig unberücksichtigt, daß sie gegen Art. 12 I GG und Art. 3 I GG verstößt. Weil *E* einen Entschädigungsanspruch wegen „enteignenden Eingriffs"erhielte,[38] könnte Art. 14 I GG im *Ausgangsfall 3* den Bebauungsplan zugunsten von X nicht verhindern.

§ 34. Besonderheiten bei wichtigen Einzelgrundrechten

I. Art. 12 GG

635 *Ausgangsfälle:*[1] (1) Für den Straßenbau wird ein Geschäftsgrundstück enteignet. Geschäftsinhaber *E* fühlt sich zu alt, um sein Geschäft (mit Hilfe der Enteignungsentschädigung) an anderer Stelle neu aufbauen zu können. Er befürchtet den „Pensionärstod". Kann *E* die an sich rechtmäßige Enteignung unter Berufung auf Art. 12 GG anfechten?

(2) Gem. §§ 1 I, 46 II HandwO kann selbständig ein Handwerk nur betreiben, wer in einer *Meister*prüfung u. a. auch betriebswirtschaftliche und kaufmännische Kenntnisse nachgewiesen hat. Schuhmachergeselle *G* möchte eine eigene Schuhmacherwerkstatt eröffnen, scheitert in der Meisterprüfung aber an den betriebswirtschaftlichen und kaufmännischen Prüfungsanforderungen. Ist die HandwO in diesen Anforderungen mit Art. 12 I GG vereinbar? (s. zum Fall auch schon Rdnr. 558).

1. Schutzbereich des Art. 12 I GG

635 a a) Ob die Berufsfreiheit *thematisch* einschlägig ist, läßt sich in der Regel eindeutig entscheiden, so auch in den *Ausgangsfällen.*

Merke: Das *BVerfG*[2] hat den im Gesetzeswortlaut *personalen* Ansatz des Art. 12 I GG (*Berufs*freiheit) zu der *allgemeinen,* auch *juristischen* Personen zugänglichen[3] (vgl. Art. 19 III GG) „Freiheit, eine Erwerbszwecken dienende Tätigkeit, insbesondere ein Gewerbe zu betreiben", fortentwickelt. Damit ist die in der Fallbearbeitung häufig relevante „Wirtschaftsfreiheit" *heute* in der lex specialis des Art. 12 I GG angesiedelt, nicht mehr in der lex generalis des Art. 2 I GG, wie die Literatur ursprünglich angenommen hatte. Auf Art. 2 I GG darf daher nur noch für *gelegentliches* wirtschaftliches Handeln zurückgegriffen werden, welches weder berufs- noch gewerbsmäßig stattfindet.

[36] Näheres zu einer solchen Konstellation Rdnr. 528.
[37] *BVerfGE* 39, 44 ff. einerseits, 73 ff. andererseits.
[38] Näheres Rdnrn. 415, 420 ff.
[1] Weitere Fälle bei: *Erichsen,* Staatsrecht I, Fall 1; *Erbel,* Klausurenlehre I, Fälle 9, 10; *Frotscher,* JuS 1981, 662. – Umfassend zu Art. 12 GG *Meessen,* JuS 1982, 397.
[2] *BVerfGE* 21, 266; 22, 383; 30, 292 (312) = JuS 1971, 650 Nr. 1 = *Weber* II, Art. 12 Nr. 11; 50, 290 (263) = JuS 1979, 897 Nr. 1.
[3] So *BVerfGE* 30, 292 (312); 50, 290 (363).

635b b) In seinem *funktionalen* Schutzbereich⁴ kommt Art. 12 I GG „in aller Regel als Maßstabsnorm nur für solche Bestimmungen in Betracht, die sich gerade auf die berufliche Betätigung beziehen und diese unmittelbar zum Gegenstand haben". *Zusätzlich* sind an Art. 12 I GG nach seinem Schutzzweck aber auch Vorschriften zu messen, welche „infolge ihrer Gestaltung in einem engen Zusammenhang mit der Ausübung eines Berufs stehen und – objektiv – eine berufsregelnde Tendenz deutlich erkennen lassen".⁵

Im *Ausgangsfall 1* haben die einschlägigen Enteignungsnormen keinen irgendwie berufsregelnden Charakter. Es geht *ausschließlich* um die Inanspruchnahme des *Grundstücks*. Der (funktionale) Schutzbereich des Art. 12 GG ist dem E also nicht eröffnet.⁶ (Ebensowenig eröffnet das Stichwort „Pensionärstod" dem E den funktionalen Schutzbereich des Art. 2 II GG). – Im *Ausgangsfall 2* ist Art. 12 GG auch funktional gesehen ohne weiteres einschlägig.

635c *Merke:* Bei unternehmerischer, wirtschaftlicher Betätigung tritt neben Art. 12 I GG regelmäßig auch Art. 14 I GG ins Blickfeld. Nach *BVerfGE* 30, 335 gibt es in der Konkurrenz zwischen Art. 12 I GG und Art. 14 I GG Fälle, in welchen vom funktionalen Schutzbereich her *nur* Art. 12 I GG oder *nur* Art. 14 GG Anwendung findet: „Greift ein Akt der öffentlichen Gewalt eher in die Freiheit der ... Erwerbs- und Leistungstätigkeit ein, so ist der Schutzbereich des Art. 12 I GG berührt; begrenzt er mehr die Innehabung oder Verwendung vorhandener Vermögensgüter, so kommt der Schutz des Art. 14 GG in Betracht". In der Praxis läßt das *BVerfG* die Einzelabgrenzung aber regelmäßig dahinstehen,⁷ sobald beide Ansätze zum gleichen Ergebnis führen. Wenn die Aufgabe hinreichend andere Schwierigkeiten enthält, an welchen der Bearbeiter seinen Scharfsinn erweisen kann, darf man in der Fallbearbeitung ebenso verfahren.⁸

2. Berufswahl oder Berufsausübung?

635d Nach dem Wortlaut von Art. 12 I 2 GG steht die Berufs*ausübung* unter einem Gesetzesvorbehalt, die Berufs*wahl* aber nicht. Daher muß in der Fallbearbeitung zunächst bestimmt werden, ob die öffentliche Hand in die Berufs*wahl* eingreift oder „nur" die Berufs*ausübung* regelt.

Im *Ausgangsfall 2* nahm ein Teil der Bearbeiter an, die HandwO regele in den zitierten Bestimmungen die Berufs*ausübung*. Denn das Handwerk eines Schuhmachers könne G auch ohne die Meisterprüfung – wie bisher im Angestelltenverhältnis – ausüben. Ein anderer Teil der Bearbeiter sah die Berufs*wahl*möglichkeit eingeschränkt, weil G schließlich habe selbständig werden wollen. Diese Begründungen hingen in der Luft, weil sie ihre *Prämissen* nicht offenlegten und diskutierten, wie es in einer *wissenschaftlichen* Fallbearbeitung erforderlich ist:

635e *Entscheidend* ist, was im konkreten Falle als der *Beruf* angesehen werden muß.

---

⁴ Zu ihm s. bereits Rdnr. 548.
⁵ So *BVerfGE* 13, 181 (185f.); 22, 380 (383); zuletzt *BVerfGE* 46, 120 (137f.).
⁶ Vergleichbare Konstellationen in *BVerfGE* 10, 354 (362f.); 15, 235 (239); 21, 73 (85).
⁷ S. dazu insbes. *BVerfGE* 50, 290 (361f.).
⁸ S. Rdnrn. 961 ff.

Ist „Beruf" die Tätigkeit als Schuhmacher*handwerker*, wird in der Tat nur die Berufsausübung betroffen. Sind selbständiger und unselbständiger Handwerker *verschiedene* Berufe, greift die HandwO mit den genannten Prüfungsvoraussetzungen in die Freiheit der Berufswahl ein.

Der Beruf bestimmt sich zunächst nach den „traditionellen oder sogar rechtlich fixierten Berufsbildern". Auch *untypische* Betätigungen[9] sind aber ein eigenständiger Beruf, soweit sie nicht „nach der allgemeinen Verkehrsanschauung entsprechend einer natürlichen Betrachtung" (noch) als Ausübung eines *typischen* Berufs erscheinen.[10]

Im *Ausgangsfall 2* ist die selbständige Ausübung des Handwerks „nach der geschichtlich gewordenen Struktur des Handwerksstandes" „in der Verkehrsanschauung ein *eigenständiger* Beruf"[11] (= Eingriff in die Berufs*wahl*freiheit).

3. Regelung der Berufsausübung

635 f   a) Weil die Berufsausübung gem. Art. 12 I 2 GG „durch Gesetz oder aufgrund eines Gesetzes" geregelt wird, ist entsprechend den Ausführungen in Rdnr. 553 ein Parlamentsgesetz erforderlich („Parlamentsvorbehalt").

635 g   b) Materiellrechtlich gesehen beurteilt sich nach den in Rdnrn. 549 ff. dargestellten Grundsätzen („Grundrechte mit Gesetzesvorbehalt"), ob die Berufsausübung verfassungsgemäß geregelt worden ist.

Ein Eingehen auf die „Dreistufentheorie" (nachfolgend Rdnr. 635 j) ist in diesem Rahmen an sich nicht notwendig, in der praktischen Rechtsanwendung aber weitgehend üblich und daher auch für die Fallbearbeitung empfehlenswert.

4. Eingriff in die Berufswahl

635 h   Weil die – im *Ausgangsfall 2* einschlägige – Berufs*wahl*freiheit nach dem Wortlaut von Art. 12 I GG *nicht* unter einem Gesetzesvorbehalt steht, würden sich gesetzliche Einschränkungen an sich nur über die in Rdnrn. 573 ff. dargestellten Grundsätze („ungeschriebene Grundrechtsbegrenzungen") „konstruieren" lassen. Das BVerfG geht aber einen anderen Weg:

635 i   Im „Apothekenurteil"[12] zieht das Bundesverfassungsgericht die Freiheit der Berufs*wahl* (Art. 12 I 1 GG) und die Freiheit der Berufs*ausübung* (Art. 12 I 2 GG) zu einem *einheitlichen* Grundrecht der „Berufsfreiheit" zusammen und unterstellt dieses Grundrecht *insgesamt* dem Gesetzesvorbehalt des Art. 12 I 2 GG (= *erster* Bedeutungskomplex des „Apothekenurteils").

635 j   Damit würden an sich auch Eingriffe in die Berufswahl unmittelbar nach den in Rdnrn. 549 ff. dargestellten Grundsätzen („Grundrechte mit Gesetzesvorbehalt") geprüft werden können. Im Rahmen des Grundsatzes der Verhältnismäßigkeit im engeren Sinne („Proportionalität") ergäbe sich eine *gleitende Linie:* je intensiver der Ein-

---

[9] Grundlegend *BVerfGE* 7, 377 (397); 13, 97 (106); 16, 147 (163 f.).
[10] Zu dieser Einschränkung s. *BVerfGE* 16, 147 (164); 48, 376 (388).
[11] Vgl. *BVerfGE* 13, 97 (105).
[12] *BVerfGE* 7, 377 = *Weber II*, Art. 12 Nr. 1 (lesen!).

griff in die Berufsfreiheit wäre, um so hochwertiger müßten die Gemeinwohlgüter sein, welche über den Grundrechtseingriff gefördert werden sollen.

635k   Seit dem „Apothekenurteil" prüft das Bundesverfassungsgericht den Verhältnismäßigkeitsgrundsatz *(nur)* im Rahmen von Art. 12 I GG aber in besonderem Gewande:[13] über die „*Dreistufentheorie*" (= *zweiter* Bedeutungskomplex des Apothekenurteils). Nach der Dreistufentheorie[14] ist (1) die Berufs*ausübung* schon beschränkbar, „soweit vernünftige Erwägungen des Gemeinwohls es zweckmäßig erscheinen lassen" (= Kontext soeben Rdnr. 635 g). Die (2) Freiheit der Berufs*wahl* ist durch *subjektive* Zulassungsvoraussetzungen einschränkbar nur „zum Schutz besonders wichtiger (‚überragender‘) Gemeinwohlgüter". (3) Einschränkungen der Berufs*wahl* durch *objektive* Zulassungsbedingungen sind nur möglich, wenn „nachweisbare oder höchstwahrscheinliche schwere Gefahren für ein überragend wichtiges Gemeinschaftsgut diesen Eingriff legitimieren können".

Im *Ausgangsfall 2* sind die Prüfungsanforderungen *subjektive* Zulassungsvoraussetzungen für die Berufswahl, weil sie auf die persönliche Qualifikation des Berufsanwärters abstellen. Wie in Rdnr. 558 schon angedeutet wurde, erfolgt die Einschränkung zum Schutz des selbständigen Handwerks als *Berufsstand* mit seiner geschlossenen Stellung im sozialen Gefüge und mit spezifischen Funktionen im Wirtschaftsleben. Das *BVerfG*[15] sieht in dieser Position des selbständigen Handwerks ein „besonders wichtiges Gemeinschaftsgut" in dem Sinne, daß die Meisterprüfung auch auf die geforderten betriebswirtschaftlichen und kaufmännischen Kenntnisse erstreckt werden darf.

635l   Neben der bisher nur behandelten Verhältnismäßigkeit im engeren Sinne („Proportionalität") sind auch die Eignung und die Notwendigkeit des Eingriffs (= kein „milderes Mittel") Voraussetzungen für die Verfassungsmäßigkeit einer Grundrechtsbeeinträchtigung (s. Rdnrn. 564f.). Auch die Frage nach einem „milderen Mittel" wird im „Apothekenurteil" in die „Dreistufentheorie" integriert. Eine Regelung auf der intensiveren Eingriffsstufe ist nur zulässig, wenn sich auf der vorhergehenden Stufe keine gleich wirksame Regelung treffen läßt.[16]

Im *Ausgangsfall 2* ist ein „milderes Mittel" in der Form einer bloßen „Ausübungsregelung" nicht sichtbar.

635m   *Beachte:* Nach der Korrekturerfahrung liegt der wohl *häufigste Fehler* darin, daß die Studenten ihre Entscheidung zwischen Berufswahl und Berufsausübung (Kontext Rdnr. 635d) im weiteren Verlauf ihrer Ausführungen nicht „durchhalten". Bei der Bearbeitung des *Ausgangsfalles 2* wurde so in mancher Arbeit *zunächst* (im Kontext Rdnr. 635d) angenommen, die Prüfungsanforderungen beschränkten nur die Berufs*ausübung*. Im Zusammenhang mit der „Dreistufentheorie" wurde dann gleichwohl eine *subjektive Zulassungs*voraussetzung bejaht, obgleich diese in der Sache eben nur bei der Berufs*wahl, nicht* aber bei der Berufsausübung angesiedelt sein kann.

---

[13] S. dazu schon Rdnr. 556.
[14] *BVerfGE* 7, 377 (405 ff.).
[15] *BVerfGE* 13, 97 (118) = JuS 1962, 33 Nr. 1 = *Weber* II, Art. 12 Nr. 2.
[16] *BVerfGE* 7, 377 (408).

II. Art. 14 GG

636 *Ausgangsfälle:*[17] (1) *K* betreibt auf seinem Grundstück seit 1936 eine Kiesbaggerei bis in den Grundwasserbereich hinein (,,Naßauskiesung"). Die Befugnis, in die Grundwasserbereich einzudringen, stand ihm nach dem Preussischen Wassergesetz von 1913 ohne weiteres zu. Gem. § 1 a III WHG 1960/1976 (*Sartorius* Nr. 845) ,,berechtigt das Grundeigentum nicht" mehr zum Eindringen in das Grundwasser. Vielmehr ist eine Erlaubnis erforderlich, welche nach dem ,,gewährenden" *Ermessen* der zuständigen Behörde erteilt wird (vgl. §§ 2 I, 3 I Nr. 6 WHG). Ist das WHG insoweit mit Art. 14 GG vereinbar?[18]

(2) Auf dem Hof des Bauern *B* stehen 25 alte Buchen in einem Ensemble, welches den Eindruck eines Buchendomes vermittelt. Dieser ,,Buchendom" wird in die Liste der Naturdenkmäler eingetragen und darf damit nicht mehr abgeholzt werden. Kann sich *B*, welcher aus der Verwertung des Holzes die Aussteuer seiner Tochter bezahlen möchte, mit Erfolg gegen diese Eintragung (= Verwaltungsakt) wehren?[19]

(3) Das Grundstück des *G* liegt mit seiner Vorderfront an einer Hauptverkehrsstraße, mit seinem Garten aber herrlich ,,im Grünen". Nunmehr soll eine zweite Hauptverkehrsstraße unmittelbar am Grundstück des *G* so vorbeigeführt werden, daß das Grundstück auf engstem Raum in eine ,,Verkehrsschere" gerät. Das Grundstück wird damit so gut wie unbewohnbar. Kann *G* sich mit Erfolg gegen den entsprechenden Planfeststellungsbeschluß (= Verwaltungsakt)[20] wehren?[21]

636a Art. 14 GG ist das wohl ,,schwierigste" Grundrecht (und sollte deshalb vom Anfänger zunächst übergangen werden). Die dogmatische Struktur des Art. 14 GG ist erst verhältnismäßig spät durch das Bundesverfassungsgericht entfaltet worden.[22] Dabei hat das Bundesverfassungsgericht mit den bisher herrschenden Vorstellungen gebrochen. Die Literatur ist insoweit oft noch nicht auf dem neuesten Stand (und also ,,mit Vorsicht zu genießen").

Befangen in Vorstellungen aus der Weimarer Zeit (Art. 153 WRV)[23] versuchte man bisher, den Eigentums*schutz* über den *Enteignungs*begriff zu vermitteln. Deshalb war stereotype Frage, ob ein Eigentumeingriff *noch* (entschädigungslose) Inhaltsbestimmung" i. S. von Art. 14 I 2 oder *schon* (entschädigungspflichtige, der Junktim-Klausel unterworfene) ,,Enteignung" i. S. von Art. 14 III GG sei. Damit die Abgrenzung methodisch abgesichert getroffen werden konnte, wurden in Literatur und Rechtsprechung die verschiedenen – weitgehend ebenfalls aus der Weimarer Zeit übernommenen – *Enteignungs*theorien angeboten (Einzelakttheorie des RG, Zumutbarkeits-/Schweretheorie des BVerwG, modifizierte ,,Sonderopfertheorie" des *BGH*, ,,Privatnützigkeitstheorie", ,,Schutzwürdigkeitstheorie", ,,Substanzminderungstheorie"). Entsprechend hatten die Gerichte die Entscheidung auch in den *Ausgangsfällen* über die zweipolige Fragestellung ,,Inhaltsbestimmung oder schon Enteignung" gesucht.[24] Das

---

[17] Weitere Fälle bei: *Erichsen*, Staatsrecht I, Fall 8.

[18] *BVerfGE* 58, 300 = JuS 1982, 852 Nr. 1; *Schwerdtfeger*, JuS 1983, 104.

[19] *BGH*, LM Art. 14 GG Nr. 60.

[20] S. Rdnr. 264.

[21] *BVerwGE* 61, 295.

[22] Den vorläufigen Abschluß bilden die ,,Kleingartenentscheidung" *BVerfGE* 52, 1 = JuS 1981, 142 Nr. 1 und die dem *Ausgangsfall 1* zugrundeliegende ,,Naßauskiesungsentscheidung", Fußn. 18 (beide Entscheidungen lesen!).

[23] Zu ihnen und zu dem *anderen* Ansatz des Art. 14 GG Näheres bei *Schwerdtfeger*, Die dogmatische Struktur der Eigentumsgarantie, 1983, 7 ff.

[24] Zum *Ausgangsfall 1* s. insoweit *BGH*, NJW 1978, 2290.

BVerfG wendet sich gegen diese Fragestellung und stellt die Dogmatik des Art. 14 GG insgesamt auf neue Grundlagen:[25]

636b Eigentums*schutz* wird durch die Eigentums*garantie* des Art. 14 I 1 GG und *nicht* über den Enteignungsbegriff des Art. 14 III GG vermittelt. Art. 14 III GG *ermächtigt* den Gesetzgeber zu Eigentums*eingriffen.* ,,Inhaltsbestimmung, Legalenteignung und Administrativenteignung sind jeweils *eigenständige* Rechtsinstitute" zur Regelung von Eigentumsfragen, ,,die das Grundgesetz deutlich voneinander absetzt".[26]

636c Im einzelnen: Eigentum ist eine Schöpfung der Rechtsordnung. Sein *Einzel*inhalt ist nicht unmittelbar durch Art. 14 I 1 GG fixiert, sondern wird gem. Art. 14 I 2 GG *konstitutiv* durch den (einfachen) Gesetzgeber bestimmt.[26a] Das geschieht entsprechend dem Gesetzesbegriff *generell-abstrakt.* In diesem Rahmen enthält Art. 14 I 1 GG zwei verschiedene Gewährleistungen. Als ,,*Institutsgarantie*" verpflichtet Art. 14 I 1 GG den Gesetzgeber i. S. einer Verfassungsdirektive *objektivrechtlich*-institutionell,[26b] den Eigentumsinhalt nach bestimmten Strukturprinzipien auszugestalten.[26c] Als *subjektivrechtliche* Bestandsgarantie schützt Art. 14 I 1 GG das *konkrete* Eigentum in der Hand eines *konkreten* Eigentümers. Eine *Enteignung* kann nur vorliegen, wenn in *bestandsgeschütztes* Eigentum eingegriffen wird. Aber nicht jeder Eingriff in bestandsgeschütztes Eigentum ist eine ,,Enteignung", welche auf Art. 14 III GG gestützt werden müßte. In *seinem* Einzugsbereich ermächtigt auch Art. 14 I 2 GG zu Eingriffen in bestandsgeschütztes Eigentum.

636d Wie sich am *Ausgangsfall 1* für Länder zeigt, in welchen die Regelung des WHG kraft *vorkonstitutionellen* Landesrechts schon immer galt, gibt es Gesetze, welche trotz eigentumsnachteiliger Regelungen *nicht* in die Bestandsgarantie eingreifen.[27] Denn ein Recht, das Grundwasser in Anspruch zu nehmen, gehörte in diesen Ländern noch *nie* zum ,,Bestand" des (konkreten) Grundeigentums. Insoweit ist *alleine* erheblich, ob die Regelung des WHG mit der objektivrechtlich-institutionellen ,,Sollstruktur" des Eigentums, also mit der ,,Institutsgarantie" des Art. 14 I 1 GG übereinstimmt oder ob *sie* verlangt, daß der Grundwasserbereich dem Grundstückseigentum ,,zugeschlagen" wird. Für den ehemals Preußischen Rechtskreis ist *diese* Frage natürlich *ebenfalls* gestellt. Für *diesen* Rechtskreis muß aber *zusätzlich* geprüft werden, ob das WHG durch seine *Neuregelung auch* in *bestandsgeschütztes* Eigentum (des K) eingreift und *insoweit* zulässig ist.

36e Aufgabe der nachfolgenden Darstellung ist es, diese Grundsätze des *BVerfG* in ein ,,Denkschema" umzusetzen, mit dessen Hilfe Art. 14 I GG in der Fallbearbeitung hinreichend ,,sauber" geprüft werden kann. Wie alle früheren Ausführungen zur Grundrechtsprüfung konzentrieren sich die nachfolgenden Darstellungen dabei auf die Verfassungsmäßigkeit eigentumsregelnder *Gesetze.*

---

[25] Nachfolgend gestraffte Zusammenfassung der Analyse von *Schwerdtfeger,* JuS 1983, 104; s. ferner *Battis,* Natur und Recht 1983, 102 (103ff.).

[26] *BVerfGE,* 58, 300 (331).

[26a] *BVerfGE* 58, 300 (334f.).

[26b] Näheres zur objektivrechtlich-institutionellen Seite der Grundrechte *allgemein* bereits in Rdnrn. 585ff., 623ff.

[26c] Einzelheiten in Rdnr. 636i.

[27] Weitere Beispielsfälle: *BVerfGE* 52, 1 (28); 58, 137 (144).

636f   Im *Ausgangsfall 1* geht es in der Sache *ausschließlich* um diesen Ansatz. In den *Ausgangsfällen 2 und 3* hat es der Gesetzgeber der *Exekutive* überlassen, nach ihrem *Ermessen im Einzelfall* zu entscheiden, ob *sie* die eigentumsnachteiligen Maßnahmen ergreift. In derartigen Fällen muß *zunächst* untersucht werden, ob die rechtlichen Voraussetzungen der Ermächtigungsgrundlage (§ 17 I BFStrG oder die entsprechende Vorschrift des Landesstraßenrechts im *Ausgangsfall 3*) erfüllt sind und ob die Behörde ermessensfehlerfrei von der gesetzlichen Ermächtigung Gebrauch gemacht hat. Gerade auch in den *Ausgangsfällen 2 und 3* stellt sich anschließend aber die nachfolgend erörterte Frage, ob die gesetzliche Ermächtigung mit Art. 14 I 1 GG vereinbar ist, zumal die einschlägigen Gesetze keine Entschädigungsregelung enthalten.

1. Art. 14 GG als *einschlägiges* Grundrecht

636g   Als ,,Eigentum" i. S. von Art. 14 I 1 GG werden herkömmlich neben dem Sacheigentum sonstige dingliche Rechte, schuldrechtliche Ansprüche und sonstige vermögenswerte Rechte angesehen. In Einzelfällen stellt das BVerfG aber durchaus sorgfältige Untersuchungen an.[28] Wesentliche Gesichtspunkte sind u. a. die eigene Arbeitsleistung und der eigene Vermögensaufwand[29] sowie die Funktionsgleichheit eines subjektiven Rechts mit überkommenen Vergegenständlichungen des Eigentums in der Existenzsicherung.[30] Vor allem nach diesen Kriterien beurteilt sich auch, inwieweit Rechtspositionen als Eigentum anzusehen sind, welche auf *öffentlichem* Recht beruhen.[31] Ob der ,,eingerichtete und ausgeübte Gewerbebetrieb als solcher Eigentum i. S. des Art. 14 GG ist, beurteilt *BVerfGE* 51, 221 *skeptisch*.

In den *Ausgangsfällen* ist die Thematik des Art. 14 I 1 GG zweifelsfrei einschlägig.

636h   Bei nicht zielgerichteten, mittelbaren Eigentumsbeeinträchtigungen kann im Einzelfall zweifelhaft sein, ob der *funktionale* Schutzbereich[32] des Art. 14 I GG eröffnet ist.[33]

Erörterungsbedürftig könnte insoweit allenfalls *Ausgangsfall 3* sein. Letztendlich ist aber auch hier der Schutzzweck des Art. 14 I GG *einschlägig*.

636i   2. Vereinbarkeit des Gesetzes mit der objektivrechtlich-institutionellen Sollstruktur von Art. 14 I 1 und Art. 14 II GG.

Von der Eigentumsseite her verpflichtet Art. 14 I 1 GG den Gesetzgeber, das Eigentum dem zuständigen Berechtigten rechtlich *zuzuordnen*[34] und ,,*privatnützig*" so auszugestalten, daß es in der Hand des Rechtsträgers ,,als Grundlage privater Initiative und im eigenverantwortlichen pri-

---

[28] S. z. B. *BVerfGE* 42, 292 f. (Contergan); 53, 257 (289 ff., Rentenanwartschaften).
[29] *BVerfGE* 53, 291 m. w. Nachw.
[30] *BVerfGE* 53, 290.
[31] S. die vorhergehenden Fußn. sowie etwa *BVerfGE* 48, 412 = JuS 1979, 211 Nr. 2.
[32] Vgl. Rdnr. 548.
[33] Einzelheiten dazu bei *Ramsauer*, Die faktischen Beeinträchtigungen des Eigentums, 1980. Für die Abgrenzung zum funktionalen Schutzbereich des Art. 12 I GG s. Rdnr. 635 c.
[34] *BVerfGE* 42, 263 (293, 299) = JuS 1976, 746 Nr. 4.

vaten Interesse ‚von Nutzen' sein" kann;[35] der Eigentümer muß die „grundsätzliche Verfügungsbefugnis" über den Eigentumsgegenstand erhalten.[36] Als Gegengewicht enthält ebenfalls Art. 14 II GG eine „verbindliche Richtschnur" für den inhaltsbestimmenden Gesetzgeber,[37] wenn auch inhaltlich nicht konkretisiert und daher auf wesentlich abstrakterer Ebene als Art. 14 I GG. Beide normativen Elemente des Sozialmodells stehen in einem „dialektischen Verhältnis".[38] Der Gesetzgeber muß beiden Elementen „in *gleicher* Weise Rechnung tragen" und sie „in ein *ausgewogenes* Verhältnis bringen".[39] Hierbei hat der Gesetzgeber einen „relativ weiten Gestaltungsbereich".[40] Ob der Gesetzgeber die Grenze seiner Gestaltungsfreiheit überschritten hat, beurteilt das *BVerfG* im Rahmen von Art. 14 I 2 GG[41] nach den gleichen Grundsätzen, nach welchen es stets entscheidet, wenn kollidierende Verfassungsgüter zum Ausgleich zu bringen sind:[42] nach dem Grundsatz der Verhältnismäßigkeit.

Im *Ausgangsfall 1* ist es *nicht* fehlgewichtet i. S. eines *Verstoßes* gegen den Grundsatz der Verhältnismäßigkeit, wenn das WHG den Grundstückseigentümern die privatnützige Verfügungsbefugnis über das Grundwasser vorenthält; die Allgemeinheit ist darauf angewiesen, daß eine angemessene Qualität des Grundwassers gesichert bleibt. Objektivrechtlich-institutionell gesehen ist es *auch* in den *Ausgangsfällen 2 und 3* nicht unverhältnismäßig, daß *das* Grundeigentum im Interesse des Denkmalschutzes bzw. des Straßenbaus nach dem Ermessen der Verwaltung mit den skizzierten Nachteilen belastet werden kann. Die eigentlichen *Probleme* liegen in *allen* Ausgangsfällen bei der *subjektivrechtlichen* Bestandsgarantie. – Beispiel für einen *Verstoß* gegen die genannten objektivrechtlich-institutionellen Verfassungsdirektiven: *BVerfGE* 52, 1 (32 ff.) – Kleingarten.

3. Vereinbarkeit des Gesetzes mit der Bestandsgarantie

36j   a) Einschlägigkeit der Bestandsgarantie.

Gegenüber Exekutive und Rechtsprechung schützt Art. 14 I GG den Bestand des Eigentums in *der* Gestalt, welche die inhaltsbestimmenden Gesetze (konstitutiv) festgelegt haben. Der *Gesetzgeber* kann auf die Bestandsgarantie treffen, wenn er den *bisherigen* gesetzlichen Eigentumsinhalt zum Nachteil *konkreten* Eigentums in der Hand *konkreter* Eigentümer verändert und also *neu* bestimmt.

36k   Allerdings ist der bisherige Eigentumsinhalt gegenüber dem Gesetzgeber in seinem

[35] Zuletzt *BVerfGE* 52, 1 (31); 58, 300 (345).
[36] Wie Fußn. 35.
[37] *BVerfGE* 25, 112 (117); 37, 132 (140) = JuS 1974, 733 Nr. 2 = *Weber II*, Art. 14 Nr. 7.
[38] *BVerfGE* 37, 132 (140).
[39] *BVerfGE* 25, 112 (118); 37, 132 (140 f.); 50, 290 (339 ff.); 52, 1 (29).
[40] *BVerfGE* 42, 263 (294).
[41] Insoweit besonders deutlich *BVerfGE* 52, 1 (29); 55, 249 (258); 58, 137 (148).
[42] Für verfassungsimmanente Grundrechtsschranken s. insoweit bei Rdnr. 579 f.

Bestand *nur* geschützt, soweit er für den Eigentümer – wie in den *Ausgangsfällen 2 und 3* (oder bei einem ausbeutungs*würdigen* Kiesgrundstück) *aktuelle* Bedeutung hat[43] oder der Eigentümer von der bisherigen Eigentümerbefugnis – wie im *Ausgangsfall 1* – sogar schon *Gebrauch* gemacht hat. Eine lediglich *abstrakte* Befugnis (eines *jeden* Grundstückseigentümers, im *Bedarfsfall* das Grundwasser in Anspruch nehmen zu dürfen,) hält das BVerfG gegen *gesetzliche* Neubestimmungen des Eigentumsinhalts offenbar *nicht* für bestandsgeschützt.[44]

636l   b) Klassische Enteignung?

Wie angedeutet wurde, ermächtigen sowohl Art. 14 I 2 GG als auch Art. 14 III GG den Gesetzgeber zu Eingriffen in die Bestandsgarantie. Für die Zuordnung ist zunächst zu untersuchen, ob es sich um eine „klassische Enteignung" handelt, welche der Gesetzgeber *selbst* vornimmt („Legalenteignung") oder zu deren Durchführung er die Exekutive ermächtigt („Administrativenteignung"). Die „klassische Enteignung" ist von besonderer *Qualität*. Sie kann *nur* auf Art. 14 III GG gestützt werden, selbst wenn sie nur wenig intensiv in bestandsgeschütztes Eigentum eingreift (Grunddienstbarkeit für Leitungsmasten über brachliegendem, wertlosem Grundstück).

636m   Von „*klassischer Enteignung*" spricht man, wenn der Staat ein Grundstück oder bewegliches Vermögen in Anspruch nimmt, weil er es *positiv* für einen öffentlichen Zweck *einsetzen* oder *zur Verfügung stellen* will[45] (Straßenbau, Eisenbahnbau) – In den *Ausgangsfällen* liegt *keine* „klassische Enteignung" vor. Es geht um die schlichte Aufhebung bisheriger rechtlicher Befugnisse (*Ausgangsfall 1*), die *Erhaltung* bisheriger Nutzungen (*Ausgangsfall 2*) bzw. um die schlichte *Entwertung* in *faktischen* Gebrauchsmöglichkeiten (*Ausgangsfall 3*).

636n   Die „*klassische*" Enteignung *unmittelbar* durch Gesetz (= Legalenteignung) ist nur in seltenen Ausnahmefällen zulässig. Wegen des Grundsatzes der Verhältnismäßigkeit und damit der Eigentümer besseren Rechtsschutz erhält, kann der Gesetzgeber „normalerweise" nur die *Exekutive* zu „Administrativenteignungen" ermächtigen.[46]

636o   c) Sonstiger Regelungseingriff

Außerhalb der „klassischen Enteignung" hängt es von der *Intensität* der Eigentumsbeeinträchtigung ab, ob ein Eingriff in bestandsgeschütztes Eigentum noch auf Art. 14 I 2 GG gestützt werden kann. Solange es *verhältnismäßig* ist, den Bestandsschutz hinter den einschlägigen öffentlichen Interessen zurücktreten zu lassen, wird der Eingriff durch Art. 14 I 2 GG legitimiert.[47] Sonst ist er verfassungswidrig, und das – solange nicht der Einzugsbereich einer „Aufopferungsenteignung" einschlägig wird – endgültig.

---

[43] Zu derartigen Fallkonstellationen in der Rspr. des *BVerfG, BVerwG* und *BGH* s. *Schwerdtfeger*, JuS 1983, 108.

[44] *BVerfGE* 58, 300 (337f.).

[45] Zu dieser Charakterisierung s. etwa *BVerfGE* 20, 351 (359); 42, 265 (299); *Böhmer*, *BVerfGE* 56, 271f.

[46] Näheres in *BVerfGE* 24, 367 (398ff.); 45, 297 (331ff.); 52, 1 (27).

[47] Einzelanalyse zur Rechtsprechung des *BVerfG* insoweit bei *Schwerdtfeger*, JuS 1983, 108.

636p So sind etwa die strafrechtliche Konfiskation der „instrumenta sceleris,"[48] die polizeirechtliche Vernichtung von Eigentum (Tötung seuchenverdächtiger Tiere) aus Gründen der öffentlichen Sicherheit[49] und Eigentumsverluste in der Abgrenzung privater Interessen (z. B. durch Zwangsversteigerung)[50] *abschließend* verfassungsrechtlich im Rahmen von Art. 14 I 2 GG zu beurteilen.

636q Nur ein Gesetz, welches *Rechte entzieht* oder die Exekutive zu entsprechendem Entzug ermächtigt, läßt sich (bei Vorliegen der Einzelvoraussetzungen) auf Art. 14 III GG stützten, wenn der Rechtsverlust so intensiv ist, daß er nach dem Grundsatz der Verhältnismäßigkeit im Rahmen von Art. 14 I 2 GG nicht mehr legitimiert werden kann. Denn *neben* der „klassischen Enteignung" hat das Bundesverfassungsgericht den *Entzug von Rechten* als „*Aufopferungsenteignung*" in Art. 14 III GG etabliert.[51] *Anders* als die „klassische Enteignung" hat die Aufopferungsenteignung" aber keine andere *Qualität,* sondern lediglich eine andere *Quantität* als der auf Art. 14 I 2 GG gestützte Eingriff in bestandsgeschütztes Eigentum. (Nur) *insoweit* ist der Übergang von der Ermächtigung des Art. 14 I 2 GG zur Ermächtigung nach Art. 14 III GG also *fließend.*[52]

Im *Ausgangsfall 1* sieht das *BVerfG* den Entzug der Befugnis, das Grundwasser in Anspruch nehmen zu dürfen, noch durch Art. 14 I 2 GG legitimiert; die Übergangsvorschrift des § 17 WHG bewirkt, daß *K* 17 Jahre über das Inkrafttreten des WHG hinaus seine Kiesbaggerei fortsetzen kann.[53] Weil der Denkmalschutz im *Ausgangsfall 2* nur dazu führt, daß die bisherige Gestalt des Buchendomes erhalten bleibt und lediglich die Verwertungs*erwartung* für die Zukunft hinfällig wird, dürfte die gesetzliche Ermächtigung auch hier noch im Rahmen von Art. 14 I 2 GG liegen.[54]

636r d) *Faktische* Nebenwirkungen staatlichen Handelns

Der *Ausgangsfall 3* gehört zu einer Gruppe von Fällen, in welchen die Eigentümerposition *rechtlich* unverändert bleibt, nur *faktisch* entwertet wird. Ist eine *(unmittelbare) faktische* Eigentumsbeeinträchtigung – wie im *Ausgangsfall 3* – besonders intensiv, sprechen der *BGH*[55] und neuerdings auch das *BVerwG*[56] von einem „enteignenden Eingriff".

636s Für die Gültigkeit der Ermächtigungsgrundlage (§ 17 I BFStrG oder die entsprechende Vorschrift des Landesstraßenrechts) ist entscheidend, ob der „enteignende" Eingriff „Enteignung" im *Rechtssinne* des Art. 14 III GG ist oder nicht. Wäre er Enteignung, müßte das ermächtigende Gesetz eine Entschädigungsregelung enthalten,

---

[48] *BVerfGE* 22, 387 (422).
[49] *BVerfGE* 20, 351 (359).
[50] *BVerfGE* 49, 200.
[51] *BVerfGE* 31, 275 (293); 45, 297 (331); 53, 336 (349); 58, 300 (321).
[52] S. die Analyse bei *Schwerdtfeger* (o. Fußn. 47).
[53] *BVerfGE* 58, 300 (348ff.).
[54] Auf dieser Linie jedenfalls *BGH,* LM Art. 14 GG Nr. 60.
[55] S. Rdnrn 415.
[56] S. Fußn. 21.

welche den *strengen* Anforderungen des Art. 14 III GG genügt (Junktim-Klausel). An *derartigen* Entschädigungsregelungen fehlt es durchgehend,[57] so auch im *Ausgangsfall 3.*

636t Das *BVerfG* hatte bisher keine Gelegenheit, den ,,enteignenden Eingriff'' abschließend einzuordnen. Mit der ,,klassischen'' Enteignung oder der ,,Aufopferungsenteignung'', welche die mit dem Eigentum verbundenen *rechtlichen* Befugnisse verändern, ist der *faktische* ,,enteignende Eingriff'' nicht identisch. *Rechtstechnisch* gesehen lassen sich die Fälle des ,,enteignenden Eingriffs'' durchaus in Art. 14 I 2 GG unterbringen. Insbesondere auch die Entschädigungsfrage kann im Zusammenhang mit dem Grundsatz der Verhältnismäßigkeit in Art. 14 I 2 GG angesiedelt werden.[58] Dazu finden sich Präjudizien in der Rechtsprechung des *BVerfG*.[59] So gesehen ist es eine eher rechts*politische* Frage, ob man den ,,enteignenden Eingriff'' dem Art. 14 III GG zuweist und so auf breiter Front in Schwierigkeiten mit der Junktim-Klausel gerät oder ob man den Anwendungsbereich des Art. 14 I 2 GG für gegeben hält. Bei dieser Sachlage dürfte alles dafür sprechen, den Kontext des Art. 14 I 2 GG zu wählen und den Rechtsbegriff der Enteignung also auf die beiden Eingriffsformen der ,,klassischen'' Enteignung und der ,,Aufopferungsenteignung'' begrenzen. Die Funktion der Junktim-Klausel wird dadurch nicht ausgehöhlt.[60]

636u Folgt man diesem Ansatz, ist die Ermächtigungsgrundlage für die Planfeststellung im *Ausgangsfall 3* verfassungsgemäß. Vom Grundsatz der Verhältnismäßigkeit her ist zwar die Zahlung einer Entschädigung geboten.[61] Weil die Junktim-Klausel des Art. 14 III GG nicht einschlägig ist, reicht es insoweit aber aus, daß die Ermächtigungsgrundlage in der Entschädigungsfrage durch das an anderer Stelle (Rdnrn. 414ff.) dargestellte Richterrecht des BGH (,,Entschädigung wegen enteignenden Eingriffs'') ergänzt wird.

(So gesehen schafft die Entschädigungsrechtsprechung des *BGH* ein Ventil, durch welches rechtsstaatlicher Überdruck aus Eingriffsermächtigungen i.S. von Art. 14 I 2 GG ohne Bindung an die strengen Anforderungen der Junktim-Klausel *automatisch* in Entschädigungsansprüche abgeleitet wird).

---

[57] Dazu ausf. *Weyreuther,* Über die Verfassungswidrigkeit salvatorischer Entschädigungsregelungen im Enteignungsrecht, 1980; *Leisner,* DVBl 1981, 76.

[58] Insoweit grundlegend *L. Schulze-Osterloh,* Das Prinzip der Eigentumsopferenteignung im Zivilrecht und im öffentlichen Recht, 1980.

[59] *L. (Schulze-)Osterloh,* NJW 1982, 2537 unter Hinweis auf *BVerfGE* 14, 263 (283ff.); 31, 229 (242ff.); 49, 382 (399ff.); 57, 107 (117); 58, 137 (147ff.).

[60] Näheres zu allem bei *Schwerdtfeger,* (o. Fußn. 23), S. 26ff.

[61] *BVerwG* (o. Fußn. 21).

7. Teil. Streitigkeiten zwischen „Privaten" mit öffentlichrechtlicher Überlagerung

640   *Ausgangsfälle:* (1) Die Gewerkschaft G bringt ohne Einverständnis des Betriebsinhabers J ein 1 × 1 m großes Plakat in der Eingangshalle eines Betriebes an, ohne die Wand zu beschädigen. *J möchte wissen, ob er von G die Beseitigung des Plakats verlangen kann.*[1]

(2) K hat von V ein „schlüsselfertiges" Haus zum Festpreis gekauft und übereignet erhalten. Später verlangt die Gemeinde von K „als Eigentümer" die in einer Gemeindesatzung vorgesehene einmalige Anschlußgebühr für den Anschluß an die Kanalisation. K zahlt und verklagt V auf Erstattung des Betrages. Dieser wendet u. a. ein, die Gemeinde habe die Anschlußgebühr aus bestimmten Gründen gar nicht verlangen dürfen.[2]

§ 35. Allgemeines zum öffentlichrechtlichen Einstieg

641   Wie in jeder zivilrechtlichen Klausur ist auch hier zunächst nach der *privatrechtlichen* Anspruchsgrundlage zu suchen. Erst über sie findet man den öffentlichrechtlichen Einstieg. Ist der Fall ausdrücklich als öffentlichrechtliche Arbeit ausgegeben worden, haben die Schwerpunkte der Bearbeitung selbstverständlich auf den öffentlichrechtlichen Fragen zu liegen. Das wird häufig übersehen. Andererseits mindert es den Wert auch einer öffentlichrechtlichen Arbeit, wenn der Verfasser zivilrechtliche Selbstverständlichkeiten übersieht oder unsauber und fehlerhaft darstellt. Die *Examens*hausarbeit wird nicht ausdrücklich als zivilrechtliche oder öffentlichrechtliche Arbeit gekennzeichnet. In ihr kann das Schwergewicht daher sowohl auf öffentlichrechtliche wie auf zivilrechtliche Fragen zu legen sein.

642   Im *Ausgangsfall 1* (öffentlichrechtliche Klausur) sind keine arbeitsrechtlichen Spezialregelungen ersichtlich. Damit waren zunächst die Normen des BGB heranzuziehen. Es rundete die Darstellung angemessen ab, wenn ein Bearbeiter erkannte, daß die Beseitigung des Plakats ganz am öffentlichen Recht vorbei schon gemäß §§ 862, 858,

---

[1] Vgl. dazu LAG *Hamm*, BB 1971, 1054; LAG *Frankfurt*, BB 1973, 1394; *Pieroth*, JuS 1979, 578. Fall zur Gewerkschaftswerbung in einer Behörde bei *Schmitt*, JuS 1978, 259.

[2] Weitere Fälle bei: *Schwerdtfeger*, JuS 1967, 313 (Eingriff in „eingerichteten und ausgeübten Gewerbebetrieb" durch Meinungsäußerung); *Häberle-Scheuing*, JuS 1970, 524 (Tageszeitung mit Monopolstellung weigert sich, die Wahlkampfanzeige einer bestimmten Partei aufzunehmen); *Scholler*, Fälle, Nr. 9 (Kollision zwischen gesellschaftsvertraglicher Geschäftsführungspflicht und Bundestagsmandat); *BGH*, DÖV 1976, 355.

863 BGB verlangt werden konnte (Besitzstörung durch verbotene Eigenmacht).[3] Erst im Rahmen der zweiten Anspruchsgrundlage aus § 1004 BGB haben Grundrechte (Art. 9 III, Art. 5 I 1 GG, Drittwirkungsproblematik) Bedeutung für die Duldungspflicht nach § 1004 II BGB.

Im *Ausgangsfall 2* (Examenshausarbeit) war es wie in einer „reinen" Zivilrechtsarbeit nötig, zunächst sauber die Anspruchsgrundlagen darzulegen: Durch Vertragsauslegung zu gewinnender vertraglicher Erstattungsanspruch (§§ 305, 241 BGB)? Nicht erfüllter (vertraglicher) Freistellungsanspruch, welcher sich jetzt erst gemäß §§ 323, 812 BGB in einen Erstattungsanspruch gewandelt hat? Rechtsmängelhaftung gemäß §§ 434, 440 I, 323 I, III, 812 BGB (= Rückzahlung eines Kaufpreisanteils, weil das Haus frei von Abgaben, eben „schlüsselfertig" verkauft war)? Erst im Rahmen dieser Anspruchsgrundlagen wird eventuell erheblich, ob ein öffentlichrechtlicher Anspruch der Gemeinde bestanden hatte.

§ 36. Sonderproblem „Drittwirkung der Grundrechte"

643   Die Einzelfälle, in denen privatrechtliche Streitigkeiten öffentlichrechtlich überlagert sind, lassen sich nicht systematisieren.[1] In Ergänzung zu den früheren Ausführungen über die Grundrechtsprüfung sei hier aber die „Drittwirkung der Grundrechte" erörtert. Sie kommt in der Fallbearbeitung besonders häufig vor.

644   Historisch gesehen sind die Grundrechte Abwehrrechte des Bürgers gegen den *Staat*. Um *Dritt*wirkung geht es, wenn sich ein Bürger in (privatrechtlichen) Streitigkeiten mit einem *anderen Bürger* (= privater Dritter) auf Grundrechte beruft. *Merke: Nicht* über die Drittwirkung, sondern *unmittelbar* sind die Grundrechte anzuwenden, wenn der *Staat* dem Bürger im Anwendungsbereich des Verwaltungsprivatrechts[2] zivilrechtlich gegenübertritt, also *öffentliche Verwaltungsaufgaben* lediglich in privatrechtlicher *Form* wahrnimmt. Das gilt auch wenn die verwaltungsprivatrechtliche Tätigkeit einer Gesellschaft privaten Rechts mit eigener Rechtspersönlichkeit übertragen ist.[3] (*Beispiel:*[3a] Eine von der Stadt in privatrechtlicher Form betriebene Straßenbahngesellschaft räumt den Schülern *allgemein*bildender Privatschulen günstigere Tarife ein als den Schülern *berufs*bildender Privatschulen. Hier kann sich der Staat seiner Bindung an die Grundrechte (Art. 1 III GG) nicht durch die Wahl der privatrechtlichen Gestaltungs*form* entziehen.[4] (Es ist also unvermittelt zu prüfen, ob die zivilrechtlichen

---

[3] Für Anfänger bes. plastisch etwa *Palandt-Bassenge*, BGB, § 863 Anm. 1. Selbst wenn die *G* ein Recht auf das Plakat gehabt haben sollte, durfte sie nicht eigenmächtig (ohne Inanspruchnahme des Gerichts) handeln; der Besitzstörungsanspruch macht diese „Selbstvollstreckung" rückgängig.

[1] Lies deshalb die in Rdnr. 640 in Fußn. 2 angegebenen Fallbesprechungen.

[2] Näheres zu ihm und zu seiner Abgrenzung vom Fiskalprivatrecht bereits Rdnr. 271.

[3] *BGHZ* 52, 325 = JuS 1970, 90 Nr. 2 = *Weber* I, Art. 1 III Nr. 6; *Emmerich*, JuS 1970, 332ff.; *Erichsen*, Staatsrecht I, Fall 7.

[3a] Wie Fußn. 3. Andere Beispiele: *LG Braunschweig*, NJW 1974, 800; *Jarass*, JuS 1982, 683.

[4] Einzelnachweise bei den in Fußn. 3 Genannten. Zur Problematik der im Text dargestellten Konstruktion der h. M. und zu vielleicht notwendigen Modifizierungen lies *Emmerich* und *Erichsen*, aaO. Vgl. schließlich *Martens*, JuS 1963, 391; *Badura*, JuS 1966, 17.

„Allgemeinen Geschäftsbedingungen" der städtischen Straßenbahngesellschaft gegen Art. 3 I GG verstoßen.) Inwieweit der Staat die Grundrechte im Bereich des *Fiskalprivatrechts* (städtische Brauerei) zu beachten hat, harrt noch abschließender Klärung.[5] Weil der Staat hier ganz wie ein Privater am Privatrechtsverkehr teilnimmt, sind wohl nur die Grundsätze der „Drittwirkung" heranzuziehen.

645 Für die Fälle der Drittwirkung ist folgender Gedankengang beachtlich:

1. Zivilrechtliche Einkleidung.

Im *Ausgangsfall 1* zeigte sich bereits: Betriebsinhaber *J* könnte gem. § 1004 II BGB verpflichtet sein, das Plakat zu dulden, weil *Grundrechte* der *G* ein Recht auf das Plakat vermitteln.

646 2. Einschlägige Grundrechte.

Häufig wird übersehen, daß *beide* Seiten Grundrechtsträger sind.[6] Die *G* kann sich im *Ausgangsfall 1* auf Art. 9 III[7] oder Art. 5 I 1 GG berufen, je danach, ob das Plakat die Wahrung der Arbeits- und Wirtschaftsbedingungen oder andere Themen betrifft. Dem *J* steht umgekehrt Art. 14 GG zur Seite. Art. 14 GG könnte den Anspruch der *G* wiederum abwehren.

647 3. Drittwirkung kraft ausdrücklicher verfassungsrechtlicher Anordnung?

Art. 9 III GG legt sich die Drittwirkung in Satz 2 selbst ausdrücklich bei. Für Art. 5 und 14 GG fehlen aber entsprechende Regelungen. Insoweit wird im *Ausgangsfall* also erheblich die

4. Drittwirkungsproblematik.

648 Zumeist reichen für die Fallbearbeitung bereits die vom *BVerfG* im „Lüth-Urteil"[8] entwickelten und dann in ständiger Rechtsprechung angewendeten[9] Grundsätze aus, welche weitgehend wenigstens als *Mindestmaß* von Drittwirkung anerkannt sind:[10] Die Grundrechte sind nicht nur

---

[5] Überblick bei *Emmerich*, aaO; Problemfall in *BGH*, NJW 1977, 628 = JuS 1977, 473 Nr. 3.

[6] Sehr deutlich aber *BVerfGE* 25, 268 = JuS 1969, 489 Nr. 2 = *Weber* I, Art. 5 I, II Nr. 11 (Blinkfüer); *BVerfGE* 35, 202 = JuS 1973, 640 = *Weber* I, Art. 5 I, II Nr. 21.

[7] Gilt nicht nur die Gewerkschaftsangehörigen, sondern auch für die Gewerkschaft (*BVerfGE* 17, 333); deckt auch die Werbung (*BAG*, NJW 1969, 861 = JuS 1969, 341 Nr. 10 = *Weber* II, Art. 9 III Nr. 4; *BVerfGE* 28, 303 = JuS 1970, 636 Nr. 2 = *Weber* II, Art. 9 III Nr. 5; *Rüthers*, JuS 1970, 607). Zur Abgrenzung von Art. 5 I GG s. *BVerfGE* 42, 133 = JuS 1976, 681 Nr. 13 (= Art. 9 III GG nicht bei Werbung im Wahlkampf).

[8] *BVerfGE* 7, 198 = *Weber* I, Art. 1 III Nr. 2 (lesen!). Die Konstruktion geht zurück auf *Dürig*, Festschr. f. Nawiasky, 1957, S. 157ff.

[9] Vgl. bes. *BVerfGE* 25, 256 = JuS 1969, 489 Nr. 2 = *Weber* I, Art. 5 I, II Nr. 11 (Blinkfüer); *BVerfGE* 30, 173 = JuS 1971, 651 Nr. 2 = *Weber* I, Art. 5 III Nr. 3 (Gründgens/Mephisto); *Erichsen*, Staatsrecht I, Fall 3; *G. Küchenhoff*, Praktikum, Aufgabe 2.

[10] Kritisch vor allem *Forsthoff*, Festschr. f. Carl Schmitt, 1959; *ders.*, Zur Problematik der Verfassungsauslegung, 1961.

subjektive Abwehrrechte des Bürgers *gegen den Staat* (= rechtsstaatlicher Gedanke), sondern gleichzeitig Ausdruck einer (Wert-)Entscheidung des Verfassungsgebers zugunsten des geschützten Rechtsgutes als solchem (= ordnungspolitischer Gedanke), also etwa zugunsten *der* Meinungsfreiheit (= konstitutiv für die Demokratie), *des* Privateigentums, *der* freien Entfaltung der Persönlichkeit usw.[11] Diese Wertentscheidungen sind Bestandteile des objektiven Rechts. Als solche gelten sie auch im Bereich des Privatrechts. Sie füllen insbesondere die privatrechtlichen Generalklauseln aus.

Das gilt gerade auch für § 1004 II BGB.[12] Im Rahmen dieser Vorschrift genügt es, wenn *J* nach objektivem Recht zur Duldung des Plakats verpflichtet ist; ein subjektives Recht der *G* gegen ihn („Anspruch") ist nicht erforderlich.[13]

649   Nur in wenigen Fällen kommt es auf die eigentliche Streitfrage[14] an, ob die Grundrechte in gleicher Weise wie gegen den Staat auch gegen Private als *subjektive* Rechte gelten.

Beispiel: Im *Ausgangsfall 1* darf *J* das Plakat zunächst einmal im Wege der Selbsthilfe (§ 859 BGB) abnehmen. Würden Art. 9 III bzw. Art. 5 I 1 GG der *G* bei dieser Fallvariation einen zivilrechtlichen *Anspruch* auf das Plakat geben?

650   5. Grenzlinie bei Rechtsgüterkollisionen

Die objektivrechtliche Entscheidung für das im Grundrecht angesprochene Rechtsgut geht nicht unbesehen etwa kollidierenden anderen Rechtsgütern vor. Das Grundrecht untersteht entweder einem Gesetzesvorbehalt (dazu Rdnrn. 549ff) oder unterliegt sonst jedenfalls ungeschriebenen Grundrechtsbegrenzungen (Rdnrn. 573ff.). Soweit in den Normen des Privatrechts kollidierende Rechtsgüter formuliert sind, kann das Privatrecht also über einen Gesetzesvorbehalt oder als Konkretisierung ungeschriebener Grundrechtsbegrenzungen die grundrechtliche Wertentscheidung eingrenzen.

Im *Ausgangsfall 1* kann so die objektivrechtliche Entscheidung zugunsten der Koalitionsfreiheit oder der freien Meinungsäußerung der *G* über den Eigentums-Abwehranspruch nach § 1004 I BGB (= „allgemeines Gesetz" i. S. von Art. 5 II GG) zugunsten des Eigentümers *J* begrenzt sein. Wie sich zeigte, steht dabei hinter der zivilrechtlichen Position des *J* die objektivrechtliche Entscheidung zugunsten des Eigentums.

651   Diese Rechtsgüterkollision ist nach den Grundsätzen der Grundrechtsprüfung aufzulösen, welche für Grundrechte mit Gesetzesvorbe-

---

[11] Dazu auch bereits Rdnrn. 585ff.
[12] *BVerfGE* 7, 320.
[13] So jedenfalls *Palandt-Degenhardt*, § 1004 Anm. 7.
[14] Vgl. zu ihr insgesamt bes. *Dürig*, Festschr. f. Nawiasky, 1957, S. 157ff.; *ders.*, in: *Maunz-Dürig-Herzog-Scholz*, Art. 1 Rdnrn. 127ff., jeweils m. vielen Nachw.; *Leisner*, Grundrechte und Privatrecht, 1959.

halt und für ungeschriebene Grundrechtsbegrenzungen bereits dargestellt worden sind.[15] Wenn (wie in der Regel) beide Seiten Träger von
Grundrechten sind, ist die Grenzlinie zwischen den kollidierenden
Grundrechtsentscheidungen so zu ziehen, daß *beide* Grundrechtsberei-
che angemessen zur Geltung kommen: Die eine Wertentscheidung
braucht nur zurückzustehen, wenn das *geeignet* und *notwendig* (= kein
milderes Mittel) ist, um die andere Wertentscheidung zu fördern. Läßt
sich die Kollision so nicht lösen, ist nach dem Grundsatz der *Verhältnismäßigkeit* (Proportionalität) eine Rechtsgüterabwägung zwischen beiden
Verfassungsentscheidungen vorzunehmen, wie sie ebenfalls schon früher[16] näher beschrieben und in ihrer Problematik dargestellt worden ist.[17]

652 Im *Ausgangsfall 1* ist es nicht *notwendig*, das Plakat ausschließlich nach der Wahl der
G an einer beliebigen Wand des Betriebes aufzuhängen. Gleich wirksam, aber für *J*
weniger belastend ist es, wenn G eine dafür vorgesehene Stelle („schwarzes Brett")
auswählt oder sonst eine (gut sichtbare) Wand benutzt, die *J* ihr zu diesem Zweck
zugewiesen hat.[18] Ob *J* das Plakat in diesem Rahmen zu dulden hat, läßt sich in der nun
fälligen Rechtsgüterabwägung nur entscheiden, wenn man den Inhalt des Plakates
kennt: Ein Plakat „zur Förderung der Arbeits- und Wirtschaftsbedingungen" (Art. 9
III GG) muß *J* dulden, wenn die Wand nicht beschädigt wird. Nach § 1004 I BGB
kann er hingegen ein Plakat abwehren, welches ihn grob beschimpft oder welches
nachhaltig den Betriebsfrieden stört.

---

[15] Rdnrn. 549 ff., 573 ff., 585 ff. besonders illustrativ im Textzusammenhang *BVerf-
GE* 35, 220 ff. = JuS 1973, 640 Nr. 2 = *Weber* I, Art. 5 I, II Nr. 21.

[16] Rdnrn. 577 ff.

[17] Zu den Grenzen *verfassungs*gerichtlicher Nachprüfung von Entscheidungen der
ordentlichen Gerichte im Rahmen einer Verfassungsbeschwerde (das *BVerfG* ist keine
„Superrevisionsinstanz") lies *BVerfGE* 42, 147 ff.; 42, 168; 43, 135 f. (zusammengefaßt
in JuS 1977, 617 Nr. 3).

[18] Im Ergebnis ebenso *LAG Hamm*, BB 1971, 1054; *LAG Frankfurt*, BB 1973, 1394;
vgl. auch *Galperin*, BB 1972, 273 Fußn. 19.

8. Teil. Recht der politischen Parteien

660   Gem. Art. 21 I GG wirken die Parteien bei der politischen Willensbildung des Volkes mit. Nach der Rechtsprechung des *BVerfG*[1] gehören sie damit *nicht* zu den *Staats*organen. ,,Sie sind vielmehr frei gebildete, im *gesellschaftlich-politischen* Bereich wurzelnde Gruppen", welche dazu berufen sind, ,,in den Bereich der institutionalisierten Staatlichkeit hineinzuwirken", aber ,,selbst nicht zu diesem Bereich gehören". Dementsprechend sind die Parteien (nichtrechtsfähige) Vereine des *bürgerlichen* Rechts.[2] Wegen ihrer besonderen Funktionen (vgl. Art. 21 I GG) haben sie aber einen verfassungsrechtlichen Status, welcher bewirkt, daß sie sowohl in ihrem Verhältnis zum *Staat* (nachfolgend Rdnrn. 661 ff.) als auch *intern* in ihrem Verhältnis zu den Mitgliedern (nachfolgend Rdnrn. 673 ff.) weitgehend nach anderen Grundsätzen zu beurteilen sind als Vereinigungen des bürgerlichen Rechts.

§ 37. Rechtsstellung der Parteien in ihrem Verhältnis zur organisierten Staatlichkeit

661   ### I. Freiheitsstatus, Parteienprivileg

Fall:[3] Junglehrer *J* wird die Ernennung zum Beamten auf Lebenszeit verweigert, weil er nicht ,,die Gewähr dafür biete, daß er jederzeit für die freiheitliche demokratische Grundordnung i. S. des GG eintrete" (die Beamtengesetze der Länder stimmen in dieser Einstellungsvoraussetzung mit § 7 I Nr. 2 BBG überein). *J* sei nämlich führendes Mitglied der ,,Liga zur Förderung der Demokratie in der Bundesrepublik", welche verfassungswidrige Ziele verfolge. *J* hält die Abweisung für rechtswidrig: (1) Wegen Art. 21 II GG sei es nur dem *BVerfG*, aber nicht der Einstellungsbehörde gestattet, über die Verfassungsmäßigkeit der Liga zu urteilen und sie dadurch im Endergebnis in der Öffentlichkeit zu diskreditieren. (2) Die Liga bestehe bisher fast ausschließlich aus Junglehrern, welche darauf angewiesen seien, im Staatsdienst beschäftigt zu werden.

---

[1] Grundlegend *BVerfGE* 20, 56 (100 f.). S. ferner etwa *Hesse*, Verfassungsrecht, Rdnrn. 166 ff., sowie umfassend *Henke*, Das Recht der politischen Parteien, 2. Aufl. (1972); *v. Münch*, Grundbegriffe II, S. 36 ff. Zusammenfassend zur *Parteienfinanzierung* und zu *Parteispenden BVerfGE* 52, 63 = JuS 1980, 220 Nr. 2; *Klausur* bei *Kisker*, JuS 1983, 447.

[2] *BGH*, NJW 1974, 195 = JuS 1974, 253 Nr. 3; *BGHZ* 79, 265 = JuS 1981, 915 (Namensschutz); *OLG Frankfurt*, NJW 1970, 2250 = JuS 1971, 154 Nr. 2; *Henke*, aaO, S. 53 ff.

[3] In Anlehnung an *BVerfGE* 39, 334 = JuS 1975, 729 Nr. 1; *BVerwG*, NJW 1975, 1135 = JuS 1975, 729 Nr. 1. Zur Ablehnung ,,radikaler" Bewerber s. ferner z. B. *Isensee*, JuS 1973, 265; *Lange*, NJW 1976, 1809 (offene Fragen); *BAG*, NJW 1976, 1708. Nachfolgend kann nur ein kleiner Teil aus der Gesamtproblematik angesprochen werden, und das auch nur andeutungsweise *ohne eigene Stellungnahme*.

Wenn die Mitgliedschaft in der Liga den Eintritt in den Staatsdienst hindere, bleibe nichts anderes übrig, als sie aufzulösen. Die Abweisung der Mitglieder aus dem Staatsdienst sei damit ein Verbot der Liga auf „kaltem Wege" und verstoße gegen Art. 21 II GG. Wie ist die Rechtslage?[4]

662 Der Einstieg in den Fall führt über die Frage, ob die zitierte Bestimmung des Beamtenrechts verfassungswidrig ist. Solange es nicht lediglich um Ausbildungsverhältnisse[5] im öffentlichen Dienst geht, ist Maßstabsnorm nicht Art. 12 I GG, sondern Art. 33 II GG als lex specialis für die Übernahme in das Beamtenverhältnis.[6] Im Rahmen des Art. 33 II GG geht es um die „Eignung". Was unter „Eignung" im einzelnen zu verstehen ist, wird durch Art. 33 V GG konkretisiert: Es entspricht den dort genannten „hergebrachten Grundsätzen des Berufsbeamtentums", daß der Beamte die Voraussetzungen erfüllen *muß*, welche der zitierte § 7 I Nr. 2 BBG formuliert.[7] Die Probleme des *Ausgangsfalles* liegen in der *Sonderfrage*, ob *daraus* auf eine mangelnde Eignung i.S. des § 7 I Nr. 2 BBG geschlossen werden darf, daß der Bewerber einer Vereinigung angehört bzw. sich in ihr betätigt, welche bisher *nicht verboten* worden ist.

663 1. Wegen ihrer angedeuteten besonderen Funktionen ist die politische Partei gegenüber anderen Vereinigungen privilegiert: Gem. Art. 21 II 2 GG kann sie nur als verboten behandelt werden, wenn das *BVerfG (konstitutiv)* ihre (in Art. 21 II 1 GG näher definierte) Verfassungswidrigkeit *festgestellt* hat.[8] Andere Vereinigungen, „deren Zwecke oder deren Tätigkeit ... sich gegen die verfassungsmäßige Ordnung richten ...", können gem. *Art. 9 II GG* automatisch als verboten behandelt werden. Das Vorgehen gegen sie ist lediglich *durch einfaches Gesetzesrecht* erschwert: Gem. § 3 I VereinsG ist zuvor (deklaratorisch) ein *exekutives* Verbot durch die dafür zuständige Verbotsbehörde (§ 3 II VereinsG) erforderlich.[9]

Im *Ausgangsfall* hätte § 3 I VereinsG als einfaches Gesetzesrecht von vornherein hinter den *verfassungskräftigen* Aussagen in Art. 33 II, V GG zurückzustehen. Art. 33 II GG stellt in seiner angedeuteten Verbindung mit Art. 33 V GG auf die Eignung des *Bewerbers* ab. Wenn der *Bewerber* nicht die Gewähr dafür bietet, daß er jederzeit für die freiheitliche demokratische Grundordnung eintritt, kann *er* nicht eingestellt werden. § 3 I VereinsG würde diesen Grundsatz unter Verstoß gegen Art. 33 II, V GG aufweichen, wenn er vorschreiben würde, der Bewerber könne nur abgelehnt werden, wenn zusätzlich ein exekutives Vereinsverbot vorliege. Art. 21 II GG könnte demgegenüber den Anwendungsbereich des Art. 33 II, V GG verfassungsimmanent begrenzen. Daher ist für *J* von Interesse, ob die Liga als *Partei* i. S. des Art. 21 GG angesehen werden kann.

664 2. Nach wohl einhelliger Ansicht ist der *Parteibegriff* in Art. 21 GG

---

[4] Anderer Fall (Streit um Fraktionsstatus im Parlament) bei *Kisker,* JuS 1980, 284.
[5] Sie sind Gegenstand der Entscheidungen des *BVerfG* u. *BVerwG* in Fußn. 3.
[6] Hier wird nur die *Hauptlinie* des Gedankenganges skizziert. Näheres zu anderen Verfassungsbestimmungen (Art. 33 III, IV GG; Art. 3 III GG; Art. 5 GG), welche außerdem erheblich sein könnten, bei den in Fußn. 3 Zitierten.
[7] So *BVerfGE* 39, 334.
[8] Fall 10 bei *Püttner-Kretschmer,* Einzelheiten zum Feststellungsverfahren (§§ 43 ff. BVerfGG), bei *Pestalozza,* Verfassungsprozeßrecht, § 6.
[9] Fall 14 bei *Erbel,* Klausurenlehre I; *BVerwGE* 55, 175 = JuS 1978, 789 Nr. 12.

identisch mit der Definition, welche § 2 ParteienG (lesen!) von der politischen Partei gibt.

Im *Ausgangsfall*[10] könnten vor allem folgende Begriffsmerkmale problematisch sein: Bundes- oder *wenigstens Landesebene* als Bereich der politischen Betätigung („Rathausparteien" und kommunale Wählervereinigungen sind *keine* Parteien i. S. des Art. 21 GG); Wille, für den Bundestag oder einen Landtag *zu kandidieren;* nach zeitlichen Vorstellungen und Gesamtbild der tatsächlichen Verhältnisse (u. a. Festigkeit der Organisation, Mitgliederzahl) ausreichende Gewähr für die *Ernsthaftigkeit dieser Zielsetzungen.* Für die weiteren Überlegungen mag – obgleich unwahrscheinlich – zugunsten des *J* davon ausgegangen werden, *daß* die Liga politische Partei im angedeuteten Sinne ist.

665   3. Damit das Parteienprivileg nicht ausgehöhlt wird, verbietet es Art. 21 II GG auch, *rechtlich* gegen *Mitglieder einer politischen Partei* einzuschreiten, soweit sie die Parteiziele verfolgen.[11] Dies gilt allerdings nur, soweit die Mitglieder mit allgemein erlaubten Mitteln arbeiten, insbesondere nicht gegen die allgemeinen Strafgesetze verstoßen.[12]

Hierauf stützt *J* im *Ausgangsfall* seine Argumentation 2. Anders als in anderen Fällen trifft Art. 21 II GG jetzt indessen auf eine Position, welche ihrerseits *Verfassungsrang* hat: die Einstellungsvoraussetzungen für den öffentlichen Dienst in Art. 33 II, V GG. Das *Extremisten-Urteil* des *BVerfG* löst den Konflikt zwischen Art. 21 II und Art. 33 II, V GG zugunsten des Art. 33 II GG.[13] Es kommt gemäß Art. 33 II GG auf die *materielle* Eignung des *konkreten* Bewerbers an. Sie hängt nicht davon ab, ob eine Partei durch das *BVerfG* verboten ist oder nicht. Argumentation 2 hilft dem *J* also nicht. Argumentation 1 betrifft *faktische* Nachteile, welche der Partei durch ihre Diskreditierung entstehen:

666   Grundsätzlich widerspricht es dem Freiheitsstatus der Partei aus Art. 21 GG,[14] wenn der Staat sie in ihrer Wirksamkeit *faktisch* beeinträchtigt. Aus der Kompetenz der Exekutive, vor dem *BVerfG* gem. Art. 21 II GG, §§ 43 ff. BVerfGG den Verbotsantrag zu stellen, gilt das aber nicht für Meinungsbildungen über die Verfassungswidrigkeit einer Partei.[15]

Im *Ausgangsfall* wird diese Meinungsbildung auch durch Art. 33 II, V GG gestattet, wenn er es ermöglicht (soeben Rdnr. 665), aus der Verfassungswidrigkeit einer Partei Konsequenzen für die Beamtenanstellung zu ziehen.

II. Gleichheitsstatus, Chancengleichheit

667   *Ausgangsfall.*[16] Die Stadt X ist bereit und in der Lage, für den Bundestagswahlkampf an (nur) 12 Abenden ihre Stadthalle zur Verfügung zu stellen. Einzige Interessenten

---

[10] Anderer Fall bei *Püttner-Kretschmer,* Nr. 8.

[11] *BVerfGE* 12, 296 (305 ff.); 13, 46 (52 f.); 13, 123 (126); 17, 155 ff.

[12] *BVerfGE* 9, 162 ff.; 47, 130 = JuS 1978, 628 Nr. 3; 47, 198 = JuS 1978, 629 Nr. 4; *BGH,* NJW 1979, 2572 = JuS 1980, 61 Nr. 4. Klausurfall bei *Rüfner-v. Unruh-Borchert,* Öffentliches Recht I, Nr. 12.

[13] *BVerfGE* 39, 334; s. ferner bes. auch *BVerwG,* NJW 1975, 1139 ff.

[14] Zu ihm *BVerfGE* 20, 100 ff.

[15] Im Ergebnis ebenso *BVerfG,* aaO; *BVerfGE* 40, 291 f. = JuS 1976, 184 Nr. 1; 57, 1 = JuS 1982, 210 Nr. 3.

[16] Die anstaltsrechtliche Seite des Falles ist in Rdnrn. 441 ff. behandelt.

sind die 3 in Fraktionsstärke im BTag vertretenen Parteien C (für 6 Abende), F (für 4 Abende) und S (für 7 Abende). Weil F und S klar zu erkennen gegeben haben, daß sie nach der Wahl ihre bisherige Regierungskoalition fortsetzen würden, wenn sie zusammen eine regierungsfähige Mehrheit erreichten, beabsichtigt Stadtdirektor St, F und S *zusammen* ebenso viele Abend zu überlassen, wie C, nämlich C 6 Abende, F 2 Abende und S 4 Abende. Als Partei S davon erfährt, wird sie bei St vorstellig und weist darauf hin, daß sie bei der letzten Bundestagswahl 45% aller Stimmen erhalten habe, C hingegen nur 40% und F nur 8%. Daher könnte sie jetzt nicht mit 4 Abenden abgespeist werden. Wie soll St sich verhalten?[17]

668   1. Gem. § 5 I 1 ParteienG sollen alle Parteien (*formal*) ,,gleichbehandelt" werden, wenn ein Träger öffentlicher Gewalt den Parteien Einrichtungen zur Verfügung stellt oder andere öffentliche Leistungen gewährt". Das deckt sich mit der Rechtsprechung des *BVerfG*, welche aus der egalitär-formalen Wahlrechtsgleichheit der einzelnen Staatsbürger (Art. 38 I 1 GG)[18] darauf schließt, *im Grundsatz* sei auch den politischen Parteien eine *formale* Chancengleichheit eingeräumt.[19]

Im *Ansatz* muß daher für den *Ausgangsfall* von einer Aufteilung 4:4:4 und damit von nur 4 Abenden für die S ausgegangen werden.

669   2. Gem. § 5 I 2 ParteienG *kann* der Umfang der Gewährung aber ,,nach der *Bedeutung* der Parteien bis zu dem für die Erreichung ihres Zwecks erforderlichen Mindestmaß abgestuft werden". Auch insoweit ist § 5 I ParteienG Ausdruck der erwähnten Rechtsprechung des *BVerfG*. Wird die formale Gleichheit so modifiziert, bewirkt der Gleichheitsgrundsatz indessen, daß die Bedeutung *jeder* Partei zu berücksichtigen ist.

670   Hieran knüpfen im *Ausgangsfall* die Bedenken der S an. Gesetzliche Aussagen zu den Kriterien, nach denen die Bedeutung einer Partei zu bemessen sei, finden sich in § 5 I 2 (,,insbesondere" Wahlergebnisse) und in § 5 I 3 ParteienG (Vertretensein im Bundestag mit Fraktionsstärke, was der F im *Ausgangsfall* mindestens halb so viele Abende wie für jede andere Partei garantiert). St bemißt die Bedeutung im *Ausgangsfall* nach der *Funktion*, welche C als einziger im BTag vertretenen *Oppositionspartei* im politischen Kräftespiel zukommt, indem er der an die Regierung strebenden C ebenso viele Abende zugesteht wie S und F *zusammen*, welche *gemeinsam* bestrebt sind, die Regierungsmehrheit zu behalten. Ob die ,,Bedeutung" der Parteien so bestimmt werden kann, ist (im Anschluß an eine saubere Subsumtion unter § 5 I ParteienG) das eigentliche Problem der Arbeit, zu dem Literatur und Rechtsprechung (soweit ersichtlich) noch nicht Stellung genommen haben. Weil sich in § 5 I 2 ParteienG die Rechtsprechung des *BVerfG* niedergeschlagen hat (s. soeben), müßte sich der Bearbeiter einer Hausarbeit dem Problem einerseits über eine sorgfältige Analyse der Rechtsprechung

---

[17] Zur Zuteilung von Plakatflächen s. *BVerwG/OVG Münster*, JuS 1975, 657 Nr. 3; Fall zur Zuteilung von Sendezeiten bei *v. Münch*, Grundbegriffe II, S. 36, und in *BVerfGE* 37, 198 = JuS 1978, 629 Nr. 4.
[18] Zu ihr bereits § 29 II.
[19] Deutlich insoweit z. B. *BVerfGE* 14, 132f.; 24, 340f. Umfassend *Jülich*, Chancengleichheit der politischen Parteien (1967); *Henke*, aaO, S. 241 ff. S. ferner *Hesse*, Verfassungsrecht, Rdnr. 176.

dieses Gerichts zu den Modifizierungen der formalen Chancengleichheit nähern.[20] Andererseits hätte er aber auch (in fallbezogener Einkleidung) zu versuchen, die *verfassungsrechtliche Stellung der Opposition* zu ergründen.[21] Folgt der Bearbeiter im Prinzip dem Ansatz des *St*, stößt er auf das weitere Problem, wie die Bedeutung von *F* und *S* in ihrem internen Verhältnis zueinander zu gewichten ist. Immerhin geht es beiden Parteien nicht zuletzt auch darum, sich *innerhalb* der Koalition eigenständig zu profilieren und deshalb *je für sich* möglichst viele Wählerstimmen zu gewinnen. Aber das sei hier nicht mehr weiter verfolgt.

III. Prozessuales

671   1. Soweit die verfassungsrechtliche Stellung der politischen Partei durch *Verwaltungsbehörden* beeinträchtigt wird, kann die Partei von den herkömmlichen Rechtsmitteln Gebrauch machen, die auch jedem Bürger zu Gebote stehen (§ 3 ParteienG).

672   2. Verletzt ein *Verfassungsorgan* den verfassungsrechtlichen Status der politischen Partei, kann diese nach ständiger Rechtsprechung des *BVerfG*[22] eine *Organklage* (Art. 93 I Nr. 1 GG) erheben.

§ 38. Streitigkeiten innerhalb politischer Parteien

673   *Ausgangsfälle:* (1) Im Ortsverband X der Y-Partei wurden die 20 Delegierten für die Kreisdelegiertenversammlung aufgrund eines vorherigen Beschlusses des Wahlkörpers nach dem sog. Blockwahlsystem gewählt: Jeder Wähler mußte 20 (von 36) Kandidaten ankreuzen. Bezeichnet er weniger Kandidaten, war sein Stimmzettel insgesamt ungültig. Wähler *A* hält die Wahl für rechtswidrig. Er sei Angehöriger der parteiinternen Opposition, welche aus Personalmangel nur 16 Kandidaten habe aufstellen können. Um diese Kandidaten zu wählen, habe er zusätzlich 4 ihm nicht genehmen Kandidaten seine Stimme geben müssen und dadurch deren Wahlchancen zu Lasten seiner eigenen Kandidaten erhöht. In der einschlägigen Wahlordnung der Y-Partei heißt es: ,,Sollen durch einen Wahlgang mehrere gleichartige Wahlämter besetzt werden, so sind die Kandidaten mit der höchsten Stimmenzahl gewählt." Kann *A* die Wahl mit Erfolg anfechten?[1]

(2) *A* ist Journalist und setzt sich in einer führenden Wochenzeitung allwöchentlich sehr kritisch mit der Regierungspolitik auseinander, obgleich er selbst Mitglied der

---

[20] *BVerfGE* 14, 137; 24, 335; 34, 164, beurteilen die Bedeutung einer Partei u. a. nach ihrer ,,Beteiligung an den Regierungen in Bund und Ländern". Entsprechendes hat dann wohl auch für die Opposition zu gelten.

[21] Positivrechtlich ist sie nur in Art. 23 a HmbVerf geregelt, welcher lautet: ,,(1) Die Opposition ist wesentlicher Bestandteil der parlamentarischen Demokratie. (2) Sie hat die ständige Aufgabe, Kritik am Regierungsprogramm im Grundsatz und im Einzelfall öffentlich zu vertreten. Sie ist die Alternative zur Regierungsmehrheit." – Grundlegend *H. P. Schneider,* Die parlamentarische Opposition im Verfassungsrecht der Bundesrepublik Deutschland 1974. Kurzüberblick bei *Püttner-Kretschmer,* § 18. S. ferner später Rdnr. 746 und dort Fußn. 38.

[22] *BVerfGE* 20, 128 (140); 24, 329 (332); 44, 137; Klausurfall bei *Kisker,* JuS 1980, 284. Die Verfassungsbeschwerde ist nicht eröffnet, s. *BVerfGE* 57, 9 = JuS 1982, 210 Nr. 3.

[1] Fall in Anlehnung an *BGH*, NJW 1974, 183 = JuS 1974, 253 Nr. 3.

Y-Partei ist, welche die Regierung stellt. Nachdem mehrere Warnungen nicht gefruchtet haben, schließt die *Y*-Partei den *A* wegen ,,parteischädigenden Verhaltens" aus der Partei aus. Kann *A* sich mit Erfolg dagegen wehren?[2]

I. Prozessuales

674 Weil es sich um vereinsrechtliche Streitigkeiten handelt,[3] ist für *innerparteiliche* Auseinandersetzungen der Rechtsweg zu den Zivilgerichten gegeben.[4]

Im *Ausgangsfall 1* kann *A* Feststellungsklage (§ 256 ZPO) vor dem Landgericht erheben, daß die Wahl ungültig sei. – Im *Ausgangsfall 2* kommt ebenfalls eine Feststellungsklage in Betracht. Weil der Ausschluß parteiintern aber durch ein ,,Schiedsgericht" (§§ 10 V, 14 ParteienG) ausgesprochen worden ist, könnten §§ 1025 ff. ZPO (schiedsrichterliches Verfahren) Anwendung finden.[5] Gemäß § 1040 ZPO hätte dann bereits der Spruch des Schiedsgerichts ,,die Wirkung eines rechtskräftigen gerichtlichen Urteils". Einer Klage vor dem Zivilgericht stände die prozeßhindernde Einrede aus § 1027a ZPO entgegen. Nur eine ,,Aufhebungsklage" gem. § 1041 ZPO (einschränkende Voraussetzungen) wäre zulässig.

II. Materiellrechtlicher Einstieg

675 Materiellrechtlich gesehen sollte die Lösung vom *einfachen* Gesetzesrecht her entwickelt werden. (Zu den verfassungsrechtlichen Überlagerungen erst nachfolgend Rdnrn. 677 ff.) Als lex specialis ist zunächst das ParteienG durchzumustern. Enthält es keine Regelungen, sind ergänzend die vereinsrechtlichen Bestimmungen in §§ 21 ff. BGB heranzuziehen[6] (welche der *BGH* trotz des Wortlauts von § 54 BGB weitgehend auch auf den nichtrechtsfähigen Verein anwendet[7]).

676 Nach § 15 I ParteienG fassen die Organe ihre Beschlüsse mit einfacher Mehrheit. Im *Ausgangsfall 1* gestaltet das Blockwahl-System die Mehrheitswahl aus, welche von § 15 I nicht mehr gedeckt sein dürfte. Gem. § 40 BGB hätte § 15 I ParteienG möglicherweise durch eine Partei*satzung* abgeändert werden können. Die einschlägige Satzung (Wahlordnung) sieht das angewendete Blockwahl-System aber auch nicht vor. Also war die Blockwahl bereits aus formellen Gründen rechtswidrig.[8] – Für

---

[2] Besprechung eines verwandten Falles bei *v. Münch*, JuS 1964, 68; s. ferner Fall 9 bei *Püttner-Kretschmer*, sowie *BGH*, NJW 1979, 1402 = JuS 1979, 739 Nr. 3. Zum Verhältnis der Parlaments*fraktion* zu ihren Mitgliedern s. Rdnrn. 740 ff. sowie *Zuleeg*, JuS 1978, 240.

[3] Vorne Rdnrn. 660.

[4] *VGH Mannheim*, NJW 1977, 72 = JuS 1977, 189 Nr. 1; *BGH*, NJW 1979, 1402 = JuS 1979, 739 Nr. 3.

[5] Ausführlich zum Problem *Lengers*, Rechtsprobleme bei Parteiausschlüssen, Diss. jur. Bochum 1973, S. 189 f.; *OLG Frankfurt*, NJW 1970, 2250 = JuS 1971, 154 Nr. 2; *Schiedermair*, AöR 104. Bd., S. 200.

[6] Rdnr. 660 Fußn. 2.

[7] Näheres dazu bei *Palandt-Heinrichs*, § 54 Anm. 1 ff.

[8] So jedenfalls *BGH*, aaO.

Ausgangsfall 2 bestimmt § 10 IV ParteienG: „Ein Mitglied kann nur dann aus der Partei ausgeschlossen werden, wenn es vorsätzlich gegen die Satzung oder erheblich gegen Grundsätze oder Ordnung der Partei verstößt und ihr damit schweren Schaden zufügt".[9] Eine (ausdrückliche) Satzungsbestimmung, gegen die *A* verstoßen haben könnte, ist nicht ersichtlich. Ein parteiinterner Grundsatz, nach welchem es Parteimitgliedern verboten ist, die Politik der staatlichen Regierung (im Unterschied zur Parteipolitik, zu Parteiprogrammen usw.) zu kritisieren, läßt sich ebenfalls nicht nachweisen.

III. Verfassungsrechtliche Überlagerungen

677   ### 1. Art. 21 I 3 GG

Neben dem ParteienG ist Art. 21 I 3 GG zu beachten, wonach die innere Ordnung der Parteien „demokratischen Grundsätzen entsprechen" muß.[10]

Im *Ausgangsfall 1* läßt sich an den demokratischen Grundsatz der Wahlrechts*gleichheit* (vgl. Art. 38 I 1 GG) ein zweiter Argumentationsstrang gegen die Blockwahl knüpfen:[11] Bei Wahlen nach dem Mehrheitswahlsystem (dazu gehört die Blockwahl) müssen alle abgegebenen Stimmen den *gleichen Zählwert* haben.[12] Der gleiche Zählwert ist im *Ausgangsfall 1* nicht gegeben. Denn Angehörige von Minderheitsgruppierungen, welche nicht in der Lage sind, 20 Kandidaten aufzustellen, entwerten ihre Stimmabgabe zugunsten *ihrer* Kandidaten dadurch, daß sie gleichzeitig Kandidaten fördern müssen, die mit ihren eigenen Kandidaten konkurrieren. Wie die Rechtsprechung des *BVerfG* zur 5%-Klausel zeigt,[13] vermögen zwar *verfassungskräftige* Gegengesichtspunkte die Wahlrechtsgleichheit bis zu einem gewissen Grade einzuschränken. Ob die zugunsten der Blockwahl angeführten Gründe (möglichst breite Beteiligung der Mitglieder an der Parteiwillensbildung und Vermeidung von Zufallsmehrheiten) aber in diesem Sinne *verfassungskräftig* sind, ist schon zweifelhaft. Weil konkurrierende Verfassungsbestimmungen nach dem Grundsatz der praktischen Konkordanz möglichst so gegeneinander auszubalancieren sind, daß kein Gesichtspunkt *ganz* zurücktritt,[14] ist im *Ausgangsfall 1* aber jedenfalls die (vorliegende) *lupenreine* Blockwahl nicht möglich.[15]

678   ### 2. Grundrechtsgeltung

Schließlich gelten innerhalb politischer Parteien die Grundrechte. Politische Grundrechte, welche im Zusammenhang mit den Demokratievorstellungen des GG stehen (vor allem Art. 5 GG[16]), werden dabei durch Art. 21 I 3 GG in das Parteienrecht transformiert[17] (= dogmatische

---

[9] Näheres dazu in BGH 273, 275 = JuS 1979, 739 Nr. 3.
[10] Dazu jetzt *Trautmann,* Innerparteiliche Demokratie, 1975.
[11] So im Ergebnis auch *BGH,* aaO, der allerdings keinen Anwendungsfall speziell der Wahlrechts*gleichheit* gegeben steht.
[12] St. Rspr. des *BVerfG,* s. Rdnr. 737 Fußn. 11.
[13] Nachfolgend Rdnr. 737.
[14] Dazu Rdnr. 579.
[15] Vom *BGH,* aaO, überzeugend dargelegt.
[16] Dazu etwa Rdnrn. 585 ff.
[17] *Wolfrum,* Die innerparteiliche demokratische Ordnung, 1974, S. 134 ff., mit Darstellung des Meinungsstandes.

Parallele zu Art. 9 III 2 GG[18]). Die anderen Grundrechte wirken nach den Grundsätzen der „Drittwirkungslehre"[19] (wie in *jedem* nichtrechtsfähigen Verein) in der politischen Partei.

Käme im *Ausgangsfall 2* ein Verstoß gegen die „Grundsätze der Partei" in Betracht, wäre zugunsten des *A* die Pressefreiheit (Art. 5 I 2 GG), ferner seine Berufsfreiheit (Art. 12 I GG) heranzuziehen.

679 Die Grundrechte sind im Einzelfall (wiederum[20]) nach den Grundsätzen der praktischen Konkordanz gegen das (aus Gründen der Funktionsfähigkeit i. S. des Art. 21 I GG) verfassungskräftige Interesse der Partei abzuwägen, eine auf demokratischen Beschlüssen beruhende Parteilinie durchzusetzen.[21]

Im *Ausgangsfall 2* würde spätestens diese Abwägung ergeben, daß *A* nicht aus der Partei ausgeschlossen werden durfte.

---

[18] S. Rdnr. 647.
[19] Zu ihr Rdnrn. 648 ff.
[20] S. bereits soeben Fußn. 14.
[21] Einzelkriterien dazu bei *Lengers,* aaO, S. 114 ff.; *Wolfrum,* aaO, S. 138 ff.

9. Teil. (Sonstige) Fälle aus dem Staatsrecht (organisatorischer Bereich)

§ 39. Allgemeines

I. Aufgabenstellung, Bedeutung der tragenden Verfassungsprinzipien

700   Manche Bereiche des Staatsrechts wurden bereits früher erörtert, so die Gültigkeitsvoraussetzungen von Normen (Rdnrn. 481 ff.), Grundrechtsfragen (Rdnrn. 540 ff.) und zuletzt das Parteienrecht (Rdnrn. 660 ff.). Sie können hier ausgeklammert bleiben.

701   Die *tragenden Verfassungsprinzipien* aus Art. 20 I, 28 I GG, zumeist *Staatszielbestimmungen* genannt (Republik, Demokratie, Rechtsstaat, Sozialstaat, Bundesstaat), sind häufig Gegenstand von *Themenarbeiten*.

Aufgabenbeispiele: ,,Die rechtliche Bedeutung der Bezeichnung der Bundesrepublik Deutschland als republikanischer, demokratischer und sozialer Rechtsstaat (Art. 20 I, 28 I GG)" oder ,,Die in Art. 20 II GG zum Ausdruck gebrachten Verfassungsgrundsätze".

702   Im Rahmen einer Fallbearbeitung werden die tragenden Verfassungsprinzipien nur incidenter erheblich.

Das wurde für das Rechtsstaatprinzip im Zusammenhang mit der Rücknahme rechtwidriger Verwaltungsakte (Rdnrn. 215 ff.) und bei der Rückwirkung von Gesetzen (Rdnrn. 500 ff.) deutlich. Das Sozialstaatsprinzip kann etwa für die Grundrechtsexegese (vgl. Rdnr. 626) und beim Verwaltungsermessen (vgl. Rdnr. 109) fruchtbar gemacht werden. Als ,,verfassungsänderungsfestes Minimum" werden alle tragenden Verfassungsprinzipien im Rahmen von Art. 79 III GG erheblich (vgl. Rdnrn. 128, 494). Der Begriff der ,,freiheitlichen demokratischen Grundordnung" hat aktuelle Bedeutung im Rahmen des erwähnten Parteiverbots sowie für die erörterte Abweisung ,,radikaler" Bewerber aus dem öffentlichen Dienst (Rdnrn. 661 ff.).

Schon diese[1] Beispiele zeigen, daß der Student auch in der *Fallbearbeitung* vertiefte Kenntnisse zu den tragenden Verfassungsprinzipien haben muß. (Für die *mündliche* Prüfung versteht sich das ohnehin von selbst.) Die erforderlichen Kenntnisse *hier* zu vermitteln, würde indessen den Rahmen dieser Schrift sprengen. Es geht um die Grundfragen von Staat und Gesellschaft, welche nur in einer Spezialabhandlung angemessen aufgegriffen werden könnten.

703   Zum Einstieg kann der Leser daher nur auf die umfassenden Literaturlisten verwiesen werden, welche in allen Lehrbüchern und Kommentaren zu den tragenden Verfassungsprinzipien enthalten sind. ,,Das demokratische Prinzip im Grundgesetz" behan-

---

[1] Weitere Fälle zu den tragenden Verfassungsprinzipien etwa bei *Püttner-Kretschmer*, §§ 5 ff.; *v. Münch*, Grundbegriffe II, S. 60 ff.

deln etwa *v. Simson* und *Kriele*, VVDStRL 29. Band (1971). Die ,,freiheitliche demo-kratische Grundordnung" (Art. 21 II GG) wird durch *BVerfGE* 2, 1 (SRP-Urteil) nach ,,rechts" und durch *BVerfGE* 5, 85 (KPD-Urteil) nach ,,links" abgegrenzt. Wodurch sich die pluralistische, rechtsstaatliche Demokratie des Grundgesetzes von der Volks-demokratie der DDR abhebt, wird im einzelnen deutlich bei *Brunner*, Einführung in das Recht der DDR (2. Aufl. 1979).[2] Zum Sozialstaatsprinzip sind wichtig *W. Weber*, Staat 4 (1965), S. 409; *Hartwich*, Sozialstaatspostulat und gesellschaftlicher status quo, 1970. ,,Deutschlands Rechtslage" ist dargestellt in *v. Münch*, Grundbegriffe des Staats-rechts I, 2. Aufl. (1982), S. 26 ff.;[3] den besonderen Status Berlins behandelt *Pestalozza*, JuS 1983, 241.

704 Die nachfolgenden Ausführungen behandeln *die* Teile des Staatsrechts, welche nach allem noch *verbleiben*, nämlich *Zusammensetzung, Stellung und Funktionen der Staatsorgane* und das *Verhältnis von Bund, Ländern und Gemeinden*. Staatsrechtliche Klausuren aus diesen Bereichen sind häufig besonders unbeliebt. Denn Studenten und Examenskandidaten haben gerade auch hier nicht immer ausreichende Vorstellungen von dem, was sie erwartet. Auch fehlen Lösungsschemata. Nachfolgend soll versucht werden, die Vorstellungslücken zu schließen, indem ein mög-lichst weit gefächerter, gleichwohl notwendig noch unvollständiger Überblick über Fälle aus Originalklausuren zu den wichtigsten Themen-kreisen gegeben wird.[4] Hingegen ist es nicht möglich, im bisherigen Um-fang bis in viele Einzelheiten hinein die Gedankenfolgen zu abstrahieren, welche für spezifische Fallgestaltungen immer wiederkehren. Staatsrecht-liche Aufgaben haben häufig Konflikte zum Gegenstand, welche lediglich *einmal* in der Verfassungswirklichkeit vorgekommen sind, aus diesem aktuellen Anlaß dann eine gewisse Zeit lang durch die Klausuren gei-stern,[5] später aber nur selten noch wiederauftauchen, weil mittlerweile andere Konflikte aktueller sind.

Daher ist es unausweichlich, daß der Examenskandidat das aktuelle politische Ge-schehen verfolgt (Zeitungslektüre) und ständig unter staats*rechtlichen* Aspekten ,,mit-denkt"!

705 Wichtiger als die Kenntnis vieler Lösungsschemata zu vergangenen Streitfällen ist so gesehen die Fähigkeit, bisher unbekannte Konflikte in

---

[2] JuS-Schriftenreihe Heft 29. S. ferner *Roggemann*, Die sozialistische Verfassung der DDR, 1970.
[3] Zum Thema ,,Deutsche Staatsangehörigkeit und DDR-Staatsbürgerschaft" aus-führlich *Hailbronner*, JuS 1981, 712; Klausurbesprechung zur ,,Elbgrenze" bei *Fasten-rath*, JuS 1982, 516.
[4] Fallbezogene Darstellungen auch bei *Püttner-Kretschmer*, Die Staatsorganisation, Band 1, 1978 (JuS-Schriftenreihe H. 62); *v. Münch*, Grundbegriffe des Staatsrechts II, 2. Aufl. (1982); *Erichsen*, Staatsrecht und Verfassungsgerichtsbarkeit II, 2. Aufl. (1979).
[5] S. nach dem Rücktritt von Bundeskanzler *Brandt* etwa die Erörterungen von *Arndt, Schweitzer* und *Röttger*, JuS 1974, 622; 1975, 358; nach der Landtagswahl 1975 im Saarland (neue Sitzverteilung zwischen bisheriger Regierungspartei und Opposition 25 : 25) die Überlegungen von *Knies*, JuS 1975, 420, zur Kontinuität der Regierung.

den Griff zu bekommen, auch wenn sie in noch nicht ausreichend beakkertes Neuland führen: Der Bearbeiter muß in der Lage sein, sich auch ohne den Rückhalt eines Schemas mit Hilfe von *Grundkenntnissen* und durch *eigenständige* Überlegungen zu den einschlägigen Fragen und zu ihrer Lösung vorzutasten. Das wird nachfolgend mit geübt werden. Der Leser sollte jeden Fall zunächst selbst durchdenken und seine Lösung anschließend mit Hilfe der Lösungsandeutungen überprüfen und vertiefen.

II. Bearbeitungshinweise

706   Immerhin lassen sich einige allgemeingültige Bearbeitungshinweise voranstellen. Sie sollen dem Bearbeiter vor Augen führen, wie auch staatsrechtliche Fälle mit *juristischer Methode*,[6] nicht durch unverbindliches Gerede zu lösen sind.

Ausgangsfälle: Der Bundespräsident weigert sich, (1) den vom Bundestag ordnungsgemäß gewählten Bundeskanzler, (2) einen vom Bundeskanzler vorgeschlagenen Bundesminister zu ernennen, weil er ihre politischen Vorstellungen nicht teilt. (3) Der Bundespräsident verweigert die Ausfertigung eines Gesetzes, weil es politisch verfehlt sei. (4) Der Bundespräsident befürwortet in einem Zeitungsinterview die Bildung einer neuen Regierung.[7] Handelt er jeweils rechtmäßig?

707   1. Suche nach positivrechtlicher Regelung

Zunächst ist stets zu prüfen, ob die aufgeworfene Frage positivrechtlich *eindeutig geregelt* ist. Soweit es um die Befugnisse eines Verfassungsorgans, etwa des Bundespräsidenten geht, ist einmal der Abschnitt des Grundgesetzes durchzumustern, welcher diesem Verfassungsorgan gewidmet ist (in den Ausgangsfällen: Art. 54 ff. GG). Sodann kann sich die Regelung auch unter den Vorschriften für ein anderes Verfassungsorgan (Bundestag, Bundesregierung) befinden, mit dessen Befugnissen das Handeln des Bundespräsidenten im Zusammenhang steht.

Die Mitwirkung des Bundespräsidenten bei der Ernennung von Bundesbeamten und Bundesrichtern findet sich so im Abschnitt über den Bundespräsidenten (Art. 60 GG), seine Mitwirkung bei der Ernennung von Mitgliedern der Bundesregierung hingegen im Abschnitt über die Bundesregierung (Art. 63 II 2, 64 I GG).
708   Der klare Wortlaut des Art. 63 II 2 GG ergibt, daß der Bundeskanzler im *Ausgangsfall 1* ernannt werden *muß.* Der Bundespräsident hat hier kein ,,politisches Prüfungsrecht". Im *Ausgangsfall 2* enthält Art. 64 GG keine klare Entscheidung zum *Umfang* der Prüfungsbefugnis des Bundespräsidenten (*Auslegungsproblem*).[8] *Ausgangsfall 3* ist

---

[6] Speziell zur Methode der Verfassungsauslegung vgl. z.B. *Hesse,* Verfassungsrecht, Rdnrn. 49 ff.; *Stein,* Staatsrecht, §§ 1 IV, 30; zusammenfassend *Püttner-Kretschmer* aaO, S. 8. Beispielgebend zum Nachfolgenden die Klausurbesprechung bei *M. Schröder,* JuS 1967, 321.
[7] Klausurbesprechung bei *v. Münch,* Übungsfälle, Nr. 3.
[8] Überblick über die verschiedenen Ansichten z.B. bei *v. Mangoldt-Klein,* GG, Art. 64 Anm. III 4; *Rein,* JZ 1969, 573.

im Grundgesetz (Art. 83 I) zwar nicht expressis verbis angesprochen, aber doch eindeutig entschieden: Das politische Prüfungsrecht bei der Ausfertigung von Gesetzen käme einem Vetorecht gleich; als *Grundfrage* des Verhältnisses zwischen Parlament und Staatsoberhaupt wäre das Vetorecht notwendig *ausdrücklich* erwähnt, wenn es bestände. In weniger zentralen Fragen ist andererseits aber durchaus auch eine *ungeschriebene* Kompetenz denkbar.[9] Um sie geht es im *Ausgangsfall 4 (Verfassungslücke);* Art. 5 GG (freie Meinungsäußerung) ist hier nicht einschlägig.[10]

709 **2. Auslegungsschwierigkeiten und Verfassungslücken**

Bei *Auslegungsschwierigkeiten* oder beim Vorliegen einer *Verfassungslücke* ist die Entscheidung über Rückschlüsse aus anderen Verfassungsvorschriften und/oder aus grundlegenden Zusammenhängen der Verfassung zu gewinnen. Vom Bearbeiter wird jetzt in der Klausur nicht erwartet, daß er etwa eine Streitfrage bis in alle Verästelungen der Argumentation hinein kennt; er soll nur *Verständnis* zeigen.[11]

710 Dabei lassen sich die Gedankengänge z. B. so ordnen:

(1) Was spricht *für* die in Anspruch genommene Kompetenz?

Im *Ausgangsfall 2* deutet der Wortlaut des Art. 64 I GG auf ein politisches Prüfungsrecht hin: Die Minister werden „auf Vorschlag" des Bundeskanzlers ernannt; im allgemeinen Sprachgebrauch braucht ein Vorschlag nicht akzeptiert zu werden. Dementsprechend heißt es in Art. 64 I GG auch nicht wie in Art. 63 II 2 GG „ist zu ernennen", sondern „werden ernannt". – In *Ausgangsfall 4* ist z. B. zu überlegen, ob sich aus den Funktionen des Bundespräsidenten *vor* oder *bei* der Kanzlerwahl (Art. 63 ff.) Rückschlüsse auf die in Anspruch genommenen Befugnisse ziehen lassen. Geht das nicht, ist die Natur des Amtes zu durchleuchten.

(2) Was spricht *gegen* die in Anspruch genommene Kompetenz?

Im *Ausgangsfall 2* würde der Bundespräsident über die Zurückweisung der Minister das ihm durch Art. 63 II 2 GG verwehrte Ziel auf „kaltem Wege" erreichen können: Ohne die Mitarbeiter seiner „ersten Garnitur" im Kabinett ist dem Bundeskanzler die Erfüllung seiner Aufgaben stark erschwert, eventuell unmöglich. Ferner sprechen Art. 63 und Art. 67 GG sehr stark für ein *rein parlamentarisches* Regierungssystem. Für *Ausgangsfall 4* läßt sich vielleicht parallel argumentieren, im *parlamentarischen* Regierungssystem dürfe kein anderes *Staatsorgan* Druck auf das Parlament ausüben, wenn es um die Neubildung einer Regierung gehe.

(3) Das *Ergebnis* ist eindeutig, wenn sich *nur* Gründe für eine Kompetenz oder *keine* Gründe für die Kompetenz haben finden lassen. Bestehen sowohl Gründe für als auch gegen die Kompetenz, hat der Bearbeiter sie gegeneinander abzuwägen; dabei zeigt sich dann einmal mehr die Relativität juristischer Entscheidung.

In den *Ausgangsfällen 2* und *4* dürften die Gründe überwiegen, welche *gegen* die vom Bundespräsidenten in Anspruch genommenen Kompetenzen sprechen (str.).

---

[9] Näheres bei *M. Schröder,* JuS 1967, 322 zu Fußn. 9 ff.
[10] S. *v. Münch,* aaO.
[11] Beispiel schon Rdnr. 497 zu Art. 81 GG.

711   3. Kategorien der Allgemeinen Staatslehre als Argumentationsgrundlage?

Besondere Vorsicht ist geboten, wenn mit *Kategorien der allgemeinen Staatslehre* argumentiert wird.

In den *Ausgangsfällen* ist es etwa verfehlt, Rückschlüsse daraus zu ziehen, daß der Bundespräsident „pouvoir neutre" oder „Hüter der Verfassung"[12] sei bzw. nicht sei. Inwieweit dem Bundespräsidenten solche Eigenschaften zukommen, ergibt sich erst aus der Verfassung, um deren Auslegung es gerade geht, nicht umgekehrt.

712   *Weiteres Beispiel:* Muß oder darf eine Bundesbehörde an der Ausführung eines Gesetzes mitwirken, welches sie für verfassungswidrig hält? – Neben anderen, gleich anschließend[13] anzudeutenden Überlegungen zur Lösung dieses im Grundgesetz nicht geregelten Falles pflegen die Bearbeiter stets auch anzuführen: Aus dem Gewaltenteilungsprinzip ergebe sich, daß nur das Bundesverfassungs*gericht* (über Art. 93 I Nr. 2 GG: abstrakte Normenkontrolle auf Antrag der Bundesregierung) die Ungültigkeit eines Gesetzes feststellen dürfe, die Bundesbehörde aber bis dahin den Willen der Legislative auszuführen habe. Oder umgekehrt: Gewaltenteilung sei verbunden mit gegenseitiger Hemmung und Kontrolle der Gewalten; als Gegengewicht zum Bundestag dürfe die Bundesexekutive verfassungswidrige Gesetze nicht ausführen. Derartige Beweisführungen übersehen: Die (in Art. 20 II 2 GG angesprochene) Kategorie der Gewaltenteilung i. S. der allgemeinen Staatslehre ist so weit,[14] daß ihr *beide* Lösungen gerecht werden. *Entscheidend* ist *allein*, wie die Gewaltenteilung im *Grundgesetz im einzelnen* verwirklicht ist.[15] Will man das Gewaltenteilungsprinzip heranziehen, ist es also erforderlich, sämtliche im Grundgesetz enthaltenen Regelungen der Gewaltenteilung und Gewaltenkontrolle daraufhin durchzumustern, ob sich aus ihnen eine bestimmte Tendenz des Verfassungsgebers entnehmen läßt, welche dann auch der Lückenschließung im Beispielsfall fruchtbar gemacht werden müßte.[16]

§ 40. Rechtsstellung, Rechte und Pflichten der Staatsorgane in der Gewaltenteilung

I. Prozessuales

716   In prozessualer Hinsicht sind die hier zu behandelnden Fälle selten problematisch: Bei Streitigkeiten zwischen obersten Bundesorganen über den Umfang ihrer sich aus dem Grundgesetz ergebenden Rechte und Pflichten (Organstreitigkeiten) kann die sog. *Organklage* vor dem *BVerfG* erhoben werden (vgl. Art. 93 I Nr. 1 GG, §§ 13 Nr. 5, 63 ff. BVerfGG).[1]

---

[12] Zu diesen in Klausuren zumeist mißverstandenen Begriffen lies *v. Münch,* Übungsfälle, S. 88 ff.

[13] Rdnrn. 717 ff.

[14] *BVerfGE* 9, 279 f.

[15] In gleicher Richtung die Klausurbesprechung von *M. Schröder,* JuS 1967, 324.

[16] So geht *Hall,* DÖV 1965, 257 ff., im *Ausgangsbeispiel* richtig vor.

[1] Einzelheiten zu ihr bei *Pestalozza,* Verfassungsprozeßrecht, § 9; *Schlaich,* JuS 1981, 823; Klausur bei *Fastenrath,* JuS 1982, 516.

II. Bundestag und Exekutive

717   1. Die Bindung der Exekutive an das Gesetz

Fall wie soeben.[2] Besteht eine Kompetenz der Exekutive, Gesetze, welche sie für verfassungswidrig hält, *selbst zu verwerfen?* Die Lösung ist in der Klausur unter Berücksichtigung mindestens der Art. 100 I, 93 I Nr. 2,[3] 20 III GG zu gewinnen. Zur Argumentation aus dem „Grundsatz der Gewaltenteilung" wurde soeben bereits Stellung genommen. Die praktische Bedeutung des Problems zeigt sich besonders in Eilfällen, in denen ein abstraktes Normenkontrollverfahren schon aus zeitlichen Gründen nicht eingeleitet werden kann. Beachte stets: Ob das Gesetz *wirklich* verfassungswidrig *ist,* steht *nicht* fest.[4]

718   2. Das parlamentarische Regierungssystem

Fall:[5] Der Bundestag fordert die Bundesregierung in einer „Entschließung" auf, diplomatische Beziehungen mit dem Lande *X* aufzunehmen. Ist die Entschließung zulässig und wäre die Bundesregierung an sie gebunden? – Es handelt sich um einen sog. *schlichten Parlamentsbeschluß,*[6] nicht um einen Gesetzesbeschluß (Fehlerquelle!). Eine ausdrückliche Kompetenz des Bundestages ist nicht vorhanden. Die Befugnis läßt sich aber aus Art. 67 I GG (parlamentarisches Regierungssystem) herleiten: Wenn der Bundestag den Kanzler durch das konstruktive Mißtrauensvotum abwählen kann, muß er auch die Möglichkeit haben, seine politischen Vorstellungen (vor einer Abwahl) kundzutun (um dem Kanzler z. B. Gelegenheit zu geben, seine Politik rechtzeitig zu korrigieren). So übt die Empfehlung *politischen* Druck aus. Andererseits wird die Bundesregierung nicht *rechtlich verpflichtet,* weil die *endgültige Entscheidung allein* in *ihre* Kompetenz fällt (Arg. aus Art. 65 GG).

III. Rechtsprechung[7]

719   *Fall:* Durch Gesetz ist eine handwerkliche Berufsgerichtsbarkeit eingeführt worden, deren Träger die Handwerkskammern sind. Die Gerichte werden besetzt mit vom Staate ernannten Berufsrichtern und von der Vollversammlung gewählten Mitgliedern der Kammer (Handwerkern). Sie sollen standeswidriges Verhalten von Handwerkern (überhöhte Preise, Mißbrauchen von Lehrlingen) disziplinarisch ahnden. Rechtsmittel gegen die Entscheidungen sind ausdrücklich ausgeschlossen. Ist das Gesetz gültig?

---

[2] Rdnr. 712.

[3] Dieser der BReg. mögliche Antrag auf „*abstrakte Normenkontrolle*" durch das BVerfG darf nicht verwechselt werden mit der im Text vorher genannten Organklage, mit deren Hilfe die Befugnis der BReg. geklärt werden kann, das Gesetz *selbst* zu verwerfen.

[4] Zur Vertiefung lies z. B.: *Bachof,* AöR 87. Bd., 1; *Hall,* DÖV 1965, 253; *Kabisch,* Prüfung formeller Gesetze im Bereich der Exekutive, 1967 (neue Gesichtspunkte). Zusammenfassende Problemerörterungen in JA 1970, 353.

[5] Besprechung mit allen Einzelheiten bei *M. Schröder,* JuS 1967, 321; ganz parallel der Fall bei *Böckenförde,* JuS 1968, 375. Vgl. ferner den „2. Übungsfall" bei *Stein,* Staatsrecht, S. 31 f., 320 f.; Fall Nr. 10 bei *Rüfner-v. Unruh-Borchert,* Öffentliches Recht I (Vertrauensfrage, Auflösung des BTages); Fall 17 bei *Erbel,* Klausurenlehre I (Handeln des BTages gegen Richtlinien des BK); Fall 17 bei *Püttner-Kretschmer; Friehe,* JuS 1983, 208 (Mißtrauensvotum gegen Minister, Streichung des Ministergehalts im Etat); sowie später Rdnr. 728 (Untersuchungsausschuß).

[6] Näheres bei *Böckenförde,* JuS 1968, 376 in und zu Fußn. 7.

[7] Zur besonderen Rechtsstellung des BVerfG s. *Schlaich,* JuS 1981, 741.

Zwei Fragen sind zu unterscheiden:

720   1. Handelt es sich um *Rechtsprechung* oder um *Verwaltung?*

Liegt im *Ausgangsfall* Rechtsprechung vor, *muß* das Gericht (schon in *erster In-stanz*) den Anforderungen genügen, welche das GG an ein Gericht stellt. Sonst sind die *Vorschriften über das „Gericht"* verfassungswidrig. Handelt es sich um Verwaltung, ist es insoweit unschädlich, falls kein Gericht i. S. des GG entsteht; wegen Art. 19 IV GG ist dann nur der *Ausschluß des Rechtswegs* verfassungswidrig.

Art. 92 GG, wonach die rechtsprechende Gewalt den Richtern anvertraut ist, geht von einem *materiellen* Begriff der Rechtsprechung aus: Bestimmte Sachbereiche (der traditionelle Kernbereich der Rechtsprechung) sind ausschließlich den Gerichten zuge-wiesen.[8] Hierzu gehören disziplinarische Maßnahmen nicht. Zu überlegen bleibt, ob Rechtsprechung i. S. des Art. 92 GG nicht jedenfalls deshalb vorliegt (formeller Begriff der Rechtsprechung), weil der *Gesetzgeber* die (ihrer Natur nach *nicht notwendig* hierher gehörige) Materie der Rechtsprechung hat überweisen wollen.[9]

721   2. Entspricht das „Gericht" den *Anforderungen, welche das Grundge-setz an ein Gericht stellt?*[10]

Das Berufsgericht ist kein unzulässiges *Ausnahmegericht* (Art. 101 I GG), sondern ein *Gericht für besondere Sachgebiete*. Aber: Art. 92 GG erfordert ein *staatliches* Ge-richt („Gerichte der *Länder*"). Soweit nichtstaatliche Körperschaften Träger sind, muß jedenfalls die personelle Besetzung vom Staat entscheidend bestimmt sein. Hinsichtlich der Beisitzer (Handwerker) ist das nicht der Fall. Ferner ist die *sachliche Unabhängig-keit* der Beisitzer (Art. 97 I GG) nicht gewährleistet, weil nicht ausgeschlossen ist, daß Mitglieder anderer Kammerorgane zu Richtern gewählt werden. Daraus ergibt sich zugleich ein Verstoß gegen die Gewaltenteilung (Art. 20 II 2 GG).[11]

IV. Der Bundespräsident

722   Statistisch gesehen ist das sog. *Prüfungsrecht des Bundespräsidenten* eines der wichtigsten Themen staatsrechtlicher Fälle. Das rechtfertigt es, dem Prüfungsrecht in Ergänzung und vereinzelter Wiederholung frühe-rer Ausführungen[12] nachfolgend besondere[13] Aufmerksamkeit zu widmen.

Fälle: Der Bundespräsident weigert sich: (1) ein Bundesgesetz auszufertigen und zu verkünden (Art. 82 I GG), weil (a) eine Gegenzeichnung noch nicht erfolgt sei, (b) der Bundesrat nicht mitgewirkt habe, (c) das Gesetz gegen ein Grundrecht verstoße,[14] (d) er das Gesetz für politisch unklug halte; (2) den vom Bundestag gewählten Bundes-kanzler (Art. 63 II 2 GG); (3) einen vom Bundeskanzler vorgeschlagenen Bundesmini-

---

[8] Lies: *BVerfGE 22*, 49 = JuS 1967, 376 Nr. 2 m. Darstellung des Streitstands; *BVerfGE 27*, 18 = JuS 1969, 538 Nr. 1.

[9] In dieser Richtung *BVerfGE 18*, 252, allerdings *vor* den grundlegenden Entschei-dungen in der vorhergehenden Fußn.

[10] Lies zum Nachfolgenden: *BVerfGE 18*, 241; 26, 186 = JuS 1970, 197 Nr. 4.

[11] *BVerfGE 26*, 186, 197f. = JuS 1970, 197 Nr. 4.

[12] Rdnrn. 706ff.

[13] Andere Fälle bei *Erbel*, Klausurenlehre I, Nr. 17 (Verstoß des BPräs. gegen Richt-linien des BK); *Stein*, Staatsrecht, Nr. 1, S. 9f., 280; *Püttner-Kretschmer*, Fall 22.

[14] Fall bei *K. Müller*, Öffentliches Recht, Nr. 4; s. ferner *Erbel*, Klausurenlehre I, Fall 13; *v. Münch*, Grundbegriffe II, S. 167.

ster (Art. 64 I GG); (4) einen Bundesbeamten; (5) einen im Einvernehmen mit dem zuständigen Bundesminister vom Richterwahlausschuß (Art. 95 II GG) gewählten Bundesrichter zu ernennen; (6) einen völkerrechtlichen Vertrag zu ratifizieren (Art. 59 I GG).[15]

Die Problematik läßt sich in allen Fällen gleich *aufspalten,* aber nicht für alle Fälle einheitlich lösen.

723   1. Rechtliches Prüfungsrecht

a) Wie jedes Staatsorgan hat auch der Bundespräsident die im Grundgesetz genannten *rechtlichen Voraussetzungen* seines *eigenen* Handelns *selbst* zu prüfen.

Weil er *Bundesorgan* ist, muß er im *Fall 6* die Ratifikation verweigern, wenn der *Bund* nicht zuständig ist. Im *Fall 1a* darf er das Gesetz erst *nach* Gegenzeichnung ausfertigen und verkünden (so ausdrücklich Art. 82 I GG). Derartige Fälle sind unproblematisch.

724   b) Ferner hat der Bundespräsident *fremde* Akte rechtlich zu überprüfen, *falls* das Grundgesetz ihn dem klaren Wortlaut nach deshalb gerade einschaltet.

Gemäß Art. 82 I GG hat der Bundespräsident „*die nach den Vorschriften dieses Grundgesetzes zustande gekommenen Gesetze*" auszufertigen. Er muß also prüfen, ob die Vorschriften über das Gesetzgebungs*verfahren* eingehalten sind (formelles Prüfungsrecht). Im *Fall 1b* verweigert er die Ausfertigung zu Recht, wenn der Bundesrat hätte mitwirken müssen.

725   c) Streit besteht, inwieweit der Bundespräsident ein rechtliches Prüfungsrecht hat, welches über diese klar geregelten Fälle hinausgeht.

Muß er im *Fall 1c* das Gesetz ausfertigen, obgleich er es für verfassungswidrig hält (*materielles* Prüfungsrecht[16])? Muß er auf Vorschlag der Exekutive einen Beamten ernennen, obgleich dieser kein Deutscher ist und daher nicht zum Beamten ernannt werden darf?

Die Überlegungen vollziehen sich in *zwei* Ebenen: *Einerseits* ist an die Funktion anzuknüpfen, welche der Bundespräsident im *konkreten* Falle hat, in dem das Grundgesetz ihn einschaltet.

Bedeutet „Ausfertigung" im *Fall 1c* auch Bekundung einer *materiellen* Verfassungsmäßigkeit?[17] Welche Funktionen sind der „Ausfertigung" sinnvollerweise neben der Zuständigkeit des Bundestages/Bundesrates, der „Gegenzeichnung" und der Funktion des *BVerfG* zuzuweisen?

---

[15] Insoweit Einzelheiten später unter Rdnrn. 812ff. Weitere Fälle bei *Püttner-Kretschmer,* Nr. 21; *Rüfner-v. Unruh-Borchert,* Öffentliches Recht I, Nr. 9; *G. Küchenhoff,* Praktikum, Nr. 1.

[16] Umfassender Überblick bei *v. Mangoldt-Klein,* GG, Art. 82 Anm. III 7.

[17] Obgleich der im Text schon mitgeteilte Wortlaut des Art. 82 GG mehr für eine auf die *formelle* Verfassungsmäßigkeit beschränkte Beurkundung spricht (vgl. *K. Müller,* S. 58), bejaht *Maunz* (in: *Maunz-Dürig-Herzog-Scholz,* Art. 82, Rdnrn. 1ff.) das: Auch jedes *inhaltlich* mit dem GG nicht vereinbare Gesetz sei *formell* nicht in Ordnung, weil Art. 79 I GG nicht beachtet sei.

Andererseits ist die *allgemeine* Stellung des Bundespräsidenten zu berücksichtigen.

Kann ihm als höchstem Staatsorgan zugemutet werden, an Handlungen mitzuwirken, welche er für verfassungswidrig hält? Setzt die Formulierung des Amtseides (Art. 56: ,,Grundgesetz ... wahren und *verteidigen*") das Bestehen eines materiellen Prüfungsrechts voraus? Nur die Überlegungen auf *dieser* Ebene haben generelle Bedeutung für *das* materiellrechtliche Prüfungsrecht.

726   2. Politisches Prüfungsrecht

a) Zunächst ist stets an die Eigenarten und den Sinn des *konkreten* Mitwirkungsrechts anzuknüpfen, um das es im Falle jeweils geht.

Ob der Bundespräsident in den *Fällen 3, 4, 5* aus politischen Gründen einen zur Ernennung vorgeschlagenen Minister, Beamten oder Richter zurückweisen darf, hängt so von einer Analyse des Sinnes seiner Mitwirkung und der Rechte des Bundeskanzlers, der Bundesregierung, des Richterwahlausschusses usw. ab.[18]

b) Ein Vergleich mit anderen Mitwirkungsrechten des Bundespräsidenten kann unterstützend herangezogen werden, falls das politische Prüfungsrecht dort nicht genauso zweifelhaft ist.

727   c) Hingegen kann man nicht von *dem* politischen Prüfungsrecht schlechthin sprechen, wie es in studentischen Arbeiten häufig geschieht. Daß die Feststellung, der Bundespräsident sei ,,pouvoir neutre" oder ,,Hüter der Verfassung", keinen Argumentationswert hat, wurde bereits früher[19] erläutert.

V. Der Bundesrat

728   *Fall:*[20] Der Bundestag streicht § 2 II Nr. 1 AuslG mit der Folge, daß fortan auch Ausländer unter 16 Jahren einer Aufenthaltserlaubnis bedürfen. Der Bundesrat ruft den Vermittlungsausschuß an. Dieser spricht sich für das Änderungsgesetz aus. Nunmehr verweigert der Bundesrat mit der Mehrheit seiner Stimmen die ,,Zustimmung" zum Änderungsgesetz. Der Bundestag bestätigt das Gesetz mit der Mehrheit seiner Mitglieder. Nach Gegenzeichnung wird das Änderungsgesetz vom Bundespräsidenten ausgefertigt und im Bundesgesetzblatt verkündet. Kann der Bundesrat mit Erfolg etwas unternehmen?

Entscheidend ist, ob das Änderungsgesetz zum Ausländergesetz der ,,Zustimmung" des Bundesrates (vgl. Art. 77 III 1 i. V. mit Art. 78 GG) bedurfte oder ob es sich lediglich um ein ,,Einspruchsgesetz" handelte. Eine Zustimmung des Bundesrates liegt nicht vor. In der Verweigerung der Zustimmung mag bei einer klausurmäßigen Bearbeitung des Falles ein ,,Einspruch" i. S. des Art. 77 III GG gesehen werden können.[21] Durch

---

[18] Vgl. dazu die Kommentare zum GG, auch *Menzel*, DÖV 1965, 581, sowie schon Rdnr. 708, Fußn. 8.
[19] Rdnr. 711.
[20] 4. Fallvariante des Falles 18 bei *Erbel*, Klausurenlehre I; Anlehnung an *BVerfGE* 37, 363 = JuS 1974, 734 Nr. 3; *v. Münch*, Grundbegriffe II, S. 151; *Erichsen*, Staatsrecht II, Fall 2. Weitere Fälle zum Verhältnis des BRats zu anderen Staatsorganen vorstehend Rdnr. 497 (Gesetzgebungsnotstand) sowie etwa bei *Püttner-Kretschmer*, Nr. 18–20.
[21] Dagegen *BVerfGE* 37, 396; s. a. § 30 GeschOBRat.

seinen erneuten Beschluß hat der Bundestag diesen Einspruch dann aber mit der gem. Art. 77 IV 1 GG erforderlichen Mehrheit zurückgewiesen. – Die Zustimmung des Bundesrates ist in den Fällen erforderlich, welche das Grundgesetz nennt. Das Ausländergesetz enthält materiellrechtliche und verfahrensrechtliche Bestimmungen. Wegen seiner verfahrensrechtlichen Teile mußte das Ausländergesetz seinerzeit mit Zustimmung des Bundesrates erlassen werden (vgl. Art. 84 I GG). Nach *BVerfGE* 37, 363 ist ein Änderungsgesetz nicht alleine deshalb zustimmungsbedürftig, weil das geänderte Gesetz mit Zustimmung des Bundesrates ergangen ist.[22] Entscheidend ist vielmehr, ob das Änderungsgesetz selbst von *seinem* Regelungsinhalt her zustimmungsbedürftig ist. Weil ausschließlich *materielles* Recht verändert wird (Erfordernis einer Aufenthaltserlaubnis), ist das nicht der Fall. Daß für die (nach dem Ausländergesetz insoweit zuständigen) Länder ein erheblich größerer Verwaltungsaufwand entsteht, ist unbeachtlich. Das Zustimmungserfordernis gilt nur für Bundesgesetze, welche das Verfahren der Landesbehörden inhaltlich *regeln*.[23] – *Prozessual* gesehen kann einerseits der Bundesrat die „Organklage" des Art. 93 I Nr. 1 GG gegen den Bundespräsidenten erheben (vgl. §§ 63 ff. BVerfGG), andererseits eine Landesregierung (nicht der BRat als solcher) die „abstrakte" Normenkontrolle (Art. 93 I Nr. 2 GG) beim *BVerfG* beantragen (vgl. §§ 76 ff. BVerfGG).

§ 41. Zusammensetzung und interne Probleme einzelner Staatsorgane

731   Die Fälle aus diesem Bereich lassen sich häufig nur lösen, wenn neben dem Verfassungstext einschlägige Gesetze und Rechtsverordnungen (etwa: BWahlG, BWahlO, WahlprüfungsG) oder die Geschäftsordnungen der einzelnen Organe (Bundestag, Bundesrat, Bundesregierung)[1] herangezogen werden, welche die tragenden Gedanken der Verfassung in den Einzelheiten fortführen. Das „Problem" des Falles besteht dann etwa in der verständigen *Auslegung und Anwendung* solcher Vorschriften, mit welchen sich der Bearbeiter in seiner bisherigen Ausbildung nie näher zu beschäftigen hatte. Den herkömmlichen Grundsätzen der Gesetzesanwendung und Fallbearbeitung entsprechend ist dabei von der speziellsten Regelung (Geschäftsordnung, Verordnung, Gesetz) auszugehen. Die Verfassung bleibt zunächst im Hintergrund, bekommt später aber oft als höherrangige Norm (Verfassungsverstoß?), Auslegungsmaßstab oder bei der Lückenfüllung Bedeutung.[2]

I. Prozessuales

732   In *prozessualer* Hinsicht ist hier ebenfalls auf die schon erwähnte *Organklage* (Art. 93 I Nr. 1 GG, §§ 13 Nr. 5, 63 ff. BVerfGG) hinzuweisen:

---

[22] Umfassende Darstellung des Problemkreises bei *Erbel*, aaO, S. 322 ff. S. ferner etwa *Weides*, JuS 1973, 337; *Pestalozza*, JuS 1975, 366; *BVerfGE* 48, 177 = JuS 1979, 56 Nr. 1.

[23] So *BVerfGE* 55, 274 (319) = JuS 1982, 458 Nr. 3.

[1] Sämtlich im *Sartorius* abgedruckt.

[2] Beispiel nachfolgend Rdnr. 744, *Ausgangsfall*.

Sie steht u. a. auch den „im Grundgesetz oder in den Geschäftsordnungen des Bundestages und des Bundesrates mit eigenen Rechten ausgestatteten *Teilen*" von Organen[3] für *interne* Organstreitigkeiten zu.[4]

II. Parlament[5]

733   ### 1. Wahlen

Ausgangsfall: Könnte durch Änderung des Bundeswahlgesetzes das Mehrheitswahlrecht eingeführt werden oder wäre dafür eine Verfassungsänderung erforderlich?[6]

734   a) Die *Mehrheitswahl*[7] ist eine Persönlichkeitswahl: Der Kandidat, der die (relativ oder absolut) meisten Stimmen auf sich vereint, zieht in das Parlament ein. Die Wählerstimmen für die unterlegenen Kandidaten sind (faktisch) im Parlament nicht vertreten (obgleich der gewählte Kandidat nach den Grundsätzen der Repräsentation[8] *rechtlich* gesehen auch *ihr* Repräsentant ist). Die *Verhältniswahl* ist eine *Listenwahl*: Die Parlamentssitze werden nach dem Verhältnis der Stimmen verteilt, welche für die einzelnen Listen abgegeben sind (d'Hondt'sches Höchstzahlverfahren).[9] Es fallen keine Wählerstimmen unter den Tisch. Die Zusammensetzung des Parlaments ist ein genaues Spiegelbild der Vorstellungen der Wähler. Das *Bundeswahlgesetz* enthält eine „*personalisierte*" *Verhältniswahl:*

735   Mit einer „Erststimme" wählt der Wähler nach dem Mehrheitswahlsystem einen „Direktkandidaten" (§ 5 BWahlG), mit der „Zweitstimme" eine Liste (§ 6 BWahlG). Die Sitzverteilung im BTag richtet sich dann entscheidend nach dem Verhältnis der auf die verschiedenen Listen abgegebenen „Zweitstimmen" (vgl. § 6 BWahlG, auch zum Nachfolgenden). Gewählte Direktkandidaten muß sich jede Partei auf ihre Liste anrechnen lassen. Lediglich wenn eine Partei mehr Direktkandidaten durchbringt, als Abgeordnetensitze auf ihre Liste entfallen, erhöht sich die Zahl ihrer Abgeordneten um diese „Überhangmandate" (§ 6 III BWahlG).

736   b) Entscheidender Maßstab für die verfassungsrechtliche Beurteilung eines Wahlsystems ist die bereits erwähnte[10] egalitäre *Wahlrechtsgleichheit* in Art. 38 I 1 GG.

---

[3] § 63 BVerfGG.

[4] Vgl. z.B. *BVerfGE* 10, 10. Klausur bei *Maurer*, JuS 1983, 45

[5] Zum Gesetzgebungsverfahren s. Rdnrn. 496 ff.

[6] Parallelfall bei *Püttner-Kretschmer*, Nr. 12. Andere Klausurfälle bei *Erichsen*, Staatsrecht II, Nr. 2; *Rüfner-v. Unruh-Borchert*, Öffentliches Recht I, Nr. 13; *v. Münch*, Grundbegriffe II, S. 23; *HessStGH*, NJW 1977, 2065 = JuS 1978, 268 Nr. 6; *BVerfGE* 47, 253 = JuS 1978, 703 Nr. 1 (zur Unmittelbarkeit, Freiheit und Gleichheit der Wahl); 59, 119 = JuS 1982, 937 Nr. 2 (Briefwahl).

[7] Näheres zur nachfolgenden Gegenüberstellung mit weiteren Nachw. bei *Hesse*, Verfassungsrecht, Rdnr. 142 u. 147.

[8] S. Art. 38 I 2 GG; *Herbert Krüger*, Allgemeine Staatslehre, 2. Aufl. (1966), S. 251 f.

[9] Näheres mit Zahlenbeispiel bei *Maunz-Zippelius*, Staatsrecht, § 39 I 3; *Püttner-Kretschmer*, § 14.

[10] Rdnr. 599.

Aus ihr ergibt sich auch die Problematik des *Ausgangsfalles.* Im Mehrheitswahlsystem hat jede Stimme zwar den gleichen „*Zählwert*“, aber nicht den gleichen „*Erfolgswert*“.

737 Im Zusammenhang mit der 5%-*Klausel* hat das *BVerfG* immer wieder betont,[11] die Wahlrechtsgleichheit verlange neben dem gleichen *Zählwert* auch den *gleichen Erfolgswert* der Stimmen. Nur *verfassungskräftige Gegengründe* gestatteten es, in engen Grenzen Ausnahmen zuzulassen, so die Funktionsfähigkeit des Parlaments im Falle der 5%-Klausel. Aber das gilt nur innerhalb eines *Verhältniswahlsystems*, welches neben dem Zählwert entscheidend eben gerade auch auf den Erfolgswert abstellt (Systemkonsequenz als gleichheitsgemäße Selbstbindung des Gesetzgebers,[12] der sich für das Verhältniswahlsystem entschieden hat). Die *Grundentscheidung* über das Wahl*system selbst* überträgt Art. 38 III GG indessen dem Gesetzgeber.[13] Er *kann* sich also für die Mehrheitswahl entscheiden. Im System der Mehrheitswahl kommt es dann nur darauf an, daß allen Stimmen gleicher *Zählwert* zukommt.[14]

738 c) Neben derart prinzipiellen Fragen können auch Einzelfragen zum *aktiven* und *passiven* Wahlrecht in der Fallbearbeitung erheblich werden.[15] Hier mögen neuere Entscheidungen des *BVerfG* Orientierung geben können:

Es ist trotz Art. 38 I 1 GG verfassungsgemäß, daß § 12 I Nr. 2 BWahlG deutschen Staatsangehörigen mit Wohnsitz im Ausland kein *Wahlrecht* einräumt (Ausnahme in § 12 II BWahlG).[16] Das Recht zum Einreichen von *Wahlvorschlägen* kann nicht auf die Parteien beschränkt werden.[17] Trotz Art. 38 II, 48 II GG gestattet es Art. 137 I GG dem Gesetzgeber, aus Gründen der Gewaltenteilung die *Wählbarkeit* von Beamten, Angestellten des öffentlichen Dienstes, Berufssoldaten usw. zu beschränken, also *Inkompatibilitäten* einzuführen.[18]

739 **2. Erwerb und Verlust der Mitgliedschaft im Parlament, Wahlanfechtung und -prüfung**

Fälle: In das Wählerverzeichnis (§ 14 BWahlO) sind in einer Gemeinde alleine Anhänger der *X*-Partei eingetragen worden. Nur deshalb wird der Abgeordnete *A* der *X*-Partei (mit knapper Mehrheit der Erststimmen) in den Bundestag gewählt. *A* nimmt

---

[11] *BVerfGE* 1, 244 ff.; 6, 89 ff.; 13, 246 f.; 34, 100, 51, 222 = JuS 1980, 221 Nr. 3 i. V. m. *Dörr-Thönes*, JuS 1981, 108 (EuropawahlG).
[12] Dazu *BVerfGE* 34, 115; *Schwerdtfeger*, Sozialgerichtsbarkeit 1975, 352.
[13] *Hesse*, Verfassungsrecht, Rdnr. 147.
[14] Beispiel für Gleichheitsverstoß in diesem Rahmen: Rdnr. 677.
[15] Fall 11 bei *Püttner-Kretschmer* (Wahlrecht für Gastarbeiter).
[16] *BVerfGE* 36, 139 = JuS 1974, 326 Nr. 2; *BVerwGE* 51, 69 = JuS 1977, 116 Nr. 2; *BVerfGE* 58, 202 = JuS 1982, 694 Nr. 2 (EG-Bedienstete).
[17] *Wahlprüfungsgericht Berlin*, NJW 1976, 560 = JuS 1976, 673 Nr. 4; *Mußgnug*, JR 1976, 353; *BVerfGE* 41, 399 = JuS 1976, 670 Nr. 1.
[18] *BVerfGE* 38, 326 = JuS 1975, 525 Nr. 2; 48, 64 = JuS 1979, 58 Nr. 2 (beide betr. Angestellte privater Unternehmen in öffentlicher Hand); *StaatsGH Bremen*, NJW 1975, 635 = JuS 1975, 526 Nr. 3 (betr. Kirchenbeamte).

die Wahl an. (1) Ist ein Gesetz gültig, bei dessen Zustandekommen die Stimme des *A* den Ausschlag gab? (2) Kann die Staatsanwaltschaft gegen *A* wegen Diebstahl ermitteln?[19] – In beiden Fällen (bei *Fall 2:* Wegen Art. 46 II GG = Immunität) hängt die Antwort davon ab, ob *A* trotz des für den Ausgang der Wahl erheblichen (vgl. § 56 VI BWahlO) Fehlers im Wahlverfahren[20] Mitglied des Bundestags geworden ist. Ein Bearbeiter mit gutem Judiz wird das ohne weiteres bejahen. Wichtig ist aber eine saubere Begründung aus §§ 45, 41, 46 I Nr. 1, 47 I Nr. 1, 47 III BWahlG. *A* scheidet erst mit der Rechtskraft einer entsprechenden Entscheidung im Wahlprüfungsverfahren aus dem Bundestag aus.[21] (Das Wahlprüfungsverfahren wird durch fristgebundenen ,,Einspruch" eingeleitet.[22])

Die Wahlprüfung ist Sache des Bundestags (§ 1 I WahlprüfungsG, Art. 41 I GG),[23] nicht der Verwaltungsgerichte (vgl. § 49 BWahlG).[24] Gegen seine Entscheidung ist die Beschwerde an das *BVerfG* zulässig (§§ 13 Nr. 3, 48 BVerfGG; Art. 41 II GG).[25]

740   3. Die Rechtsstellung des Abgeordneten, Fraktionszwang

Gem. Art. 38 I 2 GG ist der Abgeordnete ,,Vertreter des *ganzen* Volkes, an Aufträge und Weisungen nicht gebunden und nur seinem Gewissen unterworfen". Zur Sicherung dieser Unabhängigkeit stehen dem Abgeordneten besondere Rechte zu (lies Art. 46–49 GG), so die *Indemnität*[26] (Art. 46 I GG), die *Immunität* (Art. 46 II GG) und der Anspruch auf *Entschädigung* (Art. 48 III GG).[27] Wie sich soeben unter Rdnr. 739 für die Immunität zeigte,[28] *können* diese Rechte in der Fallbearbeitung erheblich werden. Häufiger geht es dort aber um *Konflikte*, in welche die Unabhängigkeit des Abgeordneten gerät,[29] besonders um den *Fraktionszwang*.

---

[19] Fallbesprechung bei *K. Müller*, Öffentliches Recht, Nr. 6 S. ferner Fall 13 bei *Püttner-Kretschmer*.

[20] Klausuren zu anderen Fehlern bei *Theuersbacher*, JuS 1969, 533; *Erbel*, Klausurenlehre I, Fall 16. S. schließlich *Wahlprüfungsgericht Berlin*, JuS 1972, 535 Nr. 4.

[21] Klausur zur Niederlegung eines Abgeordnetenmandats bei *Hall*, JuS 1966, 407.

[22] Nachfolgend Rdnr. 749. Zur Wahlprüfung s. auch die Klausuren bei *Theuersbacher*, JuS 1969, 533, 535; *Erichsen*, Staatsrecht II, Nr. 3, S. 44ff.; *BVerfGE* 40, 11; 59, 119 = JuS 1982, 937 Nr. 2. Zu Abgrenzungsfragen s. *BVerwG*, NJW 1976, 1648.

[23] In den Ländern wird sie oft durch *Gerichte* vorgenommen, s. *Wahlprüfungsgericht Berlin*, NJW 1976, 560.

[24] Zu gleichwohl bestehender Zuständigkeit der Verwaltungsgerichtsbarkeit (Eintragung ins Wählerverzeichnis) *BVerwGE* 51, 69 = JuS 1977, 116 Nr. 2.

[25] Näheres bei *Pestalozza*, Verfassungsprozeßrecht, § 7.

[26] Zu ihrer Wirkung s. etwa *BGH*, NJW 1980, 780 = JuS 1980, 447 Nr. 2.

[27] Insoweit *grundlegend zum Status des Abgeordneten BVerfGE* 40, 296 = JuS 1976, 116 Nr. 3.

[28] Anderer Fall zu ihr: *OLG München*, JuS 1975, 326 Nr. 2. Sonstige Fälle zur Rechtsstellung der Abgeordneten bei *Püttner-Kretschmer*, Nr. 14, 15; *v. Münch*, Grundbegriffe II, S. 119.

[29] Klausur zu einem Gesetzentwurf über den Verlust des Abgeordnetenmandats bei Parteiaustritt bei *Erichsen*, Staatsrecht II, Nr. 3.

Fälle: Bundestagsabgeordneter *T* hat sich dem Fraktionszwang widersetzt. (1) Die Fraktion schließt ihn deshalb aus[30] und zieht ihn aus den Ausschüssen zurück, in welche sie ihn gemäß § 57 II GeschOBT entsandt hat. (2) Die Fraktion reicht eine von *T* schon vor seiner Wahl zum Bundestag unterschriebenen Erklärung ein, in welcher er auf sein Abgeordnetenmandat verzichtet.[31] (3) Seine Partei verlangt von *T* 30 000 DM aufgrund eines abstrakten Schuldanerkenntnisses (§ 781 BGB), welches er vor der Wahl unterschrieben hatte.[32] Sind diese Sanktionen rechtmäßig?

741   a) Im Grundsatz ist der Franktionszwang zulässig. Von einem (in vielen Klausuren beklagten) ,,Auseinanderfallen von Verfassung (Art. 38 I 2 GG, Unabhängigkeit der Abgeordneten) und Verfassungswirklichkeit'' kann man nicht sprechen, wenn man die Verfassung systematisch interpretiert: Art. 38 I 2 GG ist im Lichte des Art. 21 GG (Mitwirkung der Parteien an der politischen Willensbildung) zu sehen.[33] Problematisch ist aber, welche *Grenzen* den *Sanktionen* zu ziehen sind.

742   b) Spezialgesetzliche Regelungen

Für den Verzicht auf das Abgeordnetenmandat stellt § 46 I Nr. 4, III BWahlG besondere Formerfordernisse auf. Sie sind in *Fall 2* nicht erfüllt.

743   c) Die nach dem Grundgesetz zulässigen Sanktionen sind aus einer Abwägung zwischen Art. 21 und Art. 38 I 2 GG zu ermitteln. Als Faustregel wird man formulieren können: *Im Innenverhältnis* kann die Fraktion ihre Beziehungen zu einem Mitglied lösen; sie darf aber nicht in seine ,,*dingliche*'' Rechtsstellung als Abgeordneter eingreifen.

Im *Ausgangsfall 1* ist die Sanktion also zulässig. Im *Ausgangsfall 2* wäre die Sanktion auch ohne § 46 I Nr. 4, III BWahlG unzulässig. Im *Ausgangsfall 3* ist die Sanktion nicht zulässig, weil die Höhe der Verpflichtung den *T* unüberwindbar zwingen könnte, von einer *eigenen* Entscheidung i. S. des Art. 38 I 2 GG abzusehen, selbst wenn er eine solche treffen möchte.

744   4. Geschäftsordnungsautonomie des Parlaments

Ausgangsfall: Um unnötig langen und sachwidrigen Darlegungen vorzubeugen, beschließt der Bundestag, die Redezeit jeder Fraktion und der Mitglieder der Bundesregierung für die bevorstehende Haushaltsdebatte auf je 2 Stunden zu beschränken. Die überstimmte Oppositionsfraktion *X* und der Minister *Y* halten den Beschluß für rechtswidrig. Welche Ansicht vertreten Sie?[34]

745   a) Art. 40 I 2 GG verleiht dem Bundestag die *Geschäftsordnungsautonomie.* Dieses Parlament hat sich eine *Geschäftsordnung* (= autonome

---

[30] Fall bei *Hall,* JuS 1966, 407. Anderer Fall zum Ausschluß aus der Fraktion unter Einbeziehung prozessualer Fragen bei *Zuleeg,* JuS 1978, 240.

[31] Fall bei *K. Müller,* Öffentliches Recht, Nr. 5.

[32] Vgl. dazu *Peter,* JZ 1968, 783; *LG Braunschweig,* JuS 1970, 533 Nr. 3.

[33] S. etwa *Hesse,* Verfassungsrecht, Rdnr. 598; *BVerfGE* 32, 157 = JuS 1972, 211 Nr. 2. An versteckter Stelle (Art. 53a I 2) sind auch die Fraktionen im Grundgesetz genannt. Näheres zu Rechtsnatur und Rechtsstatus der Fraktionen bei *Püttner-Kretschmer,* § 18.

[34] Examensklausur, welche *BVerfGE* 10, 4 ff. (lesen) nachgebildet worden ist; anderer Fall (Fraktionsstärke) bei *Kisker,* JuS 1980, 284.

Satzung)[35] gegeben (*Sartorius* Nr. 35). Zunächst beurteilt sich nach ihr, ob der *Einzel*beschluß zum Parlaments*verfahren* zulässig ist.

Hinsichtlich der Fraktionen dürfte der Beschluß im *Ausgangsfall* von § 39 Gesch-OBT (vgl. auch §§ 25, 44 II) abgedeckt sein. Mitglieder der Bundesregierung müssen auf ihr Verlangen gem. § 43 GeschO aber *jederzeit* gehört werden. Insoweit ist allenfalls an „Abweichungen von den Vorschriften dieser GeschO" i.S. von § 123 GeschOBT zu denken, welche „im einzelnen Fall" an sich „mit Zweidrittelmehrheit der anwesenden Mitglieder des Bundestages" beschlossen werden kann. Aber:

746   b) **Kein Einzelbeschluß zum Parlamentsverfahren darf *gegen* das *Grundgesetz verstoßen*.**

Im *Ausgangsfall* sagt auch Art. 43 II 2 GG klar, daß die Mitglieder der Bundesregierung vom Bundestag *jederzeit* gehört werden müssen. Insoweit wäre der Beschluß also selbst dann rechtswidrig, wenn die Zweidrittelmehrheit des § 127 GeschO erreicht gewesen wäre. Hinsichtlich der Fraktionen ergeben sich z. B. folgende Probleme: (1) *Art. 38 I 2 GG* (Redefreiheit der Abgeordneten). Darf der einzelne Abgeordnete in eine so weitgehende Abhängigkeit von seiner Fraktion gezwungen werden, daß er sich mit ihr verständigen *muß*, will er nicht Gefahr laufen, daß die Redezeit der Fraktion abgelaufen ist, bevor er das Wort erhalten hat? Hier ist Art. 38 GG wiederum[36] im Lichte des Art. 21 GG (Parteien) und der Geschäftsordnungsautonomie zu sehen. (2) *Chancengleichheit der Fraktionen* (Art. 38/Art. 3 GG[37]). Wenn die Redezeit ohne Rücksicht auf die Fraktionsstärke gleichmäßig auf die Fraktionen verteilt ist, sind die großen Fraktionen gegenüber den kleinen Fraktionen benachteiligt. (3) *Funktionen der Opposition im parlamentarischen Regierungssystem*. Obgleich die Opposition im Grundgesetz (anders als in der hamburgischen Verfassung) nicht ausdrücklich als solche genannt ist, mag ihr das Grundgesetz besondere Funktionen zugewiesen haben.[38] Dann kann sie ihre politische Aufgabe für die Haushaltsdebatte (= Generalabrechnung mit der Regierungspolitik) in der kurzen Zeit von zwei Stunden nicht wirksam wahrnehmen.

747   5. Parlamentsausschüsse

Ausgangsfall: Die Oppositionsfraktion *O* hat gerüchtweise von den Unregelmäßigkeiten bei der Wahl des Abgeordneten *A* im bereits erörteren Klausurfall[39] erfahren. Zur näheren Aufklärung beantragt sie die Einsetzung eines Untersuchungsausschusses. Die Mehrheitsfraktion *X* möchte die Einsetzung auf jeden Fall verhindern. Kann sie das?[40]

748   a) **Grundsätzliches:** Kraft seiner Organisationsgewalt kann das Parlament durch *Mehrheitsbeschluß* Ausschüsse einsetzen.[41] Der Untersuchungsausschuß (Art. 44 GG) nimmt eine Sonderstellung ein: er *muß*

---

[35] Näheres zur Rechtsnatur in *HessStGH*, JuS 1967, 183 Nr. 4; *BVerfGE* 44, 308 = JuS 1977, 757 Nr. 2.

[36] Vgl. schon Rdnr. 741.

[37] Zur Chancengleichheit der politischen Parteien s. bereits Rdnrn. 667ff.

[38] Dazu auch schon Rdnr. 670 und dort Fußn. 21.

[39] Rdnr. 739.

[40] Fallbesprechung bei *K. Müller*, Öffentliches Recht, Nr. 6; weiterer Fall zum Untersuchungsausschuß bei *Erichsen*, Staatsrecht II, Nr. 5.

[41] Überblick zu den Parlamentsausschüssen bei *Püttner-Kretschmer*, § 18.

bereits auf Antrag eines *Viertels* der Mitglieder des Bundestages eingesetzt werden,[42] ist mithin eine *Waffe der Opposition*.[43]

Falls die O-Fraktion mindestens ein Viertel der Mitglieder des Bundestags hinter
sich hat, kann die X-Fraktion den Untersuchungsausschuß allein mit ihrem Überge-
wicht an *Stimmen* also nicht verhindern.

749   b) Ein Parlamentsausschuß kann nur *Aufgaben* wahrnehmen, welche
auch das Parlament selbst wahrnehmen dürfte.

Beispielsweise kann ein Untersuchungsausschuß die Regierung nicht im *Initiativ*bereich beeinträchtigen, wenn man annimmt, der Regierung stehe insoweit in ihrem
Verhältnis zum Parlament ein *Eigenbereich* zu.[44] – Im *Ausgangsfall* gehört die Tatsa-
chenermittlung zur Wahlprüfung. Eine Wahlprüfung kann der hierfür zuständige Bundestag (Art. 41 II GG) aber *nur* auf fristgerecht eingelegten Einspruch eines Wahlberechtigten, eines Landeswahlleiters oder des Präsidenten des Bundestages einleiten (§ 2
WahlprüfungsG). Weil dieser Einspruch fehlt, kann die X-Fraktion die Einsetzung des
Untersuchungsausschusses verweigern.

750   c) Ein Parlamentsausschuß kann nur eingesetzt werden, wenn *organisatorische* Vorschriften der Verfassung oder eines Gesetzes dem nicht
entgegenstehen.

§ 3 WahlprüfungsG weist die Vorbereitung der Entscheidung des Bundestags ausdrücklich dem (ständig bestehenden) Wahlprüfungsausschuß zu. Daraus ergibt sich,
daß im *Ausgangsfall* der (ad hoc gebildete) Untersuchungsausschuß selbst dann nicht
eingesetzt werden dürfte, wenn eine Wahlanfechtung vorläge.

III. Regierung

751   *Ausgangsfall:* Zwischen dem Bundespräsidenten und dem Bundeskanzler ist aus
aktuellem Anlaß der Umfang der Kompetenzen des Bundespräsidenten streitig geworden. Deshalb bittet der Bundespräsident den Bundesminister X, welcher dafür nach der
Geschäftsverteilung innerhalb der Bundesregierung an sich zuständig ist, um ein
Rechtsgutachten. Aufgrund eines Kabinettsbeschlusses verweist X den Bundespräsidenten an den Bundeskanzler. Dieser sei für die Richtlinien der Politik verantwortlich
und habe es sich vorbehalten, den Bundespräsidenten im Streitfall selbst gutachtlich zu
belehren. Wie ist die Rechtslage?[45] – Es soll davon ausgegangen werden, daß eine
Rechtsgrundlage für das Ersuchen des Bundespräsidenten zu finden ist (Art. 35 I GG/
§§ 4 f. VwVfG?, ungeschriebene Verpflichtung zum Zusammenwirken des Bundespräsidenten und der Bundesregierung?). Damit konzentrieren sich die Überlegungen auf
die Zuständigkeit im Bereich der Regierung. Auszugehen ist vom *Ressortprinzip* (Art.
65 S. 2 GG), nach welchem „jeder Bundesminister seinen Geschäftsbereich selbständig

---

[42] Zur Frage, ob deshalb ein förmlicher Einsetzungsbeschluß erforderlich ist oder ob
die Feststellung des Parlamentspräsidenten genügt, der Ausschuß *sei* eingesetzt, s.
HessStGH, JuS 1967, 184 Nr. 5; *Erichsen*, aaO, S. 78 f.

[43] *BVerfGE* 49, 70. Allgemein zur Rechtsstellung der Opposition bereits Rdnr. 670
und zum Fußn. 21.

[44] Zum Eigenbereich der Regierung s. *VerfG Hamburg*, DÖV 1973, 745, 747; *H. P.
Schneider*, AöR 99. Bd. (1974), 628 ff.

[45] Andere Klausurbeispiele bei *K. Müller*, Öffentliches Recht, Nr. 3; *Erbel*, Klausurenlehre I, Fall 17; *Püttner-Kretschmer*, Fälle 23, 24, 25.

und unter eigener Verantwortung" leitet. Entscheidend ist, ob diese Situation im Ausgangsfall durch die Intervention des Bundeskanzlers und des Kabinetts oder über eine Vereinbarung mit *X* verändert worden ist.

752   1. Zuständigkeit des Bundeskanzlers (monokratisches Prinzip)[46]

a) Im parlamentarischen Regierungssystem des Grundgesetzes wird nur der Bundeskanzler vom Parlament gewählt (Art. 63 GG). Er sucht sich dann *seinerseits* die Minister aus (Art. 64 GG). Dem entspricht es, daß der Bundeskanzler auch den Geschäftsbereich der Bundesminister festlegt (§ 9 GeschOBReg.).

Hierunter fallen indessen nur *generelle* Regelungen, nicht aber Ausnahmeregelungen für einen konkreten Einzelfall. Ebensowenig wie gegen die Entlassung kann ein Bundesminister sich zwar gegen eine Veränderung seines Geschäftsbereichs wehren; eine *Einzelregelung* wie im *Ausgangsfall* bedeutet aber einen Eingriff in das *Ressortprinzip*.

753   b) Richtlinienkompetenz des Bundeskanzlers (§ 1 GeschOBReg.; Art. 65 S. 1 GG).

Zwar ist das *Ressortprinzip* durch die Richtlinienkompetenz eingeschränkt (vgl. Art. 65 S. 2 GG), aber: Eine ,,*Richtlinie der Politik*" (!) kann weder die *rechtliche* Auseinandersetzung mit dem Bundespräsidenten noch die *Organisation* im Bereich der Regierung zum Gegenstand haben.[47]

754   2. Zuständigkeit der Bundesregierung (Kollegialprinzip)

Gemäß §§ 9 I, 15 I f GeschOBReg., Art. 65 S. 3 GG entscheidet die Bundesregierung als Kollegialorgan u. a. über gewisse ,,Meinungsverschiedenheiten". Dort geht es aber auch nur um *generelle* Fragen der Organisation oder um politische Probleme. Im *Ausgangsfall* hat also auch der Kabinettsbeschluß die ursprüngliche Zuständigkeit nicht verändert. Es bleibt bei der

755   3. Zuständigkeit des Bundesministers (Ressortprinzip)

756   4. Übertragung einer Aufgabe durch Vereinbarung?

Die Ressortverteilung bringt den Ministern nicht nur Rechte, sondern auch Pflichten (*Ressortverantwortung*). Aus ihnen kann sich *X* jedenfalls im *Ausgangsfall* nicht lösen, weil dadurch der Bundespräsident als *Außenstehender* benachteiligt würde.

IV. Verwaltung

757   *Ausgangsfall*.[48] Die Bundesregierung erwägt, ein (dem Bundesminister für Forschung und Technologie nachgeordnetes) Energie-Bundesamt (Bundesoberbehörde) zu errichten. Das Amt soll Nutzen, Schaden, Effektivität und Zukunftsaussichten der verschiedenen Energieträger unabhängig erforschen, die Entwicklung neuer Technologien unterstützen und *die* Technologien und Umstrukturierungen subventionieren, welche sie nach dem jeweiligen Forschungsstand für besonders nützlich hält. Was ist

---

[46] Eingehend zum Nachfolgenden *Püttner-Kretschmer*, § 30.

[47] Näheres zur Richtlinie bei *Maunz*, in: *Maunz-Dürig-Herzog-Scholz*, Art. 65 Rdnr. 2; *Erbel*, Klausurenlehre I, Fall 17.

[48] S. ferner Fall 26 bei *Püttner-Kretschmer*; *Zuleeg*, Fälle, Nr. 1.

von dieser Überlegung zu halten? Könnte das Vorhaben auch über eine bundesunmittelbare Körperschaft oder Anstalt des öffentlichen Rechts oder in privatrechtlicher Form durch eine GmbH verwirklicht werden?

Die in der Fallbearbeitung zumeist relevante *föderale* Kompetenzabgrenzung (Verwaltungskompetenz des Bundes oder der Länder) wird erst unter Rdnrn. 785 ff. behandelt. Im *Ausgangsfall* wird *ungeprüft* davon ausgegangen, daß der Bund gem. Art. 87 III GG die Verwaltungskompetenz in Anspruch nehmen kann.

758 **1. Träger der Verwaltung**

a) Träger der Verwaltung sind die *juristischen* Personen des *öffentlichen Rechts*, nämlich: der Bund und die Bundesländer als *staatliche* öffentlichrechtliche Körperschaften; *nichtstaatliche* öffentlichrechtliche Körperschaften wie die Gemeinden (= Gebietskörperschaften), Sozialversicherungsträger, Universitäten, Kammern (Industrie- und Handelskammern, Handwerkskammern, Ärztekammern, Rechtsanwaltskammern usw.); öffentlichrechtliche Anstalten mit eigener Rechtspersönlichkeit[49] wie etwa die Rundfunkanstalten; öffentlichrechtliche Stiftungen (Stiftung Preußischer Kulturbesitz).

759 b) Ferner ist möglich, daß juristische Personen des Privatrechts Verwaltungsaufgaben wahrnehmen.[50] Das geschieht in der Regel in den Formen des Privatrechts (= *ein* Anwendungsfall des Verwaltungsprivatrechts).[51] Nur wenn sie mit der Wahrnehmung von Hoheitsbefugnissen „beliehen" sind, können „Private" auch in den Formen des öffentlichen Rechts handeln, etwa Verwaltungsakte erlassen (Beispiel: Technische Überwachungsvereine).

Im *Ausgangsfall* sind vier Alternativen zu erörtern: die Wahrnehmung der Verwaltungsaufgabe durch den Bund (= Staat, Bundesoberbehörde), die Wahrnehmung durch eine nichtstaatliche öffentlichrechtliche Körperschaft oder Anstalt und die Wahrnehmung durch eine privatrechtliche GmbH.

760 c) Bund und Ländern, also dem Staat, werden die materiellen Verwaltungskompetenzen unmittelbar durch das Grundgesetz zugewiesen (vgl. Art. 83 ff., 30 GG). Sonstigen öffentlichrechtlichen Körperschaften, Anstalten und Stiftungen mit eigener Rechtspersönlichkeit sowie Privaten kommen Verwaltungskompetenzen erst zu, nachdem sie ihnen vom Staate „*verliehen*" worden sind.[52] Dieser Verleihungsakt ist in der Regel (aber

---

[49] Zu ihnen und zu ihrer Abgrenzung von den mitgliedschaftlich organisierten Körperschaften s. bereits Rdnr. 440.

[50] Zu bestehenden Problemen s. *Püttner-Kretschmer*, § 32 2.

[51] Auch öffentlichrechtliche Körperschaften, Anstalten und Stiftungen können im Rahmen des Verwaltungsprivatrechts (zu ihm Rdnr. 271) privatrechtlich handeln.

[52] Ausführlich zur Verleihung *Wolff-Bachof* II, § 104; *Friehe*, JuS 1979, 465; zur Verleihung der Satzungsautonomie s. bereits Rdnrn. 522 ff.; zur Verleihung von Hoheitsgewalt an Private („institutioneller" Gesetzesvorbehalt) s. Fußn. 68.

nicht immer[53]) mit dem Gründungsakt identisch (dazu nachfolgend Rdnrn. 770f.). Dem Staat *verbleibt jedenfalls* eine *Rechts*aufsicht.[54]

761   2. Gliederung der Verwaltung

, a) Juristische Personen handeln durch ihre *Organe* (eine Aktiengesellschaft etwa durch den Vorstand, den Aufsichtsrat oder die Hauptversammlung). Die Organe der juristischen Personen des öffentlichen Rechts nennt man im Bereich der Exekutive „*Behörden*".[55]

Im *Ausgangsfall* würde die Bundesrepublik durch die Behörde „Energie-Bundesamt" handeln. Betraute man eine öffentlichrechtliche Körperschaft oder Anstalt mit der Verwaltungsaufgabe des Energie-Bundesamtes, wären die Organe dieser Rechtspersönlichkeit die „Behörden".

762   Der (verhältnismäßig eindeutige) Behördenbegriff ist vom mehrdeutigen *Amtsbegriff* abzuheben.[56] „Amt" wird teilweise als Synonym für „Behörde" gebraucht (Finanzamt, Umweltbundesamt, Energie-Bundesamt im *Ausgangsfall*). „Amt" kann statt dessen auch einen unselbständigen Teil einer Behörde bezeichnen (Ordnungsamt, Stadtsteueramt, Wirtschaftsamt als Teile der kommunalen Behörde „Der Oberstadtdirektor").[57] „Amt" ist schließlich unter organisationsrechtlichen, haushaltsrechtlichen oder beamtenrechtlichen Gesichtspunkten der Dienstposten oder die Dienststellung, welche der einzelne Mitarbeiter im öffentlichen Dienst innehat.

763   b) In der staatlichen Verwaltung stehen in der Regel viele Behörden auf gleicher Stufe *horizontal* nebeneinander, teils mit unterschiedlichen fachlichen (Beispiel: Ministerien), teils mit unterschiedlichen örtlichen Zuständigkeiten (Beispiel: mehrere „Regierungspräsidenten" als staatliche Mittelbehörden der meisten Flächenstaaten).[58]

Im *Ausgangsfall* würden neben dem „Energie-Bundesamt" für andere Materien viele bereits vorhandene „Bundesämter" (Umweltbundesamt, Bundeskartellamt, Bundesamt für Ernährung und Landwirtschaft usw.) zu nennen sein. Der Zuständigkeitsbereich dieser (aus den Ministerien ausgegliederten) Bundesoberbehörden erstreckt sich auf das gesamte Bundesgebiet.

764   c) *Vertikal* ist die Staatsverwaltung im Bunde und in fast allen Flächenstaaten (Besonderheiten gelten für die Stadtstaaten Berlin, Bremen und Hamburg[59]) im Prinzip dreistufig ausgebaut (*Ministerium* = [z. B.] Bundesminister der Verteidigung, *Mittelbehörden* = Wehrbereichskomman-

---

[53] Zur „Abgabenhoheit" der Gemeinden s. insoweit Rdnrn. 522ff.
[54] Näheres zur „Kommunalaufsicht" § 38 II; zur *Rechtsaufsicht* über andere öffentlichrechtliche Körperschaften s. etwa *OVG Münster*, NJW 1981, 640 = JuS 1981, 544 Nr. 13; Klausur (Aufsicht über das ZDF) bei *Lichtenfeld*, JuS 1980, 822; zur *Fachaufsicht* s. insoweit nachfolgend Rdnr. 766ff.
[55] *Wolff-Bachof*, II, § 76 I; *Rudolf*, aaO, § 56 III.
[56] S. zum nachfolgenden *Rudolf*, aaO, § 56 III 1.
[57] Wenn insoweit das falsche Amt handelt, liegt kein Zuständigkeitsmangel vor, s. Rdnr. 83 und dort Fußn. 63.
[58] Näheres bei *Rudolf*, aaO, §§ 56 IV 2, 57.
[59] S. dazu etwa *Ipsen*, Hamburgisches Staats- und Verwaltungsrecht, 5. Aufl. (1975), Einführung; *Machalet*, Berl. Bezirksverwaltung, 1973.

dos, *Unterbehörden* = Kreiswehrersatzämter).[60] Für viele Materien sparen sich der Bund oder die Länder den *eigenen* „Verwaltungsunterbau" und lassen die Funktionen von Mittel- und/oder Unterbehörden durch *andere* öffentlichrechtliche Körperschaften (der Bund durch die Bundesländer, die Länder durch die Kreise und Gemeinden) *in ihrem Auftrag* und damit nach ihren Weisungen durchführen (*Auftragsverwaltung als mittelbare* Staatsverwaltung, nachfolgend Rdnrn. 785, 793).

Eine Bundesoberbehörde *(Ausgangsfall)* hat keinen Verwaltungsunterbau.

765 d) *In sich* sind die Behörden zumeist monokratisch organisiert („Der Bundesminister für Forschung und Technologie", „Der Regierungspräsident", „Der Oberstadtdirektor" usw.). Die Behörde ist also mit der Person des Behördenleiters identisch. Die Beamten und Angestellten in der Behörde handeln im Auftrag („i. A.") des Behördenleiters, der Vertreter des Behördenleiters zeichnet „i. V." (in Vertretung). Aber auch kollegiale Behördenorganisationen kommen vor, so vor allem bei Selbstverwaltungskörperschaften des öffentlichen Rechts (Universitäten, Fachbereichsräte).

Im Ausgangsfall würde eine kollegiale Organisationsform den wissenschaftlichen Anliegen am besten entsprechen.

766 **3. Hierarchisches Prinzip**

Im parlamentarischen Regierungssystem des Grundgesetzes ist die Exekutive über die Regierung zum Parlament rückgekoppelt (vgl. Art. 65 GG).[61] Aus diesem Grunde unterliegt die untergeordnete Behörde den Verwaltungsvorschriften (Verwaltungsverordnungen) und Einzelanweisungen der übergeordneten Behörde.

Die Bezeichnungen sind unterschiedlich. Ministerielle Verwaltungsvorschriften und Einzelweisungen ergehen zumeist als „Erlaß", „Allgemeine Verwaltungsvorschrift" oder „Richtlinie". Interne Regelungen anderer Behörden heißen „Verfügungen", „Anordnungen", „Richtlinien", Dienstanweisungen.

Das Hierarchieprinzip findet *in* der Einzelbehörde seinen Fortgang. Statt Weisungen zu erteilen, ist die übergeordnete Instanz *im Prinzip* auch befugt, die Angelegenheit an sich zu ziehen. Allerdings hat dieses „Selbsteintrittsrecht" nach den einschlägigen Normen besondere Voraussetzungen (Gefahr im Verzuge, Erfolglosigkeit einer konkreten Einzelweisung)[62]. Soweit über Angelegenheiten von politischem Gewicht zu entscheiden ist, kann es wegen der Verantwortlichkeit der Regierung weisungsfreie („ministerialfreie") Räume nur in Fällen geben, welche

---

[60] Näheres bei *Rudolf,* aaO, §§ 56 IV 2, 57.
[61] Dazu *BVerfGE* 49, 122ff. = JuS 1979, 362 Nr. 1.
[62] Einzelheiten bei *Wolff-Bachof* II, § 72 IV b 4.

vom Grundgesetz oder einer einschlägigen Landesverfassung zugelassen worden sind.[63]

767   Im Bereich des Bundes ist insoweit die Bundesbank zu nennen (Art. 88 GG). Den Gemeinden kommt staatsfreie Selbstverwaltung für ,,alle Angelegenheiten der örtlichen Gemeinschaft" gem. Art. 28 II GG zu. Wegen Art. 5 III GG gilt Entsprechendes für den Wissenschaftsbetrieb der Universitäten.[64]

768   Soweit nicht der angedeutete Selbstverwaltungsbereich in Betracht kommt, muß sich der Staat bei der Übertragung staatlicher Aufgaben auf Selbstverwaltungskörperschaften und rechtsfähige Anstalten und Stiftungen des öffentlichen Rechts das Aufsichts- und Weisungsrecht vorbehalten (,,Auftragsverwaltung", Rdnrn. 791 ff.).

Im *Ausgangsfall* mag dem Energie-Bundesamt oder auch einer Körperschaft oder Anstalt des öffentlichen Rechts und der privatrechtlichen GmbH über Art. 5 III GG eine unabhängige (= weisungsfreie) Forschungskompetenz eingeräumt werden können. Auf die zweite Aufgabe, die Subventionierung, kann diese Unabhängigkeit aber nicht erstreckt werden. Der Bundesminister hat vielmehr ein Weisungsrecht.

769   Bei privatrechtlicher Organisationsform (GmbH im Ausgangsfall) nimmt der Staat über die Instrumentarien des Gesellschaftsrechts Einfluß.

770   4. Organisationsgewalt

Fallwichtig ist häufig, wer die Befugnis hat, Behörden zu errichten und aufzuheben, vorhandenen Behörden Kompetenzen zuzuteilen oder fortzunehmen, durch Schaffung nichtstaatlicher Verwaltungsträger Kompetenzen aus der staatlichen Verwaltung auszugliedern. Wem im Einzelfalle diese Organisationsgewalt zukommt, ist durch sorgfältige Analyse des Grundgesetzes (auf Bundesebene) oder der einschlägigen Landesverfassung (auf Landesebene) zu ermitteln.[65] In Betracht kommen: der Bundeskanzler/Ministerpräsident eines Landes (etwa für die Schaffung von Ministerien, Art. 64 GG);[66] die Regierung als Kollegialorgan; der Gesetzgeber (vgl. Art. 87 III GG); Verwaltungsinstanzen. Wenn es an hinreichend eindeutigen verfassungsrechtlichen *Spezial*regelungen fehlt, ist der ,,*institutionelle*" *Gesetzesvorbehalt* zu beachten.[67] Nach ihm sind organisatorische Maßnahmen, die die institutionelle und politisch-soziale Grundordnung des Staates betreffen, dem Parlament vorbehalten.[68] Ansonsten ver-

---

[63] *BVerfGE* 9, 268 ff.; 22, 113; allgemein: *Eckart Klein*, Die verfassungsrechtliche Problematik des ministerialfreien Raumes, 1974.

[64] *BVerfGE* 35, 79 = JuS 1973, 641 Nr. 3 = *Weber* I, Art. 5 III Nr. 4.

[65] Ausführlich dazu *Wolff-Bachof*, II, § 78; s. ferner *Rudolf*, aaO, § 56; *Kirschenmann*, JuS 1977, 568.

[66] Soeben Rdnr. 752.

[67] Zusammenfassend *Schmidt=Assmann*, Verwaltungsorganisation zwischen parlamentarischer Steuerung und exekutivischer Organisationsgewalt, in: Festschr. f. Ipsen, 1977, S. 333; s. ferner etwa *OVG Münster*, NJW 1980, 1406 = JuS 1980, 457 Nr. 13.

[68] Beispiel: Verleihung von Hoheitsgewalt an Private; *OVG Münster*, aaO.

langt das Grundgesetz aus institutioneller Sicht aber *nicht,* daß die Behördenzuständigkeiten und das Verwaltungsverfahren bis in alle Einzelheiten durch Gesetz geregelt werden.[69] *Stets* hat das Parlament über den Haushaltsplan Einflußnahmemöglichkeiten.[70]

771 Im *Ausgangsfall* kann das Bundesamt als Bundesoberbehörde gem. Art. 87 III GG nur durch Bundesgesetz, nicht durch die Regierung errichtet werden. Daß im Ausgangsfall trotzdem die Bundesregierung entsprechende Überlegungen anstellt, steht im Zusammenhang mit ihrem Recht zur Gesetzesinitiative aus Art. 76 I GG. In gleicher Weise können gem. Art. 87 III GG auch bundesunmittelbare Körperschaften und Anstalten des öffentlichen Rechts errichtet werden (= Alternativen im *Ausgangsfall*). Soweit die Wahl auch der privatrechtlichen Rechtsform zulässig ist,[71] wird die GmbH in der weiteren Alternative des *Ausgangsfalles* nach den Vorschriften des GmbH-Gesetzes errichtet. Weil Art. 87 III GG Schutzvorschrift zugunsten der *Länder* ist, muß allerdings geprüft werden, ob auf der Linie von Art. 87 III GG *zusätzlich* ein Bundes*gesetz* erforderlich wird.

§ 42. Das Verhältnis von Bund, Ländern und Gemeinden

I. Kompetenzprobleme

775 1. Die Verteilung der Gesetzgebungskompetenzen[1]

Ausgangsfall:[2] Wie ist eine Novelle zum Straßenverkehrsgesetz (Bundesgesetz) verfassungsrechtlich zu beurteilen, in welcher Anlagen der Außenwerbung innerhalb geschlossener Ortschaften verboten werden, wenn sie im Einzelfall zu einer Gefährdung des Verkehrs führen?

776 a) Gemäß Art. 70 I GG besteht eine Zuständigkeits*vermutung* zugunsten der *Länder.* Daher ist die Untersuchung auf die Frage zu konzentrieren, ob das Grundgesetz dem *Bund* eine einschlägige Gesetzgebungskompetenz verleiht.

777 b) Zunächst sind die Kataloge der Art. 73 ff. GG durchzumustern.

Im *Ausgangsfall* kommt eine *ausschließliche* Bundeskompetenz nicht in Betracht. Von der *konkurrierenden* Kompetenz des Bundes für „den Straßenverkehr" (Art. 74 Nr. 22 GG) werden sicherlich *verkehrspolizeiliche* Regelungen erfaßt, d. h. Vorschriften, welche sich mit den eigentlichen Verkehrsvorgängen befassen. Deckt die Kompetenz „Straßenverkehr" aber auch eine polizeiliche Abwehr von Gefahren, welche dem Straßenverkehr von *außen* drohen, oder sind insoweit ausschließlich die *allgemeinen* Polizeigesetze der *Länder* einschlägig?

---

[69] *BVerfGE* 40, 250.
[70] Dazu *Püttner-Kretschmer,* § 31, 3.
[71] Zum Problem bereits Fußn. 50.
[1] Vgl. auch schon Rdnr. 495 (Normprüfung).
[2] Vgl. *BVerwG,* DÖV 1968, 284 f.; *BVerfGE* 32, 319. Andere Klausurbeispiele bei: *K. Müller,* Öffentliches Recht, Nr. 1; *Clement,* JuS 1968, 282; *Liesegang,* JuS 1972, 40; *Wilke-Büser-Ehlers,* JuS 1974, 176; JA 1974, 691 ff. u. 763 ff.; *Püttner-Kretschmer,* Fälle 34 u. 35; *v. Münch,* Grundbegriffe II, S. 102; *Geck,* JuS 1979, 280. Lies ferner *BVerfGE* 26, 246; *BVerfG,* JuS 1971, 260 Nr. 2; *BVerfGE* 42, 20.

778   In Zweifelsfällen ist an die sog. *„Kompetenz kraft Sachzusammenhangs"* oder *„Annex-Kompetenz"* zu denken.[3]

Über sie löst sich der *Ausgangsfall*. Denn zu einer Kompetenz, den Straßenverkehr zu regeln, gehört *notwendig* die Befugnis, neben den *durch* den Verkehr bewirkten Gefahren auch die *auf* den Verkehr einwirkenden Gefahren und Beeinträchtigungen abzuwehren.[4] Dieses „Übergreifen" ist „unerläßliche Voraussetzung" für die Regelung des Straßenverkehrs.[5]

779   Findet sich auch so keine (geschriebene[6]) Kompetenz, kommt (selten) schließlich noch eine *ungeschriebene „Kompetenz aus der Natur der Sache"* in Betracht.[7]

Sie kann „nur dann angenommen werden, wenn gewisse Sachgebiete, weil sie ihrer Natur nach eine eigenste, der partikularen Gesetzgebungszuständigkeit a priori entrückte Angelegenheit des Bundes darstellen, vom Bund und nur von ihm geregelt werden können".[8]

780   c) In den Bereichen der Art. 74 und 75 GG (*konkurrierende Gesetzgebung* und *Rahmengesetzgebung*) hat der Bund auch jetzt das Gesetzgebungsrecht nur, soweit *zusätzlich* aus den in Art. 72 II Nr. 1–3 GG aufgezählten Gründen ein *Bedürfnis nach bundesgesetzlicher Regelung besteht* (Art. 72 II, 75 GG).

Weil das *BVerfG*[9] dem Bundesgesetzgeber einen weiten, gerichtlich nicht überprüfbaren Ermessens- oder Beurteilungsspielraum für die Entscheidung einräumt, ob die Voraussetzungen des Art. 72 II GG vorliegen, hat diese Kompetenzbeschränkung in der Praxis zwar nur geringe Wirksamkeit entfaltet. Trotzdem darf sie in der Klausur nicht übergangen werden, sobald Zweifel auftreten. Im *Ausgangsfall* fragt es sich, ob die Angelegenheit nicht genauso wirksam (wie bisher) über das allgemeine Polizeirecht der Länder, über Bauordnungen usw. geregelt werden kann (vgl. Art. 72 II Nr. 1 GG; Nr. 2 und 3 kommen ohnehin nicht in Betracht).

781   d) Hat der Bund nur eine *Rahmenkompetenz* (Art. 75 GG), muß schließlich noch geprüft werden, ob wirklich nur Rahmenvorschriften erlassen worden sind oder ob den Ländern nichts von „substantiellem Gewicht" mehr zu regeln bleibt.[10]

782   e) Im Bereiche der *konkurrierenden Gesetzgebung* und der *Rahmengesetzgebung* haben auch die Länder eine Gesetzgebungskompetenz, aber nur, *solange und soweit* der Bund von seinem Gesetzgebungsrecht keinen Gebrauch macht (Art. 72 I, 75 I GG).[11]

---

[3] Vgl. etwa *BVerfGE* 3, 421; 8, 149f.; 11, 199; 12, 237; 15, 20.
[4] So jedenfalls *BVerwG* und *BVerfG*, aaO; *BVerfGE* 40, 371 = JuS 1976, 672 Nr. 3.
[5] Formulierung aus *BVerfGE* 26, 256.
[6] Die „Annex-Kompetenz" dürfte als geschriebene Kompetenz anzusehen sein, weil geschriebenes Recht *erweiternd ausgelegt* wird.
[7] Vgl. z. B. *BVerfGE* 22, 217 = JuS 1968, 90 Nr. 1; *BVerfGE* 12, 242; 26, 257.
[8] *BVerfGE* 26, 257. Beispiel nachfolgend Rdnr. 814 (Deutsches Kulturinstitut).
[9] Vgl. z. B. *BVerfGE* 2, 224f.; 4, 127; 10, 245; JA 1971, 253.
[10] Zu diesen Anforderungen s. etwa *BVerfGE* 4, 129.
[11] Wird das Bundesrecht später aufgehoben, bleiben landesrechtliche Normen, wel-

Würde im *Ausgangsfall* nicht der Bund, sondern ein Land das Gesetz erlassen haben, müßte der Bearbeiter also das Straßenverkehrsrecht daraufhin durchmustern, ob die Außenwerbung in geschlossenen Ortschaften bereits bundesrechtlich geregelt ist. § 33 I 3 StVO verbietet die Werbung, soweit dadurch der Verkehr *außerhalb* geschlossener Ortschaften gefährdet wird. Zwar mag an sich eine Vermutung dafür bestehen, daß der Gesetzgeber eine Materie, die er in Anspruch nimmt, erschöpfend und abschließend regelt.[12] Im *Ausgangsfall* kann man aber trotzdem nicht annehmen, § 33 I 3 StVO *erlaube* die Werbung ansonsten konkludent. Weil die Werbung in geschlossenen Ortschaften herkömmlich landesgesetzlich geregelt war, läßt auch § 33 I 3 StVO dem Landesgesetzgeber diese Möglichkeit offen.[13]

783   2. Die Verwaltungskompetenzen[14]

a) Art. 30 GG enthält wiederum eine Zuständigkeitsvermutung zugunsten der Länder. Demgemäß führen die Länder zunächst einmal ihre eigenen *Landesgesetze* selbst aus.[15] Sie führen aber auch die *Bundes*gesetze als eigene Angelegenheiten aus, soweit das Grundgesetz nichts anderes bestimmt oder zuläßt (Art. 83 GG). Die Verwaltungskompetenz des Bundes reicht also nicht so weit wie seine Gesetzgebungskompetenz.[16]

784   b) Die *Gegenstände der bundeseigenen Verwaltung* sind in Art. 87 ff. GG aufgezählt.

Fall:[17] Das Bundeskindergeldgesetz überträgt die Kindergeldzahlung der Bundesanstalt für Arbeit als „Kindergeldkasse". Gemäß § 24 BKGG sind die Arbeitsämter (unselbständige Glieder der Bundesanstalt) zuständig „für die Entgegennahme des Antrags und die Entscheidung über den Anspruch". Ist das BKGG insoweit verfassungsmäßig? – Nach einem Hinweis auf Art. 83 GG ist zunächst Art. 87 II GG zu prüfen. Dort sind aber wohl nur die herkömmlichen Materien der Sozialversicherung angesprochen, nicht Aufgaben, welche der Bundesanstalt *neu* übertragen werden. Eine Kompetenz kraft Sachzusammenhangs oder gar aus der Natur der Sache dürfte insoweit auch abzulehnen sein. Damit rückt *Art. 87 III GG* in den Mittelpunkt, *welcher nun doch zur Gesetzgebungskompetenz rückkoppelt.* Das entscheidende Problem erwächst hier aus Art. 87 III 2 GG: Sind die Arbeitsämter als unselbständige *Glieder* einer Anstalt nach der ratio legis des Art. 87 III 2 GG wie (selbständige) Bundes*unter*behörden zu behandeln?[18] Die dann eingreifenden erschwerenden Voraussetzungen dürften im *Ausgangsfall* nicht gegeben sein.

---

che *vorher* erlassen worden sind, trotzdem ungültig (*BVerfGE* 29, 11 = JuS 1970, 583 Nr. 3). Denn es fehlte eben schon die *Kompetenz;* die *materiellrechtliche* Kollisionsregel des Art. 31 GG findet keinen Raum (*BVerfGE* 36, 363 f.).

[12] So *BVerfGE* 7, 259. Zurückhaltender *Maunz,* in: *Maunz-Dürig-Herzog-Scholz,* Art. 72 Rdnr. 10.

[13] So für den *Ausgangsfall BVerfGE* 32, 319.

[14] Umfassend zu ihnen *Kirschenmann,* JuS 1977, 565.

[15] Bundesbehörden können also kein Landesrecht anwenden (*BVerfGE* 21, 312 ff.), solange es nicht in einem Bundesgesetz in Bezug genommen ist (*BVerfGE* 48, 290 = JuS 1979, 439 Nr. 2, auch zu den Grenzen solcher Verweisungen). Zur *Organleihe* s. Rdnr. 835 und dort Fußn. 30.

[16] Eingehend zur nachfolgenden Systematik der Art. 83 ff. GG auch JA 1971, 733 ff.

[17] Weitere *Fälle* bei *Liesegang,* JuS 1972, 40 (43 f.); *BVerfGE* 12, 205 ff. = JuS 1961, 163 Nr. 1 = *Weber* I, Art. 5 I, II Nr. 2 („Deutsche Welle"); *Rüfner-v. Unruh-Borchert,* Öffentliches Recht I, Nr. 19; *Püttner-Kretschmer,* Fälle 36–38.

[18] Konkludent bejaht von *Liesegang,* aaO, bei Fußn. 38 ff.

785 c) Aus Art. 87 ff. GG ergibt sich auch, welche Gegenstände die *Länder im Auftrage des Bundes*[19] verwalten.

Die Klausurfragen liegen parallel der soeben erörterten Problematik: Während es dort darum ging, ob der Bund unzulässigerweise eine bundes*eigene* Verwaltung einführte, ist hier erheblich, ob er sich der *mittelbaren Bundes*verwaltung bedienen darf.

786 d) Zur Verwaltungskompetenz gehören auch die Einrichtungen der Behörden, das Verwaltungsverfahren, der Erlaß allgemeiner Verwaltungsvorschriften usw. Art. 84 und 85 GG gestatten dem Bund (Bundestag oder Bundesregierung, jeweils mit Zustimmung des Bundesrates) in diesem Bereich auch dann noch gewisse Regelungen, wenn im Grundsatz „an sich" die Verwaltungskompetenz des Landes gegeben ist.[20] Auch hieraus können sich Klausuraufgaben entwickeln.

Beispiel: § 12 I JWG (Bundesgesetz) bestimmte, daß die öffentliche Jugendhilfe Selbstverwaltungsangelegenheiten der Gemeinden sei. – Die Bestimmung, ob Gemeinden am Vollzug von Bundesgesetzen überhaupt beteiligt werden und ob die Beteiligung dann als Selbstverwaltungs- oder Auftragsangelegenheit ausgestaltet wird, fällt grundsätzlich in die Verwaltungskompetenz der Länder. Läßt sich der „Eingriff" des Bundes auf Art. 84 I GG stützen?[21]

787 e) Schließlich ist das *Zusammenwirken* zwischen Bund und Ländern für die in Art. 91a GG umschriebenen *Gemeinschaftsaufgaben* (Ausbau und Neubau von Hochschulen, Verbesserung der regionalen Wirtschaftsstruktur, der Agrarstruktur und des Küstenschutzes) zu erwähnen. Es handelt sich um Aufgaben der *Länder.* An der Rahmenplanung (= Tätigkeit der Exekutive) wirkt der Bund aber in föderativen Koordinierungsgremien, den Planungsausschüssen, mit. (Er trägt auch die Hälfte der Ausgaben.) Die verbindlichen Rahmenpläne werden dann von den Ländern ausgeführt.[22]

788 3. Die Kompetenzen der Gemeinden, Art. 28 II GG[23]

Während die Kompetenzen von Bund und Ländern durch das *Grundgesetz* festgelegt sind, werden den Gemeinden ihre Kompetenzen vom *Landesgesetzgeber* verliehen; das *Grundgesetz garantiert* den Gemeinden

---

[19] Über den Unterschied zu der in Art. 83 GG als Normalfall bezeichneten Ausführung von Bundesgesetzen als *eigene* Angelegenheit der Länder siehe nachfolgend bei Rdnr. 791.

[20] Zur Auslegung des Art. 84 I GG insoweit (Begriff „Verwaltungsverfahren") lies *BVerfGE* 55, 274 (318) = JuS 1982, 458 Nr. 3.

[21] Lies dazu *BVerfGE* 22, 209 ff. = JuS 1968, 90 Nr. 1, wo § 12 I JWG für verfassungswidrig erklärt wird. Weitere Klausurfälle bei *Wilke-Büser-Ehlers,* JuS 1974, 176; *Rüfner-v. Unruh-Borchert,* Öffentliches Recht I, Nr. 8.

[22] Zu Einzelheiten und zur Vertiefung s. etwa *Tiemann,* DÖV 1970, 161 ff., 725 ff.; JA 1970, 173; *Frowein-v. Münch,* VVDStRL 31, 13 ff. Die zentralen Fragen sind angeschnitten in den Fallbesprechungen von *Liesegang,* JuS 1972, 40 (lesen!); *Püttner-Kretschmer,* Nr. 44 u. 45 (§ 42).

[23] Die *Selbstverwaltungsgarantie der Kirchen* nach Art. 140 GG, Art. 137 III WV wird in der Fallbesprechung von *Maurer,* JuS 1972, 334 erheblich. S. ferner *BVerfGE*

in Art. 28 II GG nur das Recht, ,,alle Angelegenheiten der örtlichen Gemeinschaft im Rahmen der Gesetze in eigener Verantwortung zu regeln''. Demgemäß ist in einer Klausur bisweilen problematisch, ob der Landesgesetzgeber gegen die Selbstverwaltungsgarantie in Art. 28 II GG verstößt, wenn er gemeindliche Kompetenzen (neu) festlegt.[24]

Fall:[25] Nach § 1 FlugLG werden durch RechtsVO ,,Lärmschutzbereiche'' festgelegt. In einem ,,Lärmschutzbereich'' dürfen keine Krankenhäuser, Altenheime, Erholungsheime, Schulen usw. und unter bestimmten Voraussetzungen auch keine Wohnungen errichtet werden. Gemeinde G wehrt sich gegen die Festlegung eines ,,Lärmschutzbereichs'', weil sie zentral in ihrer Planungsautonomie eingeschränkt sei.[26]

789 Art. 28 II GG steht unter ,,Gesetzesvorbehalt''. Es sind also ,,Eingriffe'' in die kommunale Selbstverwaltung möglich. Andererseits will Art. 28 II GG derartigen Eingriffen Grenzen entgegensetzen. Das Bundesverfassungsgericht löst dieses Spannungsverhältnis im Prinzip nach den gleichen Grundsätzen auf, wie sie für die Einschränkung von Grundrechten gelten.[27] Demgemäß muß der Eingriff in die Selbstverwaltungsgarantie ,,aus Gründen des öffentlichen Wohls'' erfolgen[27a] und geeignet, notwendig (= mildestes Mittel) und verhältnismäßig sein, um die Ziele des Gesetzgebers zu fördern.[28]

Diesen Anforderungen genügt das FlugLG im *Ausgangsfall* nur, wenn es bei der Festlegung der ,,Lärmschutzbereiche'' Raum für eine Abwägung mit den Entwicklungsinteressen der Gemeinden läßt.[29]

790 Der Eingriff in Art. 28 II GG wird *absolut* unmöglich (= Parallele zu Art. 19 II GG[30]), wenn der ,,Kernbereich'' der Selbstverwaltung verletzt ist.[31] Wesentlich hierfür sind die geschichtliche Entwicklung und die verschiedenen historischen Erscheinungsformen der Selbstverwaltung.[32]

30, 415 = JuS 1971, 382 Nr. 12 = *Weber* I, Art. 4 I, II Nr. 12; 46, 73 = JuS 1978, 559 Nr. 2 (Anwendungsbereich des BetrVG); *BVerfGE* 53, 366 = JuS 1981, 913 Nr. 1 (staatliche Krankenhausförderung); *BVerfGE* 57 Nr. 12 = JuS 1981, 931 Nr. 1 (gewerkschaftliches Zutrittsrecht); *Erichsen*, Staatsrecht I, Fall Nr. 8 (Kirchensteuer).
[24] Zur (anschließenden) Frage, ob sich die Gemeinde im Rahmen ihrer (zulässigerweise) verliehenen Kompetenz hält, s. schon Rdnrn. 522 ff.
[25] *BVerfGE* 56, 298 = JuS 1981, 839 Nr. 2; *Steinberg*, JuS 1982, 578. S. ferner *BVerfGE* 26, 228 = JuS 1970, 40 Nr. 2; 59, 216 = JuS 1982, 693 Nr. 1 (Namensänderung).
[26] Weitere Klausurfälle bei *Püttner*, Rep., S. 29; *Püttner-Kretschmer*, Nr. 39 u. 40; *v. Mutius*, JuS 1977, 455 Nr. 11 ff.; 592 Nr. 16 ff.; Niders. StGH u. NRWVerfGH, JuS 1980, 232 Nr. 15.
[27] S. insoweit Rdnrn. 555 ff.
[27a] Für Art. 28 II GG so *BVerfGE* 59, 216 (228) = JuS 1982, 693 Nr. 1.
[28] Für Art. 28 II GG so *BVerfGE* 56, 313, 315 = JuS 1981, 839 Nr. 2.
[29] *BVerfG*, aaO (lesen!).
[30] S. insoweit Rdnrn. 569 ff.
[31] *BVerfGE* 56, 312 = JuS 1981, 839 Nr. 2; 59, 216 (226) = JuS 1982, 693 Nr. 1; 38, 278 f.; 26, 180 = JuS 1970, 40 Nr. 2.
[32] *BVerfGE* 17, 182; 23, 366; 50, 195 = JuS 1979, 599 Nr. 14.

Im *Ausgangsfall* ist der Kernbereich *nicht* betroffen, weil nur die Planungshoheit *einzelner* Gemeinden „in räumlich streng abgegrenzten Gebieten" eingeschränkt wird.[33]

II. Aufsichtsprobleme

791   *Ausgangsfälle:* (1) Die Straßenbaubehörde des Landes X beabsichtigt, an einer Autobahnausfahrt ab 1. Januar einen Wegweiser zu der ab 1. Juni in S stattfindenden Bundesgartenschau anzubringen. Das Bundesverkehrsministerium weist das Land X an, den Wegweiser erst ab 1. Juni aufzustellen, da dieser vorher irreführend und daher unzweckmäßig sei.[34]

(2) Im Wege der Kommunalaufsicht wird die Gemeinde G angewiesen, (a) für ein bestimmtes Gebiet einen Bebauungsplan zu erlassen, weil es für die Bebauung besonders gut geeignet sei, (b) auf dem Rathaus eine (in G bisher fehlende) Luftschutzsirene anzubringen.[35]

In beiden Fällen stellt sich gleichermaßen die Frage, ob diese Weisungen rechtmäßig sind.

792   **1. Rechtsaufsicht**

Die Länder stehen unter der Rechtsaufsicht des Bundes (Art. 84 III 1, 85 IV 1 GG), *soweit sie* („als eigene Angelegenheit" oder „im Auftrage des Bundes") *Bundesgesetze ausführen.* Die Gemeinden unterstehen in *allen* Angelegenheiten der Rechtsaufsicht des Landes.

Nur im *Ausgangsfall 2b* geht es um einen *Rechts*verstoß: § 7 III ZivilSchG macht den Gemeinden den „örtlichen Alarmdienst" zur Pflicht. Insoweit ist die Weisung unproblematisch.

793   **2. Fachaufsicht**

Über die Rechtmäßigkeitskontrolle hinausgehend berechtigt die Fachaufsicht auch zum Eingreifen aus *Zweckmäßigkeitserwägungen.* Sie ist typisches Merkmal der *Auftragsverwaltung:* Die Länder unterstehen der Fachaufsicht des Bundes, soweit sie Bundesgesetze im Auftrag des Bundes ausführen (Art. 85 IV GG). Die Gemeinden sind der Fachaufsicht des Landes unterworfen, soweit sie im Auftrag des Landes tätig werden. Wenn die Aufsichtsbehörde eine Zweckmäßigkeitskontrolle ausübt, muß in der Klausur also entschieden werden, ob die Materie Auftragsangelegenheit ist oder in den eigenen Wirkungskreis der von der Aufsichtsmaßnahme betroffenen Körperschaft fällt. Die Einordnung ergibt sich aus dem Gesetz.

Gemäß Art. 90 II GG verwalten die Länder die Bundesautobahnen im Auftrag des Bundes. Im *Ausgangsfall 1* ist die Weisung also zulässig. Im *Ausgangsfall 2a* ist sie hingegen unzulässig. „Die Bauleitpläne sind von den Gemeinden in *eigener* Verantwortung" (= Selbstverwaltung) aufzustellen (§ 2 I BBauG). Obgleich der zivile Luft-

---

[33] *BVerfGE* 56, 313 = JuS 1981, 839 Nr. 2.

[34] Fall bei *K. Müller*, Öffentliches Recht, Nr. 7.

[35] Fall bei *K. Müller*, Nr. 12; s. ferner Fall 15 bei *Erbel*, Klausurenlehre I; Fall 48 bei *v. Mutius*, JuS 1979, 345.

schutz von den Gemeinden gem. § 2 I ZivilSchG „im Auftrag des Landes" durchgeführt wird, ist *Ausgangsfall 2b* nicht unproblematisch: Möglicherweise läßt sich aus
Art. 28 II GG ein Vorgriffsrecht der *G* bei der Auswahl des Standorts herleiten.[36]

794   3. Aufsichtsmittel

In der Klausur ist schließlich noch darauf zu achten, ob das in Frage
stehende Aufsichts*mittel* (z. B. Beanstandung, Weisung,[37] Ersatzvornahme,[38] Einsetzung eines Kommissars[39] usw.) zulässig ist. Die Aufsichtsmittel sind im Grundgesetz (Art. 84, 85, im äußersten Falle Art. 37 GG:
Bundeszwang) bzw. in den Kommunalgesetzen der Länder (zumeist)
getrennt für die Rechts- und Fachaufsicht aufgezählt. Zu den *Anfechtungsmöglichkeiten* siehe nachfolgend Rdnrn. 799 ff.

III. Bundesfreundliches Verhalten im Gleichordnungsverhältnis

795   *Fall:*[40] Die meisten Gemeinden des Ruhrgebiets haben die Vorbereitungen für eine
„Volksbefragung" abgeschlossen, in welcher alle wahlberechtigten Bürger mit „ja"
oder „nein" zur Frage einer Ausweitung der sog. paritätischen Mitbestimmung auf alle
Großunternehmen der Wirtschaft Stellung nehmen sollen. Die Bundesregierung verlangt vom Land, es solle gegen die Gemeinden einschreiten, damit die Willensbildung
im Bundestag zu dieser Frage nicht präjudiziert werde. Wie ist dieses Verlangen rechtlich zu werten?

796   1. Die vorher behandelten Aufsichtsbefugnisse des Bundes, in deren
Rahmen die Länder dem Bunde *unterstehen* („Über-Unterordnungsverhältnis"), sind auf die Ausführung von Bundesgesetzen beschränkt. Hingegen übt der Bund keine *allgemeine* Rechtmäßigkeitskontrolle über das
Handeln der Länder aus. Sie sind vielmehr *eigenständig*, dem Bunde
gleichgeordnet.

Im *Ausgangsfall* entspringt das Verlangen daher keiner Aufsichtsbefugnis, sondern
Bund und Land stehen sich auf gleicher Ebene gegenüber.

797   2. Die Länder können im konkreten Einzelfall aber *Pflichten gegenüber
dem Bunde haben.* (Umgekehrt haben sie natürlich auch Rechte gegen
den Bund.) Fehlt es an ausdrücklichen Verfassungsvorschriften, ist an die
ungeschriebene, aus dem Wesen des Bundesstaates entwickelte *Pflicht zu
bundesfreundlichem Verhalten*[41] zu denken. Im Verhältnis Land – Gemeinde kommt entsprechend eine Pflicht zu *gemeindefreundlichem* Verhalten in Betracht.[42]

---

[36] *K. Müller,* S. 133, geht auf dieses Problem nicht ein.
[37] Kommunalrechtsfall (Nr. 49) bei *v. Mutius,* JuS 1979, 346.
[38] *BVerwG,* DVBl 1972, 828 = JuS 1973, 63 Nr. 13.
[39] Dazu lies *VGH Kassel,* JuS 1970, 254 Nr. 14.
[40] Gebildet in Anlehnung an *BVerfGE* 8, 122 (Volksbefragungen über die Atombe-
waffnung).
[41] Seit *BVerfGE* 1, 131 st. Rspr. des *BVerfG* in Übereinstimmung mit der Lehre, vgl.
auch die Nachw. in *VGH Kassel,* JuS 1970, 254 Nr. 14 a. E.; zuletzt *BVerfGE* 34, 29.
[42] *Pappermann,* JuS 1974, 448 m. w. Nachw.

Das „Verlangen" der Bundesregierung ist im *Ausgangsfall* als Ermahnung zu bundesfreundlichem Verhalten anzusehen. In Anlehnung an *BVerfGE* 8, 122 ff. hängt die materielle Rechtslage davon ab, (a) ob die Gemeinden eine Kompetenz zu dieser Volksbefragung haben,[43] (b) ob erhebliche Belange des Bundes verletzt werden und (c) ob sich daraus eine Pflicht des Landes gegenüber dem Bunde zum Einschreiten gegen die Gemeinden im Wege der Kommunalaufsicht ergibt.

798   3. Zur *Durchsetzung* eines „Anspruchs" gegen ein Land steht dem Bund die sog. Bund-Länder-Klage (siehe sogleich) zur Verfügung.

IV. Prozessuales

799   1. Bund-Länder-Klage

Für Streitigkeiten zwischen Bund und Ländern ist die *Bund-Länder-Klage* (Art. 93 I Nr. 3 GG, §§ 13 Nr. 7, 68 ff. BVerfGG; vgl. auch Art. 93 I Nr. 4 GG, §§ 13 Nr. 8, 71 ff. BVerfGG) gegeben.[44] Sie kann vom Bund *und* von einem Lande erhoben werden. Nur bei „Mängelrügen" im Rahmen der Rechtsaufsicht des Bundes (Art. 84 GG) ist ihr das in Art. 84 IV GG beschriebene Verfahren vorgeschaltet.[45] Geht es um die Gesetzgebungskompetenz, ist anstelle der Bund-Länder-Klage auch[46] ein Antrag auf abstrakte Normenkontrolle (Art. 93 I Nr. 2 GG; §§ 13 Nr. 6, 76 BVerfGG) möglich.

800   2. Streitigkeiten zwischen Land und Kommune

Die Justitiabilität von Streitigkeiten zwischen *Land und Kommune* beurteilt sich in erster Linie nach der Verwaltungsgerichtsordnung. Als Faustregel läßt sich festhalten: *Aufsichtsakte in Selbstverwaltung*sangelegenheiten kann die Gemeinde anfechten (Art. 28 II GG, Anfechtungsklage), Aufsichtsakte in Auftragsangelegenheiten hingegen nicht, soweit es sich um innerdienstliche Rechtsakte handelt.[47] Gegen *Normen* können die Kommunen im Normenkontrollverfahren nach § 47 VwGO vorgehen, *wenn* entsprechende landesgesetzliche Regelungen bestehen; statt dessen kann das Landesrecht auch eine Beschwerde zum Landesverfassungsgericht vorsehen.[48] Wegen Verletzung des Rechts auf Selbstverwal-

---

[43] Anderer Volksbefragungsfall bei *Erbel*, Klausurenlehre I, Nr. 15.

[44] Einzelheiten bei *Pestalozza*, Verfassungsprozeßrecht, § 11; *Schlaich*, JuS 1981, 825.

[45] So *Maunz*, in: *Maunz-Schmidt-Bleibtreu-Klein-Ulsamer*, BVerfGG, § 13 Rdnr. 46.

[46] Zum Zusammenspiel beider Verfahrensarten s. *Maunz*, aaO, § 13 Rdnr. 20.

[47] Umfassender Überblick z. B. bei *Redeker-v. Oertzen*, VwGO, § 42 Rdnrn. 103 ff. Vgl. auch *BVerwGE* 31, 263 = JuS 1970, 137 Nr. 2; *BVerwG*, JZ 1978, 395 = JuS 1978, 639 Nr. 14; *Schmidt-Jortzig*, JuS 1979, 488; Fälle bei: *v. Mutius*, JuS 1979, 347; *Bergmann-Dyckmanns*, JuS 1978, 406. – Von allem muß das *Kommunalverfassungsstreitverfahren* (zu ihm z. B. *Stern*, S. 83 f.; *v. Mutius*, JuS 1979, 184) unterschieden werden, in welchem vor dem VG ein Gemeindeorgan (oder ein Teil desselben) gegen ein anderes Gemeindeorgan klagt.

[48] Vgl. auch *Redeker-v. Oertzen*, § 47 Rdnrn. 4 ff.

tung durch ein „Gesetz" ist schließlich unter den Voraussetzungen von Art. 93 I Nr. 4b GG, § 91 BVerfGG die Verfassungsbeschwerde[49] zulässig.

V. Föderale Finanzverfassung[50]

801   *Ausgangsfall:* Ein Landesgesetz über Vergnügungssteuern gestattet den Gemeinden, durch Satzung eine Spielautomatensteuer einzuführen. Ist dieses Gesetz gültig? – Der Landesgesetzgeber kann den Gemeinden an sich Satzungsautonomie verleihen, ohne dabei den Bindungen aus Art. 80 GG unterworfen zu sein.[51] Hier ist der Fall unter finanzverfassungsrechtlichen Gesichtspunkten zu durchleuchten. Dabei können lediglich einige *Grundstrukturen* der Finanzverfassung skizziert werden,[52] welche *jedem* Examenskandidaten geläufig sein müssen, *nicht nur* dem Studenten des Wahlfaches „Finanzverfassungs- und allgemeines Abgabenrecht".

802   **1. Verteilung des Steueraufkommens**

Neben der föderalen Gesetzgebungskompetenz[53] (nachfolgend Rdnr. 804) und der föderalen Verwaltungskompetenz[54] (nachfolgend Rdnr. 805) ist für die Abgabenerhebung drittens erheblich, *wer* die Abgaben im Verhältnis von Bund, Ländern und Gemeinden *erhält*. Nach Art. 104a GG tragen der Bund und die Länder sowie die Gemeinden (Art. 28 II GG) gesondert die Ausgaben, die sich aus der Wahrnehmung ihrer Aufgaben ergeben. Daher mußte das Grundgesetz sie alle mit eigenen Finanzerträgen ausstatten.

803   Art. 106 GG verteilt *bestimmte* Steuern je nach Steuer*art* auf Bund (Art. 106 I GG), Länder (Art. 106 II GG) und Gemeinden (Art. 106 VI GG). Das Aufkommen der Einkommensteuer, der Körperschaftsteuer und der Umsatzsteuer,[55] also der *wichtigsten Steuern*, steht dem Bund und den Ländern gem. Art. 106 III GG *gemeinsam* zu. Diese „Gemeinschaftsteuern" werden nach festen, teils in der Verfassung, teils im Gesetz geregelten Schlüsseln (Art. 106 III GG) auf Bund, Länder und Gemeinden[56] (betr. nur die Einkommensteuer, Art. 106 V GG) *aufgeteilt*. (Im horizontalen Verhältnis der Länder zueinander erhält jedes Land [mit gewissen Modifikationen] das von den Finanzbehörden auf seinem Gebiet vereinnahmte *örtliche Aufkommen* [Art. 107 I GG]. Das so entstehende Gefälle zwischen finanzstarken und finanzschwachen Ländern wird über einen horizontalen Finanzausgleich angemessen ausgeglichen [Art. 107 II GG].)

Für den *Ausgangsfall* weist Art. 106 VI GG das Aufkommen der örtlichen Verbrauch- und Aufwandsteuern und damit[57] der Vergnügungssteuer für Spielautomaten

---

[49] Vgl. etwa *BVerfGE* 26, 228 = JuS 1970, 40 Nr. 2; 59, 216 = JuS 1982, 693 Nr. 1. Zur Verfassungsbeschwerde allgemein s. bereits Rdnrn. 608ff.
[50] S. auch den Überblick bei *Vogel*, JA 1980, 577.
[51] S. Rdnrn. 522ff.
[52] S. zu ihnen auch etwa *Püttner-Kretschmer*, § 41.
[53] Zu ihr allgemein schon Rdnrn. 775ff.
[54] Rdnrn. 783ff.
[55] Klausurfall zu ihr bei *Erichsen*, Staatsrecht II, Nr. 19.
[56] Zu den Finanzquellen der *Kirchen* s. *Isensee*, JuS 1980, 94.
[57] S. etwa *Maunz*, in: *Maunz-Dürig-Herzog-Scholz*, Art. 105 Rdnrn. 20, 26; *BVerfGE* 31, 127f.

den *Gemeinden* zu. Von der Steuerertragshoheit her bestehen gegen das Landesgesetz also keine Bedenken, wenn es die Spielautomatensteuer in die Kassen der Gemeinden fließen läßt.

804   2. Gesetzgebungskompetenz für Steuern

Weil in Rechte des Bürgers eingegriffen wird, muß die Steuererhebung (parlaments-)gesetzlich geregelt sein.[58] Für die föderale Verteilung der Gesetzgebungskompetenz enthält Art. 105 GG Spezialregelungen, welche Art. 73 ff. GG vorgehen. Ein Vergleich zwischen Art. 105 GG und Art. 106 GG zeigt dabei, daß die Gesetzgebungskompetenz nicht mit der Steuerertragshoheit korrespondiert, Bund und Länder also nicht je für sich die Steuergesetze über ,,ihre" Steuern machen. U. a. der Steuergerechtigkeit willen, etwa um ,,Steueroasen" zu vermeiden, schafft Art. 105 I, II GG insoweit vielmehr einen Überhang in der Gesetzgebungskompetenz des Bundes.

Nur für die örtlichen Verbrauch- und Aufwandsteuern und damit im *Ausgangsfall* haben die Länder eine *ausschließliche* Gesetzgebungskompetenz in ihrem Verhältnis zum Bund (Art. 105 II a GG).[59] Im *Ausgangsfall* hat das Land diese Kompetenz nicht abschließend selbst wahrgenommen, sondern der Legislative der *Gemeinde* übertragen. Wegen Art. 28 II GG ist das nicht zu beanstanden.[60]

805   3. Steuerverwaltung

Anders als die Steuergesetzgebung deckt sich die Verwaltung der Steuern (Beispiel: Steuereinziehung durch Steuerbescheide = Verwaltungsakte) im Prinzip mit der Verteilung des Steueraufkommens: Die gem. Art. 106 II GG ganz den *Ländern* zufließenden Steuern werden von den Ländern als eigene Angelegenheiten[61] verwaltet (Art. 108 II GG). Die dem *Bund* ganz (Art. 106 I GG) oder teilweise (Art. 106 III GG) zufließenden Steuern werden teils vom *Bund*[62] (Art. 108 I GG), teils von den Ländern *im Auftrage des Bundes*[63] (Art. 108 III GG) verwaltet. Das alles geschieht nach dem *Gesetz über die Finanzverwaltung* organisatorisch in einer Mischverwaltung von Bundes- und Länderbehörden, welche in Einzelheiten aber nur dem Wahlfachkandidaten geläufig zu sein braucht.[64]

806   Art. 108 IV 2 GG gestattet es den Ländern, außerhalb dieses Systems den *Gemeinden* die Verwaltung der ihnen allein zufließenden Steuern zu überlassen. Damit ist das Landesgesetz im *Ausgangsfall* auch nicht zu beanstanden, soweit es den Gemeinden das Recht zusteht, die nach ihrer Steuersatzung zu erhebende Steuer durch Steuerbescheide selbst einzuziehen.

---

[58] Rdnrn. 68, 549 ff.
[59] *BVerfGE* 40, 56 = JuS 1976, 256 Nr. 5.
[60] *BVerwGE* 6, 247 ff.
[61] Dazu Rdnr. 783.
[62] Rdnr. 783.
[63] Zu diesen Verwaltungstyp s. Rdnr. 785.
[64] Überblick etwa bei *Maunz*, in: *Maunz-Dürig-Herzog-Scholz*, Art. 108 Rdnrn. 30 ff.; *BVerfGE* 32, 154.

10. Teil. Vertragliche Außenbeziehungen von Bund und Ländern

§ 43. Völkerrechtliche Verträge

811 Ein völkerrechtlicher Vertrag bindet nur die beteiligten *Staaten*, schafft aber keine Rechte und Pflichten für die einzelnen Bürger. Hierfür bedarf es der *Transformation* des Vertrages in innerstaatliches Recht durch die zuständigen staatlichen Organe, zumeist durch den Gesetzgeber. Ob ein völkerrechtlicher Vertrag *gültig* ist, beurteilt sich ausschließlich nach *Völkerrecht*. Auf einem anderen Blatt steht, ob das Staatsorgan, welches mit (externer) Vertretungsmacht den Vertrag abgeschlossen hat, nach dem einschlägigen *Staatsrecht* intern zum Abschluß des Vertrags *berechtigt* war. Fehler aus diesem Bereich haben auf die Gültigkeit des Vertrags aber keinen Einfluß.[1] Vom Pflichtfachkandidaten wird erwartet, daß er jedenfalls diese Grobstruktur *völkerrechtlicher* Zusammenhänge kennt. Bei den *staatsrechtlichen Voraussetzungen* für den Abschluß völkerrechtlicher Verträge beginnt die Pflichtfachmaterie *unmittelbar*.

812 *Ausgangsfall:*[2] Der Bundeskanzler bittet den Bundespräsidenten, gemäß Art. 59 I GG ein mit der Regierung des Nachbarstaates N ausgehandeltes Kulturabkommen abzuschließen (= zu ratifizieren[3]), nach welchem (1) die Bundesrepublik in der Hauptstadt des Nachbarstaates ein „Deutsches Kulturinstitut" einrichten darf und (2) die Sprache des Nachbarstaates Pflichtfach in jeder höheren Schule der Bundesrepublik werden soll. Der Bundespräsident verweigert die Ratifikation, weil die Kulturhoheit bei den Ländern liege und der Bundestag nicht zugestimmt habe. – Einkleidung für die Lösung ist das rechtliche Prüfungsrecht des Bundespräsidenten.

I. Grundsätzliches

813 Art. 59 I GG betrifft die völkerrechtliche Vertretungsmacht im *Außenverhältnis* zu den anderen Völkerrechtssubjekten, sagt aber nichts zur Frage, wer *innerstaatlich* über den Abschluß des Vertrags zu *entscheiden* hat. Soweit der Bund zuständig ist (Art. 32 GG), liegt die *politische* Entscheidung im Bereich der Regierung[4] (im GG nicht ausdrücklich gere-

---

[1] Vgl. *BVerwGE* 50, 142f.
[2] Parallelfälle bei *Schramm,* Staatsrechtliche Klausuren, S. 108 (Deutsches Kulturinstitut); *v. Münch,* Übungsfälle, Nr. 5, und Grundbegriffe II, S. 180 (Waffenabkommen); *Erichsen,* Staatsrecht II, Nr. 10; *Geck-Reinhard,* JuS 1977, 536; *Fastenrath,* JuS 1982, 516. Problemkompendium zum Thema „Kulturabkommen" des Bundes bei *Friehe,* JA 1983, 117.
[3] Zum Begriff vgl. etwa *Wengler,* Völkerrecht I, 1964, S. 222.
[4] *BVerwGE* 60, 176f.

gelt); gemäß Art. 59 II GG müssen aber eventuell andere Bundesorgane zustimmen (oft *auch* Ratifikation genannt!).

Die Zuständigkeit des Bundes ist *Voraussetzung* für das Handeln des Bundespräsidenten, die Zustimmung des Bundestages auch, falls sie erforderlich ist. Beides darf, besser: *muß* der Bundespräsident also prüfen.[5]

II. Zuständigkeit des Bundes (Art. 32 GG)

814   Hinsichtlich des *Deutschen* (nicht Bayerischen, Niedersächsischen) Kulturinstitutes ist der Bund im *Ausgangsfall* „aus der Natur der Sache" zuständig. Ob die Fremdsprachenregelung in die Zuständigkeit des Bundes fällt, hängt von der Auslegung des Art. 32 III GG ab: Nach einer Ansicht eröffnet Art. 32 I GG (in Umkehrung des Art. 30 GG) eine grundsätzliche Zuständigkeit des Bundes. Dann haben die Länder gemäß Art. 32 III GG nur eine konkurrierende Kompetenz *neben* der des Bundes. Eine andere Ansicht nimmt eine *ausschließliche* Zuständigkeit der Länder an, weil der Bund keine Möglichkeit habe,[6] die innerstaatliche Durchführung der Verträge (bei Art. 32 III GG unbestritten Ländersache) sicherzustellen.[7] In einer *Hausarbeit* müßte das „Lindauer Abkommen" (= „Vergleich" zwischen Bund und Ländern in der Streitfrage) entdeckt[8] und in seiner Bedeutung erfaßt werden.[9] Im Lindauer Abkommen haben die Länder dem Bund die Abschlußkompetenz zugestanden.[10] Der Bund hat sich aber verpflichtet, die Zustimmung der Länder einzuholen. Solange im *Ausgangsfall* nicht nach dem Lindauer Abkommen verfahren worden ist, darf der Bundespräsident jedenfalls die Fremdsprachenregelung nicht ratifizieren.

III. Mitwirkung anderer Bundesorgane (Art. 59 II GG)

815   An Art. 59 II GG[11] zeigt sich, ob der Klausurbearbeiter auch eine ihm unbekannte Vorschrift sinnvoll anwenden kann, wenn er gewisse Grundkenntnisse hat.

Im *Ausgangsfall* nahmen viele Bearbeiter an, es würden „die politischen Beziehungen des Bundes" geregelt, weil „Außenpolitik" gemacht werde. Diese Begründung *kann nicht* richtig sein. Andernfalls wäre für jeden völkerrechtlichen Vertrag die Zustimmung des Bundestags erforderlich; die Kasuistik in Art. 59 II GG wäre sinnlos. Nur gewisse Grundentscheidungen betreffen „die politischen Beziehungen des Bundes". Ferner waren die meisten Bearbeiter des *Ausgangsfalls* der Ansicht, der Vertrag beziehe sich „auf Gegenstände der Bundesgesetzgebung", weil die auswärtigen Angelegenheiten gem. Art. 73 Nr. 1 GG der ausschließlichen Gesetzgebung des Bundes unterlägen. Sie übersahen: Art. 73 GG betrifft das Bund-Länder-Verhältnis, welches für den *Ausgangsfall* speziell durch Art. 32 GG (soeben Rdnr. 814) geregelt ist. Bei

---

[5] S. insoweit schon Rdnrn. 723 ff.
[6] S. *BVerfGE* 6, 309 (Konkordatsurteil).
[7] Überblick über die Streitfrage bei *Maunz*, in: *Maunz-Dürig-Herzog-Scholz*, GG, Art. 32 Rdnrn. 29 ff.
[8] Abgedr. bei *Maunz*, in: *Maunz-Dürig-Herzog-Scholz*, Art. 32 Rdnr. 45.
[9] Dazu eingehend *Wolfram Busch*, Die Lindauer Vereinbarung, Diss. iur. Tübingen 1969.
[10] Zu Einzelfragen der rechtlichen Konstruktion s. *Maunz*, in: *Maunz-Dürig-Herzog-Scholz*, Art. 32 Rdnrn. 42 ff.
[11] Grdl. für die Exegese: *BVerfGE* 1, 351 ff. Zur Beteiligung des Bundes*rats* (Ostverträge) Näheres bei *Frowein*, JuS 1972, 241.

Art. 59 II GG geht es hingegen um das Verhältnis zwischen (Bundes-)*Exekutive* und (Bundes-)*Legislative*. Mit der (rechtzeitigen) Zustimmung der Legislative zum Vertragsschluß über Gegenstände der (Bundes-)*Gesetzgebung* soll vermieden werden, daß der Bund völkerrechtliche Verpflichtungen eingeht, welche er nicht erfüllen kann. Dieser Fall könnte eintreten, wenn für den innerstaatlichen Vollzug im Einzelfall eine *Transformation*[12] des Völkerrechts in innerstaatliches Recht erforderlich ist, die hierfür zuständigen Gesetzgebungsorgane sich aber später sperren. Also sind „Gegenstände der Bundesgesetzgebung" i. S. des Art. 59 II GG nur betroffen, wenn die völkerrechtliche Verpflichtung erst über eine Transformation in innerstaatliches Recht durch den Gesetzgeber erfüllt werden kann.[13] Im *Ausgangsfall* ist es der Exekutive ohne Mitwirkung des Gesetzgebers möglich, das Kulturinstitut zu errichten, solange ausreichende Mittel im Haushaltsplan vorhanden sind. Die Fremdsprachenregelung wird durch die *Länder* transformiert (s. soeben). Auch insoweit ist daher nicht ersichtlich, wieso noch die Zustimmung eines weiteren *Bundes*organs erforderlich sein sollte.

§ 44. Staatsverträge und Verwaltungsabkommen im Bundesstaat, gemeinsame Ländereinrichtungen

820   *Ausgangsfälle:* (1) In der ständigen Konferenz der Kultusminister haben die Kultusminister der Länder vereinbart, die integrierten Gesamtschulen in das überkommene dreigliedrige Schulsystem mit getrennten Schultypen (zurück)zuüberführen. Im Lande *X* ist die integrierte Gesamtschule im Schulgesetz gesetzlich festgeschrieben. Ein Gesetzentwurf der Landesregierung zur Änderung des Schulgesetzes findet im Landtag keine Mehrheit. Kann Schüler *S*, dessen sehnlichster Wunsch es ist, ein „normales" Gymnasium besuchen zu können, die Gesetzesänderung erzwingen? Haben die anderen Bundesländer diese Möglichkeit?[1]

    (2) Referendar *R* aus Schleswig-Holstein hat sich vor dem „Gemeinsamen Prüfungsamt" der Länder Bremen, Hamburg und Schleswig-Holstein mit Sitz in Hamburg der Großen Juristischen Staatsprüfung unterzogen und ist durchgefallen. Vor welchem *VG* (Schleswig oder Hamburg) kann er Anfechtungsklage erheben? Findet er mit dem Vorbringen Gehör, er sei von einer falschen Prüfungskommission geprüft worden, zumal der Kommission nur *ein* Prüfer aus Schleswig-Holstein angehört habe?[2, 3]

I. Beteiligte

821   1. Hier geht es um Verträge *innerhalb* des Bundesstaates. Sie gehören *voll* zur Pflichtfachmaterie „Staatsrecht". Die nachfolgenden Ausführun-

---

[12] Begrifflich sind Zustimmung und Transformation zu trennen, obgleich sie regelmäßig in *einem* Gesetz erfolgen, vgl. zu allem z. B. *Maunz*, in: *Maunz-Dürig-Herzog-Scholz*, GG, Art. 59 Rdnrn. 13 ff.

[13] Art. 59 II *Satz 2* GG betrifft völkerrechtliche Verträge, welche ohne Mitwirkung der (Bundes-)*Legislative* schon von der (Bundes-)*Exekutive selbst* in innerstaatliches Recht transformiert werden können, etwa beim Erlaß interner Verwaltungsvorschriften an die unteren Behörden. Wie z. B. Art. 84 II, 85 II GG zeigen, gibt es Fälle, in denen hieran noch andere Organe (Bundesrat) beteiligt sind. Auch diese Organe müssen *vor* der Ratifizierung zustimmen.

[1] Fallanlehnung an *BVerfGE* 45, 400, 421; verwandter Fall bei *Püttner-Kretschmer*, Nr. 46.

[2] Verwandte Fälle bei *Rüfner-v. Unruh-Borchert*, Öffentliches Recht I, Nr. 7; s. ferner *BVerwGE* 22, 299 (ZDF); 23, 194 (Filmbewertungsstelle); 50, 137 (Staatsvertrag über die Vergabe von Studienplätzen); 54, 29 (NDR); 60, 162 (Kündigung NDR).

[3] Weiterer Fall bei *Gramlich*, JuS 1981, 905 (Gebietsabtretung).

gen konzentrieren sich auf Vereinbarungen, welche – wie in den Ausgangsfällen – zwischen den Ländern als Gliedstaaten des Bundes und damit *horizontal* abgeschlossen werden. Die Darstellungen sind aber weitgehend[4] auch auf Verträge übertragbar, welche – *vertikal* – zwischen dem Bund und einem oder mehreren Ländern zustandekommen.[5]

822   2. Vertragspartei sind stets das Land oder der Bund als Körperschaften des öffentlichen Rechts (= juristische Personen), *nicht* das Organ (Kultusminister im Ausgangsfall 1), durch welches die öffentlichrechtliche Körperschaft im Außenverhältnis gehandelt hat (Fehlerquelle).[6] Denn das Organ kann im *Außenverhältnis* nicht Träger eigener Rechte und Pflichten sein. Allerdings ist denkbar, daß sich die öffentlichrechtliche Körperschaft nur *eingeschränkt* für den Kompetenzbereich des handelnden Organs und nicht *absolut* für den Kompetenzbereich aller Organe gebunden hat.

823   Demgemäß könnten sich die Länder im *Ausgangsfall 1* eingeschränkt dahingehend gebunden haben, daß die *Kultusminister* das in *ihrer* Macht stehende zu tun haben, um die Gesamtschulen zu beseitigen (= Initiative für den Gesetzentwurf an das Parlament); das Handeln des Parlaments als *anderes* Landesorgan ist von der Vereinbarung dann nicht erfaßt.

824   3. Wie völkerrechtliche Verträge schaffen auch Staatsverträge und Verwaltungsabkommen zwischen den *Ländern* keine unmittelbaren Rechte und Pflichten für die *Bürger* der Länder. Insofern bedarf es auch hier der Transformation in ,,Binnenrecht" durch das innerstaatlich zuständige Organ, zumeist durch den Gesetzgeber.

Vor diesem Hintergrund kann die Vereinbarung der Kultusminister dem *S* im *Ausgangsfall 1* keinen (einklagbaren) Anspruch gegen das Land X vermitteln. Im *Ausgangsfall 2* ist Rechtsgrundlage für den Verwaltungsakt (Nichtbestehen der Prüfung) nicht die (bis in alle Einzelheiten gehende) ,,Übereinkunft" zwischen den genannten Ländern ,,über ein gemeinsames Prüfungsamt und die Prüfungsordnung", sondern das *Gesetz des Landes Schleswig-Holstein*, welches den Inhalt der Übereinkunft als schleswig-holsteinische Prüfungsordnung in innerstaatliches Recht transformiert hat.

II. Staatsverträge und Verwaltungsabkommen

825   Die Vereinbarungen zwischen Gliedstaaten des Bundes sind entweder ,,Staatsverträge" oder ,,Verwaltungsabkommen". Über die Begriffsabgrenzung besteht in Literatur und Rechtsprechung kein abschließendes Einverständnis.[7] Solange das Wort ,,Staatsvertrag" nicht als *Rechtsbegriff* in entscheidungserheblicher Weise im *geschriebenen* Verfassungsrecht

---

[4] Zu Sonderproblemen umfassend *Grawert*, Verwaltungsabkommen zwischen Bund und Ländern, 1967.
[5] Zusammenstellung entsprechender Verwaltungsabkommen bei *Grawert*, S. 299 ff.
[6] Vgl. dazu schon Rdnrn. 758, 761.
[7] Zusammenfassender Überblick bei *Grawert*, S. 31 ff.

auftaucht,[8] braucht die Einordnung des konkreten Vertrages in der Fallbearbeitung nicht vertieft zu werden. Die Lehre knüpft verbreitet an die
angedeutete Unterscheidung zwischen *absoluter* Bindung des Landes mit
allen seinen Organen einschließlich des Gesetzgebers (= Staatsvertrag)
und *relativen* Bindungen nur für den Kompetenzbereich der Exekutive
(= Verwaltungsabkommen) an.[9]

III. Staatsinterne Abschlußvoraussetzungen

826   Wie beim völkerrechtlichen Vertrag[10] darf das nach der Landesverfassung im *Außenverhältnis* zum Vertragspartner vertretungsberechtigte
Organ (= Parallele zu Art. 59 I GG) den Vertrag nur abschließen, wenn
innerstaatlich dafür die Voraussetzungen vorliegen. Die politische Entscheidung über den Vertragsabschluß obliegt nach dem Staatsrecht aller
Länder der Regierung[11] oder – im Rahmen seiner Ressortzuständigkeit –
einem Regierungsmitglied (Kultusminister). Ob innerstaatlich *außerdem*
ein anderes Landesorgan, vor allem das Landesparlament, zustimmen
muß, beurteilt sich nach Vorschriften der Landesverfassung, welche in
Parallele zu Art. 59 II GG stehen. Der Gesetzgeber muß *stets* zustimmen,
wenn eine Transformation in innerstaatliches Recht erforderlich ist, um
den Vertrag erfüllen zu können, und diese Transformation insbesondere
wegen des Gesetzesvorbehalts[12] dem Gesetzgeber obliegt.

Weil im *Ausgangsfall 2* das Prüfungswesen *gesetzlich* geregelt werden muß, durften
die im Außenverhältnis Abschlußberechtigten den Vertrag über das gemeinsame Prüfungsamt und die Prüfungsordnung *innerstaatlich* gesehen nicht abschließen, bevor
,,ihr" Landesparlament (wie geschehen) zugestimmt hatte. Im *Ausgangsfall 1* wäre zum
Vollzug des Vertrages unabhängig vom Gesetzesvorbehalt alleine schon deshalb ein
Parlamentsgesetz (Änderungsgesetz zum Schulgesetz) erforderlich, weil die integrierte
Gesamtschule bisher *gesetzlich* vorgeschrieben ist. Also durfte (und wollte) der Kultus-
minister das Land *innerstaatlich* gesehen nicht *absolut* zur Abschaffung der integrierten
Gesamtschule verpflichten, solange das Parlament nicht zugestimmt hatte.

IV. Zulässigkeit = Gültigkeit der Vereinbarungen

827   1. Die Länder können untereinander Verträge nur schließen, soweit sie
im Verhältnis zum Bund über die *Kompetenz* für die zu regelnde Materie
verfügen.

828   Im *Ausgangsfall 2* ist gem. § 52 Nr. 3 S. 3 VwGO das *VG Schleswig* örtlich zuständig.[13] Eine Vereinbarung zwischen den genannten Ländern, wonach in Anknüpfung an

---

[8] Überblick über die Landesverfassungen insoweit bei *Grawert*, S. 32 ff.
[9] So grundlegend *Hans Schneider*, VVDStRL 19, 8 ff.
[10] S. insoweit schon Rdnrn. 813, 815.
[11] *BVerwGE* 60, 176 f.
[12] Zu ihm Rdnr. 68.
[13] *BVerwGE* 40, 205.

den Sitz des gemeinsamen Prüfungsamtes das *VG Hamburg* als zuständiges Gericht bestimmt würde, wäre nichtig. Weil der Bund die örtliche Zuständigkeit der Verwaltungsgerichte im Rahmen von Art. 74 Nr. 1 GG selbst abschließend geregelt hat, ist die konkurrierende Kompetenz der Länder gem. Art. 72 I GG gesperrt.[14]

829   2. Auch alle weiteren Gültigkeitsvoraussetzungen bemessen sich mit *staatsrechtlichem* Ansatz *ausschließlich* nach dem *Grundgesetz;* für die Anwendung von Völkerrecht bleibt kein Raum.[15] Anders als völkerrechtliche Verträge[16] sind Staatsverträge und Verwaltungsabkommen insbesondere auch dann *ungültig*, wenn sie abgeschlossen worden sind, obgleich nach *internem* Landesverfassungsrecht die Zustimmung des Landesparlaments erforderlich gewesen wäre.[17] Das folgt aus dem *engen* Zusammenschluß der Gliedstaaten im Bundesstaat in Verbindung mit dem ungeschriebenen[18] bundesstaatlichen Verfassungsgrundsatz der gegenseitigen Rücksichtnahme (,,Bundestreue").[19]

830   Im *Ausgangsfall 2* würde die Vereinbarung über das gemeinsame Prüfungsamt also ohne die (erfolgte) Zustimmung der Landesparlamente auch im *Außenverhältnis* der beteiligten Länder keine Verpflichtungen herbeigeführt haben können. Weil die Vereinbarung der Kultusminister im *Ausgangsfall 1* ohne Zustimmung des Landtages das Land X nicht absolut verpflichten könnte, gebietet auch eine *gültigkeitskonforme* Vertragsauslegung, daß nur das Handeln des Kultusministers in der angedeuteten Weise gebunden werden sollte.

V. Prozessuales

831   Entsteht Streit über vertragliche Pflichten aus einem Staatsvertrag oder Verwaltungsabkommen, steht den Vertragspartnern entweder die Länderklage nach § 50 I Nr. 1 VwGO vor dem *BVerwG* oder die Länderklage nach Art. 93 I Nr. 4 GG i. V. m. §§ 71ff. BVerfGG vor dem *BVerfG* zur Verfügung. Entscheidend ist, ob es sich im Einzelfall nach dem *Gegenstand* der vertraglichen Regelung[20] um eine ,,verfassungsrechtliche" (Art. 93 I Nr. 4 GG) oder um eine ,,nicht verfassungsrechtliche" (§ 50 I Nr. 1 VwGO) Streitigkeit handelt. Ein verfassungsrechtlicher Vertrag liegt nur vor, wenn er ,,das Verhältnis der Länder im verfassungsrechtlichen Gefüge regelt".[21]

832   Gegenstand der *Ausgangsfälle* sind *Verwaltungsaufgaben*, die *Organisation* von Schule und Prüfung. Daß der Kultusminister im *Ausgangsfall 1* auch als Mitglied der

---

[14] *BVerfGE* 37, 198f.

[15] *BVerfGE* 34, 231; *BVerwGE* 50, 151.

[16] S. insoweit schon Rdnrn. 811.

[17] *BVerwGE* 50, 143 m. w. Nachw.; wenn die Zustimmung später wegfällt, bleibt der Vertrag allerdings gültig (*BVerwG*, aaO; s. ferner *BVerwGE* 60, 162).

[18] Dazu schon Rdnr. 797.

[19] *BVerwGE* 50, 143, 152.

[20] *BVerfGE* 42, 103 (112, 114); *BVerwGE* 50, 124 (129); zusammengefaßt in JuS 1976, 811 Nr. 2; *BVerwGE* 60, 172f.

[21] *BVerwGE* 60, 173.

Regierung und damit als Verfassungsorgan angesprochen ist (Verpflichtung, im Parlament einen Gesetzesvorschlag einzubringen), ist nur Mittel, um das verwaltungsrechtliche Grundanliegen des Vertrages zu fördern. Auch daß im *Ausgangsfall 2* ein gemeinsames Prüfungsamt mehrerer Länder geschaffen wird, verleiht der Vereinbarung keinen verfassungsrechtlichen Charakter.[22] Verfassungsrechtliche Vereinbarungen sind beispielsweise das „Lindauer Abkommen" (soeben Rdnr. 814)[23] und Staatsverträge über Gebietsänderungen.[24]

VI. Gemeinsame Ländereinrichtungen

833   Im *Ausgangsfall 2* ist durch Vereinbarung der beteiligten Länder eine gemeinsame Einrichtung mit eigenen Verwaltungskompetenzen geschaffen worden. Vergleichbare gemeinsame Ländereinrichtungen sind das ZDF,[25] der Norddeutsche Rundfunk,[26] die Zentralstelle für die Vergabe von Studienplätzen in Dortmund[27] oder die Zentrale Stelle der Landesjustizverwaltungen zur Aufklärung nationalsozialistischer Verbrechen in Ludwigsburg.

834   Gemeinsame Ländereinrichtungen sind im Prinzip zulässig, soweit „die im Grundgesetz verankerten Grundlagen der bundesstaatlichen Ordnung nicht beeinträchtigt werden".[28] Sie sind *keine* „dritte Ebene" zwischen dem Bund und den Ländern, sondern üben die hoheitlichen Befugnisse der beteiligten Länder aus.[29]

835   Demgemäß ist der Bescheid des gemeinsamen Prüfungsamts über das Nichtbestehen der Prüfung im *Ausgangsfall 2* ein Verwaltungsakt *schleswig-holsteinischen* Rechts nach der schleswig-holsteinischen Prüfungsordnung (= Transformationsgesetz). Daß das gemeinsame Prüfungsamt gleichzeitig auch Organ der *anderen* beteiligten Länder ist, steht dem nicht entgegen. Indem das Prüfungsamt als Organ der *anderen* Länder schleswig-holsteinisches Recht anwendet, handelt es sich um einen Fall der „*Organleihe*"[30] zugunsten von Schleswig-Holstein. Also ist *R im Ausgangsfall 2* nicht von einer falschen Prüfungskommission geprüft worden. *R* hatte auch keinen Anspruch darauf, daß die Kommission *personell* nur mit Prüfern aus Schleswig-Holstein besetzt war.

§ 45. Der Standort des Europäischen Gemeinschaftsrechts

840   *Ausgangsfall:* Die Verordnung Nr. X/Y des Rates der EG sieht vor, daß für bestimmte Einfuhren aus „Drittländern" von den jeweils zuständigen nationalen Zollämtern „Abschöpfungsbeträge" (= Abgaben) in bestimmter Höhe erhoben werden. Der

---

[22] Ebenso für die Zentralstelle für die Vergabe von Studienplätzen in Dortmund *BVerfG* und *BVerwG*, aaO.

[23] *BVerfGE* 42, 113.

[24] S. die Klausur bei *Gramlich*, JuS 1981, 905; *BVerfGE* 22, 221 u. 34, 216 (Staatsvertrag über die Vereinigung Coburgs mit Bayern).

[25] Insoweit grundlegend *BVerwGE* 22, 299 i. V. m. *Kisker*, JuS 1969, 466.

[26] S. *BVerwGE* 54, 29; 60, 162.

[27] *BVerwGE* 50, 137.

[28] *BVerwG*, aaO; *BVerwGE* 23, 197.

[29] *BVerwG*, aaO.

[30] Näheres zu ihr in *BVerwG*, DÖV 1976, 319; Fall bei *v. Münch*, Grundbegriffe II, S. 191.

deutsche Gesetzgeber hält die Abschöpfung für zu hoch und setzt sie durch Bundesgesetz herab. Gleichwohl erläßt ein deutsches Zollamt einen Abgabenbescheid auf der Basis der EG-Verordnung. Kann der betroffene deutsche Importeur *I* mit Erfolg Rechtsmittel einlegen? Kann er dabei auch geltend machen, die EG-Verordnung verstoße gegen Art. 3 I GG oder sei vom Zollamt jedenfalls falsch ausgelegt worden?[1]

I. Die Rechtsakte der EG

841   Art. 189 I EWG-Vertrag nennt als Rechtsakte der EG Verordnungen, Richtlinien, Entscheidungen, Empfehlungen und Stellungnahmen. Verordnungen sind gleichsam die „Gesetze" der EG. Sie werden aber *nicht* vom Europäischen Parlament, sondern vom (Minister-)Rat (= Versammlung der jeweils zuständigen Fachminister der Mitgliedsstaaten), teilweise auch von der Kommission (= gleichsam die Exekutive der EG) erlassen. Gemäß Art. 189 II EWG-Vertrag gilt die Verordnung *unmittelbar* für die „Marktbürger" der Mitgliedstaaten; der vom Völkerrecht her geläufigen[1a] Transformation in deutsches Recht durch den deutschen Gesetzgeber bedarf es nicht. Im Verhältnis zum Marktbürger wird die EG-Verordnung durch nationale Behörden (deutsches Zollamt im Ausgangsfall) und ggf. durch Verwaltungsakte nationalen Rechts vollzogen.

II. Rangverhältnis Gemeinschaftsrecht – nationales Recht

842   ### 1. Vorrang des Gemeinschaftsrechts

Nach herkömmlicher völkerrechtlicher Vorstellung müßte man annehmen, durch die seinerzeitige Zustimmung des deutschen Gesetzgebers zu Art. 189 II EWG-Vertrag seien alle EG-Verordnungen antizipiert und blanco in deutsches Recht transformiert worden. Dann fände im *Ausgangsfall* die *lex-posterior-Regel* Anwendung. Die EG-Verordnung wäre als *deutsches* Recht durch das spätere Bundesgesetz aufgehoben worden.

843   Das *BVerfG*[2] und der *EuGH*[3] sehen im „sekundären" Europäischen Gemeinschaftsrecht (Verordnung) demgegenüber eine *eigenständige* Rechtsordnung der EG als „supranationaler" öffentlicher Gewalt, deren Normen weder Völkerrecht noch nationales Recht der Mitgliedsstaaten sind. Art. 24 I GG hatte den Gesetzgeber ermächtigt, durch das Zustimmungsgesetz zum EWG-Vertrag insoweit deutsche Hoheitsrechte auf die EG zu übertragen.[4]

Mit diesem Ansatz ist der Bundesgesetzgeber im *Ausgangsfall* nicht befugt, die EG-Verordnung zu ändern.

---

[1] Weiterer Fall bei *Erichsen*, Staatsrecht und Verfassungsgerichtsbarkeit II, Nr. 12.
[1a] S. soeben Rdnr. 824.
[2] *BVerfGE* 22, 293 (295) = JuS 1968, 92 Nr. 2; 31, 173 = JuS 1972, 210 Nr. 1; 37, 271 (277) = JuS 1975, 182 Nr. 2.
[3] Zusammenfassend *EuGH*, NJW 1978, 1741 = JuS 1980, 140, Nr. 1.
[4] Grundlegend zu allem *Ipsen*, Europäisches Gemeinschaftsrecht, 1977, S. 255 ff.

844   2. Modifizierung für die Grundrechte

Das *BVerfG*[5] sieht in Art. 24 GG keine Ermächtigung, „die Identität der geltenden Verfassung der Bundesrepublik durch Einbruch in die sie konstituierenden Strukturen aufzuheben". Zu diesen Verfassungsstrukturen gehört der Grundrechtsschutz. Daher gelten EG-Verordnungen in der Bundesrepublik nicht, wenn sie gegen Grundrechte verstoßen.

Demgemäß ist es prinzipiell möglich, daß sich *I* im *Ausgangsfall* auf Art. 3 I GG beruft.

III. Prozessuales

845   1. Gegen Verwaltungsakte, welche eine deutsche Behörde in Anwendung einer EG-Verordnung erläßt, ist der herkömmliche Rechtsweg zu den Verwaltungsgerichten (im Ausgangsfall zum Finanzgericht) gegeben.

846   2. Sind die *gemeinschaftsrechtliche* Gültigkeit oder die Auslegung einer EG-Verordnung problematisch, *kann* das Gericht gemäß Art. 177 II EWG-Vertrag im Wege eines Vorlageverfahrens die „Vorabentscheidung" des Europäischen Gerichtshofes einholen. Das *letztinstanzliche* Gericht *muß* gemäß Art. 177 III EWG-Vertrag so verfahren.

Soweit im *Ausgangsfall echte* Auslegungsprobleme bestehen sollten, sind Art. 177 II, III EWG-Vertrag einschlägig.

847   3. Wenn das Verwaltungsgericht (Finanzgericht) der Auffassung ist, daß die EG-Verordnung gegen ein deutsches Grundrecht verstößt und damit nach dem Gesagten unanwendbar wäre, besteht die Vorlagepflicht nach Art. 100 I GG[6] an das *BVerfG*.[7]

---

[5] *BVerfGE* 37, 271 (mit 5 : 3 Stimmen); zur Entwicklung der Rspr. zusammenfassend *Schweitzer*, JA 1982, 174.
[6] Näheres zu ihr Rdnr. 482.
[7] *BVerfGE* 37, 271; *BVerfGE* 22, 293 hatte demgegenüber eine *Verfassungsbeschwerde* unmittelbar gegen eine EG-Verordnung *nicht* für zulässig gehalten.

11. Teil. Methodik der Fallbearbeitung

§ 46. Allgemeine Hinweise

I. Vier „Stationen" der Fallbearbeitung

900   Die nachfolgenden Ausführungen sollen verdeutlichen, wie man mit den vorstehend erworbenen Kenntnissen einen unbekannten Fall angemessen in den Griff bekommt, *ohne* an einem Schema zu kleben.[1] Die Darstellung folgt dabei den „Stationen", welche die Fallbearbeitung in gleicher Weise wie jede andere wissenschaftliche Arbeit zu durchlaufen hat: Nach dem *Erfassen der Aufgabe* gehen die Überlegungen in zwei Denkphasen vor sich. Zunächst werden – oft über viele Umwege und Irrwege – die *erheblichen Probleme ertastet, erwogen und gelöst.* Sodann wird entschieden, wie die Lösung in Aufbau und Schwerpunktbildung am besten *darzustellen* ist. (Beide *Denk* phasen können sich natürlich auch überlagern.) Erst jetzt ist die eigentliche *Niederschrift* möglich. Gleich eingangs sei empfohlen, der *Denkarbeit* die meiste Zeit zu widmen. In der *Klausur* sollten Lösung, Schwerpunktbildung und Aufbau bis in alle Einzelheiten feststehen (in Gedanken oder in einer ganz kurzen schriftlichen Skizze), bevor mit der Niederschrift (sogleich „ins Reine"!) begonnen wird. Abweichungen vom Plan noch während der Niederschrift zerstören oft das ganze Gefüge und führen erfahrungsgemäß leicht zu Widersprüchen. In der *Hausarbeit* läßt es sich zumeist nicht vermeiden, Denk- und Schreibarbeit zum Teil nebeneinander herlaufen zu lassen. Auch insoweit sei aber dringend empfohlen, mit der schriftlichen Formulierung („in Kladde") erst zu beginnen, wenn Lösung, Schwerpunktbildung und Aufbau wenigstens in groben Zügen festliegen.

II. Klausur und Hausarbeit

901   Die Hausarbeit unterscheidet sich in doppelter Hinsicht von einer Klausur: (1) In der längeren Bearbeitungszeit kann der Bearbeiter den Fall *gedanklich* tiefer durchdringen. (2) Die auftauchenden Fragen sind unter Heranziehung der *Literatur und Rechtsprechung* zu lösen. (1) und (2) *zusammen* sind die Voraussetzungen der *wissenschaftlichen* Fallbearbeitung,[2] welche in der Hausarbeit erwartet wird. Es ist insbesondere

---

[1] S. dazu allgemein auch *Tettinger,* Einführung in die juristische Arbeitstechnik (JuS-Schriftenreihe H. 81), 1982.
[2] S. zu ihr auch schon Rdnrn. 24 ff.

nicht damit getan, daß der Bearbeiter eine *klausurmäßige* Falldarstellung lediglich mit einigen *willkürlich* zusammengesuchten Zitaten *garniert*, wie es in den studentischen Übungsarbeiten häufig geschieht. Vielmehr ist ein *Gutachten* zu liefern, mit dessen Hilfe der Leser die Rechtslage *real einschätzen* kann. Er muß daher zu jeder Sachaussage erfahren, wie weitgehend sie in Literatur und Rechtsprechung geteilt wird, ob sich auch abweichende Ansichten finden, was von diesen zu halten ist usw. Zwar ist es durchaus erforderlich, daß der Bearbeiter *seine eigene* Ansicht darlegt. Solange sie nicht umfassend belegt und damit abgesichert oder zum Stand von Wissenschaft und Rechtsprechung in Beziehung gesetzt ist,[3] hat sie aber wenig Wert.

§ 47. Das Erfassen der Aufgabe

902   Unverhältnismäßig viele Bearbeitungen scheitern daran, daß dieser ersten Station der Überlegungen[1] zu wenig Aufmerksamkeit gewidmet wird. ,,Die einzige Arbeit, bei der nicht mit der Zeit gespart werden darf, ist das sorgfältige Erfassen des Tatbestandes.''[2]

I. Erfassen des Wortlauts

903   Es erscheint fast müßig, zunächst noch einmal auf die in allen Fallanleitungen ständig wiederholte Empfehlung hinzuweisen, den *Wortlaut des Sachverhalts* genau aufzunehmen und zu beachten. Gleichwohl geschehe schon das mit allem Nachdruck. Zur sorgfältigen Aufnahme des Sachverhalts gehört auch, in der Aufgabe zitierte Paragraphen *nachzulesen*.

904   1. Viele Fehler entstehen durch eine routinemäßige Behandlung des Falles, vor allem durch eine gedankenlose Anwendung des Klageschemas.

So bemerken Bearbeiter, welche auf das für eine bereits *erhobene* Klage entwickelte Prozeßschema[3] eingeschworen sind, oft nicht, wenn ein Fall noch *vor* dem Prozeß spielt. Selbst wenn ersichtlich soeben erst der Verwaltungsakt erlassen ist, ,,unterstellen'' sie daher, ein Vorverfahren (§§ 68 ff. VwGO) als Voraussetzung für ,,die'' Anfechtungsklage *habe* bereits stattgefunden. – Aber auch Bearbeiter, welche an sich erkennen, daß noch kein Widerspruchsverfahren stattgefunden hat, wählen zumeist eine eventuelle *Klage* als Einkleidung für ihre Überlegungen und weisen in den Ausführungen zur ,,Zulässigkeit'' der Klage nur darauf hin, daß der Kläger *zunächst* Widerspruch einzulegen habe. Diese Einkleidung ist *unorganisch*, soweit es um *Ermessensverwaltung* geht häufig auch *falsch*. Wenn nach der Sachverhaltsgestaltung noch kein Widerspruch eingelegt ist oder über einen Widerspruch noch nicht entschieden wurde, stehen Zulässigkeit und Begründetheit des *Widerspruchs* im Zentrum des Inter-

---

[3] Näheres zur technischen Durchführung Rdnrn. 939 ff.
[1] Lies nach *Diederichsen*, BGB-Klausur, S. 16 ff.
[2] *K. H. Klein*, JuS 1963, 480.
[3] Rdnr. 6.

esses. Gemäß § 79 I Nr. 1 VwGO ist „der ursprüngliche Verwaltungsakt *in der Gestalt, die er durch den Widerspruchsbescheid gefunden hat*", Gegenstand der Klage. Für die Ordnungsmäßigkeit der Ermessensbetätigung,[4] für die Begründungspflicht nach § 39 VwVerfG[5] und für anderes kommt es damit auf den Widerspruchsbescheid, *nicht* alleine auf den ursprünglichen Verwaltungsakt an. Solange kein Widerspruchsbescheid vorliegt, fehlt es an der Sachsubstanz, welche erforderlich ist, um Ermessensausübung und Einhaltung der Begründungspflicht *gerichtlich* überprüfen zu können. Wer kurzgeschlossen Ermessensdefizite und fehlende Begründungen des *ursprünglichen* Verwaltungsakts ausschlaggebend werden läßt, um eine *Klage* als begründet anzusehen, übersieht § 79 I Nr. 1 VwGO und macht damit einen *falschen* Entscheidungsvorschlag. Gleichzeitig zeigt er, daß er den Sinn des Widerspruchsverfahrens nicht verstanden hat: Das Vorverfahren soll (zur Entlastung der Gerichte) einerseits dem Bürger einen (durchaus nicht von vornherein erfolgloses) Rechtsweg eröffnen, andererseits der Exekutive die Möglichkeit geben, die ursprüngliche Entscheidung in rechtlicher Hinsicht *und* in erneuter Ermessensbetätigung (so deutlich § 68 I VwGO) zu korrigieren oder besser abzusichern.

905   2. Andere Fehler entstehen dadurch, daß die Richtigkeit einzelner Angaben im Sachverhalt in Zweifel gezogen wird. Das ist verfehlt, weil der Sachverhalt die Gegebenheiten *objektiv* schildert. Werden ergänzend einzelne *Behauptungen* der Beteiligten mitgeteilt, so beschränkt sich die Aufgabe des Bearbeiters darauf, diese Behauptungen – ihren Inhalt als wahr unterstellt – *rechtlich* zu würdigen (Schlüssigkeitsprüfung). Eine Stellungnahme dazu, ob sie objektiv richtig sind, wird bis zum Referendarexamen nicht verlangt. Als Grundlage einer solchen Beweiswürdigung würden die tatsächlichen Umstände des Falles sonst auch viel eingehender mitgeteilt werden müssen, als es in den regelmäßig recht kargen Sachverhaltsschilderungen zu geschehen pflegt.

906   *Beispielsfall* (Klausur): Die Achse eines vom Fahrer *F* gelenkten, mit Zement beladenen LKW bricht. Der dem *E* gehörende Zement rutscht in einen Bach, bindet ab und wird so zu einem massiven Hindernis. Frage 1: Wen kann die Polizei zur Beseitigung des Hindernisses in Anspruch nehmen? Frage 2: Kann der *E* auf *F* verweisen mit der Begründung, *F* habe den Unfall verschuldet?
Zur Frage 2 erörtern viele Bearbeiter, ob den *F* wirklich ein Verschulden treffe. Einige Studenten verneinten dies, weil ein Achsbruch höhere Gewalt sei. Andere meinten nach längeren Spekulationen, *F* sei wahrscheinlich (?!) auf schlechtem Pflaster zu schnell gefahren oder habe es unterlassen, die Achse vor Antritt der Fahrt zu überprüfen. Alles das war verfehlt. Verlangt und möglich war nur eine *rechtliche* Auseinandersetzung mit dem Verschulden, einmal unterstellt, es liege vor.

907   3. Schließlich werden manche Fehler durch Spekulationen hervorgerufen, welche mitunter bis ins Groteske reichen.

Nach dem Sachverhalt einer in Hamburg ausgegebenen Examenshausarbeit hatte „*A* das Haus Bergstraße 10 in *B* gekauft". Der Bearbeiter verwandte über eine Seite seiner Niederschrift auf die wegen dieses klaren Wortlauts unzulässige Erwägung, der Fall spiele vielleicht doch nicht in *B*, sondern in Hamburg. Es könne sich nämlich um eine gedankenlose Fortführung des ABC handeln, wenn der Betroffene *A* und dann der Ort

---

[4] Zu ihr Rdnrn. 91 ff.
[5] Zu ihr Rdnr. 78.

B genannt worden sei. Weil in Hamburg in der Bergstraße 10 die Hauptkirche St. Petri stehe, während der Fall von einem „Haus" spreche, sei im Endergebnis aber doch kein hamburgisches Recht anzuwenden.

II. Eindringen in den Sachverhalt

908 Nach dem Erfassen des Wortlauts sollte der Bearbeiter *so tief in den Sachverhalt eindringen, daß er in ihm „lebt"*. Zu diesem Zweck versetzt er sich am besten der Reihe nach in die Lage der Beteiligten und macht sich so die Interessenlagen klar.[6]

909 Gleicher *Beispielsfall* wie soeben (Zementwagen): Fast alle Bearbeiter waren zu Frage 1 der richtigen Ansicht, sowohl der Eigentümer *E* des Zements als auch der Fahrer *F* (ohne Verschulden) seien polizeipflichtig. Zu Frage 2 führten die meisten Bearbeiter dann nur aus: da *F* schon ohnehin in Anspruch genommen werden könne, sei er erst recht polizeipflichtig, wenn ihn ein Verschulden treffe. Das beantwortete die Frage 2 aber nicht. *E* verweist vielmehr auf *F*, weil er *selbst nicht* in Anspruch genommen möchte. Daher mußte man eine rechtliche Konstruktion suchen, nach welcher eine *Freistellung* des *E* in Betracht kam. Entscheidend war, ob das Ermessen der Polizei in ihrer Auswahl zwischen mehreren Störern bei einem Verschulden des *F* vielleicht in der Weise gebunden sein würde („Ermessensreduzierung auf Null"), daß eine Inanspruchnahme des *E* fehlerhaft wäre.[7]

III. Herausarbeiten der Fragestellung

910 Viele Sachverhalte schließen mit einer klaren Fragestellung („Wie wird das Gericht entscheiden?", „Kann *A* den gegen ihn gerichteten VA mit Erfolg anfechten?"). Eine derartige Frage steckt den Rahmen für die Ausführungen des Bearbeiters in der Regel eindeutig ab.

911 In seltenen Fällen ergibt sich beim Eindringen in die Rechtsfragen, daß der Aufgabensteller die Frage zu eng gefaßt hat, ein *sinnvolles* Gutachten nur erstattet werden kann, wenn die Fragestellung überschritten wird. *Beispiel:*[8] Der Bundestag streicht § 2 II Nr. 1 AuslG mit der Folge, daß fortan auch Ausländer unter 16 Jahren einer Aufenthaltserlaubnis bedürfen. Der Bundesrat verweigert zu dieser Gesetzesänderung die Zustimmung, weil er in der neuen Regelung einen Verstoß gegen Art. 6 GG sieht. Trotzdem wird das Änderungsgesetz vom Bundespräsidenten ausgefertigt und im Bundesgesetzblatt verkündet. Kann der Bundesrat mit Erfolg gegen das Gesetz vorgehen? – Der Bundesrat kann die Organklage gemäß Art. 93 I Nr. 1 GG, §§ 13 I Nr. 5, 63 ff. BVerfGG erheben. In ihrem Rahmen kann aber nicht die Grundrechtsproblematik, sondern nur die Frage geklärt werden, ob ein Zustimmungsrecht des Bundesrates verletzt worden ist.[9] Außerdem kann die Organklage nur dazu führen, daß das *BVerfG* einen Verfassungsverstoß feststellt (§ 67 BVerfGG). Das Gesetz wird hingegen nicht für nichtig erklärt. Prozessual günstiger ist die abstrakte Normenkontrolle gem. Art. 93 I Nr. 2 GG, §§ 13 I Nr. 6, 76 ff. BVerfGG. Sie erstreckt sich außer auf das Zustimmungserfordernis auch auf die materielle Vereinbarkeit des Gesetzes mit Art. 6

---

[6] Das empfiehlt z. B. auch *Berg*, Übungen im Bürgerlichen Recht, 12. Aufl. (1976), S. 1 f.

[7] Zum Problem vgl. bereits Rdnr. 140.

[8] S. zum Fall bereits Rdnr. 728.

[9] Einzelheiten zum Problem in Rdnr. 728.

GG. Außerdem kann das Gesetz in ihrem Rahmen für nichtig erklärt werden (§ 78 BVerfGG). Gem. § 76 BVerfGG kann die abstrakte Normenkontrolle indessen nur von der Bundesregierung, einer Landesregierung oder einem Drittel der Mitglieder des Bundestages eingeleitet werden, nicht aber vom Bundesrat. Weil im Sachverhalt nur nach den prozessualen Möglichkeiten des Bundesrates gefragt war, ließen die Bearbeiter die abstrakte Normenkontrolle außer Betracht. Damit konnten sie die Grundrechtsproblematik, welche dem Bundesrat nach der Sachverhaltsschilderung besonders am Herzen lag, prozessual nicht „einfangen". Eingeengt durch die Fragestellung wagten nur wenige Bearbeiter den Vorschlag, welcher auf der Hand liegt und den Fall prozessual angemessen in den Griff nimmt: Die Landesregierungen können sich im Bundesrat dahin verständigen, daß eine Landesregierung die abstrakte Normenkontrollklage erhebt (natürlich im eigenen Namen, nicht im Namen des Bundesrates). So würden sich die Dinge mit Sicherheit in der Praxis entwickeln.

912   Besondere Schwierigkeiten macht den Bearbeitern zumeist das *Aufhellen unklarer und allgemein gehaltener Fragestellungen* wie die häufig vorkommende Frage nach der Rechtslage[10] oder die Frage nach den Möglichkeiten einer Behörde zum Einschreiten gegen einen bestimmten Sachverhalt.[11] Auch die Deutung unklarer Anträge[12] vor Gericht gehört hierher. Die vom Zivilrecht her geläufige, am Anspruchsdenken orientierte Lösungsformel[13] „Wer will was von wem haben?" läßt sich für das Verwaltungsrecht abwandeln in die Frage „Wer ist daran interessiert, was bei wem zu erreichen?", oder kürzer, aber weniger aufgegliedert: „Woran sind die beteiligten Personen interessiert?"[14] – Am besten versetzt sich der Bearbeiter oft in die Rollen von Rechtsanwälten,[15] zu denen die Beteiligten kommen, um jeweils aus ihrer Sicht den Sachverhalt vorzutragen, vorläufig noch ohne jede nähere Vorstellung, was zu tun sei. Für jeden Rechtsanwalt ist es in dieser Situation unerläßlich, sich zunächst einmal in die Lage seines Klienten hineinzudenken und so mit juristischer Phantasie zu ergründen, worauf dessen Interessen konkret gerichtet sind. Erst dann kann er genaue Fragen formulieren. Nicht anders sieht die erste Aufgabe des Bearbeiters aus.

913   1. Zumeist lassen sich die genannten Fragestellungen auf diese Weise schon allein mit Hilfe der Sachverhaltsschilderungen aufhellen oder in konkrete Einzelfragen auflösen, ohne daß schon jetzt ein tieferes Eindringen in Rechtsfragen erforderlich wird.

914   *Beispiel:*[16] X hat vom Minister die Zusicherung erhalten, zum Ministerialrat in einem Bundesministerium ernannt zu werden. Darüber ist ein Aktenvermerk aufgenommen

---

[10] Zu ihr lies auch *Diederichsen*, BGB-Klausur, S. 23 f.

[11] Vgl. z. B. den Fall bei *Theuersbacher*, JuS 1966, 321 ff.

[12] Beispiel bei *König*, JuS 1962, 312.

[13] *Diederichsen*, aaO, erläutert an Beispielsfällen, daß auch diese Formel *sinnvoll* angewendet werden muß.

[14] Diese Frage schlägt *Vogel*, Verwaltungsrechtsfall, S. 176, vor.

[15] Das empfiehlt z. B. auch *Berg*, Referendarexamen, 1958, S. 86.

[16] Fall bei *Vogel*, Verwaltungsrechtsfall, Nr. 7.

worden, den neben dem Minister auch der Bundespräsident unterzeichnet hat. Weil die Akte „verbummelt" wird, verstreicht der in § 9 III Nr. 3 BundeslaufbahnVO[17] genannte Stichtag, von welchem ab X aus Altersgründen nicht mehr ernannt werden darf. X möchte auf die ihm zustehenden Rechte nicht verzichten. Wie ist die Rechtslage? – X ist daran interessiert: a) ob er Ansprüche auf Beamtenbesoldung als Ministerialrat hat (Aktenvermerk = Ernennung?); b) ob er die Ernennung jetzt noch erreichen kann (wegen der Zusicherung vor dem Stichtag); c) schließlich, ob er Schadensersatzansprüche hat.

915 2. Bisweilen lassen sich unklare oder allgemein gehaltene Fragestellungen aber auch erst auflösen, wenn der Bearbeiter gleichzeitig tiefer in Rechtsfragen eindringt.

Beispielsfall (Klausur):[18] Weil einer neuerbauten Schule durch Bäume auf dem Nachbargrundstück Licht und Luft entzogen werden, wird dem Nachbarn N durch Verfügung vom 6. 1. aufgegeben, die Bäume zu fällen. N ficht die Verfügung, der eine vorschriftsmäßige Rechtsmittelbelehrung beigefügt war, nicht an. Er kommt ihr aber auch nicht nach. Deshalb läßt der Stadtdirektor – Ordnungsamt – die Bäume am 6. 4. vom städtischen Forstpersonal fällen. N legt nunmehr „Beschwerde" ein und beabsichtigt auch, Klage beim Verwaltungsgericht zu erheben mit dem Antrag: 1. festzustellen, daß die Verfügung vom 6. 1. rechtsunwirksam sei; 2. den Stadtdirektor bzw. die Stadtgemeinde zum Ersatz des ihm entstandenen Schadens, den er auf 300 DM beziffert, zu verurteilen. Wie ist die Rechtslage? – Was ist zu der „Beschwerde" und der beabsichtigten verwaltungsgerichtlichen Klage zu sagen?

Kein Bearbeiter wußte mit der Frage nach der Rechtslage etwas anzufangen. Deshalb wurde meistens zuerst die beabsichtigte verwaltungsgerichtliche Klage behandelt. Oft machte sich hiernach dann Erleichterung breit. Denn man hatte bisher keine Anknüpfung gefunden, die Rechtmäßigkeit der ja nicht mehr anfechtbaren Verfügung vom 6. 1. in allen Einzelheiten zu untersuchen. (Im Feststellungsantrag geht es nur um ihre Nichtigkeit, also um besonders schwere Rechtsmängel.) Die Frage nach der Rechtslage schien also zu bedeuten, daß man diese Untersuchung jetzt noch isoliert nachholen solle.

Eine solche Ausdeutung verkennt die Aufgabe des Bearbeiters, einen *praktischen* Fall zu lösen. Auch wenn nach der Rechtslage gefragt ist, sind nur Dinge zu behandeln, welche noch *gegenwärtig* eine *praktische* Bedeutung haben. Was darunter fällt, ergibt sich wiederum aus der Sicht der Beteiligten. N geht es darum, ob er die Anpflanzung neuer Bäume und (oder) Entschädigung verlangen kann. Als Laie hat er einen schon ganz bestimmten Weg eingeschlagen, sogar bestimmte Klageanträge schweben ihm vor. Nach der ausdrücklichen Anweisung im Sachverhalt soll nun einmal untersucht werden, was von diesem Vorgehen zu halten ist. Weil außerdem nach der Rechtslage gefragt wird, kann dies aber nur Teil einer viel umfassenderen Untersuchung sein, welche *alle* dem N zu Gebote stehenden Möglichkeiten erörtert, auch wenn er an sie als Laie gar nicht denkt. In Betracht kommt insbesondere auch ein Vorgehen im Zivilrechtsweg, gerichtet etwa auf Entschädigung, weil N vielleicht als Nichtstörer in Anspruch genommen worden ist.[19] Hier führen die Erörterungen dann auch – diesmal organisch – zu einer näheren Auseinandersetzung mit der Verfügung vom 6. 1.

---

[17] *Sartorius*, Nr. 180.
[18] S. zum Fall auch schon Rdnrn. 67, 404. – Als weitere Beispiele lies die Fallbesprechungen von *Ridder-Schmidt*, JuS 1966, 240; *Theuersbacher*, JuS 1966, 321; *Menger-Scholz*, JuS 1963, 23.
[19] S. insoweit zum Fall schon Rdnr. 404.

916   3. Falls die Fragestellung nicht selbst festlegt, ob vom Bearbeiter *auch prozessuale oder lediglich materiellrechtliche Ausführungen* erwartet werden, beginnt häufig ein großes Rätselraten.

917   *Beachte:* Ist im Sachverhalt *ausdrücklich* nur nach der materiellen Rechtslage oder nach der Rechtmäßigkeit einer Verfügung gefragt, *sollen* natürlich – von Sonderfällen vielleicht abgesehen – keine prozessualen Ausführungen gebracht werden, was viele Bearbeiter immer wieder übersehen.

918   Entscheidend ist, welche Ausweitung oder Begrenzung nach der Interessenlage der Beteiligten und im Interesse einer sinnvollen Schwerpunktbildung vernünftig ist.

Beispiele: Geht es nach der Fragestellung darum, ob ein Verwaltungsakt ergehen *könnte*, ist es nicht von *aktuellem* Interesse, welche Rechtsschutzmöglichkeiten der *Adressat nach Erlaß* des Verwaltungsakts haben würde. Erkundigt sich ein Bürger nach Amtshaftungs- oder Entschädigungsansprüchen, ist es nützlich, ihn mit *einem* Satz darüber zu belehren, daß sie im ordentlichen Rechtsweg geltend zu machen seien. Fragt ein Bürger, gegen den ein belastender Verwaltungsakt ergangen ist, um Rat, muß er auf die Anfechtungsmöglichkeit und ihre Frist hingewiesen werden, damit er den Verwaltungsakt nicht unanfechtbar werden läßt. Einzelheiten zur Klageerhebung und zum Verfahren sind aber überflüssig, weil sie unproblematisch sind.

919   Als Faustregel ergibt sich: Soweit prozessuale Möglichkeiten von aktuellem Interesse sind, sollte man sie erwähnen. Zumeist sind sie aber nur ganz kurz zu behandeln: Allein aus der Tatsache, daß der Aufgabensteller nicht *deutlich* prozessuale Erörterungen gefordert hat, läßt sich in der Regel schließen, daß hier *keine besonderen* Probleme verborgen liegen.

IV. Versteckte Fehlerquellen

920   Nur mit größter Aufmerksamkeit kann der Bearbeiter bisweilen *Irreführungen* entgehen, nämlich erkennen, daß Verfügungen, Anträge oder andere Rechtshandlungen nicht so eindeutig sind, wie sie auf den ersten Blick erscheinen.

Beispiel: Das Ordnungsamt hat erfahren, daß ein Gastwirt eine Beat-Band zu einem Gastspiel verpflichtet hat, welche die Zuschauer in wildes Getobe zu versetzen pflegt. Deshalb erläßt die Behörde gegen G eine „Verfügung, die Stühle zu befestigen, widrigenfalls das Konzert mit polizeilichen Zwangsmitteln verhindert werde". – Alle Bearbeiter untersuchten die Rechtmäßigkeit „des Gebots", die *Stühle* zu befestigen. Tatsächlich ist aber wohl das *Konzert* verboten worden unter der auflösenden Bedingung, daß G die Stühle noch befestigt und so die polizeiliche Gefahr (Gesundheitsschäden) beseitigt. Sonst müßte die Behörde *noch extra* eine *Verbots*verfügung erlassen, *bevor* sie das Konzert zwangsweise verhindern könnte.[20]

---

[20] Zu dieser Kongruenz von Verfügung und Vollstreckung lies nochmals Rdnr. 156.

§ 48. Das Hintasten zur Lösung

I. Der Sachverhalt als Ausgangspunkt

925 Die rechtlichen Überlegungen haben *von der Fragestellung auszugehen* und stets *enge Fühlung mit dem Sachverhalt* zu halten. Es mag sich für den Bearbeiter empfehlen, alsbald sein *Judiz* zu befragen, wie das *Ergebnis* aller rechtlichen Überlegungen wohl lauten müßte.[1] Zur rechtlichen Konstruktion, die zu dieser Lösung führt, sollte er aber möglichst lange seine *Unbefangenheit* bewahren. Viele Arbeiten mißlingen oder geraten schief, weil ihre Bearbeiter diese *Grundvoraussetzung* jeder Fallbearbeitung nicht beachten, sondern umgekehrt von den „offenbar" mit dem Fall in Zusammenhang stehenden *Rechts*fragen und Rechtsproblemen ausgehen[2] und sich sofort nach dem Lesen des Sachverhalts auf irgendwelche Konstruktionen stürzen. So kommt es dazu, daß Probleme durchdacht und schließlich zu Papier gebracht werden, welche zur Lösung des Falls nicht beitragen; oft wird der Sachverhalt sogar zum Problem hin „umgebogen" mit der Folge, daß ein anderer als der gegebene Fall bearbeitet wird („Tatbestandsquetsche"[3]).

926 *Beispielsfall* (Hausarbeit): Die Satzung über die Benutzung eines städtischen Schwimmbades enthält die Bestimmung, daß die Schüler der städtischen Schulen freien Eintritt haben. „Hiergegen" erhebt die *T*, welche eine staatliche Schule besucht, Verfassungsbeschwerde. Wird diese Erfolg haben?

Fast alle Bearbeiter gingen ohne weiteres davon aus, *T* wolle die *Satzung für nichtig* erklären lassen. Versetzt man sich in die Lage der *T*, wird deutlich, daß ihr damit nicht gedient ist. Denn dann haben auch die Schüler der städtischen Schulen Eintritt zu zahlen. *T* möchte deren Begünstigung aber gerade *aufrechterhalten* und *auch für sich* in Anspruch nehmen. Das *BVerfG* kann feststellen, daß der gegenwärtige *Zustand* verfassungswidrig ist, *ohne* die Satzung für nichtig erklären zu müssen.[4]

927 *Beispielsfall* (Klausur): Tochter Erika (*E*) bringt ihrem Vater, dem Patienten *P*, ständig Bier ins Krankenhaus. Nachdem sie wiederholt darauf hingewiesen worden ist, daß ihr Tun nach der Krankenhausordnung verboten sei, nimmt ihr die Krankenhaus-

---

[1] Hierzu und zum Folgenden s. auch *Diederichsen*, BGB-Klausur, S. 28 ff., und insbesondere *Tettinger*, JuS 1982 272 ff., 357 ff.

[2] Selbst die von *Vogel*, Verwaltungsrechtsfall, S. 23, empfohlene Eingangsfrage „Worauf wird es (voraussichtlich) ankommen?" ist nicht ungefährlich.

[3] *Diederichsen*, S. 20.

[4] BVerfGE 22, 359 ff.; 37, 260 = JuS 1974, 732 Nr. 1 = *Weber* I, Art. 3 II, III Nr. 14; s. auch bereits Rdnr. 491. Nur wenn mit Sicherheit angenommen werden könnte, daß der Gesetzgeber – hätte er den Verfassungsverstoß erkannt – die staatlichen Schulen in seine Regelung einbezogen hätte, würde das *BVerfG* das Wort „städtisch" für nichtig erklären und so den Schülern der staatlichen Schule *unmittelbar* freien Eintritt verschaffen können (Problem der Gewaltenteilung), s. *BVerfGE* 6, 281; 37, 260; 38, 23. – Zu weiteren prozessualen Problemen des Falles (Subsidiarität der Verfassungsbeschwerde) s. *Schwerdtfeger*, JuS 1970, 228 bei Fußn. 43 ff. sowie vorne Rdnrn. 613 ff.

leitung eines Tages – wie es in der Krankenhausordnung vorgesehen ist – das Bier zugunsten des städtischen Altersheimes ab und untersagt ihr das weitere Betreten des Krankenhauses. *E* und *P* erbitten eine Rechtsauskunft darüber, ob sie sich diesen Eingriff gefallen lassen müssen.

Die Mehrheit der Bearbeiter behandelte die Anfechtungsmöglichkeiten der *E* und des *P* gleichzeitig und kam dann sehr bald in aller Breite auf die Probleme des besonderen Gewaltverhältnisses.[5] Das erforderliche tiefere und sezierende Eindringen in den Sachverhalt hätte demgegenüber ergeben, daß diese Problematik entgegen dem ersten Anschein *keine* derart zentrale Bedeutung für die Lösung hat: Adressat der Konfiskation und des Hausverbots ist nur die *E*. Sie ist Besucherin der Anstalt und als solche nicht wie die Benutzer (Patienten) in die Anstalt eingegliedert. Damit ist *sie* dem besonderen Gewaltverhältnis der Klinik nicht unterworfen. Sie ist in ihren Möglichkeiten zur Anfechtung also nicht beschränkt. Materiellrechtlich kann die Verfügung gegen sie nicht aus dem besonderen Gewaltverhältnis hergeleitet werden, sondern nur etwa aus einem öffentlichrechtlichen Hausrecht,[6] durch welches jedenfalls die Konfiskation aber nicht gedeckt ist. *P* kann die Konfiskation überhaupt nicht anfechten, weil er noch nicht Eigentümer des Biers war und daher nicht in Rechten im Sinne des § 42 II VwGO beeinträchtigt worden ist. Nur das Hausverbot trifft ihn in eigenen Rechten (kein Besuch von seiner Tochter, Art. 6 I GG). Erst hier greift die Problematik des besonderen Gewaltverhältnisses ein.

928   Die Gefahren, den Sachverhalt aus den Augen zu verlieren, sind bei *Hausarbeiten* besonders groß, wenn mehr oder minder planlos in Literatur und Rechtsprechung herumgelesen wird.

Beispielsfall (Hausarbeit): Der Bundeskanzler wünscht der Landwirtschaft nach schweren Unwettern unter Überschreitung des Haushaltsplanes 50 Millionen DM als Soforthilfe zur Verfügung zu stellen. Der Finanzminister verweigert jedoch seine nach Art. 112 GG erforderliche Zustimmung. Daraufhin beantragt der Bundeskanzler beim Bundespräsidenten die Entlassung des Finanzministers und die Ernennung des Abgeordneten *X* zum neuen Finanzminister, weil *X* sich bereit erklärt hat, dem Vorhaben zuzustimmen. Der Bundespräsident möchte wissen, ob er verpflichtet ist, die Entlassung auszusprechen.

Ein voreiliger Blick in die Kommentare zu Art. 64 GG verführte alle Bearbeiter dazu, den bekannten Meinungsstreit über „das" Prüfungsrecht des Bundespräsidenten in den Mittelpunkt der Erörterungen zu stellen.[7] Dabei wurde übersehen, daß sich die Meinungsäußerungen in der Literatur zumeist auf ein *politisches* Prüfungsrecht bei der Ernennung von Bundesministern beziehen.[8] Nach den Besonderheiten des vorliegenden Sachverhalts scheint es aber so, als wenn Art. 112 GG umgangen werden soll. Das läßt zunächst einmal die Frage nach einem *rechtlichen* Prüfungsrecht des Bundespräsidenten in den Vordergrund treten. Erst anschließend kann man auf ein politisches Prüfungsrecht kommen, etwa wenn man die Ansicht vertritt, es liege keine rechtswidrige Umgehung des Art. 112 GG vor, weil hier nur verlangt werde, daß *irgendein* Finanzminister die Verantwortung übernehme.[9] Auch jetzt erübrigt es sich aber, die ganze Problematik des politischen Prüfungsrechts bei *Ernennungen* auszubreiten, wie es alle Bearbeiter taten (weil darüber viel in den Kommentaren stand). Denn bei Ernen-

---

[5] S. zu ihnen bereits Rdnrn. 250ff.
[6] Umstritten, vgl. Rdnrn. 474ff.
[7] Vgl. dazu Rdnr. 726.
[8] Bes. deutlich *Maunz*, in: *Maunz-Dürig-Herzog-Scholz*, GG, Art. 64 Rdnr. 1.
[9] Näheres zu Art. 112 bei *Daerr*, Das Notbewilligungsrecht des Bundesministers der Finanzen, 1973; *Friauf*, in: Gedächtnisschr. F. Klein, 1978, S. 162; *BVerfGE* 45, 1 = JuS 1977, 758 Nr. 3; *Arndt*, JuS 1978, 19.

nungen ist ein Ablehnungsrecht des Bundespräsidenten nur deshalb ernsthaft zu erwägen, weil der Bundeskanzler immer noch die Möglichkeit hat, einen anderen Mann *seines Vertrauens* vorzuschlagen. Bei der *Entlassung* hingegen, um die es vorliegend nur geht, ist ein politisches Prüfungsrecht kaum diskutabel. Sonst könnte dem Bundeskanzler hier ein Minister aufgenötigt werden, zu dem er kein Vertrauen (mehr) hat. (Aus diesem Grunde würde der Bundespräsident die Entlassung übrigens auch dann nicht verweigern können, wenn „an sich" eine Umgehung des Art. 112 GG vorläge.)

929 Um derartige Fehlleistungen zu vermeiden, sei dringend empfohlen, auch den *Hausarbeitsfall zunächst klausurmäßig zu lösen.* Literatur und Entscheidungssammlungen sind erst anschließend und allein für vorher genau formulierte und durchdachte Einzelfragen heranzuziehen. Mit ihrer Hilfe ist die klausurmäßige Lösung dann jeweils fortzuentwickeln. Dabei sollte der nächsten Frage erst nachgegangen werden, *nachdem* die Ergebnisse der vorhergehenden Nachforschung voll und ganz in die bisherigen Überlegungen eingepaßt sind.[10]

II. Die Gedankenfolge

930 Sind mehrere Fragen gestellt, sollte der Bearbeiter versuchen, sie in der Reihenfolge zu durchdenken, in welcher der Sachverhalt sie bringt. Denn häufig baut die nachfolgende Frage auf der Beantwortung der vorherigen Frage auf. Innerhalb der einzelnen Fragen tastet sich der Bearbeiter am besten *ohne jede schablonenhafte Festlegung* nach den Regeln der Logik zur Lösung vor, gestützt auf ein von Kenntnissen getragenes Erfahrungswissen. Das Anliegen der ersten Teile dieser Anleitung war es, durch den Überblick über die typischen, immer wiederkehrenden Fallgestaltungen und ihre Probleme *hierfür* den Grund zu legen. Dem Anfänger seien immerhin noch einige Zusammenhänge bewußt gemacht, auf welche er bei der Denkarbeit zur Lösung mancher *verwaltungsrechtlicher Fälle im Verhältnis Bürger – Staat* aufbauen kann, wenn er sich der bereits dargestellten *Gefahren aller Schemata* und ihrer beschränkten Leistungsfähigkeit stets bewußt ist.[11]

931 *Beachte besonders:* Auch der nachfolgende Schematismus kann erst einsetzen, wenn die Fragestellung ganz präzise feststeht oder in der soeben geschilderten Weise festgelegt worden ist. *Beispiel:*[12] Eine Stadt hat auf dem Bahnhofsvorplatz einen Busbahnhof eingerichtet. Den Omnibusunternehmern will sie die Benutzung nur vertraglich gegen Entgelt gestatten. O fragt an, ob er dagegen gerichtlich vorgehen könne. – Sämtliche Bearbeiter dieser Examensklausur scheiterten daran, daß sie ihr Lösungsschema zu voreilig heranzogen. Trotz des bekannten Nebeneinander von Privatrecht und öffentlichem Recht im Recht der öffentlichen Sachen[13] suchten sie in Anwendung des Prozeßschemas (I. Zulässigkeit, II. Begründetheit einer Klage) nur *den* Rechtsweg gegen die

---

[10] Näheres bei *Brauer,* NJW 1955, 661 f.; *Hadding,* JuS 1977, 241.
[11] Lies nochmals Rdnrn. 11 ff.
[12] *Ridder-Schmidt,* JuS 1966, 240 (lesen!); vgl. jetzt auch *OVG Lüneburg,* E 23, 370.
[13] Rdnrn. 441 ff.

Absicht der Stadt. Es gab aber *zwei* Rechtswege: für die öffentlichen Fragen (Gemeingebrauch?) den Verwaltungsrechtsweg (Feststellungsklage), für die Frage eines privatrechtlichen Entgelts den Zivilrechtsweg (negative Feststellungsklage). Das Prozeßschema war hier erst brauchbar für die Einzelheiten *jedes* der beiden Rechtswege, welche *nebeneinander* zu beschreiten waren.

932   1. Methodisch gesehen sind am leichtesten Fälle zu bearbeiten, in denen nach der Fragestellung bereits *Klage erhoben und die Entscheidung des Gerichts zu entwerfen ist* (Frage etwa: „Wie wird das Verwaltungsgericht entscheiden?"). Das jetzt einschlägige Prozeßschema gibt eine gute Stütze für wesentliche Teile der Gedankengänge. Die Voraussetzungen der Zulässigkeit einer Klage sind katalogartig erfaßt.[14] Sind sie durchgeprüft, ergibt sich automatisch für die Begründetheit der Klage die in Zweifelsfällen wesentliche Festlegung, welcher der früher zusammengestellten Grundfälle vorliegt, ob es etwa um die Anfechtung eines Verwaltungsakts geht oder statt dessen um die Rechtmäßigkeit einer Norm, ob die Begründetheit eines geltend gemachten Anspruchs sich nach zivilrechtlichen oder nach öffentlichrechtlichen Normen bemißt, usw. Diese Weichen werden bei der Behandlung der Schemapunkte „Zulässigkeit des Rechtswegs" („öffentlichrechtliche oder privatrechtliche Streitigkeit"?) und „Richtiger Klage- oder Verfahrenstyp" (Anfechtungsklage = Verwaltungsakt; § 47 VwGO = Norm; Leistungsklage = Anspruch) gestellt.[15] Zur Begründetheit der Klage kann dann unvermittelt das „Schema" herangezogen werden, welches die materiellrechtlichen Probleme des einschlägigen Grundfalles beschreibt.

933   2. Sind mit der Fragestellung *nur materiellrechtliche Ausführungen* gefordert, gilt es, in den Vorüberlegungen (aber *nicht* in der Niederschrift!)[16] zunächst mit einer Frage nach der „Rechtsnatur der Beziehungen zwischen Bürger und Staat" den einschlägigen Grundfall zu ermitteln, *falls* überhaupt Zweifel bestehen. (Zumeist liegt auf der Hand, worum es geht.) Hier wird also das ermittelt, was sich im Prozeßschema automatisch ergibt: die Weichenstellung zu den einschlägigen Normen. Anschließend lassen sich die Einzelprobleme wiederum mit Hilfe des jeweiligen materiellrechtlichen Schemas durchdenken.

934   3. Sind *sowohl prozessuale als auch materiellrechtliche Ausführungen* gefordert, *ohne daß* bereits *Klage* erhoben ist (Beispiele: „Was kann X unternehmen?"; „Würde ein Rechtsmittel des X Erfolg haben?"; usw.), hat der Bearbeiter die Wahl, ob er sich über das Prozeßschema zur Lösung hintastet (soeben Rdnr. 932) oder ob er seine Überlegungen mit der materiellen Rechtslage beginnt (soeben Rdnr. 933) und sich erst anschließend über die prozessualen Möglichkeiten Gedanken macht. Immer hat

---

[14] Zusammenstellung Rdnr. 7.
[15] Vgl. auch schon Rdnr. 58.
[16] AaO.

er aber zu beachten: Bei den soeben unter Rdnrn. 932, 933 dargestellten Fallgestaltungen steht von vornherein fest, daß auch die Niederschrift im Aufbau etwa den gleichen Leitlinien folgen wird wie die Vorüberlegungen. Bei der jetzt behandelten Fallgestaltung kann die Niederschrift hingegen sowohl mit prozessualen als auch mit materiellrechtlichen Ausführungen beginnen.[17] Daher hat der Bearbeiter sich nach dem Erarbeiten der Lösung noch selbständig Gedanken darüber zu machen, welcher Aufbau im konkreten Falle zweckmäßiger ist (siehe nachfolgend Rdnr. 965f.). Auf diesem Hintergrund sollte der Bearbeiter sich bemühen, den Fall von Anfang an *sowohl* von einem prozessualen *als auch* von einem materiellrechtlichen Aufbau her zu durchdenken. Andernfalls legt er sich schon zu einem Zeitpunkt für einen bestimmten Aufbau der Niederschrift fest, in welchem er noch gar nicht entscheiden *kann*, ob gerade dieser Aufbau dem Fall wirklich adäquat ist.

III. Problemaufspaltung

935 Eines der wichtigsten Instrumente jeder wissenschaftlichen Arbeit und damit auch der Fallbearbeitung ist das Bestreben, die auftauchenden Fragen und Probleme zu untergliedern und damit aufzuspalten („divide et impera").

Gleicher *Beispielsfall* wie bei der Grundrechtsprüfung:[18] Würde ein Bundesgesetz gegen Grundrechte verstoßen, welches unter Strafandrohung mit sofortiger Wirkung jegliche „Ausreise" aus dem Bundesland X in andere Bundesländer und ins Ausland verböte, um angesichts der angespannten Lage am Arbeitsmarkt alle Arbeitskräfte im Lande X zu halten? – Die Bearbeiter dieses Falles kamen nicht einmal durchgehend darauf, daß in der früher[19] dargestellten Weise jedenfalls zwischen interner und externer Freizügigkeit unterschieden werden müsse, weil beide Bereiche durch verschiedene Grundrechte geschützt seien. Hinsichtlich der internen Freizügigkeit innerhalb des Bundesgebietes wurde die „Streitfrage" untersucht, ob Art. 11 GG oder Art. 12 GG einschlägig sei; immerhin gehe es um die Arbeitsaufnahme (Art. 12 GG) in einem anderen Bundeslande. Je danach, wie der einzelne Bearbeiter die Konkurrenz zwischen Art. 11 und Art. 12 GG sah, untersuchte er entweder nur Art. 11 GG oder nur Art. 12 GG. Kein Bearbeiter kam auf folgende sachgerechte Gliederung: I. Freizügigkeit der Bürger, welche zum Zwecke der Arbeitsaufnahme ausreisen. II. Freizügigkeit der Bürger, welche zu anderen Zwecken ausreisen. Für Gliederungspunkt I. ist die Konkurrenz zwischen Art. 11 und Art. 12 GG in der Tat erheblich. Gliederungspunkt II. hat völlig eigenständiges Gewicht. *Jedenfalls* in *seinem* Rahmen ist Art. 11 GG einschlägig.

IV. Das Eindringen in die Rechtsfragen

936 Bei den *rechtlichen Überlegungen* sollte u. a. beachtet werden:
1. *Rechtsfragen* und *Zweifel im Tatsächlichen* sind scharf auseinanderzuhalten.

---

[17] Rdnr. 13.
[18] Rdnr. 546.
[19] Rdnrn. 547f.

18*

Beispielsfall (Hausarbeit):[20] Der Polizeibeamte *P*, welcher bei einer Wirtshausschlägerei einschritt und durch Messerstiche verletzt wurde, forderte den an der Schlägerei unbeteiligten Bauern *B* auf, an der Verfolgung des Messerstechers teilzunehmen und ihm diesen zu zeigen. Im Laufe der Verfolgung wurde auch *B* durch einen Messerstich verletzt. *B* fragt an, wer für die Kosten seiner Heilung aufzukommen habe.

Die Bearbeiter untersuchten den Rechtscharakter der Aufforderung. In ähnlichen Fällen hatten Literatur und Rechtsprechung teils einen privatrechtlichen Auftrag (Aufwendungsersatz), teils die polizeiliche Inanspruchnahme eines Nichtstörers durch Verfügung (Entschädigung[21]) angenommen.[22] Die Bearbeiter sahen darin eine *rechtliche* Streitfrage, wogen beides mit Rechtsausführungen gegeneinander ab und entschieden sich dann, zumeist unter Angabe vieler Zitate aus Literatur und Rechtsprechung, für eine Polizeiverfügung, weil man ein privatrechtliches Verhältnis nicht annehmen könne. Hierbei wurde das Nebeneinander von rechtlichen Schwierigkeiten und Schwierigkeiten im Tatsächlichen nicht erkannt: Wenn ein privatrechtlicher Auftrag (Vertrag) aus Rechtsgründen nicht möglich ist, so ist damit nicht gesagt, daß die Beteiligten nicht gleichwohl einen Vertragswillen gehabt haben könnten, sondern *P* einseitig einen Befehl (Verfügung) erteilt haben müßte, wie die Bearbeiter ohne weiteres annahmen. Als dritte Möglichkeit im Tatsächlichen könnte *P* auch nur eine Bitte geäußert haben. Die Rechtsprechung konnte den Bearbeitern nur dazu dienen, die mit den verschiedenen tatsächlichen Möglichkeiten verbundenen Rechtsinstitute zu entwickeln (bei Vertragswillen heute *öffentlichrechtlicher* Vertrag). Zur *tatsächlichen* Frage, unter welches der in Betracht kommenden drei Rechtsinstitute der konkrete Sachverhalt zu subsumieren war, gaben Literatur und Rechtsprechung nichts her. Geradezu unsinnig war es also, wenn die Entscheidung, im *vorliegenden* Falle handele es sich um eine Polizeiverfügung, mit Zitaten belegt wurde.[23]

937   2. Der Bearbeiter muß sich über die rechtliche Bedeutung *aller* tatsächlichen Angaben im Sachverhalt Gedanken machen. Denn aus dem Bestreben heraus, die Aufgabe möglichst knapp zu formulieren, nimmt der Aufgabensteller (zumeist) nur Mitteilungen in den Sachverhalt auf, welche für die Lösung wesentlich sind. Auf Rechtsansichten der Parteien des Sachverhalts[24] muß der Bearbeiter an geeigneter Stelle auch dann (ganz kurz) eingehen, wenn sie (wie zumeist) irrig sind. Denn die Aufgabe des Juristen, der um einen Rat gebeten wird, kann es nicht sein, ex cathedra zu sprechen: er muß die Parteien überzeugen.[25]

938   3. Die *einschlägigen Rechtsvorschriften* müssen sorgfältig ermittelt werden.[26] *Unbekannte Vorschriften* sind *sinnvoll* auszudeuten und in das Rechtssystem einzupassen.

---

[20] Vgl. *RG*, JW 1914, 676 Nr. 4. S. zum Fall auch schon Rdnr. 406.

[21] Rdnr. 403.

[22] Überblick z. B. bei *Ender*, Der Staatsbürger als Helfer der Polizei, 1959.

[23] Nur der Vollständigkeit halber sei erwähnt, daß es auf die von den Bearbeitern angeschnittene Frage nicht in ihrer ganzen Breite ankommt. Wie in Rdnr. 406 schon ausgeführt wurde, ist *B* gem. § 539 I Nr. 9b, c RVO unfallversichert. Damit sind alle nach *gesetzlichen* Vorschriften in Betracht kommenden Ansprüche des *B* gem. § 116 SGB X (*früher* § 1542 RVO) schon im Zeitpunkt der Verletzung auf den Versicherungsträger übergegangen.

[24] Zu ihrer Behandlung in der Fallbeschreibung eingehender *Diederichsen*, BGB-Klausur, S. 182f.

[25] So *K. Müller*, Öffentliches Recht, S. 104.

[26] Technische Ratschläge zum Auffinden unbekannter Gesetze und Gesetzesmaterialien bei *Tettinger*, JuS 1979, 258.

Beispiel:[27] Die Behörde hat *X* die Fahrerlaubnis entzogen. *X* hält das für rechtswidrig. Sein Widerspruch hat aber keinen Erfolg. Er fragt an, was er jetzt unternehmen könne. – Viele Bearbeiter entdeckten § 4 I 2 StVG, wo es heißt: ,,Die Fahrerlaubnis erlischt mit der Entziehung." Daraufhin nahmen sie durchweg an: weil die alte Fahrerlaubnis erloschen sei, müsse *X* *Verpflichtungsklage* auf Erteilung einer neuen Fahrerlaubnis erheben. Das war falsch. Denn § 4 I 2 StVG ist natürlich in die herkömmlichen Grundsätze des Verwaltungs-(prozeß-)rechts eingebettet: Solange die Entziehung der Fahrerlaubnis nicht unanfechtbar geworden ist, kann sie vom Gericht aufgehoben werden. Das erstrebt *X* mit der *Anfechtungsklage.* Nach der Aufhebung besteht die *alte* Fahrerlaubnis fort.

939 4. Bei allem sind in einer Hausarbeit *Literatur und Rechtsprechung* so weitgehend heranzuziehen, daß die Lösung umfassend in den Meinungsstand eingepaßt, belegt und gegen abweichende Ansichten abgesichert werden kann (= *wissenschaftliche* Fallbearbeitung).[28] Den *Zugang* zum jeweiligen Meinungsstand eröffnen die einschlägigen *Kommentare* und *Lehrbücher,* im Verwaltungsrecht besonders die Lehrbücher von *Wolff-Bachof* (Verwaltungsrecht I, II und III). Vor allem zur Ermittlung des jeweils neuesten Standes seien insbesondere auch die Benutzung der *NJW-Fundhefte* und der *NJW-Leitsatzkartei* empfohlen. Die Rechtsprechung des *BVerfG* ist vollständig und besonders gut zugänglich in einer vom Gericht herausgegebenen, nach den Artikeln des Grundgesetzes geordneten Loseblattausgabe.[29] (Wichtiges) Pendant dazu sind ,,*Buchholz,* Sammel- und Nachschlagewerk der Rechtsprechung des BVerwG" und ,,*Lindenmaier-Möhring,* Rechtsprechung des BGH". Damit auch die allerneueste Entwicklung einbezogen wird, sind zusätzlich die letzten Nummern der Fachzeitschriften durchzusehen. Daß der Bearbeiter Literatur und Rechtsprechung nicht planlos durchforsten darf (Gefahr des Festlesens), sondern exakt formulierte Fragestellungen zu verfolgen hat, wurde bereits an anderer Stelle[30] ausgeführt.

940 Wie ebenfalls schon früher[31] angedeutet wurde, ist eine der Grundvoraussetzungen für das Gelingen der wissenschaftlichen Hausarbeit die Fähigkeit des Studenten, Literatur und Rechtsprechung eigenständig zu analysieren. Wer sie nicht beherrscht oder sich mit den ,,Leitsätzen"[32] einer Entscheidung begnügt, macht Fehler wie diesen: Gem. § 24 I Nr. 2a LadenschlußG (*Sartorius* Nr. 805) war ein Ladenbesitzer mit einem Bußgeld belegt worden, weil er in einer Zeitungsannonce angekündigt hatte, er werde sein Geschäft außerhalb der Ladenschlußzeiten des § 3 LadenschlußG offenhalten. Das Offenhalten ist eine strafbare Ordnungswidrigkeit. Die vorhergehende Annonce ist

---

[27] S. zum Fall auch schon Rdnr. 49.
[28] Näheres Rdnr. 901.
[29] Nicht zu verwechseln mit der Amtlichen Sammlung der Entscheidungen des *BVerfG (BVerfGE),* welche die Entscheidungen in zeitlicher Reihenfolge und nicht vollständig abdruckt.
[30] Rdnr. 925.
[31] Rdnr. 24.
[32] Zur Funktion von Leitsätzen s. *Rethorn,* Kodifikationsgerechte Rechtsprechung, 1979.

straffreier (vgl. § 13 II OWiG) Versuch oder gar nur straffreie Vorbereitungshandlung der Ordnungswidrigkeit. Gleichwohl hielten viele Studenten den (alleine gegen die Annonce gerichteten) Bußgeldbescheid für rechtmäßig. Sie beriefen sich darauf, daß der *BGH* ausgeführt habe: ,,Die Werbung mit dem Satz: ,wenn Sie bis 18.29 Uhr unser Haus betreten haben, können sie noch in aller Ruhe, ohne jede Hetze, einkaufen', verstößt gegen § 3 LadenschlußG und gegen § 1 UWG" (NJW 1972, 1469, Leitsatz[33]). Diese Studenten ließen unbeachtet, daß die zitierte Entscheidung im Kontext mit § 1 UWG und nicht im Kontext mit einem Bußgeldbescheid steht. Ein Sittenverstoß i. S. des § 1 UWG mag in der Tat bereits in der Werbung und nicht erst im eigentlichen Offenhalten des Geschäftes liegen. Im Bußgeldverfahren kommt es aber eben auf das Offenhalten selbst an.

941   5. Gehobene Bearbeitungen gelingen mitunter nur mit *juristischer Phantasie* und *souveräner* Stoffbeherrschung.

Beispiel: Dem Hauseigentümer *H* ist baupolizeilich aufgegeben worden, einen Schornstein abreißen zu lassen, weil dieser auf eine Hauptgeschäftsstraße abzustürzen drohe. Im anschließenden Widerspruchsverfahren stellt ein mit der Ortsbesichtigung beauftragter Sachverständiger fest, der Schornstein sei so brüchig, daß er ,,beim geringsten Luftzug umfallen könne". Ohne einen Widerspruchsbescheid zu erlassen, beauftragt die Behörde daraufhin einen Unternehmer mit dem Abriß und stellt *H* nur noch die Kosten in Rechnung. – Die meisten Bearbeiter hielten die ,,Vollstreckung der Abbruchverfügung" für rechtswidrig und *H* also nicht für verpflichtet, die Kosten dieser ,,Ersatzvornahme" zu erstatten,[34] weil die Verfügung noch nicht unanfechtbar gewesen sei. Andere Bearbeiter sahen im Abreißen wenigstens einen konkluden Widerspruchsbescheid, verbunden mit der konkludenten Anordnung der sofortigen Vollziehung gem. § 80 II Nr. 4 VwGO. Niemand kam darauf, daß die Behörde wegen der Aktualisierung der Gefahr den zunächst eingeschlagenen herkömmlichen Weg verlassen hatte und nunmehr über die ,,unmittelbare Ausführung"[35] vorgegangen war.

942   6. Für die Auseinandersetzung mit *Streitfragen* und zur Möglichkeit, der *höchstrichterlichen Rechtsprechung* eine gehobene Bedeutung beizumessen, kann auf frühere Ausführungen[36] verwiesen werden.

V. Lücken und Unklarheiten im Sachverhalt

943   Wie sich schon zeigte,[37] kann das tiefere Eindringen in die Rechtsfragen noch *Lücken und Unklarheiten* des Sachverhalts aufdecken.

Das Problem ist nicht auf die Fallbearbeitung in der Universitätsübung und im Referendarexamen beschränkt, sondern tritt besonders in der Praxis auf. Es muß für Übungsarbeiten aber speziell gelöst werden. Das Verwaltungsgericht darf nicht entscheiden, solange aufklärbare Zweifel über tatsächliche Gegebenheiten bestehen, welche entscheidungserheblich sind.[38] Notfalls ist eine bereits geschlossene mündliche Verhandlung

---

[33] Auf gleicher Linie *BGH*, NJW 1972, 1469.
[34] Zur Ersatzvornahme s. bereits Rdnr. 151.
[35] Vgl. Rdnrn. 157, 158.
[36] Rdnr. 28.
[37] Soeben in Beispielsfall Rdnr. 936.
[38] Näheres, auch zum Verfahren der Beweiserhebung, bei *J. Martens*, JuS 1973, 619 ff.

wiederzueröffnen. Sobald in der Praxis Unklarheiten im Tatsächlichen auftreten, werden deshalb alle denkbaren tatsächlichen Möglichkeiten nacheinander rechtlich durchgespielt (Alternativerörterung), damit man feststellen kann, ob für die Entscheidung noch nähere tatsächliche Aufklärungen erforderlich sind oder ob auf sie verzichtet werden kann, weil alle tatsächlichen Möglichkeiten zum gleichen Ergebnis führen. Dieses Verfahren wäre in der Übungsarbeit undurchführbar. Der Sachverhalt ist zumeist stark komprimiert. *Notwendigerweise* entstehen *viele* Lücken, wenn etwa der Tatbestand eines längeren Urteils zu einer möglichst kurzen Examensaufgabe umgestaltet wird. Der Verfasser einer solchen Aufgabe läßt alles das fort, was nach der *Lebenserfahrung* selbstverständlich und nach *seinen Lösungsvorstellungen* unerheblich ist.

944 1. Auf diesem Hintergrund ist die häufige und oft recht zornige Kritik vieler Bearbeiter an dem angeblich unzureichenden Sachverhalt zumeist verfehlt: Der Bearbeiter kann ohne weiteres „*davon ausgehen*", das „*unterstellen*", was der *Lebenserfahrung* entspricht, solange er nicht in Spekulationen verfällt (Sachverhaltsergänzung).[39]

945 Es wurde bereits angedeutet,[40] daß dementsprechend Formerfordernisse, Zuständigkeitsvorschriften und Fristen gewahrt sind, wenn der Sachverhalt insoweit keine näheren Angaben macht. Im schon mehrfach erwähnten *Schulhausfall*[41] (Bäume wurden im Wege unmittelbaren Zwanges gefällt) war es daher auch verfehlt, wenn die meisten Bearbeiter das Zwangsmittel schon deshalb für rechtswidrig hielten, weil der Sachverhalt nicht angebe, daß es vorher angedroht gewesen sei. Damit unterstellten sie fälschlich etwas *gegen* die Lebenserfahrung. Es mußte davon ausgegangen werden, die Androhung sei (routinemäßig) erfolgt.

Um einer Alternativerörterung (siehe sogleich unter Rdnr. 940) auszuweichen, dürfte es auch wohl noch vertretbar sein (Grenzfall), im soeben erwähnten *Beispielsfall* (Messerstecher)[42] davon auszugehen, *B* habe die „Aufforderung" des Polizisten wegen der Gefährlichkeit des Unternehmens und wegen der besonderen Situation (Kneipe) dem (ausschlaggebenden[43]) objektiven Erklärungswert nach lediglich als „Bitte" verstanden.

946 2. Die Sachverhaltsauslegung darf nicht dazu mißbraucht werden, *einfache Zusammenhänge zu komplizieren.*

Beispiel:[44] Nach dem Sachverhalt einer Examenshausarbeit hatte die Behörde dem Konditor *K* gestattet, auf dem Bürgersteig Tische und Stühle aufzustellen. Der Bearbeiter nahm an, durch diese Gestattung seien die entsprechenden Teile des Bürgersteigs entwidmet worden. Die Entwidmung sei aber rechtswidrig, weil der Sachverhalt nicht erkennen lasse, daß gewissen Bekanntmachungsvorschriften Genüge getan sei. – Natürlich sind die Verkehrsflächen nach dem objektiven Erklärungswert der Gestattung *nicht* entwidmet worden: Bei Regenwetter und im Winter, wenn die Tische und Stühle

---

[39] S. dazu auch *Diederichsen,* BGB-Klausur, S. 19.
[40] Rdnrn. 73 ff., 510 ff.
[41] Eben Rdnr. 915.
[42] Rdnr. 936.
[43] Rdnr. 57.
[44] S. zum Fall auch schon Rdnr. 441.

fehlen, benutzen die Fußgänger den Bürgersteig nach wie vor in voller Breite. *K* ist vielmehr eine Sondernutzung eingeräumt worden. Aber davon sei einmal abgesehen. Die Darstellung des Examenskandidaten ist das typische Beispiel für einen immer wiederkehrenden Fehler:

947   Besteht Unklarheit darüber, welcher von mehreren Handlungsformen sich die Behörde bedient hat, nehmen die Bearbeiter vielfach an, gerade *die* Handlungsform liege vor, welche sich im weiteren Verlauf der Untersuchungen als *rechtswidrig* erweist. Zwar muß man in der Tat scharf zwischen Handlungs*form* und Rechtmäßigkeit dieses Handelns unterscheiden.[45] *Wenn* aber mehrere Handlungsformen zur Auswahl standen, hat die Behörde im Zweifel *die* Form gewählt, deren Rechtmäßigkeitsvoraussetzungen *vorliegen*.

948   3. Anders als in der Praxis sind *Alternativerörterungen* in der Übungsarbeit erst zulässig, jetzt aber regelmäßig auch geboten (Gutachten[46]), wenn *tatsächliche* (!) Umstände *ernsthaft* zweifelhaft sind.[47] Jede Unterstellung zugunsten einer der in Betracht kommenden Möglichkeiten wäre nunmehr willkürlich. Nur falls eine nähere Aufklärung des Sachverhalts von vornherein nicht *denkbar* ist, muß die Alternativ*lösung* auch jetzt unterbleiben: Die Aufgabe ist nach den Grundsätzen über die Verteilung der Beweislast[48] zu lösen. Vor jeder Alternativerörterung sollte man sorgfältig überprüfen, ob die bisherigen Überlegungen Fehler enthalten. Denn dem Verfasser der Aufgabe schwebte offenbar ein anderer Lösungsweg vor. Sonst hätte er den Sachverhalt vollständiger oder eindeutiger gefaßt.

949   Als *Beispiel* für eine Alternativerörterung diene der erwähnte[49] Zementwagen-Fall mit folgender Ergänzung: Als der Eigentümer *E* des Zements von dem Unfall hört, gibt er sein Eigentum auf. – Anhand dieses Falles pflegt erörtert zu werden, ob ein polizeipflichtiger Eigentümer sich seiner Zustandshaftung durch Dereliktion entziehen kann.[50] Möglicherweise war *E* im Zeitpunkt der Dereliktion aber schon nicht mehr Eigentümer. *Wenn* sich das „massive Hindernis" mit dem Grund und Boden fest verbunden hatte, wofür bei gehöriger Schwere die Schwerkraft ausreichen würde,[51] war der Zement nämlich bereits mit dem Abbinden gemäß § 946 i. V. mit § 94 I BGB[52]

---

[45] Rdnr. 57.

[46] Zum Wesen des Gutachtens insoweit s. Rdnr. 962.

[47] Ähnlich *Vogel,* Verwaltungsrechtsfall, S. 36f.; *E. Schneider,* Strafrechtliche Klausuren und Hausarbeiten, 2. Aufl. (1963), S. 7; *Tettinger,* JuS 1982, 359. Zu weitgehend *Geerds,* JuS 1961, 363f.

[48] Zu ihnen s. z. B. *Ule,* Verwaltungsprozeßrecht, § 50; *Berg,* JuS 1977, 23.

[49] Rdnr. 906.

[50] S. *Martens,* in: *Drews-Wacke-Vogel, Martens,* Bd. 2, S. 206f.; Klausurfall mit Dereliktion auch bei *Finkelnburg,* JuS 1965, 498. Der *Handlungsstörer* kann sich so mit Sicherheit nicht von seiner Polizeipflicht befreien; vgl. *Uhlig,* DÖV 1962, 335; *Hurst,* DVBl 1963, 805.

[51] So z. B. *Palandt-Heinrichs,* BGB, § 94 Anm. 2a.

[52] § 95 BGB steht nicht entgegen, weil nach ihm nur *willentlich* zu einem vorübergehenden Zweck verbundene Gegenstände nicht wesentliche Bestandteile des Grundstücks werden.

als wesentlicher Bestandteil in das Eigentum des Grundstücks-/Bachinhabers übergegangen. Auch dann war zunächst eine Zustandshaftung des *E* eingetreten, weil die konkrete *Gefahr* einer Überschwemmung auch schon vor dem Abbinden bestanden hatte. Das Problem wäre jetzt aber, ob ein *gesetzlicher* Eigentumsverlust die Zustandshaftung beendet. Der Sachverhalt enthält keine ausreichend sicheren Angaben über die Festigkeit der Verbindung des Zements mit dem Boden. Man könnte jetzt die Mitteilung des Sachverhalts „*E* gibt sein Eigentum am Zement auf" als Stellungnahme zur materiellrechtlichen Eigentumslage auslegen und schließen: Wenn *E* sein Eigentum danach noch aufgegeben habe, so könne es ihm nicht schon vorher kraft Gesetzes verlorengegangen sein; die Verbindung sei also nicht ausreichend fest gewesen. Das erscheint aber gewagt. Der Satz kann ebensogut – ohne jede derartige Stellungnahme zur objektiven Eigentumslage – nur bedeuten, *E* habe die gemäß § 959 BGB für eine Eigentumsaufgabe (an sich) erforderlichen Handlungen vorgenommen. Folgt man dieser letzten Auslegung, so ist die Lösung alternativ zu bringen für die beiden Fälle: a) Eigentumsaufgabe durch Dereliktion; b) die Dereliktion ging ins Leere, weil vorher schon ein gesetzlicher Eigentumsverlust eingetreten war.

950 Verhältnismäßig günstig steht der Bearbeiter da, wenn sich herausstellt, daß alle tatsächlichen Möglichkeiten zum gleichen Ergebnis führen. „Auffällig" und kompliziert wird seine Lösung aber, wenn er für jede Alternative zu unterschiedlichen Ergebnissen kommt. Weil kein Urteil, sondern ein Gutachten zu liefern ist, darf die Alternativlösung indessen auch jetzt nicht beanstandet werden. Als Ergebnis stellt der Gutachter jetzt fest, daß noch eine nähere Sachaufklärung erforderlich sei, bevor der Fall endgültig entschieden werden könne.

§ 49. Planung der Darstellung

I. Stoffauswahl und Schwerpunktbildung

955 Die Niederschrift hat sich auf das Wesentliche zu konzentrieren. Deshalb muß der Bearbeiter sorgfältig abwägen, *welche seiner Überlegungen er in sie aufnimmt und wie er Schwerpunkte*[1] *bildet.*

Das wird übrigens in vielen „Musterlösungen" nicht beachtet. Durch das Bestreben, den Leser erschöpfend aufzuklären, erreichen sie solche Längen, daß schon allein die reine Schreibarbeit nicht in der Zeit zu schaffen wäre, welche für eine Klausur zur Verfügung steht.

956 1. Vor allem folgende Verzeichnungen sind zu vermeiden:

a) Wie schon wiederholt betont wurde, ist es verfehlt, das Klipp-Klapp der Schemata Punkt für Punkt zu Papier zu bringen. Nur die Punkte dürfen abgehandelt werden, welche ernsthaft zweifelhaft oder unerläßlich sind, um den Gedankengang abzurunden.

957 b) Die Bearbeiter räumen zumeist den Fragen den breitesten Platz ein, über die sich ohne größere Mühen viel schreiben läßt. Das sind in den

---

[1] Zur *unerläßlichen* Schwerpunktbildung s. auch *Diederichsen,* BGB-Klausur, S. 98 ff.

Klausuren prozessuale und formelle Fragen sowie Einzelpunkte, zu denen ein Bearbeiter (zufällig) gerade besonders viel weiß. In den Hausarbeiten gehören dazu außerdem die in Literatur und Rechtsprechung ausführlich erörterten Dinge. Auch so ergibt sich keine sinnvolle Schwerpunktbildung. Die *eigentlichen* Probleme des Falles liegen oft gerade auch in Fragen, die *eigenes* Nachdenken erfordern.

958   c) Psychologisch verständlich, aber falsch ist es, dem Mitteilungsbedürfnis Raum zu geben: Der Bearbeiter darf nicht um jeden Preis Wissen zeigen und Lesefrüchte ausbreiten, sondern er muß in *möglichst knapper* Darstellung den Fall lösen. Die Probleme einer Hausarbeit brauchen nicht in Fragen zu liegen, welche dem Bearbeiter nur deshalb so viel Mühe machten, weil gerade *er* die an sich ohne weiteres vorausgesetzten Rechtskenntnisse (noch) nicht hatte. Um Eindeutiges von Zweifelhaftem zu scheiden, ist ein sicheres Judiz wichtig.

> Judiz hat z. B. nicht, wer langatmig untersucht, ob die Badeanstalt „Anstalt" oder die Ablehnung einer Genehmigung Verwaltungsakt ist.

959   d) Weitere Arbeiten werden schließlich verzeichnet, weil ihre Bearbeiter von dem offenbar unerschütterlichen Glauben besessen sind, „das" Problem der Arbeit müsse unbedingt immer eine Streitfrage sein. Sobald nur irgendwo zu einer Randfrage entgegengesetzte Meinungen ersichtlich werden, wird auf die Auseinandersetzung mit ihnen der Schwerpunkt der Arbeit verlagert. Es sei eindringlich davor gewarnt, Streitfragen in dieser Weise überzubewerten.[2] Viel häufiger liegt „das" Problem etwa in der systemgerechten, sauberen Anwendung bekannter Vorschriften und Rechtsgrundsätze, im scharfen Auseinanderhalten ähnlicher Rechtsinstitute, im Auffinden und richtigen Anwenden einer versteckten Vorschrift oder nur in der richtigen Aufnahme des Sachverhalts und in der interessengerechten Aufhellung einer unklaren Fragestellung.

960   e) Als Faustregel läßt sich zusammenfassen: Entgegen ständiger Übung selbst in Examensarbeiten darf der Bearbeiter die Schwerpunkte seiner Darstellung jedenfalls nicht auf die Punkte legen, zu denen er selbst nicht die geringsten Zweifel hat. Denn es geht nicht um „l'art pour l'art", sondern um die Lösung eines *konkreten Falles.*

961   2. Für die positive Entscheidung, was in die Darstellung aufzunehmen ist und welche Schwerpunkte gebildet werden sollen, sind insbesondere folgende Gesichtspunkte beachtlich:

a) Der Bearbeiter hat zunächst einmal alles darzustellen, was zur Begründung seines Lösungsvorschlags unerläßlich ist. Gibt es mehrere Gründe für sein Ergebnis, empfiehlt es sich zumeist, die Lösung „auf mehrere Beine zu stellen", wie es in der Praxis auch üblich ist. Das wurde

---

[2] S. zum Zusammenhang auch schon Rdnrn. 26 f.

bereits früher an Beispielen gezeigt.[3] Vermag der Leser einer Begründung nicht zuzustimmen, läßt er sich vielleicht von der zweiten Begründung überzeugen. Die Schwerpunkte der Darstellung sind auf die zentralen Fragen zu legen. Randfragen sind kürzer abzutun.[4]

962 b) Der Bearbeiter hat stets ein Gutachten zu liefern, kein Urteil.[5] Über die Gründe hinausgehend, welche seinen Entscheidungsvorschlag tragen, muß er daher auch andere Lösungsmöglichkeiten (z. B. Anspruchsgrundlagen) erörtern und deutlich machen, warum er ihnen nicht folgt. Denn nur so wird dem eigentlichen Zweck eines Gutachtens entsprochen, eine *fremde* Endscheidung (eines Gerichts, Rechtsanwalts usw.) vorzubereiten: Auch der fremde Entscheidungsträger steht vor der Frage, wie er sich zu den anderen Lösungswegen stellen soll; das Gutachten muß ihm insoweit Entscheidungshilfe geben. Ob Lösungen, welche der Bearbeiter im Endergebnis ablehnt, knapp oder breiter darzustellen sind, hängt davon ab, wieweit sie *ernsthaft* in Betracht kommen. Ist eine andere Lösungsmöglichkeit eindeutig abgeschnitten, genügt es, nur den hierfür auf jeden Fall durchschlagenden Grund offenzulegen. Der Bearbeiter *darf* den Leser nicht (in dem Bestreben, möglichst viel zu schreiben) durch alle möglichen Einzelpunkte hindurchquälen, welche *gegeben* seien, um ihn erst ganz am Schluß darauf hinzuweisen, auf das alles komme es *mit Sicherheit* nicht an.[6] Läßt sich hingegen darüber streiten, ob der andere Lösungsweg nicht vielleicht doch der vom Bearbeiter vorgeschlagenen Lösung vorzuziehen ist, muß er mit allen Voraussetzungen eingehend durchgeprüft werden, bevor der Bearbeiter ihn schließlich ablehnt: Ein Gutachten soll die endgültige Entscheidung gerade auch noch für den Fall vorbereiten, daß – etwa in der Beratung eines Kollegialgerichts – dem Entscheidungsvorschlag des Gutachters nicht gefolgt wird.

963 *Beispielsfall:*[7] Eine Gefängnisverwaltung hält zur Bewachung des Gefängnisses einen Hund, der beim geringsten Anlaß bellt. Hierdurch wird der Privatgelehrte *G* bei der Arbeit und in der Nachtruhe gestört. Er wendet sich deshalb an den Stadtdirektor *S* mit der Bitte, gegen das Gefängnis polizeilich einzuschreiten. *S* lehnt das ab. *G* fragt an, ob er mit Erfolg gegen den Bescheid des *S* vorgehen könne oder welche Möglichkeiten er sonst habe.

Alle Bearbeiter untersuchten ausführlich Zulässigkeit und Begründetheit einer Verpflichtungsklage gegen die Stadt. Große Schwierigkeiten tauchten u. a. auf zur Frage eines Anspruchs auf polizeiliches Einschreiten.[8] Nachdem die Bearbeiter alles zugun-

---

[3] Rdnrn. 123, 307.

[4] Beispiele Rdnr. 141 sowie nachfolgend Rdnr. 963.

[5] Zum Unterschied s. etwa *Schuegraf*, BayVBl 1968, 110.

[6] Demgemäß werden in der Prüfung häufig Strafrechtsarbeiten beanstandet, in denen Tatbestände von vorne bis hinten durchgeprüft werden, obgleich sich später bei den „Konkurrenzen" herausstellt, daß *zweifelsfrei* Gesetzeskonkurrenz vorliegt. Gegen diese Methode auch *Berg*, Referendarexamen, S. 100f. m. Hinweis auf Ausnahmefälle in Fußn. 14.

[7] S. zu ihm auch schon Rdnr. 336.

[8] S. dazu Rdnrn. 240ff.

sten des G entschieden hatten, wiesen sie dann ganz zum Schluß darauf hin: Gleichwohl habe G *keinen* Anspruch gegen die Stadt auf polizeiliches Einschreiten; eine Behörde (Stadt) könne nicht hoheitlich gegen eine andere Behörde (Gefängnis = staatlich) vorgehen.[9] Als zweiter, *erfolgreicher* Weg bietet sich dem G ein Vorgehen direkt gegen die Gefängnisverwaltung an. Weil die Zeit nicht mehr reichte, streiften die Bearbeiter ihn allenfalls noch fragmentarisch.

Mit einem solchen Gutachten wäre dem G nicht gedient gewesen. In *erster* Linie mußte er erfahren, wie der *erfolgversprechende* Weg im einzelnen aussah (Zivilrechtsweg – Verwaltungsrechtsweg? § 1004 BGB? Öffentlichrechtlicher Abwehranspruch? Keine Notwendigkeit, einen ,,Kläffer" zu halten).[10] Das konnte in der Kürze der Zeit (Klausur) nur dann mit der nötigen Klarheit dargelegt werden, wenn man sich zum nicht erfolgversprechenden Weg auf die Darstellung der *tragenden* Gründe (kein polizeiliches Vorgehen gegen Hoheitsbehörden) beschränkte. Diese interessierten den G auch nur,[11] weil sie (wohl) ohne weiteres *durchschlagend* sind.

964   c) Falls ein Sachverhalt viele Probleme enthält, kann der Bearbeiter bei höchstrichterlich geklärten Fragen Arbeitskraft und Raum sparen, um sich auf die noch ungeklärten Probleme zu konzentrieren. Einzelheiten hierzu wurden bereits an anderer Stelle dargestellt.[12]

II. Aufbau

965   Abschließend hat der Bearbeiter vor der Niederschrift noch zu überlegen, wie die Erörterungen aufgebaut werden sollen. Auch die Niederschrift sollte nach Möglichkeit die Reihenfolge der Fragen so beibehalten, wie sie der Sachverhalt bringt. Denn zumeist hat der Aufgabensteller die verschiedenen Fragen organisch auseinander entwickelt.

966   Sind prozessuale Ausführungen verlangt, *muß* mit ihnen begonnen werden, falls Klage erhoben ist. Spielt der Fall hingegen im vorprozessualen Stadium, hat der Bearbeiter nach darstellungstechnischen Gründen der Zweckmäßigkeit zu entscheiden, ob er sie vor oder erst nach den Ausführungen zur materiellen Rechtslage bringt.[13] Häufig hängen jetzt allerdings Klagegegner, Klageziel und/oder Klageart vom Ausgang der materiellen Überlegungen ab. Dann ist es organisch, die materiellrechtlichen Ausführungen voranzustellen. Für den Aufbau einzelner Teile der Darstellung können die früher entwickelten Schemata Hinweise geben.

---

[9] *Martens*, in: *Drews-Wacke-Vogel-Martens*, Bd. 2, S. 125 ff. Dieses Bedenken trifft in einem von *Maurer*, JuS 1972, 330, besprochenen Parallelfall (Streit um ,,ruhestörendes" kirchliches Glockengeläut) nicht zu. Deshalb war es *dort* zutreffend, wenn die Bearbeiter den Anspruch eines Bürgers auf polizeiliches Einschreiten in den Vordergrund stellten.
[10] Zu allem Rdnrn. 336 ff.
[11] In der *Zivilrechts*klausur sollte man *(nicht realisierbare!)* Ansprüche gegen einen *unbekannten* Dieb getrost kurz abtun; so auch *Berg*, SuP 1958, 89 ff., 91.
[12] Rdnr. 28, sowie bei *Schwerdtfeger*, JuS 1967, 315 (mit Beispielen); JuS 1969, 476 f.
[13] S. soeben Rdnr. 934.

§ 50. Niederschrift

971 Die wichtigsten *Formalien* der Niederschrift sind im *Anhang*[1] zusammengestellt. Hier werden einige besonders wichtige *sachliche* Hinweise gegeben. Ergänzend sollten die Darstellungen von *Diederichsen* zur BGB-Klausur herangezogen werden,[2] besonders seine Ausführungen zur Technik der juristischen Argumentation[3] und zum juristischen Stil.[4]

I. Den Leser führen

972 Die Lösung wird für einen *fremden* Leser niedergeschrieben. Dieser muß *geführt* werden. Das sollte *nicht* geschehen durch lange Begründungen des Verfassers zu seinem eigenen Aufbau und schon gar nicht durch die nichtssagende, aber unerträglich oft gebrauchte „Es ist zu prüfen"-Formel (*Wieso* ist zu prüfen?). Es reicht, daß der Verfasser seine Gedanken *logisch* und *durchsichtig* entfaltet.

II. Kein übertriebener „Gutachtenstil"

973 Fast allgemein wird in der Ausbildungsliteratur und in mündlichen Fallanleitungen gefordert, es müsse in einem fragenden, suchenden (und damit schwerfälligen) „Gutachtenstil" geschrieben werden, nicht in dem kurzen und bestimmten „Urteilsstil".[5] Das führt die Studenten zumeist in das Mißverständnis, sie müßten jetzt praktisch jeden Gedanken im – von den Prüfern immer wieder beanstandeten – „könnte"-Stil darstellen und sogar (in einer Examensklausur) etwa schreiben: „Es ist fraglich, ob sich der Kläger vor dem Verwaltungsgericht durch einen Rechtsanwalt vertreten lassen kann." Derartige Formulierungen rufen beim Prüfer den Eindruck hervor, der Verfasser sei schon in den selbstverständlichsten Dingen unsicher. Deshalb sei eindringlich empfohlen, weniger wichtige und unproblematische Dinge im Urteilsstil darzustellen. Dieses Erfordernis wird übrigens gerade auch von den Anleitungen ausdrücklich hervorgehoben, welche den Gutachtenstil propagieren.[6] Nur für die Schwerpunkte der Arbeit kommt also der Gutachtenstil in Betracht. Wem es aber nicht gelingt, ihn sprachlich einwandfrei ohne zu viele „könnte" und

---

[1] Rdnrn. 980 ff.
[2] *Diederichsen*, BGB-Klausur, S. 93 ff. Speziell zur *Hausarbeit* s. insoweit: v. *Münch*, Übungsfälle, S. 36 ff.; *Vogel*, Verwaltungsrechtliche Hausarbeit, S. 11 ff.
[3] S. 158 ff.
[4] S. 196 ff.
[5] Zum Unterschied lies z. B. *Brauer-Schneider*, Der Zivilrechtsfall in Prüfung und Praxis, 5. Aufl. (1970), § 3; *Diederichsen*, BGB-Klausur, S. 166 f.
[6] So z. B. *Vogel*, Verwaltungsrechtsfall, S. 15; *Brauer-Schneider*, S. 14, 19; *Diederichsen*, S. 167.

ohne jedes „Es ist zu prüfen" zu schreiben, oder wem er auf die Dauer zu breit wird, der möge den Mut haben, getrost auch hier in den leichteren und kürzeren Urteilsstil zu verfallen. Mancher Leser wird es sehr zu danken wissen. Daß ein strenger Gutachtenstil unbedingt einzuhalten sei, steht in keiner Prüfungsordnung und ergibt sich auch nicht aus dem Wesen eines Gutachtens. Der Gutachtenstil spiegelt die *Denkarbeit* zu jeder Einzelfrage in der Reihenfolge wider (vom Aufwerfen der Frage bis zur Antwort), in welcher sie sich vor *jeder* juristischen Niederschrift, also auch vor einem Urteil, vollziehen muß. Wie gezeigt wurde, ist aber auch die Niederschrift eines Gutachtens erst das *Ergebnis* aller Denkarbeit. Ebensowenig wie eine Niederschrift die Abwege widerspiegeln darf, auf denen sich der Bearbeiter bei seiner Denkarbeit befand, braucht sie die verwertbare Denkarbeit in genau der gleichen Form wiederzugeben, in welcher sie im einzelnen abgelaufen ist. Für den Anfänger ist das Schreiben im Gutachtenstil zwar besonders nützlich, weil er so noch einmal selbst kontrollieren kann, ob seine Überlegungen lückenlos und folgerichtig waren. Dem Fortgeschrittenen sollte diese gleichsam mechanische Selbstkontrolle aber nicht mehr aufgezwungen werden. Auch die Höflichkeit gegenüber dem juristisch geschulten Leser, der seine Nachprüfungen seinerseits wieder im „Gutachtenstil" vollzieht, gebietet nicht das Schreiben in diesem Stil. Denn der Leser ist es gewohnt, selbst im Urteilsstil zu schreiben und seine Gedanken somit laufend vom einen in den anderen Stil zu transformieren. Unbedingt nötig ist es nur, daß das Gutachten, welches die eigentliche Entscheidung ja nur *vorbereitet,* im *großen* tastend und abwägend gefaßt wird.

III. Begründungen und Zitate

974   Es ist selbstverständlich, daß sich der Bearbeiter um Begründungen bemühen muß. *Sie* machen den Wert der Arbeit aus, nicht das (nach *subjektiver* Ansicht des Korrektors „richtige" oder „vertretbare") Ergebnis.[7] Begründungen werden insbesondere nicht ersetzt durch Übertreibungen wie „offenbar", „natürlich", „selbstverständlich", „in keiner Weise" usw. Solche Übertreibungen offenbaren zumeist einen Selbstbetrug: Der Bearbeiter nimmt sich seine eigene Unsicherheit in einer Frage, welche ihm an sich höchst zweifelhaft ist. Er entzieht sich vorzeitig rationaler juristischer Argumentation. Auch Zitate ersetzen keine Begründung. Sie sind nur Belege. Darstellung und Fußnoten zusammengenommen müssen erkennen lassen, wie weitgehend die Ansicht des Verfassers in Literatur und Rechtsprechung geteilt wird, ob sich eventuell auch

---

[7] Demgemäß sollten die Korrekturassistenten von der Unsitte Abschied nehmen, nur die *Ergebnisse* mit „r", „f" oder „vertretbar" abzuhaken.

abweichende Ansichten finden. Denn der Leser erwartet ein *Gutachten*, mit dessen Hilfe er die Rechtslage *real einschätzen* kann.[8] Diese Anforderungen sind nicht erfüllt, wenn der Bearbeiter eine wichtige Weichenstellung mit lediglich *einem* Zitat belegt und sich über alles andere ausschweigt (= ständiger Fehler). Das ist eine klausurartige Darstellung, aber kein *wissenschaftliches* Gutachten. Wenn von einer „*herrschenden*" Ansicht gesprochen wird, sind umfassende Belege erforderlich. Wer (wie es häufig geschieht) für die *nicht* herrschende Gegenansicht mehr Stimmen zitiert als für die h. M., ruft schon rein äußerlich die Kritik herbei, *wonach* er eigentlich *bemesse*, was herrschend sei. Weil insoweit eindeutige Maßstäbe nicht vorhanden sind und erhebliche Gefahren der Manipulation bestehen, sollte das Wort „h. M." ohnehin nur spärlich verwendet werden. Für weitere Einzelheiten zur Zitierweise wird auf die Zusammenstellung in Rdnrn. 985 f. verwiesen.

IV. Erörterung von Streitfragen

975 Streitfragen sind – wenn es auf sie wirklich ankommt – nicht in aufzählendem Aneinanderreihen der verschiedenen Ansichten darzustellen, an welche die eigene Meinung dann nur angehängt wird. Zumindest sind Gruppen zu bilden, in denen sachlich verwandte Meinungen zusammengefaßt werden.[9] Am flüssigsten ist es oft, wenn der Bearbeiter seine eigene Meinung wie einen roten Faden von Anfang an durchblicken läßt und die abweichenden Meinungen dann jeweils sogleich an ihr mißt.

---

[8] Dazu auch schon Rdnr. 901.
[9] Näheres bei *Vogel*, Verwaltungsrechtliche Hausarbeit, S. 16; *Stein*, Staatsrecht, § 31 II.

Anhang
Formalien einer Hausarbeit

980 *I. Kopf*

Name, Vorname, Semesterzahl, Anschrift des Bearbeiters, im Zeitalter des Numerus clausus auch Matrikelnummer.

II. Text der Aufgabe

981 *III. Abkürzungsverzeichnis*

Es dürfen nur sinnvolle und gebräuchliche Abkürzungen gewählt werden *(BVerfGE, NJW, JuS, BTag, BReg. usw.)*. Worte der Umgangssprache sollten im Text nicht abgekürzt werden. Über die üblichen Abkürzungen in rechtswissenschaftlichen Abhandlungen informiert *Kirchner*, Abkürzungsverzeichnis der Rechtssprache, 3. Aufl., 1983 *(benutzen!)*.
In kleineren Arbeiten (Anfängerübung) braucht häufig kein Abkürzungsverzeichnis angefertigt zu werden.

982 *IV. Literaturverzeichnis*

1) Das Literaturverzeichnis ist *keine* Bibliographie zum Thema und soll auch nicht die (angebliche) Belesenheit des Autors kundtun, sondern darf *nur* die in den späteren Ausführungen *zitierten* Abhandlungen enthalten.

Durch die bibliographisch saubere und vollständige Aufnahme der Titel ins Literaturverzeichnis wird der Leser in den Stand versetzt, die (in den Fußnoten zum Text nur verkürzt zitierten) Abhandlungen in der Bibliothek aufzufinden, wenn er sie nachlesen will.

2) Die Titel sind nach den Autoren in *alphabetischer* Reihenfolge aufzuführen.

Mitunter wird eine Untergliederung in Monographien, Aufsätze, Kommentare usw. empfohlen. Sie erschwert das Auffinden der in den Fußnoten zitierten Abhandlungen im Literaturverzeichnis und sollte daher nicht praktiziert werden.

3) Je ein Beispiel für die Aufnahme der wichtigsten Literaturgattungen ins Literaturverzeichnis:

– *Monographien/Lehrbücher/Kommentare*
   Hesse, Konrad: Grundzüge des Verfassungsrechts der Bundesrepublik

Deutschland, 13. Aufl., Karlsruhe 1982 (der *Erscheinungsort* darf auch fortgelassen werden).
Maunz, Theodor; Dürig, Günter; Herzog, Roman; Scholz, Rupert: Grundgesetz, 3. Aufl., 1968 ff. (Loseblattausgabe)

– *Dissertationen*

Dürig, Günter: Die konstanten Voraussetzungen des Begriffs „Öffentliches Interesse", Diss. jur. München 1949

– *Zeitschriftenaufsätze*

Lüke, Gerhard: Der Streitgegenstand im Verwaltungsprozeß, JuS 1967, 1.

– *Festschriftenbeiträge*

Ehmke, Horst: „Staat" und „Gesellschaft" als verfassungstheoretisches Problem, in: Festgabe für *Rudolf Smend*, 1962, S. 23.

– *Beiträge zu Sammelbänden*

Ipsen, Hans Peter: Gleichheit, in: *Neumann-Nipperdey-Scheuner* (Herausgeber), Die Grundrechte, Zweiter Band, 1954, S. 111.

– *Urteilsanmerkungen*

Battis, Ulrich: Anmerkung zu BVerwG, Urt. v. 6. 2. 1975 (II C 68/73), NJW 1975, 1143.

Professoren- und Doktortitel sind also nicht mit aufzunehmen. Denn in einer wissenschaftlichen Arbeit geht es nicht um Autoritäten, sondern um Argumente.

983 4) *Nicht selbständig* ins Literaturverzeichnis gehören z. B.:
– Entscheidungen
– Entscheidungssammlungen
– Zeitschriften
– Sammelbände
– Gesetzblätter
– Gesetzesmaterialien

984 ## V. *Gliederung*

1) Die Gliederung sollte einerseits bis in die umfassenderen Untergliederungen des Gedankenganges hinabreichen, andererseits aber nicht zu perfektionistisch sein.

2) Zwei Gliederungsmuster stehen zur Auswahl:

Herkömmliches Muster	*Numerisches System*
I.	1. ....
1)	1.1. ....
a)	1.1.1. ....
b)	1.1.2. ....
2)	1.2. ....
a)	1.2.1. ....

```
      b) .......        1.2.2. .......
      c) .......        1.2.3.  .......
 II.    .......        2.       .......
   1)   .......        2.1.     .......
   2)   .......        2.2.       .......
```

Beachte (ständiger Fehler!): „Wer a) (oder 1) sagt, muß auch b) (oder 2) sagen". Ist neben a) für b) keine sachliche Substanz vorhanden, gehört der Gedanke aus a) bereits in den „höheren" Gliederungspunkt.

3) Hinter jedem Gliederungspunkt ist die Zahl der Seite anzugeben, auf der er im Text beginnt.

985 VI. Text

1) Zunächst gelten die früheren Ausführungen zur Gestaltung des Textes (insbes. Rdnrn. 971 ff.) auch hier.

2) Die Seiten des Textes sind durchlaufend zu numerieren.

3) Die *Haupt*gliederungsüberschriften sind im Text zu wiederholen. Sie müssen wortgetreu mit der Gliederung übereinstimmen.

4) *Wörtliche Zitate* dürfen im Text nur auftauchen, wenn es auf den genauen Wortlaut ankommt. Sie sind kenntlich zu machen (nicht mit fremden Federn schmücken!).

5) Bei Gesetzesparagraphen ist der einschlägige Absatz anzugeben (Art. 2 I GG, nicht nur Art. 2 GG).

986 6) *Nachweise in den Fußnoten* dienen *nicht* der pseudowissenschaftlichen Garnierung von Selbstverständlichkeiten oder Dingen, die bereits im Gesetz stehen. Sie sollen Aussagen des Verfassers belegen, an deren Verifizierung oder Vertiefung der Leser interessiert sein könnte. Im einzelnen ist zu beachten:

– die Fußnoten müssen klar erkennen lassen, in welcher Weise sie die Textaussage belegen („*ebenso*", „*auf gleicher Linie*", „*a.A.*", „*zusammenfassend*"). „Vgl." sollte nicht benutzt werden, weil der Leser so nicht erfährt, *was* er genau vergleichen soll.

– Fußnoten ersetzen nicht die eigene Begründung des Verfassers im Text.

– Sachaussagen gehören in der Regel in den Text, nicht in die Fußnoten.

– Die Belege sind jeweils sorgfältig auszuwählen. Sie sind besonders auf *Leit*entscheidungen und auf die *Primär*literatur zu konzentrieren, nicht auf Sekundärliteratur, welche lediglich die Erkenntnisse *anderer* Autoren übernimmt.

– Es darf keine Literatur zitiert werden, welche nicht nachgelesen worden ist (Blindzitate).

– Als Beleg für die *herrschende* Meinung genügt nicht nur ein einziger Nachweis. Auch die abweichende Ansicht ist zu bezeichnen.

– Literatur *und* Rechtsprechung sind zu berücksichtigen.

– Ältere Meinungsäußerungen dürfen nicht so dargestellt werden, als sei ihr Verfasser an der gegenwärtigen Diskussion beteiligt. Vielleicht würde er seine Ansicht in Kenntnis der Fortschritte, welche die wissenschaftliche Behandlung des Themas inzwischen gemacht hat, gar nicht mehr aufrechterhalten.

- Entscheidungen sind möglichst aus den amtlichen Sammlungen *(BVerfGE 6, 32)* zu zitieren, nicht aus Zeitschriften *(BVerfG,* NJW 1957, 297).
- Fundstellen aus der JuS sind kein ausreichender Beleg für Entscheidungen, weil die JuS Urteile nicht im Original abgedruckt, sondern nur über sie berichtet.
- Entscheidungen des *Großen Senats* eines Gerichts sind als solche zu kennzeichnen *(BGHZ (GS)* 13, 92), weil ihnen naturgemäß eine *besondere* Bedeutung zukommt.
- Monographien, Kommentare, Lehrbücher usw. werden zweckmäßigerweise nur mit Verfasser, schlagwortartig zusammengefaßtem Titel und genauer Fundstelle zitiert:
  Hesse, Verfassungsrecht, Rdnr. 49.
  Dürig, Diss., S. 20.
- Hat ein Werk mehrere Verfasser, so ist der Verfasser anzugeben, der die benutzte Stelle geschrieben hat:
  Dürig, in: *Maunz-Dürig-Herzog-Scholz,* GG, Art. 2 I Rdnr. 3.
- Bei Zeitschriftenaufsätzen und Beiträgen zu Festschriften und Sammelbänden wird der Titel der Abhandlung in der Regel fortgelassen:
  Lüke, JuS 1967, 2.
  Ehmke, Festgabe für Smend, S. 23.
  Ipsen, Grundrechte II, S. 113.
- Es ist genau die Seite anzugeben, auf welcher der in Bezug genommene Gedanke steht.
- Bei Entscheidungen zitiert man häufig zusätzlich die Seite, auf welcher ihr Abdruck in der amtlichen Sammlung beginnt: *BVerfGE* 25, 371 (375).
- Was bereits klar im Gesetz steht, darf nicht durch Zitate aus der Literatur und Rechtsprechung belegt werden.
- Ein Zitat darf nicht so ungeschickt plaziert werden, daß der falsche Eindruck entsteht, der zitierte Autor oder die Rechtsprechung habe genau den zur Bearbeitung anliegenden Sachverhalt entschieden (Fehlerbeispiel: „*X* hat im Ausgangsfall keinen Anspruch gegen Z, so *BGH* aaO").

VII. Unterschrift

Paragraphenregister

(Die angegebenen Fundstellen beziehen sich auf die Randnummern)

Abfallbeseitigungsgesetz
§§ 20 ff.: 264
§ 22: 265

Abgabenordnung a. F.
§ 131 I 1: 85

Abgabenordnung n. F.
§ 227: 85

Allg. Sicherheits- u. Ordnungsgesetz Berlin
§§ 27 ff.: 310
§ 37: 404
§ 37 I Nr. 2: 409
§ 37 II: 403
§ 38 V 2: 404

Atomrechtliche Verfahrensverordnung
§ 7 I 2: 265

Ausländergesetz
§ 2 II Nr. 1: 728, 911
§ 6 II: 61, 69, 84, 85, 89, 91, 104, 105
§ 20 II: 73
§ 20 III: 73
§ 23: 76

Baden-Württembergisches Polizeigesetz
§ 43: 322

Bayerisches Polizeiaufgabengesetz
Art. 24: 310
Art. 25 ff.: 311
Art. 49 II: 409

Beamtenrechtsrahmengesetz
§ 126: 349

Beamtenversorgungsgesetz
§ 49 I: 325

§ 52 II: 326
§ 52 II 2: 332

Berliner Verordnung zur Durchführung des Verwaltungsverfahrensgesetzes
§ 4 II: 263

Bremisches Polizeigesetz
§ 52: 404

Bürgerliches Gesetzbuch
§ 12: 337
§§ 21 ff.: 675
§ 31: 360, 387
§ 39 II: 573, 578
§ 40: 676
§ 54: 675
§ 89: 360, 387
§ 94 I: 949
§ 95: 949
§§ 119 ff.: 306
§ 133: 77
§ 134: 304
§ 139: 206, 294
§ 241: 642
§ 249: 353
§ 254: 356, 413
§ 254 I: 342
§ 254 II: 425
§§ 275 ff.: 343
§ 305: 642
§ 306: 304
§§ 320 ff.: 298, 343, 347
§ 323: 642
§ 323 I: 642
§ 323 III: 642
§ 326: 344
§§ 398 ff.: 63
§ 426: 140
§ 434: 642
§ 440 I: 642
§§ 677 ff.: 316, 320
§ 677: 319
§ 678: 320
§ 679: 321

§§ 688 ff.: 312
§ 688: 311
§ 781: 740
§§ 812 ff.: 326, 329, 333
§ 812: 642
§ 812 I 2: 330
§ 818 III: 332, 333
§ 818 IV: 332
§ 819 I: 332
§§ 823 ff.: 347, 387, 388
§ 823: 352, 359, 360
§ 823 I: 345
§ 823 II: 235, 312
§ 831: 354, 360
§ 839: 345, 347, 350, 352, 353, 354, 359, 360, 404
§ 839 I: 392
§ 839 I 2: 347, 352, 355, 360
§ 839 II: 354
§ 839 III: 356, 404
§ 847: 406
§ 858: 642
§ 859: 649
§ 862: 337, 340, 475, 476, 642
§ 863: 642
§ 906: 341
§ 906 II 2: 341, 402
§ 946: 949
§ 959: 949
§ 967: 311, 319
§ 1004: 337, 340, 475, 476, 642, 963
§ 1004 I: 337, 461, 650, 652
§ 1004 I 2: 340
§ 1004 II: 341, 642, 645, 648
§ 1666: 141

Bundesbahngesetz
§ 36: 264

Bundesbaugesetz
§ 1: 526
§ 1 VI: 528, 532

§ 1 VII: 528, 532
§ 2 I: 524, 793
§ 9 VIII: 527
§ 10: 521
§ 12: 340
§§ 24 ff.: 57
§ 24 IV 1: 57
§ 28 a: 57
§ 31: 55
§ 31 II: 176, 188
§ 31 II Nr. 1–3: 188
§ 34: 620
§ 35: 285, 304
§ 35 I: 235
§ 35 II: 292
§ 35 III: 300
§ 35 III Nr. 3: 297
§ 36: 55
§ 36 I: 292
§ 36 II: 292
§ 39 f: 431
§ 85: 403
§ 102: 335
§ 110: 291
§ 123 I: 338
§ 123 III: 291
§§ 127 ff.: 299
§ 127 II Nr. 1: 338
§ 135 V: 299
§ 155 a I: 530
§ 155 b II: 530
§ 155 b II 2: 529

Bundesbeamtengesetz
§ 6 I: 278
§ 6 II 1: 354
§ 7 I Nr. 2: 661, 662
§ 26: 92
§ 78: 352
§ 87 II: 326
§ 172: 349

Bundesbesoldungsgesetz
§ 12 II: 326

Bundesfernstraßengesetz
§ 5 II f.: 470
§ 5 II: 470
§ 5 III: 470
§ 6: 469, 470, 471
§ 7: 463
§ 7 I 3: 464
§ 8: 463, 471
§ 8 I: 462, 469, 470
§ 8 I 3: 470

§ 8 III: 462, 469
§ 8 VI: 472
§ 8 X: 462, 471
§ 8 a: 463
§ 8 a IV: 403
§ 8 a V: 403
§ 9 II: 55
§ 9 III: 55
§ 9 VIII: 55
§§ 17 ff.: 264
§ 18: 265
§ 24 III: 469

Bundeshaushaltsordnung
§ 44 a: 214, 326, 330
§ 44 a I: 214, 330, 331
§ 44 a II: 330, 332

Bundes-Immissions-
schutzgesetz
§ 3 I: 131
§§ 4 ff.: 265
§ 4 I: 265
§ 10: 265
§ 10 III 3: 265
§ 13. 265
§ 14: 265
§ 17: 265
§ 19: 265
§ 21 I Nr. 1: 203
§ 42: 341, 403
§ 50: 528, 532

4. Bundes-Immissions-
schutzgesetz-Verordnung
§ 2 Nr. 30: 265

Bundeskindergeldgesetz
§ 24: 784

Bundeslaufbahnverord-
nung
§ 9 III Nr. 3: 914
§ 12 IV Nr. 3: 277

Bundes-Seuchengesetz
§ 10: 125
§§ 51 ff.: 401, 402, 403
§ 51 I Nr. 3: 412

Bundesverfassungsge-
richtsgesetz
§ 13 Nr. 3: 739
§ 13 Nr. 5: 716, 732, 911
§ 13 Nr. 6: 799, 911

§ 13 Nr. 7: 799
§ 13 Nr. 8: 799
§ 31: 486
§§ 43 ff.: 663, 666
§ 48: 739
§§ 63 ff.: 716, 728, 732, 911
§ 63: 732
§ 67: 911
§§ 68 ff.: 799
§§ 71 ff.: 799, 831
§§ 76 ff.: 484, 728, 911
§ 76: 799, 911
§ 78: 911
§ 79 II 2: 155
§§ 90 ff.: 483, 606
§ 90 I: 609, 610
§ 90 II: 612, 614
§ 91: 800
§ 93 a: 616
§ 93 a II: 616
§ 93 a III: 616
§ 95 III: 609

Bundeswahlgesetz
§ 5: 735
§ 6: 735
§ 6 III: 735
§ 12 I Nr. 2: 738
§ 12 II: 738
§ 41: 739
§ 45: 739
§ 46 I Nr. 1: 739
§ 46 I Nr. 5: 743
§ 46 III: 742
§ 47 I Nr. 1: 739
§ 47 III: 739
§ 49: 739

Bundeswahlordnung
§ 14: 739
§ 56 VI: 739

Einführungsgesetz zum
Gerichtsverfassungsgesetz
§§ 23 ff.: 144
§ 23 I: 65
§ 23 II: 193

Einführungsgesetz zum
Strafgesetzbuch
Art. 3: 163
Art. 289: 163

Energiewirtschaftsgesetz
§ 6: 444

EWG-Vertrag
Art. 177 II: 846
Art. 189 I: 841
Art. 189 II: 841, 842

Fluglärmgesetz
§ 1: 788

Gaststättengesetz
§ 4: 202
§ 15: 212, 215, 261
§ 16: 69
§ 21: 202, 204
§ 21 I: 206
§ 31: 201

Geschäftsordnung des
Bundesrates
§ 30: 728

Geschäftsordnung der
Bundesregierung
§ 1: 753
§ 9: 752
§ 9 I: 754
§ 15 I f.: 754

Geschäftsordnung des
Bundestages
§ 25: 745
§ 39: 745
§ 43: 745
§ 44 II: 745
§ 57 II: 740
§ 126: 745
§ 127: 746

Gewerbeordnung
§§ 14 ff.: 174
§ 15 II: 201
§ 33 a II: 175
§ 53: 212, 215
§ 53 II: 203
§ 58: 212, 215

Grundgesetz
Art. 1: 494, 622
Art. 1 I: 622, 623
Art. 1 I 2: 622
Art. 1 III: 301, 426, 569,
624, 644
Art. 2 I: 62, 176, 177, 187,
237, 238, 257, 340, 379,
516, 545, 547, 548, 552,

554, 555, 576, 608, 611,
615, 635 a
Art. 2 II: 238, 622, 635 b
Art. 3: 102, 532, 596, 597,
746
Art. 3 I: 102, 177, 185,
545, 561, 596, 597, 599,
600, 601, 627, 629, 632,
644, 840, 844
Art. 3 II: 599
Art. 3 III: 514, 599, 662
Art. 4: 579
Art. 4 III: 573, 574, 581
Art. 4 III 2: 550, 574
Art. 5: 89, 280, 555, 647,
662, 708
Art. 5 I: 89, 449, 473, 544,
550, 586, 588, 646
Art. 5 I 1: 642, 646, 649
Art. 5 I 2: 253, 678
Art. 5 I 3: 258
Art. 5 II: 89, 254, 550,
552, 584, 588, 650
Art. 5 III: 252, 544, 620,
767, 768
Art. 6: 911
Art. 6 I: 238, 382, 927
Art. 6 II: 141, 516
Art. 6 II 1: 257
Art. 7: 252, 253
Art. 7 IV: 621, 622
Art. 7 IV 1: 620, 623
Art. 8 I: 89, 382, 573, 574,
584, 588
Art. 8 II: 550, 551, 552
Art. 9 I: 573, 574
Art. 9 II: 494, 574, 663
Art. 9 III: 573, 578, 584,
591, 642, 646, 647, 649,
652
Art. 9 III 2: 678, 947
Art. 11: 547, 548, 554, 935
Art. 11 II: 551, 554
Art. 12: 513, 532, 556, 935
Art. 12 I: 177, 237, 238,
280, 382, 514, 547, 548,
558, 588, 591, 620, 621,
623, 629, 632, 635 ff., 662,
678
Art. 12 I 2: 550
Art. 12 a I: 581
Art. 13: 143, 382, 541
Art. 14: 408, 414 ff., 421,
431, 526, 550, 586, 587,
635 c, 636 ff., 646, 647

Art. 14 I: 176, 237, 238,
340, 380, 382, 579, 591,
620, 624, 636 ff.
Art. 14 I 1: 238, 335, 414,
421, 623, 624, 630, 632,
636 ff.
Art. 14 I 2: 419, 550, 624,
636 ff.
Art. 14 II: 423, 436 ff.
Art. 14 III: 238, 400, 414,
418, 419, 422, 636 ff.
Art. 15: 591
Art. 18: 128, 494
Art. 19 I 1: 502
Art. 19 I 2: 496, 550
Art. 19 II: 568, 569, 570,
571, 589, 790
Art. 19 III: 544, 635 a
Art. 19 IV: 85, 86, 251,
252, 253, 265, 305, 353,
483, 591, 720
Art. 20: 494
Art. 20 I: 128, 494, 701
Art. 20 II: 701
Art. 20 II 2: 494, 712,
721
Art. 20 III: 305, 717
Art. 21: 444, 663, 664,
666, 741, 743, 746
Art. 21 I: 473, 660, 679
Art. 21 I 3: 677, 678
Art. 21 II: 123, 494, 661,
663, 665, 666, 703
Art. 21 II 1: 663
Art. 21 II 2: 663
Art. 24: 844
Art. 24 I: 843
Art. 28 I: 128, 503, 507,
701
Art. 28 II: 524, 767, 788,
789, 790, 793, 800, 802,
804
Art. 30: 760, 783, 814
Art. 31: 503, 782
Art. 32: 813, 814, 815
Art. 32 I: 814
Art. 32 III: 814
Art. 33 I: 514
Art. 33 II: 599, 600, 662,
663, 665, 666
Art. 33 III: 662
Art. 33 IV: 252, 662
Art. 33 V: 252, 662, 663,
665, 666
Art. 34: 345, 347, 350,

352, 353, 354, 355, 357, 358, 392, 404
Art. 34 S. 2: 352
Art. 35 I: 751
Art. 37: 794
Art. 38: 746
Art. 38 I 1: 599, 668, 677, 736, 738
Art. 38 I 2: 734, 740, 741, 743, 746
Art. 38 II: 599, 738
Art. 38 III: 737
Art. 40 I 2: 745
Art. 41 I: 739
Art. 41 II: 739, 749
Art. 43 II 2: 746
Art. 44: 748
Art. 46 ff.: 740
Art. 46 I: 740
Art. 46 II: 739, 740
Art. 48 II: 738
Art. 48 III: 740
Art. 53 a I 2: 741
Art. 54 ff.: 707
Art. 55: 678
Art. 56: 725
Art. 59 I: 722, 812, 813, 826
Art. 59 II: 813, 815, 826
Art. 59 I 2: 815
Art. 60: 707
Art. 63 ff.: 710
Art. 63: 710, 752
Art. 63 II 2: 707, 708, 710, 722
Art. 64: 708, 752, 770, 928
Art. 64 I: 707, 710, 722
Art. 65: 718, 766
Art. 65 S. 1: 753
Art. 65 S. 2: 751, 753
Art. 65 S. 3: 754
Art. 67: 710
Art. 67 I: 718
Art. 70 ff.: 495
Art. 70 I: 776
Art. 72 I: 782, 828
Art. 72 II: 780
Art. 72 II Nr. 1–3: 780
Art. 73 ff.: 777, 804
Art. 73: 815
Art. 73 Nr. 1: 581, 815
Art. 74: 780
Art. 74 Nr. 1: 252, 389, 828
Art. 74 Nr. 22: 777

Art. 75: 780, 781
Art. 75 I: 782
Art. 76 ff.: 496
Art. 76 I: 771
Art. 77 III: 728
Art. 77 III 1: 728
Art. 77 IV 1: 728
Art. 78: 496, 728
Art. 79 I: 725
Art. 79 I 1: 493
Art. 79 II: 493
Art. 79 III: 128, 133, 494, 702
Art. 80: 69, 89, 507, 518, 522, 553, 801
Art. 80 I: 507
Art. 80 I 1: 507, 517
Art. 80 I 2: 507, 508, 522
Art. 80 I 3: 509
Art. 81: 497, 709
Art. 82: 725
Art. 82 I: 708, 722, 723, 724
Art. 83 ff.: 760, 783
Art. 83: 783, 784, 785
Art. 84: 786, 794, 799
Art. 84 I: 728, 786
Art. 84 II: 815
Art. 84 III 1: 792
Art. 84 IV: 799
Art. 85: 786, 794
Art. 85 II: 815
Art. 85 IV: 793
Art. 85 IV 1: 792
Art. 87 ff.: 784, 785
Art. 87 II: 784
Art. 87 III: 757, 770, 771, 784
Art. 87 III 2: 784
Art. 87 a I 1: 581
Art. 88: 767
Art. 90 II: 469, 793
Art. 91 a: 787
Art. 91 a I Nr. 1: 620
Art. 92: 720, 721
Art. 93 I Nr. 1: 607, 672, 716, 728, 732, 911
Art. 93 I Nr. 2: 484, 607, 712, 717, 728, 799, 911
Art. 93 I Nr. 3: 799
Art. 93 I Nr. 4: 799, 831
Art. 93 I Nr. 4 a: 483, 606, 610
Art. 93 I Nr. 4 b: 606, 800
Art. 95 II: 722

Art. 97 I: 721
Art. 100 I: 88, 482, 606, 615, 717, 847
Art. 101 I: 721
Art. 101 I 2: 544
Art. 103 I: 544
Art. 103 II: 500
Art. 104 a: 802
Art. 105: 804
Art. 105 I: 804
Art. 105 II: 804
Art. 105 a II: 804
Art. 106: 803, 804
Art. 106 I: 803, 805
Art. 106 II: 803, 805
Art. 106 III: 803, 805
Art. 106 V: 803
Art. 106 VI: 803
Art. 107 I: 803
Art. 107 II: 803
Art. 108 I: 805
Art. 108 II: 805
Art. 108 III: 805
Art. 108 IV 2: 806
Art. 112: 928
Art. 117: 491
Art. 123 I: 254
Art. 137 I: 738
Art. 140: 788

Güterkraftverkehrsgesetz
§ 23 III: 63

Hamburgisches Gesetz zum Schutz der öffentlichen Sicherheit und Ordnung
§ 1 II: 165
§ 3 I: 472
§ 7 I: 158

Hamburger Verfassung
Art. 23 a: 670

Handwerksordnung
§ 1 I: 558, 635
§ 46 II: 558, 635

Hessisches Gesetz über die öffentliche Sicherheit und Ordnung
§ 32: 322

Hochschulrahmengesetz
§§ 29 ff.: 506

Jugendwohlfahrtsgesetz
§ 12 I: 786

Ladenschlußgesetz
§ 3: 940
§ 3 I: 940
§ 23 I 1: 99, 188
§ 24 I Nr. 2 a: 940

Landbeschaffungsgesetz
§ 7: 265
§ 34: 265

*Landesverwaltungsgesetz
Schleswig-Holstein*
§ 67: 531
§ 126 III: 305
§ 204: 156
§ 205: 156

Luftverkehrsgesetz
§ 10: 265

Musterbauordnung
§ 93 I: 175

Niedersächsische Gemeindeordnung
§ 6 I: 488
§ 22 I: 175
§ 82: 451

Niedersächsische Juristenausbildungsordnung
§ 7: 21

Niedersächsisches Gesetz über die öffentliche Sicherheit und Ordnung
§ 42: 322

Nordrhein-Westfälisches Gemeindeordnung
§ 4 I 1: 523, 524

Nordrhein-Westfälische Ordnungsbehördengesetz
§ 41 I a: 403

Ordnungswidrigkeitengesetz
§ 1 I: 166
§ 2: 166
§ 10: 166
§ 11: 166

§ 13: 166
§ 13 II: 940
§ 14: 166
§ 15: 166
§ 53: 142
§ 53 II: 143
§§ 67 ff.: 164

Parteiengesetz
§ 2: 664
§ 3: 671
§ 5: 444
§ 5 I: 669, 670
§ 5 I 1: 668
§ 5 I 2: 669, 670
§ 5 I 3: 670
§ 10 IV: 676
§ 10 V: 674
§ 14: 674
§ 15 I: 676

Paßgesetz
§ 7: 176
§ 7 I a: 170, 172, 176, 182, 184, 222, 228, 229, 230, 244
§ 7 I d: 222, 228, 229, 230, 236, 244

Personenbeförderungsgesetz
§ 25: 212, 215
§ 30: 264

Postgesetz
§ 8: 444

Preußisches Allgemeines Landrecht
Einl. § 74: 408
Einl. § 75: 400, 408
§ 10 II 17: 130

Preußisches Polizeiverwaltungsgesetz
§ 33: 167
§ 33 II: 167
§ 42: 212
§ 55 IV 2: 162

Rabattgesetz
§ 6: 596, 598

Reichsversicherungsordnung
§ 539 Nr. 9 ff.: 406

§ 539 Nr. 9 b, c: 406, 936
§ 539 Nr. 14 b: 409
§ 547: 406
§ 655 I: 406
§ 655 II Nr. 3: 406
§ 1542 (alt): 406, 936

Sozialgerichtsgesetz
§ 51: 406

Sozialgesetzbuch
X § 116: 406, 936

Staatshaftungsgesetz (aufgehoben)
§ 3 I 2: 335

Strafgesetzbuch
§ 218: 622, 632
§ 263: 312

Strafprozeßordnung
§ 81 a: 142
§ 98: 142
§§ 102 ff.: 143
§ 102: 143
§ 105: 142
§ 163 I: 142

Straßenverkehrsgesetz
§ 2 II: 49, 310
§ 4: 49
§ 4 I 2: 938
§ 4 III: 49
§ 4 IV 2: 49
§ 7: 392
§ 24: 165

Straßenverkehrs-Ordnung
§ 32 I: 71
§ 33 I Nr. 2: 472
§ 33 I Nr. 3: 782
§ 44: 71
§ 46 I Nr. 9: 472

Straßenverkehrs-Zulassungs-Ordnung
§ 4 II: 49
§ 15 b: 49
§ 15 b III: 49
§ 31 a: 69

UWG (Gesetz gegen den unlauteren Wettbewerb)
§ 1: 940

Vereinsgesetz
§ 3 I: 663
§ 3 II: 663

Versammlungsgesetz
§ 14: 174
§ 15: 69, 125

Verwaltungsgerichtsordnung
§ 40: 7
§ 40 I: 4, 52, 251, 286, 432, 433
§ 40 I 1: 272
§ 40 II: 4, 8, 310, 313, 344, 432
§ 40 II 1: 349
§ 41: 7
§ 41 III: 7
§ 42: 251, 272
§ 42 I: 7, 42, 52, 191, 253
§ 42 II: 4, 7, 62, 63, 225, 227, 228, 229, 230, 231, 233, 251, 252, 253, 272, 610, 927
§ 43: 7, 65, 272, 483
§ 43 I: 111
§ 43 II: 272
§ 43 II 2: 65
§§ 45 ff.: 7
§ 47: 4, 7, 483, 612, 800, 932
§ 47 I Nr. 1: 483
§ 47 I Nr. 2: 483
§ 47 VII: 483
§ 50 I Nr. 1: 831
§ 52 Nr. 3 S. 3: 828
§ 57 I: 224
§ 58: 79
§ 58 II: 224
§ 58 II 1: 224
§ 60: 46
§ 61: 7
§ 62: 7
§ 67: 7
§§ 68 ff.: 7, 42, 50, 62, 261, 262, 904
§ 68 I: 904
§ 68 I 1: 96
§ 70: 44, 224
§ 70 I 1: 224
§ 74: 7, 62
§ 74 I: 44
§ 75: 191
§ 78: 7

§ 79 I Nr. 1: 904
§ 79 I Nr. 2: 192
§ 80: 44
§ 80 I: 232
§ 80 II Nr. 1–3: 152
§ 80 II Nr. 4: 152, 157, 941
§ 80 III: 152
§§ 81 ff.: 7
§ 86 III: 7
§ 90 II: 7
§ 111: 272
§ 113 I 1: 105, 141, 208, 227, 228
§ 113 I 2: 335
§ 113 I 4: 64
§ 113 III: 272
§ 113 IV 1: 173, 227, 233
§ 113 IV 2: 192, 208
§ 114: 94, 95, 96, 97, 98, 101, 107
§ 121: 7
§ 123: 232, 272
§ 183: 155

Verwaltungsverfahrensgesetz Berlin
§ 4 II: 263

Verwaltungsverfahrensgesetz des Bundes
§ 1 III: 2
§ 1 IV: 51
§ 3: 73
§§ 4 ff.: 338
§ 4 f.: 751
§ 7 I: 338
§§ 9 ff.: 74
§§ 10 ff.: 261
§ 32: 46, 80
§ 35: 43, 51
§ 35 S. 1: 53
§ 35 S. 2: 54, 461
§ 36: 202
§ 36 I: 202
§ 36 II: 202
§ 36 II Nr. 1: 201
§ 36 II Nr. 2: 201
§ 36 III: 202
§ 37: 76
§ 37 I: 77
§ 37 IV: 73
§ 38: 278, 287, 304
§ 38 II: 278
§ 38 III: 278

§ 39: 78
§ 39 I 2: 100
§ 39 I 3: 100
§ 39 II: 78
§ 40: 97
§ 41: 77, 224
§ 42: 215
§ 43: 224
§ 43 I: 77, 80
§ 43 I 2: 57
§ 43 II: 44, 64
§ 44: 43, 206, 304
§ 44 I: 80, 111, 203, 281
§ 44 II: 80, 111
§ 44 III: 111
§ 44 IV: 205, 206
§ 44 V: 111
§ 45 I: 80
§ 45 I Nr. 2: 78
§ 45 II: 78, 80
§ 45 III: 80
§ 46: 80
§ 47: 204
§ 47 IV: 204
§ 48: 212, 213
§ 48 I: 42, 44
§ 48 I 1: 47, 215, 216
§ 48 II: 75, 215, 216
§ 48 II 1: 216, 218
§ 48 II 2: 218
§ 48 II 3 Nr. 1–3: 218
§ 48 II 3 Nr. 2: 218
§ 48 II 3 Nr. 3: 331
§ 48 II 5: 326
§ 48 II 6: 326, 332
§ 48 II 8: 328
§ 48 III: 215, 219, 407
§ 48 IV: 214, 432
§ 48 VI: 407
§ 49: 212, 213, 214
§ 49 I: 44, 47
§ 49 II: 214
§ 49 II Nr. 1–5: 214
§ 49 II Nr. 1: 201, 203
§ 49 II Nr. 2: 201, 203, 204
§ 49 II Nr. 3–5: 214
§ 49 V: 214, 407
§ 51: 47
§§ 54 ff.: 290, 293, 296
§ 54: 288, 291, 298, 302
§ 54 S. 1: 298
§ 54 S. 2: 290, 295, 299
§ 55: 295, 296, 297
§ 56: 295, 296, 298, 302
§ 56 I 2: 302

§ 58: 292
§ 58 II: 292
§ 59: 293, 303, 305
§ 59 I: 304
§ 59 II: 295, 304
§ 59 II Nr. 1: 298, 304, 305
§ 59 II Nr. 3: 297
§ 59 II Nr. 4: 298
§ 59 III: 294, 302
§ 60 I 2: 305
§ 62: 306, 326
§§ 63 ff.: 261
§ 63 I: 262
§ 65: 262
§§ 67 ff.: 262
§ 68 III: 476
§ 70: 262, 263, 264
§§ 72 ff.: 261, 264
§ 72 I: 264
§ 73: 264
§ 73 II: 264
§ 74 I: 264
§ 75: 265
§ 75 I: 264
§ 75 II: 264

§§ 88 ff.: 74
§ 97 Nr. 1: 344
§ 101: 73

*Verwaltungsvollstrek-
kungsgesetz des Bundes*
§§ 1 ff.: 151
§§ 6 ff.: 151
§ 6 I: 152
§ 6 II: 157, 158
§ 9: 151
§ 10: 156
§ 12: 156
§ 13: 153
§ 13 III: 153
§ 14: 153
§ 15: 153
§ 18 I: 153
§ 18 I 3: 154
§ 18 II: 158

Wahlprüfungsgesetz
§ 1 I: 739
§ 2: 749
§ 3: 750

Wasserhaushaltsgesetz
§ 1 a III: 636
§ 2 I: 636
§ 3 I Nr. 6: 636

Weimarer Verfassung
Art. 137 III: 788
Art. 153: 636 a

Zivilprozeßordnung
§ 256: 674
§ 580: 47
§ 945: 232
§§ 1025 ff.: 674
§ 1027 a: 674
§ 1040: 674
§ 1041: 674

Zivilschutzgesetz
§ 2 I: 793
§ 7 III: 792

Zollgesetz
§ 8: 311

Sachverzeichnis

(Die Fundstellennachweise beziehen sich auf die Randnummern des Buches)

Abgabenhoheit der Gemeinden 524
- Spezialverleihung erforderlich 524
Abgeordnete, Erwerb/Verlust des Mandats 739
- Mandatsverzicht 740 ff.
- Mandatsverlust bei Parteiaustritt 740 Fn. 29
- allgemeine Rechtsstellung 740 Fn. 28
- Immunität 739 ff.
- Indemnität 740 ff.
- Entschädidung 740
- Redefreiheit 746
- siehe auch Wahl, Wahlanfechtung, Fraktionszwang
Abhörurteil 494
Abkürzungen in der Niederschrift 981
Abkürzungsverzeichnis, wann nötig? 981
Ablehnung eines Antrages als VA 172
- prozessual i. d. R. Verpflichtungsklage 172; 192
Abstrakte Gefahr, ausreichend für PolizeiVO 136
- Abgrenzung zur konkreten Gefahr 136; 511
Abstrakte Normenkontrolle 712; 730; 911
Abwägung s. Rechtsgüterabwägung
Abwägungsdefizit beim Ermessen 99
- bei der Gesetzgebung 498
- bei VO 514
- in der Bauleitplanung 528
Abwehranspruch, öffentlichrechtlicher
- bei faktischen Eingriffen 336 ff.; 963
- bei Immissionen 341
- öffentlichrechtliche/privatrechtliche Beziehungen? 337 f.
- Rechtsanalogie aus BGB?, Ableitung aus Grundrechten 337 ff.
- Verhältnis zum Folgenbeseitigungsanspruch 340
- als Unterlassungs- oder Beseitigungsanspruch 340
- Duldungspflicht 341 f.
Abwehranspruch, privatrechtlicher, Grundlagen im BGB 337; 642
- Konkurrenz zum Besitzstörungsanspruch 642
- Duldungspflicht 642; 648; 652

- Duldungspflicht bei Planfeststellungen 264 f.
- als Anspruch des Eigentümers im öffentlichen Sachenrecht 461; 474 ff.
- Duldungspflicht insoweit 461; 474 ff.
Änderung der Rechtslage, Bestandskraft eines VA 47
- Wiederaufnahmeanspruch 47
- Widerrufsgrund 214
- ungleich Änderung der Rspr. 47
Äquivalenzprinzip 531
Aktives Wahlrecht, für Auslandsdeutsche? 738
Allgemeiner Teil des Rechts 273
- Abhebung von der Analogie 273
- Anwendungsfall Erstattungsanspruch 333
Allgemeines Gesetz, Begriff 552; 583 f.
- als Schrankenvorbehalt i. S. Art. 5 II GG 550; 552
- als ungeschriebener Schrankenvorbehalt für sonstige Grundrechte 583 f.
Allgemeine Staatslehre, Argumentationsgefahren in der Fallbearbeitung 711 f.; 731
Allgemeinverfügung, Begriff 54
- Abgrenzung zur Norm 54
- Verkehrszeichen als – 54
- „dinglicher" VA als – 461
Allzuständigkeit der Gemeinde 522 f.
- erfaßt keine Abgabenhoheit 524
Ampelunfallentscheidungen 392; 424
Amt, verschiedene Begriffsinhalte 762
- subsidiär, zuletzt prüfen 352
- kompliziertes System öffentlichrechtlicher Deliktshaftung 350 ff.
- Haftungssystem bei öffentlichrechtlichem Tätigwerden 352 ff.
- Haftungssystem bei zivilrechtlichem Tätigwerden 358 ff.
- öffentlichrechtliches/privatrechtliches Handeln, Streitfrage Straßenunterhaltspflicht, Verkehrssicherungspflicht, Verkehrsregelungspflicht 351
- zwei Beamtenbegriffe 354
- privater Verwaltungshelfer als Beamter 354

– Spruchrichterprivileg 354 Fn. 41
– Funktionstheorie/Anstellungstheorie 357
– § 839 als lex speciales 352; 359
– Schadensabwendungspflicht 356; 404
– nur auf Geldersatz, Begründung 353
– Konkurrenz mit enteignungsgleichem Eingriff 401; 417
– legislatives Unrecht 352
– Regreßpflicht des Beamten 352
Amtshilfe 338
– für den Verfassungsschutz 338 Fn. 7
– zwischen Verfassungsorganen? 751
Analogie, Begriff 273
– Abhebung vom ungeschriebenen „allgemeinen Teil des Rechts" 273
– öffentlichrechtliche Analogien zum BGB? 273; 312
– Anwendungsfall Bereicherungsanspruch 333
Androhung als Maßnahme des Verwaltungszwanges 153
– Verwaltungsakt? 153
– Anfechtungsmöglichkeit 153
– als unverbindliche Ankündigung einer selbständigen Grundverfügung 156
Anfechtbarkeit im Unterschied zur Nichtigkeit 4; 43; 203
– bei Nebenbestimmungen 203; 208
Anfechtung s. Widerspruchsverfahren
Anfechtungsklage zur Beseitigung eines belastenden VA 42; 62 ff.
– Frist, Vorverfahren 42; 62
– Klagebefugnis (§ 42 Abs. 2 VwGO) s. dort
– eingeschränkte Ermessensüberprüfung 94
– Erledigung des VA/(Fortsetzungs)feststellungsklage 64
– Verhältnis zur Verpflichtungsklage 192
– Teilanfechtung 208
– gegen Drittbegünstigung 224
– gegen Androhung eines Zwangsmittels 153
– gegen nichtigen VA 65
– im besonderen Gewaltverhältnis 251
– gegen JustizVA 65
Anhörungsverfahren 265
Anliegerbeiträge, Anschluß und Benutzungsgebühren, Fälle 61; 285; 614
– Verzicht 285; 295
– vertragliche Regelung? 288
Anscheinsgefahr 134
Ansiedlungsvertrag, Fall 285; 344
Anspruch, als subjektives Recht 223

– öffentlichrechtlicher/privatrechtlicher Anspruch 270
– Leistungsklage/Verpflichtungsklage 272
– auf Baugenehmigung 175
– auf Benutzung der öffentlichen Einrichtungen der Gemeinde 175
– auf fehlerfreie Ermessensausübung 179; 186 f.; 240
– auf Gemeingebrauch? 473
– auf Passerteilung 178
– auf polizeiliches Einschreiten 240; 963
– auf Subvention 185
– s. ferner die Inhaltsübersicht des 3. Teiles
Anstalt 441 f.; 579; 758; 927
– Begriff, Abgrenzung zur Körperschaft 440
– rechtsfähige/nicht rechtsfähige A. 440; 758
– Zulassungsanspruch 443
– Zulassungsakt 453
– Sonderbenutzung 446
– Benutzer, Abgrenzungsfragen 183; 927
Anstaltszweck, als ungeschriebene Grenze des Benutzungsanspruchs 183; 254; 449 f.
– als ungeschriebene Grundrechtsgrenze? 254; 579
– s. a. besonderes Gewaltverhältnis
Anstellungstheorie 357
Antrag, als Voraussetzung eines begünstigenden VA 180
– Ablehnung, prozessuale Behandlung 191 f.
– unklarer – vor Gericht, Auslegungsmethode 912
Apothekenurteil 556
Arbeitsämter als Glieder der Bundesanstalt für Arbeit 784
Arglistige Täuschung bei öffentlichrechtlichem Vertrag 305
Argumentationstechnik, Hinweise 972 f.
– Trennung des Für und Wider 709
– doppelte Abstützungen 123; 307; 961
– Fragen dahinstehen lassen 541
– s. a. Auslegungsprinzipien, Verfassungsexegese
ASTA, „politisches Mandat" 276
Atomrechtliche Genehmigung, Drittschutz 238; 623 Fn. 14
Aufbau
– eigene Station der Denkarbeit 900; 934; 965 f.

– Reihenfolge der Fragen möglichst beibehalten 965
– Reihenfolge Prozessuales-Materiell-
rechtliches oder umgekehrt? 13; 934;
966
– von der speziellsten Norm ausgehen
731
– s. a. „Schema", „Schwerpunktbildung"; spezielle Aufbauhinweise finden sich im Text zu den einzelnen
Grundfällen
Aufforderung, Rechtsnatur, Fälle 49; 936
– als VA oder Bitte? 49; 936
– als Vertragsangebot? 936
– objektiver Erklärungswert entscheidend 945
Aufhebungsklage gem. § 1041 ZPO
(Schiedsspruch) 674
Auflage, öffentlichrechtliche, als Nebenbestimmung eines VA 200 f.; 208
– eigenständige Regelung 208
– eigene Durchsetzungsmöglichkeit 201
– Nichterfüllung als Widerrufsgrund
201, 214
– modifizierende Auflage 201; 208
– nachträgliche modifizierende Auflage
als Teilrücknahme 201 Fn. 5
– s. a. Nebenbestimmungen
Aufopferungsanspruch
– Wortlaut § 75 Einl. ALR 400
– nur für nicht vermögenswerte Rechtsgüter 408
– spezialgesetzlich geregelte Fälle 403
– Impfschaden 401; 403
– unechte Unfallversicherung (RVO)
406
– gewohnheitsrechtlicher Anspruch 408
– Sonderopfer, gewollter und gezielter
Eingriff oder unmittelbare Auswirkung 411, 412
– Mitverschulden des Geschädigten 413
Aufrechnung gegen Leistungsbescheid
151 Fn. 4
Aufsicht, Rechts-, Fach-, Kommunalaufsicht, Begriffe 792 f.
– über sonstige öffentlichrechtliche Körperschaften 760 Fn. 54
– als Über/Unterordnungsverhältnis 796
– des Bundes über die Länder, Fälle 791
– der Länder über die Gemeinden 791;
793; 800
– Aufsichtsmittel 794
– Anfechtungsmöglichkeiten 799 f.
Auftrag, privatrechtlich/öffentlichrecht-
lich? 936

Auftragssperre, Fall 50
Auftragsverwaltung als mittelbare Bun-
desverwaltung 764; 785
– Unterschied zur Selbstverwaltung 488
– Fachaufsicht 793
– Bundesautobahnen 793
– Bundesfernstraßen 469
Aufwendungsersatz, bei Verwahrung 312
– aus öffentlichrechtlicher GoA 314
Ausfertigung von Gesetzen 496
– Sinn 725
– Prüfungsrecht des BPräs. 708; 722 f.
Ausgestaltungsvorbehalt für Grundrech-
te 550
– geschriebener 549 f.
– ungeschriebener 573 f.
Ausländerrecht, Fall 61
– erhebliche Belange der Bundesrepublik
84; 89; 105
– Ausländergesetz als allgemeines Gesetz
i. S. v. Art. 5 II GG 89
– Demonstrationsfreiheit (Art. 8 GG)
nur für Deutsche 89
Auslegung einer Norm, Verhältnis zur
Subsumtion 84
– unbekannte Vorschriften in der Fallbe-
arbeitung 938
Auslegung eines Vertrages 307
Auslegung eines VA, objektiver Erklä-
rungswert 50; 57
– Prinzipien des § 133 BGB 77
– Beispiele 201; 307
Auslegung, verfassungskonforme, Begriff
90; 489
– Beispiele 90; 176
– klarer Wille des Gesetzgebers als
Grenze 90 Fn. 93
– Bindungswirkung verfassungskonfor-
mer Auslegung des BVerfG 486 Fn. 1
Auslegungsprinzipien s. „Analogie",
„Einheit der Verfassung", „Verfas-
sungsexegese"
Ausreisefreiheit 547
– Fall 546; 935
– Konkurrenz zu Art. 12 GG 935
Aussagepflicht von Zeugen und Sachver-
ständigen 262
Aussetzung/Art. 100 GG 482
– „schlichte" Aussetzung 482
Außenbereich (§ 35 BBauG) 285
Außenwerbung, innerhalb geschlossener
Ortschaften, Gesetzgebungskompe-
tenz, Fall 775
– außerhalb geschlossener Ortschaften
782

Ausschüsse 74
- s. a. „Parlamentsausschüsse"
Austauschmittel im Polizeirecht 141 Fn. 43
Austauschvertrag 296, 298
Ausweisung, sofortige Vollziehung 152 Fn. 7
Automatisierte Bescheide (EDV) 73 Fn. 38
Autonomie, Verleihung an Selbstverwaltungskörperschaften 488; 531

Baudispens, Wesen 176; 188
- Fall 202
Bauerlaubnis, Anspruch 175, 176
- ergeht unbeschadet privater Rechte 46 Fn. 10, 236
- Verhältnis zum Wegerecht 467; 469
- Nachbarklage 221 f.
Bauleitplanung 524; 530
- Verfahrensbedingungen 528 f.
- Abwägungsdefizit 529
- Gelsenkirchener Floatglasfall 521; 524; 526
- unbeplanter Bereich 620 Fn. 4
Baurecht, Abrißverfügung, Fall 61 Fn. 2
Beamtenrecht, Beamter im statusrechtlichen Sinne 354
- Gehorsamspflicht 276
- Verschwiegenheitspflicht 276
- Gehaltsansprüche 276; 914
- Rückzahlung überzahlter Bezüge 325
- Zusagen 277; 914
- Fürsorgepflichtverletzung des Staates, Schadensersatz 347
- Regreß im Amtshaftungsrecht 352
- sonstige Schadensersatzverpflichtungen gegenüber Dienstherrn 276
- hergebrachte Grundsätze des Berufsbeamtentums, Verhältnis zum Parteienprivileg 663
- s. a. Radikale im öffentlichen Dienst
Bebauungsplan 526; 530
- Normenkontrolle 483
- fehlende Begründung 527 Fn. 8
- Plangewährleistung 431
- s. a. Bauleitplanung
Bedingung s. „VA, bedingter"
Befehl als VA, Gebot, Verbot 41
Befristung s. „VA, befristeter"
Begründungspflicht, für VA 78
- Folgen fehlender Begründung 78
- für Bebauungsplan 527 Fn. 8
Behörden als Organe 761
- Abgrenzung zum Amtsbegriff 762

- Einrichtungskompetenz 770 f.; 786
Beitrag, Abgrenzung zu Steuer, Gebühr u. Sonderabgabe 531
Bekanntgabe eines VA 77; 80; 224
Belästigung und Polizeirecht 131
Beleidigung, amtliche 340; 353
Beliehener Privater als Träger öffentlicher Verwaltung 51; 759 f.
Benutzer einer Anstalt 183; 927
Benutzungsordnung 449
Bereicherungsanspruch, öffentlichrechtlicher 329 ff.
- Anwendungsfälle 325 ff.
- Abhebung vom Erstattungsanspruch 326; 333
- rechtswidriger Festsetzungsbescheid als Rechtsgrund einer Überzahlung 330
- „schlichte" Überzahlung 330; 333
- Wegfall der Bereicherung 332
- öffentlichrechtliche Haftungsverschärfungen 332
- causa als Vertragsinhalt 309
Berichtigung wegen offenbarer Unrichtigkeit 215 Fn. 11
Berlinstatus 703
- keine Zuständigkeit des BVerfG 482 Fn. 4
Berufsfreiheit (Art. 12 GG) 635
- Begriff Beruf 635 a; 635 e
- untypischer Beruf 635 a
- funktionaler Schutzbereich 635 b
- Verhältnis zur Wirtschaftsfreiheit 635 a
- Anwendung auf juristische Personen 635 a
- Verhältnis zu Art. 14 GG 635 c
- Berufswahl – Berufsausübung 635 d ff.
- Apothekenurteil, zwei Bedeutungskomplexe 556; 635 h ff.
- „Dreistufentheorie" 556; 635 g; 635 k ff.
- subjektive, objektive Zulassungsvoraussetzungen 635 k
- großer Befähigungsnachweis (Meisterprüfung) 558; 635 ff.
- kaufmännischer Sachkundenachweis im Einzelhandel 558
- freie Wahl des Arbeitsplatzes 547; 935
- Numerus clausus 506; 620
Berufsgerichte, Problematik, Fall 719
Berufung, Zulässigkeit 9
Bescheidungsklage als Unterfall der Verpflichtungsklage 192; 210 Fn. 32
- Prozeßkosten 192
Beschlagnahme 142

Beseitigungsanspruch s. Abwehranspruch

Besitzstörung durch verbotene Eigenmacht 642

Besonderes Gewaltverhältnis 250 ff.
– „Hausgut monarchischer Verwaltung" 254 Fn. 26
– Justitiabilität 7; 251
– Einschränkung des Art. 19 IV GG? 252
– innerdienstlicher Rechtsakt/VA mit Außenwirkung 251
– Grundverhältnis/Betriebsverhältnis 252
– gewohnheitsrechtliche Eingriffsermächtigung? 254
– BVerfG zum Strafvollzug, erforderliche gesetzliche Eingriffsermächtigung 254 ff.
– Organisationsgewalt als Ermächtigungsgrundlage? 255 f.
– Schulverhältnis 254 ff.
– Geltung der Grundrechte 258
– Funktionsfähigkeit 253
– Anstaltszweck 183; 254
– Unterschied Benutzer/Besucher 927
– als Grundlage eines Schadensersatzspruches 347 f.

Bestandskraft eines VA nach Ablauf der Anfechtungsfrist 43 ff.
– nicht bei Nichtigkeit 43
– nur ausnahmsweise Anspruch auf erneute Sachprüfung 47

Bestandsschutz s. Vertrauensschutz

Bestimmtheitserfordernis, bei Gesetzen 280 Fn. 17
– bei VAen 10; 77

BetriebsverfassungsG, Selbstverwaltung der Kirchen 788 Fn. 23

Beurteilungsspielraum, der Verwaltung? 86 f.
– Faktorenlehre 87 Fn. 80
– Begründungspflicht 78
– Prozessuales 189; 192
– des Gesetzgebers bei der Einschätzung von Kausalverläufen 563

Beweiserhebung 943 Fn. 37

Beweislast in der Fallbearbeitung 948

Beweisstation im Gerichtsverfahren 229

Bindungswirkung von Entscheidungen des BVerfG 486
– auch für verfassungskonforme Auslegung 486 Fn. 1

Blinkfüer-Urteil 646 Fn. 6

Blockwahl 673; 677

Briefwahl 733 Fn. 6

Buchendomfall 423 Fn. 63; 636 ff.

Bundesanstalt für Arbeit 784
– Arbeitsämter als unselbständige Glieder 784

Bundesbank als „ministerialfreier Raum" 766 f.

Bundesbeamte, Ernennung, Prüfungsrecht des BPräs. 707 f.; 726

Bundesfreundliches Verhalten (Bundestreue) im Gleichordnungsverhältnis 795 ff.
– bei Volksbefragungen 797
– Bund-Länder-Klage 799

Bundeskanzler, Wahl 706 ff.
– Ernennung, Prüfungsrecht des BPräs. 708; 726
– konstruktives Mißtrauensvotum 718
– Vertrauensfrage, Auflösung des BTages 718 Fn. 5
– Organisationsgewalt im Bereich der Regierung 751 ff.; 770
– s. a. „Regierung", „parlamentarisches Regierungssystem"

Bundeskindergeldgesetz 784

Bundesminister
– Ernennung, Prüfungsrecht des BPräs. 708; 726; 928
– Entlassung, Prüfungsrecht des BPräs. 928
– Ressort-Verantwortung 752; 755; 928

Bundesoberbehörde, Fall 757
– Begriff 763 f.
– Errichtungskompetenz 770 f.

Bundespost, Massenverwaltung, Haftungsprivileg 352

Bundespräsident, „pouvoir neutre" /„Hüter der Verfassung"? 711
– völkerrechtliche Vertretungsmacht, innerstaatliche Bindungen 813
– Auflösung des BTages 718 Fn. 5
– Ernennung Bundeskanzler, Bundesminister 708; 726
– Entlassung eines Bundesministers 928
– Ernennung Bundesbeamte, Bundesrichter 726
– Gesetzesausfertigung 708; 723 ff.
– Ratifikation völkerrechtlicher Verträge 723; 813

Bundespräsident, Prüfungsrecht 722 ff.
– klausurwichtig 722
– politisches Prüfungsrecht 707 ff.; 726; 928
– rechtliches Prüfungsrecht 723 ff.; 813; 928

– formelles/materielles P. 724; 725
– Entscheidungskriterien 723 ff.
– Arg. Amtseid 725
– „pouvoir neutre" und „Hüter der Verfassung" keine Argumentationsgrundlage 711; 727
Bundesrat, Mitwirkung bei Gesetzen 496; 728
– im Bereich der Exekutive 815
– im Gesetzgebungsnotstand 497
Bundesrecht bricht Landesrecht (Art. 31 GG) 472 Fn. 16; 503; 782 Fn. 11
– nicht uneingeschränkt Landesverfassungsrecht 503 Fn. 22
– Verhältnis Art. 31/Art. 72 I GG 782 Fn. 11
Bundesregierung, monokratisches Prinzip, Kollegialprinzip, Ressort-Prinzip 752 f.
– Organisationsgewalt im Bereich der – 753
Bundesrichter, Richterwahlausschuß 722
– Ernennung, Prüfungsrecht des BPräs. 708; 722 f.
Bundestag, Gesetzesbeschlüsse 496; 718
– Wahl s. dort
– Auflösung durch BPräs. 718 Fn. 5
– Kontrolle der Regierung s. „parlamentarisches Regierungssystem"
– „schlichte" Parlamentsbeschlüsse s. dort
Bundestreue 795 ff.; 829
– s. auch „bundesfreundliches Verhalten"
Bundesverfassungsgericht
– Rechtsstellung 719 Fn. 7
– Beschwerde gegen Wahlprüfungsentscheidungen 739
– Organklage 716; 732
– Bund-Länder-Klage 798
– abstrakte Normenkontrolle 712; 717 Fn. 3
– konkrete Normenkontrolle 88; 482
– Verfassungsbeschwerde 606 ff.
– Verhältnis zu den Länder-Verfassungsgerichten 482; 503 Fn. 22
– Normverwerfungsmonopol (Art. 100 GG) 88; 482
– Erklärung eines Zustandes für verfassungswidrig 926
– keine „Superrevisionsinstanz" 611
– politisch-weltanschauliche Relativität gewisser Entscheidungen 580; 710
– Abwägungszuständigkeit 566; 580
– s. a. „Rechtsgüterabwägung"

– politische Korrektur des Gesetzgebers? 582 Fn. 74
– Bindungswirkung der Entscheidungen 486
Bundesverwaltung, bundeseigene 784
– mittelbare 764; 785
– Aufsichtsproblem 791 ff.
– länderfreundliches Verhalten 797
– Steuerverwaltung 805
Bundesbank 794
Bund-Länder-Klage vor BVerfG 798
Bußgeld (Ordnungswidrigkeiten) 161 ff.
– Abgrenzung zu Zwangsgeld und Kriminalstrafe 162
– Anfechtungsmöglichkeit 164
– Ermächtigungsgrundlage, Prüfung nach Strafrechtsschema 166
– Ladenschlußgesetz 940
– s. a. „Ordnungswidrigkeiten"

Causa als Vertragsinhalt, Bereicherungsansprüche bei Wegfall? 307
Chancengleichheit politischer Parteien 667
– bei Vergabe öffentlicher Räume 441 ff.; 667
culpa in contrahendo im öffentlichen Recht 346
– Rechtsweg 346 Fn. 6

Darlehensvertrag im Subventionsrecht 283
Daseinsvorsorge als Aufgabe des Sozialstaats 431
Deliktshaftung der öffentlichen Hand
– als Amtshaftung 350
– als privatrechtliche Haftung 358 ff.
– Abgrenzung zur Entschädigung 400 f.
– s. a. „Staatshaftung, deliktische"
Demokratie, verfassungsänderungsfest 494
– Abgrenzung zur Volksdemokratie 703
– Begriff „freiheitliche demokratische Grundordnung" 702
Demonstration, Fälle 61; 121
Demonstrationsfreiheit (Art. 8 GG) nur für Deutsche 89
Dereliktion, polizeiliche Zustands- und Handlungshaftung 949
Détournement de pouvoir, Begriff 99
– Beispiel 207
Deutsches Kulturinstitut, Fall 812
Deutschland, Rechtslage 703
– Staatsangehörigkeit/DDR-Staatsbürgerschaft 703 Fn. 3

d'Hondt'sches Höchstzahlverfahren s.
„Verhältniswahlsystem"
„Dinglicher" VA als Allgemeinverfü-
gung 461
Direktkandidaten nach Bundeswahlge-
setz 735
Dispens, dogmatischer Standort 176
– Beispiele 176; 188; 207
Dreistufentheorie 556
Drittschutz im Verwaltungsrecht
– s. „Nachbarklage im Baurecht"
– im Immissionsschutzrecht 235
– im Fachplanungsrecht 235
– einfachgesetzlicher D. 235
– nicht durch Zivilrechtsnorm 236
– grundrechtlicher D. 237; 623
– Klagearten 224
– § 42 II VwGO, Verhältnis zu § 113
VwGO 227
– vorläufiger Rechtsschutz 232
– Drittschutz gegen Vertrag 292
Drittwirkung s. „Grundrechte"
Duldungspflicht beim Abwehranspruch
341 f.
Durchsuchung, Begriff, 143
Dynamische Verweisung 2 Fn. 4

EDV-Bescheide 73 Fn. 38
Ehrenschutz im öffentlichen Recht 336
Fn. 1
Eigenbetrieb 440
Eigengesellschaft 440
Eigentum, privates, an öffentlichen Sachen 461; 469; 474
– öffentliches 461
– s. a. „Abwehranspruch"
Eigentumsbegriff, verfassungsrechtlicher
636 g
– entschädigungsrechtlicher 421
– öffentlichrechtliche Rechtspositionen
636 g
– Vertrauen als E.? 431
– eingerichteter u. ausgeübter Gewerbebetrieb als E.? 421; 636 g
Eigentumsgarantie (Art. 14 GG) 636
– funktionaler Schutzbereich 636 h
– (neue) Struktur durch BVerfG 636 a ff.
– objektivrechtlich-institutionelle Ver-
fassungsobjektive (Institutsgarantie)
636 c, d, i
– subjektivrechtliche Bestandsgarantie
636 c, d, j ff.
– Bestandsgarantie gegen inhaltsbestimmenden Gesetzgeber? 636 k

– Abgrenzung, Inhaltsbestimmung –
Enteignung 636 a, b, l, q, r ff.
– mittelbare, fachliche Beeinträchtigungen 636 h, r ff.
– als Anspruchsgrundlage gegen faktische Eigentumsbeschränkungen 336;
340
– nur beschränkte ordnungspolitische
Wertentscheidung (Art. 15 GG) 591
– Drittwirkung 642
– als Baufreiheit 176
– als Ansatz für Nachbarklage? 238,
620 ff.
– Enteignung, enteignender, enteignungsgleicher Eingriff s. dort
Einbürgerung, Recht auf fehlerfreie Ermessensbetätigung? 186 ff.
Eingriff beim Aufopferungsanspruch 412
– beim enteignungsgleichen und enteignenden Eingriff 422; 424
Eingriffsverwaltung und Gesetzesvorbehalt 68; 85; 254
Eingriffsvorbehalt bei Grundrechten s.
„Gesetzesvorbehalt"
Einheit der Verfassung als Auslegungs-
prinzip, insbesondere für Grund-
rechtsschranken 252; 579
Einrichtungen, öffentliche 440 ff.
Einspruch, Bundesrat, Einspruchsgesetz
728
Einstweilige Anordnung
– im Vorfeld der Leistungsklage 272
– Verhältnis zu § 80 VwGO beim Dritt-
schutz 232
– gegen Normen 483 Fn. 9
– Schadensersatz/§ 945 ZPO 232 Fn. 26
– Verfassungsbeschwerde 611 Fn. 11
Einzelaktstheorie 636 a
Einzelfallgesetz, Verbot (Art. 19 I GG)
502
Einziehung (Entwidmung) 461 Fn. 5
– Teilentwidmung 461 Fn. 5
„Elbeleitdamm"-Entscheidung 421
„Elfesurteil" 176 Fn. 8; 547 Fn. 3
Enteignung, verfassungsrechtlicher Be-
griff 636 a, c, m
– „klassische" Enteignung 635; 636 l ff.
– Aufopferungsenteignung 636 q
– Legalenteignung – Administrativent-
eignung 636 n
– Zulässigkeitsvoraussetzungen der Le-
galenteignung 636 n
– „enteignender" Eingriff (BGH) als
Enteignung? 636 r
– Funktion des Enteignungsbegriffs,

Abgrenzung zur ,,Inhaltsbestimmung" 636 a ff.
- (überholter) Ansatz der ,,Enteignungstheorien" 636 a
- gesetzliche Entschädigungsregelungen 403
Enteignung, entschädigungsrechtlicher Begriff (BGH) 414 ff.
- keine Identität mit verfassungsrechtlichem Begriff 414; 418 ff.
- s. Sonderopfer, Sonderopfertheorie
Enteignender Eingriff, Begriff 415; 423; 636 r
- Beispiele 636 r
- keine Einordnung durch BVerfG 636 t
- keine Enteignung i. S. Art. 14 III, Ansiedlung bei Art. 14 II GG 414; 636 t, u
- keine Relevanz der Junktim-Klausel 636 t, u
- Abgrenzung zum enteignungsgleichen Eingriff 415; 417
- als Grundlage richterrechtlicher Entschädigungsansprüche 414 ff.
- Einzelvoraussetzungen 420 ff.
- Mitverursachung 425
- als Plangewährleistungsanspruch? 431
Enteignungsgleicher Eingriff, Begriff 417; 422
- Abgrenzung zum enteignenden Eingriff 415; 417
- als Grundlage richterrechtlicher Entschädigungsansprüche 414 ff.
- nicht bei rechtswidrigen Enteignungen i. S. Art. 14 III GG 419; 422
- Verhältnis zur Amtshaftung 354; 417
- Einzelvoraussetzungen 420 ff.
- durch ,,qualifiziertes Unterlassen" 424
- Mitverursachung 425
Entschädigung, Abgrenzung zum Schadensersatz 400
- spezialgesetzliche Ansprüche 403
- Anspruch des Nichtstörers 403; 915
- Ansprüche aus enteignendem und enteignungsgleichem Eingriff 414 ff.
- Aufopferungsansprüche 408 ff.
- Strafverfolgungsmaßnahmen 407
Entschädigungsanspruch des Abgeordneten 740
Entscheidungen, wie zu zitieren? 986
Entwidmung 946
Erforderlichkeit s. ,,Notwendigkeit"
Erlaß 766
Erlaubnis als Aufhebung eines nur formellen Verbots 176; 204; 238
- gebundene 176

- s. a. begünstigender VA, Bauerlaubnis, Gaststättenerlaubnis, Gewerbeerlaubnis
Erledigung als Erlöschen von VAen 64
- Forsetzungsfeststellungsklage 64
Ermächtigungsgesetz 492
Ermächtigungsgrundlage für VA 68
- auch für Handeln in der Form eines VA erforderlich 75; 328
- für VO 75
- Gewohnheitsrecht als –? 254
- zivilrechtliche Berechtigung als –? 57
- GoA als –? 319
- Vereinbarkeit mit höherrangigem Recht 88
Ermessen, Begriff, dogmatische Einordnung 91 ff.
- Abgrenzung vom unbestimmten Rechtsbegriff 91
- Abhebung von den rechtlichen Voraussetzungen der Ermessensbetätigung 187
- Willenselement 207
- Begründungspflicht 78
- E. im Widerspruchsverfahren 96
- beschränkte richterliche Nachprüfung 94
- Ermessenserwägungen in der Fallbearbeitung 94; 95
- Nachschieben von Gründen 95
- gewährendes E. 176
- Recht auf fehlerfreie Ermessensausübung 91; 179; 186; 242
- bei Entscheidung über begünstigenden VA 186
- der Polizei 137; 140
- bei Erlaß einer VO 514
Ermessensbindung s. Selbstbindung
Ermessensfehler, dogmatische Einordnung 97
- richterliche Nachprüfung 94 ff.; 97
- verschiedene Fehlertypen 98 ff.
- als Verfassungsverstoß 101; 490
- Geeignetheit, Notwendigkeit, Verhältnismäßigkeit der Maßnahme? 103
- détournement de pouvoir 99; 207
- bei Erlaß einer Verordnung 514
Ermessensfehlgebrauch 98
Ermessensreduzierung ,,auf Null", Begriff 110; 185
- wegen Art. 3 GG 110; 185
- durch Zusage 185; 278
- Beispiele 102; 245; 909
- als Voraussetzung für einen Anspruch

gegen die Ermessensverwaltung auf Erlaß eines VA 179; 245
- zur erneuten Sachprüfung nach Ablauf der Rechtsmittelfrist 44
- s. a. Selbstbindung der Verwaltung
Ermessensüberschreitung 99
- bei Entscheidung über begünstigenden VA 190
Ermessenswillkür 102
Erfolgswert, gleicher, bei Verhältniswahl 737
Ersatzvornahme, Mittel des Verwaltungszwangs 151
- Kostenerstattung 150
- Kostenerstattung bei Rechtswidrigkeit: aus GoA? 314
- über den öffentlichrechtlichen Erstattungsanspruch? 322
- Aufsichtsmittel im Rahmen der Rechts- und Fachaufsicht 794
Erstattungsanspruch, öffentlichrechtlicher, geschriebener 325 ff.
- ungeschriebener 333
- Abwicklung über BGB 329 ff.
- Herausgabe gezogener Nutzungen 333 Fn. 23
- bei rechtswidriger Ersatzvornahme? 322
Erstattungsanspruch, zivilrechtlicher 642
Europäische Gemeinschaft, Supranationalität 843
- Ministerrat, Kommission 841
- Europäischer Gerichtshof 846
Europäisches Gemeinschaftsrecht, Verhältnis zum nationalen Recht 842
- Rechtssetzungsorgane 841
- Rechtsformen 841
- EG-Verordnung 841
- Vorrang 842
- Modifizierung für die Grundrechte 844
- Prozessuales 845
- Vorlageverfahren zum EuGH 846
- zum BVerfG 847
- Verfassungsbeschwerde? 847 Fn. 7
Europäischer Gerichtshof 846
Europawahlgesetz, 5%-Klausel 737 Fn. 11
Evidenztheorie, für Nichtigkeit eines VA 111
- Beispiel 278
- für Nichtigkeit verfahrensfehlerhafter Normen 491
EWG s. ,,Europäische Gemeinschaft"
Ewigkeitsgarantie (Art. 79 III GG) 128

Examensvorbereitung, sinnvolles Vorwort 19
Extremistenbeschluß s. ,,Radikale im öffentlichen Dienst", ,,Parteienprivileg"

Facharztbeschluß des BVerfG 525; 553 Fn. 21
Fachaufsicht s. Aufsicht
Fahrerlaubnis, Entziehung, Fall 49; 938
- s. a. Führerschein
Faktorenlehre 87 Fn. 82
Fallbearbeitung (Universität)
- Unterschied zur Themenarbeit, Seminar- und Doktorarbeit Vorwort
- oft klassische Konflikte Vorwort
- keine Probleme aus abgelegenen Gebieten 3
- fallungeeignete Rechtsprobleme Vorwort
- fallträchtiger Bereich des Staatsrechts Vorwort; 706
- erforderliche Fertigkeiten des Bearbeiters 19; 705
- unstreitige Sachverhalte 229
- bei Parteibehauptungen lediglich Schlüssigkeitsprüfung 905
- falladäquate Bearbeitung erforderlich 12; 62; 934
- Judiz befragen, aber unbefangen bleiben 925
- juristische Methode, kein Gerede 706
- vier ,,Stationen" der –, Denkarbeit ist die meiste Zeit zu widmen 900
- sinnvolle Examensvorbereitung Vorwort; 19
- s. a. Aufbau, Gutachten, Rechtsfragen, Schemata, Schwerpunktbildung, unklare Fragestellung
Fallbearbeitung, öffentlichrechtliche, Besonderheiten im Vergleich zur BGB- und StGB-Arbeit 1
- Kenntnisse im Zivilrecht als Erfordernis 307
- Fälle mit zivilrechtlichem Einstieg 642
- gemischt öffentlichrechtlich-privatrechtliche Aufgaben, wo die Schwerpunkte? 641
Fallbearbeitung, wissenschaftliche 24; 900
Fernmeldegebühren, Vollstreckung 151 Fn. 4
Festsetzung eines Zwangsmittels 153
Feststellungsinteresse 64
Feststellungsklage (VwGO) 65

– Verhältnis zur Leistungsklage 192 Fn. 48
– als Nichtigkeitsklage 65
– nach Erledigung eines VA, Fortsetzungsfeststellungsklage 64
– nicht als unmittelbare Normenkontrolle 483 Fn. 11
Feststellungsklage (ZPO) 192 Fn. 48
– Verhältnis zur Leistungsklage 192 Fn. 48
– negative – 931
Feuerwehr, GoA 314
Finanzausgleich, horizontaler 803
Finanzgerichte, Zuständigkeit 845
Finanzminister, Zustimmung zu Haushaltsüberschreitungen, Entlassung, Fall 928
Finanzverfassung 801
Finanzvermögen 440
Fiskalprivatrecht, Begriff, Abgrenzung zum Verwaltungsprivatrecht 271; 440
– normalerweise als Zivilrechtsklausur 271
– Zivilrechtsweg 272
– Grundrechtsgeltung 301; 648
Floatglasfall 521
Flugblätter, politische 588 Fn. 91
Föderalismus, verfassungsänderungsfest 494
Folgekostenvertrag 302 Fn. 57
Folgenbeseitigungsanspruch 334f.
– „klassische" Fallkonstellation 334
– Ausweitungen 334; 340
– Verhältnis zum Abwehranspruch 340
– Zusammenhang mit Grundrechten 335; 340
– nach Fristablauf eines rechtmäßigen VA 334
– auf Rückgabe eines entzogenen Führerscheins 310; 334
– gegen rechtswidrigen Vertrag? 305
Forderungsübergang gem. § 116 SGB X (§ 1542 RVO) 406; 936 Fn. 23
Formvorschriften, für VA 75
– für Polizeiverfügung 126; 180; 181
– Verstoß hat nicht stets Anfechtbarkeit im Gefolge 80
– für Rechtsverordnung 510
– für Satzung 527
– Standort in der Fallbearbeitung 73
– zumeist nur kurze Erwähnung angebracht 82; 510
– Fehlerquelle 83
Fortsetzungsfeststellungsklage 64
– Vorverfahren erforderlich 64

– Feststellungsinteresse 64
Fragestellung, als Ausgangspunkt für die Lösung 925
– Erörterungsreihenfolge mehrerer Fragen 930
– prozessuale Ausführungen erforderlich? 916
– Auflösung unklarer – 915
– Frage nach der Rechtslage, unklare Anträge vor Gericht 912
– Überschreiten der Fallfrage 911
Fraktion, in Art. 53a I 2 GG genannt 741 Fn. 33
– Rechtsnatur und Rechtsstatus 741 Fn. 33
– Streit um Fraktionsstärke 661 Fn. 4; 744 Fn. 34
– Verhältnis zu ihren Mitgliedern 673 Fn. 24; 741
– Chancengleichheit 746
Fraktionszwang 740; 741
– Zusammenspiel Art. 38 I 2/Art. 21 GG 741
– Beispiele 740
Freie Entfaltung der Persönlichkeit s. Handlungsfreiheit
Freiheitliche demokratische Grundordnung, Begriff 702
Freiwillige Gerichtsbarkeit 501
Freizügigkeit (Art. 11 GG), Fall 546; 547
– qualifizierter Gesetzesvorbehalt 554
Frist s. Widerspruchsverfahren, Klage
Frontmetermaßstab 531
Führerschein, Bescheinigung über die Fahrerlaubnis 49
– Entziehung als Verwahrungsverhältnis 310
– Folgenbeseitigungsanspruch bei rechtswidriger Entziehung 312
– s. a. Fahrerlaubnis
Fünf-Prozent-Klausel im Wahlrecht 737
Fünf-Tage-Woche in der Schule 257; 515
Fürsorgepflicht im Beamtenrecht 252
Funktionaler Schutzbereich (der Grundrechte) 548; 584; 635b; 635c; 636h
Funktionstheorie 357
Fußgängerzone, Einrichtung 461 Fn. 5
Fußnoten, Sinn, Einzelerfordernisse 986
– s. a. Zitate

Gaststättenerlaubnis, Nebenbestimmung, Fall 200
– Drittanfechtung wegen Grundrechtsbeeinträchtigung? 238
– s. a. Erlaubnis

Gebietskörperschaften 758
Gebot als vollstreckungsfähiger VA 42
Gebühr, Abgrenzung vom privatrechtlichen Entgelt 287
– Sondernutzungsgebühr 462; 469
Gebührenbescheid, Zahlungsgebot und feststellender VA 49
– Nachforderungsbescheid, dogmatische Einordnung 49
– Rücknahme 49
Gebührenrecht, Fälle 49; 61 Fn. 2; 211; 521
– Gebühr, Steuer, Beitrag, Sonderabgabe 531
– Äquivalenzprinzip 531
– Frontmetermaßstab 531
Geeignetheit einer Maßnahme, Begriff, dogmatische Einordnung, Abgrenzung von der Notwendigkeit und Verhältnismäßigkeit 103
– Maßstab der Ermessensüberprüfung 105
– des polizeilichen Eingriffs 141
– bei der Grundrechtsprüfung 566
– bei verfassungsimmanenten Grundrechtsschranken 579
– bei der ,,Drittwirkung der Grundrechte" 651
Gefährdungshaftung, öffentlichrechtliche 392
– Versagen technischer Einrichtungen 392
– Ampelunfall 392; 424
Gefahr, polizeiliche, Begriff 132
– Abgrenzung zur Störung und zur Belästigung 131
– konkrete, abstrakte –, s. dort
– latente – 138
– Anscheinsgefahr 134
– Scheingefahr, Putativgefahr 134 Fn. 23
– als Versagungsgrund für Erlaubnisse 183; 472
– im Wegerecht 466
Gefrierfleischfall 431; 501
Gegenzeichnung 722
Gemeinden, Allzuständigkeit 523
– Selbstverwaltungsgarantie (Art. 28 II GG) 524; 788; 800
– Justitiabilität Streitigkeiten mit dem Staat 800
– gemeindefreundliches Verhalten 797 Fn. 42
– Stellung in der Finanzverfassung 802 ff.
– s. a. Abgabenhoheit, Auftragsverwal-

tung, Autonomie, Satzungsautonomie, Selbstverwaltung
Gemeindliche Einrichtungen, Nutzungsrecht 175
Gemeineigentum (Art. 15 GG) 591
– vom GG als alternatives Ordnungsprinzip anerkannt 591
Gemeingebrauch, Gesetzesdefinition 463
– umstrittener Begriffsinhalt 463
– ,,gesteigerter" – 463
– Abgrenzung zur Sondernutzung 463; 473
– Duldungspflicht des Eigentümers 461; 471
– Anspruch auf –? 473
Gemeinsame Ländereinrichtungen 833 ff.
– Beispiele 833
– keine ,,dritte" Ebene 834
Gemeinschaftsaufgaben von Bund und Ländern, Dogmatik, Konstruktion 787
– Planungsausschüsse 620
Gemeinschaftsrecht s. ,,Europäisches Gemeinschaftsrecht"
Gemeinwirtschaft (Art. 15 GG) 591
– s. Gemeineigentum
Gemeinwohl
– als Voraussetzung eines Grundrechtseingriffs 557
– als Rechtfertigung rückwirkender Gesetze? 501
– als Widerrufsgrund für VA 214
– nicht vorgegeben, abhängig von politisch-weltanschaulichen Wertungen, Entscheidungszuständigkeit des Gesetzgebers 560
Genehmigung, öffentlichrechtliche s. Erlaubnis
– privatrechtliche – des Eigentümers öffentlicher Sachen 461
Genehmigungsbedürftige Anlagen nach BImSchG 265
Gerichte, Anforderungen des GG 721
– Ausnahmegerichte (Art. 101 I GG) 721
– Berufsgerichte, Problematik 719
– Normprüfung (Art. 100 GG) 88; 482
– s. a. BVerfG
Geschäftsführung ohne Auftrag, öffentlichrechtliche, Voraussetzungen 316 ff.
– als Eingriffsermächtigung? 319
– Aufwendungsersatz 314
– Schadensersatz 348 Fn. 13
– nur analoge Anwendung der Rechtsfolgen zivilrechtlicher GoA? 322
– Vorschriften des Polizeirechts 322

– Anspruch bei rechtswidriger Ersatzvornahme? 314; 322
– Feuerwehr 314 Fn. 93 und 319 Fn. 103
Geschäftsgrundlage im Vertragsrecht, Abgrenzung zur causa als Vertragsinhalt 307
Geschäftsordnung des Parlaments 744 f.
– autonome Satzung 745
Geschäftsordnungsbeschluß, Fall Redezeitbeschränkung 744
– Bindung an die Geschäftsordnung 745
– Bindung an das GG 746
Geschäftsverteilung, behördeninterne, Außerachtlassen macht VA nicht rechtswidrig 80
Gesetz, im formellen, im materiellen Sinn 553
– Gültigkeitsvoraussetzungen 495 ff.
– „allgemeines" Gesetz i. S. Art. 5 II GG 550
– s. sonst Gesetzgeber, Norm
Gesetzeskraft von Entscheidungen des BVerfG 486 Fn. 1
Gesetzesmaterialien, Zugang 938 Fn. 26
Gesetzesverstoß als Verstoß gegen die öffentliche Sicherheit (polizeiliche Generalklausel) 71; 143; 472
– Ahndung durch Strafen 166
Gesetzesvorbehalt bei Grundrechten 176; 244; 549 ff.
– einfacher/qualifizierter 551; 554
– geschriebener 554
– ungeschriebener 555 ff.
– Abgrenzung Eingriffs-, Schranken-, Ausgestaltungs-, Regelungsvorbehalt 550
– Zitiergebot beim Eingriffsvorbehalt 550
– Subsumtion 547
– s. a. Vorbehalt des Gesetzes
Gesetzesvorbehalt, ungeschriebene Qualifizierungen 555
– gesetzgeberisches Ziel herausarbeiten 557
– Gemeinwohlziel? Entscheidungszuständigkeit des Gesetzgebers 560
– zutreffende Tatbestandsanalyse, Beurteilungsspielraum des Gesetzgebers 561
– Mittel: geeignet, notwendig 564
– Verhältnismäßigkeitsgrundsatz 566
Gesetzesvorbehalt, institutioneller 770
Gesetzgeber, trifft verbindliche Gemeinwohlentscheidungen 560
– Wertabwägungszuständigkeit 566

– Beurteilungsspielraum bei tatsächlichen Einschätzungen 562
Gesetzgebungskompetenz 775 ff.
– Gültigkeitsvoraussetzung für Gesetze 495 ff.
– Systematik 775
– Zuständigkeitsvermutung zugunsten der Länder 776
– ausschließliche, konkurrierende Kompetenz 777
– Rahmenkompetenz 781
– Spezialregelung für Steuern 804
– Bedürfnis nach bundesgesetzlicher Regelung 780
– Kompetenz kraft Sachzusammenhang, Annexkompetenz 778
– Kompetenz aus der Natur der Sache 779
– Sperrwirkung von Bundesgesetzen 782
– Bundesrecht bricht Landesrecht 503; 782
– Vermutung für abschließende Bundesregelung 782
Gesetzgebungsnotstand (Art. 81 GG), Fall 497
Gesetzgebungsverfahren, Einzelstationen 496 ff.
– inwieweit Gültigkeitsvoraussetzung für Gesetze? 496
– kaum fallträchtig 496
– Zitiergebot (Art. 19 I 2 GG) 496
– inneres Gesetzgebungsverfahren, Methodik der Entscheidungsfindung 498; 528
Gesetzmäßigkeit der Verwaltung 97
– Element des Rechtsstaatsprinzips 215
– Ermächtigung zur Rücknahme rechtswidriger VAe, Kollision mit Vertrauensschutz 215
– Normprüfungs- und Verwerfungsrecht der Exekutive? 717
Gewaltenteilung, verfassungsänderungsfest 494
– als Argumentationsstütze problematisch 712
– Art. 80 GG als ihr Ausfluß 522
– in Selbstverwaltungskörperschaften 488
– Bedeutung für Kompetenz des BVerfG, verfassungswidrige Gesetze für nichtig zu erklären 491; 926 Fn. 4
– Inkompatibilitäten im Abgeordnetenmandat 738
Gewerbebetrieb als Gegenstand der Eigentumsgarantie 421, 636 g

– Kasuistik 421
– und Meinungsfreiheit 642
Gewerbeerlaubnis, Drittanfechtung wegen Grundrechtsbeeinträchtigung? 238
– s. a. Erlaubnis, Gaststättenerlaubnis
Gewerkschaft, Werbung im Betrieb 640 Fn. 1; 646
– Werbung in Behörde 640 Fn. 1
– Zutrittsrecht zu kirchlichen Einrichtungen 788 Fn. 23
Gewohnheitsrecht
– als Ermächtigungsgrundlage im besonderen Gewaltverhältnis? 254
– BVerfG betreffend Strafvollzugsgesetz 254
Glaubens- und Gewissensfreiheit (Art. 4 GG) 581
– Kriegsdienstverweigerung, verfassungsimmanente Schranken 581
Gleichberechtigung von Mann und Frau (Art. 3 II GG), dogmatischer Standort 599
Gleicher Zugang zu öffentlichen Ämtern (Art. 33 II GG) 600; 662
Gleichheitsgrundsatz 596 ff.; 628
– Bedeutung für Gesetzgeber und Ermessensverwaltung 597
– Beispiel 521; 596
– regelmäßig unzulängliche Fallbearbeitung 596
– Einzelheiten der Gleichheitsprüfung 596 ff.; 599
– Willkürverbot, dem Leser erläutern 597
– Art. 3 II, III GG, dogmatische Einordnung 599
– Spezialregelungen (Art. 33 I, II GG) 599
– als Grundlage für Teilhabe- und Leistungsansprüche? 627 ff.
– Bedeutung objektivrechtlicher Verfassungsentscheidungen im Rahmen der Gleichheitsprüfung 597; 629
– Systemgerechtigkeit, systemkonsequentes Verhalten 597 Fn. 5; 737
– Gleichheit im Unrecht? 598
Gleichordnungsverhältnis, öffentlichrechtliches 270
Gliederung, herkömmliches Muster 984
– numerisches System 984
– Einzelerfordernisse 984
Gnadenentscheidungen, Justiziabilität 251 Fn. 4
Goldschmidt, James 162

Großer Befähigungsnachweis im Handwerk 558
Gründgens (Mephisto-Urteil) 648 Fn. 9
Grundfälle, Begriff 18
Grundrechte
– Unterscheidung Freiheits-, Gleichheitsgrundrechte 545
– Grundrechtsgeltungen für juristische Personen, auch des öffentlichen Rechts? 544
– Prozessuales 606 ff.
– Grundrechte im besonderen Gewaltverhältnis 253; 254
– bei öffentlichrechtlichen Verträgen 301
– im Verwaltungsprivatrecht 301; 644
– im Fiskalprivatrecht 271; 644
– im Parteienrecht 678
– in Auswirkung auf Verfahrensrecht 80; 261 Fn. 1; 542
– Bedeutung für verwaltungsrechtlichen Drittschutz 238; 623
Grundrechte als Gleichheitsrechte, s. Gleichheitsgrundsatz
Grundrechte (Freiheitsrechte) als subjektive Abwehrrechte 546 ff.
– „allgemeine Lehren" 542
– lückenloser Grundrechtsschutz 176; 341; 547
– „benannte" Grundrechte als leges speciales 340; 547
– funktionaler Schutzbereich 548; 584; 635 b, c; 636 h
– mittelbare, ungezielte, indirekte, „bloß" faktische Beeinträchtigungen 548; 636 m, r ff.
– Gesetzesvorbehalt, ungeschriebene Qualifizierungen, ungeschriebene Grundrechtsschranken, Geeignetheit, Notwendigkeit, Ziel-Mittel-Relation, Verhältnismäßigkeit, Zumutbarkeit, Wesensgehaltsgarantie, Drittwirkung s. dort
– fehlender Gesetzesvorbehalt 574
– einfachgesetzliche Rechtswidrigkeit als Grundrechtsverstoß 610
– Grundrechtskonkurrenzen, Beispiel 935
– Grundrechtskollisionen 579
– als öffentlichrechtliche Anspruchsgrundlage (Folgenbeseitigungsanspruch, Abwehranspruch) 338; 339
– als zivilrechtliche Anspruchsgrundlage? 648
– konstitutiv für die Klagebefugnis (§ 42 II VwGO) 237

– als nachbar-/konkurrenzschützende Normen 238
– s. auch Berufsfreiheit, Eigentumsgarantie
Grundrechte als (Wert-)Entscheidungen objektiven Rechts 585 ff.; 623; 648
– Unterschied zur Abwehrfunktion 586; 648
– zweite Seite der Grundrechte 585
– ordnungspolitische Entscheidungen 585
– institutionelle Garantien 585
– zur Verstärkung des Grundrechtsschutzes 587
– Bedeutung für die Ableitung von Teilhabe- und Leistungsgrundrechten 623
– Bedeutung für Drittwirkungsprobleme 648
– Bedeutung für gegenseitige Grundrechtsschranken 580 f.
– Gefahr ordnungspolitischer und wertphilosophischer Spekulationen 590 f.; 624
– inhaltliche Kongruenz mit Abwehrseite des Grundrechts? 591
Grundrechte, Drittwirkung 643 ff.
– Begriff der Drittwirkung, Abgrenzungen 644
– zivilrechtliche Falleinkleidung 645
– Aufbau 643
– ausdrückliche Regelung in Art. 9 III 2 GG 647; 678
– im Parteienrecht 678
– Streitfrage: zivilrechtlicher Anspruch? 649
– Lüth-Urteil, zumeist ausreichender Maßstab 648
– beide Seiten sind Grundrechtsträger 646
– Rechtsgüterabwägung s. dort
Grundrechte auf Schutz, Teilhabe, Leistung 176; 177; 620 ff.
– als Anspruchsgrundlage 177; 473 Fn. 20; 622 ff.
– Numerus-clausus-Urteil 620
– atomrechtliche Genehmigung 238; 623 Fn. 14
– Bedeutung für verwaltungsrechtlichen Drittschutz 238; 623
– § 218-Urteil 622; 630
– Konstruktion über Menschenwürde 622
– Konstruktion über objektivrechtliche Grundrechtsseite 623
– sozialstaatliche Neuinterpretation 626

– Bedeutung des Gleichheitsgrundsatzes 627
– Anspruchsschranken 630
Grundrechtsprüfung 540 ff.
– Anlässe (Zusammenstellung), nur bei ernsthaften Zweifeln, keine voreilige Schwerpunktbildung 541
– unterscheiden: Freiheitsgrundrechte/ Gleichheitsgrundrechte 545
– s. auch Berufsfreiheit, Eigentumsgarantie
Grundrechtsschranken, ungeschriebene 573 ff.
– Fallbeispiele 573; 635 h
– Konstruktion bestr., aus GG herzuleiten, Vorsicht mit Schranken des Art. 2 I GG 576
– (interne) Ausgestaltungsbefugnis des Gesetzgebers 578
– verfassungsimmanente Grundrechtsschranken 579
– Einheit der Verfassung 252; 579
– kollidierende Grundrechte 579
– Funktionsfähigkeit des besonderen Gewaltverhältnisses 252; 258; 579
– Geeignetheit, Notwendigkeit, Verhältnismäßigkeit des Eingriffs 579
– Abwägungsproblem 579
– Abwägungszuständigkeit des Richters 580
– Beispiele für Abwägung 570; 578
– praktische Konkordanz 579 Fn. 68
– Vorbehalt zugunsten der ,,allgemeinen Gesetze" 583 f.
Grundverhältnis/Betriebsverhältnis 252
Gutachten als Übungsaufgabe 962
– Wesen und Folgerungen für die Fallbearbeitung 901; 948; 962; 974
Gutachtenstil, Unterschied zum Urteilsstil 973
– nur in zentralen Fragen 973
– kein Dogma, flexibel handhaben 973
– für Anfänger nützlich 973

Haftung s. Amtshaftung, Schadensersatz, Entschädigung
Handlungsform, zu trennen von der Rechtmäßigkeit des Handelns 947
Handlungsfreiheit (Art. 2 I GG) als Abwehrrecht 547
– Persönlichkeitskerntheorie? 547 Fn. 3; 591
– Auffanggrundrecht lückenlosen Grundrechtsschutzes 176; 340; 547
– einfacher Gesetzesvorbehalt 551

– als Ausreisefreiheit, Wirtschaftsfreiheit, Wettbewerbsfreiheit s. dort
– Bedeutung für die Verfassungsbeschwerde 611
Handlungsfreiheit (Art. 2 I GG) als Wertentscheidung objektiven Rechts? 591
Handlungsstörer, Begriff 138
– letzter, unmittelbarer Verursacher 138; 404
– Zweckveranlasser 138
– Dereliktion 949
– s. a. Störer
Hausarbeit, doppelter Unterschied zur Klausur 901
– wissenschaftliche Fallbearbeitung, Bedeutung 900
– sinnvolle Benutzung von Literatur und Rechtsprechung 901; 929
– kein planloses Herumlesen 900
– zuerst klausurmäßige Lösung 929
– eigenes Nachdenken 900
– Formalien (Zusammenstellung) 980 ff.
Haushaltsgesetz, ausreichende Ermächtigungsgrundlage für Subventionen? 280 Fn. 21
Haushaltsplan, Bedeutung 815
Haushaltsüberschreitung, Zustimmung des Finanzministers 928
Hausrecht, öffentlichrechtliches 474 ff.
– privatrechtliches 474
Hausverbot 475
Hierarchisches Prinzip 766
Höherlegung einer Straße, Entschädigung 416
Homogenitätsgebot (Art. 28 I GG) 507
– Gedanken des Art. 80 GG im Landesrecht 507
Hüter der Verfassung 711

Immissionen aus hoheitlicher Tätigkeit, Duldungspflicht 341 ff.
– Heranziehung von § 906 BGB? 341
– Entschädigung 341 Fn. 19
Immissionsschutz als Drittschutz 235
– gem. Art. 2 II GG 238; 622
– gegen Gaststätte 238
– im Atomrecht 238; 623 Fn. 14
Immunität 740
Impfschaden 401; 403
Indemnität 740
Inkompatibilitäten beim passiven Wahlrecht 738
Innerdienstliches Handeln, Außenwirkung über Art. 3 GG 102; 185

– Abgrenzung vom VA 50
– im besonderen Gewaltverhältnis 253
– im Rahmen der Fachaufsicht 800
– Mitwirkung anderer Behörden s. dort
Innere Pressefreiheit 624 Fn. 21
In-sich-Prozeß 62 Fn. 3
Institutioneller Gesetzesvorbehalt 770
Irrtum beim öffentlichrechtlichen Vertrag 306

Junktim-Klausel 636 s, t, u
Juristische Personen als Grundrechtsträger 544; 635 a
– als Träger der Art. 12 I GG 635 a
– juristische Personen des öffentlichen Rechts 544
– Universitäten 544
– Rundfunkanstalten 544
Justitiabilität, von Akten im besonderen Gewaltverhältnis 251
– von Gnadenentscheidungen 251 Fn. 4
– von Streitigkeiten zwischen Staat und Kommune 800
Justizverwaltungsakt, Begriff 65
– Anfechtungsklage 65
– Verpflichtungsklage 193

Kabinettsbeschluß 751
Kammern als öffentlichrechtliche Körperschaften 758
Kaufmännischer Sachkundenachweis 558
Kettenverwaltungsakt 185
Kirchen, Selbstverwaltungsgarantie 788 Fn. 23
– Finanzquellen 803 Fn. 56
Kirchensteuer 803 Fn. 56
Klagearten nach der VwGO, kein numerus clausus 252
– s. Anfechtungsklage, Bescheidungsklage, Feststellungsklage, Fortsetzungsfeststellungsklage, Leistungsklage, Nichtigkeitsklage, Verpflichtungsklage, Untätigkeitsklage
Klagebefugnis (§ 42 II VwGO) 62; 225 ff.
– als Rechtsbegriff, Abgrenzung zu anderen Prozeßvoraussetzungen 62
– Bedeutung für VA-Adressat 62
– Hauptanwendungsfall: VA und Drittinteresse 225 ff.
– Zusammenspiel § 42 II/§ 113 I 1 VwGO 227
– Trennung Rechtsbeeinträchtigung/Rechtsverletzung 228
– Schlüssigkeitstheorie/Möglichkeitstheorie 229; 230

– keine Popularklage 231
– Nachbarklage, Drittklage 221 ff.
– Konkurrentenklage 237
Klageschema 6
Klagevoraussetzungen 7
Knäckebrotfall 421 Fn. 60; 431 Fn. 105
Koalitionsfreiheit (Art. 9 III GG), Fall 640
– auch Grundrecht der Gewerkschaften 646
– deckt Werbemaßnahmen 646 Fn. 7
– Drittwirkung 643; 647
– objektivrechtliche Garantie des Tarifvertragssystems, Grenzen 591
Körperliche Untersuchung 142
Körperschaft, öffentlichrechtliche, Begriff 440; 758 Fn. 49
– Staat als – 758
– nichtstaatliche öffentlichrechtliche – 758
Kollegialprinzip 754; 765
Kommission (EG) 841
Kommunalabgabengesetze 299
Kommunalaufsicht s. Aufsicht
Kommunalverfassungsstreitverfahren 800 Fn. 47
Kompetenz
– geschriebene; Technik, sie aufzufinden 707
– ungeschriebene 709
– kraft Sachzusammenhangs, Annex-Kompetenz 778
– aus der Natur der Sache 779; 814
– bei Abschluß völkerrechtlicher Verträge 813 f.
– des Gesetzgebers s. Gesetzgebungskompetenz
– der Exekutive s. Verwaltungskompetenz
– der Gemeinden 788 ff.
– der Kirchen 788 Fn. 24
– Verletzungsrüge durch Verfassungsbeschwerde 611
Konfiskation 636 p; 927
Konkordatsurteil 814 Fn. 6
Konkrete Gefahr
– als Voraussetzung der Polizeiverfügung 136; 143
– Abgrenzung zur abstrakten Gefahr 136; 143; 511
Konkrete Normenkontrolle 482
Konkurrentenklage 237 f.
Koppelungen, unzulässige 302
Kostenerstattung bei Ersatzvornahme 151

– bei unmittelbarem Zwang 151 Fn. 5
KPD-Urteil 703
Kriegsdienstverweigerung, verfassungsimmanente Schranken 581
Kriminalstrafe, Abgrenzung von Bußgeld und Zwangsgeld 162
– nicht mehr bei PolizeiVOn 163 Fn. 8
Kulturhoheit der Länder 812 ff.

LadenschlußG, Bußgeld 940
Landesrecht, keine Anwendung durch Bundesbehörden 783
– Gesetzgebungskompetenz 775 ff.
Landesverwaltung, Fälle der Bundesaufsicht 791 ff.
– Gebot zu bundesfreundlichem Verhalten 795 ff.
– gemeinsame Verwaltung mit anderen Bundesländern 833 ff.
– Steuerverwaltung 805 f.
Landesverwaltungsgesetz Schl.-H., Anwendungsbereich 2
Latente Gefahr 138
Legislatives Unrecht, Haftung 352
Leistungsbescheid, materieller Anspruch als ausreichende Ermächtigungsgrundlage? 75
– oder Leistungsklage? 75
– Aufrechnung gegen L. 151 Fn. 4
Leistungsklage, Verhältnis zum Leistungsbescheid 75
– im Gleichordnungsverhältnis 272
– Verhältnis zur Verpflichtungsklage 272
– als Unterlassungsklage 339
– Verhältnis zur Feststellungsklage 192 Fn. 48
Anwendbarkeit von § 42 II VwGO 272

Leistungsstörungen, allgemeine Grundsätze 343
Leistungsverwaltung und Gesetzesvorbehalt 280
Leitsätze in der Rspr. 940
Lebach-Urteil des BVerfG 579 Fn. 69
Lex-posterior-Regel 842
Lex Rheinstahl 500 f.
Lindauer Abkommen 814
Listenwahl s. Verhältniswahlsystem
Literaturverzeichnis, Sinn, Einzelheiten zur Gestaltung 982
Lüth-Urteil 648

Mängelrüge im Rahmen der Rechtsaufsicht 797
„Mainzer-Beschlüsse" 8 Fn. 14; 20

Mandatsverlust bei Parteiaustritt? 740 Fn. 28
Mandatsverzicht 741; 743
Mehrheitswahlrecht 733 ff.
– Blockwahl 673; 677
Mehrstufiger Verwaltungsakt 55; 181
Meinungsfreiheit (Art. 5 GG), als individuelles Abwehrrecht 586
– als objektivrechtliche Entscheidung, konstitutiv für die Demokratie 89; 586; 648; 678
– Werbung als Meinungsäußerung? 588
– M. und Sondernutzung im Straßenrecht 460 Fn. 1; 473 Fn. 20
– M. und Eigentumsschutz 640; 642
– Drittwirkung 647
– Geltung für Ausländer? 89
– AuslG als ,,allgemeines Gesetz" i. S. des Art. 5 II GG 89
Methodik, nicht als Selbstzweck 29
– Regeln der Logik 29; 930
Mieter, Nachbarschutz 235; 620; 623 f.
Ministerialfreie Räume 766
Ministerrat (EG) 841
Mitbestimmung, paritätische 500
– Reformbestrebungen 502
– verfassungsrechtliche Beurteilung 591
– lex Rheinstahl 500 f.
Mitbestimmungsurteil des BVerfG 591
Mittelbehörden 763 f.
Mittelstandsschutz 558
– als ,,gekorenes" Gemeinschaftsgut 560
Mitverursachung, bei Delikthaftung 356
– beim Abwehranspruch 342
– beim Aufopferungsanspruch 413
– beim enteignungsgleichen Eingriff 425
Mitwirkung anderer Behörden 55; 74
– verschiedene Formen 181
– als Verwaltungsinternum 55; 181; 470
– Bedeutung im Außenverhältnis 55
– s. a. mehrstufiger VA
Möglichkeitstheorie (§ 42 II VwGO) 225; 230 f.
– Anwendung im bes. Gewaltverhältnis 252
– Anwendung auf die Verfassungsbeschwerde 610 Fn. 8
Monarchie und GG, Fall 128
Monokratisches Prinzip, in der Regierung 752 f.
– in der Behördenorganisation 765
Mülheim-Kärlich-Beschluß (BVerfG) 542
Mündliche Prüfung, Hinweise, Prüfungsgespräch Vorwort Fn. 4

Mündliche Verhandlung im förmlichen Verwaltungsverfahren 262
Muster zur Gestalt(ung) eines VA 50 Fn. 26
Musterentwurf eines einheitlichen Polizeigesetzes 124 Fn. 8

Nachbarklage im Baurecht, Nachbarschutz 221 ff.
– Anfechtungsfristen/,,nachbarliches Gemeinschaftsverhältnis" 224
– vorläufiger Rechtsschutz 232
– nachbarschützende Vorschriften 234 f.
– unmittelbare Relevanz von Art. 14 I 1 GG 235; 620 f.; 623 f.
– N. des Mieters 235; 620 f.; 623 f.
– s. a. Drittschutz
Nachbarrechtliche Entschädigungsansprüche, Verkehrslärm 341 Fn. 19; 403 Fn. 7
Nebenbestimmungen 200 ff.
– Auflage, bedingter VA, Befristung, Widerrufsvorbehalt s. dort
– Abgrenzung der verschiedenen N. 201; 208
– Auslegung erforderlich 201
– Zulässigkeit von N. 202
– Regelungsfunktion und Bestandskraft rechtswidriger N. 111; 203
– Umdeutung 204
– nichtige N., Infektion des GesamtVA? 205 f.
– Prozessuales, Teilaufhebung des GesamtVA 208
Nichtigkeit s. VA, nichtiger; Nichtigkeitstheorie
Nichtigkeitsklage, Begriff 65
– Verhältnis zur Anfechtungsklage 65
– nach Ablauf der Anfechtungsfrist 66 f.; 915
– als Drittklage (,,Nachbarklage") 225
Nichtigkeitstheorie, für rechtswidrigen VA 111
– für rechtswidrige Norm 490 f.
Nichtstörer im polizeilichen Notstand 139; 404
– Entschädigungsanspruch 139; 404; 915; 936
– Entschädigung bei rechtswidriger Inanspruchnahme 404
– Ersatzanspruch der Polizei gegen den Störer nach GoA 322
Niederschrift der Arbeit 971 ff.
– als Ergebnis eigenständiger Überlegun-

gen auch zu Aufbau und Schwerpunktbildung 900; 934
– auf das Wesentliche konzentrieren 955; 961
– Mitteilungsbedürfnis zurückdrängen 958
– Leser führen 972
– keine formelhaften Wendungen 972
– juristischer Stil 971 Fn. 4
– Begründungen, keine Behauptungen und Übertreibungen 974
– Lösung evtl. auf mehrere „Beine" stellen 123; 309; 961
– Formalien (Zusammenstellung) 980 ff.
– Fußnotengestaltung 986
– erlaubte Abkürzungen 981
– s. a. Argumentationstechnik, Aufbau, Gutachten, Gutachtenstil, Schemata, Schwerpunktbildung, Stoffauswahl
Norddeutscher Rundfunk, Staatsvertrag 820 Fn. 2; 833
Norm, Gesetz/VO/Satzung, Unterschied 487 f.
– Abgrenzung zur Allgemeinverfügung 54
– objektiver Erklärungswert 55
– Verfassungsmäßigkeit 88 ff.; 184; 481 ff.; 499 ff.; 512 f.; 532
– rechtswidrige – in der Regel nichtig 490
– vorübergehende Gültigkeit rechtswidriger Normen 491
– Verfahrensfehler, Rechtsfolgen 491; 493; 496 ff.; 527 ff.
– Rückwirkungsproblem 500 f.
– Grundrechtsprüfung 499; 540 ff.; 546 ff.; 596 ff.
– Bundesrecht bricht Landesrecht 503
– Einzelfallgesetz 502
– s. a. Gesetzgeber, Gesetzgebungsverfahren, Gesetzgebungskompetenz
Normative Ermächtigungslehre 241 Fn. 45
Normenkontrolle
– durch OVG (§ 47 VwGO) 483; 800
– vorbeugend 483 Fn. 9
– nicht als Feststellungsklage 483
– Art. 19 IV GG nicht einschlägig 483
– einstweilige Anordnung 483 Fn. 9
– konkrete – durch BVerfG 482
– durch Verfassungsbeschwerde 483; 800
– in Berliner Sachen 482 Fn. 4
Normenkontrolle, abstrakte 712; 728; 911
– Abgrenzung von Organklage 728; 911

– Konkurrenz zur Bund-Länder-Klage 799
Normprüfung, Anlässe 481 ff.
– durch Gerichte, Vorlagepflicht beim BVerfG (Art. 100 GG) 88; 482; 615
– durch die Exekutive 712; 717
– im Genehmigungsverfahren der Aufsichtsbehörde 485
– durch den Bundespräsidenten 485; 707 ff.; 722 ff.
– Bindungswirkung der Entscheidungen des BVerfG 486
Normsetzungsvertrag 285 Fn. 31
Notwendigkeit, Erforderlichkeit
– Begriff, dogmatische Einordnung, Abgrenzung von Geeignetheit und Verhältnismäßigkeit 103 ff.
– Übermaßverbot, nicht politische Angemessenheit 106; 564
– als Maßstab der Ermessensüberprüfung 103
– des polizeilichen Eingriffs 141
– bei der Grundrechtsprüfung 564
– als Maßstab verfassungsimmanenter Grundrechtsschranken 566
– bei der Drittwirkung der Grundrechte 651
Numerus clausus, Fälle 506; 620
– Urteil des BVerfG 506 Fn. 3; 623; 629 Fn. 33
– Landeskinderklausel 514 Fn. 28
Nutzungen, Herausgabe beim Erstattungsanspruch 333 Fn. 23

Objektiver Erklärungswert als Maßstab für die Rechtsnatur einer Maßnahme 57; 327; 946
Objektives Recht/ subjektive Rechte 187; 223
Öffentliche Einrichtungen 440 ff.
– der Gemeinden, Benutzungsrecht 443
Öffentliche Ordnung, Begriff 128
– Abgrenzung zur privaten O. 130
– verfassungsrechtliche Problematik 128 Fn. 14; 513
Öffentliche Sachen im Gemeingebrauch 460 ff.
Öffentliche Sicherheit, Definition 128
– Abgrenzung zur privaten S. 130
– Gesetzesverstoß als Verletzung der – 71; 143; 451
Öffentliches Hausrecht 70; 451
Öffentliches Recht/Privatrecht, Abgrenzungstheorien 52; 338

Öffentlichrechtliche Streitigkeit (§ 40 VwGO) 7; 52; 251
Offenbare Unrichtigkeit, Berichtigung 215 Fn. 11
Opposition, Funktion im parlamentarischen Regierungssystem 670; 746
– statuiert in Art. 23 a HmbVerf 670 Fn. 21
– Untersuchungsausschuß als Waffe der – 748
– parteiinterne – 673 ff.
Ordentliche Gerichte, Zuständigkeit
– fiskal- und verwaltungsprivatrechtliche Ansprüche 272
– Amtshaftung 352
– Entschädigungsrecht/ Enteignung 432 ff.
– Subventionsrecht (Zweistufentheorie) 284
– öffentlichrechtliche Verwahrung 313
– Justizverwaltungsakte 65; 193
Ordnungswidrigkeiten, Begriff 142
– Abgrenzung vom kriminellen Unrecht 143
– James Goldschmidt 162
– Bußgeld zur Ahndung 166
– Ermittlungszuständigkeit der Polizei 142; 541
– Verkehrsübertretungen 165
Organe des Staates 761
Organisationsgewalt, im Bereich der Regierung 753
– Einrichtung von Behörden 770; 786
– des Parlaments 748
– Außenbindung von Organisationsnormen 256
– im besonderen Gewaltverhältnis? 256
– Spannungsverhältnis zum Gesetzesvorbehalt 257
Organklage 716; 911
– von Teilen von Organen zu 732
– bei internen Organstreitigkeiten 732
– von Parteien 672
– Abgrenzung zur abstrakten Normenkontrolle 717 Fn. 3; 911
Organleihe 783 Fn. 15; 835
Ostverträge, verfassungsrechtliche Probleme 815 Fn. 11

Parlament, Geschäftsordnungsautonomie 744
– Fraktionen 740 f.
– Organisationsgewalt 748
– s. a parlamentarisches Regierungssystem.

Parlamentarisches Regierungssystem 710; 718
– Bundeskanzlerwahl, konstruktives Mißtrauensvotum 718
– Bindung des Bundeskanzlers an „schlichten" Parlamentsbeschluß? 718
– begleitende Kontrolle durch das Parlament im Initiativbereich der Regierung? 749
– Eigenbereich der Regierung 749
– Funktion der Opposition 746
Parlamentsausschüsse 747
– beschränkt auf Parlamentsaufgaben 749
– Bindung an Gesetze 750
– Untersuchungsausschuß, s. dort
Parlamentsgesetz/Gesetzesvorbehalt 257; 280; 554; 635 f
Parlamentsvorbehalt s. Vorbehalt des Gesetzes
Parteien, politische, Begriff 664
– Stellung im Verfassungsgefüge 660; 661
– Funktionen 660; 741
– Finanzierung, Spenden 660 Fn. 1
– privilegierte Stellung, s. Parteienprivileg
– Freiheitsstatus 661
– faktische Beeinträchtigungen 666
– Namensschutz 660 Fn. 2
– Parteienverbot 663
– Verbotsverfahren 663 Fn. 8
– Gleichheitsstatus, Chancengleichheit, Fall 667
– formale Chancengleichheit 668
– Modifikationen 669
– Prozessuales 671 f.
– Organklage vor dem BVerfG 672
– innere Ordnung 677
– Radikale im öffentlichen Dienst 600 Fn. 15; 661
– Mandatsverlust bei Parteiaustritt? 740 Fn. 29
– s. a. Fraktion
Parteien, interne Streitigkeiten 673
– Rechtsweg 674
– Schiedsgericht 674
– Parteiengesetz als Einstieg 675
– Vereinsrecht 660; 675
– Art. 21 I 3 GG 677
– Grundrechtsgeltung 678
– interne Opposition 673
– innerparteiliche Wahlen, Blockwahl 673
– Wahlrechtsgleichheit 677

- Mitgliederausschluß, Fall 673
Parteienprivileg 661; 665
- Fälle 121; 661
- Geltung für Mitglieder 665
- und Polizeirecht 121
- Sonderproblem öffentlicher Dienst 600
  Fn. 15; 661
Passives Wahlrecht, Inkompatibilitäten
  738
Paßerteilung, Fälle 170; 228
- erhebliche Belange der Bundesrepublik
  als Versagungsgrund 182
Persönlichkeitskerntheorie als Wertent-
  scheidung objektiven Rechts (Art. 2 I
  GG) 591
- enger als die Abwehrfunktion des
  Art. 2 I GG 547
Personalisierte Verhältniswahl s. Wahlsy-
  stem
Planfeststellungsverfahren 264 f.
Plangewährleistungsanspruch, Problema-
  tik 431
- bei Bebauungsplänen 431
Planung, raumbedeutsame 264
- Rahmenplanung s. dort
- Straßenplanung 264 Fn. 4
Planungsausschuß, Gemeinschaftsaufga-
  ben 620
„Politisches Mandat"/ASTA 276
Politische Werbung auf Straßen 473
Polizei, Begriff 122
- Ordnungsbehörde 122
- uniformierte P. 122
- Gefahrenabwehr 122; 143
- Strafverfolgung 142
- Ermittlung von Ordnungswidrigkeiten
  142
Polizeiliche Generalklausel 127 ff.
- klassische Definition in § 10 II 17 Einl.
  Pr. ALR 130 Fn. 19
- subsidiäre Ermächtigungsgrundlage
  71; 125
- vereinbar mit Art. 80 GG 89; 508
- im Individualinteresse? 241
Polizeirechtskonforme Auslegung 90
Polizeispitzel 143 Fn. 46
Polizeistrafrecht, Ablösung 162
Polizeiverfügung 122 ff.
- Rechtmäßigkeitsprüfung, Spezialsche-
  ma 123
- konkrete Gefahr als Voraussetzung
  136
- Ermessen 137; 140
- bayerische Besonderheiten 124 Fn. 7
- Beispielsfälle 121; 143

- Vollstreckung 150
Polizeiverordnung 511
- Rechtmäßigkeitsprüfung, Parallele zur
  Polizeiverfügung 513
- abstrakte Gefahr 136; 143; 511
- Fälle 143; 511
- bayerische Besonderheiten 124 Fn. 7;
  511 Fn. 18
- s. a. Rechtsverordnung, Norm
Popularklage, ausgeschlossen durch
  § 42 II VwGO 231
Positive Forderungsverletzung 343; 347
Pouvoir neutre (BPräs.) 711
Präklusionen 265
Praktische Konkordanz 579 Fn. 68; 677;
  679
Praktisches Verständnis 23
- Erwähnung in Prüfungsordnungen 22
- bei der Auflösung unklarer Fragestel-
  lungen (Rechtslage) 23; 912
- bei der Behandlung von Streitfragen 26
- bei der Heranziehung höchstrichterli-
  cher Rechtsprechung 28
- bei der Schwerpunktbildung 89
Pressefreiheit, Zensurfall 250
- Monopolstellung, Fall 640 Fn. 2
- Pressekonzentration 623
- innere P. 626 Fn. 29
- s. a. Meinungsfreiheit
Preußisches Polizeiverwaltungsgesetz
  124
Privatnützigkeitstheorie 436 b, i
Privatrechtsgestaltender VA, Rücknahme
  219 Fn. 21
Privatschulsubvention, Anspruch, Fall
  620
Problemaufspaltung 935
Proportionalität s. Verhältnismäßigkeit
Prozeß, praktischer Ablauf 8 Fn. 12
Prozeßrecht in der Fallbearbeitung s.
  Verfahrensrecht
Prozeßschema, Muster 7
- vermittelt Weichenstellungen für das
  materielle Recht (öffentliches Recht,
  VA) 50; 933
- nur nach erhobener Klage verbindlich
  13; 932
- sonst eigenständige Überlegung, ob
  prozessualer oder materiellrechtlicher
  Aufbau 12; 934
Prozeßvoraussetzungen, Zusammenstellung 7
- fallwichtige Punkte in der öffentlichrechtlichen Arbeit 8

- Stoffbeschränkung nach neuen Prüfungsordnungen 8 Fn. 14
- Zivilprozeß 8
Prüfung, mündliche, Ratschläge Vorwort Fn. 4
Prüfungsordnungen 20
- Prüfungsstoff 8 Fn. 14; 20
- Zweck der Prüfung 23
- praktisches Verständnis 23
Prüfungsrecht, Verwerfungsrecht s. Normprüfung, BPräs.
Putativgefahr 134 Fn. 23

Radikale im öffentlichen Dienst 600 Fn. 15; 661
- Begriff „freiheitliche demokratische Grundordnung" 702
Rahmenplanung bei Gemeinschaftsaufgaben 787
Rathausparteien 664
Ratifikation eines völkerrechtlichen Vertrages 812
- doppelter Begriffsinhalt 812 Fn. 3
- staatsrechtliche Voraussetzungen 811; 813
- BPräs. 722; 812
Raumbedeutsame Planung 264
Raumplanung 20 Fn. 4
Realakt, Begriff 53
- unmittelbare Ausführung als –? 157
Recht am eigenen Bild, am eigenen Wort 547 Fn. 4
- s. ferner Anspruch
Rechtsaufsicht s. Aufsicht
Rechtsbeeinträchtigung, getrennt von der Rechtsverletzung 228
- Zusammenhang mit der Klagebefugnis (§ 42 II VwGO) 225
- Aufteilung zwischen Zulässigkeit und Begründetheit der Klage 227
- als Beeinträchtigung subjektiver Rechte 234
- Normen im Individualinteresse oder nur im öffentlichen Interesse? 227; 234 f.
- nachbarschützende Vorschriften 235
- Individualinteresse in polizeirechtlichen Normen? 240
- zivilrechtliche Schutznorm nicht ausreichend 236
- Grundrechte ausreichend? 237
Rechtsfragen in der Fallbearbeitung
- von Zweifeln im Tatsächlichen unterscheiden 936

- Sachverhalt und Fragestellung als Ausgangspunkt 925
- Fall von „innen" lösen, keine „offenbar" einschlägigen Rechtsfragen von außen herantragen 904; 925
- alle Mitteilungen des Sachverhalts durchdenken 937
- auf Rechtsansichten der Parteien eingehen 937
- Problemspaltung erforderlich 935
- juristische Phantasie 941
- sinnvolle Auslegung unbekannter Vorschriften 938
- s. a. Hausarbeit, Streitfragen, höchstrichterliche Rechtsprechung
Rechtsgüterabwägung, Grundsatz der Verhältnismäßigkeit als Anlaß 566; 579
- Problematik 566
- praktische Konkordanz als Maßstab 579 Fn. 68; 679
- politisch-weltanschauliches Vorverständnis 580
- Abwägungszuständigkeit des Gesetzgebers 566
- richterliche Überprüfung auf offensichtliche Fehler 566
- Bedeutung der objektivrechtlichen Grundrechtsseite für die R. 588
- Abwägungszuständigkeit des Richters bei verfassungsimmanenten Grundrechtsschranken 582
- Abwägungsbeispiele 581; 591; 677; 679
- Abwägung bei der Drittwirkung von Grundrechten 650; 679
Rechtskenntnisse, zu tragenden Pfeilern ausreichend
- kein unverdautes Detailwissen 19
- abseitige Prüfungsfragen? 19
Rechtslage? s. unklare Fragestellung
Rechtsmängelhaftung 642
Rechtsmittel s. Widerspruchsverfahren, Klage
Rechtsmittelbelehrung, Konsequenz ihres Fehlens 79
- Indiz für Vorliegen eines VA 57 Fn. 52
Rechtsnatur einer Maßnahme, objektiver Erklärungswert maßgebend 57; 327; 944 f.
- Behandlung in der Niederschrift 7; 58; 933
Rechtsprechung, Abgrenzung zur Verwaltung 720
- formeller/materieller Begriff 720
- Gewaltenteilung 719 ff.

– Änderung der R. als Wiederaufnahme-
grund? 47
– s. a. Gericht
Rechtsprechung, höchstrichterliche, Bedeutung für die Fallbearbeitung 28
– als Kriterium der Schwerpunktbildung
28; 964
Rechtsschutzgarantie (Art. 19 IV GG),
Fall 719
– Fundierung durch weite Auslegung des
Art. 2 I GG 590 f.
– nicht für unmittelbare Normenkon-
trollen 483
– im besonderen Gewaltverhältnis 251 ff.
Rechtsschutzinteresse, Abgrenzung zur
Klagebefugnis 64
– s. a. Feststellungsinteresse
Rechtssicherheit als Element des Rechtsstaatsprinzips 500
– Bedeutung für Rücknahme rechtswidriger VAe 215 ff.
– für Rückwirkung von Gesetzen 500
– für vorübergehende Gültigkeit rechts-
widriger Normen 490 f.
Rechtsstaatsprinzip
– Gesetzesmäßigkeit der Verwaltung
215 ff.
– lückenloser Rechtsschutz 590 f.
– Rechtssicherheit 500
– Vertrauensschutz 215 ff.; 500
Rechtsverletzung, zu trennen von der
Rechtsbeeinträchtigung 228; 243 ff.
– betr. die Begründetheit der Klage
227 ff.
– von Interesse nur bei möglicher
Rechtsbeeinträchtigung 243
Rechtsverordnung, wird von der Exeku-
tive erlassen 68; 488
– Unterschied zur Satzung 488
– Ermächtigungsgrundlage, Zitiergebot
509
– Art. 80 GG 507; 553
– Totalvorbehalt? 507
– Rechtmäßigkeitsprüfung, Parallelen
zum VA 509
– fehlerfreie Ermessensausübung 514
– Mitwirkung von Verbänden 510 Fn. 13
– s. a. Norm, Verordnungsermächtigung
Rechtswidrigkeit, objektivrechtliche/
Verletzung subjektiver Rechte 221 ff.
Redezeitbeschränkung im BTag, Fall 744
Reformatio in peius im Widerspruchsver-
fahren 62 Fn. 4
Regelung als Begriffsmerkmal des VA 43;
53

– Beispiele 41; 49; 200 ff.
– bei Nebenbestimmungen 200 ff.
– in Abhebung von einer unverbindlichen Aufforderung 327; 936
Regelungsfunktion des VA 43
Regelungsvorbehalt bei Grundrechten
549 ff.; 579 ff.
Regierung, interne Zuständigkeitsvertei-
lung, Fall 751
– monokratisches Prinzip, Ressortprin-
zip, Kollegialprinzip 751 ff.
– Organisationsgewalt im Bereich der R.
752
– einverständliche Kompetenzübertra-
gung? 756
– Initiativbereich, Eigenbereich der – 749
– Regierungsbildung 706 ff.
– s. a. Bundeskanzler, parlamentarisches
Regierungssystem
Regreßpflicht des Beamten 352
Rehabilitationsinteresse bei Fortset-
zungsfeststellungsklage 64
Republik, verfassungsänderungsfest 128
– Absage an die Monarchie 128
Ressortprinzip 755
– Finanzminister (Art. 112 GG) 928
Ressortverantwortung 756
Richter, s. BVerfG, Gericht, Rechtsgü-
terabwägung
Richterrecht als Rechtsquelle 28 Fn. 17
Richterliche Unabhängigkeit, Fall 719
Richterwahlausschuß 721
Richtlinien, der Politik 753
– für die Verwaltung/Ermessen 102
– EG-Richtlinien 841
Rücknahme eines rechtswidrigen VA
215 ff.
– Unterschied zum Widerruf 213
– Gesetzmäßigkeit der Verwaltung, Ver-
trauensschutz, Abwägung 215 ff.
– Ermessen der Behörde 219
– R. ex tunc oder ex nunc? 217
– Anfechtung 330 f.
– Pensionsfestsetzung als Beispiel 330 f.
– Teilrücknahme durch Nachforderung
im Gebührenrecht 49
– R. privatrechtsgestaltender VAe 219
Fn. 21
Rückwirkendes Gesetz, Fall 500
– Strafgesetz (Art. 103 II GG) 500
– Rechtmäßigkeitsvoraussetzungen
500 f.
Rufschädigung, Fall 336
– Abwehranspruch/Folgenbeseitigungs-
anspruch 337 f.; 353

– kein Amtshaftungsanspruch 353
Rundfunk, Art. 5 I GG 544

Sachenrecht, öffentliches 441 ff.; 460 ff.
– materiellrechtliches Rechtsgeflecht: Privateigentum, öffentlichrechtliche Sachherrschaft, Unterhaltungspflicht, Verkehrspolizei 461 ff.
– verfahrenstechnische Vereinfachungen, Zuständigkeitsverteilung 468 ff.
– Widmung, Gemeingebrauch, Sondernutzung s. dort
– Sonderfall öffentliches Eigentum 461
– klausurträchtige Fragen 473
– s. a. Straßenrecht
Sachherrschaft, öffentlichrechtliche 462 ff.
Sachkundenachweis im Handel 558
Sachverhalt, als objektive Mitteilung 287; 905 f.
– Fehlerquellen bei der Aufnahme 903 ff.
– tieferes Eindringen erforderlich 908 f.
– nicht zu „offenbar" einschlägigen Problemen hin umbiegen 925
Sachverhalt, Lücken und Unklarheiten 943 ff.
– Gerichtspraxis einerseits, Fallbearbeitung andererseits 948 ff.
– Rechtsfragen und Zweifel im Tatsächlichen auseinanderhalten 936; 947
– sinnvolle Auslegung, keine Spekulationen 907; 944
– nicht einfache Zusammenhänge komplizieren 946
– Lebenserfahrung zur Sachverhaltsergänzung 73; 510; 944
– rechtmäßigkeitskonforme Auslegung 945
– Alternativerörterungen 948 ff.
– Beweislastverteilung als Lösungsmittel 948
– s. a. Fragestellung, unklare
Sachverständiger, Aussagepflicht im förmlichen Verwaltungsverfahren 262
Satzung, von der Legislative einer Selbstverwaltungskörperschaft erlassen 488
– als nichtstaatliches öffentliches Recht 488
– Unterschied zur Rechtsverordnung 488
– Gültigkeitsvoraussetzungen 521 ff.
– s. a. Norm
Satzungsautonomie kraft Verleihung 522
– Art. 80 GG nicht anwendbar 522; 553
– Garantie durch Art. 28 II GG 524

Schadensersatz, Unterschied zur Entschädigung 400 ff.
Schadensersatz wegen Verletzung außervertraglicher schuldrechtlicher Verpflichtungen 347 f.
– Abgrenzung und Konkurrenz zur deliktischen Staatshaftung 347
– gesteigerte Verhaltenspflichten erforderlich 348
– Haftungsausschluß 348 Fn. 15
– ordentlicher Rechtsweg 349
– Verwaltungsrechtsweg bei beamtenrechtlicher Fürsorgepflichtverletzung 246; 349
Schadensersatz wegen Vertragsverletzung
– zivilrechtlicher Vertrag 343
– öffentlichrechtlicher Vertrag 344
– Konkurrenz mit deliktischer Staatshaftung 345
– Verwaltungsrechtsweg 344
Schadensersatz aus Delikt s. Staatshaftung
Schadensersatz aus § 945 ZPO (einstweilige Anordnung) 232 Fn. 26
Scheingefahr 134 Fn. 23
Schemata
– Prozeßvoraussetzungen 7
– Prozeßschemata s. dort
– ferner sind im Text alle Grundfälle schematisch dargestellt
Schemata, Nutzen und Schaden 11 ff.
– keine Wundermittel 11
– nicht Selbstzweck 17
– kein Generalschema 18
– in erster Linie Denkhilfen 17
– vorherige Aufbereitung der Fragestellung erforderlich 12; 931
– Konzentration auf die problematischen Punkte 8; 15; 73; 89; 141
– unvollständig 16
– Kenntnis der hinter einem Schemapunkt stehenden Gedanken erforderlich 17; 123
– von den S. freimachen, über ihnen stehen 17; 900; 931
– „Klipp-Klapp" vermeiden 15; 123; 930
– Fehlerbeispiele 13; 123; 931
Schiedsgericht, prozessuale Konsequenzen 674
Schlichter Parlamentsbeschluß/Gesetzesbeschluß 718
„Schlichte" Zahlung 330
Schlüssigkeitstheorie, bei § 42 II VwGO 225

– Anwendung auf die Verfassungsbe-
schwerde 610 Fn. 8
Schmerzensgeld 406
Schrankenvorbehalt bei Grundrechten
(Art. 5 II GG) 549 ff.; 584
– s. a. Gesetzesvorbehalt
Schülerzeitung, Zensur, Fall 250
Schulverhältnis, Gesetzesvorbehalt 254
Schutzbereich, funktionaler (der Grundrechte) 548; 584; 635 b, c; 636 h
Schutzwürdigkeitstheorie (Art. 14) 636 a
Schweinemästerfall 138 Fn. 35
Schweretheorie (Art. 14) 636 a
Schwerpunktbildung 955
– nicht dort, wo sich ohne Mühe viel
schreiben läßt 957
– eigene ,,Station der Denkarbeit" 900;
930
– bei der Anwendung von Schemata 8;
15; 62; 73; 89
– als Auswahlprinzip: für die Erörterung
von Streitfragen 26; 89 (Beispiel); für
die Überprüfung höchstrichterlicher
Rechtsprechung 28; 961; für die Frage,
ob prozessuale Ausführungen erforderlich sind 916 f.
Selbstbindung der Verwaltung, Nichtbe-
achtung als Ermessensfehler 101 Fn.
110
– Art. 3 GG 102; 185; 597 Fn. 5
– Zusage 185; 277
– venire contra factum proprium 278
– bei rechtswidriger Verwaltungsübung?
101 Fn. 110
– s. a. ,,Ermessensreduzierung auf Null"
Selbsteintrittsrecht der übergeordneten
Behörde 766
Selbsthilfe bei verbotener Eigenmacht
642
Selbstmord als Störung der öffentlichen
Ordnung 130
– Ansprüche der Polizei aus GoA? 314
Selbstverwaltung, kraft gesetzlicher Ver-
leihung 488; 522; 788
– Unterschied zur Auftragsverwaltung
488
– Rechtsaufsicht 792
Selbstverwaltungsgarantie, der Gemein-
den (Art. 28 II GG) 522; 788 ff.; 800
– der Kirchen (Art. 140 GG) 788 Fn. 23
– Parallelen zur Grundrechtsklausur 789
– Kernbereichsschutz 790
Selbstverwaltungskörperschaft, interne
Gewaltenteilung 488
Sexualkundeurteil 256 Fn. 33

Situationsgebundenheit, als besondere
Pflichtigkeit des Eigentums (Art. 14 II
GG) 423
– Dogmatik nicht eindeutig 423 Fn. 70
– als Anreicherung des Eigentums 238
Sofortige Vollziehung, Anordnung zur
Beseitigung des Suspensiveffekts 152;
941
– Abhebung vom ,,sofortigen Vollzug"
152; 931
Sollvorschriften, Bedeutung 91
Sonderabgaben, Abgrenzung zu Steuern,
Gebühren u. Beiträgen 531
Sonderbenutzung öffentlicher Anstalten
446
Sondernutzung, gesetzliche Definition
463
– umstrittener Begriffsinhalt 463
– Abgrenzung zum Gemeingebrauch
463; 473
– Duldungspflicht des Eigentümers? 469
– sonst: Abwehranspruch gem. § 1004
BGB, privatrechtliche Genehmigung
461; 471
– Verhältnis zur Meinungsfreiheit 460
Fn. 1; 441
Sondernutzungserlaubnis, öffentlichrechtliche 462
– grundrechtlicher Anspruch? 473 Fn. 20
– Verweigerung bei Verkehrsgefahren?
472
– verkehrspolizeiliche Erlaubnis mit
straßenrechtlicher Komponente 472
– Verhältnis zur Entwidmung 946
– Verhältnis zum Bau- und Gewerbe-
recht 467; 472
Sondernutzungsgebühren 462; 469
– daneben privatrechtliches Entgelt des
Eigentümers? 461
Sonderopfer
– beim Aufopferungsanspruch 411
– beim enteignungsgleichen Eingriff 417;
422
– beim enteignenden Eingriff 423
– rechtswidrige Maßnahmen als S. 417,
422
Sonderopfertheorie, modifizierte 423;
636 a
– Situationsgebundenheit/Pflichtigkeit
423
Sozialisierung (Art. 15 GG) 591
Sozialstaat, Sozialstaatsprinzip
– Daseins- und Wachstumsvorsorge 431;
621; 626

– Voraussetzung für Freiheitsbetätigung 626
– Grundrechtsanspruch auf Teilhabe und Leistung? 623
– Planung 431
– Bedeutung für die Ermessensbetätigung 109
Spielautomatensteuer, Fall 801
Splittersiedlung 300
Spruchrichterprivileg, bei der Amtspflichtverletzung 354 Fn. 41
SRP-Urteil 703
Staatsangehörigkeit, deutsche/DDR-Staatsbürgerschaft 703 Fn. 3
Staatshaftungsgesetz, Nichtigerklärung durch BVerfG 350
– bleibende Examensrelevanz 350
– Grundstrukturen 350
– Folgenbeseitigung 335 Fn. 31
– Versagen technischer Einrichtungen 393
Staatsrecht, fallträchtiger Bereich 704
– erforderliche Fertigkeiten des Bearbeiters 702
– juristische Methode, kein Gerede 706
– Bearbeitungshinweise 706
– Aufsatzthemen 701
Staatsvertrag, Begriff, Abgrenzung zum Verwaltungsabkommen 825
– Beispiele 820
– Vertragspartner 821, 822
– relative Bindungsmöglichkeit 822
– Außenverhältnis/Innenverhältnis 822 ff.
– Stellung des Bürgers 824
– staatsinterne Abschlußvoraussetzungen 826
– Transformation 826
– Gültigkeitsvoraussetzungen 827 ff.
– Staatsrecht statt Völkerrecht 829
– Prozessuales 831 ff.
– gemeinsame Ländereinrichtungen s. dort
– NDR, ZDF, Zentralstelle für Vergabe von Studienplätzen 820 Fn. 2; 833
Staatszielbestimmungen 701
Stadthalle, Rechtslage 441
Steuern, Abgrenzung von Gebühren, Beiträgen u. Sonderabgaben 531
– föderale Finanzverfassung 801
– Verteilung des Steueraufkommens auf Bund, Länder und Gemeinden 802
– örtliches Aufkommen 803
– horizontaler Finanzausgleich 803
– Gesetzgebungskompetenz 804

– Verwaltungskompetenz 805
– Mischverwaltung 805
– Kirchensteuer 788 Fn. 23
Stiftungen, öffentlichrechtliche 758
Störer, polizeilicher
– verschiedene Kausalitätstheorien 138
– Handlungsstörer, Zustandsstörer, Nichtstörer im polizeilichen Notstand s. dort
– Ermessen bei der Störerauswahl 140; 909
Störung, polizeiliche, Begriff, Abgrenzung zur Gefahr und Belästigung 131
Stoffauswahl in der Niederschrift 955
Strafverfolgung, Aufgabe der Polizei 142
– Rechtsschutz 144
– Entschädigung 403
Strafvollzugsgesetz, Entscheidung des BVerfG 254; 517
Straßenplanung 264 Fn. 4
Straßenrecht, Fälle 460
– Abgrenzung zur Verkehrspolizei 466
– Straßeneigentum 469
– Straßenbaulast 465; 469
– Straßenbaubehörde 469
– s. a. öffentliches Sachenrecht, Gemeingebrauch, Sondernutzungserlaubnis
Streitfragen, Behandlung in der Fallbearbeitung 26; 975
– Klausur 26; 111; 709
– Hausarbeit 27
– keine Überbetonung 231
– das „Problem" ist nicht stets eine Streitfrage 959
– keine Karteikarten einpauken 26
– monographische Gründlichkeit unmöglich 27
– Schwerpunktbildung und Schwerpunktverschiebung 27
– Problemaufspaltung 935
– sinnvolle Darstellung in der Niederschrift 975
Subjektionstheorie 52
– im Gleichordnungsverhältnis unbrauchbar 338
Subsidiarität, im Polizeirecht 141
– der Amtshaftung 352; 355
– der Verfassungsbeschwerde 612
Substanzminderungstheorie (Art. 14) 636a
Subsumtion 84; 282
– Verhältnis zur Auslegung 84
Subvention, Vorbehalt des Gesetzes? 279 f.

– Haushaltsgesetz ausreichend? 280 Fn. 21
– Fälle der Einstufigkeit 284
– Anspruch wegen Art. 3 GG 185
– Verwaltungsrechtsweg/Zivilrechtsweg? 284
– Darlehensvertrag 277
– Projektfilmförderung, Werftsubvention, Fälle 277
– Subventionsanspruch Privatschule? 620; 623
– Rückzahlung bei Zweckverfehlung 326
– Widerruf 214; 330
– Konkurrentenklage 237
Supranationalität (EG) 843
Suspensiveffekt der Anfechtung 931
– „sofortige Vollziehung" als Anordnung zur Beseitigung des S. 152; 941
– Fortfall beim „sofortigen Vollzug" 157; 931
Systemgerechtigkeit, systemkonsequentes Verhalten als Gleichheitsgebot 597 Fn. 5; 737

Tankwagenunfall 157 Fn. 18
Technische Einrichtung, Schadensersatz bei Versagen 392
Teilentwidmung 461 Fn. 5
Teilnichtigkeit eines VA 205
– eines öffentlichrechtlichen Vertrages 294
Themenarbeiten, Beispiele Vorwort; 701
– in Übung und Examen Vorwort
Theorien s. Streitfragen
Tonbandaufnahme/Art. 2 I GG 547 Fn. 4
Totalvorbehalt (als Parlamentsvorbehalt) 507
Transformation, von Völkerrecht in innerstaatliches Recht 811; 815
– bei Staatsverträgen im Bundesstaat 826
– nicht bei EG-Verordnungen 841 f.
Treu und Glauben im öffentlichen Recht 278
– Anfechtungsfrist Nachbarklage 224

Über-Unterordnungsverhältnis, VA 41 ff.
– gewisse öffentlichrechtliche Ansprüche 270
Überhangmandate nach BundeswahlG 735
Umdeutung fehlerhafter Nebenbestimmungen 204
– als Durchbrechung der Bestandskraft von VAen 204

– Umdeutungs-VA erforderlich? 204
Umsetzung (eines Beamten) 92 Fn. 99
– kein VA 55 Fn. 41; 251 Fn. 7
Unbestimmter Rechtsbegriff, Definition 85
– Abgrenzung vom Ermessen 91
– Beurteilungsspielraum? 86
– Faktorenlehre 87 Fn. 82
Unfallversicherung nach RVO, unechte, Fall 406; 936
– Forderungsübergang gem. § 1542 RVO 406; 936 Fn. 23
– Verhältnis zum Aufopferungsanspruch 403; 409; 410
Universität, Art. 5 III GG 544
Unmittelbare Ausführung, Begriff 157
– Abgrenzung zum „unmittelbaren Zwang" 157
– VA oder Realakt? 158
– Rechtsmittel 158
– übersehener Lösungsansatz, Beispiele 154; 941
Unmittelbarer Zwang als Vollstreckungsmaßnahme 151; 154; 156; 157; 158
– Abgrenzung zur unmittelbaren Ausführung 157 f.
– Kongruenz mit der Grundverfügung erforderlich 150 ff.; 920
– Kostenerstattung 151 Fn. 5
Unmittelbarkeit, als Voraussetzung des Aufopferungsanspruchs 412
– „psychologisch abgefordertes" Handeln 412
– als Merkmal des enteignenden Eingriffs 421; 424
– als Voraussetzung der normanfechtenden Verfassungsbeschwerde 613
– verschwommener Begriff 424
– case law 424
Unmöglichkeit im Vertragsrecht 304
Unmöglichkeitstheorie 111
Untätigkeitsklage 191
Unterbehörden 764
Unterlassungsanspruch s. Abwehranspruch
Unterlassungsklage, Unterfall der Leistungsklage 339 f.
Untersuchungsausschuß, Fall 747
– Waffe der Opposition 748
– Einsetzung durch Feststellung des Parlamentspräsidenten? 748
– Eigenbereich der Regierung 749
– s. a. Parlamentsausschüsse
Unverletzlichkeit der Wohnung (Art. 13 GG) 541

– verwaltungsrechtlicher Unterbau bei Eingriffen 143; 541
Urteilsstil s. bei Gutachtenstil

Venire contra factum proprium 278
Verbände, Anhörung bei RechtsVO 510 Fn. 13
Verbandsklage 239
Verbot als vollstreckungsfähiger VA 48; 150
– Vereinsverbot 663
– Demonstrationsverbot 61; 121
Verbot, gesetzliches 176
– „mit Erlaubnisvorbehalt" 176
– formelles/materielles 176; 238
Verbotene Eigenmacht 642
– Selbsthilfe 649
Vereinfachtes Verfahren (BImSchG) 265 Fn. 8
Vereinsverbot 663
Verfahrensrecht, immanenter Bestandteil mancher öffentlichrechtlichen Arbeit 2; 918
– prozessuale Erwägung bei Schweigen des Sachverhalts? 916 ff.
Verfahrensbindungen der Bauleitplanung 532
Verfahrensfehler, Folgen 490 f.; 492 ff.; 496 ff.; 527 ff.; 530
Verfassung, normative Kraft, gesellschaftliche Voraussetzungen, Zusammenhang mit Vorschriften des GG zum Schutz gegen seine Feinde 500 Fn. 9
– tragende Verfassungsprinzipien 700 ff.
– Begriff „freiheitliche demokratische Grundordnung" 702 f.
Verfassungsänderung, Gültigkeitsvoraussetzungen 492 ff.
– Verfassungstextänderung erforderlich 493
– änderungsfestes Minimum (Art. 79 III GG) 128; 133; 494; 702
Verfassungsbeschwerde 606 ff.
– gegen jeden Akt öffentlicher Gewalt 609
– betr. Grundrechte und grundrechtsgleiche Rechte, aber indirekte Überprüfung anderer Verfassungsverstöße 610 f.
– keine „Superrevision" 611
– Subsidiarität, Rechtswegerschöpfung 612
– gegen letztinstanzliche Entscheidung vorläufigen Rechtsschutzes 614 Fn. 19

– nicht anstelle Organklage 672
– Vorprüfung, Annahme durch BVerfG 616
– Begründetheitsprüfung, auf die zulässigerweise gerügten Verfassungsverletzungen beschränkt 13 Fn. 24; 617
– kommunale V. 606 Fn. 3; 800
– landesrechtliche V. 606 Fn. 3
Verfassungsbeschwerde gegen Normen, grundsätzlich möglich 483; 609
– unmittelbares Betroffensein, Zusammenhang mit Subsidiarität 613; 614
– Schwierigkeiten der Fallbearbeitung 614
– gegen EG-Verordnungen? 847 Fn. 7
Verfassungsexegese, Methoden 543 Fn. 7
– systematische Interpretation 579; 741
– Beispiel 741
– politisch-weltanschaulich-wertende Relativität der Entscheidung 580; 710
– Vorsicht mit Kategorien der allgemeinen Staatslehre 711
– s. a. Einheit der Verfassung, Rechtsgüterabwägung, Auslegung (verfassungskonforme)
Verfassungsfeinde, Selbstschutz der Verfassung 663
– s. a. Radikale im öffentlichen Dienst
– Begriff „freiheitliche demokratische Grundordnung" 702
Verfassungsgerichtsbarkeit, der Länder 482; 606 Fn. 3
– des Bundes s. Bundesverfassungsgericht
– Kompetenzüberschneidungen BVerfG/Länderverfassungsgerichte 606 Fn. 3
Verfassungskonforme Auslegung s. Auslegung
Verfassungslücken, Argumentationstechnik 709
Verfassungsschutz, Amtshilfe 338 Fn. 7
Verfügung als VA, Gebot oder Verbot 41; 150
Vergabe von Studienplätzen, Staatsvertrag 820 Fn. 2; 833
Vergesellschaftung s. Sozialisierung
Vergleichsvertrag, Begriff, Rechtmäßigkeitsvoraussetzungen 257
Vergnügungssteuer 801
Verhältnismäßigkeit („Proportionalität"), Begriff, dogmatische Einordnung, Abgrenzung von der Geeignetheit und Notwendigkeit 103 ff.
– teilweise doppelter Begriffsinhalt 106

- als Maßstab der Ermessensüberprüfung 103
- des polizeilichen Eingriffs 141
- als Maßstab der Grundrechtsprüfung 566; 579; 635 j ff.; 636 i, o, t
- bei der Drittwirkung von Grundrechten 651
- problematische Rechtsgüterabwägung s. dort

Verhältniswahlsystem, Listenwahl, d'Hondt'sches Höchstzahlverfahren, gleicher Erfolgswert, 5%-Klausel 734; 737
- personalisierte Verhältniswahl nach BWahlG 734

Verkehrslärm, Entschädigung 341 Fn. 19; 403

Verkehrspolizei, Abgrenzung vom Wegerecht 466
- verkehrspolizeiliche Erlaubnis mit straßenrechtlicher Komponente 472

Verkehrssicherungspflicht und Amtshaftung 351; 355 Fn. 43
- Abgrenzung von der Verkehrsregelungspflicht 351 Fn. 27

Verkehrszeichen, Rechtsnatur 54

Verleihung öffentlichrechtlicher Befugnisse 760
- von Autonomie an Selbstverwaltungskörperschaften 488; 522; 788 Fn. 24
- Wesen 522

Vernichtbarkeitstheorie für rechtswidrige Normen 491

Verordnung s. Rechtsverordnung
- EG-Verordnung 841

Verordnungsermächtigung, Spezialanforderungen (Art. 80 GG) 507
- Zusammenhang mit der Gewaltenteilung 522
- Art. 80 GG nicht bei Satzungsautonomie 522
- Gedanken des Art. 80 GG im Landesverfassungsrecht 507

Verpflichtungsklage auf Erlaß eines begünstigenden VA 42; 192
- Vorverfahren 44; 191
- Klageantrag 192
- Beschränkung auf VA? 272
- Klagebefugnis (§ 42 II VwGO) s. dort
- auf Drittbelastung 255
- auf JustizVA 193
- Bescheidungsklage als Unterfall s. dort
- Untätigkeitsklage 191
- Verhältnis zur Leistungsklage 272

- Rechtsschutzinteresse für Anfechtung der Ablehnung des VA? 192

Versammlungsfreiheit (Art. 8 GG) 551; 573

Versammlungsverbot, Fall 61

Versetzung (eines Beamten), Fall 92

Vertrag, öffentlichrechtlicher 286 ff.
- grundsätzlich zulässig 299
- Hauptanwendungsbereich: Ermessensverwaltung 300
- Abgrenzung vom privatrechtlichen V. 288
- Standort der Abgrenzung in der Fallbearbeitung 286
- öffentlichrechtlich/privatrechtlich gemischter V. 289
- Abgrenzung vom mitwirkungsbedürftigen VA 287
- Normsetzungsvertrag 285 Fn. 31
- Verfügungsvertrag/Verpflichtungsvertrag 295
- subordinationsrechtlicher/koordinationsrechtlicher Vertrag 290
- normative Ermächtigungslehre 291 Fn. 45
- Vorbehalt des Gesetzes 291 Fn. 45
- Mitwirkung Dritter 292
- andere Handlungsform vorgeschrieben? 299
- Gesetzesverstoß 300
- Verstoß gegen Kommunalabgabengesetz 299
- Verstoß gegen Gebührensatzung 300
- Bindung an Grundrechte 301
- unzulässige Koppelungen 302
- Unmöglichkeit 304
- Besonderheit Vergleichsvertrag 297
- Austauschvertrag 296
- Unterscheidung Unzulässigkeit-Nichtigkeit 298; 303
- Nichtigkeitsvoraussetzungen 303 ff.
- verfassungsrechtliche Problematik 305
- verfassungsrechtlicher Aufhebungsanspruch? 305
- Willensmängel, Irrtum, arglistige Täuschung 306
- Teilnichtigkeit 294; 303
- Erfüllungsanspruch 285
- Geltendmachung durch Leistungsbescheid? 75
- Schadensersatz wegen Vertragsverletzung 344
- Bereicherungsansprüche bei Nichtigkeit 329 ff.

Vertrag, verfassungsrechtlicher 831

Vertrag, völkerrechtlicher
– Ratifikation s. dort
– staatsrechtliche Voraussetzungen 811 ff.
– föderale Kompetenz 814
– Lindauer Abkommen 814
– gewaltengeteilte Kompetenz 813 f.
– Transformation 811
Vertrauensbetätigung s. Vertrauenstatbestand
Vertrauensfrage (Bundeskanzler) 718 Fn. 5
Vertrauensschutz, Element des Rechtsstaatsprinzips 215; 500
– bei Widerruf eines VA 214
– bei Rücknahme eines VA 215
– Kollision mit Gesetzmäßigkeit der Verwaltung 217
– Schutzwürdigkeit 217; 501
– bei rückwirkendem Gesetz 501
– als Ermessensbindung 109
– beim Ketten VA 185
– Entschädigungen 421; 431
Vertrauenstatbestand 215; 218; 501
– gleich Vertrauensbetätigung 218; 501
– bei fortlaufenden Geldleistungen 218
– durch Wohnsitzwechsel 218
– bei Pensionsfestsetzung 331
– beim Plangewährleistungsanspruch 431
– bei rückwirkenden Gesetzen, Beispiele 500
Vertretungsmacht, völkerrechtliche, des BPräs. 812 f.
– innerstaatliche Bindung 813
Verwahrung, privatrechtliche 311
Verwahrung, öffentlichrechtliche 310 ff.
– automatisches Entstehen 311
– Willenselement? 311
– Analogien zu §§ 688 ff. BGB problematisch 312
– Obhutspflichten, Aufwendungsersatz, Rückgabeansprüche 312
– Fundsache, Fall 310
– Führerscheinentzug als V.? 311
– Rechtsweg 313
– Schadensersatz 348
Verwaltung 757 ff.
– Träger 758
– Gliederung 761
– hierarchisches Prinzip 766
– Organisationsgewalt 770
Verwaltungsabkommen, Begriff, Abgrenzung zum Staatsvertrag 825
– s. a. Staatsvertrag

Verwaltungsakt 41 ff.
– Begriff, Kriterien, Abgrenzungen 41 f.
– Muster zur Gestalt eines VA 50 Fn. 26
– Bekanntgabe 224
– Willenselement? 206
– Auslegung 77
– maßgeblicher objektiver Erklärungswert 57
– Arten des VA 41
– Regelungsfunktion 43; 49; 150
– „Titel"funktion 48; 49; 150
– Selbstvollstreckung durch die Exekutive 48; 49; 150
– äußere und innere Wirksamkeit 44
– VA im besonderen Gewaltverhältnis 250 ff.
– Zusage als VA? 278
– „Aufforderung" als VA? 49; 936
– Ablehnung eines Antrags als VA s. dort
– Abgrenzung vom Vertrag, Fall 936
– Nebenbestimmungen s. dort
– Teilanfechtung 208
– kein VA gegen Hoheitsträger? 963
Verwaltungsakt, bedingter, Wesen 201
– Bedingung als unselbständiger Bestandteil des GesamtVA 208
– Fälle 45; 200; 207
– s. a. Nebenbestimmungen
Verwaltungsakt, befristeter, Wesen 201
– als unselbständiger Bestandteil des GesamtVA 208
– s. a. Nebenbestimmungen
Verwaltungsakt, begünstigender, Begriff 42
– Anspruch auf VA 172
– Fallvariationen 170
– Anspruchsgrundlage steht im Vordergrund, nicht Ermächtigungsgrundlage für Ablehnung 172
– komplizierte Formulierung des § 113 IV 1 VwGO 173
– Versagungsgründe 182
– Nebenbestimmungen, s. dort
– Teilanfechtung 208
Verwaltungsakt, belastender, Begriff 42
– Prozessuales 42
Verwaltungsakt, dinglicher 461
Verwaltungsakt, feststellender, Begriff 41
– als Bestandteil eines Gebührenbescheides 49
– als Rechtsgrund für Überzahlungen 330
Verwaltungsakt, gestaltender 41
– privatrechtsgestaltender 219 Fn. 21

Verwaltungsakt, mehrstufiger 55; 181

Verwaltungsakt, mitwirkungsbedürftiger 287

Verwaltungsakt, nichtiger, Abgrenzung vom anfechtbaren VA 4; 43; 65; 66
- Behandlung in der Fallbearbeitung 67; 915
- Nichtigkeitsgründe 111
- Evidenztheorie/Unmöglichkeitstheorie 111
- Nichtigkeitsklage, Verhältnis zur Anfechtungsklage; auch noch nach Ablauf der Anfechtungsfrist 65; 915

Verwaltungsakt und Drittinteresse 221 ff.
- Anfechtung einer Drittbegünstigung/ Anspruch auf Drittbelastung, parallele Fallsituation 221 f.
- Prozessuales 224
- Suspensiveffekt 232
- Bekanntgabe/Anfechtungsfrist 224
- Unterscheidung objektives Recht/subjektive Rechte 223
- Nachbarklage im Baurecht, Konkurrentenklage 221 f.; 237 f.
- s. a. Klagebefugnis, Rechtsbeeinträchtigung, Rechtsverletzung

Verwaltungsgericht, öffentlichrechtliche Streitigkeiten (§ 40 VwGO) 7; 272

Verwaltungshelfer, Staatshaftung 354
- Verwaltungskompetenz, Gegenstände 783 f.

Verwaltungskompetenz, verbandsmäßige 770; 784
- Systematik ihrer Verteilung 783
- Zuständigkeitsvermutung zugunsten der Länder 783
- Gegenstände der bundeseigenen Verwaltung 784
- Ausführung von Bundesgesetzen als eigene Angelegenheit der Länder 783; 792
- Bundesauftragsverwaltung als mittelbare Bundesverwaltung 785; 791 ff.
- eigene Kompetenz der Länder 785 Fn. 19
- Spezialregelungen für Steuerverwaltung 805 f.
- Gemeinschaftsaufgaben 787
- s. a. Aufsicht

Verwaltungsprivatrecht, Begriff, Abgrenzung zum Fiskalprivatrecht 271
- Zivilrechtsweg 272
- gleiche Bindungen wie bei öffentlichrechtlicher Gestaltung 271
- Einschränkungen der Privatautonomie 301
- Geltung der Grundrechte 271; 644
- Amtshaftung? 358 ff.
- Anwendung unmittelbar durch Träger öffentlicher Verwaltung 271
- Anwendung mit Hilfe juristischer Personen des Privatrechts 759

Verwaltungsverfahren, Regelungskompetenz 786
- Arten 261
- formloses 261
- förmliches 262
- Planfeststellungsverfahren 264 f.
- Bedeutung der Grundrechte 261 Fn. 1

Verwaltungsverfahrensgesetze des Bundes und der Länder, Anwendungsbereiche 2

Verwaltungsverordnung 766
- s. a Verwaltungsvorschriften

Verwaltungsvollstreckung 150 ff.
- Gebote und Verbote als vollstreckungsfähige VAe 48; 150
- bei rechtwidriger Grundverfügung 154 f.
- Vollstreckung wegen Geldforderungen 151
- Vollstreckung von Fernmeldegebühren 151 Fn. 4
- Erzwingung von Handlungen, Duldungen oder Unterlassungen 151
- Androhung 153; 945
- Zwangsmittel s. dort
- Vollstreckung von Polizeiverfügungen 150

Verwaltungsvollstreckungsgesetze 150

Verwaltungsvorschriften als verwaltungsinternes Recht 68; 254; 766
- Außenbindungen? 256
- im besonderen Gewaltverhältnis? 254 f.

Verwaltungszwang s. Verwaltungsvollstreckung

Verweisung von Bundesrecht auf Landesrecht 783 Fn. 15

Verwerfungsmonopol des BVerfG (Art. 100 GG) 88; 482

Verzug, Nachfrist 344

V-Leute (Polizeispitzel) 143 Fn. 46

Volenti non fit iniuria bei der GoA 321

Volksbefragung durch Gemeinde 795 ff.
- als Problem bundesfreundlichen Verhaltens 797

Vollstreckung s. Verwaltungsvollstreckung

Vorbehalt des Gesetzes, Begriff 68

– demokratische Wurzeln 68; 256
– rechtsstaatliche Wurzeln, Zusammenhang mit Grundrechten 68; 256; 554; 635f
– Bedeutung für Eingriffsverwaltung 68; 85
– für gerichtsfreien Beurteilungsspielraum 85f.
– für Leistungsverwaltung 279f.
– Gewohnheitsrecht als Ermächtigung? 254
– Geltung im besonderen Gewaltverhältnis 254
– Spannungsverhältnis zur Organisationsgewalt 255 .
– Gesetzesbegriff 68
– Totalvorbehalt 507
– s. a. Gesetzesvorbehalt
Vorbeugender Rechtsschutz, gegen Normen 483 Fn. 9
Vorkaufsrecht der Gemeinden, Rechtsnatur 57
– „preislimitiertes" V. 57 Fn. 49
Vorlageverfahren zum BVerfG 482
– gegen EG-Verordnungen? 847
Vorlageverfahren zum EuGH 846
Vorläufiger Rechtsschutz
– gegen VAe s. Suspensiveffekt
– gegen schlichtes Verwaltungshandeln s. einstweilige Anordnung
– beim Drittschutz (Nachbarklage) 232
Vorrang des Gesetzes 68 Fn. 21
Vorverfahren s. Widerspruchsverfahren

Wählerzeichnis 739
Wahl 733ff.
– Verfahrensfehler, Fälle 739
– Briefwahl 733 Fn. 6
– innerparteiliche Wahl, Blockwahlsystem 673ff.
Wahlanfechtung und -prüfung
– fristgebundener Einspruch 740; 749
– Sache des Bundestages 740
– Wahlprüfungsausschuß 750
– Beschwerde beim BVerfG 740
Wahlfach-Literatur 20 Fn. 4
Wahlpflicht 492 Fn. 1
Wahlprüfungsgericht 740 Fn. 23
Wahlrecht, aktives 738
– für Auslandsdeutsche? 738
Wahlrecht, passives 738
– Inkompatibilitäten 738
Wahlrechtsgleichheit, Zählwert, Erfolgswert 677; 737
– 5%-Klausel 737

– Blockwahl 673; 677
Wahlsystem, Mehrheitswahl, Verhältniswahl, personalisierte Verhältniswahl nach BWahlG 734
Wasserrecht 473 Fn. 17
Wegerecht s. Straßenrecht
Weisung, als Regelung 53
– Mittel der Aufsicht 794
Werbung, politische
– auf öffentlichen Straßen 473; 441f.; 588
– im Betrieb 643ff.
Werftsubvention, Fall 277
Wesensgehaltsgarantie (Art. 19 II GG) 569ff.
– Kernfrage der Grundrechtstheorie 570
– für die Fallbearbeitung selten ausschlaggebend 570
– absoluter Wesenskern?, verschiedene Theorien 570f.
– Bedeutung der objektivrechtlichen Grundrechtsseite für Art. 19 II GG 589
Wettbewerbsfreiheit 237
Widerruf eines rechtmäßigen VA 211ff.
– Unterschied zur Rücknahme 213
– Ermächtigungsgrundlagen 214
– besondere Widerrufsgründe bei Subventionen 214
Widerrufsvorbehalt beim VA, Wesen 201; 208
– s. a. Nebenbestimmungen
Widerspruchsbescheid 941
Widerspruchsverfahren, Begriff und Funktion 42; 904
– Besonderheiten im förmlichen Verwaltungsverfahren und im Planfeststellungsverfahren 262; 264
– Frist 44; 224
– Folgen der Fristversäumung 44; 49; 62 Fn. 4
– Anspruch auf neue Sachprüfung? 47
– reformatio in peius 62 Fn. 4
– Suspensiveffekt 152; 224 Fn. 10; 941
– Ermessensüberprüfung 96
– ex-tunc-Aufhebung des VA 938
– W. vor Fortsetzungsfeststellungklage? 64
– Drittwiderspruch 224 Fn. 10
Widmung zu öffentlichrechtlicher Zweckbestimmung 440; 445; 461; 476
– von Anstalten 445
– von Straßen 461; 462ff.
– von Verwaltungsvermögen 476
– als dinglicher VA 461

Wiederaufgreifen des Verfahrens 47
– Wiederaufnahmegründe 47
– Unterscheidung „Zulässigkeit" – „Begründetheit" 47
– als Vollstreckungshindernis 155
Wiedereinsetzung in den vorigen Stand 47 Fn. 9; 80
Wiederholende Verfügung 47
Wiederholungsgefahr, Feststellungsinteresse 64
Willensmängel, s. Irrtum, arglistige Täuschung
Willkürverbot, Zusammenhang mit Art. 3 GG 102; 596 ff.
– für Gesetzgeber 597 f.
– für Exekutive s. Ermessenswillkür
Wirksamkeit eines VA, äußere, innere 44
Wirtschaftsfreiheit 237; 635 a; 635 c
– Verhältnis Art. 12/Art. 2 GG 635 a
– Verhältnis zu Art. 14 GG 635 c
Wirtschaftslenkung 238
– imperative Maßnahmen 431
– Anreize zu freiwilligem Verhalten 431
Wohnwagen, auf Straße abgestellter 472 Fn. 16

Zählwert, gleicher, im Wahlrecht 677; 736
Zeugen, Aussagepflicht im förmlichen Verwaltungsverfahren 262
ZDF, Staatsvertrag 783 Fn. 15
Ziel-Mittel-Relation bei der Grundrechtsprüfung 564 f.; 566 ff.
Zitate 985
– ersetzen keine Begründung 974; 986
– wörtliche Z.? 985
– nicht für die Subsumtion eines konkreten Sachverhalts 936
– keine Blindzitate 986
– s. Fußnoten
Zitiergebot bei Grundrechtseingriffen (Art. 19 I 2 GG) 550
Zulassung zu öffentlichen Anstalten 442
Zumutbarkeit im Grundsatz der Verhältnismäßigkeit 567
Zumutbarkeitstheorie (Art. 14 GG) 423; 636 a
Zusage im Beamtenrecht, Fälle 277; 914
– als Ermessensbindung 185; 278
– oder als VA? 278

– Abgrenzung zum Vertrag 287
– Bestandskraft trotz Rechtswidrigkeit 278
– Formvorschriften? 278
Zuständigkeit, Behandlung in Fallbearbeitung 82
– Außerachtlassen der behördeninternen Geschäftsverteilung macht VA nicht rechtswidrig 83
Zustandsstörer, Begriff 138
– letzter, unmittelbarer Verursacher 138
– latente Gefahr 138
– Haftungsfortfall durch Dereliktion oder gesetzlichen Eigentumsverlust? 949
Zustimmungsgesetz/BRat 728
– Änderung eines Zustimmungsgesetzes 728
Zutrittsrecht der Gewerkschaften zu kirchlichen Einrichtungen 788 Fn. 23
Zwangsgeld
– zur Durchsetzung eines VA 151
– zur Durchsetzung einer Norm 162
– Verhältnis zu Bußgeld und Kriminalstrafe 162
– als Beugemittel 162
– Ermächtigungsgrundlage 167
– Androhung 167
– Anfechtungsmöglichkeit 164
Zwangsmittel
– Numerus clausus der Z. 156
– Ersatzvornahme, Zwangsgeld, unmittelbarer Zwang zur Durchsetzung eines VA 151
– Beispiele 154 ff.
– Kongruenz zwischen Verfügung und Zwangsmittel 156; 920
– Bußgeld, Zwangsgeld, Kriminalstrafe zur Durchsetzung einer Norm 162
– unterschiedliche Regelung in den Ländern 163
Zwangsversteigerung/Art. 14 636 q
Zweckveranlasser 138
Zweistufentheorie im Subventionsrecht 283 f.
– Prozessuales 284
– bei der Zulassung zur Anstalt 453
Zweitbescheid 47; 53
– Anspruch auf Z. 47
– Ermessen der Behörde 47